U0925635

新編諸子集成

淮南鴻烈集解

上

劉文典 撰
馮逸 喬華 點校

中華書局

圖書在版編目(CIP)數據

淮南鴻烈集解/劉文典撰;馮逸,喬華點校.—北京:中華書局,1989.5(2024.5 重印)
(新編諸子集成)
ISBN 978-7-101-09265-3

Ⅰ.淮… Ⅱ.①劉…②馮…③喬… Ⅲ.①雜家-中國-西漢時代②《淮南子》-注釋 Ⅳ.B234.42

中國版本圖書館 CIP 數據核字(2013)第 061171 號

一版責編:熊國禎
二版責編:張繼海
責任印製:陳麗娜

新編諸子集成
淮南鴻烈集解
(全二册)
劉文典 撰
馮 逸 喬 華 點校
*
中 華 書 局 出 版 發 行
(北京市豐臺區太平橋西里 38 號 100073)
http://www.zhbc.com.cn
E-mail:zhbc@zhbc.com.cn
大廠回族自治縣彩虹印刷有限公司印刷
*
850×1168 毫米 1/32 · 35¼印張 · 4 插頁 · 527 千字
1989 年 5 月第 1 版 2013 年 5 月第 2 版
2024 年 5 月第 13 次印刷
印數:27901-28400 册 定價:158.00 元

ISBN 978-7-101-09265-3

新編諸子集成出版説明

子書是我國古籍的重要組成部分。最早的一批子書産生在春秋末到戰國時期的百家争鳴中，其中不少是我國古代思想文化的珍貴结晶。秦漢以後，還有不少思想家和學者寫過類似的著作，其中也不乏優秀的作品。

二十世紀五十年代，中華書局修訂重印了由原世界書局出版的諸子集成。這套叢書匯集了清代學者校勘、注釋子書的成果，較爲適合學術研究的需要。但其中未能包括近幾十年特别是一九四九年後一些學者整理子書的新成果，所收的子書種類不够多，斷句、排印尚有不少錯誤，爲此我們從一九八二年開始編輯出版新編諸子集成，至今已出滿四十種。

新編諸子集成所收子書與舊本諸子集成略同，是一般研究者經常要閲讀或查考的書。每一種都選擇到目前爲止較好的注釋本，有的書兼收數種各具優長的注本。出版以來，深受讀者歡迎，還有不少讀者提出意見建議，幫助我們修訂完善這套書，在此謹致謝忱。

本套書目前以平裝本行世，每種單獨定價。近期我們還將出版精裝合訂本，以滿足不同層次讀者的需求。

後續整理的重要子書，將納入新編諸子集成續編陸續刊出，敬請讀者關注。

中華書局編輯部

二〇一〇年一月

點校説明

淮南子二十一篇，本名鴻烈，由西漢時淮南王劉安（公元前一七九年——公元前一二二年）招致賓客集體編寫而成，於漢武帝建元元年（公元前一四〇年）獻上。劉向、劉歆父子校訂圖書，定名淮南内，置於諸子略内，後世遂稱淮南子或淮南鴻烈。

劉安是漢高祖劉邦的孫子，漢文帝前元十六年（公元前一六四年）被立爲淮南王，漢書本傳稱他「爲人好書，鼓琴，不喜弋獵狗馬馳騁」。他與「賓客方術之士數千人」編著鴻烈之時，正是「竇太后好黄帝、老子言」，文帝、景帝及許多大臣「不得不讀黄帝、老子，尊其術」（史記外戚世家）之日，自然無爲的道家思想就是當時的統治思想。在漢武帝初年做太史令的司馬談，深通黄、老之學，他對西漢前期道家思想即黄、老思想作了如下的論述：「道家使人精神專一，動合無形，贍足萬物。其爲術也，因陰陽之大順（序四時之大順），采儒、墨之善（儒家序君臣之禮，列夫婦長幼之别，墨家彊本節用），撮名、法之要（法家正君臣上下之分，名家正名實），與時遷移，應物變化，立俗施事，無所不宜，指約而易操，事少而功多。」（史記太史公自序）東漢末年，高誘注淮南子，在敍中對全書内容作了簡明的概括：「其旨近老子，淡泊無爲，蹈虚守静，出入經道。言其大也，則燾天載地；説其細也，則淪於無垠，及古今治亂存亡禍福，世間詭異瓌奇之事。其義也著，其文也富，物事之類，無所不載，然其大較歸之於道，號曰鴻烈。鴻，大也；烈，明也，以爲大明道之言也。」淮南子一書的作者在談到著書宗旨時指出：「夫作爲書論者，所以紀綱道德，經緯人事。」「道論至深，故多爲之辭以抒其情；萬物至衆，故博爲之説以通其意。」「故著書二十篇，則天地之理究矣，人間之事接矣，帝王之道備矣。」（淮南子要略）可以説，淮南子一書是對西漢前期道家思想的系統而詳盡的總結，是研究與「文、景之治」相適應的統治思想卽黄、老思想的極其寶貴而豐富的資料。

隋書經籍志著録淮南子二十一卷，有高誘注和許慎注兩種。流傳至今的只有題名高誘注并有高誘敍的一種，據前人考證，其中原道、俶真、天文、墬形、時則、覽冥、精神、本經、主術、氾論、説山、説林、脩務等十三篇爲高注，繆稱、齊俗、道應、詮言、兵略、人間、泰族、要略等八篇爲許注。

淮南子有多種版本和注本，吴則虞考證爲一百六十二種，劉文典的淮南鴻烈集解是其中之一。

劉文典字叔雅，原名文驄，安徽合肥人，生於一八八九年十二月，病逝於一九五八年七月十五日。他一九〇六年進入蕪湖安徽公學學習，一九〇七年加入同盟會。一九〇九年赴日本東京求學，一九一二年回上海任民立報翻譯。一九一三年再次赴日，并參加中華革命黨，在孫中山處作秘書工作。一九一六年回國，經陳獨秀介紹，到北京大學任教，并擔任新青年雜志英文編輯。一九二七年應聘出任安徽大學校長。一九二八年安徽大學學生罷課，蔣介石親自召見他，責令交出共産黨員名單，嚴辦罷課學生。他當面頂撞，被關押起來。後經蔡元培力保，才得到釋放。一九二八年底回北京大學任教。一九二九年，經羅家倫介紹，到清華大學任國文系主任，同時在北京大學兼課。一九三八年，取道香港至昆明，在西南聯大任教。由於思想消沉，染上了吸鴉片烟的惡習，於一九四三年受鹽商之聘到磨黑中學（普洱中學）任校長，結果被西南聯大解聘。不久，由徐嘉瑞介紹到雲南大學文史系任教。全國解放前夕，胡適爲他辦好去美國的簽證，并買好了飛機票，出於對祖國的熱愛，他謝絶了。解放後，他的精神狀態一天比一天振作，被評爲一級教授，參加了九三學社，被選爲第二屆全國政協委員。

劉文典治學態度謹嚴，受到學術界好評。淮南鴻烈集解是他在北京大學任教期間完成的第一部專著。該書以莊逵吉校本爲底本，以錢塘淮南天文訓補注作附録，裒輯王念孫、孫詒讓、俞樾、洪頤煊、陶方琦、王引之、錢大昕、梁履繩、桂馥、孫志祖、顧炎武、劉績、郝懿行、胡鳴玉等二十餘家之説，并遍引藝文類聚、北堂書鈔、初學記、白帖、意林、太平御覽等唐、宋類書爲佐證，資料豐富，條理分明，採擇亦屬精當，其中還有不少見解爲前人所未發，爲閱讀和深入研究淮南子提供了方便。

淮南鴻烈集解於一九二三年由商務印書館出版，一九二四年再版。我們這次整理，除加全式標點外，還參校了有關書籍，凡有改動及存疑之處，均一一出校。劉文典另有三餘札記，其中淮南子校補一百六十九條，淮南子逸文二十九條，今一併作爲附録，以饗讀者。本書原來附録的錢塘淮南天文訓補注，仍予保存，置於全書之末。

點校者　一九八六年一月

目録

上冊

下冊

淮南鴻烈集解序

整理國故，約有三途：一曰索引式之整理，一曰總帳式之整理，一曰專史式之整理。

典籍浩繁，鉤稽匪易，雖有博聞彊記之士，記憶之力終有所窮。索引之法，以一定之順序，部勒紊亂之資料；或依韻目，或依字畫，其爲事近於機械，而其爲用可補上智才士之所難能。是故有史姓韻編之作，而中下之材智能用廿四史矣；有經籍籑詁之作，而初學之士能檢古訓詁矣。此索引式之整理也。

總帳式者，向來集注、集傳、集説之類似之。同一書也，有古文今文之争，有漢、宋之異，有毛、鄭之别，有鄭、王之分。歷時既久，異説滋多。墨守門户之見者，囿於一先生之言，不惜繁其文、枝其辭以求勝；而時過境遷，向日斤斤之争，要不過供後人片段之擷取而已。上下二千年，顛倒數萬卷，辨各家之同異得失，去其糟粕，拾其精華，於以結前哲千載之訟争，而省後人無窮之智力；若商家之歲終結帳然，綜觀往歲之盈折，正所以爲來日之經營導其先路也。

專史云者，積累既多，系統既明，乃有人焉，各就性之所近而力之所能勉者，擇文化史之一部分，或以類别，或以時分，著爲專史。專史者，通史之支流而實爲通史之淵源也。二千年來，此業尚無作者；鄭樵有志於通史，而專史不足供其採擇；黄宗羲、全祖望等有志於專史，而所成就皆甚微細。此則前修之所未逮，而有待於後來者矣。

吾友劉叔雅教授新著淮南鴻烈集解，乃吾所謂總帳式之國故整理也。淮南王書折衷周、秦諸子，「棄其畛挈，斟其淑静，非循一迹之路，守一隅之指」，其自身亦可謂結古代思想之總帳者也。其書作于漢代，時尚修辭；今觀許慎、高誘之注，知當漢世已有注釋之必要。歷年久遠，文義變遷，傳寫譌奪，此書遂更難讀。中世儒者排斥異己，忽略百家，坐令此絶代奇書沉埋不顯。迄乎近世，經師旁求故訓，博覽者始稍稍整治秦、漢諸子，而淮南王書治之者尤衆。其用力最勤而成功較大者，莫如高郵王氏父子，德清俞氏間有創獲，已多臆説矣；王紹蘭、孫詒讓頗精審，然所校皆不多。此外，如莊逵吉、洪頤煊、陶方琦諸人，亦皆瑕瑜互見。計二百年來，補苴校注之功，已令此書稍稍可讀矣。然諸家所記，多散見雜記中，學者罕得遍讀；其有單行之本，亦皆僅舉斷句，不載全文，殊不便於初學。以故，今日坊間所行，猶是百五十年前之莊逵吉本，而王、俞諸君勤苦所得，乃不得供多數學人之享用；然則叔雅集解之作，豈非今日治國學者之先務哉？

叔雅治此書，最精嚴有法，吾知之稍審，請略言之。唐、宋類書徵引淮南王書最多，而向來校注諸家搜集多未備；陶方琦用力最勤矣，而遺漏尚多。叔雅初從事此書，遍取書鈔、治要、御覽及文選注諸書，凡引及淮南原文或許、高舊注者，一字一句，皆採輯無遺。輯成之後，則熟讀之，皆使成誦；然後取原書，一一注其所自出；然後比較其文字之同異；其無異文者，則舍之；其文異者，或訂其得失，或存而不論；其可推知爲許慎注者，則明言之；其疑不能明者，亦存之以俟考。計御覽一書，已踰千條，文選注中，亦五六百條。其功力之堅苦如此，宜其成就獨多也。

方叔雅輯書時，苟有引及，皆爲輯出，不以其爲前人所已及而遺之。及其爲集解，則凡其所自得有與前人合者，皆歸功於前人；其有足爲諸家佐證，或匡糾其過誤者，則先舉諸家而以己所得新佐證附焉。至其所自立説，則僅列其證據充足、無可復疑者。往往有新義，卒以佐證不備而終棄之；友朋或爭之，叔雅終不願也。如詮言訓：「此四者，耳目鼻口不知所取去。心爲之制，各得其所。」俞樾據上文「目好色，耳好聲，口好味」，因謂「鼻」字爲衍文；然文子符言篇上文言「目好色，耳好聲，鼻好香，口好味」，而下文亦有「鼻」字。叔雅稿本中論此一條云：「此疑上文『口好味』上脱『鼻好香』三字。文子符言篇及此處耳目鼻口竝舉，皆其證也。俞氏不據文子以證上文之脱失，反以『鼻』字爲後人據文子增入，謬矣。惟余亦未在他處尋得更的確之證據，故未敢駁之耳。」此可見叔雅之矜慎。叔雅於前人之説，樂爲之助證，而不欲輕斥其失，多此類也。然亦有前人謬誤顯然，而叔雅寧自匿其創見而爲之隱者，如本經訓「元元至碭而運照」，俞樾校云：「樾謹按：高注曰：『元，天也；元，氣也。』分兩字爲兩義，殊不可通。疑正文及注均誤。正文本曰：『元光至碭而運照。』注文本曰：『元，天也；光，氣也。』俶真篇曰：『弊其元光，而求知之於耳目。』此元、光二字見於本書者。高彼注曰：『元光，内明也。一曰，元，天也。』然則此曰『元，天也』，正與彼注同。疑彼亦有『光氣也』三字，而今脱之也。」（諸子平議三十，頁八）叔雅稿本中論此條云：「宋、明本皆作『玄元至碭而運照』，莊本避清聖祖諱，改玄爲元耳。俞氏未見古本，但馮莊本立説，可笑也。『玄，天也』，本是古訓。原道、覽冥、説山諸篇，高注皆曰：『玄，天也。』釋名：『天謂之玄。』桓譚新論（後漢書張衡傳注引）：『玄者，天也。』」此條今亦未收入集解，豈以宋、明藏本在今日得之甚易，以之責備前人，爲乘其不備耶？此則忠厚太過，非吾人所望於學者求誠之意者矣。

然卽今印本集解論之，叔雅所自得，已卓然可觀。如俶真訓云：「百圍之木，斬而爲犧尊，鏤之以剞劂，雜之以青黄；華藻鎛鮮，龍蛇虎豹，曲成文章。然其斷在溝中，壹比犧尊，溝中之斷，則醜美有間矣。然而失木性，鈞也。」向來校者，僅及名物訓詁，未有校其文義之難通者。叔雅校云：「『然其斷在溝中』句疑有脱誤。莊子天地篇作『其斷在溝中』，亦非。惟御覽七百六十一引莊子作『其一斷在溝中』，不誤。今本『一』字誤置『比』字上，傳寫又改爲『壹』，義遂不可通矣。」（卷二，頁十一）此據御覽以校莊子，乃以之校淮南，甚精也。又如墬形訓云：「無角者膏而無前，有角者指而無後。」高注云：「膏，豕也，熊猿之屬。無前，肥從前起也。指，牛羊之屬。無後，肥從後起也。」莊逵吉校云：「指應作脂，見周禮注，所謂『戴角者脂，無角者膏』是也。又王肅家語注引本書，正作脂。」莊校已甚精審，然「無前」「無後」之説終不易解。叔雅校云：「莊校是也。御覽八百六十四『脂膏』條下、八百九十九『牛』條下引，指並作脂，是其碻證。又『無前』『無後』，義不可通。『無』疑當作『兑』，始譌『无』，傳寫又爲『無』耳。御覽八百九十九引，正作『兑前』『兑後』，又引注云『豕馬之屬前小，牛羊後小』，是其證矣。前小卽兑前，後小卽兑後也。」（卷四，頁九。兑卽今鋭字。）此條精碻無倫，真所謂後來居上者矣。

類書之不可盡恃，近人蓋嘗言之。叔雅校此書，其採類書，斷制有法。若上文所引御覽八百九十九，引原文而并及久佚之古注，其可依據，自不待言。其他一文再見或三見而先後互異者，或各書同引一文而彼此互異者，或僅一見而與今本微異者，其爲差異，雖甚微細，亦必竝存之，以供後人之考校。其用意甚厚，而其間亦實有可供義解之助者。如説林訓云：「以兔之走，使犬如馬，則逮日歸風。及其爲馬，則又不能走矣。」孫詒讓校此句，謂「歸當爲遺，聲之誤也」。其爲臆説，無可諱言。叔雅引御覽九百七引，作：「以兔之走，使大如馬，則逐日追風。及其爲馬，則不走矣。」此不必糾正孫説，而使人知此句之所以可疑，不在「歸」字之爲「遺」爲「追」，而在「犬」字之應否作「大」。蓋校書之要，首在古本之多；本子多則暗示易，而向之不爲人所留意者，今皆受拶榨而出矣。上文之「兑」，此文之「大」，皆其例也。

叔雅此書，讀者自能辨其用力之久而勤，與其方法之嚴而慎。然有一事，猶有遺憾，則錢繹之方言箋疏未被採及是也。淮南王書雖重修飾，然其中實多秦、漢方言，可供考古者之採訪。如開卷第一葉「甚淖而滒」，高注曰：「滒，亦淖也。夫饘粥多瀋者謂滒。滒讀歌謳之歌。」莊逵吉引説文「滒，多汁也」以證之，是也。今徽州方言謂多汁爲「淖」，粥多瀋則謂之「淖粥」；欲更狀之，則曰「淖滒滒」，滒今讀如呵。

又如主術訓云：「聾者可使嚾筋，而不可使有聞也。」王紹蘭與孫詒讓皆引攷工記弓人「筋欲敝之敝」句鄭司農注「嚼之當熟」。孫又引賈疏「筋之椎打嚼齧，欲得勞敝」，謂「嚼筋」爲漢時常語，卽謂椎打之，使柔熟，以纆弓弩也。（本書卷九，頁十二。）今徽州績谿人詈人多言而無識，曰「嚼弓筋」，亦曰「瞎嚼弓筋」。凡此之類，皆可今古互證。錢繹所輯，雖未及於今日之方言，然其引此書中語，與方言故訓竝列，往往多所發明，似亦未可廢也。質之叔雅，以爲如何？

中華民國十二年三月六日，胡適。

自序

淮南王書博極古今，總統仁義，牢籠天地，彈壓山川，誠眇義之淵叢，嘉言之林府，太史公所謂「因陰陽之大順，采儒、墨之善，撮名法之要」者也。惟西漢迄今，歷二千祀，鈔刊屢改，流失遂多。許、高以之溷濁，句讀由其相亂，後之覽者，每用病諸。雖清代諸師如盧文弨、洪頤煊、王念孫、俞樾、孫詒讓、陶方琦之倫各有記述，咸多匡正，而書傳繁博，條流踳散，卷分袠異，檢覈難周，用使脩學之士迴遑歧塗，沿波討原，未知攸適。予少好校書，長而彌篤，講誦多暇，有懷綜緝，聊以錐指，增演前脩。采拓清代先儒注語，搆會甄賓，取其要指，豫是有益，竝皆鈔內。其有穿鑿形聲，競逐新異，亂真越理，以是爲非，隨文糾正，用祛疑惑。若乃務出游辭，苟爲汎説，徒滋蕪濫，秖增煩冗，今之所集，又以忽諸。管闚所及，時見微意，輒有發明，亦附其末。雖往滯前疑未盡通解，而正譌苗佚，必有馮依，一循塗軌，未詳則闕。名爲集解，合二十一卷，庶世之君子或裨觀覽焉！

中華民國十年六月十五日，合肥劉文典。

敍目

漢涿郡高誘撰

淮南子名安，厲王長子也。長，高皇帝之子也。其母趙氏女，○莊逵吉云：漢書淮南王傳不云趙氏女，而云其弟趙兼。爲趙王張敖美人。高皇帝七年討韓信於銅鞮，信亡走匈奴，上遂北至樓煩。還過趙，不禮趙王。趙王獻美女趙氏女，○莊逵吉云：應云「獻美人趙氏女」，此女字疑譌。得幸，有身。趙王不敢内之於宫，爲築舍于外。及貫高等謀反發覺，并逮治王，盡收王家，及美人，趙氏女亦與焉。吏以得幸有身聞上，上方怒趙王，未理也。趙美人弟兼因辟陽侯審食其言之吕后，吕后不肯白，辟陽侯亦不强争。及趙美人生男，恚而自殺。吏奉男詣上，上命吕后母之，封爲淮南王。暨孝文皇帝卽位，長弟上書願相見，詔至長安。日從游宴，驕蹇如家人兄弟。怨辟陽侯不争其母於吕后，因椎殺之。上非之，肉袒北闕謝罪，奪四縣，還歸國。爲黄屋左纛，稱東帝，坐徙蜀巖道，○莊逵吉云：古巖、嚴字通。死於雍。上閔之，封其四子爲列侯。時民歌之曰：「一尺繒，好童童。一升粟，飽蓬蓬。兄弟二人，不能相容。」○莊逵吉云：本傳作：「一尺布，尚可縫。一斗粟，尚可舂。兄弟二人不相容。」上聞之曰：「以我貪其地邪？」乃召四侯而封之：其一人病薨，長子安襲封淮南王，次爲衡山王，次爲廬江王。太傅賈誼諫曰：「怨讎之人，不可貴也。」後淮南、衡山卒反，如賈誼言。初，安爲辨達，善屬文。皇帝爲從父，數上書，召見。孝文皇帝甚重之，詔使爲離騷賦，○莊逵吉云：本傳作「使爲離騷傳」。○孫詒讓云：此自作賦，與本傳不同。文心雕龍神思篇云「淮南崇朝而賦騷」，卽本高敍。自旦受詔，日早食已。上愛而秘之。天下方術之士多往歸焉。於是遂與蘇飛、李尚、左吳、田由、雷被、毛被、伍被、晉昌等八人，及諸儒大山、小山之徒，共講論道德，總統仁義，而著此書。其旨近老子，淡泊無爲，蹈虛守静，出入經道。言其大也，則燾天載地，説其細也，則淪於無垠，及古今治亂存亡禍福，世間詭異瓌奇之事。其義也著，其文也富，物事之類，無所不載，然其大較歸之於道，號曰鴻烈。鴻，大也，烈，明也，以爲大明道之言也。故夫學者不論淮南，則不知大道之深也。是以先賢通儒述作之士，莫不援采以驗經傳。以父諱長，故其所著，諸「長」字皆曰「脩」。光禄大夫劉向校定撰具，名之淮南。又有十九篇者，謂之淮南外篇。自誘之少，從故侍中、同縣盧君受其句讀，誦舉大義。會遭兵災，天下棊峙，亡失書傳，廢不尋修，二十餘載。建安十年，辟司空掾，除東郡濮陽令，覩時人少爲淮南者，懼遂凌遲，於是以朝餔事畢之間，乃深思先師之訓，參以經傳道家之言，比方其事，爲之注解，悉載本文，并舉音讀。典農中郎將弁揖借八卷刺之，○莊逵吉云：弁，古卞字，人姓名。○孫詒讓云：林寶元和姓纂九卞姓云：「濟陰宛句人，魏卞揖生統，爲晉瑯琊内史。生粹，中書令。（此下，據晉書卞壼傳，當有粹生壼云云，永樂大典本挩。）子眕、盱、眈、瞻。」然則此弁揖卽卞揖，（漢隸書弁字多作卞，後遂變爲卞，莊校是也。）爲壼之曾祖。晉書壼傳所載世系，止詳統、粹官爵，而不及揖，此可以補其闕。會揖身喪，遂亡不得。至十七年，遷監河東，復更補足。淺學寡見，未能備悉，其所不達，注以「未聞」。唯博物君子覽而詳之，以勸後學者云爾。

莊序

歲甲辰，逵吉讀道藏於南山之説經臺，覽淮南内篇之注，病其爲後人所删改，質之錢别駕坫。別駕曰：「道書中亦非全本，然較之流俗所行者多十之五六。」爰擂其篋笥以示逵吉。逵吉因是校其同異，正其譌舛，樂得而刻之。并爲之敍曰：漢書淮南王傳稱安招致賓客方術之士數千人，作爲内書二十一篇，外書甚衆。又有中篇八卷，言神仙黄白之術，亦二十餘萬言。安入朝，獻所作，内篇新出，上愛祕之。而藝文志雜家者流有淮南内二十一篇，淮南外三十三篇，天文有淮南雜子星十九卷。傳不及雜子星，而志不載神仙黄白之作，然後代往往傳萬畢術云云，大槩多黄白變幻之事，卽所謂中篇遺蹟歟？西京雜記：「安著鴻烈二十一篇。鴻，大也；烈，明也。言大明禮教。」鴻烈之義，一見于本書要略，而高誘敍中亦言「講論道德，總統仁義，而著此書，號曰鴻烈」，是内篇一名鴻烈也。誘又曰：「光禄大夫劉向校定撰具，名之淮南。」藝文志本向、歆所述，是淮南内、淮南外之稱爲劉向之所定。然只題淮南，不必稱子。志論次儒家至小説，名曰諸子十家，後遂緣之而加子字矣。隋書經籍志：淮南子二十一卷，許慎注，又有高誘注亦二十一篇。唐書經籍志：淮南子注解二十一卷，高誘撰。又有淮南鴻烈音二卷，何誘撰。新唐書藝文志，鴻烈音亦題高誘撰，而高、許兩家注並列，同隋志。宋史藝文志則云許注二十一卷，高注十三卷。似當時兩本原別。然劉昫無許注，而元脩宋志乃以高書爲十三卷者，攷晁公武讀書志據崇文總目云「亡其三篇」，李淑邯鄲圖志云「亡二篇」，或因删併訛脱而爲此説歟？淮南本二十篇，要略一篇則敍目也，其例與揚子法言、王符潛夫等書正同，故高似孫直指爲淮南二十篇。説者又以似孫之言互證晁、李，斯更誣矣。高時無切音之學，鴻烈音應如劉昫云何誘，不得改稱高誘。歐陽不精攷古，以名字相涉而亂之，如徐堅初學記、李善文選注、李昉太平御覽引淮南，或並有翻語，卽其書也。高則已自言「爲之注解，并舉音讀」矣，寧得于本注之外別有撰作哉？公武謂許注題「記上」，陳振孫謂今本皆云許注，而詳敍文卽是高誘。逵吉以爲，此乃後人誤合兩家爲一，故溷而不分也。如墬形訓大汾，誘注云「在晉」，吕覽則云「未聞」。同爲一人語釋，未必聞于此而不聞于彼也。俶真訓「剞劂」，注云：「剞，巧工鉤刀。劂者，規度刺畫墨邊箋，所以刻鏤之具也。」本經訓則云：「剞，巧刺畫盡頭黑邊箋也。劂，鏂刀。」同爲一書語釋，未必前後惑亂如是也。此亦兩家不分之明驗矣。又文選注引許注「三光」云：「日、月、星。」「明月珠」云：「夜光之珠，有似明月。」歐陽詢藝文類聚引許注「柳下惠」云：「展禽樹柳行惠。」釋玄應一切經音義引許注「奇屈之服」云：「屈短奇長。」太平御覽引許注「畫隨灰而月暈闕」云：「有軍事相圍守。」「土龍致雨」云：「以象雲龍。」皆卽高注。殷敬順列子釋文引許注「策錣」云：「馬策端有利鋒，所以刺不前。」太平御覽引許注「方諸見月」云：「諸，珠也。方，石也。以銅盤受之，下水數升。」皆與高異。文選注引許注「莫鑒于流潦，而鑒于澂水」云：「楚人謂水暴溢爲潦。」「鷄棲井榦」云：「皆屋構飾也。」太平御覽引許注「騏驎鬥而日月食，鯨魚死而彗星出」云：「騏驎，大角獸，故與日月符。鯨魚，海中魚之王也。」「一墣塞江」云：「墣，塊也。」皆高之所無。又文選注引「綄之候風」許注云：「綄候風者，楚人謂之五兩。」今高注則「綄」作「俔」，云「世謂之五兩」。「自西南至東南，有裸人國、黑齒民」，許注云：「其民不衣。」「其人黑齒。」今高注則裸國在東南，黑齒在東北，但有「其人黑齒」注語，而無「其民不衣」云云。更可見本之故多殊異，注之互有脱訛矣。故「釣射鷫鸘」，太平御覽引作「釣射瀟湘」，是足證其殊異。「牛蹄之涔，無尺之鯉；塊阜之山，無丈之材：皆其營宇狹小，而不能容巨大」，太平御覽引作「牛蹄之涔，無經尺之鯉；魁父之山，無營宇之材：皆其狹小，而不能容巨大」，是足證其脱訛。蓋唐、宋以前，古本尚存，皆得展轉引據。今亡之，又爲庸夫散亂，難言攷正耳。别駕校訂是書，既精且博，逵吉亦抒一得之愚，爲之疏通旁證。舉以示歙程文學敦、陽湖孫編修星衍，皆以爲宜付削刀。時侍家君咸寧官舍，謹刊而布之。略攷淮南作書之始末，及高、許注書之端緒，剌于敍目之後，蓋卽别駕所校道書中本也。若此書不亡于天下，而逵吉亦附名以傳，斯爲厚幸云爾。

乾隆戊申五十有三年三月，武進莊逵吉撰。

淮南鴻烈集解卷一

原道訓

原，本也。本道根真，包裹天地，以歷萬物，故曰「原道」，因以題篇。○姚範云：疑「訓」字高誘自名其注解，非淮南篇名所有，卽誘序中所云「深思先師之訓」也。要略無「訓」字。

夫道者，覆天載地，道無形而大也。**廓四方，柝八極，**廓，張也。柝，開也。八極，八方之極也，言其遠。柝，讀重門擊柝之柝也。**高不可際，深不可測，**際，至也。度深曰測，一曰盡也。**包裹天地，稟授無形。**稟，給也。授，予也。無形，萬物之未形者。皆生於道，故曰稟授無形也。**原流泉浡，沖而徐盈；**原，泉之所自出也。浡，湧也。沖，虚也。始出虚，徐流不止，能漸盈滿，以喻於道亦然也。**混混滑滑，濁而徐清。**滑，讀曰骨也。**故植之而塞于天地，横之而彌于四海，施之無窮而無所朝夕。**植，立也。塞，滿也。彌，猶絡也。施，用也。用之無窮竭也，無所朝夕盛衰。**舒之幎於六合，卷之不盈於一握。**舒，散也。幎，覆也。孟春與孟秋爲合，仲春與仲秋爲合，季春與季秋爲合，孟夏與孟冬爲合，仲夏與仲冬爲合，季夏與季冬爲合，故曰六合。言滿天地間也。一曰，四方上下爲六合。不盈一握，言微妙也。**約而能張，幽而能明，**言道能小能大，能昧能明。**弱而能强，柔而能剛。**道之性也。**横四維而含陰陽，**横，讀桄車之桄。○桂馥云：一切經音義云：「桄，聲類作輄，車下横木也。」今車牀及梯轝横木皆曰桄是也。**紘宇宙而章三光。**紘，綱也，若小車蓋四維謂之紘，繩之類也。四方上下曰宇，古往今來曰宙，以喻天地。章，明也。三光，日、月、星。○莊逵吉云：「三光，日、月、星。」李善文選注作許慎注。説文解字：「維，車蓋維也。」鄭康成注雜記云：「冠有笄者爲紘，紘在纓處，兩端上屬，下不結。」紘非正義，故誘讀從之。**甚淖而滒，甚纖而微。**滒，亦淖也。夫饘粥多瀋者謂滒。滒，讀歌謳之歌。○莊逵吉云：説文解字：「滒，多汁也。讀若哥。」古哥、歌同字。**山以之高，淵以之深，獸以之走，鳥以之飛，日月以之明，星歷以之行，麟以之游，鳳以之翔。**以，用也。游，出也。大飛不動曰翔也。**泰古二皇，得道之柄，立於中央，**二皇，伏羲、神農也。指説陰陽，故不言三也。○文典謹按：御覽七十七引許注云：「庖犧、神農。」**神與化游，以撫四方。**撫，安也。四方謂之天下也。○俞樾云：撫，讀爲幠。説文巾部：「幠，覆也。」古書或以「撫」爲之。荀子宥坐篇：「勇力撫世，守之以怯。」楊倞注曰：「撫，掩也。」掩即覆也。此云「以撫四方」，猶言以覆四方。上文云「舒之幎於六合」，高誘注曰：「幎，覆也。」幠、幎同義。作撫者，叚字耳。高注「撫，安也」，失之。**是故能天運地滯，輪轉而無廢，**運，行也。滯，止也。廢，休也。

○莊逵吉云：古滯、壥聲相轉，故周禮質人「珍異之有滯者」，注：「故書滯或作壥。」壥之言纏，故壥有止訓。滯之音義皆從之。**水流而不止，與萬物終始。風興雲蒸，事無不應；**應，當也。**雷聲雨降，竝應無窮。**窮，已也。**鬼出電入，龍興鸞集；**鬼出，言無蹤迹也。電入，言其疾也。○文典謹按：文選新刻漏銘注引作「鬼出神入」。**鈞旋轂轉，周而復帀。**鈞，陶人作瓦器法，下轉旋者。一曰，天也。**已彫已琢，還反於樸。無爲爲之而合于道，無爲言之而通乎德，**言一三之化，無爲爲之也，而自合于道也；無所爲言之，而適自通于德也。**恬愉無矜而得於和，**恬愉，無所好憎也。無矜，不自大也。**有萬不同而便於性，**萬事不同，能便於性者，性不欲也。**神託於秋豪之末，**言微眇也。**而大宇宙之總。**宇宙，論天地總合也。○俞樾云：「大」下疑脫「於」字。謂神雖託於秋毫之末，而視宇宙之總合更大也。今脫「於」字，文義未明。**其德優天地而和陰陽，**優，柔也。和，調也。○文典謹按：羣書治要、御覽七十七引「優」並作「覆」。**節四時而調五行。**五行，金、木、水、火、土也。**呴諭覆育，萬物羣生，**呴諭，温恤也。育，長也。○洪頤煊云：禮記樂記：「煦嫗〔一〕覆育萬物。」鄭注：「氣曰煦，體曰嫗。」正義：「天以氣煦之，地以形嫗之，是天煦覆而地嫗育，故言『煦嫗覆育萬物』也。」呴諭卽煦嫗，古字通用。

〔一〕「嫗」，原本作「婾」，據禮記樂記改。

潤於草木，浸於金石，禽獸碩大，豪毛潤澤，羽翼奮也，奮，壯也。角觡生也，角，鹿角也。觡，麋角也。觡，讀曰格。獸胎不贕，鳥卵不毈，胎不成獸曰贕，卵不成鳥曰毈。言「不」者，明其成。○莊逵吉云：說文解字：「毈，卵不孚也。」又天文訓云：「戊子干甲子，胎夭卵毈。」○汪文臺云：雲笈七籤一引，贕作殰，毈作殈。父無喪子之憂，兄無哭弟之哀，言無夭死。童子不孤，婦人不孀，無父曰孤，寡婦曰孀也。○陶方琦云：詩桃夭正義引許注「楚人謂寡婦曰霜」，即此注也。如俶真訓許注「楚人謂水暴溢曰濼」（文選江賦注引）、覽冥訓許注「楚人謂袒曰裋」（列子釋文引）之例。高承舊說，故似同。惟脩務訓（有「題篇」字，爲高注本）「以養孤孀」，高注「雒家謂寡婦曰孀婦」，（呂覽高注時稱「雒家」。）與許稱楚人亦異，知二十一篇内稱楚人者，多係許注矣。許注孀作霜，用叚借字。（御覽二十八及八十三引「以養孤霜」，正作霜，亦是許本。）虹蜺不出，賊星不行，賊星，妖星也。○文典謹按：御覽七十七引許注云：「五星逆行，謂之賊星也。」含德之所致也。含，懷也。夫太上之道，生萬物而不有，不以爲己有者也。成化像而弗宰。宰，主也。跂行喙息，蠉飛蝡動，待而後生，莫之知德；不因德之。待之後死，莫之能怨。不怨虐之。得以利者不能譽，用而敗者不能非。收聚畜積而不加富，收聚畜積，國有常賦也。不加富者，爲百姓，不以爲己有也。布施禀授而不益貧。布施禀授，匡困乏，予不足也。以公家之資，故不益貧也。旋縣而不可究，纖微而不可勤。縣，猶小也。勤，猶盡也。

○王念孫云：諸書無訓縣爲小者，縣當爲緜，字之誤也。（隸書縣字或作縣，緜字或作緜，一形相似，故緜誤爲縣。漢緜竹令王君神道緜字作縣，是其證也。荀子彊國篇「今[一]巨楚緜吾前」，史記孝文紀「歷日緜長」，今本緜字並誤作縣。）逸周書和寤篇曰：「緜緜不絶，蔓蔓若何。」説文：「緜，聯微也。」廣雅：「緜，小也。」故高注亦訓爲小。旋亦小也。方言：「䁙，短也。」郭璞曰：「便旋，庳小貌。」䁙與旋同。此言道至微眇，宜若易窮，而實則廣大不可究也。此言旋緜，下言纖微，其義一也。又主術篇：「鞅鞈鐵鎧，瞋目扼掔，（古腕字。）其於以御兵刃，縣矣。券契束帛，刑罰斧鉞，其於以解難，薄矣。」高注曰：「縣，遠也。比於德不及之遠。」案：縣亦當爲緜。緜，薄也。此言緜，下言薄，其義一也。漢書嚴助傳「越人緜力薄材」，孟康曰：「緜，薄也。」言德之所禦，折衝千里，若鞅鞈鐵鎧，瞋目扼掔，其於以禦兵刃，則薄矣。高訓縣爲遠，而曰「比於德不及之遠」，殆失之迂。

累之而不高，墮之而不下，益之而不衆，損之而不寡，斲之而不薄，殺之而不殘，鑿之而不深，填之而不淺。忽兮怳兮，不可爲象兮；怳兮忽兮，用不屈兮；忽怳，無形貌也，故曰「不可爲象」也。屈，竭也。怳，讀人空頭扣之怳。屈，讀秋雞無尾屈之屈也。**幽兮冥兮，應無形兮；遂兮洞兮，不虛動兮。**洞，達也。道動有所應，故曰「不虛動」也。○俞樾云：遂，讀爲邃。離騷經「閨中既邃遠兮」，招魂篇「高堂邃宇」，王逸注並曰：「邃，深也。」洞亦深也。

[一]「今」，原本作「令」，據荀子彊國改。

文選西京賦「赴洞穴」，薛綜注曰：「洞穴，深且通也。」是洞有通義，亦有深義。「遂兮洞兮」，皆言其深也，方與上句「幽兮冥兮」意義相稱。高注曰「洞，達也」，非是。**與剛柔卷舒兮，與陰陽俛仰兮。**卷舒，猶屈伸也。俛仰，猶升降也。

昔者馮夷、大丙之御也，「夷」或作「遲」，「丙」或作「白」，皆古之得道能御陰陽者也。○莊逵吉云：詩「周道倭遲」，韓詩作「郁夷」，故「夷」或爲「遲」。丙、白字形相近。○陶方琦云：文選七發注引許注云：「馮遲、太白，河伯也。」古夷、遲通。齊俗訓「馮夷得道，以潛大川」，許注：「馮夷，河伯也。」文選廣絶交論注引淮南「昔者馮遲、太丙之御也」，亦作「遲」。莊子秋水篇釋文：「河伯一名馮遲。」顔籀匡謬正俗云：「古遲、夷通。淮南説馮夷河伯，乃爲『遲』。」師古所云淮南，卽許本也。丙或作白者，廣雅釋蟲：「白魚，蛃魚也。」王氏疏證謂白與丙聲之轉，引淮南「丙或作白」爲證。枚乘七發「六駕蛟龍，附從太白」，以太白爲河伯，是許説之所本。御覽引尚書緯云「白經天，水決江」，鄭康成注：「白，太白。」○洪頤煊云：丙當是内字之譌。大内卽大豆。吕氏春秋聽言篇：「造父始習於大豆。」内、豆聲相近。説文：「𠥮，从匚，丙聲。」徐鉉曰：「丙非聲，義當从内會意。」亦其證。**乘雲車，入雲蜺，游微霧，**以雲蜺爲其馬也。游，行也。微霧，天之微氣也。○王念孫云：雲車與雲蜺相複，雲當爲雷。太平御覽天部十四引此，正作「乘雷車」。下文曰：「電以爲鞭策，雷以爲車輪。」覽冥篇曰：「乘雷車，服應龍。」（今本服下誤衍駕字，辯見覽冥。）皆其證也。雷與雲字相似，又涉下句雲字而誤。「入雲蜺」本作「六雲蜺」，高注「以雲蜺爲其馬也」本作「以雲蜺爲六馬也」。（其字古作亓，形與六相似，故六誤爲其。史記周本紀「三百六十夫」，索隱曰：「劉氏音破六爲古其字。」管子重令篇「明主能勝六攻」，淮南地形篇「通谷六」，易林蠱之臨「周流六虚」，今本六字皆誤作其。）此言以雷爲車，以雲蜺爲六馬，故曰「乘雷車，六雲蜺」。齊俗篇曰「六騏驥，駟駃騠」，藝文類聚舟車部引尸子曰「文軒六駃題」，韓子十過篇曰「駕象車而六交龍」，司馬相如上林賦曰「乘鏤象，六玉虬」，並與此「六雲蜺」同義。文選七發「六駕蛟龍，附從太白」，李善曰：「以蛟龍若馬而駕之，其數六也。淮南子曰：『昔馮遲、太白之御，乘雷車，（今本雷字亦誤作雲。）六雲蜺。』」此尤其明證矣。今本作「入雲蜺」，太平御覽引作「駕雲蜺」，皆後人不曉六字之義而妄改之耳。（若作「入雲蜺」，則與注中雲蜺爲六馬之義了不相涉。若作「駕雲蜺」，則注但當云以雲蜺爲馬，無煩言六馬也。）**騖怳忽，歷遠彌高以極往，**騖，馳也。怳忽，無之象也。往，行也。◯王念孫云：怳忽當爲忽怳。（注内怳忽同。）文選七發注引作「忽荒」，荒與怳通。（老子曰：「是謂忽怳。」賈誼鵩鳥賦曰：「寥廓忽荒。」）怳與往、景、上爲韻。（景，古讀若鞅。下文「如響之與景」，與像爲韻。大荒西經「正立無景」，與響、往爲韻。荀子臣道篇「形下如景」，與響、象爲韻。）若作怳忽，則失其韻矣。**經霜雪而無迹，照日光而無景，**行霜雪中無有迹，爲日所照無景柱也。◯文典謹按：俗本有注云：「景，古影字。」孫志祖云，顔氏家訓書證篇，景字至晉世葛洪字苑傍始加彡。而惠氏棟九經古義乃云，高誘淮南子注曰：「景，古影字。」誘，漢末人，當時已有作景傍彡者，非始于葛洪字苑。案：高誘淮南注並無此語，俗刻原道篇注有之，乃明人妄加。唯大戴禮曾子天圓篇注有「景，古以爲影字」語，盧辯固在葛洪後也。段懋堂則云，惠定宇說，漢張平子碑卽有影字，不始于葛洪。然則古義之説，蓋誤據俗本淮南子，當改引張平子碑方合。**扶搖抮抱羊角而上，**扶，攀也。搖，動也。抮抱，引戾也。扶搖直如羊角，轉如曲縈，行而上也。抮，讀與左傳「憾而能眕」者同也。抱，讀詩「克岐克嶷」之嶷也。○洪頤煊云：抮抱亦作軫軳。文選七發李善注引淮南許注：「軫，轉也。」玉篇：「軳，戾也。」廣雅釋訓：「軫、軳、轉，戾也。」軳卽軳字之譌。○俞樾云：此當作「抮扶搖抱羊角而上」。讀者因淮南書多以「抮抱」連文，高氏此注又曰「抮抱，引戾也」，故移抮字於下，使抮抱連文，以合於高注。不知高注自總釋二字之義耳，非正文必相連也。扶搖也，羊角也，皆風也。莊子逍遥遊篇「摶扶搖而上者九萬里」，釋文引司馬云：「上行風謂之扶搖。」又曰「摶扶搖羊角而上者九萬里」，司馬云：「風曲上行若羊角。」是其義也。抮扶搖抱羊角而上，猶云摶扶搖羊角而上。今作扶搖抮抱羊角，則義不可通矣。**經紀山川，蹈騰昆侖，排閶闔，淪天門。**經，行也。紀，通也。蹈，躡也。騰，上也。昆侖，山名也，在西北，其高萬九千里，河之所出。排，猶斥也。淪，入也。閶闔，始升天之門也。天門，上帝所居紫微宫門也。馮夷、大丙之御，其耐如此。○文典謹按：耐，古能字。其耐如此，猶言其能如此也。**末世之御，雖有輕車良馬，勁策利鍛，不能與之爭先。**勁，强也。策，箠也。末之感也。言不能與馮夷、大丙爭在前也。鍛，讀炳燭之炳。○劉績本鍛作錣，注內「末之感也」作「錣，箠末之箴也」，「鍛，讀炳燭之炳」作「錣，讀焫燭之焫」，云「錣舊作鍛，非」。王念孫云：劉本是也。錣謂馬策末之箴，所以刺馬者也。説文：「笍，羊車騶箠也。箸箴其耑，長半分。」玉篇陟衛切，字或作錣。玉篇：「錣，竹劣、竹芮二切，針也。」道應篇：「白公勝到杖策，錣上貫頤。」彼注云：「策，馬捶。端有針，以刺馬，謂之錣。（錣音竹劣、竹芮二反。錣之言鋭也，其末鋭也。韓子喻老篇作「白公勝倒杖策而鋭貫頤」。）氾論篇「是猶無鏑銜策錣而御馯馬也」，注云：「錣，檇頭箴也。」（説文：「檇，箠也。」）義並與此注同。脩務篇云：「良馬不待册錣而行。」（册與策同。）韓子外儲説右篇云：「延陵卓子乘蒼龍與翟文之乘，前則有錯飾，後則有利錣，進則引之，退則策之。」列子説符篇：「白公勝倒杖策，錣上貫頤。」釋文曰：「許慎注淮南子云：『馬策，端有利鍼，所以刺不前也。』」義亦與高注同。錣爲策末之箴，故勁策與利錣連文。今本錣作鍛，則義不可通矣。高注「錣，箠末之箴也」，道藏本作「未之感也」，此是末誤作未，箴誤作感，又脱去「錣箠」二字耳。茅一桂本改「未之感也」爲「末世之御」，而莊伯鴻本從之，斯爲謬矣。焫音如劣反，聲與錣相近，故曰「錣，讀焫燭之焫」。（焫燭，燒燭也。郊特牲曰：「焫蕭合羶薌。」）秦策「秦且燒焫獲君之國」，史記張儀傳作燒掇，是其例也。今本作「鍛，讀炳燭之炳」，則不可通矣。〇陶方琦云：説文銐字下云：「羊箠也。端有鐵。」（鐵當是鍼。）玉篇：「笍，或作錣。」説文無錣，卽銐字也。御覽七百四十六引淮南（脩務訓）「良馬不待册錣而行」，許注：「錣，策端有鍼也。」皆與此説同。廣韻十五鎋「錣」字下云「策端有鐵」，（鐵應作鍼。）卽引許注。**是故大丈夫恬然無思，澹然無慮；**〇陶方琦云：文選石壁精舍還湖中詩注引許

注：「澹，猶足也。」齊俗訓「智伯有三晉而欲不澹」，許注：「澹，足也。」叚澹爲贍，故曰「猶足」。又通贍。呂氏春秋適音篇：「音不充，則不贍。」高注：「贍，足也，讀如澹然無爲之澹。」**以天爲蓋，以地爲輿；四時爲馬，陰陽爲御；**騶，御。**乘雲陵霄，與造化者俱。**大丈夫，喻體道者也。造化，天地。一曰，道也。霄，讀消息之消。○王念孫云：顧氏寧人唐韻正曰：「御本作騶，騶古音則俱反，與俱、區、驟爲韻。（説文騶從馬，芻聲。曲禮「車驅而騶」，釋文：「騶，仕救反，又七須反。」荀子禮論篇「趨中韶護」，正論篇趨作騶。）注『騶，御也』，御字正釋騶字，而今本爲不通音者竟改本文騶字爲御。案：韻補引此，正作騶。」念孫案：顧説是也。今本作御者，後人依文子道原篇改之耳。太平御覽天部八、兵部九十引此，竝作騶。○陶方琦云：御覽八引許注「霄其霧」，按「霄其霧」三字譌文。古字其作亓，雲作云，相似，故雲字譌作其字。霧乃譌字，當是「霄，雲也」。人間訓「膺摩赤霄」，許注：「霄，飛雲也。」玉篇：「霄，雲气。」或是「霄，雲也。一作霧」。脩務訓「乘雲陵霧」，是其証。○文典謹按：文選繆熙伯挽歌詩注、女史箴注引，並作「恬然無爲，與造化逍遥」，郭景純遊仙詩注引，作「大丈夫乘雲陵霄，與造化逍遥」。**縱志舒節，以馳大區。**區，宅也。宅謂天也。**可以步而步，可以驟而驟。令雨師灑道，使風伯埽塵。**雨師，畢星也。詩云：「月麗于畢，俾滂沱矣。」風伯，箕星。月麗于箕，風揚沙。**電以爲鞭策，**電，激氣也，故以爲鞭策。○文典謹按：御覽十三引注，激作擊。**雷以爲車輪。**雷，轉氣也，故以爲車輪。**上游**

於霄雿之野，下出於無垠之門。霄雿，高峻貌也。無垠，無形狀之貌。霄，讀紺綃。雿，讀翟氏之翟。○王念孫云：霄雿者，虛無寂漠之意。俶真篇曰「虛無寂漠，蕭條霄雿」是也。上言霄雿，下言無垠鄂，義本相近。高以正文言「上遊」，遂以霄雿爲高峻貌，非其本指也。「無垠」下有「鄂」字，今本正文及注皆脱去。漢書揚雄傳「紛被麗其亡鄂」，顏師古曰：「鄂，垠也。」垠鄂與霄雿相對爲文。文選西京賦「前後無有垠鄂」，李善注：「淮南子曰『出於無垠鄂之門』，許慎曰：『垠鄂，端崖也。』」（七命注同。）是許本有鄂字。太平御覽地部二十：「淮南子曰『下出乎無垠鄂之門』，高誘曰：『無垠鄂，無形之貌也。』」是高本亦有鄂字。○陶方琦云：高注作無垠，與許引原文亦異。御覽引高注曰：「無垠鄂，無形之貌也。」今高本作無垠，亦係譌敓。説文土部：「垠，地垠也。」衆經音義七引説文作「地圻咢也」。楚辭王注：「垠，岸崖也。」天文訓「气有涯垠」，垠通沂，漢書晉灼注：「沂，厓也。」鍔即説文刀部之㓵字，然應作鄂。李善引淮南正文作鄂，而引注作鍔，塙爲誤字。七命注引許注作堮，文選甘泉賦注：「鄂，垠堮也。」莊子天下篇：「無端崖之辭。」許説本此。**劉覽偏照，復守以全。**劉覽，回觀也。劉，讀留連之留，非劉氏之劉也。○莊逵吉云：詩「彼留之子」，鄭康成以爲卽劉字，故劉讀爲留。**經營四隅，還反於樞。**隅，猶方也。樞，本也。**故以天爲蓋，則無不覆也；以地爲輿，則無不載也；四時爲馬，則無不使也；陰陽爲御，則無不備也。**陰陽次敍，以成萬物，無所缺也，故曰無不備。**是故疾而不搖，遠而不勞，四支不動，**○王念孫云：動當爲勤，字之誤也。（齊語「天下諸侯知桓公之爲己動也」，管子小匡篇動作勤。史記十二諸侯年表楚堵敖囏，徐廣曰囏一作勤。今本勤誤作動。）脩務篇「四胑不勤」，卽其證。「四支不勤，聰明不損，而知八紘九野之形埒」，卽上文所謂「遠而不勞」也。不勤卽不勞意，與不損相近，若不動，則意與不損相遠矣。且搖、勞爲韻，勤、損爲韻，若作動，則失其韻矣。**聰明不損，**損，減也。**而知八紘九野之形埒者，何也？**八紘，天之八維也。九野，八方、中央也。**執道要之柄，而游於無窮之地。**○俞樾云：既言要，又言柄，於義未安，當作「執道之柄，而游於無窮之地」。文子道原篇作「執道之要，觀無窮之地也」。彼言要，此言柄，彼言觀，此言游，文異而義同。後人據文子以讀此文，遂有改柄爲要者，傳寫兩存其字，又誤入上文耳。又按：地下亦當有也字，蓋此是答問之辭，若無也字，則與上文「何也」不相應矣。當據文子補。**是故天下之事，不可爲也，**爲，治也。**因其自然而推之。**推，求也，舉也。**萬物之變，不可究也，秉其要歸之趣。**趣亦歸也。○王念孫云：「秉其要歸之趣」當作「秉其要趣而歸之」。秉，執也。要趣猶要道也。言執其要道而萬變皆歸也。此與「因其自然而推之」相對爲文，且歸與推爲韻，今作「秉其要歸之趣」，則句法參差而又失其韻矣。文子道原篇正作「秉其要而歸之」。**夫鏡水之與形接也，不設智故，而方圓曲直弗能逃也。**智故，巧飾也。鏡水不施巧飾之形，人之形好醜以實應之，故曰方圓曲直不能逃也。**是故響不肆應，而景不一設，**○莊逵吉云：古無影字，故用景。**叫呼彷彿，默然自得。**得叫呼仿佛之聲狀也。○王念孫云：廣韻去聲五十九鑑「黮」字注云：「叫呼仿佛，黮然自得。音黯去聲。」所引卽淮南之文。而今本作「默然自得」，疑後人少見黮字而以意改之也。

人生而靜，天之性也。感而後動，性之害也。○俞樾云：害乃容字之誤。禮記樂記作「性之欲也」，欲亦容字之誤。史記樂書作「性之頌也」，徐廣曰：「頌音容。」蓋古本樂記字本作容，故徐廣讀頌爲容也。靜、性爲韻，動、容爲韻，作欲作害，則皆失其韻矣。且上言動，下言容，容亦動也。說文手部：「搈，動搈也。」容卽搈之叚字。亦或作溶，韓子揚搉篇曰「動之溶之」是也。感而後動，卽是性之動，故曰性之容也。作欲作害，則皆失其義矣。史記作頌者，頌與容古通用字。若是欲字害字，則史記無緣誤作頌，徐廣又何據而讀爲容乎？故知此與禮記並誤也。說詳羣經平議。**物至而神應，知之動也。**物，事也。**知與物接，而好憎生焉。**接，交也。情欲也。**好憎成形，而知誘於外，不能反己，而天理滅矣。**形，見也。誘，感也。不能反己本所受天清淨之性，故曰「天理滅也」，猶衰也。**故達於道者，不以人易天，**天，性也，不以人事易其天性也。一說曰：天，身也，不以人間利欲之事易其身也。**外與物化，而內不失其情。**言通道之人，雖外貌與物化，內不失其無欲之本情也。**至無而供其求，時騁而要其宿。**言天時自騁，道要其宿會也。**小大修短，各有其具，**具，猶備也。**萬物之至，騰踴肴亂而不失其數。**不失其數，各應其度。**是以處上而民弗重，居前而衆弗害，**言民戴卬而愛之也。**天下歸**

之，姦邪畏之。以其無争於萬物也，故莫敢與之争。〇王念孫云：「莫敢」本作「莫能」，此後人依文子道原篇改之也。唯不與萬物争，故莫能與之争，所謂柔弱勝剛彊也。若云莫敢，則非其指矣。下文曰：「攻大礳堅，莫能與之争。」老子曰：「夫唯不争，故天下莫能與之争。」又曰：「以其不争，故天下莫能與之争。」皆其證也。魏徵羣書治要引此，正作「莫能與之争」。夫臨江而釣，曠日而不能盈羅，雖有鉤箴芒距，距，爪也，讀距守之距也。微綸芳餌，加之以詹何、娟嬛之數，猶不能與網罟争得也。詹何、娟嬛，古善釣人名。數，術也。〇文典謹按：「文選七發注引，箴作鍼，娟嬛作蜎蠉，又引高注云：「蜎蠉，白公時人。」與從弟君苗君胄書注引，「娟嬛之數」作「便嬛之妙」。射者扞烏號之弓，彎棊衛之箭，扞，張也。彎，引也。棊，美箭所出地名也。衛，利也。烏號，桑柘，其材堅勁，烏跱其上，及其將飛，枝必橈下，勁能復巢，烏隨之。烏不敢飛，號呼其上。伐其枝以爲弓，因曰烏號之弓也。一説：黄帝鑄鼎於荆山鼎湖，得道而仙，乘龍而上。其臣援弓射龍，欲下黄帝，不能也。烏，於也；號，呼也。於是抱弓而號，因名其弓爲烏號之弓也。〇莊逵吉云：司馬相如子虚賦注應劭説烏號，與誘前一義同。〇文典謹按：風俗通云：「烏號弓者，柘桑之林，枝條暢茂，烏登其上，下垂着地。烏適飛去，從後撥殺，取以爲弓，因名烏號耳。」又御覽三百四十七引古史考云：「烏號，柘樹枝長而烏集，將飛，枝彈烏，烏乃號呼。以柘爲弓，因名曰烏號。」皆與高注前一義同。〇王引之云：廣雅：「箘、簬、䉠，箭也。」禹貢曰：「惟箘簵楛。」簵與簬同。戴凱之竹譜曰：「䉠，細竹也，出蜀志。薄肌而勁，中三續射博箭。䉠音衛，見三倉。」（以上竹譜。）字通作衞。原道篇曰：「射者扜烏號之弓，（扜，讀若紆，今本扜誤作扞，辯見韓子扞弓下。）彎棊衞之箭。」兵略篇曰：「栝淇衞箘簬。」淇與棊同，淇衞、箘簬對文，皆箭竹之名也。方言曰：「簙或謂之箭裏，或謂之棊。」竹譜曰：「衞，竹，中博箭。」是衞與棊一物也。以衞爲博箭謂之棊，以衞爲射箭則亦謂之棊耳。棊者，箭莖之名。説文曰：「萁，豆莖也。」豆莖謂之萁，箭莖謂之棊，聲義並同矣。乃高注原道篇云：「棊，美箭所出地名也。衞，利也。」注兵略篇云：「淇衞，箘簬箭之所出也。」竹譜引淮南而釋之云：「淇園，衞地，毛詩所謂『瞻彼淇奥，緑竹猗猗』是也。」案淇乃衞之水名，先言淇而後言衞，則不詞矣。晉有澤曰董，蒲之所出也，然不得曰「董晉之蒲」。楚有藪曰雲，竹箭之所生也，然不得曰「雲楚之竹箭」。且淇水之地去堯都非甚遠，當禹作貢時，何反不貢箘簬，而貢者乃遠在荆州乎？○洪頤煊云：棊當作淇。兵略訓「淇衞箘簬」，高注：「淇衞，箘簬箭之所出也。」淇在衞地，故曰淇衞。**重之羿、逢蒙子之巧，**○文典謹按：御覽九百十四引，無羿字。**以要飛鳥，猶不能與羅者競多。**羿，古諸侯，有窮之君也。逢蒙，羿弟子。皆攻射而百發百中，故曰之巧。要，取也。競，逐也。**何則？以所持之小也。張天下以爲之籠，因江海以爲之罟，又何亡魚失鳥之有乎！**罟，魚网也。詩云：「施罟濊濊。」○王念孫云：正文注文内罟字，皆當爲罛。罛、罟聲相近，又涉上文「網罟」而誤也。凡魚及鳥獸之網皆謂之罟，而罛則爲魚網之專稱。爾雅：「鳥罟謂之羅，兔罟謂之罝，麋罟謂之罞，彘罟謂之羉，魚罟謂之罛。」衞風碩人篇「施罛濊濊」，毛傳曰：「罛，魚罟。」此皆高注所本。若專訓罟爲魚網，則失其義矣。（罛字必須訓釋，故引詩爲證。若罟字則不須訓釋。上文網罟二字無注，卽其證。）且此文「失鳥」二字承上「籠」字言之，「亡魚」二字則承上「罛」字言之。若變罛言罟，則又非其指矣。吕氏春秋上農篇「罛罟不敢入於淵」，高彼注云：「罛，魚罟也。詩云：『施罛濊濊。』」正與此注同，足正今本之誤。初學記武部漁類、太平御覽資産部罛類引此，並作「因江海以爲罛」。○文典謹按：舊作「因江海以爲罟」，與上句「張天下以爲之籠」不一律，今據御覽七百六十四、八百三十四補「之」字。

故矢不若繳，繳不若無形之像。言其大也。○王念孫云：初學記引此作「矢不若繳，繳不若網，網不若無形之像」，是也。上文言射者不能與羅者競多，故曰「繳不若網」。又言「張天下以爲籠，因江海以爲罛，又何亡魚失鳥之有」，故曰「網不若無形之像」。且網與像爲韻，今本脱去四字，則失其韻矣。**夫釋大道而任小數，無以異於使蟹捕鼠，蟾蠩捕蚤，不足以禁姦塞邪，亂乃逾滋。**以艾灼蟹匡上，内置穴中，乃熱走窮穴，適能禽一鼠也。蟾蠩，蝱也，跳行舒遲，捕蚤亦不能悉得，故曰不足以禁姦也。逾滋，益甚也。○文典謹按：御覽九百五十一引，「任小數」作「任小技」，又九百四十二引注，匡作筐。

昔者夏鯀作三仞之城，諸侯背之，海外有狡心。鯀，帝顓頊五世孫，禹之父也。八尺曰仞。鯀作城郭，以其役勞，故諸侯背之，四海之外皆有狡猾之心也。○王念孫云：三仞，藝文類聚居處部三、太平御覽居處部二十並引作九仞，是也。初學記居處部引五經異義曰：「天子之城高九仞，公侯七仞，伯五仞，子男三仞。」此謂鯀作高城而諸侯背之，則當言九仞，不當言三仞也。

○陶方琦云：注「八尺曰仞」，乃許注，今在高注中，乃許注羼入之故也。覽冥訓高注云：「百仞，七百尺也。」又説林訓高注云：「七尺曰仞。」其注吕覽功名、適威等篇，均云「七尺曰仞」。此云八尺，乃許義也。説文仞字下云：「伸臂一尋八尺。」知許君注淮南，説必同。後人多以許注羼入高注中，非有明白左證，安能别而出之。○文典謹按：御覽八十二引，背作倍。**禹知天下之叛也，乃壞城平池，散財物，焚甲兵，施之以德，海外賓伏，四夷納職，**四夷，海外也。職，貢也。**合諸侯于塗山，**○莊逵吉云：太平御覽作「中外賓服」。○文典謹按：御覽八十二引，焚作禁。**執玉帛者萬國。**塗山，在九江當塗縣。玉，圭。帛，玄纁也。**故機械之心藏于胷中，則純白不粹，神德不全，**機械，巧詐也。藏之于胷臆之内，故純白之道不粹，精神專一之德不全也。粹，讀禍祟之祟。**在身者不知，何遠之所能懷！**懷，來也。**是故革堅則兵利，城成則衝生，**言攻戰之備，于此生也。**若以湯沃沸，亂乃逾甚。是故鞭噬狗，策蹏馬，**○文典謹按：意林引，是故作猶，狗作犬，策作捶。**而欲教之，雖伊尹、造父弗能化。**伊尹，名摯，殷湯之賢相也。造父，周穆王之臣也，而善御。雖此二人，不能化之。**欲寅之心亡於中，則飢虎可尾，何況狗馬之類乎！**○王念孫云：「欲寅之心」，寅當爲宊，字之誤也。宊與肉同。（干禄字書云：「宊、肉，上俗下正。」廣韻亦云：「肉，俗作宊。」墨子迎敵祠篇「狗彘豚雞食其宊。」太玄玄數：「爲會爲宊。」）欲肉者，欲食肉也。諸本及莊本皆作「欲害之心」，害亦宊之誤。（害字草書作[illegible]，與宍相似。）文子道原篇亦誤作害。劉績注云：「古肉字。」則劉本作宍可知，而今本亦作害，蓋世人多見害，少見宍，故傳寫皆誤也。（吴越春秋句踐陰謀外傳「斷竹續竹，飛土逐宍」，今本宍誤作害。論衡感虚篇「廚門木象生肉足」，今本風俗通義肉作害，害亦宍之誤。）又齊俗篇「夫水積則生相食之魚，土積則生自穴之獸」，穴亦宍之誤。自肉，謂獸相食也。相食之魚，自肉之獸，其義一也。太平御覽禮儀部二引此，作「食肉之獸」，食字涉上句「相食」而誤，而肉字則不誤。文子上禮篇正作「自肉之狩」。（狩與獸同。）○俞樾云：伊尹不聞以善御名，何得與造父並稱。伊尹疑當作尹儒。吕氏春秋博志篇「尹儒學御，三年，夢受秋駕於其師」，即其人也。傳寫脱儒字，後人臆補伊字於尹字之上耳。道應篇作尹需。**故體道者逸而不窮，任數者勞而無功。夫峭法刻誅者，非霸王之業也；**○陶方琦云：文選西征賦注引「峭法刻誅」作「陗法刻刑」，又引許注云：「陗，峻也。」今高本刑作誅，亦與許本異。説文阜部：「陗，陖[一]也。」（峻卽説文作陖。）與注淮南同。**箠策繁用者，非致遠之術也。**繁，數也。○王念孫云：術當爲御，字之誤也。繆稱篇曰：「急轡數策者，非千里之御也。」義與此同。羣書治要引此正作御，文子道原篇亦作御。**離朱之明，察箴末於百步之外，**離朱者，黄帝臣，明目人也。○文典謹按：文選琴賦注、羣書治要引，箴並作

[一]「陖」，原本作「峻」，據説文改。

鍼。不能見淵中之魚。師曠之聰，合八風之調，師曠，晉平公樂師子野也。八風，八卦之風聲也。而不能聽十里之外。故任一人之能，不足以治三畝之宅也。脩道理之數，因天地之自然，則六合不足均也。均，平也。○王念孫云：脩當爲循。隸書循、脩二字相似，故循誤爲脩。（説見管子「廟堂既脩」下。）循道理，因天地，循亦因也。若作脩，則非其指矣。太平御覽地部二、居處部八引此並作循。文子道原篇亦作循。又俶真篇「賈便其肆，農樂其業，大夫安其職，而處士脩其道」，脩亦當爲循，此四者皆謂各因其舊也。文選西都賦注引此正作循，太平御覽皇王部二引此亦作循。又主術篇「橋植直立而不動，俛仰取制焉；人主靜漠而不躁，百官得脩焉」，脩亦當爲循。言人主靜漠而不躁，則百官皆得所遵循，猶橋衡之俛仰取制於柱也。又齊俗篇「守正脩理，不苟得者，不免乎飢寒之患」，脩亦當爲循。文選東都賦、東京賦注引此並作「守道順理」，順亦循也。又詮言篇「法脩自然，己無所與」，脩亦當爲循。謂循其自然而已不與也。文子符言篇作「治隨自然」，隨亦循也。又「欲見譽於爲善，而立名於爲賢，（今本賢誤作質，辯見詮言。）則治不脩故而事不須時」，脩亦當爲循，須當爲順，皆字之誤也。文子作「治不順理而事不須時」，順亦循也。又「由其道則善無章，脩其理則巧無名」，脩亦當爲循，循其理卽由其道也。又「由此觀之，賢能之不足任也，而道術之可脩，明矣」，脩亦當爲循。文子道德篇作「道術可因」，因亦循也。又兵略篇「條脩葉貫，萬物百族，由本至末，莫不有序」，脩亦當爲循，循謂順其序也。俶真篇曰「萬物之疏躍枝舉，百事之莖葉條桻，皆本於一根，而條循千萬」是也。又泰族篇「今夫道者，藏精於內，棲神於心，静漠恬淡，訟繆胸中，邪氣無所留滯，四枝節族，毛蒸理泄，則機樞調利，百脈九竅，莫不順比，其所居神者得其位也，豈節拊而毛脩之哉」，脩亦當爲循，循與拊同意也。**是故禹之決瀆也，因水以爲師；神農之播穀也，因苗以爲教。**禹，鯀之子，名文命，受禪成功曰「禹」。因以水性自下，決使東流，以爲後世師法也。神農，少典之子炎帝也。農植嘉穀，神而化之，故號曰「神農」也。播，布也。布種百穀，因苗之生而長育之，以爲後世之常教也。

夫萍樹根於水，萍，大蘋也。○王念孫云：萍本作蘋。（埤雅引此已誤。）高注「萍，大蘋也」，本作「蘋，大萍也」。萍字或作苹。爾雅：「苹，（音平。）蓱。（音瓶。）其大者蘋。（音頻。）」召南采蘋傳曰：「蘋，大蓱也。」説文蘋作薲，亦云「大蓱也」。此皆以小者爲萍，大者爲蘋，即高注所本也。吕氏春秋本味篇「菜之美者，昆侖之蘋」，高注曰：「蘋，大萍。」（舊本大萍誤作大蘋，今改正。）足與此注互相證明矣。後人既改正文蘋字爲萍，又互改高注蘋、萍二字以就之，而不知其小大之相反也。**木樹根於土，鳥排虚而飛，獸蹠實而走，**蹠，足也。實，地也。蹠，讀捃摭之摭。○陶方琦云：文選舞賦注、高唐賦注引許注：「蹠，蹈也。」按二家注文異。舞賦引許注蹈作踏。説文足部：「蹈，踐也。」又：「蹋，踐也。」俗字作踏，蹈蹋連文而同訓，然此踏字乃蹈字之譌。**蛟龍水居，虎豹山處，天地之性也。**蛟，水蛟，其皮有珠，世人以爲刀劍之口是也。蛟，讀人情性交易之交，緩氣言乃得耳。**兩木相摩而然，金火相守而流，**流，釋也。**員者常轉，窾者主浮，**

自然之勢也。員，輪丸之屬也。窾，空也，舟船之屬也。故曰自然之勢也。窾，讀科條之科也。是故春風至則甘雨降，生育萬物，明堂月令曰「清風至則穀雨」是也。育，長也。風或作分合。羽者嫗伏，毛者孕育，嫗伏，以氣剖卵也。孕者，懷胎育生也。草木榮華，鳥獸卵胎，莫見其爲者，而功既成矣。既，已也。秋風下霜，倒生挫傷，草木首地而生，故曰倒生。挫傷者，彫落也。鷹鵰搏鷙，昆蟲蟄藏，蟄，讀什伍之什。草木注根，魚鼈湊淵，莫見其爲者，滅而無形。滅，没也。形，見也。木處榛巢，水居窟穴，聚木曰榛。○莊逵吉云：説文解字：「榛，菆也。」「菆，蓐也。」「蓐，陳草復生也。」一曰蔟也。」皆轉相訓注。菆音側鳩切，古菆、聚同聲，聚木卽菆木也。○王引之云：榛巢連文，則榛卽是巢，猶窟穴連文，則窟卽是穴。榛當讀爲橧，廣雅：「橧，巢也。」禮運曰：「冬則居營窟，夏則居橧巢。」字亦作曾，大戴禮曾子疾病篇：「鷹鶽以山爲卑而曾巢其上，魚鼈黿鼉以淵爲淺而蹶穴其中。」羣書治要引曾子「蹶穴」作「窟穴」，以窟穴對曾巢，正與此同。禮運之橧巢，亦與營窟對文也。凡秦聲、曾聲之字，古或相通。若溱、洧之「溱」，説文作「潧」是也。高以榛爲榛薄之榛，（主術篇「入榛薄」，高注：「聚木爲榛，深草爲薄。」）則分榛與巢爲二物，比之下句爲不類矣。説林篇曰：「榛巢者處茂林，安也；窟穴者託埵防，便也。」以窟穴對榛巢，亦與此同。彼言榛巢者處茂林，則榛巢非茂林也。此言木處榛巢，則榛巢亦非木也。若以榛爲榛薄之榛，則又合榛與木爲一物矣。○文典謹按：文選遊天台山賦注、左思招隱詩注、答張士然詩注引高注，並作「叢木曰榛」。**禽獸有艽，**艽，蓐也。○王念孫云：劉績本艽作艽，案：劉本是也。廣韻：「艽，獸蓐也。」正與高注合。脩務篇曰：「虎豹有茂草，野彘有艽莦，槎櫛堀虛，連比以像宮室。」此云「禽獸有艽，人民有室」，其義一也。○文典謹按：北堂書鈔一百五十八引，艽作机。又引許注云：「机，獸蓐。」孫馮翼輯許慎淮南注，未收此條。**人民有室，陸處宜牛馬，舟行宜多水，匈奴出穢裘，**匈奴，獫狁，北胡也。**于、越生葛絺，**于，吴也。絺，細葛也。○道藏本于作干。王念孫云：作干者是也。春秋言於越者即是越，而以於爲發聲。此言干、越者，謂吴、越也。若是于字，則高注不當訓爲吴矣。莊子刻意篇「夫有干、越之劍者」，釋文：「司馬云：干，吴也。吴、越出善劍也。」荀子勸學篇「干、越、夷、貉之子」，楊倞曰：「干、越猶言吴、越。」（近時嘉善謝氏刻本改干爲于，又改楊注吴、越爲於越，非是，辯見荀子。）漢書貨殖傳「辟猶戎、翟之與于、越，不相入矣」，于亦干之誤。干、越皆國名，故言「戎、翟之與干、越」，猶荀子之言「干、越、夷、貉」也。顔師古以爲春秋之於越，失之。司馬彪訓干爲吴，正與高注同。莊從劉本作于，則與高注相背矣。**各生所急以備燥溼，各因所處以禦寒暑，竝得其宜，物便其所。**

由此觀之，萬物固以自然，聖人又何事焉！事，治也。

九疑之南，陸事寡而水事衆，九疑，山名也，在蒼梧，虞舜所葬也。○文典謹按：藝文類聚七、御覽四十一引，衆竝作多。疑許注本如此。**於是民人被髮文身，以像鱗蟲；**被，翦也。

文身，刻畫其體，内默其中，爲蛟龍之狀，以入水，蛟龍不害也。故曰「以像鱗蟲」也。○王引之云：諸書無訓被爲翦者，被髮當作劗髮，注當作「劗，翦也」。漢書嚴助傳：「越，方外之地，劗髮文身之民也。」晉灼曰：「淮南云『越人劗髮』，（見齊俗篇。又曰：「越王句踐，劗髮文身。」）張揖以爲古翦字也。」（字又作鬋。逸周書王會篇曰：「越、漚鬋髮文身。」墨子公孟篇曰：「越王句踐，翦髮文身，以治其國。」史記趙世家曰：「夫翦髮文身，甌、越之民也。」）此言「九疑之南」，正是越地，故亦曰「劗髮文身」也。主術篇「是猶以斧劗毛」，高彼注曰：「劗，翦也。劗，讀驚攢之攢。」故此注亦曰：「劗，翦也。」後人見王制有「被髮文身」之語，遂改劗爲被，并注中劗字而改之，不知劗與翦同義，故云「劗，翦也」，若是被字，不得訓爲翦矣。（趙世家之翦髮，趙策作祝髮，錢、曾、劉本同，俗本並亦改爲被髮。）且越人以劗髮爲俗，若被髮則非其俗矣。（漢書地理志「文身斷髮，以避蛟龍之害」，應劭曰：「常在水中，故短其髮，文其身，以像龍子，故不見傷害。」即此所云劗髮文身，以像鱗蟲也。高注訓劗爲翦，亦與漢書斷髮同義。）**短綣不絝，以便涉游，短袂攘卷，以便刺舟，因之也。**卷，卷臂也。因之，因水之宜也。**鴈門之北，狄不穀食，賤長貴壯，俗尚氣力，**○王念孫云：俗，本作各，言狄人各尚氣力也。各誤爲谷，（漢郃陽令曹全碑「各獲人爵之報」，各作谷，形與谷相似，各、谷草書亦相似。）後人因加人旁耳。不知「不穀食」與下文「人不弛弓，馬不解勒」，皆是狄人之俗，非獨尚氣力一事也。太平御覽兵部八十九引此，正作「各尚氣力」。**人不弛弓，馬不解勒，便之也。**不穀食，肉酪而已。北狄，鮮卑也。弛，舍也。便，習也。**故禹之裸國，**

解衣而入，衣帶而出，因之也。裸國在南方。聖人治禮不求變俗，故曰因之也。今夫徙樹者，失其陰陽之性，則莫不枯槁。失，猶易也。故橘樹之江北則化而爲枳，鴝鵒不過濟，見于周禮。故春秋傳曰「鴝鵒來巢」，言非中國之禽，所以爲魯昭公亡異也。○王念孫云：枳本作橙，此後人依考工記改之也。不知彼言橘踰淮而北爲枳，此言樹之江北則爲橙，義各不同。注言「見周禮」者，約舉之詞，非必句句皆同也。埤雅引此作「化而爲枳」，則所見本已誤。文選潘岳爲賈謐贈陸機詩「在南稱甘，度北則橙」，李善注引淮南曰：「江南橘樹之江北化而爲橙。」藝文類聚、太平御覽果部橘下並引考工記曰：「橘踰淮而北爲枳。」又引淮南曰：「夫橘樹之江北，化而爲橙。」（御覽橙下引淮南同。）然則考工作枳而淮南作橙，明矣。晉王子升甘橘贊曰：「異分南域，北則枳橙。」此兼用考工與淮南也。貈渡汶而死，形性不可易，勢居不可移也。是故達於道者，反於清淨；反，本也。天本授人清淨之性，故曰反也。究於物者，終於無爲。無爲者，不爲物爲也。以恬養性，以漠處神，則入于天門。

所謂天者，純粹樸素，質直皓白，未始有與雜糅者也。所謂人者，偶䁟智故，曲巧僞詐，所以俛仰於世人而與俗交者也。故牛歧蹏而戴角，馬被髦而全足者，天也。絡馬之口，穿牛之鼻者，人也。循天者，與道游者也。循，隨也。游，行也。隨人者，與俗交者也。夫井魚不可與語大，拘於隘也；夏蟲不可與語寒，言蟬蜩不知寒雪也。篤

於時也；曲士不可與語至道，拘於俗，束於教也。○俞樾云：大字泛而無指，義不可通，疑本作：「夫井魚不可與語大海，拘於隘也；夏蟲不可與語寒雪，篤於時也；曲士不可與語至道，拘於俗、束於教也。」曰「大海」，曰「寒雪」，曰「至道」，皆二字爲文，與莊子秋水篇不同。彼云「井鼃不可以語於海者，拘於虚也；夏蟲不可以語於冰者，篤於時也；曲士不可以語於道者，束於教也」，曰「海」、曰「冰」、曰「道」，皆一字爲文。古人屬辭必相稱如此。高注於次句曰「言蟬蜩不知寒雪也」，則其所據本正有雪字。若正文但言寒，不言雪，則高注何以横加雪字乎？即謂增字以足句，何不據莊子加冰字，而必加雪字乎？此句既有雪字，則上句亦有海字可知。不然，次句曰「語寒雪」，三句曰「語至道」，而首句獨曰「語大」，文不相稱。且寒以雪言，至以道言，大以何物言乎？文又不備矣。梁張綰文曰：「井魚之不識巨海，夏蟲之不見冬冰。」巨海卽大海也。**故聖人不以人滑天，不以欲亂情，**天，身也。不以人事滑亂其身也，不以欲亂其清淨之性者也。○莊逵吉云：天竺卽身毒，故天有身義。**不謀而當，不言而信，不慮而得，不爲而成，**詩云：「不識不知，順帝之則。」故曰不謀而當，不慮而得也。**精通于靈府，**○陶方琦云：莊子釋文引許注「人心以上，气所往來也」，高無注。莊子釋文引郭象注：「靈臺，心也。心有靈气，能主持也。」**與造化者爲人。**爲，治也。○王引之云：高未解人字之義，故訓爲爲治。人者，偶也，言與造化者爲偶也。中庸：「仁者，人也。」鄭注曰：「人也，讀如相人偶之人，以人意相存偶之言。」檜風匪風箋曰：「人偶能割亨者，人偶能輔周道治民者。」聘禮注曰：「每門輒揖者，以相人偶爲敬也。」公食大夫禮注曰：「每曲揖及當碑揖相人偶。」是人與偶同義。故漢時有「相人偶」之語。上文云「與造化者俱」，本經篇云「與造化者相雌雄」，齊俗篇曰「上與神明爲友，下與造化爲人」，曰俱，曰爲友，曰爲人，曰相雌雄，皆是相偶之意。故本經篇「與造化者相雌雄」，文子下德篇作「與造化者爲人」，此尤其明證矣。莊子大宗師篇「彼方且與造物者爲人」，應帝王篇「予方將與造物者爲人」，天運篇「久矣夫某不與化爲人」，竝與淮南同意，解者亦失之。

夫善游者溺，善騎者墮，各以其所好，反自爲禍。禍，害也。**是故好事者未嘗不中，**中，傷也。好爲情欲之事者，未嘗不自傷也。**争利者未嘗不窮也。昔共工之力，觸不周之山，使地東南傾。**共工，以水行霸於伏犧、神農間者也，非堯時共工也。不周山，昆侖西北。傾，猶下也。天文言天傾西北，地傾東南。先言傾，高也。此言東南，後言傾，明其下也。○陶方琦云：文選辨命論注引許注：「昔共工，古諸侯之彊者也。不周之山，西北之山也。」按：二家注文異。史記三皇本紀言諸侯有共工氏，任智刑以彊，霸而不王，以水乘木，乃與祝融戰，不勝而怒，乃頭觸不周山，崩，天柱折，地維缺。（列子、潛夫論引皆有怒字。）高本無怒字，應補。離騷「路不周以左轉」，王注：「不周，山名，在昆侖西北。」郝氏懿行山海經箋疏云：「王逸、高誘注云不周山在昆侖西北，竝非也。依此經，乃在昆侖東南。攷西次三經『又西北三百七十里曰不周之山』，竝非指言昆侖西北。」許注西北之山，不專指昆侖，是也。列子湯問篇張注：「不周山，在西北之極。」與許説合。**與高辛争爲帝，**高辛，帝嚳有天下之號也。嚳，黄帝之曾孫。**遂潛于淵，宗族殘滅，繼嗣絶祀。**謂共工也。**越王翳逃山穴，越人熏而出之，遂不得已。**已，止也。翳，越太子也。賢不欲爲王，逃於山穴之中，越人以火熏出而立之，故曰遂不得已。在春秋後，故不書于經也。〇陶方琦云：此事見莊子、吕覽，竝作王子搜，越世家不壽生王翁，翁生王翳，是也。莊子、吕覽竝作丹穴，許作巫山之穴，與高本異也。巫山在南郡巫縣。俶真訓「巫山之上」，高注：「巫山在南郡。」〇文典謹按：書鈔百五十八引，翳作醫，山上有巫字。又引許注云：「醫，越王之太子，當立，讓逃巫山之穴中。薫，以火烟薫之也。遂不得已，立爲王。」孫馮翼輯許注，未收此條。**由此觀之，得在時，不在争；治在道，不在聖。**治，爲也。雖聖不得爲，故曰在道，孔子是也。**土處下，不争高，故安而不危；水下流，不争先，故疾而不遲。昔舜耕於歷山，朞年，而田者争處墝埆，以封壤肥饒相讓；**歷山在沸陰城陽也。一曰：沸南歷城山也。墝埆，讀人相墝椽之墝。〇王念孫云：封壤二字，義不相屬。封壤本作封畔，此後人以意改之也。封、畔皆謂田界也。（周官保章氏注、吕氏春秋孟春、樂成二篇注並云：「封，界也。」説文：「畔，田界也。」）史記五帝紀：「舜耕歷山，歷山之人皆讓畔。」（本出韓子難一。）大雅緜傳亦云「耕者讓畔」。封畔與肥饒相對爲文。下文「以曲隈深潭相予」，曲隈、深潭亦相對爲文。覽冥篇云「田者不侵畔，漁者不争隈」，此云「田者以封畔肥饒相讓，漁者以曲隈深潭相予」，其義一也。太平御覽皇王部六、爾雅釋草疏引此並作封畔。〇文典謹按：御覽八十一引，昔下有者字。又宋本注城作成。釣於河濱，朞年，而漁者争處湍瀨，以曲隈深潭相予。漁，讀告語。湍瀨，水淺流急少魚之處也。曲隈，崖岸委曲。深潭，回流饒魚之處。潭，讀葛覃之覃。○陶方琦云：文選南都賦注、七命注、長笛賦注引許注：「湍，水行疾也。」按：説文水部：「湍，疾瀨也。」湍訓爲疾，與注淮南同。御覽八十一引注云：「湍，疾。瀨，淺。」湍訓爲疾，當是許注約文。○文典謹按：御覽引潭作瀾。當此之時，口不設言，手不指麾，口不設不信之言也。手不指麾，不妄有所規儗也。執玄德於心，而化馳若神。玄，天也。馳，行也。若神，若有神化之也。使舜無其志，雖口辯而户説之，不能化一人。志，王天下之志也。一曰：人心之志也。是故不道之道，莽乎大哉！道不可道，故曰不道之道。夫能理三苗，朝羽民，三苗，堯時所放渾敦、窮奇、叨餮之等。理，治也。羽民，南方羽國之民。使之朝者，德以懷遠也。徙裸國，納肅慎，未發號施令而移風易俗者，其唯心行者乎！徙，化也。裸國在南方，禹所入也。肅慎在北方，遠也。傳曰：「肅慎、燕、亳，吾北土也。」唯神化爲能然也。言不足以致之也。明不如仁心化之爲大。是故聖人内修其本，而不外飾其末，保其精神，偃其智故，漠然無爲而無不爲也，能無爲，故物無不爲之化。澹然無治也而無不治也。所謂無爲者，不先物爲也；所謂無不爲者，因物之所爲。順物之性也。所謂無治者，不易自然也；所謂無不治者，因物之相然也。然，猶宜也。萬物有所生，而獨知守其根；根，本也。百事有所出，而獨知守其門。門，禁要也。故窮無窮，極無極，照物而不眩，響應而不乏，此之謂天解。眩，惑也。天解，天之解故也，言能明天意也。○莊逵吉云：解故卽詁字。説文解字云：「詁，訓故言也。」是故與詁通。

故得道者志弱而事强，弱，柔也。强，無不勝也。心虚而應當。當，合也。所謂志弱而事强者，柔毳安静，藏於不敢，○俞樾云：文子道原篇作「藏於不取」，當從之，卽所謂「百姓足，君孰與不足」也。取與敢形似而誤。行於不能，恬然無慮，動不失時，與萬物回周旋轉，不爲先唱，感而應之。感，動。應，和。是故貴者必以賤爲號，貴者，謂公、王、侯、伯。稱孤寡不穀，故曰以賤爲號。而高者必以下爲基。基，始也。夫築京臺先從下起也。託小以包大，在中以制外，行柔而剛，用弱而强，轉化推移，得一之道，而以少正多。而，能也，能以寡統衆。○莊逵吉云：古能字爲耐，耐與而通，故訓而爲能。易「眇能視，跛能履」，虞仲翔本皆作而。所謂其事强者，遭變應卒，排患扞難，力無不勝，敵無不凌，應化揆時，莫能害之。是故欲剛者必以柔守之，欲强者必以弱保之。積於柔則剛，積於弱則强，觀其所積，以知禍福之鄉。鄉，方也。强勝不若己者，至於若己者而同；夫强者能勝不如己者。同，等也。至于如己者則等，不能勝也。言强之爲小也，道家所不貴也。柔勝出於己者，其力不可量。夫能弱柔勝己者，其力不能訾也。言柔之爲大也，道家所貴。故兵强則滅，木强則折，革固則裂，齒堅於舌而先之敝。兵猶火也，强則盛，盛則衰，故曰「則滅」。以火諭也。木强則折，不能徐詘也。革堅則裂，鼓是也。敝，盡。齒堅于舌，而先舌盡。○李賡芸云：滅、折、裂、舌、敝韻也。敝，讀如鷩。是故柔弱者，生之榦也；榦，質也。而堅强者，死之徒也。徒，衆也。

先唱者，窮之路也；後動者，達之原也。先者隤陷，故曰窮也。後者以謀，故曰達也。何以知其然也？凡人中壽七十歲，然而趨舍指湊，指，所之也。湊，所合也。指湊，猶言行止也。日以月悔也，積日至月，則悔前之非。以至於死，故蘧伯玉年五十而有四十九年非。伯玉，衞大夫蘧瑗也。今年所行是也，則還顧知去年之所行非也。歲歲悔之，以至于死，故有四十九年非，所謂月悔朔、日悔昨也。何者？先者難爲知，而後者易爲攻也。先者上高，則後者攀之；先者踰下，則後者蹷之；先者隤陷，則後者以謀；先者敗績，則後者違之。蹷，履也，音展，非展也。楚人讀躓爲隤，隤者車承，或言跋躓之躓也。○王念孫云：展與蹷聲不相近，蹷皆當爲蹍，字之誤也。蹍，女展反，履也，言後者履先者而上也。蹍字或作蹍，廣雅：「蹍，履也。」曹憲音女展反。莊子庚桑楚篇「蹍市人之足」，司馬彪云：「蹍，蹈也。」淮南説山篇「足蹍地而爲迹」，説林篇「足所蹍者淺矣」，脩務篇「猶釋船而欲蹍水也」，高注並云：「蹍，履也。」蹍音女展反而訓爲履，故此注云：「蹍，履也。音展，非展也。」且攀、蹍爲韻，謀、之爲韻。

（謀，古讀若媒，説見唐韻正。）若作靨，則失其韻矣。兵略篇：「白刃合，流矢接，涉血屬腸，輿死扶傷。」案：「屬腸」二字義不可通，屬亦當爲蹷，謂涉血履腸也。呂氏春秋期賢篇曰：「塵氣充天，流矢如雨，扶傷輿死，履腸涉血。」是其證也。蹷字本作𡳐，其上半與屬相似，因誤爲屬矣。**由此觀之，先者，則後者之弓矢質的也。**質的，射者之準埶也。○莊逵吉云：準，古作埻。説文解字：「埻，射臬，讀若準。」**猶錞之與刃，刃犯難而錞無患者何也？以其託於後位也。**錞，矛戈之錞也，讀若頓。刃，矛戈之刃也。刃在前，故犯難；錞在後，故以無患。故曰「其託于後位」也。○莊逵吉云：曲禮曰：「進戈者前其鐏，進矛戟者前其鐓。」注：「鋭底曰鐏，平底曰鐓。」方言「鐏謂之釬」，郭璞注：「鐏或名爲鐓。」説文解字：「鐏，柲下銅也。」「鐔，柲下銅鐏也。」知鐏卽鐔。蓋刃鋭而鐔頓，故讀若頓。然則錞應爲鐔。**此俗世庸民之所公見也，而賢知者弗能避也。**庸，衆也。公，詳也。衆民詳所見，賢知者不能避，爲鋒刃也，以諭利欲也。故曰有所屏蔽也。○王念孫云：如高注，則正文避字下當有「有所屏蔽」四字，而今本脱之也。此承上文而言，言先者有難而後者無患，此庸人之所共見也。而賢知者猶不能避，則爲争先之見所屏蔽故也。故注云「故曰有所屏蔽也」。凡注内「故曰」云云，皆指正文而言，以是明之。**所謂後者，非謂其底滯而不發，凝結而不流，**底，讀曰紙。發，動也。凝，如脂凝也。流，行。○王念孫云：竭之言遏也。爾雅曰：「遏，止也。」底、滯、凝、竭皆止也。（爾雅：「底，止也。」原道篇注：「滯，止也。」楚辭九歎注：「凝，止也。」）天文篇曰：「清妙之合專易，重濁之凝竭難。」要略曰：「凝竭底滯，捲握而不散。」皆其證也。道藏本、朱本、茅本皆作凝竭，劉績不知其義，而改竭爲結。莊本從之，謬矣。貴其周於數而合於時也。周，調也。數，術也。合于時，時行則行，時止則止也。夫執道理以耦變，先亦制後，後亦制先。道當隨事爲變，不必待于先，人事當在後，趨時當居先也。是何則？不失其所以制人，人不能制也。時之反側，間不容息，言時反側之間，不容氣息，促之甚也。先之則太過，後之則不逮。夫日回而月周，時不與人游，故聖人不貴尺之璧，而重寸之陰，時難得而易失也。禹之趨時也，履遺而弗取，冠挂而弗顧，○文典謹按：御覽八十一、六百九十七引，並作「冠挂而不顧，履遺而不取」。八十二又引注云：「冠有所挂着，去不暇顧視。」非争其先也，而争其得時也。是故聖人守清道而抱雌節，清，和淨也。雌，柔弱也。因循應變，常後而不先。柔弱以静，舒安以定，舒，詳也。攻大礭堅，莫能與之争。攻大礭堅，喻難也，無與聖人之争也。

天下之物，莫柔弱於水，然而大不可極，深不可測，測，盡也。脩極於無窮，遠淪於無涯，息耗減益，通於不訾，訾，量也。上天則爲雨露，下地則爲潤澤，萬物弗得不生，百事不得不成，大包羣生而無好憎，○王引之云：「無好憎」本作「無私好」，此後人以意改之也。文子道原篇正作「無私好」。此承上文生萬物、成百事而言，言水之利物，非有所私好而然也。下句「澤及蚑蟯而不求報」，亦是此意。加一憎字，則非其指矣。且好與報爲韻，（上下文皆用韻。）若作「無好憎」，則失其韻矣。劉本作「無所私」，亦非。◯文典謹按：御覽五十八引，包作苞，「無好憎」作「無所私」，與劉績本合。**澤及蚑蟯**蚑，蚑行也。蟯，微小之蟲也。**而不求報，**施而不有也。**富贍天下而不既，**贍，足也。既，盡也。**德施百姓而不費，**德澤加于百姓，不以爲己財費也。**行而不可得窮極也，**流膏不止也。**微而不可得把握也，擊之無創，刺之不傷，斬之不斷，焚之不然，**水之性也。**淖溺流遁，錯繆相紛而不可靡散，**遁，逸也。錯繆相紛，彼此相糾也。**利貫金石，強濟天下，**水流缺石，是其利也。舟船所載無有重，是其強也。濟，通也。**動溶無形之域，**◯文典謹按：溶爲搈叚。（俶真篇「動溶于至虛」同。）説文手部：「搈，動搈也。」溶、搈同音通用。**而翺翔忽區之上，**忽怳之區上也。言其飛爲雲雨，無所不上也。◯莊逵吉云：本無雨字，依太平御覽加。◯王引之云：忽區二字，文不成義。區當作芒。隸書芒字作⿱艹亾，與區相似而誤。（太平御覽地部二十三引原道篇已誤作區。）忽芒卽忽荒也。莊子至樂篇：「芒乎芴乎，而無從出乎。芴乎芒乎，而無有象乎。」釋文：「芒音荒，又呼晃反。芴音忽。」是芒與荒同。（爾雅「太歲在巳曰大荒落」，史記曆書荒作芒。三代世表帝芒，索隱：「芒，一作荒。」）上文「游微霧，鶩忽怳」，高注曰：「忽怳，無形之象。」文選七發注引作「鶩忽荒」。忽芒乃無形之貌，故曰「動溶無形之域，而翺翔忽芒之上」也。人閒篇曰：「翺翔乎忽荒之上，析惕乎虹蜺之閒。」

是其明證矣。（賈誼鵩賦「寥廓忽荒兮，與道翺翔」，亦謂翺翔於忽荒之上也。）遭回川谷之間，而滔騰大荒之野，遭回，猶委曲也。有餘不足，與天地取與，授萬物而無所前後，前後皆與之。○俞樾云：授上當有稟字。上文曰「稟授無形」，又曰「布施稟授而不益貧」，下文曰「稟授於外而以自飾也」，並以稟授連文，是其證也。文子道原篇作「稟授萬物而無所先後」，當據補。是故無所私而無所公，公私一也。靡濫振蕩，與天地鴻洞，鴻，大也。洞，通也，讀同異之同。無所左而無所右，蟠委錯紾，紾，轉也。與萬物始終，○王念孫云：始終當爲終始。（上文云：「水流而不止，與萬物終始。」）公、洞爲韻，（高注：洞，讀同異之同。鴻、洞疊韻字。）右、始爲韻，（右，古讀若以，說見唐韻正。）若作始終，則失其韻矣。是謂至德。言水之爲德最大，故曰至德也。夫水所以能成其至德於天下者，以其淖溺潤滑也。故老聃之言曰：「天下至柔，馳騁天下之至堅。出於無有，入於無間。水是也。吾是以知無爲之有益。」有益于生。夫無形者，物之大祖也；無音者，聲之大宗也。無形生有形，故爲物大祖也。無音生有音，故爲聲大宗。祖、宗皆本也。其子爲光，其孫爲水，皆生於無形乎！光無形，道所貴也，觀之，故子爲光也。水形而不可毀，差之，故孫爲水也。夫光可見而不可握，水可循而不可毀，故有像之類，莫尊於水。○文典謹按：文選海賦注引，像作形。出生入死，自無蹠有，自有蹠無，而以衰賤矣。出生，出生道，謂去清淨也。入死，入死道，謂匿情欲也。蹠，適也。自無形適有形，離其本也。自有形適無形，不能復得，道家所棄，故曰而以衰賤也。

是故清静者，德之至也；而柔弱者，道之要也；要，約也。虛無恬愉者，萬物之用也。萬物由之得爲人用。肅然應感，殷然反本，○莊逵吉云：殷然，太平御覽作毅然。則淪於無形矣。所謂無形者，一之謂也。一者，道之本。所謂一者，無匹合於天下者也。卓然獨立，塊然獨處，○文典謹按：獨立、獨處，於辭爲複。文選與侍郎曹長思書注引，下獨字作幽。上通九天，下貫九野，九天，八方、中央也。九野亦如之。員不中規，方不中矩，大渾而爲一葉，○文典謹按：御覽五十八引，葉作弃。累而無根，無根，言微妙也。懷囊天地，爲道關門，門，道之門。○文典謹按：御覽五十八引，關作開。又引注，作「開道之門」。穆忞隱閔，純德獨存，穆忞、隱閔，皆無形之類也。純，不雜糅也。布施而不既，用之而不勤。既，盡也。勤，勞也。是故視之不見其形，聽之不聞其聲，循之不得其身，無形而有形生焉，無形，道也。有形，萬物也。無聲而五音鳴焉，音生于無聲也。無味而五味形焉，形或作和也。無色而五色成焉。是故有生於無，實出於虛，有形生于無形，人也。實，財也。天下爲之圈，則名實同居。圈，陬也。名，爵號之名也。實，幣之屬也。一曰：仁義之功賞也。音之數不過五，宫、商、角、徵、羽也。而五音之變不可勝聽也。變，更相生也。味之和不過五，甘、酸、鹹、辛、苦也。而五味之化不可勝嘗也。化亦變也。色之數不過五，青、赤、白、黑、黄也。而五色之變不可勝觀也。常事曰視，非常曰觀。春秋魯隱公觀漁于棠是也。◯莊逵吉云：易觀盥而不觀薦，非常視也。故夫子曰禘自既灌不欲觀。説文解字：「觀，諦視也。」古字古義，自有一定，誘解得之矣。故音者，宮立而五音形矣；宮在中央，聲之主也。形，正也。味者，甘立而五味亭矣；亭，平也。甘，中央味也。◯俞樾云：説文高部：「亭，民所安定也。」是亭有定義。故文選謝靈運初去郡詩注引蒼頡曰：「亭，定也。」亦通作停。釋名釋言語曰：「停，定也，定於所在也。」五味亭矣，猶曰五味定矣。文子道原篇字正作定，可證也。高注曰：「亭，成也。」於義轉迂。色者，白立而五色成矣；白者所在以染之，故五色可成也。道者，一立而萬物生矣。是故一之理，理，道也。施四海；一之解，際天地。解，達也。際，機也。解，讀解故之解也。其全也，純兮若樸；樸，若玉樸也，在石而未剖。其散也，混兮若濁。濁而徐清，冲而徐盈，澹兮其若深淵，冲，虚也。盈，滿也。澹，定不動之貌。汎兮其若浮雲，若無而有，若亡而存。萬物之總，皆閲一孔；總，衆聚也。百事之根，皆出一門。道之門也。其動無形，變化若神；其行無迹，常後而先。道之先也。是故至人之治也，至道之人。掩其聰明，滅其文章，依道廢智，與民同出于公。公，正。約其所守，寡其所求，去其誘慕，除其嗜欲，誘慕，諭貪榮勢也，故去之也。嗜欲，情欲也，故除之也。損其思慮。常活澹也。◯王念孫云：損當爲捐，字之誤也。捐與去除同意。作損則非其指矣。文子道原篇正作「捐其思慮」。又精神篇「忘其五藏，損其形骸」，損亦當爲捐，捐與忘意相近，卽莊子所謂「外其形骸」也。作損則義不可通矣。又下文「殘亡其國家，損棄其社稷」，案：社稷可言棄，不可言損，當亦是捐字之誤。**約其所守則察，**不煩擾也。**寡其所求則得。**易供，故得。**夫任耳目以聽視者，勞形而不明；以知慮爲治者，苦心而無功。是故聖人一度循軌，**一，齊也。軌，法也。**不變其宜，不易其常，放準循繩，曲因其當。**

夫喜怒者，道之邪也；道貴平和，故喜怒爲邪也。**憂悲者，德之失也；**德尚恬和，故憂悲爲失。論語曰「其德坦蕩」是也。○俞樾云：上云「喜怒者，道之邪也」，下云「好憎者，心之過也」，喜之與怒，好之與憎，皆二字相反。此云「憂悲」，則非其義矣。憂悲當作憂樂。下文云「心不憂樂，德之至也」，卽承此文而言。精神篇曰：「夫悲樂者，德之邪也。」與此文異義同，悲卽憂也。當由別本從彼作悲樂，而傳寫誤合之，轉脱樂字耳。**好憎者，心之過也；嗜欲者，性之累也。**心當專一，中扃外閉，反有所好憎，故曰過。性當清静以奉天素，而反嗜欲，故爲之累也。**人大怒破陰，大喜墜陽；**怒者，陰氣也。陰爲堅冰，積陰相薄，故破陰。喜者陽氣，陽氣升于上，積陽相薄，故曰墜陽也。**薄氣發瘖，驚怖爲狂；憂悲多恚，病乃成積；好憎繁多，禍乃相隨。故心不憂樂，德之至也；通而不變，静之至也；**變，更也。○文典謹按：御覽七百二十引，通作性。**嗜欲不載，虚之至也；**不載于性。**無所好憎，平之至也；**○文典謹按：御覽七百二十引，好作愛。**不與物散，粹之至也。**散，亂。粹，純。○王引之云：諸書無訓散爲雜亂者。（説文：「散，雜肉也。」雜乃離之誤，辯見説文攷正。）散皆當爲殽。隸書殽或作敨，（見漢敨阬君神祠碑。）與散相似。散或作散，（見李翕析里橋郙閣頌。）與殽亦相似。故殽誤爲散。（太平御覽方術部一引原道篇已誤。）莊子齊物論篇「樊然殽亂」，釋文：「殽，郭作散。」太玄玄瑩「晝夜殽者，其禍福雜」，今本殽誤作散。皆其證也。説文：「殽，相雜錯也。」廣雅：「殽，雜也，亂也。」並與高注同義，則散爲殽之誤，明矣。殽訓爲雜，義與粹正相反，故曰「不與物殽，粹之至也」。文子道原篇作「不與物雜」，雜亦殽也。莊子刻意篇作「不與物交」，交與殽聲義亦相近。精神篇又曰「審乎無瑕，而不與物糅」，糅亦殽也。若云「不與物散」，則非其指矣。**能此五者，則通於神明。通於神明者，得其内者也。是故以中制外，百事不廢；**中，心也。外，情欲。**中能得之，則外能收之。**不，養也。○王念孫云：收當爲牧，高注「不，養也」，當爲「牧，養也」。此承上文「得其内」而言，能得之於中，則能養之於外，下文「筋力勁强，耳目聰明」，所謂「外能養之」也。若云「外能收之」，則非其指矣。且牧與得爲韻，（牧，古讀若墨，説見唐韻正。）若作收，則失其韻矣。俗書收字作收，形與牧相似，故牧誤爲收。文子道原篇正作牧。**中之得，則五藏寧，思慮平，**五藏寧者，各得其所。思慮平者，不妄喜怒。**筋力勁強，耳目聰明，疏達而不悖，**悖，謬也。**堅强而不鞼，**鞼，折。**無所大過而無所不逮，處小而不逼，處大而不窕，**

在小能小，在大能大。其魂不躁，其神不嬈，躁，狡。嬈，煩嬈也。言精神定矣。湫漻寂寞，爲天下梟。湫漻，清静也。寂寞，恬淡也。梟，雄也。大道坦坦，去身不遠，求之近者，往而復反。近，謂身也。迫則能應，感則能動；○王念孫云：此當作「感則能應，迫則能動」，感與應相因，迫與動相因。精神篇曰：「感而應，迫而動。」脩務篇曰：「感而不應，故而不動。」（故，今本誤作攻，辯見脩務。）莊子刻意篇曰：「感而後應，迫而後動。」皆其證。今本感、迫二字互誤。物穆無窮，穆，美。○莊逵吉云：物穆疑當作沕穆。○王念孫云：史記賈生傳「形氣轉續兮，變化而嬗。沕穆無窮兮，胡可勝言」，漢書作「沕穆無閒」，顔師古曰：「沕穆，深微貌。沕音勿。」説苑指武篇亦云：「昒穆無窮，變無形像。」沕、昒、物古字通。高注專解穆字，蓋失之矣。變無形像。言能化也。優游委縱，如響之與景；響應聲，景應形。登高臨下，無失所秉；履危行險，無忘玄伏。玄伏，道也。能存之此，其德不虧，萬物紛糅，與之轉化，以聽天下，若背風而馳，疾而易也。是謂至德。至德則樂矣。

古之人有居巖穴而神不遺者，遺，失也。末世有勢爲萬乘而日憂悲者。由此觀之，聖亡乎治人，而在于得道；樂亡乎富貴，而在于德和。知大己而小天下，則幾於道矣。幾，近也。許由、務光是。所謂樂者，豈必處京臺、章華，京臺、章華，皆楚之大臺。○俞樾云：京臺卽强臺也。戰國策魏策「楚王登强臺而望崩山」是也。强字籀文作彊，從彊得聲，與京聲相近。䵹或作麖，䲔或作鯨，皆其例也。故强臺亦稱京臺矣。强臺見道應篇，而文選應璩與滿寵書注引作京臺，此京臺卽强臺之明證。**游雲夢、沙丘，**雲夢，楚澤，在南郡華容也。沙丘，紂臺名也，在鉅鹿也。○文典謹按：藝文類聚二十二引，作「遊雲夢，陟高丘」。**耳聽九韶、六瑩，**九韶，舜樂也。六瑩，顓頊樂也。○文典謹按：藝文類聚二十二引，瑩作莖。**口味煎熬芬芳，馳騁夷道，**夷，平也。**釣射鷫鷞之謂樂乎？**鷫鷞，鳥名也。長頸緑身，其形似雁。一曰：鳳皇之別名也。○莊逵吉云：太平御覽引作「釣射瀟湘」，當是異本。馬融注左傳：「鷫鷞，雁也。其羽如練，高首而脩頸。」說文解字云：「五方神鳥，西方曰鷫鷞，中央曰鳳皇，故一曰鳳皇別名也。」○文典謹按：文選西京賦注引高注，作「鷫鷞，長脛緑色，其形似雁」。**吾所謂樂者，人得其得者也。夫得其得者，不以奢爲樂，不以廉爲悲，**廉，猶儉也。**與陰俱閉，與陽俱開。故子夏心戰而臞，得道而肥。**子夏，名商，孔子弟子也。入學見先王之道而說之，又出見富貴之樂而欲之，二者交争，故戰而臞也。先王之道勝，無所復思，故肥也。○王念孫云：得道本作道勝，淺學人改之也。道勝與心戰相對爲文。高注曰「先王之道勝，無所復思，故肥也」，則正文本作道勝，明矣。精神篇曰：「子夏見曾子，一臞一肥，曾子問其故，曰：出見富貴之樂而欲之，入見先王之道又說之，兩者心戰，故臞。先王之道勝，故肥。」是其事也。（本出韓子喻老篇。）太平御覽人事部一百九引此，正作「道勝而肥」。**聖人不以身役物，不以欲滑和，**不以身爲物役，不以情欲亂中和之道也。○文典謹按：御覽四百六十八引，作「聖人不以身徇物，不欲人爲之而自樂也」。**是故其爲懽不忻忻，**忻忻爲過制也。**其爲悲不惙惙，**惙惙爲傷性也。**萬方百變，消搖而無所定，吾獨慷慨，遺物而與道同出。**○文典謹按：文選從斤竹澗越嶺溪行注引，慷慨上有懷字。**是故有以自得之也，**自得其天性也。**喬木之下，空穴之中，**○文典謹按：北堂書鈔百五十八引，空作土。**足以適情。**喬木，上竦少陰之木也。空穴，巖穴也。唯處此中，夫自得者足以適其情性。**無以自得也，雖以天下爲家，萬民爲臣妾，不足以養生也。**言無以自得之人，猶以此爲不足也。**能至于無樂者，則無不樂；無不樂，則至極樂矣。**至樂，至德之樂。極亦至也。○王念孫云：「至極樂」本作「至樂極」。至樂二字連讀，謂極樂也。極，至也，言人能無不樂，則極樂自至也。高注曰「至樂，至德之樂」，是正文本以至樂連文。今本作「至極樂」，則與注不合。文子九守篇正作「卽至樂極矣」。

夫建鍾鼓，列管弦，管，簫也。弦，琴瑟也。**席旃茵，傅旄象，**傅，著也。旄，旌也。象，以象牙爲飾也。**耳聽朝歌北鄙靡靡之樂，**朝歌，紂都。鄙，邑。紂使師涓作鄙邑靡靡之樂也，故師延爲晉平公歌之，師曠知之，曰亡國之音也。**齊靡曼之色，**齊，列也。靡曼，美色也。**陳酒行觴，夜以繼日，**樂不輟也。**强弩弋高鳥，走犬逐狡兎，此其爲樂也，炎炎赫赫，怵然若有所誘慕。**誘，進也。慕，有所思。怵然，猶惕然。○俞樾云：高注曰：「怵然，猶惕然。」此說非也。下文「解車休馬，罷酒徹樂」之後，方云「忽然若有所喪，悵然若有所亡」，則此時不得遽云惕然也。若已惕然，又何樂之有乎？怵，當讀爲訹。說文言部：「訹，誘也。」下言「有所誘慕」，故上言「訹然」，義正相應。作怵者，叚字耳。解車休馬，罷酒徹樂，而心忽然若有所喪，悵然若有所亡也。是何則？不以内樂外，而以外樂内，樂作而喜，曲終而悲，○文典謹按：文選贈王太常詩注引，樂作作奏樂。悲喜轉而相生，精神亂營，不得須臾平。營，惑。察其所以，不得其形，不得樂之形也。而日以傷生，失其得者也。是故内不得於中，稟授於外而以自飾也，不浸于肌膚，不浹于骨髓，浸，潤也。浹，通也。不留于心志，不滯于五藏。故從外入者，無主於中不止。從中出者，無應於外不行。故聽善言便計，雖愚者知說之；稱至德高行，雖不肖者知慕之。說之者衆而用之者鮮，慕之者多而行之者寡。所以然者，何也？不能反諸性也。夫内不開於中而强學問者，○文典謹按：内不開於中，意林引作内心不開。不入於耳而不著於心。○俞樾云：「不入於耳」句衍不字，言雖入耳而不著於心也。不字涉上下句而誤衍。此何以異於聾者之歌也？效人爲之而無以自樂也，聲出於口則越而散矣。散去耳不聞也。夫心者，五藏之主也，所以制使四支，流行血氣，馳騁于是非之境，而出入于百事之門户者也。○文典謹按：御覽三百七十六引，血氣作氣血。是故不得於心而有經天下之氣，經，理也。是猶無耳而欲調鐘鼓，無目而欲喜文章也，亦必不勝其任矣。

故天下神器，不可爲也，器，物用也。爲，治也。爲者敗之，執者失之。夫許由小天下而不以己易堯者，志遺於天下也。許由，陽城人也，箕山之隱士也。堯以其賢，聘之，欲禪天下焉，不肯就。故曰志遺于天下也。所以然者，何也？因天下而爲天下也。天下之要，不在於彼而在於我，彼，謂堯也。我，謂許由。不在於人而在於我身，身得則萬物備矣。○王念孫云：「不在於人而在於我身」，我字涉上句而衍。彼我、人身，相對爲文，身上不當有我字。劉本移我字於下文「身得」之上，而讀「我身得」爲一句，亦非。文子九守篇正作「不在於人而在於身，身得則萬物備矣」。徹於心術之論，則嗜欲好憎外矣。外，不在心。是故無所喜而無所怒，無所樂而無所苦，萬物玄同也，玄，天也。無非無是，化育玄燿，生而如死。玄，天也。燿，明也。生而如死，言無所欲。○王念孫云：此四句皆以四字爲句，則「萬物玄同」下不當有也字。文子九守篇無也字。夫天下者亦吾有也，吾亦天下之有也，天下之與我，豈有間哉！言相比也。夫有天下者，豈必攝權持勢，操殺生之柄而以行其號令邪？吾所謂有天下者，非謂此也，自得而已。自得其天性也。一曰：不失其身也。自得，則天下亦得我矣。吾與天下相得，則常相有，己又焉有不得容其間者乎！

所謂自得者，全其身者也。全其身，則與道爲一矣。故雖游於江潯海裔，潯，厓也。裔，邊也。潯，讀葛覃之覃也。○陶方琦云：文選江賦注、應詔樂遊苑詩注引許注云：「潯，水涯也。」涯即厓。（説文有厓無涯。爾雅釋水：「滸，水厓。」字或作涯也。）故宣貴妃誄注引許注亦作「潯，涯也」。説文水部：「潯，水旁深也。」（水旁即水涯。廣雅釋詁：「厓，方也。」方、旁古字通。）亦有水字。字林「潯，水涯也」，即本許君淮南注。**馳要褭，建翠蓋，**要褭，馬名，日行萬里。褭，橈弱之弱。翠蓋，以翠鳥羽飾蓋也。**目觀掉羽、武象之樂，**掉羽，羽舞。武象，周武王之樂。**耳聽滔朗奇麗激抮之音，**激，揚。抮，轉。皆曲名也。○陶方琦云：一切經音義十七、文選七發注、永明十一年策秀才文注引許注云：「軫，轉也。」説文糸部：「紾，轉也。」許注當是紾字。上文「蟠委錯紾」，高注以紾訓轉，正同許説。**揚鄭、衛之浩樂，結激楚之遺風，**鄭聲：鄭會晉平公，説新聲，使師延爲桑間、濮上之樂。濮在衛地，故曰鄭、衛之浩樂也。必爲鄭、衛之俗樂，夫結激清楚以娛樂也。遺風，猶餘聲也。○陶方琦云：文選七發注引許注：「鄭、衛，新聲所出國也。皓樂，善倡也。」皓、浩同字。（孟子「浩然」，劉注作皓然。）七發「揚鄭、衛之皓樂」，正同許本。説文人部：「倡，樂也。」楚辭：「陳竽瑟兮浩唱。」故許注曰善倡也。**射沼濱之高鳥，逐苑囿之走獸，此齊民之所以淫泆流湎，**齊於凡民，故曰齊民。沼，沱也。濱，水厓也。○陶方琦云：莊子釋文引許注云：「齊等之民也。」莊子「下以化齊民」，李注：「齊，等也。」漢書「編户齊民」，如淳曰：「齊，等也。無有貴賤，謂之齊民。」**聖人處之，不足以營其精神，亂其氣志，**營，惑也。

使心怵然失其情性。處窮僻之鄉，側谿谷之間，側，伏也。隱于榛薄之中，藂木曰榛，深草曰薄。環堵之室，茨之以生茅，蓬户瓮牖，揉桑爲樞，堵長一丈，高一丈。面環一堵，爲方一丈，故曰環堵，言其小也。編蓬爲户，以破瓮蔽牖，揉桑條以爲户樞。上漏下溼，潤浸北房，浸，漬也。北房，陰堂也。雪霜滾灖，浸潭苽蔣，滾灖，雪霜之貌也。浸潭之潤，以生苽蔣實。苽者，蔣實也，其米曰彫胡。滾，讀維繩之維。灖，讀抆滅之抆。苽，讀觚哉之觚也。蔣，讀水漿之漿也。○莊逵吉云：藏本「灖讀抆滅之抆」作「讀校滅之校」。盧詹事文弨云：「或當作抆滅之抆，因抆、灖聲相近也，故據莊子語改之。」孫編修星衍云：「當作校滅之滅，因滅、灖聲相近也。」當以盧君之言爲是，今依改之。逍遥于廣澤之中，而仿洋于山峽之旁，兩山之間爲峽。○王念孫云：水經江水注曰：「江水又東逕赤岬城西。淮南子曰：『彷徨於山岬之旁。』注曰：『岬，山脅也。』」文選吴都賦「傾藪薄，倒岬岫」，李善曰：「許慎淮南子注曰：『岬，山旁。』古狎切。」案水經注所引亦作岬，而訓爲山脅，疑是高注。山脅卽山旁，義與許同也。今本岬作峽，注云「兩山之間爲峽」，與酈、李所引迥異，疑皆後人所改。玉篇：「岬，古狎切，山旁也。」亦作㟕。廣韻：「㟕，古狎切，山側也。」「峽，侯夾切。巫峽，山名。」二字音義判然。後人誤以山脅之岬爲巫峽之峽，故改訓爲兩山之間，不知正文明言「山岬之旁」，則岬爲山脅，而非兩山之間矣。校書者以注訓兩山之間，故又改岬爲峽，而不知其本非原注也。集韻：「㟕，古狎切，兩山之閒爲㟕。許慎説或作岬。」（宋人皆誤以高注爲許注，故云許慎説。）則所見已非原注，但岬字尚未改爲峽耳。○陶方琦云：

玉篇：「岬，山旁也。」亦作砷，廣韻：「砷，山側也。」皆本許注淮南說。高本作峽，說故異。許義爲長。**此齊民之所爲形植黎黑，憂悲而不得志也，聖人處之，不爲愁悴怨懟，**懟，病也。**而不失其所以自樂也。**〇王引之云：黎黑，舊本譌作黎累，今據文選詣建平王上書注改。又懟與病義不相近，懟皆當爲慰。今作懟者，後人以意改之也。怨，讀爲苑。慰，讀爲蔚。苑、蔚皆病也。俶真篇「形傷於寒暑燥濕之虐者，形苑而神壯」，高注曰：「苑，枯病也。」本經篇「則身無患，百節莫苑」，高注曰：「苑，病也。」俶真篇「五藏無蔚氣」，高注曰：「蔚，病也。」是苑、蔚皆病也。荀子哀公篇「富有天下而無怨財」，楊倞注引禮運「事大積焉而不苑」，是苑與怨通。莊子盜跖篇「貪財而取慰，貪權而取竭，可謂疾矣」，疾亦病也。淮南繆稱篇曰：「侏儒瞽師，人之困慰者也。」是蔚與慰通。故高注云「慰，病也」。後人不通古訓，而改慰爲懟，其失甚矣。「不失其所以自樂」，不字涉上下文而衍。「不爲愁悴怨慰而失其所以自樂也」，作一句讀。〇俞樾云：王氏據文選注訂黎累爲黎黑，是也。惟未說植字之義。植，當讀爲殖。管子地員篇：「五殖之狀，甚澤以疏，離坼以臞瘠。」是殖有臞瘠之義。形殖，謂形體臞瘠也。蓋卽從「脂膏殖敗」之義而引申之耳。**是何也？則內有以通于天機，**機，發也。**而不以貴賤貧富勞逸失其志德者也。故夫烏之啞啞，鵲之唶唶，豈嘗爲寒暑燥溼變其聲哉！**言體道者不爲貴賤貧富勞逸易其志，如烏鵲之不爲寒暑易其聲。

是故夫得道已定，而不待萬物之推移也，非以一時之變化而定吾所以自得也。

吾所謂得者，性命之情處其所安也。夫性命者，與形俱出其宗，宗，本。形備而性命成，性命成而好憎生矣。故士有一定之論，女有不易之行，士有同志，同志德也，至其交接，有一會而交定，故曰有一定之論也。貞女專一，亦無二心，雖有偏喪，不復更醮，故曰有不易之行也。○文典謹按：高注「士有同志同志德也」，下志字疑涉上文而衍。文選詣建平王上書注引，正作「士有同志同德」，又交定作分定，不復作不須。規矩不能方圓，鉤繩不能曲直。雖規矩鉤繩無以施於此。天地之永，登丘不可爲脩，居卑不可爲短。是故得道者，窮而不懾，達而不榮，雖窮賤不以爲懾懼也，雖顯達不以爲榮幸也。處高而不機，機，危也。持盈而不傾，傾，覆也。新而不朗，久而不渝，朗，明也。渝，變也。朗，讀汝南朗陵之朗。入火不焦，入水不濡。是故不待勢而尊，不待財而富，不待力而强，平虛下流，與化翱翔。翱翔，猶傾仰也。若然者，藏金於山，藏珠於淵，舜藏金于嶄巖之山，藏珠于五湖之淵，以塞貪淫之欲也。不利貨財，不貪勢名。勢位爵號之名也。是故不以康爲樂，康，安也。不以慊爲悲，慊，約也。慊，讀辟向慊之慊。不以貴爲安，不以賤爲危，形神氣志，各居其宜，以隨天地之所爲。

夫形者，生之舍也；氣者，生之充也；神者，生之制也。一失位，則三者傷矣。○王念孫云：充本作元，此涉下文「氣不當其所充」而誤也。元者，本也。言氣爲生之本也。文選養生論注引此正作元，文子九守篇亦作元。王冰注素問刺禁論云：「氣者，生之原。」語卽本於淮南，原與元同。「一失位則二者傷」，謂此三者之中一者失位則二者皆傷也。各本二作三，因下文「此三者」而誤。（文子亦誤作三。）唯道藏本、朱本作二。莊刻依諸本作三，非也。文選注引此，正作二。是故聖人使人各處其位，守其職，而不得相干也。故夫形者非其所安也而處之則廢，氣不當其所充而用之則泄，神非其所宜而行之則昧。昧，不明也。此三者，不可不慎守也。夫舉天下萬物，蚑蟯貞蟲，蚑行蟯動之蟲也。蟯讀饒。貞蟲，細腰之屬也。○洪頤煊云：貞蟲不專是蜂，貞蟲猶言昆蟲。地形訓「萬物貞蟲各有以生」，大戴禮易本命作「昆蟲」，昆蟲卽衆蟲也。○文典謹按：本書說山訓「貞蟲之動以毒螫」，高注：「貞蟲，細腰蜂蜾蠃之屬。無牝牡之合曰貞。」蝡動蚑作，蚑，讀鳥蚑步之蚑也。皆知其所喜憎利害者，何也？以其性之在焉而不離也，忽去之，則骨肉無倫矣。去之，去道也，則骨肉靡滅，無倫匹也。今人之所以眭然能視，眭，讀曰桂。營然能聽，營，讀疾營之營。形體能抗，抗，讀扣耳之扣。而百節可屈伸，察能分白黑、視醜美，而知能別同異、明是非者，何也？氣爲之充，而神爲之使也。何以知其然也？凡人之志各有所在而神有所繫者，其行也，足蹪趎埳、頭抵植木而不自知也，蹪，躓也，楚人讀躓爲蹪。知，猶覺也。招之而不能見也，呼之而不能聞也。不能見招之者，不能聞呼之者。耳目非去之也，然而不能應者，何也？

神失其守也。精神失其所守。故在於小則忘於大，在於中則忘於外，在於上則忘於下，在於左則忘於右。若楚白公勝將欲慮亂，立于朝，倒杖策，上貫其頤，血流至地而不覺，此之類也。無所不充，則無所不在。精神無所不充。在，存也。是故貴虛者以豪末爲宅也。虛者，情無所念慮也。以豪末爲宅者，言精微也。今夫狂者之不能避水火之難而越溝瀆之險者，○俞樾云：不能當作能不，傳寫誤倒。豈無形神氣志哉？○文典謹按：御覽八百六十九引，形神氣志作形氣神志。然而用之異也。與人異也。失其所守之位，而離其外内之舍，是故舉錯不能當，動静不能中，當，合也。中，適也。終身運枯形于連嶁列埒之門，運，行也。枯，猶病也。形，體也。連嶁，猶離嶁也，委曲之類。列埒，不平均也。連，讀陵聾幽州陵陵連之連。嶁，讀岓嶁無松栢之嶁。○莊逵吉云：古無嶁字，連嶁卽連遱也。所謂離嶁，亦卽麗廔也。遱、廔蓋正字。○洪頤煊云：説文：「廔，屋麗廔也。」列子力命篇「居則連欐」，莊子徐無鬼篇「君亦必無陳鶴列於麗譙之間」，郭象注「麗譙，高樓也」，皆同聲通用字。廣雅釋室：「埒，隄也。」高注非。而蹪蹈于污壑穽陷之中，污壑，大壑。壑，讀赫赫明明之赫。○王紹蘭云：上文云「其行也，足蹪趎埳、頭抵植木而不自知也」，高誘注：「蹪，躓也，楚人謂躓爲蹪。」此文蹈當爲埳，蹪埳卽足蹪趎埳也。埳卽陷之今字。説文𨸏部：「陷，高下也。」謂從高陷下也。臼部：「臽，小阱也。」讀淮南者見下有穽陷字，輒改埳爲蹈，不知正文本當作「蹪陷于污壑穽臽之中」，非重複也。若如今本作蹪蹈，説文「蹈，踐也」，既蹪躓矣，何能復蹈踐乎？於文亦不詞。雖生俱與人鈞，然而不免爲人戮笑者，何也？形神相失也。故以神爲主者，形從而利；以形爲制者，神從而害。神清静故利，形有情欲故害也。貪饕多欲之人，漠睧於勢利，誘慕於名位，漠睧，猶鈍睧，不知足貌。誘，進也。慕，貪。漠溺之漠。睧，讀纖絹緻宓睧無閒孔之睧也。〇王念孫云：漠睧皆當爲滇眠，字之誤也。（隸書真字作真，莫字作莫，二形相似而誤。史記高祖功臣侯者表甘泉戴侯莫摇，漢表莫摇作真粘，朝鮮傳「嘗略屬真番」，徐廣曰：「真一作莫。」新序雜事篇「黄帝學乎大真」，路史疏仡紀曰：「大真，或作大莫，非。」皆其例也。眠之爲睧，則涉注文鈍睧而誤。）滇音顛，眠音莫賢反。滇眠或作顛冥。文子九守篇作「顛冥乎勢利」，是其證也。莊子則陽篇「顛冥乎富貴之地」，釋文：「冥，音眠。司馬云：顛冥，猶迷惑也。言其交結人主，情馳富貴。」即此所云「滇眠於勢利，誘慕於名位」也。高以滇眠爲不知足，司馬以顛冥爲迷惑，迷惑與不知足，義相因也。又案高云：「滇眠，猶鈍睧。」睧讀齊湣王之湣。（見集韻。）滇眠、鈍睧，皆疊韻也。鈍睧或爲鈍閔，或爲頓愍。方言：「頓愍，惽也。江、湘之閒謂之頓愍。」淮南脩務篇「精神曉泠，鈍閔條達」，高彼注云：「鈍閔，猶鈍惽也。」此注云：「鈍睧，不知足貌。」鈍惽與不知足，義亦相因也。**冀以過人之智植于高世，**冀，猶庶幾也。植，立也。庶幾立高名於世也。〇王念孫云：植于高世當作植高于世，故高注曰「植，立也。庶幾立高名於世也」。今本高于二字誤倒，則文不成義。文子作「位高於世」，位亦立也。（周官小宗伯注：「鄭司農云：『古者位立同字。』」)○文典謹按：莊本無注，今據傳寫宋本補。則精神日以秏而彌遠，久淫而不還，淫，過。還，復。形閉中距，則神無由入矣。神，精神也。清静之性無從還入也。是以天下時有盲妄自失之患。此膏燭之類也，火逾然而消逾亟。逾，益也。亟，疾也。夫精神氣志者，静而日充者以壯，躁而日秏者以老。○俞樾云：下兩者字皆衍文。「日充以壯」、「日秏以老」，猶言日充而壯、日秏而老也。有者字，則文不成義。文子九守篇正無兩者字。是故聖人將養其神，和弱其氣，平夷其形，而與道沈浮俛仰，沈浮，猶盛衰。俛仰，猶升降。恬然則縱之，迫則用之。其縱之也若委衣，其用之也若發機。機，弩機關。言其疾也。如是，則萬物之化無不遇，遇，時也。○孫詒讓云：遇與耦通。齊俗訓云：「夫以一世之變，欲以耦化應時。」要略云：「所以應待萬方，覽耦百變也。」許注云：「耦，通也。」字亦作偶。説林訓云：「聖人之偶物也。」高注云：「偶，猶周也。」此云「無不遇」，亦卽周通之義。高釋遇爲時，失之。文子守弱篇襲此文，遇作偶，正與説林訓「偶物」字同。而百事之變無不應。應，當之也。

淮南鴻烈集解卷二

俶真訓

俶，始也。真，實也。道之實，始於無有，化育于有，故曰「俶真」，因以題篇。

有始者，天地開闢之始也。有未始有有始者，言萬物萌兆，未始有始者，始成形也。有未始有夫未始有有始者。言天地合氣，寂寞蕭條，未始有也。夫未始有始，仿佛也。有有者，言萬物始有形兆也。有無者，言天地浩大，無可名也。有未始有有無者，有未始有夫未始有有無者。所謂有始者，繁憤未發，萌兆牙蘖，未有形埒垠堮，○王念孫云：覽冥篇「不見朕垠」，高注：「朕，兆朕也。垠，形狀也。」繆稱篇「道之有篇章形埒者」，高注：「形埒，兆朕也。」是垠堮與形埒同義。既言形埒，無庸更言垠堮，疑垠堮是形埒之注，而今本誤入正文也。且此三句以發、蘖、埒爲韻，若加垠堮二字，則失其韻矣。無無蠉蠉，將欲生興而未成物類。繁憤，衆積之貌。發，憤也。有未始有有始者，天氣始下，地氣始上，陰陽錯合，相與優游競暢于宇宙之間，被德含和，繽紛蘢蓯，欲與物接而未成兆朕。競，逐也。暢，達也。和，氣也。繽紛，雜糅也。蘢蓯，聚會也。兆朕，形怪也。○陶方琦云：文選魏都賦注引許注：

「眹，兆也。」詮言訓注：「眹，兆也。」正與此注同。莊子齊物論釋文引李注：「眹，兆也。」**有未始有夫未始有有始者，天含和而未降，地懷氣而未揚，虛無寂寞，蕭條霄霓，無有仿佛，氣遂而大通冥冥者也。**霄，讀紺綃之綃。霓，翟氏之翟也。**有有者，言萬物摻落，根莖枝葉，青蔥苓蘢，萑蔰炫煌，蠉飛蝡動，蚑行噲息，可切循把握而有數量。**摻，讀參星之參。萑蔰炫煌，采色貌也。蚑，讀車蚑轍之蚑。噲，讀不悅懌外之噲。切，摩也。循，順也。萑，讀曰唯也。蔰，讀曰扈。○莊逵吉云：噲息，各本皆作喙息，唯藏本作噲。攷方言：「喙，息也。自關而西，秦、晉之間曰喙。」説文解字：「噲，咽也。一曰：嚵，噲也。」「嚵，一曰喙也。」嚵有喙訓，噲亦從之，是噲亦有息義矣。後人但知喙息，而改噲爲喙者，非是。○王念孫云：藿音灌，與唯字聲不相近。藿皆當爲蓶，字之誤也。蓶，讀若唯諾之唯，字從艸，唯聲。蓶扈者，草木之榮華也。後漢書馬融傳廣成頌説植物云：「鋪于布濩，蓶扈蘳熒。」李賢曰：「蓶，音以揆反，郭璞注爾雅云：『草木華初出爲芛。』（爾雅：「芛、葟、華，榮。」説文：「芛，艸之皇榮也。」）芛與蓶通。扈音户。」（以上後漢書注。）此言根莖枝葉青蔥苓蘢，蓶扈炫煌義與彼同也。高注讀蓶爲唯，李賢音以揆反，正與高讀合。劉績不知藿爲蓶之誤，而改藿爲萑，斯爲謬矣。（諸本及莊本同。）又案：萑蔰之蔰，當依後漢書作扈，注當作「扈，讀曰户」。正文作蔰者，因萑字而誤加艸耳。後人不達，又改注文爲「蔰，讀曰扈」，以從已誤之正文，則其謬益甚矣。説文、玉篇、廣韻、集韻、類篇皆無蔰字。**有無者，視之不見其形，聽之不聞其聲，捫之不可得也，望之不可極也，儲與扈治，**儲與扈治，褎大意也。浩浩瀚瀚，不可隱儀揆度而通光耀者。浩浩瀚瀚，廣大貌也。光耀，無形。有未始有有無者，包裹天地，陶冶萬物，大通混冥，深閎廣大，不可爲外，析豪剖芒，不可爲内，無環堵之宇而生有無之根。混冥，大冥之中，謂道也。有未始有夫未始有有無者，天地未剖，陰陽未判，剖判混分。四時未分，萬物未生，汪然平静，寂然清澄，莫見其形，汪，讀傳尸諸周氏之汪同。若光耀之間於無有，退而自失也，自失，没不見也。○陳觀樓云：間當作問。光耀問於無有，事見莊子知北遊篇。曰：「予能有無，而未能無無也。能有無，爲也，未能本性自無爲也，故曰未能無無也。及其爲無無，至妙何從及此哉！」

夫大塊載我以形，勞我以生，大塊，天地之間也。逸我以老，休我以死。莊子曰：生乃徭役，死乃休息也。故曰休我以死。善我生者，乃所以善我死也。善我生之樂，乃欲善我死之樂也。明死變化有知，欲勸人同死生也。夫藏舟於壑，藏山於澤，人謂之固矣。雖然，夜半有力者負而趨，趨，走。寐者不知，猶有所遁。夜半有力者負舟與山走，故寐者不知也。○文典謹按：「猶有所遁」上，疑脱「藏小大有宜」五字。莊子大宗師：「夫藏舟於壑，藏山於澤，謂之固矣。然而夜半有力者負之而走，昧者不知也。藏小大有宜，猶有所遯。若夫藏天下於天下，而不得所遯，是恒物之大情也。」郭注：「不知與化爲體，而思藏之使不化，則雖至深至固，各得其所宜，而無以禁其日變也。」今脱此五字，與「寐者不知」連讀，文義遂不可通矣。若藏天下於天下，則無所遁其形矣。大丈夫以天下爲室，以藏萬物。物豈可謂無大揚攉乎？揚攉，無慮大數名也。攉，讀鎬京之鎬。○陶方琦云：文選蜀都賦注、江賦注、吴趨行注、莊子釋文引許注云：「揚攉，粗略也。」是許本攉作搉，與説文同。許注粗略即大略，是解大揚搉之義。漢書敍傳「揚搉古今」，猶言約略古今。一範人之形而猶喜。範，猶遇也，遭也。一説：範，法也。言物一法效人形而猶喜也。○俞樾云：範卽犯之叚字。周易繫辭傳「範圍天地之化而不過」，釋文曰：「範圍，馬、王肅、張作犯違。」是範、犯古字通也。莊子大宗師篇正作「特犯人之形而猶喜之」，又曰「今一犯人之形，而曰人耳人耳」，皆其證也。高注曰：「範，猶遇也，遭也。」此説得之。郭象注莊子曰：「人形乃是萬化之一遇耳。」是亦以遇釋犯也。高注又曰：「一説：範，法也。言物一法效人形而猶喜也。」則望文生訓，失之泥矣。若人者，千變萬化而未始有極也。言死生變化而夢，故曰未始有極也。弊而復新，其爲樂也，可勝計邪！○文典謹按：御覽三百九十七引，復作後，無也字。譬若夢爲鳥而飛於天，夢爲魚而没於淵，○文典謹按：御覽三百九十七引，作「譬若夢，夢爲鳥而飛於天，夢爲魚而没於淵」。「譬若夢」句絶，語意較完，當據補夢字。方其夢也，不知其夢也，覺而後知其夢也。今將有大覺，然後知今此之爲大夢也。○文典謹按：御覽三百九十七引，有下有所字。始吾未生之時，焉知生之樂也？今吾未死，又焉知死之不樂也？昔公牛哀轉病也，七日化爲虎。轉病，易病也。江、淮之間，公牛氏有易病，化爲虎，若中國有狂疾者，發作有時也。其爲虎者，便還食人，食人者因作真虎，不食人者更復化爲人。公牛氏，韓人。淮南之人，因牛食芻，謂之芻豢，有驗于此。**其兄掩户而入覘之，則虎搏而殺之。**殺其兄。掩，讀曰奄。覘，視也。○文典謹按：文選思玄賦注引作：「牛哀病七日而化爲虎，其兄啓户而入，哀搏而殺之。」御覽八百八十八、白帖九十七所引略同，病下並無也字，疑衍文也。後漢書張衡傳注引作：「昔公牛哀病，七日化而爲虎。其兄覘之，虎搏而殺之，不知其兄也。」病下亦無也字。高注曰「江、淮之間，公牛氏」，又曰「公牛氏，韓人」，疑是高、許二家注，後人合而爲一耳。又文選思玄賦李善注云：「牛哀，魯人牛哀也。」未知其審。**是故文章成獸，爪牙移易，**移易人爪牙爲虎爪牙也。**志與心變，神與形化。**志心皆變，神形皆化。**方其爲虎也，不知其嘗爲人也；方其爲人，不知其且爲虎也。二者代謝舛馳，各樂其成形。**代，更也。謝，敍也。舛，互也。形，謂成虎形人。舛，讀舛賣之舛。**狡猾鈍惛，是非無端，孰知其所萌！**萌，生也。**夫水嚮冬則凝而爲冰，冰迎春則泮而爲水，冰水移易于前後，若周員而趨，孰暇知其所苦樂乎！**泮，釋也。趨，歸也。○文典謹按：意林、初學記地部下、御覽六十八引，泮並作釋。又移字，初學記作施，御覽作弛。**是故形傷于寒暑燥溼之虐者，形苑而神壯；**苑，枯病也。壯，傷也。苑，讀南陽苑。○莊逵吉云：南陽苑卽宛縣字也，古苑與宛同。**神傷乎喜怒思慮之患者，神盡而形有餘。**

故罷馬之死也，剥之若槁；罷老氣力竭盡，故若槁也。○文典謹按：御覽九百五引，槁作橐。又引注云：「橐，治橐也。雖含氣而形不能摇。」疑是許本。狡狗之死也，割之猶濡。狡，少也。濡，濡溼，氣力未盡。○文典謹按：御覽九百五引，濡作蠕。又引注云：「蠕，動也。」疑是許本。是故傷死者其鬼嬈，嬈，煩嬈，善行病祟人。時既者其神漠。既，盡也。時既當老者，則神寂漠。漠，定也。是皆不得形神俱没也。道家養形養神，皆以壽終，形神俱没，不但漠而已也。老子曰：「以道竦天下，其鬼不神。」此謂俱没也。夫聖人用心，杖性依神，相扶而得終始，是故其寐不夢，其覺不憂。精神無所思慮，故不夢。志存仁義，患不得至，故不憂。古之人有處混冥之中，神氣不蕩于外，萬物恬漠以愉静，攙搶衡杓之氣莫不彌靡，攙搶，彗孛也。杓，北斗柄第七星。○王引之云：北斗之星不聞爲害，高説非也。衡當爲衝，字形相似而誤。衝、杓皆妖氣也。晉書天文志引河圖曰：「歲星之精，流爲天槍。天衝熒惑，散爲天欃。」吕氏春秋明理篇曰：「其雲狀有若人，蒼衣赤首，不動，其名曰天衝。（今本衝字亦誤作衡，據太平御覽咎徵部四引改）。」開元占經妖星占篇引劉向洪範傳曰：「天衝，其狀如人，蒼衣赤首，不動。」史記天官書曰：「五星蚤出者爲贏，晚出者爲縮，必有天應見於杓星。」漢書天文志曰「太歲在寅，歲星正月晨出，在斗、牽牛。失次，杓，早水，晚旱」是也。欃槍衝杓皆妖氣之名，故並言之。而不能爲害。當此之時，萬民猖狂，不知東西，含哺而游，鼓腹而熙，鼓，擊也。熙，戲也。○陶方琦云：一切經音義引，游作興。又引許注云：「哺，口中嚼食也。」按説文：「哺，哺咀也。」玄應引字林：「哺，咀食也。」又引「嚼，咀也」。漢書「輟飯吐哺」，注：「哺，口中所含食也。」爾雅釋文引説文作「哺，咀哺，口中嚼食也」。訓正同。**交被天和，食于地德，**交，俱也。和，氣也。地德，五穀。**不以曲故是非相尤，茫茫沈沈，是謂大治。**曲故，曲巧也。尤，過也。茫茫沈沈，盛貌。茫，讀王莽之莽。沈，讀水出沈沈正白之沈。○王念孫云：沈皆當爲沆。（玉篇何黨切，廣韻又音杭。）茫茫沆沆，疊韻也。説文沆字注云：「莽沆，大水。一曰大澤。」風俗通義山澤篇云：「沆者，莽也，（今本沆誤作沉，辯見漢書刑法志「沈斥」下。）言其平望莽莽無涯際也。」莽與茫古同聲，茫茫沆沆即莽莽沆沆，故高注以爲盛貌也。莽沆或作漭沆，張衡西京賦「滄池漭沆」是也。倒言之則曰「沆漭」，馬融廣成頌「瀇瀁沆漭」是也。又作沆茫，楊雄羽獵賦「鴻濛沆茫」是也。（顏師古曰：「茫，音莽。」）沆茫即沆莽，故曰「茫讀王莽之莽」。漢書禮樂志「西顥沆碭」，顏師古曰：「沆碭，白氣之貌。」故曰「沆讀水出沆沆白之沆」。若作沈沈，則與正文、注文皆不合矣。又兵略篇「天化育而無形象，地生長而無計量，渾渾沆沆，孰知其藏」，沆亦當爲沆。渾渾沆沆，廣大貌也。爾雅：「沄，沆也。」説文：「沄，轉流也。讀若混。一曰沆。」（舊本脱此三字，今據爾雅釋文補。）沄、混、渾古同聲，渾渾沆沆即沄沄沆沆，沄之轉爲沆，猶渾之轉爲沆也。且沆與象、量、藏爲韻，若作沉沉，則義既不合，而韻又不諧矣。（太平御覽兵部二引此已誤。）凡從亢之字，隸或作冘，故沆字或作沈，一誤而爲沉，再誤而爲沈，散見羣書，而學者莫之能辨也。（詳見漢書。）**於是在上位者，左**

右而使之，毋淫其性；鎮撫而有之，毋遷其德。是故仁義不布而萬物蕃殖，古者抱盛德，上質樸，不待仁義而萬物蕃殖也。**賞罰不施而天下賓服。**昭其德也。**其道可以大美興，而難以算計舉也。**言天地萬物但可以大美興而育之，難以算計具也。○俞樾云：美當作筴，隸書策字也。史記五帝紀「迎日推策」，晉灼曰：「策，數也。」是大筴即大數也。興亦舉也。言止可以大數舉也。筴與美形似而誤。大戴記易本命篇「此乾坤之筴」，盧辯注曰：「三百六十，乾坤之筴。」而今正文筴字亦誤作美，是其證也。高注曰「言天地萬物但可以大美興而育之」，是其所據本已誤。**是故日計之不足，而歲計之有餘。**以限計之，故有餘也。辟若梅矣，百梅足以爲百人酸，一梅不足爲百人酸也。○文典謹按：高注「一梅不足爲百人酸也」，百字蓋一字之誤。百梅百人譬歲計之有餘，一梅一人譬日計之不足也。若作百人，則非其指矣。本書説林訓「百梅足以爲百人酸，一梅不足以爲一人和」，卽此注所本也。**夫魚相忘於江湖，人相忘於道術。**言各得其志，故相忘也。**古之真人，立於天地之本，中至優游，抱德煬和，而萬物雜累焉，**煬，炙也。抱其志德而炙於和氣，故萬物雜累，言成熟也。煬，讀供養之養。○孫詒讓云：雜累無成熟之義，雜疑當作炊。莊子在宥篇云：「從容無爲，而萬物炊累焉。」釋文云：「炊，本或作吹，同。司馬云：炊累，猶動升也。向、郭云：如埃塵之自動也。」淮南書似卽本彼文，高訓爲成熟，則與司馬、郭義異耳。**孰肯解構人間之事，以物煩其性命乎！**解構，猶合會也。煩，辱也。

〇洪頤煊云：後漢書隗囂傳「勿用傍人解構之言」，竇融傳「亂惑真心，轉相解搆」，莊子胠篋篇「解垢同異之變」，詩野有蔓草「邂逅相遇」，綢繆「見此邂逅」，其音義並同。

夫道有經紀條貫，得一之道，連千枝萬葉。一者，道本。得其本，故能連理千枝萬葉，以少正多也。是故貴有以行令，賤有以忘卑，貧有以樂業，困有以處危。夫大寒至，霜雪降，然後知松柏之茂也。據難履危，利害陳于前，陳，列也。然後知聖人之不失道也。是故能戴大員者履大方，言能戴天履地之道。鏡太清者視大明，立太平者處大堂，太平，天下之平也。大堂，明堂，所以告朔行令也。能游冥冥者與日月同光。光，明也。諭德道者能與日月同明也。是故以道爲竿，以德爲綸，禮樂爲鉤，仁義爲餌，投之於江，浮之於海，萬物紛紛，孰非其有！〇文典謹按：初學記武部、御覽八百三十四引，並作：「聖人以道德爲竿綸，以仁義爲鉤餌，投之天地間，萬物孰非其有哉！」意林引「萬物紛紛，孰非其有」作「萬物皆得」。夫挾依於跂躍之術，跂躍，猶齟齬，不正之道也。提挈人間之際，撢掞挺挏世之風俗，撢，引。掞，利也。挺挏，猶上下也，以求利便也。〇莊逵吉云：挺，各本皆作挺。攷説文解字：「挺，拔也。」「挺，長也。」挺、挏雙聲，應從藏本作挺爲是。以摸蘇牽連物之微妙，摸蘇，猶摸索。微妙，猶細小也。猶得肆其志，充其欲，何況懷瓌瑋之道，忘肝膽，遺耳目，獨浮游無方之外，不與物相弊摋，弊摋，猶雜糅。弊，音跋涉之跋。摋，讀楚人言殺。**中徙倚無形之域而和以天地者乎！**○俞樾云：「和以天地」，義不可通，地疑倪字之誤。莊子齊物論曰：「和之以天倪。」**若然者，偃其聰明而抱其太素，**素，朴性也。**以利害爲塵垢，**塵垢，諭輕也。**以死生爲晝夜，是故目觀玉輅琬象之狀，耳聽白雪清角之聲，不能以亂其神。**玉輅，王者所乘，有琬琰象牙之飾。白雪，師曠所奏太一五弦之琴樂曲，神物爲下降者。清角，商聲也。○陶方琦云：輅，許本當作璐。玉、璐、琬、象，皆飾也。文選雪賦注引許注：「璐，美玉也。」無可附屬，當是此注，正見二本之異。説文：「璐，玉也。」楚詞王注：「璐，美玉也。」又文選南都賦注引許注：「清角弦急，其聲清也。」管子曰：「凡聽角，如雉登木以鳴，音疾以清。」韓非十過：「平公曰：『音莫悲於清徵乎？』師曠曰：『不如清角。』」蔡邕月令章句：「凡弦急則清，緩則濁。」説文：「緈，弦急之聲也。」**登千仞之谿，臨蝯眩之岸，不足以滑其和。**蝯臨其岸而目眩也。滑，滑亂。和，適也。**譬若鍾山之玉，**鍾山，昆侖也。○陶方琦云：文選琴賦注、爲范尚書吏部封侯第一表注引許注：「鍾山，北陸無日之地，出美玉。」按西山經西次三經「又西北四百二十里曰鍾山」，又云：「黄帝乃取峚山之玉榮而投之鍾山之陰。」山北曰陰。郭注以爲玉穜，故許注云出美玉。海外北經〔一〕「鍾山之神名燭陰」，卽淮南之燭龍。地形訓曰：「燭龍在雁

〔一〕「外」，原本作「山」，據山海經改。

門北，蔽于委羽之山，不見日。」是鍾山卽鴈門以北大山也，故許注云「北陸無日之地」。**炊以鑪炭，三日三夜而色澤不變。**○王念孫云：炊當爲灼，字之誤也。玉可言灼，不可言炊。藝文類聚寶部上、太平御覽珍寶部四引作炊，皆後人依誤本改之。其御覽地部三引此，正作灼。白帖七同。呂氏春秋士容篇注作「燔以鑪炭」，燔亦灼也。**則至德天地之精也。**○文典謹按：藝文類聚八十三引，作「得天地之精也」。**是故生不足以使之，利何足以動之；死不足以禁之，害何足以恐之。明於死生之分，達於利害之變，雖以天下之大，易骭之一毛，無所槩於志也。**骭，自膝以下，脛以上也。骭，讀閈收之閈也。**夫貴賤之於身也，猶條風之時麗也；**條風鳴條，言其迅也。麗，過也。○陶方琦云：文選陸機演連珠注引，作「猶條風之時灑」，又引許注：「灑，猶汛也。」說文：「灑，汛也。」與注同。玄應引通俗文：「以水撿塵曰灑。」文選張華答何邵詩注引淮南「猶條風之時灑」，卽許本。○文典謹按：御覽九百四十五引注云：「時麗，忽一過也。」**毀譽之於己，猶蚊虻之一過也。**

夫秉皓白而不黑，行純粹而不糅，處玄冥而不闇，休于天鈞而不⿰石爲，⿰石爲，敗也。天鈞，北極之地，積寒之野，休之輒敗，唯體道能不敗也。○俞樾云：此說天鈞之義，殊爲無據。莊子齊物論曰：「是以聖人和之以是非，而休乎天鈞。」郭象注曰：「莫之偏任，故付之自均而止也。」釋文引崔譔曰：「鈞，陶鈞也。」淮南「休乎天鈞」之文卽本莊子，義亦當與彼同，謂休乎自然之陶鈞，故不敗也。他書無以積寒之地爲天鈞者，足徵高注之非矣。**孟門、終隆之山不能禁，**孟門，山名，太行之隘也。終隆則終南山，在扶風。皆險塞也。○莊逵吉云：古讀隆爲臨，故詩「與爾臨衝」，韓詩作「隆衝」。又後漢殤帝諱隆，改隆慮縣爲臨慮縣亦是。南、臨同聲，因之又以終南爲終隆也。**唯體道能不敗，**○洪頤煊云：下「湍瀨旋淵、呂梁之深不能留也，太行、石澗、飛狐、句望之險不能難也」，與上「孟門、終隆之山不能禁」，三句連文，不應有「唯體道能不敗」句，禁下疑脱也字。此六字涉上注而譌。○王念孫云：「唯體道能不敗」六字，與上下文義不相屬，乃上文「休於天鈞而不⿰石爲[一]」之注誤衍於此。（上注云：「⿰石爲，敗也。天鈞，北極之地，積寒之野，休之輒敗，唯體道能不敗也。」）**湍瀨旋淵、呂梁之深不能留也，**湍瀨，急流。旋淵，深淵也。呂梁，水名也，在彭城。皆水險。留，滯也。**太行、石澗、飛狐、句望之險不能難也。**太行，在野王北上黨關也。石澗，深谿。飛狐，在代郡。句望，在鴈門。皆隘險也。○莊逵吉云：句望，今漢書地理志作句注，以義攷之，注應即汪字也。古汪、望同聲，凡古字通者皆以聲同相通。若汪與注，乃字之誤耳。古汪字作⿰氵㞷，注字作⿰氵𡉀，後人但識注，不識古字汪，因之傳訛矣。**是故身處江海之上，而神游魏闕之下。**魏闕，王者門外闕，所以縣教象之書於象魏也。巍巍高大，故曰魏闕。言真人

〔一〕「⿰石爲」，原作「僞」，據正文改。下同。

雖在遠方，心存王也。一曰：心下巨闕，神内守也。○陶方琦云：莊子釋文引許注：「天子兩觀也。」文選弔魏武帝文注引許注作「魏闕，王之闕也」。高注前一説，文選注所引許注相同，當是許説羼入高注。文選、莊子〔一〕所引，乃約文也。且高注内作兩説，多係許、高之異。莊子釋文引淮南作魏，是許本。司馬注莊子同作魏，云：「魏，讀曰魏。象魏，觀闕，人君門也。言心存榮貴。」正揞許義。山海經魏山或作隗山。説文：「隗，隗隗也。」隗隗卽崔巍。故西山經魏山，郭注「魏音巍」。高注以巍訓魏，是巍、魏、魏三字音義竝通。張衡西京賦「建象魏之兩觀」，注：「象魏，闕也。一曰，觀也。」爾雅孫炎注：「宫門雙闕，舊縣法象，使民觀之，故謂之觀。」水經穀水注引白虎通義：「闕者，所以飾門，别尊卑也。」許注曰「天子」、曰「王」，皆尊者之辭。非得一原，孰能至於此哉！一原，道之原也。是故與至人居，使家忘貧，使王公簡其富貴而樂卑賤，勇者衰其氣，貪者消其欲。坐而不教，立而不議，虚而往者實而歸，故不言而能飲人以和。論道如川，不言而能飲人以和適也。是故至道無爲，一龍一蛇，龍能化，蛇能解脱，故道以爲譬。盈縮卷舒，與時變化。外從其風，内守其性，耳目不燿，思慮不營。營，惑也。其所居神者，臺簡以游太清，臺，猶持也。簡，大也。○莊逵吉云：「臺簡」注云「臺，持也」，錢别

〔一〕「莊子」下，似脱「釋文」二字。

駕坫云：「臺當作握。說文解字握古文作臺，臺與臺形近致訛耳。」但藏本及各本皆作臺字，而本書用古文臺，不用篆文握，故仍存原文，不敢擅改。○俞樾云：高注曰「臺，猶持也」，以持訓臺，蓋以聲爲訓。釋名釋宫室曰：「臺，持也。築土堅高，能自勝持也。」是其證也。方言曰：「臺，支也。」支與持義同。錢氏坫謂臺當作臺，古文握字。然臺之訓持，自是古訓，不必疑其字誤也。莊子庚桑楚篇曰：「靈臺者有持，而不知其所持而不可持者也。」是亦以臺爲持。故釋文曰：「靈臺謂心，有靈智、能任持也。」然則臺簡卽持簡，猶靈臺卽靈持矣。**引楯萬物，羣美萌生。**引楯，拔擢也。楯，讀允恭之允。○莊逵吉云：引楯當作揗，從手旁。○文典謹按：楯、揗皆從盾得聲，得通用也。**是故事其神者神去之，**事，治也。**休其神者神居之。**不動擾。**道出一原，通九門，**九門，天之門。**散六衢，**散布于六合之衢也。**設於無垓坫之宇，**設，施也。垓坫，垠堮也。垓，讀人飲食太多以思下垓。坫，讀爲筦氏有反坫之坫。**寂漠以虛無。非有爲於物也，物以有爲於己也。**非有爲于物者，不爲之也。物以有爲于己者，物己爲也。**是故舉事而順于道者，非道之所爲也，道之所施也。**

夫天之所覆，地之所載，六合所包，陰陽所呴，雨露所濡，道德所扶，此皆生一父母而閱一和也。父母，天地。閱，總也。和，氣也，道所貫也。呴，讀以口相吁之吁。○文典謹按：「生一父母」不辭，生下當有於字。御覽九百七十三引，正作「皆生於一父母」，是其證也。**是**

故槐榆與橘柚合而爲兄弟，言道能化同異物也。有苗與三危通爲一家。有苗國在南方彭蠡，舜時不服者。三危，西極山名，在辰州。通爲一家，道所化也。○莊逵吉云：辰州疑當作益州。夫目視鴻鵠之飛，耳聽琴瑟之聲，而心在雁門之間，一身之中，神之分離剖判，六合之内，一舉而千萬里。是故自其異者視之，肝膽胡、越；肝膽諭近，胡、越諭遠。○陶方琦云：文選蘇子卿古詩注、曹植求通親親表注引許注：「胡在北方，越在南方。」古詩注引作「越居南方」，居應作在。曹植表注引正作在。自其同者視之，萬物一圈也。圈，咫也。百家異説，各有所出，若夫墨、楊、申、商之於治道，墨，墨翟也，其術兼愛、非樂，摩頂放踵而利國者爲之。楊，楊朱，其術全性保真，雖拔骭一毛而利天下，弗爲也。申，申不害也，韓昭侯相，著三符之命而尚刻削。商者，魏公孫鞅也，爲秦孝公制相坐之法，嚴猛聞，故封之爲商君也，因謂之商鞅。猶蓋之無一橑，而輪之無一輻，有之可以備數，無之未有害於用也。○王念孫云：「蓋之無一橑」，「輪之無一輻」，本作「蓋之一橑」，「輪之一輻」。此但言一橑一輻，下乃言其有無之無關於利害。若先言無一橑、無一輻，則下文不必更言有無矣。此兩無字皆因下文無字而衍。己自以爲獨擅之，不通之于天地之情也。今夫冶工之鑄器，鑄，讀如唾祝之祝也。○李賡芸云：祝本之六切，轉音如鑄，如注。今河南息縣人讀祝如朱。説文「喌喌，呼鷄聲」，之六切。而風俗通曰「呼鷄朱朱」，皆轉音也。禮記樂記「封帝堯之後於祝」，注：「祝，或爲鑄。」吕氏春秋慎大覽：「命封黄帝之後於鑄。」周禮瘍醫注：「祝，讀如注病之注。」金踊躍于鑪中，必有波溢而播棄者，其中地而凝滯，亦有以象於物者矣。其形雖有所小用哉，然未可以保於周室之九鼎也，又況比於規形者乎？其與道相去亦遠矣！今夫萬物之疏躍枝舉，百事之莖葉條栓，皆本於一根，而條循千萬也。疏躍，布散也。栓，讀詩頌「苞有三蘖」同。○莊逵吉云：栓，古文巘字也。亦作櫱。俗寫櫱字爲蘖。又劉德引詩「苞有三枿」。說文解字：「巘，伐木餘也。」方言：「枿，餘也。陳、鄭之間曰枿。」是枿、巘亦同字。若此則有所受之矣，而非所授者。所受者無授也而無不受也。無不受也者，譬若周雲之蘢蓯，遼巢彭濞而爲雨，周雲，密雨雲也。蘢蓯，聚合也。遼巢彭濞，藴積貌也。濞，榆莢之濞。○莊逵吉云：御覽引作「寮摷彭薄」，薄與濞聲近也。○王念孫云：彭濞本作彭薄。道藏本作彭潷，潷卽薄之誤。後人不知而改爲濞，莊本從之，斯爲謬矣。彭，古讀若旁，下文云「渾渾蒼蒼，純樸未散，旁薄爲一」，司馬相如封禪文「旁魄四塞」，義並與此同，故高注以彭薄爲藴積貌。若彭濞，則爲水聲，而非雲氣藴積之貌，與正文、注文皆不合矣。舊本北堂書鈔天部二引此，正作彭薄。太平御覽天部八同。○俞樾云：高注曰：「周雲，密雨雲也。」然密雨之雲謂之周雲，甚爲未安，殆失之矣。周，當讀爲朝。詩汝墳篇「惄如調飢」，毛傳曰：「調，朝也。」周之爲朝，猶調之爲朝也。朝雲爲雨，卽詩所謂「朝隮于西，崇朝其雨」也。鄭箋云：「朝有升氣於西方，終其朝則雨，氣應自然。」升氣卽雲也。文選高唐賦：「王問玉曰：『此何氣也？』玉對曰：『所謂朝雲者也。』」卽可説此周雲之義。

沈溺萬物而不與爲溼焉。不與萬物俱溼。

今夫善射者有儀表之度，如工匠有規矩之數，此皆所得以至於妙。有所得儀表規矩之巧也。○陳觀樓云：所得上脱有字。高注「有所得儀表規矩之巧也」，是其證。然而奚仲不能爲逢蒙，造父不能爲伯樂者，是曰諭於一曲，而不通于萬方之際也。今以涅染緇則黑於涅，以藍染青則青於藍。涅非緇也，青非藍也，兹雖遇其母而無能復化已。涅，礬石也。母，本也。○孫詒讓云：賈公彦周禮鍾氏、儀禮士冠禮疏引，染緇並作染紺，疑據許本。齊俗訓云：「夫素之性白，染之以涅則黑。」則此本爲長。然賈兩引以證紺色，則唐時自有作紺之本。是何則？以諭其轉而益薄也。何況夫未始有涅藍造化之者乎，其爲化也，雖鏤金石，書竹帛，何足以舉其數！鏤，讀婁數之婁。由此觀之，物莫不生於有也，小大優游矣。言饒多也。夫秋豪之末，淪於無間而復歸於大矣；秋豪微妙，故能入于無間。間，孔。言道無形，以豪末比道，猶復爲大也。蘆苻之厚，通於無壄而復反於敦龐。厚，猶薄。蘆，葦也。苻，蘆之中白苻。言其薄柯則歸於葦，故曰反於敦龐矣。苻，讀麪𪍑之𪍑也。若夫無秋豪之微，蘆苻之厚，四達無境，通于無圻，道無形，秋豪、蘆苻已有形，故曰無秋豪之微，蘆苻之厚，而四達無境，通於無圻。圻，垠字也。○莊逵吉云：説文解字，垠或從斤作圻。而莫之要御夭遏者，其襲微重妙，挺挏萬物，揣丸變化，道之所能。天地之間何足以論之！言道所化者大。夫疾風教木，而不能拔毛髮；雲臺之高，墮者折脊碎腦，而蟁蝱適足以翺翔。教亦拔也。臺高際於雲，故曰雲臺。蟁蝱微細，故翺翔而無傷毁之患，道所貴也。○王念孫云：「適足以翺翔」當作「適足以翾」，高注「翺翔而無傷毁之患」當作「翾飛而無傷毁之患」。説文：「翾，（許緣反。）小飛也。」原道篇曰「跂行喙息，蠉飛蝡動」，蠉與翾同。下文曰「飛輕微細者，猶足以脱其命」，飛輕二字正承翾字言之。若翺翔則爲鳥高飛之貌，蟁蝱之飛，可謂之翾，不可謂之翺翔也。又下文「雖欲翺翔」，高注曰：「翺翔，鳥之高飛，翼上下曰翺，直刺不動曰翔。」而此注不釋翺翔之義，則正文本無翺翔二字明矣。隸書翺字或作翶，（見漢唐公房碑。）形與翾相近，故翾誤爲翺。後人不知翺爲翾之誤，因妄加翔字耳。藝文類聚蟲豸部引此，正作「蟁蝱適足以翾」。○文典謹按：文選於安城荅靈運詩注引，碎腦作碎脛。夫與蚑蟯同乘天機，蚑行蟯動，諭微細也。天機，神馬。夫受形於一圈，飛輕微細者，猶足以脱其命，又況未有類也？類，形象也。未有形象，道所尚也。○王念孫云：也與邪同。下夫字因上夫字而衍。「夫與跂蟯同乘天機，受形於一圈」，二句連讀，不當更有夫字。由此觀之，無形而生有形，亦明矣。是故聖人託其神於靈府，而歸於萬物之初，視於冥冥，聽於無聲，冥冥之中獨見曉焉，曉，明也。寂漠之中獨有照焉。其用之也以不用，其不用也而後能用之；其知也乃不知，其不知也而後能知之也。夫天不定，日月無所載；載，行也。地不定，草木無所植；植，立也。所立於身者不寧，是非無所形。形，見也。是故有真人然後有真知。知不詐，故曰真也。其所持者不明，庸詎知吾所謂知之非不知歟？

今夫積惠重厚，累愛襲恩，以聲華嘔苻嫗掩萬民百姓，使知之訢訢然，人樂其性者，仁也。○王念孫云：使下不當有知字，此因上文「所謂知之」而誤衍也。劉本無知字，是。○陶方琦云：漢書萬石君傳晉灼注引許注「訢訢，古欣字」，當此處注也。原道訓「其爲歡不忻忻」，从心旁，此从言旁，尚是許君舊本，故與漢書傳注引許説正合。説文訢下云：「憘也。从言，斤聲。」又欣下云：「笑喜，从欠，斤聲。」音義相類，蓋古今字。舉大功，立顯名，體君臣，正上下，明親疏，等貴賤，存危國，繼絶世，決挐治煩，○文典謹按：文選吴都賦注引許注：「挐，亂也。」當是此處注也。説文：「挐，牽引也。」宋玉九辯「枝煩挐而交横」，王注：「柯條糾錯而崱嶷。」牽引、糾錯亦皆有亂義。興毁宗，立無後者，義也。閉九竅，藏心志，棄聰明，反無識，芒然仿佯于塵埃之外，而消摇于無事之業，○俞樾云：廣雅釋詁：「業，始也。」無事之業，謂無事之始也。文子精神篇作「無事之際」，乃淺人不得其義而臆改。九守篇亦作「無事之業」。含陰吐陽，而萬物和同者，德也。是故道散而爲德，德溢而爲仁義，仁義立而道德廢矣。百圍之木，斬而爲犧尊，犧，讀曰希，猶疏鏤之尊。鏤之以剞劂，雜之以青黄，

華藻鎛鮮，龍蛇虎豹，曲成文章，剞，巧工鉤刀也。劂者，規度剌畫墨邊箋也。所以刻鏤之具也。青黄，采色之飾。剞，讀技之技。劂，讀詩蹶角之蹶也。華藻，華文也。鎛，今之金尊也。鮮，明好也。龍蛇虎豹者，刻尊彝爲蟠龍伏虎之狀，故曰曲成文章。○洪頤煊云：鎛當是鋪字之譌，即敷字。易說卦「震爲旉」，釋文：「干寶注：旉，花之通名。鋪爲花朶謂之藪。」華藻鋪鮮，皆謂其刻鏤之美。非金尊也。○俞樾云：高注曰：「華藻，華文也。鎛，今之金尊也。鮮，明好也。」此說於鎛字之義未得。鎛鮮連文，若是金尊，則與鮮字不屬矣。陳氏壽祺左海經辨說以說文金部之鎛鱗，謂鮮當爲鱗。然鎛鱗自是鐘上橫木之飾，此言犧尊，非所施也。今按：鎛從尃聲，尃猶敷也，謂以金敷布其上也。古者以金飾物謂之鎛。史記禮書注「金薄璆龍」，索隱引劉氏曰：「薄，猶飾也。」薄即鎛之叚字也。鮮，讀爲獻。禮記月令篇「天子乃鮮羔開冰」，注曰：「鮮當爲獻。」是其證也。明堂位篇「周獻豆」，注曰：「獻，疏刻之。」然則鎛獻謂疏刻而以金飾之也。畫爲華藻之形，疏刻而金飾之，是爲華藻鎛獻。○陶方琦云：文選魏都賦注引許注：「剞劂，曲刀也。」說文：「剞剧，曲刀也。」與淮南注正同。淮南劂應作剧。韓集送文暢師北遊詩注引淮南「鏤之剞剧」，注：「剞剧，曲刀也。」此即許注，字作剧。王逸注哀時命：「剞劂，刻鏤刀也。」亦以剞劂爲一物。廣雅：「剞劂，刀也。」高氏此注與本經訓同。**然其斷在溝中，壹比犧尊、溝中之斷，則醜美有間矣，**間，遠也。方其好醜相去遠也。**然而失木性，鈞也。**鈞，等。○文典謹按：「然其斷在溝中」句，疑有脱誤。莊子天地篇作「其斷在溝中」，亦非。惟御覽七百六十一引莊子作「其一斷在溝中」，不誤。今本一字誤置比字上，傳寫又改爲壹，義遂不可通矣。**是故神越者其言華，**越，散也，言不守也，故華而不實。**德蕩者其行僞。**蕩，逸。僞，不誠也。**至精亡於中，而言行觀於外，此不免以身役物矣。**與物爲役。**夫趨舍行僞者，爲精求于外也，精有湫盡，而行無窮極，則滑心濁神，而惑亂其本矣。其所守者不定，而外淫於世俗之風，**風，化也。**所斷差跌者，而内以濁其清明，是故躊躇以終，而不得須臾恬澹矣。是故聖人内修道術，而不外飾仁義，不知耳目之宣，而游于精神之和。**○俞樾云：宣當作宜，字之誤也。莊子德充符篇「夫若然者，且不知耳目之所宜，而遊心乎德之和」，卽淮南所本。文子精誠篇作「知九竅四肢之宜，而遊乎精神之和」，字正作宜，但知上脱不字耳。**若然者，下揆三泉，上尋九天，橫廓六合，揲貫萬物，此聖人之游也。若夫真人，則動溶于至虚，而游于滅亡之野，騎蜚廉而從敦圄，**蜚廉，獸名，長毛有翼。敦圄，似虎而小。一曰：仙人名也。○陶方琦云：史記索隱二十六引許注：「渞圉，仙人也。」高注中一曰乃許氏説。如氾論訓「段干木，晉國之大駔」，高注：「駔，驕怚。一曰：駔，市儈也。」而御覽引許注正作「駔，市儈也」之例。羽獵賦「靈圉燕于閒觀」，集解引郭璞注：「靈圉，渞圉，仙人名也。」卽用許氏淮南注。**馳於外方，休乎宇内，**○王念孫云：宇内當爲内宇。内宇猶宇内也，若谷中謂之中谷，林中謂之中林矣。内宇與外方相對爲文，宇與野、圄、雨、父、女爲韻。（野，古讀若墅，説見唐韻正。）若作宇内，則失其韻矣。燭十日而使風雨，臣雷公，役夸父，夸父，仙人，弃其杖而爲鄧林也。妾宓妃，妻織女，天地之間，何足以留其志！是故虚無者道之舍，平易者道之素。素，性也。夫人之事其神而嬈其精，營慧然而有求於外，此皆失其神明而離其宅也。事，治也。嬈，煩也。營慧，求索名利者也。宅〔一〕，離精神之宅也。是故凍者假兼衣于春，而暍者望冷風于秋，夫有病於内者必有色於外矣。夫梣木色青翳，而蠃瘉蝸睆，梣木，苦歷，木名也。生於山，剥取其皮，以水浸之正青，用洗眼，瘉人目中膚翳，故曰色青翳。青色，象也。蠃蠡，薄蠃。蝸睆，目疾也。○王引之云：「色青翳」當作「已青翳」。（注内「色青翳」同。）已與瘉相對爲文，已亦瘉也，言梣木可以瘉青翳也。瘉今作愈。吕氏春秋至忠篇「王之疾必可已也」，高注曰：「已，猶愈也。」故此注云「用洗眼，瘉人目中膚翳，故曰已青翳也。」今正文及注皆作「色青翳」者，涉注内「青色」而誤耳。「蠃瘉蝸睆」當作「蠃蠡瘉燭睆」。（注内「蝸睆」同。）據高云「蠃蠡，薄蠃」，則蠃下原有蠡字明矣。太平御覽鱗介部十三引此作「蠃蠡瘉燭睆」，又引注云：「蠃，附蠃。蠡，細長蠃也。燭睆，目中疾。」一切經音義二十引許慎注云：「燭睆，目内白翳病也。」名醫别録曰：「蝸籬，味甘，無毒，主燭館，明目。」蠃蠡、蝸籬並與蠃蠡同。（士冠禮蠃醢，今文蠃爲蝸，内則作蝸醢。）燭館與燭睆同。蠃、蠡聲相亂，故蠃下脱蠡字。燭、蝸草書相似，故燭誤爲蝸。宋證類本

〔一〕「宅」上疑脱「離」字。日本諸子大成改正淮南鴻烈解有「離」字。

草引此已誤。○陶方琦云：二家注文異，許本作「蠃蠡瘉燭睆」，與高本正文竝異。惟御覽引作「燭睨，目内病」，睨乃睆字之譌，又敚去白翳二字。衆經音義五及十七引許注，又敚去燭字。卷二十引有燭字。鮒螺當作蚹蠃。爾雅釋魚：「蚹蠃，螔蝓。」説文：「蠃，一曰虒蝓。」蚹蠃聲同蒲蠃，吴語「其民必移就蒲蠃于東海之濱」是也。又轉作僕纍，卽�δ螺，見中山經。（高注薄蠃卽本此，或蒲蠃之轉聲。）廣雅：「蠡蠃、蝸牛，螔蝓也。」説文：「蝸，蠃也。」本草云：「蛞蝓一名陵蠡。」（古今注作陵螺。）别録云：「一名附蝸。」附蝸卽蚹螺也。説文無蠡字。方言：「蚰蜒，或謂之蜄蠡。」廣雅：「蜄蠡，蚰蜒也。」蓋蚹蠃有殼，蠡無殼，蠡細長如螺形，並居旱，非水中之螺，天雨卽出，俗猶以其涎清涼，可愈熱毒，故名醫别録云：「蝸籬，味甘，無毒，主燭館，明目，生江夏。」蝸籬卽蠃蠡，燭館卽燭睆。○郝懿行云：「以今所見，海蠃有數種，總名海薄蠃。吴語云『其民必移就蒲蠃於東海之濱』，蒲蠃卽薄蠃也。蒲、薄二字古多通用。韋昭不知蒲蠃乃一物，反以蒲爲深蒲，蠃爲蚌蛤之屬，誤矣。西山經郭璞注云：『蠃母卽�δ螺也。』夏小正傳云：『蜃者，蒲盧也。』蒲盧卽蒲蠃，蟦螺卽薄蠃，俱一聲之轉。爾雅釋魚云：『蠃小者蜬。』郭注：『螺大者如斗，出日南漲海中，可以爲酒杯。』然則爾雅舉小，郭璞舉大，廣異語也。」此皆治目之藥也。人無故求此物者，必有蔽其明者。聖人之所以駭天下者，真人未嘗過焉；賢人之所以矯世俗者，聖人未嘗觀焉。矯，拂也。夫牛蹏之涔，無尺之鯉；涔，潦水也。涔，讀延祜曷問，急氣閉口言也。塊阜之山，無丈之材。小山也，在陳留。所以然者何也？皆其營宇狹小，而不能容巨大也。○莊逵吉云：御覽引作「牛蹏之涔，無徑尺之鯉；魁父之山，無營宇之材」，無下「營宇」二字。○王念孫云：此御覽誤，非今本誤也。尺之鯉，丈之材，相對爲文。若作營宇之材，則文不成義，且與上句不對。營宇狹小，所以不能容巨大。若無營宇二字，則文義不明。鈔本御覽作「牛蹄之涔，無徑尺之鯉；魁父之山，無丈之材。營宇狹小而不能容巨大也」。尺上有徑字，乃後人不識古文辭而妄加之。（後人以尺之鯉文義未足，故加一徑字，此未識古人句法也。原道篇曰：「聖人不貴尺之璧，而重寸之陰。」呂氏春秋舉難篇曰：「尺之木必有節目，寸之玉必有瑕適。」屬句並與此同。加一徑字，則與下句不對矣。御覽鱗介部八引此，又作「無盈尺之鯉」，盈字亦後人所加。）其「無丈之材」及「營宇狹小」，則皆與今本同。刻本御覽作「無營宇之材」，而下文無營宇二字，此皆後人妄改，不足爲據。藝文類聚山部上引，作：「牛蹄之涔，無尺之鯉；魈府之山，無丈之材。皆其營宇狹小而不能容巨大也。」正與今本同，足證刻本御覽之誤。（劉晝新論觀量篇：「蹄窪之內，不生蛟龍；培塿之上，不植松柏，營宇隘也。」意皆本於淮南。彼言營宇隘，猶此言營宇狹小耳，亦足證刻本御覽無營宇二字之誤。）尺上無徑字，並足證鈔本御覽之誤。又況乎以無裏之者邪！無裏，無形。此其爲山淵之勢亦遠矣。此無有議長大。夫人之拘於世也，必形繫而神泄，故不免於虛。形繫者，身形疾而精神越泄，不處其守，故曰不免于虛疾。使我可係羈者，必其有命在於外也。○王念孫云：「有命在於外」當作「命有在於外」，言既爲人所係羈，則命在人而不在我也。今本命有二字誤倒，則文義不明。文子精誠篇正作「必其命有在外者矣」。莊子山木篇「物之所利，乃非己也，吾命有在外者也」，即淮南所本。**至德之世，甘瞑于溷澖之域，而徙倚于汗漫之宇，**澖，讀閑放之閑，言無垠虚之貌。徙倚，猶汗漫。無生形，形生，元氣之本神也。故盧敖見若士者言曰「吾與汗漫期于九垓之上」是也。宇，居也。○文典謹按：御覽七十七引，「至德之世」下有注云：「謂太古三皇之時。」又甘作其，溷澖作混淆，汗漫作瀾漫。**提挈天地而委萬物，以鴻濛爲景柱，而浮揚乎無畛崖之際。**一手曰提。挈，舉。委，棄也。言不以身役物。鴻濛，東方之野，日所出，故以爲景柱。浮揚，猶遨翔也。無畛崖畔界，因以爲名也。○文典謹按：御覽七十七引，「浮揚」作「浡揚」。**是故聖人呼吸陰陽之氣，而羣生莫不顒顒然，仰其德以和順。**○文典謹按：御覽七十七引，顒顒作喁喁，和順下有止字。**當此之時，莫之領理，決離隱密而自成，渾渾蒼蒼，純樸未散，旁薄爲一，而萬物大優，**渾渾蒼蒼，混沌大貌，故曰純樸未散也。優，饒也。○文典謹按：御覽七十七引，隱密作隱愍，蒼蒼作若若。**是故雖有羿之知而無所用之。**是說上古之時也，但甘卧，治化自行，故曰雖有羿之知，其無所用之。是堯時羿，善射，能一日落九烏，繳大風，殺窫窳，斬九嬰，射河伯之知巧也。非有窮后羿也。○文典謹按：御覽七十七引，「是故雖有羿之知而無所用之」作「是故雖有明知，無所用之」。

及世之衰也，至伏羲氏，其道昧昧芒芒然，吟德懷和，伏羲氏以木德王天下，號曰太昊。昧昧，純厚也。芒芒，廣大貌也。吟咏其德，含懷其和氣，未大宣布也。○王念孫云：吟，非吟詠之吟，乃含字也。原道篇「含德之所致也」，高彼注曰：「含，懷也。」此云「含德懷和」，本經篇云「含德懷道」，含、懷一聲之轉，其義一也。含字從口，今聲。移口於旁，字體小異耳。若訓爲吟詠之吟，則與懷和不類矣。漢書禮樂志「靈安留，吟青黃」，服虔曰：「吟音含。」是含字古或作吟也。**被施頗烈，**被，讀光被四表之被也。被其德澤，頗烈施於民。**而知乃始昧昧晽晽，皆欲離其童蒙之心，**昧昧，欲明而未也。晽晽，欲所知之貌也。離，去也。○王念孫云：說文、玉篇、廣韻、集韻皆無晽字，晽晽當爲楙楙。文子上禮篇作昧昧懋懋，懋與楙古字通。（皋陶謨「懋遷有無化居」，漢書食貨志懋作楙。）今作晽晽者，楙誤爲林，又因昧字而誤加日旁耳。楊慎古音餘乃於侵韻收入晽字，吴志伊字彙補又云，晽音林，並引淮南子「昧昧晽晽」，皆爲俗本所惑也。**而覺視於天地之間，是故其德煩而不能一。**煩，多也。一，齊也。**乃至神農、黄帝，**○王念孫云：乃當爲及，字之誤也。文子上禮篇正作及。又氾論篇「故聖人之見存亡之迹、成敗之際也，非乃鳴條之野、甲子之日也」，乃亦當爲及。言夏、殷之將亡，聖人早已知之，非及鳴條之野、甲子之日而後知之也。道藏本、劉本並作乃。朱本改乃爲待，而莊本從之，義則是而文則非矣。**剖判大宗，**○文典謹按：北堂書鈔四功業十二引，大作太。**竅領天地，襲九窾，重九慹，**竅，通也。領，理也。襲，因也。窾，法也。慹，形也。言因九天九地之形法以通理也。○王念孫云：說文、玉篇、廣韻、集韻皆無慹字，慹當爲埶，字之誤也。玉篇：

「⿱犾土，古文垠字。」（字從土，犾聲。說文：「犾，讀若銀。」）九⿱犾土卽九垠也。上文曰「蘆苻之厚，通於無⿱犾土」，無⿱犾土卽無垠也。兵略篇「不見朕⿱犾土」，覽冥篇作朕垠，彼注云：「垠，形狀也。」故此注亦云：「⿱犾土，形也。」○文典謹按：御覽七十八引作「襲九空，重九望」，又引注云：「九空，九天也。九望，九地也。」提挈陰陽，嫥捖剛柔，枝解葉貫，萬物百族，嫥捖，和調也。族，類也。使各有經紀條貫，貫，位也。於此萬民睢睢盱盱然，莫不竦身而載聽視，睢睢盱盱，聽視之貌也。是故治而不能和下。和，協也。棲遲至於昆吾、夏后之世，昆吾，夏伯。桀世也。嗜欲連於物，聰明誘於外，而性命失其得。性命之本。施及周室之衰，○王引之云：「之衰」二字，後人所加也。尋繹上文，自伏羲氏以下，皆爲衰世，則方其盛時亦謂之衰，不待其衰而後爲衰也。下文「周室衰而王道廢」，始言周室之衰耳。若此句先言周室之衰，則下文不須更言衰矣。文子上禮篇作「施及周室」，無「之衰」二字。澆淳散樸，施，讀難易之易也。離道以僞，儉德以行，雜，粗。○王念孫云：雜當爲離，字之誤也。儉，讀爲險。（險、儉古字通，說見經義述聞大戴禮「惠而不儉」下。）莊子繕性篇：「德又下衰，澆淳散樸，離道以善，險德以行。」（郭象注：「有善而道不全，行立而德不夷。」）此正淮南所本。文子作「離道以爲僞，險德以爲行」，又本於淮南。然則原文作離道明矣。高注訓雜爲粗，則所見本已誤作雜。又案：僞，古爲字。（說見史記淮南衡山傳「爲僞」下。）爲亦行也。齊俗篇「矜僞以惑世，伉行以違衆」，矜僞猶伉行耳。（上文曰：「夫趨舍行僞者，爲精求於外也。」荀子儒效篇曰：「其衣冠行僞，已同於世俗矣。」行僞即行爲。）「離道以僞，險德以行」，言所爲非大道，所行非至德也。與詐僞之僞不同。下句「巧故萌生」，始言詐僞耳。文子改作「以爲僞」，「以爲行」，失之。**而巧故萌生。**巧言爲詐。**周室衰而王道廢，儒墨乃始列道而議，分徒而訟。**儒，孔子道也。墨，墨翟術也。徒，黨也。訟，争是非也。**於是博學以疑聖，華誣以脅衆，**博學楊、墨之道，以疑孔子之術。設虚華之言，以誣聖人，劫脅徒衆也。○王引之云：疑，讀曰擬。博學以擬聖，謂博學多聞以自比於聖人也。鄭注周官司服曰：「疑之言擬也。」史記平準書「人徒之費擬於南夷」，漢書食貨志擬作疑，文子作「狙學以擬聖」，是其證。莊子天地篇「博學以擬聖，於于以蓋衆」，即淮南所本也。高説失之。**弦歌鼓舞，緣飾詩、書，以買名譽於天下。**爲以求之。**繁登降之禮，飾紱冕之服，聚衆不足以極其變，積財不足以贍其費，於是萬民乃始慲觟離跂，**慲，讀簫簫無逢際之慲。觟，傒徑之傒也。**各欲行其知僞，以求鑿枘於世而錯擇名利，**錯，施也。擇，取也。求，索也。言施其巧僞，索榮顯之名利也。故下言曼衍于淫荒之陂也。**是故百姓曼衍於淫荒之陂，而失其大宗之本。**陂，或作野。**夫世之所以喪性命，有衰漸以然，所由來者久矣。**○俞樾云：衰乃等衰之衰。上文自伏羲氏而歷數之，以至于周室之衰，每降而愈下，故曰「有衰漸以然」。

是故聖人之學也，欲以返性於初，而游心於虚也。人受天地之中以生。孟子曰：性無不善，而情欲害之。故聖人能返其性於初也。游心於虚，言無欲也。達人之學也，欲以通性於遼廓，而覺於寂漠也。若夫俗世之學也則不然，擢德搴性，内愁五藏，外勞耳目，擢，取也。搴，縮也。皆不循其理，故愁其思慮也。耳妄聽，目妄視，淫故勞也。○陶方琦云：文選爲顧彦先贈婦詩注、七啓注、華嚴音義上引許注：「擢，引也。」説文：「擢，引也。」與注淮南同。乃始招蟯振繾物之豪芒，摇消掉捎仁義禮樂，暴行越智於天下，以招號名聲於世。摇消掉捎仁義禮樂，未之能行也。越，揚也。暴，卒也。越揚其詐譎之智以取聲名也。此我所羞而不爲也。是故與其有天下也，不若有説也；説，樂也。不若有人説樂之也。與其有説也，不若尚羊物之終始也，而條達有無之際。○俞樾云：終始下衍也字。「不若尚羊物之終始，而條達有無之際」，兩句一氣相屬。今衍也字，則文義隔絶矣。是故舉世而譽之不加勸，舉世而非之不加沮，定于死生之境，而通于榮辱之理，雖有炎火洪水彌靡於天下，神無虧缺於胷臆之中矣。若然者，視天下之間，猶飛羽浮芥也，芥，中也。○莊逵吉云：中字疑當作艸。孰肯分分然以物爲事也！分，猶意念之貌。

水之性真清而土汩之，人性安静而嗜欲亂之。○王念孫云：真字於義無取，疑後人所加。太平御覽方術部一引此，作「夫水之性清而土汩之，人之性安而欲亂之」，於義爲長。吕氏春秋本生篇云：「夫水之性清，土者抇之，故不得清。人之性壽，物者抇之，故不得壽。」抇與汩同。

夫人之所受於天者，耳目之於聲色也，口鼻之於芳臭也，○王念孫云：下句本作「口鼻之於臭味」，謂口之於味、鼻之於臭也。後人誤讀臭爲腐臭之臭，而改臭味爲芳臭，則與口字義不相屬矣。太平御覽引此，正作「鼻口之於臭味」。肌膚之於寒燠，其情一也，或通於神明，或不免於癡狂者，何也？其所爲制者異也。是故神者智之淵也，淵清則智明矣；智者心之府也，智公則心平矣。○王念孫云：以下二句例之，則淵清當爲神清，此涉上句淵字而誤也。太平御覽引此，正作神清，文子九守篇同。人莫鑑於流沫，而鑑於止水者，以其靜也；沫，雨潦上沫起覆甌也，言其濁擾不見人形也。○王念孫云：流沫本作沫雨，故高注及說山篇俱作沫雨。又太平御覽服用部十九、方術部一並引淮南子「人莫鑑於沫雨，而鑑於止水」。今本作流沫者，後人以意改之耳。又案：沫雨者，流雨之譌也。水動則濁，靜則清，故曰「人莫鑑於流雨，而鑑於止水者，以其靜也」。動與靜相對，流與止相對。流隸或作㳅，（見魯相史晨饗孔廟後碑。）形與沫相似，因譌爲沫。高以爲雨潦上覆甌，非也。據高云「沫雨或作流潦」，（文子九守篇亦作流潦，文選江賦注引作流瀿，又引許慎注云：「楚人謂水暴溢爲瀿。」）則沫爲㳅字之譌明矣。莊子德充符篇「人莫鑑於流水，而鑑於止水」，崔譔本流作沫，亦是㳅字之譌。○俞樾云：說山篇「人莫鑑於沫雨，而鑑於澄水者，以其休止不蕩也」，注曰：「沫雨，雨潦上覆瓮也。沫雨或作流潦。」今按此當以流潦爲正，流潦卽行潦也。詩泂酌篇毛傳曰：「行潦，流潦也。」孟子公孫丑篇趙注曰：

「行潦，道旁流潦也。」是其義也。流潦與止水，正相對爲文。莊子德充符篇「人莫鑑於流水，而鑑於止水」，流潦猶流水也。文子九守篇亦作流潦，可知古本如此矣。高本作流沫者，疑流泉之誤。隸書泉字或作湶，楊君石門頌「平阿湶泥」是也。古本作流潦，別本作流泉，義初不異。湶與沫相似，因誤爲沫矣。高據誤本作注，而以「雨潦上沫起覆甌」説之，蓋謂是水中浮漚耳，其説迂曲。而説山篇之沫雨，則又涉高注而誤。因高注沫雨二字相連，淺人妄謂是舉正文而釋之，遂改正文流沫作沫雨，又於注文雨下加雨字，以從既改之正文，斯爲謬矣。王氏念孫謂當作流雨，流雨之文殊不成義，不可從也。文選江賦注引作流瀿，瀿卽説文泉部𩆜字之異文。許君云「泉水也」，此正可爲別本作流泉之證。○陶方琦云：文選江賦注引作「莫鑒于流瀿，而鑒于澄水」，又引許注「楚人謂水暴溢曰瀿」，是許本作流瀿，與高本正文亦異。高本流沫當作流潦，下文「樹木者灌以瀿水」，注「瀿或作潦」，御覽七百二十引高注正作「灌以潦水」，是作瀿者許氏本，作潦者高氏本也。玉篇「瀿，水暴溢也，波也」，卽本許氏淮南注。○文典謹按：御覽十引，流沫亦作沫雨，静作净，又引高注「沫雨，雨潦上沫起覆蓋也」。**莫窺形於生鐵，而窺於明鏡者，以覩其易也。**易，讀河閒易縣之易。○王念孫云：「以覩其易也」，以下本無覩字。「以其静也」、「以其易也」相對爲文，則不當有覩字。太平御覽服用部十九、方術部一引此，並無覩字。「夫唯易且静，形物之性也」，語意未明。御覽方術部引，作「夫唯易且静，故能形物之性情也」。（高注：「形，見也。」）較今本爲善。文子作「神清意平，乃能形物之情也」。○俞樾云：太平御覽服用部、方術部引此文，並無覩字，是覩爲衍文。「以其易也」與上句「以其静也」正相對。惟易字於義無取，疑明字之誤。明字从日、从月，而易字據説文引秘書説「日月爲易，象陰陽也」，則亦從日從月，故明誤爲易耳。○文典謹按：王、俞以覩字爲衍文，是也。北堂書鈔一百三十六引，作「莫窺形於生鐵，而窺形於明鏡者，以其易也」，亦無覩字。夫唯易且静，形物之性也。形，見。由此觀之，用也必假之於弗用也，○王念孫云：用也二字，文不成義。太平御覽方術部引此，作「用者必假之於弗用者」，是也。今本兩者字皆作也，涉上文而誤耳。文子作「故用之者必假於不用者」，莊子知北遊篇曰「是用之者假不用者也」，皆其證。是故虚室生白，吉祥止也。虚，心也。室，身也。白，道也。能虚其心以生于道，道性無欲，吉祥來止舍也。夫鑑明者塵垢弗能薶，薶，污也。薶，讀倭語之倭。神清者嗜欲弗能亂。神清者，精神内守也。情之嗜欲，不能干亂。精神已越於外，而事復返之，越，散也。事，治也。是失之於本，而求之於末也。外内無符而欲與物接，弊其玄光而求知之于耳目，玄光，内明也。一曰：玄，天也。是釋其炤炤，而道其冥冥也，是之謂失道。心有所至而神喟然在之，反之於虚則消鑠滅息，此聖人之游也。反之於虚，則情欲之性消鑠滅息，故曰聖人之游。游，行也。故古之治天下也，必達乎性命之情。其舉錯未必同也，其合於道一也。

夫夏日之不被裘者，非愛之也，燠有餘於身也。○文典謹按：藝文類聚六十九引，燠作煖。冬日之不用翣者，非簡之也，清有餘於適也。翣，扇也。翣，讀鵝鶩食唼喋之唼。簡，賤也。夫聖人量腹而食，度形而衣，節於己而已，貪污之心奚由生哉！故能有天下者，必無以天下爲也；能有名譽者，必無以趨行求者也。以，用也。○俞樾云：趨乃越字之誤，越之言逸也，躐也。越行，猶言過行也。謂不以過甚之行求名譽也。文子九守篇作「能有名譽者，必不以越行求之」，是其證。○文典謹按：趨行，猶奔走馳騖也。謂聖人無貪污之心，不奔走馳騖以求名譽也。俞氏以趨爲越，謂不以過甚之行求名譽，其說迂曲難通。名譽安可以過甚之行求之！文子九守篇雖作越行，疑字之誤，未可據彼改此也。聖人有所于達，達則嗜欲之心外矣。外，棄也。孔、墨之弟子，皆以仁義之術教導於世，然而不免於儡。身猶不能行也，又況所教乎？儡身，身不見用，儡儡然也。儡，讀雷同之雷。○莊逵吉云：說文解字：「儡，相敗也。讀若雷。」道德經「儡儡兮若無所歸」，本或作「乘乘」者是。○王念孫云：高說非也。儡字上屬爲句，「不免於儡」，謂躬行仁義而不免於疲也。（儡之言羸也。廣雅曰：「傫，疲也。」說文曰：「儽，垂皃。」亦疲憊之意。玉藻「窆容纍纍」，鄭注曰：「纍纍，羸憊貌也。」王褒洞簫賦曰：「桀、跖鬻博，儡以頓顇。」儽、儡、傫、纍並字異而義同。）身字下屬爲句。呂氏春秋有度篇曰：「孔、墨之弟子徒屬充滿天下，皆以仁義之術教導於天下，然而無所行。教者術猶不能行，又況乎所教。」句法正與此同。是何則？其道外也。夫以末求返於本，許由不能行也，又況齊民乎！齊民，凡民。齊于民也。誠達于性命之情，而仁義固附矣，趨舍何足以滑心！若夫神無所掩，心無所載，通洞條達，恬漠無事，無所凝滯，虛寂以待，勢利不能誘也，誘，惑也，進也。辯者不能説也，説，釋也。聲色不能淫也，美者不能濫也，濫，覦也，或作監。不能使之過濫。智者不能動也，勇者不能恐也，○俞樾云：「聲色」句移在「辯者」句前，則勢、利、聲、色，以類相從，辯者、美者、智者、勇者，亦以類相從矣。文子九守篇正如此，可據以訂正。此真人之道也。○王念孫云：道本作遊，此後人以意改之也。文子九守篇正作遊。遊者，行也。言真人之所行如此也。上文曰：「心有所至而神喟然在之，反之於虛則銷鑠滅息，此聖人之游也。」高注曰：「游，行也。」精神篇「是故真人之所游」，高注亦曰：「游，行也。」莊子天運篇：「古之至人，假道於仁，託宿於義，以遊逍遥之虛，食於苟簡之田，立於不貸之圃。古者謂是采真之遊。」並與此真人之遊同意。若然者，陶冶萬物，與造化者爲人，爲，治也。天地之間，宇宙之内，莫能夭遏。間，上下之間也。内，四方之内也。夫化生者不死，而化物者不化，化生者，天也。化物者，德也。○俞樾云：化生當作生生，涉下句而誤。精神篇曰：「故生生者未嘗死也，其所生則死矣。化物者未嘗化也，其所化則化矣。」是其證也。神經於驪山、太行而不能難，驪山，今在京兆新豐縣南也。太行，今在河内野王縣北也。入於四海九江而不能濡，四海，四方之海也。九江，江分爲九也。處小隘而不塞，横扃天地之間而不窕。扃，猶閉也。○俞樾云：高注曰：「扃，猶閉也。」則與横字之義不貫矣。儀禮士冠禮鄭注曰：「扃，所以扛鼎。」考工記匠人注曰：「大扃，牛鼎之扃，長三尺。小扃，膷鼎之扃，長二尺。」是扃者横木，以扛鼎者也。宣十二年左傳服注曰：「扃，横木，校輪閒。一曰：車前横木也。」是凡横木皆謂之扃，故以横扃並言。**不通此者，雖目數千羊之羣，耳分八風之調，**目視耳聽也。八風，八卦之風。調，和也。**足蹀陽阿之舞，而手會緑水之趨，**陽阿，古之名倡也。緑水，舞曲也。一曰：緑水，古詩也。趨，投節也。○陶方琦云：文選注十六引淮南曰：「足躡陽阿之舞。」高注：「陽阿，古之名倡也。」文選南都賦注引許注：「蹀，蹈也。」是高本作躡，與許本作蹀微異。魏都賦注引聲類：「蹀，躡也。」説文：「躡，蹈也。」廣雅釋詁：「蹀，蹈，履也。」主術訓「足躡郊兔」，御覽三百八十六引作「足蹀狡兔」，是許本作蹀之證。○文典謹按：文選長笛賦注、七命注引高注，緑並作淥。**智終天地，**○文典謹按：終當爲絡，形近而譌也。莊子天道篇「故古之王天下者，知雖落天地，不自慮也」，卽此文所本。（落與絡同。秋水篇「落馬首，穿牛鼻，是謂人」，本書原道篇作「絡馬之口，穿牛之鼻者，人也」。）御覽四百六十四引此文正作「智絡天地」，尤其明證矣。**明照日月，辯解連環，澤潤玉石，猶無益於治天下也。**澤，潤澤也。○王念孫云：「澤潤玉石」本作「辭潤玉石」，高注「澤，潤澤也」，本作「潤，澤也」。此解潤字之義，非解澤字之義。「辭潤玉石」，謂其辭潤澤如玉石也。「目數千羊」二句以耳目言之，「足蹀陽阿」二句以手足言之，「智終天地」二句以心言之，「辯解連環」二句以口言之。若云「澤潤玉石」，則文不成義矣。今案：正文澤字涉注文「潤，澤也」而誤，（太平御覽人事部一百五引此已誤。）後人不達，又於注内加一澤字以從已誤之正文耳。文子九守篇正作「辭潤玉石」。

靜漠恬澹，所以養性也；和愉虛無，所以養德也。外不滑内，則性得其宜；性不動和，則德安其位。養生以經世，抱德以終年，可謂能體道矣。若然者，血脈無鬱滯，五藏無蔚氣，蔚，病也。禍福弗能撓滑，非譽弗能塵垢，故能致其極。極，至。非有其世，孰能濟焉？有其人不遇其時，身猶不能脱，又況無道乎？道不得行。且人之情，耳目應感動，心志知憂樂，手足之攢疾蛘、辟寒暑，所以與物接也。蜂蠆螫指而神不能憺，螫，讀解釋之釋。憺，定也。蚉蝱噆膚而知不能平，噆，噬，猶穿。○王念孫云：「知不能平」四字義不相屬，知本作性。性，猶體也。平，靜也。（鬼谷子摩篇：「平者，靜也。」）謂體不能靜也。莊子天運篇「蚊虻噆膚，則通昔不寐」是也。後人不知性之訓爲體，故妄改之耳。太平御覽蟲豸部二引此，正作「性不能平」。○俞樾云：知，猶志也。禮記緇衣篇「爲上可望而知也，爲下可述而志也」，鄭注曰：「志，猶知也。」是知與志義通。知不能平者，平，定也，謂志不能定也。與上句「蜂蠆螫指而神不能憺」，高注曰「憺，定也」，義正一律。太平御覽蟲豸部引作「性不能平」，恐後人不達知字之義而臆改，未足爲據。王氏念孫謂性猶體也，此恐不然。神也、志也，皆就在内者而言，故下文曰：「夫憂患之來，攖人心也，直蜂蠆之螫毒而蚉蝱之慘怛也。」言攖人心，不言攖人體，則此不當以體言矣。夫憂患之來，攖人心也，攖，迫也。非直蜂蠆之螫毒而蚉蝱之慘怛也，而欲靜漠虛無，柰之何哉！夫目察秋豪之末，耳不聞雷霆之音；○文典謹按：「雷霆之音」，舊作「雷霆之聲」，與下「耳調玉石之聲」重複。傳寫宋本及御覽三百六十六引，並作「耳不聞雷霆之音」，今據改。耳調玉石之聲，目不見太山之高。何則？小有所志而大有所忘也。今萬物之來，擢拔吾性，攓取吾情，有若泉源，雖欲勿稟，其可得邪！稟，猶動用也。○俞樾云：國語晉語「將稟命焉」，楚語「是無所稟命也」，韋注並曰：「稟，受也。」此言萬物之來，擢拔吾性，攓取吾情，吾雖欲勿受之而不可得也。高注曰：「稟，猶動用也。」於辭意未合，且稟字亦無動用之義。○文典謹按：御覽七百二十引，「攓取吾情」作「擵取吾精」，「有若泉源」作「勢若泉原」，稟作廩。今夫樹木者，灌以瀿水，孫星衍云：文選注引許昚淮南子注，有「楚人謂水暴溢爲瀿」云云，當是此下原文。而各本有「瀿，波暴溢也」五字，藏本皆無之，附録以俟攷。○文典謹按：孫氏所云文選注，即江賦注也。許注之上引有淮南正文「莫鑒於流瀿，而鑒於澄水」，則非此處注可知。至各本「瀿，波暴溢也」五字，疑後人據玉篇所加，故藏本無之也。疇以肥壤，疇，雍。壤或作嚓。一人養之，十人拔之，則必無餘枿，枿，蘖。○王念孫云：一當爲十，十當爲一。此言養之者雖有十人，而一人拔之則木必死也。下文曰：「今盆水在庭，清之終日，未能見眉睫；濁之不過一撓，而不能察方員。」意此與同。魏策亦云：「十人樹楊，一人拔之，則無生楊矣。」今本十、一二字互誤，則非其指矣。太平御覽資産部三所引與今本同，亦後人依誤本改之。其方術部一引此，正作「十人養之，一人拔之」。○文典謹按：王説是也。御覽九百五十二引作「千人養之，一人拔之」，文雖小異，而作「一人拔之」則同，足爲王説之一證。**又況與一國同伐之哉？雖欲久生，豈可得乎！**○文典謹按：御覽七百二十引，「又況與一國同伐之哉」作「況以一國同伐之」。**今盆水在庭，清之終日，未能見眉睫；濁之不過一撓，而不能察方員。**察，見。**人神易濁而難清，猶盆水之類也，況一世而撓滑之，曷得須臾平乎！**

古者至德之世，賈便其肆，農樂其業，大夫安其職，職，事。**而處士脩其道。**道，先王之道也。○文典謹按：脩當爲循。隸書脩、循相似，故致誤也。文選西都賦注、御覽七十七引，並作「而處士循其道」。唯長笛賦注引作脩，與今本合，則後人據已誤本改之也。**當此之時，風雨不毁折，草木不夭，九鼎重味，珠玉潤澤，**九鼎，九州貢金所鑄也。一曰：象九德，故曰九鼎也。重，厚也。潤澤，有光也。○莊逵吉云：御覽作「草木不夭死，九鼎重」，無味字。下有注云：「王者之德休明，則鼎重；姦回，則鼎輕。」○王念孫云：風雨不毁折，草木不夭死，相對爲文，則有死字者是也。文子道德篇亦有死字。九鼎重味，味字於義無取，蓋卽下文珠字之誤而衍者也。御覽引此作「九鼎重」，又引注云：「王者之德休明，則鼎重。」（此蓋許注。）則無味字明矣。**洛**

出丹書，河出綠圖，故許由、方回、善卷、披衣得達其道。許由，陽城人也，堯所聘而不利也。方回、善卷、披衣皆堯時隱士，姓名不可得知。其人方直回旋，因曰方回。見其善卷。披衣而行，因曰披衣。得達，樂其所修先王之道也。何則？世之主有欲利天下之心，是以人得自樂其間。自樂其道于天地之間也。或作文德自樂其間先王之道也。四子之才，非能盡善，蓋今之世也，然莫能與之同光者，遇唐、虞之時。光，譽。逮至夏桀、殷紂，燔生人，辜諫者，◯文典謹按：辜當爲罪，字之誤也。罪古作皐，傳寫遂誤爲辜耳。御覽六百四十七引，辜正作皐。爲炮烙，鑄金柱，鑄金柱，然火其下，以人置其上，墮陊火中，而對之笑也。◯文典謹按：北堂書鈔二十引，作「銅金爲柱」。剖賢人之心，析才士之脛，賢人，比干也。析，解也。剥解有才士腳，觀其有奇異。脛，腳也。醢鬼侯之女，菹梅伯之骸。鬼侯、梅伯，紂時諸侯。梅伯説鬼侯之女美好，令紂妻之。女至，紂以爲不好，故醢鬼侯之女，菹梅伯之骸也。一曰：紂爲無道，梅伯數諫，故菹其骸也。當此之時，嶢山崩，三川涸，嶢山，蓋在南陽。三川，涇、渭、汧也。涸，竭也。傳曰：「山崩川竭。」亡國徵也。飛鳥鎩翼，走獸擠腳。紂田獵禽荒，無休止時，故飛鳥折翼，走獸毀腳，無不被害也。◯陶方琦云：文選注引，作「飛鳥鎩羽，走獸廢足」，又引許注：「鎩羽，殘羽也。」鎩或通作殺。周禮「放弑其君則殘之」，注：「殘，殺也。」此鎩訓殘，義得相通。蜀都賦注引許注作「鎩，殘也」，敓二羽字。一切經音義引作「鎩羽而飛」，當從辨命論、五君詠注引。當此之時，豈獨無聖人哉？然而不能通其道者，不遇其世。言聖人不能通其道，行其化者，不遭世也。夫鳥飛千仞之上，獸走叢薄之中，禍猶及之，又況編户齊民乎？聚木曰叢，深草曰薄。猶及之，田獵不時也。由此觀之，體道者不專在于我，亦有繫于世矣。

夫歷陽之都，一夕反而爲湖，○莊逵吉云：反，太平御覽作化。勇力聖知與罷怯不肖者同命。歷陽，淮南國之縣名，今屬江都。昔有老嫗，常行仁義，有二諸生過之，謂曰：「此國當没爲湖。」謂嫗視東城門閫有血，便走上北山，勿顧也。自此，嫗便往視門閫。閽者問之，嫗對曰如是。其暮，門吏故殺雞血涂門閫。明旦，老嫗早往視門，見血，便上北山，國没爲湖。與門吏言其事，適一宿耳。一夕，旦而爲湖也。勇怯同命，無遺脱也。○文典謹按：意林引注略同，惟末有「母遂化作石也」六字。莊氏逵吉所引御覽當爲六十六，然八百八十八引，又仍作反，與今本合。一百六十九引，作「歷陽之都，一夕爲湖」，有注云：「漢明帝時，歷陽淪爲湖。」巫山之上，順風縱火，膏夏紫芝與蕭艾俱死。巫山，在南郡。膏夏，大木也，其理密白如膏，故曰膏夏。紫、芝，皆喻賢智也。蕭、艾，賤草，皆喻不肖。○文典謹按：藝文類聚九十八、御覽九百八十五引，順風竝作從風。故河魚不得明目，穉稼不得育時，其所生者然也。河水濁，故不得明目。穉稼爲霜所凋，故不得待其自熟時。故曰「其所生者然也」。故世治則愚者不能獨亂，世亂則智者不能獨治。身蹈于濁世之中，而責道之不行也，是猶兩絆騏驥，而求其致千里也。兩者，雙也。置猨檻中，則與豚同，非不巧捷也，無所肆其能也。肆，極。舜之耕陶也，不能利其里；所居之里。南面王，則德施乎四海；四海，天下。仁非能益也，處便而勢利也。古之聖人，其和愉寧静，性也；其志得道行，命也。命，天命也。是故性遭命而後能行，命得性而後能明。得其本清静之性，故能明。烏號之弓，谿子之弩，不能無弦而射。烏號，柘桑也。谿子，爲弩所出國名也。或曰：谿，蠻夷也，以柘桑爲弩，因曰谿子之弩也。一曰：谿子陽，鄭國善爲弩匠，因以名也。〇陶方琦云：史記集解、索隱、文選閒居賦注、御覽三百四十八並引許注：「南方谿子蠻夷柘弩，皆善材也。」高注所云或曰，卽是許説。索隱引作「南方谿子蠻出柘弩及竹弩」，引文小異。御覽引古史攷：「烏號以柘枝爲之。柘桑其材堅勁，可爲弩。」越舲蜀艇，不能無水而浮。舲，小船也。蜀艇，一版之舟，若今豫章是也。雖越人所便習，若無其水，不能獨浮也。〇陶方琦云：御覽三百四十八引許注：「舼，小船。艇，大船。皆一木。」（此因上「南方谿子」注連引，定爲許注。）廣雅：「舼、艇，船也。」玉篇：「舼，小船也。」卽本許義。意林引作「越舼蜀艇」，事類賦舟部、御覽七百七十一、後漢書馬融傳注所引並同，皆許本也。方言：「南楚江、湘之間小艒艄謂之艇。」釋名：「二百斛以下曰艇。其形徑挺，一二人所乘行也。」小爾雅：「小船謂之艇。」玉篇：「艇，小船也。」無訓爲大船者。然高注「一版之舟」，與許注「一木」

義亦相類，是訓蜀爲一也。○文典謹按：北堂書鈔一百三十八引，作「越舲吴艇，不能無水而行」。御覽七百七十一引，浮亦作行。意林引，此句在「烏號之弓」句前。**今矰繳機而在上，罛罟張而在下，雖欲翺翔，其勢焉得？**矰，弋射身短矢也。機，發也。翺翔，鳥之高飛，翼上下曰翺，直刺不動曰翔也。**故詩云：「采采卷耳，不盈傾筐。嗟我懷人，寘彼周行。」以言慕遠世也。**詩周南卷耳篇也。言采采易得之菜，不滿易盈之器，以言君子爲國，執心不精，不能以成其道，采易得之菜，不能盈易滿之器也。「嗟我懷人，寘彼周行」，言我思古君子官賢人，置之列位也。誠古之賢人各得其行列，故曰慕遠也。

淮南鴻烈集解卷三

天文訓

文者，象也。天先垂文象，日月五星及彗孛皆謂以譴告一人，故曰「天文」，因以題篇。

天墬未形，馮馮翼翼，洞洞灟灟，故曰太昭。馮翼、洞灟，無形之貌。洞，讀挺挏之挏。灟，讀以鐵頭斫地之钃也。太昭當作太始，字之誤也。○王引之云：書傳無言天地未形名曰太昭者，馮翼、洞灟亦非昭明之貌。太昭當作太始，字之誤也。易乾鑿度曰：「太始者，形之始也。」太平御覽天部一引張衡玄圖曰：「玄者，無形之類，自然之根，作於太始，莫之與先。」是太始無形，故天地未形謂之太始也。**道始于虛霩，**「道始於虛霩」，當作「太始生虛霩」，卽承上文太始而言。王逸注楚辭天問曰：「太始之元，虛廓無形。」（廓與霩同。）正所謂「太始生虛霩」也。後人以老子言道先天地生，故改「太始生虛霩」爲「道始於虛霩」，而不知與「故曰太始」句文不相承也。御覽引此作「道始生虛霩」，太字已誤作道，而生字尚不誤。**虛霩生宇宙，宇宙生氣。氣有涯垠，**宇，四方上下也。宙，往古來今也。將成天地之貌也。涯垠，重安之貌也。○莊逵吉云：御覽作「宇宙生元氣」。涯，俗本作漢，誤。○王念孫云：此當爲「宇宙生元氣，元氣有涯垠」。下文清陽爲天，重濁爲地，所謂元氣有涯垠也。今本脱去兩元字，涯字又誤爲漢。太平御覽天部一元氣下引此，正作「宇宙生元氣，元氣有涯垠」。**清陽者薄靡而爲天，**薄靡者，若塵埃飛揚之貌。○文典謹按：御覽一引，靡作劘。**重濁者凝滯而爲地。**○文典謹按：北堂書鈔一百五十七、御覽三十六引，凝並作淹。**清妙之合專**一作專。**易，重濁之凝竭難，故天先成而地後定。天地之襲精爲陰陽，**襲，合也。精，氣也。**陰陽之專精爲四時，四時之散精爲萬物。積陽之熱氣生火，火氣之精者爲日；**○陶方琦云：開元占經二十三引淮南閒詁云：「日者，火也。」按閒詁乃許注本也，故高本無注。**積陰之寒氣爲水，水氣之精者爲月。日月之淫爲精者爲星辰。**○王引之云：「積陽之熱氣生火，積陰之寒氣爲水」，本作「積陽之熱氣久者生火，積陰之寒氣久者爲水」，言熱氣積久則生火，寒氣積久則爲水。今本無久者二字，後人删之也。初學記天部上、太平御覽天部四並引此云：「積陰之寒氣久者爲水。」隋蕭吉五行大義辨體性篇引此云：「積陽之熱氣反者爲火，積陰之寒氣反者爲水。」藝文類聚天部上引此云：「積陰之寒氣大者爲水。」反與大皆久字之誤，則原有久者二字明矣。「日月之淫爲」本作「日月之淫氣」，此因上下文爲字而誤。廣韻星字注引此云：「日月之淫氣精命爲星辰。」「日月之淫氣」與「積陽之熱氣」、「積陰之寒氣」文正相對。「精者爲星辰」與「精者爲日」、「精者爲月」文亦相對。下文「天地之偏氣，怒者爲風」、「天地之合氣，和者爲雨」，句法亦相同。**天受日月星辰，地受水潦塵埃。昔者共工與顓頊争爲帝，怒而觸**

不周之山，「共工」，官名，伯于虙羲、神農之間。其後子孫任智刑以强，故與顓頊、黄帝之孫争位。不周山在西北也。天柱折，地維絶。天傾西北，故日月星辰移焉；傾，高也。原道言「地東南傾」，傾，下也。此先言傾西北，明其高也。地不滿東南，故水潦塵埃歸焉。天道曰圓，地道曰方。方者主幽，圓者主明。明者，吐氣者也，是故火曰外景；幽者，含氣者也，是故水曰内景。◯洪頤煊云：大戴禮天圓篇：「明者，吐氣者也，是故外景。幽者，含氣者也，是故内景。故火日外景，而金水内景。」張衡靈憲：「日譬猶火，月譬猶水。火則外光，水則含景。」此本作「火日外景，水月内景」，兩曰字是俗人所改。吐氣者施，含氣者化，是故陽施陰化。天之偏氣，怒者爲風；地之含氣，和者爲雨。◯王念孫云：劉本删去下句天字，而莊本從之。案：大戴禮曾子天圓篇：「陰陽之氣，偏則風，和則雨。」藝文類聚天部下引曾子曰：「天地之氣，和則雨。」是風雨皆天地之氣，豈得以風屬之天，雨屬之地乎！下句當依道藏本作天地，上句當補地字。又案：含氣當爲合氣。合、含字相似，又涉上文含氣而誤也。合氣與偏氣正相對，作含則非其指矣。陰陽相薄，感而爲雷，薄，迫也。感，動也。激而爲霆，亂而爲霧。陽氣勝則散而爲雨露，散，霧散也。陰氣勝則凝而爲霜雪。

毛羽者，飛行之類也，故屬於陽。介鱗者，蟄伏之類也，故屬於陰。日者，陽之主也，是故春夏則羣獸除，除，冬毛微墮也。◯陶方琦云：初學記一引許注「除角」，按此條乃初學記連正文而引，惟除角二字爲許注也。孫氏問經輯本連正文並引爲許説，非也。然除角當作除毛。**日至而麋鹿解。**日冬至麋角解，日夏至鹿角解。○陶方琦云：御覽九百四十一引許注「解角」。説文麋下云：「麋冬至而解其角。」**月者，陰之宗也，是以月虚而魚腦減，月死而嬴蛖膲。**宗，本也。減，少也。膲，肉不滿。言應陰氣也。膲，讀若物醮炒之醮也。○王念孫云：虚當爲虧，字之誤也。（虧字脱去右半，因誤而爲虚。埤雅引此已誤。）月可言盈虧，不可言虚實。太平御覽鱗介部十三引此，正作月虧。藝文類聚天部上、御覽天部四引此，並作月毁，（蓋許慎本。）毁亦虧也。○陶方琦云：御覽九百四十一引，「月死而嬴蛖膲」作「月死而螺蚌瘶」，又引許注：「瘶，減蹴也。」按廣雅：「瘶，縮也。」縮卽減蹴義。通俗文：「縮小曰瘶。皺不申曰縮朒。」説文：「縮，一曰蹴也。」則減蹴卽減縮。○文典謹按：白帖一引，月虚亦作月毁。**火上蕁，**蕁，讀葛覃之覃。**水下流，故鳥飛而高，魚動而下。**○王念孫云：飛本作動，此後人妄改之也。同一動也，而有高下之殊，故曰「鳥動而高，魚動而下」。猶睽象傳言「火動而上，澤動而下」也。若鳥言飛，則魚當言游矣。太平御覽鱗介部七引此，正作「鳥動而高」。**物類相動，本標相應，**標，讀刀末之標。**故陽燧見日則燃而爲火，方諸見月則津而爲水，**陽燧，金也。取金杯無緣者，熟摩令熱，日中時，以當日下，以艾承之，則燃得火也。方諸，陰燧，大蛤也。熟摩令熱，月盛時，以向月下，則水生，以銅盤受之，下水數滴。先師説然也。○莊逵吉云：御覽引許脊注云：「諸，珠也。

方，石也。以銅盤受之，下水數升。」又引高誘注同此。知高、許二家注本原别矣。○陶方琦云：華嚴音義引，燃作熯。音義及太平廣記一百六十一引許注：「陽燧，五石之銅精，圓而仰日，則得火。」按：説文作鐆，云「陽鐆也」。周禮攷工輈人「謂之鑒鐆之齊」，注：「鑒鐆，取水火于日月之器也。」唐釋輔行記引鄭注論語：「金鐆，火鏡也。」論衡率性篇：「陽燧取火于天，五月丙午日中之時，銷鍊五石，鑄以爲器，摩礪生光，仰以向日，則火來至。」參同契：「陽燧以取火，非日不生光。」衆經音義引：「鐆，五石之銅精也。圓以仰日，卽得火。」卽許氏淮南注。藝文類聚火部引舊注曰：「日高三四丈，持以向日，燥艾承之寸餘，有頃焦，吹之卽得火。」與今高注義同而文異，或是許注。又華嚴音義上、太平廣記一百六十一、御覽四、事類賦月部、續博物志、藝文類聚引許注：「方諸，五石之精，作圓器似杯坏而向月，則得水也。諸，珠也。方，石也。以銅盤受之，下水數升。」按高注云：「以銅槃受之，下水數滴。」與御覽所引許注説同，知所云「先師説然」，先師疑卽許氏也。蓋古人尊聞之意。（或云：高言先師卽盧植，以序中曾云從同縣盧君受其句讀。琦謂當是馬融。後漢馬融傳言融有淮南注，高誘之師爲盧植，植之師卽爲馬融。知高注本中必多承用馬注，所云先師，或卽是馬氏也。）説文鑑字下：「一曰鑑諸，可以取明水於月。」周禮司烜鄭注：「鑒，鏡屬，取水者也，世謂之方諸。」御覽五十八引淮南萬畢術「方諸取水」，注曰：「方諸，形若杯，無耳，以五石合治，以十二月夜半作之，以承水卽來。」與許説合。**虎嘯而谷風至，龍舉而景雲屬，**虎，土物也。風，木風也。木生于土，故虎嘯而谷風至。龍，水物也。雲生水，故龍舉而景雲屬。屬，會也。

○陶方琦云：文選劉孝標廣絶交論注、御覽九百二十九、事類賦風部引許注：「虎，陰中陽獸，與風同類。」御覽九百二十九又引許注：「龍，陽中陰蟲，與雲同類。」按御覽引春秋元命苞：「猛虎嘯，谷風起，類相動也。龍之言萌也，陰中之陽也，故言龍舉而雲興。」論衡寒温篇：「虎嘯而谷風至，龍興而景雲屬。同氣共類，共相招致。」管輅別傳曰：「龍者陽精，以潛爲陰，幽靈上通，和氣感神，二物相扶，故能興雲。虎者陰精，而居于陽，依木長嘯，動于巽林，二氣相感，故能運風。」皆與許説合。○文典謹按：白帖二引，作「虎嘯而谷風生」。又按：初學記一引高注云：「虎，陽獸，與風同類。」必誤許爲高也。**麒麟鬬而日月食，**○陶方琦云：初學記一、事類賦日部引許注：「騏驎，大角之獸，故與日月相動。」御覽四引，日月相動作相符。又大角，事類賦引作一角。説文：「麒，仁獸也，麢身牛尾一角。」爾雅：「麐，麢身牛尾一角。」春秋感精符曰：「麟一角，明海内共一主也。」公羊疏引許君五經異義曰：「公羊説云：麟者木精，一角赤目，爲火候。」亦或引作大角者，作一角義是。春秋元命包：「麒麟鬬，日無光。」宋均曰：「麒麟，少陽之精。鬬於地，則日月亦將争于上。」抱朴清鑒：「日月蝕則識騏驎之共鬬。」初學記二十九及張華博物志並引作「騏驎鬬則日月蝕」，皆同許注本。開元占經引許注本亦作蝕。**鯨魚死**○陶方琦云：一切經音義十九、御覽九百三十八引許注：「鯨，海中魚之王也。」按覽冥訓「鯨魚死而彗星出」，高注云：「鯨魚，大魚，長數里，死于海邊。」與許注文微異。說文作鱷，云「海大魚也」，字或从京作鯨。一切經音義引注云〔一〕，無海中二字。御覽引魏武四時食制曰：「東海有大魚如山，長五六里，謂之鯨鯢。」春秋演孔圖：「海精，鯨魚也。」薛綜西京賦注：「海中大魚名鯨。」當从御覽補海中二字。**而彗星出，**○陶方琦云：初學記一引許注：「彗，除舊布新也。」白帖引作「彗，所以除舊布新」。按左昭十七年傳：「彗，所以除舊更新也。」五行志引作布新。劉向洪範五行傳：「彗，除穢布新也。」覽冥訓高注：「彗星爲變異，人之害也。」與許注亦異。**蠶珥絲而商弦絶，**蠶老絲成，自中徹外，視之如金精珥，表裏見，故曰珥絲。一曰：弄絲於口。商音清，弦細而急，故先絶也。**賁星墜而勃海決。**賁星，客星也。又作孛星。墜，隕也。勃，大也。決，溢也。○陶方琦云：占經七十四引許注：「奔星，流星也。」按：占經引爲許慎説云云，益知二家之本不同也。高注云「又作孛星」，孛卽奔字之誤，知高云「又作」，乃許本也。奔、賁古字通。**人主之情，上通于天，**○文典謹按：御覽九及八百七十六引，並作「人主之精通于天」。**故誅暴則多飄風，**暴，虐也。飄風，迅也。**枉法令則多蟲螟，**食心曰螟，穀之災也。○陶方琦云：占經一百二十引許注：「穀惡生孽，則蟲食心。」按：食心之訓，皆本疋義。○文典謹按：枉法令與上句誅暴，文不一律。意林引此文，枉法令作法苛，

〔一〕「云」字疑衍。

誅暴、法苛正相對成義，當從之。**殺不辜則國赤地，**赤地，旱也。**令不收則多淫雨。**干時之令不收納，則久雨爲災。○文典謹按：意林引，國作多，收作時。**四時者，天之吏也；日月者，天之使也；星辰者，天之期也；虹蜺彗星者，天之忌也。**期，會也。雄爲虹，雌爲蜺也。虹者，雜色也。忌，禁也。○文典謹按：御覽十四引，無彗星二字。

天有九野，九千九百九十九隅，去地五億萬里，九野，九天之野也。一野千一百一十一隅也。○王念孫云：開元占經天占篇引此作「億五萬里」。太平御覽地部一引詩含神霧亦云「天地相去億五萬里」。然則億、五二字，今本誤倒也。○文典謹按：御覽二引，作：「天有九野，九千九百九十里隅，去地五萬里。」**五星，八風，二十八宿，**五星，歲星、熒惑、鎮星、太白、辰星也。八風，八卦之風也。二十八宿，東方角、亢、氐、房、心、尾、箕，北方斗、牛、女、虚、危、室、壁，西方奎、婁、胃、昴、畢、觜、參，南方井、鬼、柳、星、張、翼、軫也。○王引之云：「二十八宿」四字，及注「二十八宿」云云，皆後人所加也。下文於九野、五星、八風、五官、六府皆一一釋之，而不及二十八宿，但於所説九野中，附以「其星角、亢、氐」云云。使有「二十八宿」四字，下文不應不爲解釋，且不應以二十八宿併入九野條内，使綱目不相當也，然則此處原文無二十八宿四字明矣。注於牽牛、須女、營室、東壁、觜觿、東井、輿鬼、七星，皆省一字稱之，文義苟簡，決非漢人所爲。七星但稱星，則無以別於他星；牽牛謂之牛，營室謂之室，觜觿謂之觜，皆文不成義。又案：下文「星分度：角十二，亢九，氐十五，房五，心五，尾十八，箕十一四分一，斗二十六，牽牛八，須女十二，虚十，危十七，營室十六，東壁九，奎十六，婁十二，胃十四，昴十一，畢十六，觜巂二，參九，東井三十三，輿鬼四，柳十五，七星七，張、翼各十八，軫十七，凡二十八宿也」，「凡二十八宿」句亦後人所加。此説星之分度，非説星之全數也，無緣得有此句。**五官，六府，**五官，五行之官。六府，加以穀。**紫宮，太微，軒轅，咸池，四守，天阿。**皆星名，下自解。〇洪頤煊云：下文：「太微者，太一之庭也。紫宮者，太一之居也。軒轅者，帝妃之舍也。咸池者，水魚之囿也。天阿者，羣神之闕也。四宮者，所以爲司賞罰。」高注：「四宮，紫宮、軒轅、咸池、天阿。」此天阿上不應有四守二字，當是衍文，涉下四宫而譌。〇王引之云：高注曰：「皆星名，下自解。」又下文：「太微者，太一之庭也。（太一當作五帝，説見下。）紫宮者，太一之居也。軒轅者，帝妃之舍也。咸池者，水魚之囿也。天阿者，羣神之闕也。四守者，所以司賞罰。」注曰：「四守，紫宮、軒轅、咸池、天阿。」據前注，則四守亦星名；據後注，則四守乃總括四星之稱，非星名也。前後注意迥殊。今細繹原文，前注是也。紫宮、太微、軒轅、咸池、四守、天阿，列其名也。太一之庭、太一之居、帝妃之舍、水魚之囿、羣神之闕及所以司賞罰，則明其職也。故前注曰：「皆星名，下自解。」後注以四守爲紫宮、軒轅、咸池、天阿，其不可通有三。太微、紫宮並舉，何以數紫宮而不數太微？其不可通一也。四守若爲紫宮、軒轅、咸池、天阿之總稱，則上文四守二字當列於紫宮前，爲統下之詞；或列於天阿後，爲統上之詞，其義乃通。何以雜厠諸星之間，而云「紫宮、太微、軒轅、咸池、四守、天阿」邪？其不可通二也。軒轅帝妃之舍，咸池水魚之囿，皆與賞罰之事無涉。其不可通三也。初學記、太平御覽並引許慎注曰：「四守，紫宫、軒轅、咸池、天阿也。」然則此乃許注，後人移入高本，而前後遂相矛盾矣。天阿本作天河，後人以天河非星名，故改爲天阿也。案：開元占經甘氏中官占引甘氏曰：「天阿一星在昴西，以察山林之妖變也。」與門闕之義無涉。且天阿非黄道所經，不得言「羣神之闕」也。北堂書鈔、太平御覽引此，並作天河，又引高注曰：「天河，星名。闕，猶門也。」（各本脱「天河星名」四字。）又初學記、太平御覽引許注以天河爲四守之一，是許本亦作天河。天河蓋卽北河、南河也。夾河之南北，故總謂之天河。天官書曰：「鉞北北河，南南河，兩河、天闕閒爲關梁。」開元占經石氏中官占引郗萌曰：「兩河戍與戉，（卽鉞字。）俱爲帝闕。」又占曰：「兩戍閒爲天門，日月五星常出其門中。」故曰：「天河者，羣神之闕也。」高注訓闕爲門，正合郗萌之説。羣神，卽日月五星之神也。韓子飾邪篇曰：「豐隆、五行、太一、王相、攝提、六神、五括、天河、殷槍、歲星。」所謂天河，蓋卽指此。天官書曰：「中宫天極星，其一明者，太一常居也。環之匡衞十二星，藩臣。皆曰紫宫。」開元占經石氏中官占引春秋合誠圖曰：「紫微者，太一之常坐。」太一在紫宫之中，非太微中所有，不得言「太微，太一之庭」，諸書亦無言太一之庭者。此太一二字，蓋因下文「太一之居」而誤。（太平御覽引此已誤。）「太一之庭」當作「五帝之庭」。天官書曰：「太微，匡衞十二星，藩臣。其内五星，五帝坐。」太平御覽引天官星占曰：「紫宫，太一坐也。太微之宫，天子之庭，五帝之坐也。」卽此所云「太微五帝之庭，紫宫太一之居」也。續漢書天文志注引張衡靈憲曰：「紫宫爲皇極之居，太微爲五帝之廷。」（廷、庭古字通。）又其一證矣。注内「太一，天神也」，亦當爲「五帝，天神也」。蓋正文既誤爲太一，後人又改注以從之耳。何謂九野？中央曰鈞天，其星角、亢、氐。韓、鄭之分野也。○洪頤煊云：二十八宿皆隨斗杓所指而言。角、亢、氐離斗杓最近，故古法以此三星爲中央天。東方曰蒼天，其星房、心、尾。東北曰變天，其星箕、斗、牽牛。尾、箕，一名析木，燕之分野。斗，吴之分野。牽牛，一名星紀，越之分野。陽氣始作，萬物萌芽，故曰變天。○俞樾云：周易説卦傳：「艮，東北之卦也，萬物之所成終而成始也。」正義曰：「東北在寅丑之間，丑爲前歲之末，寅爲後歲之初，則是萬物之所成終而所成始也。」東北變天之義亦取諸此，以其居終始之交，故以變名。高注以萬物萌芽説之，尚未盡變字之義。北方曰玄天，其星須女、虚、危、營室。虚、危，一名玄枵，齊之分野。西北方曰幽天，其星東壁、奎、婁。幽，陰也。西方季秋將卽於陰，故曰幽天。營室、東壁，一名承委，衞之分野。奎、婁，一名降婁，魯之分野。西方曰顥天，顥，白也。西方金，色白，故曰顥天。或作「昊」字。○莊逵吉云：俗本此字皆作昊，惟藏本作顥。其星胃、昴、畢。昴、畢，一名大梁，趙之分野。西南方曰朱天，其星觜巂、參、東井。觜巂、參，一名實沈，晉之分野。朱，陽也。西南爲少陽，故曰朱天。南方曰炎天，○文典謹按：文選顔延年夏夜呈從兄散騎車長沙詩注引高注：「南方五月建午，火之中也。火性炎上，故曰炎天。」其星輿鬼、柳、七星。柳、七星，周之分野。一名鶉火。東南方曰陽天，其星張、翼、軫。東南純乾用事，故曰陽天。翼、軫，一名鶉尾，楚之分野。

何謂五星？東方，木也，○陶方琦云：占經二十三引許注：「木冒地而生也。」按：説文木字下云：「冒地而生，東方之行。」與注淮南説同。**其帝太皞，**太皞，伏犧氏有天下號也，死託祀於東方之帝也。○陶方琦云：占經二十三引許注：「天神五帝，太皞主東方。」按：時則訓「盛德在木」，高注：「太皞之神治東方也。」亦與許説合。○文典謹按：御覽十九引，皞作昊，注伏犧作庖犧。**其佐句芒，執規而治春。**○陶方琦云：占經二十三引許注：「規者，圓也。」按説文圓字下云：「圓者，規也。」與淮南注説同。**其神爲歲星，其獸蒼龍，其音角，其日甲乙。**木色蒼，龍順其色也。角，木也。甲、乙皆木也。**南方，火也，其帝炎帝，**炎帝，少典子也，以火德王天下，號曰神農，死託祀於南方之帝。**其佐朱明，**舊説云祝融。○陶方琦云：占經三十引許本作祝融。按：高云舊説，卽許本也。占經引淮南天文閒詁作「其佐祝融」，確是許本。**執衡而治夏。**○陶方琦云：占經三十引許注：「衡，平也。」按：衡義同準。説文：「準，平也。」○文典謹按：御覽八百六十九引注「衡，平」，必是許本。**其神爲熒惑，**熒惑，五星之一也。**其獸朱鳥，**朱鳥，朱雀也。**其音徵，其日丙丁。**徵，火也。丙、丁皆火也。**中央，土也，其帝黄帝，**黄帝，少典之子也，以土德王天下，號曰軒轅氏，死託祀於中央之帝。**其佐后土，執繩而制四方。**○陶方琦云：占經三十八引許注：「繩，直也。」按：下文「子午、卯酉爲二繩」，高注：「繩，直。」亦同許説。○文典謹按：御覽二十三引，四方下有止字。**其神爲鎮星，其獸黄龍，**土色黄也。**其**

音宮，其日戊己。宮，土。戊、己，土也。○文典謹按：御覽二十三引注作：「宮，土也。戊、己，土日也。」西方，金也，其帝少昊，少昊，黄帝之子青陽也，以金德王，號曰金天氏，死託祀於西方之帝。其佐蓐收，執矩而治秋。其神爲太白，其獸白虎，其音商，其日庚辛。商，金也。庚、辛皆金也。北方，水也，其帝顓頊，顓頊，黄帝之孫，以水德王天下，號曰高陽氏，死託祀於北方之帝。其佐玄冥，執權而治冬。其神爲辰星，其獸玄武，其音羽，其日壬癸。羽，水也。壬、癸皆水也。太陰在四仲，則歲星行三宿；仲，中也。四中，謂太陰在卯、酉、子、午四面之中也。○陶方琦云：占經二十三引許注：「太陰，謂太歲也。四仲，子、午、卯、酉也。又假令歲星在卯，星守須女、虚、危，故曰三宿。」按：下文「太陰在寅爲攝提格」，爾雅作「太歲在寅曰攝提格」，知太陰卽太歲。廣雅：「太陰，太歲也。」本許義。太陰在四鉤，則歲星行二宿。丑鉤辰，申鉤巳，寅鉤亥，未鉤戌，謂太陰在四角。○陶方琦云：占經二十三引許注：「四鉤，謂丑寅爲一鉤，辰巳爲一鉤，未申爲一鉤，戌亥爲一鉤。又假令歲陰在寅，歲星在斗、牛，故曰二宿也。」按：卽本下文「丑寅、辰巳、未申、戌亥爲四鉤」説也。二八十六，三四十二，故十二歲而行二十八宿。○錢大昕云：四仲，謂子、午、卯、酉也。四鉤，謂丑寅、辰巳、未申、戌亥也。太陰在卯，歲星舍須女、虚、危；太陰在午，歲星舍胃、昴、畢；太陰在酉，歲星舍柳、七星、張；太陰在子，歲星舍氐、房、心：是爲四仲行三宿。太陰在寅，歲星舍斗、牽牛；太陰在辰，歲星舍營室、東壁；太陰在巳，歲星舍奎、婁；太陰在未，歲星舍觜觿、參；太陰在申，歲星舍東井、輿鬼；太陰在戌，歲星舍翼、軫；太陰在亥，歲星舍角、亢；太陰在丑，歲星舍尾、箕：是爲四鉤行二宿。此在淮南書信而有徵者也。漢書天文志晉灼注云：「太歲在四仲，則歲星行三宿；太歲在四孟、四季，則歲星行二宿。」史記正義引晉灼説亦同。本據淮南之文，而改太陰爲太歲，則失淮南之旨。蓋古法太陰與太歲不同，太歲與歲星左右行不同，而常相應。如歲星在星紀，則太歲必在子；歲星在玄枵，則太歲必在丑：推之十二辰皆然也。今云歲星舍斗、牽牛，是星紀之次也，太歲當在子，而卻云在寅。歲星舍須女、虛、危，是玄枵之次也，太歲當在丑，而卻云在卯。是淮南所云太陰，非卽太歲矣。如果太歲在寅，則歲星當舍營室、東壁，不當在斗、牽牛；果太歲在卯，則歲星當舍奎、婁，不當在須女、虛、危也。淮南雖不言太歲，而卽歲星以見太歲，此古人舉一反三之例也。太史公天官書多承淮南之文，唯改太陰爲歲陰，其説歲星晨出之月，與淮南常差兩月，一舉夏正，一用天正，似異而實同。太史公亦以歲陰紀年，如太初元年閼逢攝提格，其明證矣。自太初改憲以後，劉子駿三統術但有推太歲所在法，別無言太陰者，蓋疇人子弟失其傳已非一日。班氏天文志雖承史公之文，而改歲陰爲太歲，不復言太陰，是東漢人已不知太陰、太歲之有別矣。晉灼，晉人，宜其仍太陰爲太歲也。**日行十二分度之一，歲行三十度十六分度之七，十二歲而周。**周，偏。**熒惑常以十月入太微，受制而出行列宿，司無道之國，爲亂爲賊，**○陶方琦云：占經七十四引許注：「衆星，庶民之象，與列宿俱亡中國。微，滅也。」按：許注卽洪範「庶民惟星」之意。**爲疾爲喪，爲饑爲**

兵，出入無常，辯變其色，時見時匿。此皆所以譴告人君。**鎮星以甲寅元始建斗，**◯陶方琦云：占經三十八引許注：「甲寅元始，曆起之年也。建斗，填星起于斗也。」按：高無注，今高本作鎮星。**歲鎮行一宿，**◯王念孫云：行字因上下文而衍。既云歲鎮一宿，則無庸更言行。開元占經填星占引此無行字，史記天官書亦無。**當居而弗居，其國亡土；未當居而居之，其國益地，歲熟。日行二十八分度之一，歲行十三度百一十二分度之五，二十八歲而周。**鎮星一徧。**太白元始以正月建寅，與熒惑晨出東方，**◯王引之云：此本作「太白元始以甲寅正月，與營室晨出東方」。甲寅正月者，甲寅年之正月也。下文「太陰元始建於甲寅」，開元占經填星占篇引舊注曰：「甲寅元始，曆起之年也。」大衍曆議引洪範傳曰：「曆記始於顓頊上元太始閼蒙攝提格之歲，畢陬之月，朔月己巳立春，七曜俱在營室五度。」閼蒙與閼逢同。太歲在甲曰閼逢，在寅曰攝提格。「閼逢攝提格之歲」者，甲寅之歲也。正月爲陬。「畢陬之月」者，正月也。七曜者，日、月及太白、歲星、辰星、熒惑、鎮星也。上元太始閼逢攝提格之歲，畢陬之月，太白在營室，故曰「太白元始以甲寅正月，與營室晨出東方」也。天官書說太白曰：「其紀上元以攝提格之歲，與營室晨出東方。」開元占經太白占篇引甘氏亦曰：「太白以攝提格之歲正月，與營室晨出於東方。」皆其明證。後人不審其義，遂改甲寅正月爲正月甲寅，又改營室爲熒惑。不知甲寅者，甲寅年也；若云正月甲寅，則是甲寅日矣。顓頊曆元所起之日爲己巳，非甲寅也。其謬一也。甲寅正月，先年而後月；若云正月甲寅，則不知在何年矣。其謬二也。（莊本改甲寅爲建寅，尤非。）太白與營室晨出東方，猶下文歲星與營室、東壁晨出東方，皆以所在之宿言之；若云與熒惑晨出東方，則不知在何宿矣。其謬三也。二百四十日而入，入百二十日而夕出西方，二百四十日而入，入三十五日而復出東方。出以辰戌，入以丑未。當出而不出，未當入而入，天下偃兵；當入而不入，當出而不出，天下興兵。○王念孫云：「當出而不出」，已見上文，此當作「未當出而出」。太白主兵，故當出而不出，未當入而入，則天下偃兵。（見上文。）當入而不入，未當出而出，則天下興兵也。史記天官書、漢書天文志及開元占經太白占引石氏星經並云「未當出而出，當入而不入，天下起兵」，是其證。辰星正四時，常以二月春分効奎、婁，○陶方琦云：占經五十三引許注：「効，見也。」按：此許注羼入高注中者，故同。說文効作效，象也。占經又引春秋緯云：「辰星春分立卯之月夕効于奎、婁。」宋均注：「見于奎、婁也。」亦以見訓効。以五月夏至効東井、輿鬼，以八月秋分効角、亢，以十一月冬至効斗、牽牛。効，見。出以辰戌，入以丑未，出二旬而入。晨候之東方，夕候之西方。一時不出，其時不和；四時不出，天下大飢。穀不熟爲飢也。○莊逵吉云：飢，依高義應作饑，本或作饑。飢，餓也。饑，穀不熟也。兩字訓異。

何謂八風？距日冬至四十五日條風至，艮卦之風，一名融。爲笙也。條風至四十五日明庶風至，震卦之風也。爲管也。明庶風至四十五日清明風至，巽卦之風也。爲柷也。清明風至四十五日景風至，離卦之風也。爲弦也。景風至四十五日涼風至，坤卦之風也。爲塤也。涼風至四十五日閶闔風至，兑卦之風也。爲鐘也。閶闔風至四十五日不周風至，乾卦之風也。爲磬也。不周風至四十五日廣莫風至。坎卦之風也。爲鼓也。條風至則出輕繫，去稽留。立春，故出輕繫。明庶風至則正封疆，修田疇。春分播穀，故正疆界，治田疇也。清明風至則出幣帛，使諸侯。立夏長養布恩惠，故幣帛聘問諸侯也。景風至則爵有位，賞有功。夏至陰氣在下，陽盛於上，象陽布施，故賞有功，封建侯也。○俞樾云：既云「有位」，又何「爵」焉？「爵有位」之文殊不可通。位疑德字之誤。有德有功相對爲文。草書德字作𢛳，與位相似，故德誤爲位耳。白虎通義八風篇正作「爵有德，封有功」，可據以訂正。○文典謹按：文選任彦昇王文憲集序注引作「景風至，施爵禄，賞有功」，御覽二十三引，「爵有位」作「施爵位」，又引注「封建侯也」作「封建諸侯」，於文爲順。涼風至則報地德，祀四郊。立秋節，農乃登穀嘗祭，故報地德，祀四方神也。閶闔風至則收縣垂，琴瑟不張。秋分殺氣，國君憯愴，故去鐘磬縣垂之樂也。不周風至則修宫室，繕邊城。立冬節，土工其始，故治宫室，繕修邊城，備寇難也。廣莫風至則閉關梁，決刑罰。象冬閉藏，不通關梁也。罰刑疑者，于是順時而決之。○王念孫云：「祀四郊」本作「祀四鄉」。四鄉，四方也。越語「皇天后土四鄉地主正之」，韋注曰：「鄉，方也。」故高注云「祀四方神」，即月令所謂「命主祠祭禽于四方」也。易通卦驗曰：

「涼風至，報土功，祀四鄉。」白虎通義曰：「涼風至，報地德，祀四鄉。」皆其明證也。若作四郊，則失其義矣。且鄉與功、張爲韻。（功字合韻讀若光，月令「神農將持功」，與昌、殃爲韻；老子「不自伐，故有功」，與明、彰、長爲韻；「自伐者無功」，與行、明、彰、長、行爲韻；韓子主道篇「去賢而有功」，與明、强、常、常爲韻；楚辭惜誓「惜傷身之無功」，與狂、長爲韻。）若作郊，則失其韻矣。「決刑罰」本作「決罰刑」，故高注云「罰刑疑者，於是順時而決之」。下文曰「斷罰刑」，時則篇曰「休罰刑」，又曰「斷罰刑」，皆其證也。太平御覽時序部十二引此，亦作「斷罰刑」。刑與城爲韻，若作刑罰，則失其韻矣。

何謂五官？東方爲田，南方爲司馬，西方爲理，北方爲司空，中央爲都。田主農，司馬主兵，理主獄，司空主土，都爲四方最也。○俞樾云：都上疑脱官字。官都者，官之都總也，蓋以二字爲官名。管子問篇曰：「問五官有度制，官都其有常斷，今事之稽也何待？」此五官有官都之塙證。又揆度篇云：「自言能爲司馬，不能爲司馬者，殺其身以釁其鼓。自言能治田土，不能治田土者，殺其身以釁其社。自言能爲官，不能爲官者，劓以爲門父。故無敢姦能誣祿至於君者矣，故相任寅爲官都。」按：司馬及治田土，即此東方、南方之官也。然則官都亦即此五官之一矣。**何謂六府？子午、丑未、寅申、卯酉、辰戌、巳亥是也。太微者，太一之庭也。**太微，星名也。太一，天神也。○俞樾云：下文曰：「紫宮者，太一之居也。」然則太一自在紫宮，不在太微。此太一乃天子二字之誤。太平御覽引天官星占曰：「紫宮，太一坐也。太微之宮，天子之庭，五帝之坐也。」是其明證。○文典謹按：俞説近塙。文選江文通雜體詩三十首顔特進詩注引，太一作天一，足攷「天子」誤作「太一」之跡。**紫宫者，太一之居也。軒轅者，帝妃之舍也。**○文典謹按：文選月賦注引高注：「軒轅，星名。」齊敬皇后哀策文注引作：「軒轅，星也。」知舊有此注，而今本脱之也。**咸池者，水魚之囿也。**咸池，星名。水魚，天神。○文典謹按：魚本作衡，字之誤也。衡古作奥，與魚形近而譌。水衡主上林之官，故天上亦有水衡之神也。北堂書鈔百五十引此文，正作「咸池，水衡之囿」。**天阿者，羣神之闕也。**闕，猶門也。○俞樾云：高注曰：「闕，猶門也。」然開元占經甘氏中官占引甘氏曰：「天阿一星在昴西，以察山林之妖變也。」則非門闕之謂。北堂書鈔、太平御覽引此並作天河，然天河非星也。偏考書傳，無以天河爲星名者。今按天河當作兩河。史記天官書曰：「鉞北北河，南南河，兩河天闕。」是其證也。天字篆文作兲，與兩字相似，故兩誤爲天矣。○文典謹按：北堂書鈔百五十引，作「天河，羣臣之闕」，又引注云：「天河，星名也。」**四宫者，所以爲司賞罰。**四宫，紫宫、軒轅、咸池、天阿。○陶方琦云：初學記一、御覽六引許注：「四守，紫宫、軒轅、咸池、天河也。」按：王氏淮南雜志曰：「上文『紫宫、太微、軒轅、咸池、四守、天阿』，高注曰：『皆星名，下自解。』此作四守，乃統指之詞，前後不應矛盾若此。蓋後人以許注羼入高注中，遂至於此。」王説是也。今高本四宫乃四守之誤，天阿當作天河。（韓非子「天河」，何犿：「隋志：天高西一星名天河。」）今北堂書鈔及御覽引高注曰：「天河，星名。」知阿乃河之譌文。

太微者主朱雀，主，猶典也。○陶方琦云：占經六十六引許注：「朱鳥，太微之鄉。」按：上文「其獸朱鳥」，高注：「朱鳥，朱雀也。」似本文當作朱鳥。**紫宮執斗而左旋，日行一度，以周於天。日冬至峻狼之山，**南極之山。○陶方琦云：占經六十七引許注：「駿狼之山，冬至所止也。」按：玉篇引作「日冬至入駿崀之山」，蓋許本也。**日移一度，凡行百八十二度八分度之五，而夏至牛首之山。**牛首，北極之山。○陶方琦云：占經六十七引許注：「牛首之山，夏至所止也。」按中山經「又北三十里曰牛首之山」，郭注：「今長安西南有牛首山。」太平寰宇記：「神山縣黑山，一名牛首。」**反覆三百六十五度四分度之一而成一歲，天一元始，**○陶方琦云：占經五引許注：「天一元始，初有日月五星之時也。」錢塘曰：「天一當作太一，天一太一紀歲，人正俱建寅。知非天一者，顓頊曆上元歲甲寅正月，七曜俱在營室，如下所言也。若太陰甲寅，太歲實在丙子，歲星當在星紀，何得至營室。」**正月建寅，日月俱入營室五度。**○陶方琦云：占經五引許注：「日月如連璧，五星若貫珠，皆右行。」按尚書中候云：「日月若連璧，五星如編珠。」許注本此。**天一以始建七十六歲，日月復以正月入營室五度無餘分，**○陶方琦云：占經五引許注：「餘分，小分也。」按：或引占經引淮南許注作「餘分，小餘也」，當作小分是。**名曰一紀。凡二十紀，一千五百二十歲大終，日月星辰復始甲寅元。**○王引之云：大終下當有三終二字。下文曰：「一終而建甲戌，二終而建甲午，三終而復得甲寅之元。」蓋一終而建甲戌，積千五百二十歲；二終而建甲午，積三千四十歲；三終而復得甲寅之元，積四千五百六十歲。（劉績謂每終二十年，三終共六十年，大誤。）故曰「千五百二十歲大終，（句。）三終，日月星辰復始甲寅之元」也。千五百二十歲一終，但至甲戌不得復始甲寅之元，故知脱三終二字也。日月五星起於營室，乃顓頊曆元。（見太歲攷。）開元占經古今曆積篇曰：「黄帝曆元法四千五百六十，顓頊曆同。」則顓頊曆以四千五百六十歲爲一元。若非三終，不得有此數矣。漢書律曆志曰：「三終而與元終。」續漢志曰：「三終歲復，復青龍爲元。」是其例也。開元占經日占篇引此，已脱三終二字。**日行一度，而歲有奇四分度之一，**○王引之云：日行一度本作日行危一度，後人删去危字耳。「日行危一度而歲有奇四分度之一」者，言每歲日行至危之一度而有四分一之奇零也。蓋四分度之一，微茫難辨，其所在本無定處，推步者視周天之度起於何宿，則附餘數於度所止之宿。如殷曆以冬至日躔起度，則度起牽牛而以四分度之一附於斗，開元占經北方七宿占篇引石氏曰「斗二十六度四分度之一」是也。斗、牽牛爲星紀，度起星紀，則以四分度之一附於析木，下文曰「星分度箕十一四分一」是也。（尾、箕，析木也。）顓頊曆以立春日躔起度，則度起營室，而以四分度之一附於危，即此所云「日行危一度而歲有奇四分度之一」是也。廣雅説七燿行道曰：「日月五星行黄道，始營室、東壁。」又曰：「行須女、虚、危，復至營室。」是度起營室而止於危，月令所謂「日窮于次」也。故以四分度之一附於危焉。危不止一度而獨附於一度者，星度多少，古今不同，唯第一度不異，故附於此耳。開元占經日占篇引此正作「日行危一度」，又引注曰：「危，北方宿也。」則有危字明矣。若如今本作「日行一度」，則所謂四分度之一者，不知附於何宿矣。甚矣，其不可通也。故四歲而積千四百六十一日而復合，故舍八十歲而復故曰。○黄楨云：曰當作日。一歲凡三百六十五日四分日之一，八十歲計有四百八十七甲子，而餘分皆盡，仍復故日干支也。

子午、卯酉爲二繩，繩，直也。丑寅、辰巳、未申、戌亥爲四鉤。東北爲報德之維也，報，復也。陰氣極於北方，陽氣發於東方，自陰復陽，故曰報德之維。四角爲維也。西南爲背陽之維，西南已過，陽將復陰，故曰背陽之維。東南爲常羊之維，常羊，不進不退之貌。東南純陽用事，不盛不衰，常如此，故曰常羊之維。○莊逵吉云：常羊即相羊，亦即倘佯，漢書吴王濞傳又作方洋，司馬相如上林賦又作襄羊，皆是也，亦古字通用。西北爲蹏通之維。西北純陰，陽〔一〕氣閉結，陽氣將萌，蹏始通之，故曰蹏通之維。○莊逵吉云：蹏，各本皆作蹏，疑藏本誤。日冬至則斗北中繩，陰氣極，陽氣萌，故曰冬至爲德。德，始生也。日夏至則斗南中繩，陽氣極，陰氣萌，故曰夏至爲刑。刑，始殺也。陰氣極，則北至北極，下至黄泉，故不可以鑿地穿井。○王念孫云：太平御覽地部三十二池下引此作「鑿池穿井」，於義爲長。萬物閉藏，蟄蟲首穴，故曰德在室。陽氣極，則南至南極，上至朱天，故不可以夷丘上

〔一〕「陽」疑爲「陰」之誤。

屋。○陶方琦云：占經五引許注：「夷，平也。」按説文：「夷，平也。」與注淮南同。**萬物蕃息，五穀兆長，故曰德在野。日冬至則水從之，日夏至則火從之，故五月火正而水漏，**火正，火王也，故水滲漏。一説：火星正中，地漏溼也。**十一月水正而陰勝。**水正，水王也，故陰勝也。一説：營室正中于南方。○俞樾云：此文有錯誤。冬至水王，夏至火王，豈得但曰「水從之」、「火從之」？一也。火正與水漏有二義，水正與陰勝則止一義耳，兩文不稱，二也。且連下文讀之，曰「陽氣爲火，陰氣爲水，水勝故夏至溼，火勝故冬至燥」，夫冬至水從之，夏至火從之，則夏至何以溼，冬至何以燥乎？前後不相應，三也。今按：「日冬至則水從之，日夏至則火從之」，水、火二字當互易。冬至一陽生，故日冬至而火從之也；夏至一陰生，故日夏至而水從之也。「五月火生而水漏」，正説夏至水從之之義。言五月火方用事，而水氣已滲漏也。「十一月水正而陰勝」，陰乃火字之誤，勝字當讀爲升，勝、升古通用。謂十一月水方用事，而火氣已上升也，正説冬至火從之之義。如此，則與下文一貫矣。**陽氣爲火，陰氣爲水。水勝故夏至溼，火勝故冬至燥。燥故炭輕，溼故炭重。**○文典謹按：白帖十六引作：「水勝故夏至濕，火勝則冬至燥。燥則輕，濕則重。故先冬至、夏至，懸鐵〔一〕炭於衡，各一端，令〔二〕適停，冬至陽氣至則炭仰而鐵低，夏至則炭低而鐵仰也。」故「先冬至、夏至」以下，疑是注語，而今本脱之也。**日冬至，井水盛，盆**

〔一〕〔二〕「鐵」，原本作「土」，「令」，原本作「今」，據白帖及漢書李尋傳孟康注改。

水溢，羊脱毛，麋角解，鵲始巢；八尺之修，日中而景丈三尺。日夏至而流黄澤，石精出，流黄，土之精也，陰氣作於下，故流澤而出也。石精，五色之精也。○文典謹按：御覽九百八十七引，出作氣。蟬始鳴，半夏生，半夏，藥草。蟁蝱不食駒犢，鷙鳥不搏黄口；五月微陰在下，駒犢、黄口肌血脆弱未成，故蟁蝱、鷙鳥應陰，不食不搏也。八尺之景，脩徑尺五寸。○文典謹按：藝文類聚三引作「八尺之表，景修尺五寸」。景脩則陰氣勝，景短則陽氣勝。陰氣勝則爲水，陽氣勝則爲旱。

陰陽刑德有七舍。何謂七舍？室、堂、庭、門、巷、術、野。十二月德居室三十日，○王念孫云：十二月當爲十一月，上文云「冬至德在室」是也。○黄楨云：十二月當作十一月。上文云：「陰氣極，陽氣萌，故曰冬至爲德。」又曰：「萬物閉藏，蟄蟲首穴，故曰德在室。」冬至爲十一月中氣，則此十一月無疑也。先日至十五日，後日至十五日，而徙所居各三十日。德在室則刑在野，德在堂則刑在術，德在庭則刑在巷，陰陽相德則刑德合門。八月、二月，陰陽氣均，日夜分平，故曰刑德合門。德南則生，刑南則殺，故曰二月會而萬物生，八月會而草木死。

兩維之間，九十一度十六分度之五而升，自東北至東南爲兩維，帀四維三百六十五度四分度之一，一度者，二千九百三十二里千四百六十一分里之三百四十八。日行一度，十五日

爲一節，以生二十四時之變。○王念孫云：「九十一度十六分度之五」作一句讀。其高注「自東北至東南」云云，本在「十六分度之五」下，道藏本誤入「九十一度」下，度下又衍也字，遂致隔斷上下文義。劉績本删去也字，是也。乃又移高注於下文「而升」二字之下，而莊本從之，則其謬益甚矣。升當爲斗，字之誤也。（隸書斗字作斗，形與升相似，傳寫往往譌溷。）「而斗日行一度」作一句讀，言斗柄左旋，日行一度，而以十五日爲一節也。上文云「紫宫執斗而左旋，日行一度，以周於天」，下文云「斗指子則冬至」，「加十五日指癸則小寒」，皆其明證也。**斗指子則冬至，音比黄鐘；**黄鐘，十一月也。鐘者，聚也，陽氣聚於黄泉之下也。**加十五日指癸則小寒，音比應鐘；**應鐘，十月也。陰應於陽，轉成其功，萬物應時聚藏，故曰應鐘。**加十五日指丑則大寒，音比無射；**無射，九月也。陰氣上升，陽氣下降，萬物隨陽而藏，無有射出見也，故曰無射。**加十五日指報德之維，則越陰在地，故曰距日冬至四十六日而立春，陽氣凍解，音比南吕；**南吕，八月也。南，任也，言陽氣内藏，陰侶於陽，任成其功，故曰南吕也。○王引之云：「陽氣凍解」，文不成義，當作「陽凍解」。陽凍，地上之凍也。陰凍，地中之凍也。立春之日，地上之凍先解，故曰「陽凍解」。管子臣乘馬篇曰「日至六十日而陽凍釋，七十日而陰凍釋」是也。今本陽下有氣字，因注内陽氣而衍。**加十五日指寅則雨水，音比夷則；**夷則，七月也。夷，傷。則，法也。陽衰陰發，萬物彫傷，應法成性，故曰夷則也。**加十五日指甲則雷驚蟄，音比林鐘；**林鐘，六月也。林，衆。鐘，聚也。陽極陰生，萬物衆聚而盛，故曰林鐘。加十五日指卯中繩，故曰春分，則雷行，音比蕤賓；蕤賓，五月也。陰氣萎蕤在下，似主人，陽在上，似賓客，故曰蕤賓也。加十五日指乙則清明風至，音比仲吕；仲吕，四月也。陽在外，陰在中，所以吕中於陽，助成功也，故曰仲吕也。加十五日指辰則穀雨，音比姑洗；姑洗，三月也。姑，故也。洗，新也。陽氣養生，去故就新，故曰姑洗也。加十五日指常羊之維則春分盡，故曰有四十六日而立夏，〇黄楨云：凡言四十六日，舉成數言之，其實四十五日又三十二分日之二十一。大風濟，濟，止。音比夾鐘；夾鐘，二月也。夾，夾也，萬物去陰，夾陽地而生，故曰夾鐘也。〇文典謹按：注「夾，夾也」，義不可通，疑當作「夾，莢也」。下文云：「夾鐘者，種始莢也。」是其證。又按：御覽二十三引注無地字。加十五日指巳則小滿，〇文典謹按：御覽二十三引注：「滿，冒也。」音比太蔟；太蔟，正月也。蔟，蔟也。陰衰陽發，萬物蔟地而生，故曰太蔟。〇文典謹按：御覽二十三引注，正月下有律字。加十五日指丙則芒種，音比大吕；大吕，十二月也。吕，侣也。萬物萌動於下，未能達見，故曰大吕。所以配黄鐘，助陽宣功也。加十五日指午則陽氣極，故曰有四十六日而夏至，音比黄鐘；加十五日指丁〇文典謹按：御覽二十三引注云：「斗杓指丁。」則小暑，音比大吕；加十五日指未則大暑，音比太蔟；加十五日指背陽之維則夏分盡，〇文典謹按：御覽二十三引，「背陽之維」上有庚字，夏分作夏節。故曰有四十六日而立秋，涼風至，音比夾鐘；加十五日指申則處暑，音比姑洗；加十五日指庚則白露降，音比仲吕；加十五日指酉中繩，故曰秋分，雷戒，蟄蟲北鄉，○王念孫云：戒當爲臧，字之誤也。臧，古藏字。秋分雷藏，與上文春分雷行相應。時則篇云：「八月雷不藏。」是其證也。且臧與鄉爲韻，若作戒，則失其韻矣。藏字古皆作臧，故説文無藏字。今書傳中作藏者多，作臧者少，大抵皆後人所改也。此臧字若不誤爲戒，則後人亦必改爲藏矣。音比蕤賓；加十五日指辛則寒露，音比林鐘；加十五日指戌則霜降，音比夷則；加十五日指蹏通之維則秋分盡，故曰有四十六日而立冬，草木畢死，音比南吕；加十五日指亥則小雪，音比無射；加十五日指壬則大雪，音比應鐘；○王引之云：冬至音比黄鍾，當爲音比應鍾，下當云小寒音比無射，大寒音比南吕，立春音比夷則，雨水音比林鍾，驚蟄音比蕤賓，春分音比仲吕，清明音比姑洗，穀雨音比夾鍾，立夏音比太蔟，小滿音比大吕，芒種音比黄鍾。其「日冬至，音比林鍾」，亦當爲音比應鍾。蓋音以數少者爲清，數多者爲濁。冬至以後，逆推十二律，由清而濁。夏至以後，順推十二律，由濁而清。冬至應鍾，其數四十二，爲最清。小寒無射，其數四十五，則濁於應鍾矣。大寒南吕，其數四十八，則又濁於無射矣。立春夷則，其數五十一，則又濁於南吕矣。雨水林鍾，其數五十四，則又濁於夷則矣。驚蟄蕤賓，其數五十七，則又濁於林鍾矣。春分仲吕，其數六十，則又濁於蕤賓矣。清明姑洗，其數六十四，則又濁於仲吕矣。穀雨夾鍾，其數六十八，則又濁於姑洗矣。立夏太蔟，其數七十二，則又濁於夾鍾矣。小滿大吕，其數七十六，則又濁於太蔟矣。芒種黄鍾，其數八十一，則最濁矣。故曰「日冬至，音比應鍾，浸以濁」也。夏至以後，與此相反，故曰「日夏至，音比黄鍾，浸以清」也。夏至音比黄鍾，爲音之最濁者，則冬至之音當爲最清者。最清者非應鍾而何？後人但知月令仲冬律中黄鍾之文，遂改冬至音比應鍾爲音比黄鍾，而移應鍾於小寒，且并無射以下遞移其次。（高注亦遞移。）而不知月令所言者十二月之律，此所言者二十四時之律，本不相同也。至改「日冬至，音比應鍾」爲「音比林鍾」，則謬益甚矣。（宋書律志引此已誤。）又案：驚蟄本在雨水前，穀雨本在清明前，今本驚蟄在雨水後，穀雨在清明後者，後人以今之節氣改之也。漢書律歷志曰：「諏訾中驚蟄，今曰雨水；降婁初雨水，今曰驚蟄；大梁初穀雨，今曰清明；中清明，今曰穀雨。」是漢初驚蟄在雨水前，穀雨在清明前也。桓五年左傳正義引釋例曰：「漢太初以後更改氣名，以雨水爲正月中，驚蟄爲二月節。」月令正義引劉歆三統曆：「雨水正月中，驚蟄二月節。」又引易通卦驗：「清明三月節，穀雨三月中。」藝文類聚歲時部上引孝經緯曰：「斗指寅爲雨水，指甲爲驚蟄，指乙爲清明，指辰爲穀雨。」三書皆出太初以後，故氣名更改，（三統曆與緯書皆出西漢末。）不應淮南王書先已如是，其爲後人所改明矣。（逸周書周月篇：「春三月中氣驚蟄、春分、清明」，今本作「雨水、春分、穀雨」，時訓篇「驚蟄、雨水、穀雨、清明」，今本雨水在驚蟄前，清明在穀雨前，皆後人所改。辯見盧氏紹弓校定本。）日知録謂淮南子已先雨水後驚蟄，失之。**加十五日指子。故曰：陽生於子，陰生於午。陽生**

於子，故十一月日冬至，鵲始加巢，人氣鍾首。陰生於午，故五月爲小刑，薺麥亭歷枯，冬生草木必死。

斗杓爲小歲，斗第一星至第四爲魁，第五至第七爲杓。正月建寅，月從左行十二辰。〇陶方琦云：文選謝莊月賦注引許注「歷十二辰而行」，占經六十七引作「越歷十二辰而行」。按：説文歲字下「越歷二十八宿」，越字應增。咸池爲太歲，〇錢曉徵答問云：問淮南以咸池爲太歲，與它書所言太歲異，何故？曰：淮南書云「斗杓爲小歲，咸池爲大歲」，「大時者，咸池也；小時者，月建也」，皆以大小相對，初未嘗指咸池爲太歲。其作太歲者，乃後人轉寫之譌。吴斗南兩漢刊誤謂淮南不名天一爲太歲，又自以咸池名之，則南宋本已誤矣。〇王念孫云：錢説是也。二月建卯，月從右行四仲，終而復始。太歲迎者辱，背者强，左者衰，右者昌，小歲東南則生，西北則殺，不可迎也，而可背也，不可左也，而可右也，其此之謂也。大時者，咸池也；小時者，月建也。天維建元，常以寅始起，右徙一歲而移，十二歲而大周天，終而復始。〇王引之云：起字上當有脱文，蓋言甲寅之年歲星在娵訾之次，（營室、東壁也，詳見下條。）是歲星所起也。起與二始字、二子字韻也。（二子字見下文。）必言歲星所起者，太歲與歲星相應而行，故言太歲建元必以歲星也。漢書律曆志曰：「木金相乘爲十二，是爲歲星小周。小周乘巛策爲一千七百二十八，是爲歲星歲數。」鄭注周官保章氏曰：「歲星爲陽，右行於天。

太歲爲陰，左行於地。十二歲而小周。」馮相氏疏曰：「太歲在地，與天上歲星相應而行。歲星爲陽，右行於天，一歲移一辰。又分前辰爲一百四十四分而侵一分，則一百四十四年跳一辰。十二辰帀，則總有千七百二十八年，十二跳辰帀。以此而計之，十二歲一小周，謂一年移一辰故也。千七百二十八年一大周，十二跳帀故也。歲左行於地，一與歲星跳辰年數同。」（以上賈疏。）然則「右徙」「周天」皆謂歲星，若建寅之太歲，左行於地，不得謂之「右徙」「周天」矣。起字之上有脱文無疑。周天上本無大字，後人加之也。歲星十二歲而小周天，不得謂之大周。淮南王時未有歲星超辰之説，亦無大周、小周之分，上文曰：「歲星歲行三十度十六分度之七，（句。）十二歲而周。」無大字。

淮南元年冬，太一在丙子，淮南王作書之元年也。一曰：淮南王長，孝文皇帝異母弟也。僭號自稱東帝，以徙嚴道，道死于雝。其四子皆爲列侯。時人歌之曰：「一尺繒，好童童。一斗粟，飽蓬蓬。兄弟二人，不能相容。」文帝聞之曰：「以我爲利其土耶？」皆召四侯而王之。是則淮南王安卽位之元年，以紀時也。○王引之云：太一乃北極之神，與紀歲無涉。太一當作天一。此因天字脱去上畫，後人又加點於下耳。廣雅曰：「天一，太歲也。」漢元封七年，太歲在丙子，上推至文帝十六年，（下距元封七年凡六十年。）爲淮南王安始封之年，太歲亦當在丙子，故曰「天一在丙子」也。古者天一、太歲、太陰，名異而實同，詳見太歲攷。○洪頤煊云：漢書淮南王傳：「文帝十六年，乃徙阜陵侯安爲淮南王。」是年歲在丁丑，而云「太一在丙子」者，據冬至在年前立算，從冬至甲午，距立春四十三日而得丙子，以節氣盈縮，故下文云「日冬至子午，夏至卯酉」，「壬午冬至，甲子受制」，亦四十三日而得立春也。**冬至甲午，立春丙子。**○王引之云：「潛研堂文集曰：『淮南天文訓「冬至甲午，立春丙子」，必有譌。蓋冬至與立春相去四十五日有奇，古今不易。自甲午訖丙子僅四十三日，此理之所必無者。以術推之，是年冬至蓋己酉日，立春則甲午日耳。』案：錢説非也。下文：「日冬至子午，夏至卯酉，冬至加三日則夏至之日也。歲遷六日，終而復始。」高注曰：「遷六日，今年以子冬至，後年以午冬至也。」則冬至之日，非子卽午明矣。下文「壬午冬至，甲子受制」，謂立春也。與此「冬至甲午，立春丙子」，其法正同，不得以甲午爲己酉之譌也。「立春丙子」與上文始、起、始、子爲韻，若作「立春甲午」，則失其韻矣。冬至甲午，至立春丙子四十三日，與後人歷法不同者，古法多疏故也。下文壬午冬至，至甲子受制亦四十三日，以是明之。○黃楨云：甲午字有誤。依顓頊壬申蔀推之，當得庚寅日酉初冬至，丙子日辰末立春。篇首以顓頊原起，案漢書言漢興襲用秦正朔，以北平侯張蒼言用顓頊曆，史記又言張蒼爲淮南厲王相，則此用顓頊曆可知也。

二陰一陽成氣二，二陽一陰成氣三，陰麤犃，故得氣少。陽精微，故得氣多。一説：上得二，下得三，合爲五，故曰「合氣而爲音」，音數五也。○王引之云：二陰當作一陰。一陰一陽，所以成氣二也。高注曰：「陰麤犃，故得氣少。陽精微，故得氣多。」正以一陰與一陽爲二，一陰與二陽爲三，陰數少而陽數多也。續漢書天文志引律術曰「陽性動，陰性靜，動者數三，靜者數二」是也。二陰而分言之，則各爲一陰矣。○俞樾云：陽之數以三而奇，陰之數以二而偶，所謂「參天兩地」也。周書武順篇曰：「男生而成三，女生而成兩。」是其義也。二陰一陽，則二二如四，一三如三，其數七。除五生數，則得成數二。所謂「二陰一陽成氣二」也。二陽一陰，則二三如六，一二如二，其數八。除五生數，則得成數三。所謂「二陽一陰成氣三」也。高注未得其解。此陰陽之數，卽易少陽、少陰之數，說詳羣經平議。合氣而爲音，合陰而爲陽，合陽而爲律，故曰五音六律。音自倍而爲日，律自倍而爲辰，故日十而辰十二。

月日行十三度七十六分度之二十六，六或作八。○黃楨云：作八是也。七十六分度之二十八，卽十九分度之七也。作六字誤。二十九日九百四十分日之四百九十九而爲月，而以十二月爲歲。歲有餘十日九百四十分日之八百二十七，故十九歲而七閏。

日冬至子午，夏至卯酉，冬至加三日則夏至之日也。冬至後三日，則明年夏至之日。歲遷六日，終而復始。遷六日，今年以子冬至，後年以午冬至也。壬午冬至，甲子受制，木用事，火煙青。木色青也，東方。七十二日丙子受制，火用事，火煙赤。火色赤也，南方。七十二日戊子受制，土用事，火煙黃。土，中央，其色黃。七十二日庚子受制，金用事，火煙白。西方金，其色白。七十二日壬子受制，水用事，火煙黑。北方水，其色黑。七十二日而歲終，庚子受制。歲遷六日，以數推之，七十歲而復至甲子。○王引之云：上文言「壬午冬至，甲子受制」，由甲子受制，以歲遷六日推之，一日乙丑，二日丙寅，三日丁卯，四日戊辰，五日己巳，六日庚午，則當作「庚午受制」。今本作庚子，涉上文庚子而誤也。由甲子受制每歲以遷六日推之，至十歲而六十甲子終而復始，則當作「十歲而復至甲子」。今本十上有七字，涉上文「七十二日」而衍也。甲子受制則行柔惠，挺羣禁，開闔扇，通障塞，毋伐木。甲，木也，木王東方，故施柔惠。蟄伏之類出由户，故開闔扇，通障塞。春木王，故毋伐木也。丙子受制則舉賢良，賞有功，立封侯，出貨財。火用事，象陽明，識功勞，故封建侯，出貨財。戊子受制則養老鰥寡，行粰鬻，施恩澤。土用事，象土長養，故施恩澤也。◯王念孫云：「養老鰥寡」當作「養長老，存鰥寡」。今本脱長、存二字，則句法與上下文不協。時則篇曰：「季夏存視長老，行稃鬻。」「仲秋養長老，行稃鬻飲食。」春秋緐露治水五行篇曰：「土用事則養長老，存幼孤，矜寡獨，施恩澤。」開元占經填星占篇引巫咸曰：「填星受制則養老，（蓋脱長字。）存鰥寡，行饘粥，施恩澤。」皆其證。庚子受制則繕牆垣，修城郭，審羣禁，飾兵甲，儆百官，誅不法。金用事，象金斷割，故誅不如法度也。壬子受制則閉門閭，大搜客，禁搜客，出新客。斷刑罰，殺當罪，息關梁，禁外徙。水用事，象冬閉固，故禁外徙也。甲子氣燥濁，丙子氣燥陽，戊子氣溼濁，庚子氣燥寒，壬子氣清寒。丙子干甲子，蟄蟲早出，木氣温，故早出。故雷早行。戊子干甲子，胎夭卵毈，鳥蟲多傷。庚子干甲子，有兵。壬子干甲子，春有霜。戊子干丙子，霆。庚子干丙子，夷。夷，傷也。夷或爲雹。壬子干丙子，雹。甲子干丙子，地動。庚子干戊子，五穀有殃。壬子干戊子，夏寒雨霜。甲子干戊子，介蟲不爲。不成爲介蟲也。○莊逵吉云：爲，讀如譌。書「平秩南譌」，譌，化也，亦古字通用。高義未晰。丙子干戊子，大旱，苽封熯。苽，蔣草也，生水上，相連特大如薄者也，名曰封。旱燥，故熯也。壬子干庚子，大剛，魚不爲。不成爲魚。○王引之云：大剛二字，義不可通。大字蓋因上文「大旱」而衍。剛當爲則，字之誤也。「則魚不爲」四字連讀。（高注：「不成爲魚。」）春秋繁露治亂五行篇曰：「水干金則魚不爲。」是其證。甲子干庚子，草木再死再生。丙子干庚子，草木復榮。今八月、九月時，李柰復榮生實是也。戊子干庚子，歲或存或亡。甲子干壬子，冬乃不藏。地氣發也。丙子干壬子，星隊。隊，隕。戊子干壬子，蟄蟲冬出其鄉。庚子干壬子，冬雷其鄉。

季春三月，豐隆乃出，以將其雨。豐隆，雷也。至秋三月，季秋之月。地氣不藏，乃收其殺，百蟲蟄伏，靜居閉户，殺氣。青女乃出，以降霜雪。青女，天神青霄玉女，主霜雪也。○文典謹按：北堂書鈔百五十四、初學記二引，並無雪字。行十二時之氣，以至于仲春二月之夕，乃收其藏而閉其寒，收斂其所藏而閉之。○王念孫云：太平御覽時序部四引此本作「乃布收其藏而閉其寒」，引高注本作「收斂其所藏而出布之，閉其陰寒，令不得發泄」。後人既不解布收二字之義而削去布字，又删改高注以滅其迹，甚矣，其妄也。又案：布收其藏者，布，讀爲敷，周頌賚篇箋云：「敷，猶徧也。」言徧收其藏而閉其寒也。上文云「至秋三月，地氣下〔一〕藏，百蟲蟄伏」，故此言仲春之夕乃布收其藏而閉其寒。布字在收其藏之上，本謂徧收其藏，非謂收其所藏而出布之也。高氏誤解布字，後人求其說而不得，遂以布爲衍文而削之矣。○俞樾云：高注曰：「收斂其所藏而閉之。」然二月非收斂之時，義不可通。太平御覽時序部引作「乃布收其藏而閉其寒」，引高注作「收斂其所藏而出布之」，是今本脱布字。然布收連文，義亦未安。收疑攽字之誤。尚書洛誥篇「乃惟孺子頒」，說文攴部作「乃惟孺子攽」，是布攽即布頒，猶言頒布也。上文云「至秋三月，地氣下藏」，故至二月乃布頒之也。高氏據誤本作注，後人以布、收異義，不得連文，遂以布爲衍字而削之矣。女夷鼓歌，以司天和，以長百穀禽鳥草木。女夷，主春夏長養之神也。○王念孫云：禽鳥當爲禽獸。藝文類聚歲時部上引作「以養百穀禽獸草木」，太平御覽時序部四百、穀部一並引作「以長百穀禽獸草木」，是其證。孟夏之月，以熟穀禾，雄鳩長鳴，爲帝候歲。雄鳩，布穀也。○文典謹按：御覽九百二十一引，禾作米，注「雄鳩」下有蓋字。是故天不發其陰，則萬物不生；地不發其陽，則萬物不成。天圓地方，道在中央。日爲德，月爲刑。月歸而萬物死，日至而萬物生。遠山則山氣藏，遠水則水蟲蟄，遠木則木葉槁。日五日不見，失其位也，聖人不與也。與，猶說也。

〔一〕「下」，正文作「不」，疑正文誤。

日出于暘谷，○文典謹按：文選潘安仁西征賦「旦似湯谷，夕類虞淵」注、張景陽雜詩十首「朝霞迎白日，丹氣臨湯谷」注引，「暘谷」並作「湯谷」。又史記五帝本紀索隱引，亦作湯谷，云：「史記舊本作湯谷，今並依尚書字。」浴于咸池，拂于扶桑，是謂晨明。拂，猶過，一曰至。登于扶桑，○文典謹按：藝文類聚一、初學記天部上、御覽三引，並作「登于扶桑之上」。初學記、御覽並引注云：「扶桑，東方之野。」爰始將行，是謂朏明。朏明，將明也。朏，讀若朏諸皋之朏也。○文典謹按：初學記、御覽引，朏下並有舊注云：「音斐。」至于曲阿，○文典謹按：初學記、御覽並有注云：「曲阿，山名。」是謂旦明。平旦。○文典謹按：藝文類聚、初學記、御覽引，旦並作朝。北堂書鈔百四十九引注云：「旦明，平旦也。曲阿所由明也。」至于曾泉，是謂蚤食。○文典謹按：藝文類聚、初學記、御覽引，並作「臨于曾泉」。初學記、御覽並有注云：「曾，重也。早食時在東方多水之地，故曰曾泉。」書鈔引注云：「曾，源也。」至于桑野，○文典謹按：藝文類聚、初學記、御覽引，並作「次于桑野」。是謂晏食。至于衡陽，○文典謹按：藝文類聚、初學記、御覽引，並作「臻于衡陽」。是謂隅中。○文典謹按：藝文類聚、初學記、御覽引，隅並作禺。至于昆吾，是謂正中。昆吾丘在南方。○文典謹按：藝文類聚、初學記、御覽引，並作「對于昆吾」。至于鳥次，是謂小還。鳥次，西南之山名也，鳥所宿止。○文典謹按：藝文類聚、初學記、御覽引，並作「靡於鳥次」。至于悲谷，是謂餔時。悲谷，西南方之大壑。言其深峻，臨其上令人悲思，故曰悲谷。○文典謹按：藝文類聚、初學記、御覽引，餔並作晡。至于女紀，是謂大還。女紀，西北陰地。○王念孫云：小還、大還，當爲小遷、大遷，字之誤也。遷之爲言西也。日至昆吾，謂之正中。至鳥次，則小西矣，故謂之小遷。至女紀，則大西矣，故謂之大遷。漢書律曆志曰：「少陰者西方，西，遷也，陰氣遷落物。」白虎通義曰：「西方者，遷方也。萬物遷落也。」是遷與西同義。若作小還、大還，則義不可通矣。舊本北堂書鈔天部一及藝文類聚、初學記天部上、太平御覽天部三引此，並作小遷、大遷。○文典謹按：藝文類聚、初學記、御覽引，並作「廻于女紀」。至于淵虞，是謂高舂。淵虞，地名。高舂，時加戍民碓舂時也。○王念孫云：淵虞當作淵隅。隅、虞聲相亂，又涉下文虞淵而誤也。桓五年公羊傳疏、舊本北堂書鈔及藝文類聚、初學記、太平御覽引此並作淵隅。楚辭天問補注引此亦作淵隅，則南宋本尚不誤。○文典謹按：至于，藝文類聚、初學記、御覽引並作經于。初學記引注云：「言尚未冥，上蒙先舂曰高舂。」至于連石，是謂下舂。連石，西北山。言將欲冥，下象息舂，故曰下舂。連，讀腐爛之爛。○文典謹按：藝文類聚、初學記、御覽引，並作「頓于連石」。至于悲泉，爰止其女，爰息其馬，是謂縣車。○文典謹按：初學記、御覽引此四句作「爰止羲和，爰息六螭，是謂懸車」。初學記引注云：「日乘車，駕以六龍，羲和御之。日至此而薄于虞泉，羲和至此而廻六螭。」御覽引注多「卽六龍也」四字。書鈔馬作武。至于虞淵，○文典謹按：藝文類聚、初學記、御覽引，並作「薄於虞泉」。是謂黄昏。○文典謹按：文選琴賦注引高注：「視物黄也。」至于蒙谷，是謂定昏。蒙谷，北方之山名也。盧敖所見若士之所也。○莊逵吉云：御覽作「淪于蒙谷」，蒙谷卽尚書昧谷，蒙、昧聲相通。○王念孫云：至本作淪，此涉上文諸至字而誤也。淪，入也，没也。「淪於蒙谷」與上「出於扶桑」相對。舊本北堂書鈔及藝文類聚、初學記、太平御覽引此，並作淪。楚辭補注同。○文典謹按：北堂書鈔引注作：「蒙谷，北極山之名也。」日入于虞淵之汜，曙于蒙谷之浦，曙，明。浦，涯。○文典謹按：初學記引作：「日入崦嵫，經於細柳，入虞泉之池，曙於蒙谷之浦。日西垂景在樹端，謂之桑榆。」又引注：「崦音兹，亦曰落棠山。細柳，西方之野。蒙谷，濛汜之水。桑榆，言其光在桑榆樹上。」御覽引，嵫作滋，「經於細柳」作「經細柳」，餘同。白帖一引作「入於虞泉」。行九州七舍，有五億萬七千三百九里，自陽谷至虞淵，凡十六所，爲九州七舍也。禹以爲朝、晝、昏、夜。○王念孫云：禹字義不可通，禹當爲離。俗書離字作离，脱去右畔而爲禹耳。離者，分也。言分爲朝晝昏夜也。精神篇「别爲陰陽，離爲八極」，文義與此同。夏日至則陰乘陽，是以萬物就而死；冬日至則陽乘陰，是以萬物仰而生。晝者陽之分，夜者陰之分，是以陽氣勝則日修而夜短，陰氣勝則日短而夜修。

帝張四維，○莊逵吉云：御覽有注云：「帝，天帝也。」運之以斗，運，旋也。月徙一辰，復反其所。正月指寅，十二月指丑，○莊逵吉云：御覽作「十一月指子」。一歲而匝，終而

復始。○王引之云：「十二月指丑」本作「十一月指子」，後人改之也。指寅、指子，皆曆元所起，故以二者言之。晉書律曆志引董巴議曰：「顓頊曆以今之孟春正月爲元，其時正月朔旦立春，五星會于天廟營室也。湯作殷曆，更以十一月朔旦冬至爲元首。下至周、魯及漢，皆從其節。」是顓頊曆起寅月，殷曆起子月也，故下文「指寅，寅，則萬物螾螾然也」，先言指寅，顓頊曆之遺法也。上文「斗指子則冬至」，先言指子，殷曆之遺法也。指寅、指子，皆言其始。一歲而帀，乃言其終。蓋起於寅者至丑而帀，起於子者至亥而帀也。後人不知古曆有二法，而改爲「十二月指丑」，非也。指丑則一歲已帀，不須更言「一歲而帀」矣。且子與始爲韻，若作丑，則失其韻矣。太平御覽時序部一引此，正作「十一月指子」。**指寅，則萬物螾螾也，**動生貌。○莊逵吉云：本皆作萬物螾，藏本同，惟太平御覽作螾螾也。依義，御覽是，今從之。○王念孫云：此當作「指寅，（句。）寅，（句。）則萬物螾螾然也。（句。）」「寅，則萬物螾螾然」者，猶云：寅者，言萬物螾螾然。故高注曰「動生貌」。史記律書亦曰：「寅者，言萬物始生螾然也。」今本寅下脱一寅字，螾下又脱「螾然也」三字，則文不成義，且句法與下文不協矣。太平御覽時序部一引此，正作「寅，則萬物螾螾然也」。**律受太蔟。太蔟者，蔟而未出也。**○莊逵吉云：御覽作「湊而未出也」，下有注云：「太蔟，正月律。」**指卯，卯則茂茂然，律受夾鐘。夾鐘者，種始莢也。**○莊逵吉云：御覽下有注云：「夾鐘，二月律。」**指辰，辰則振之也，律受姑洗。姑洗者，陳去而新來也。**○莊逵吉云：御覽下有注云：「姑洗，三月律。」**指巳，巳則生已定也，律受仲吕。仲吕者，中充大**

也。○莊逵吉云：御覽下有注云：「仲呂，四月律也。」指午，午者，忤也，律受蕤賓。蕤賓者，安而服也。○莊逵吉云：御覽下有注云：「蕤賓，五月律。」指未，未，昧也，○王念孫云：未下脱者字，昧本作味。後人以漢書律曆志云「昧薆於未」，故改味爲昧。不知淮南自訓未爲味，與漢書不同也。五行大義論支榦名篇及太平御覽引淮南並云：「未者，味也。」白虎通義及廣雅並云：「未，味也。」説文：「未，味也。六月滋味也。」（六月下有脱文。）史記律書：「未者，味也，言萬物皆成，有滋味也。」義並與淮南同。律受林鐘。林鐘者，引而止也。○莊逵吉云：御覽下有注云：「林鐘，六月律。」指申，申者，呻之也，○王念孫云：之字當在上文「引而止」下，今本誤在呻字下，則文不成義。五行大義論律呂篇、論支榦名篇及太平御覽引此，並云：「林鐘者，引而止之也。申者，呻也。」是其證。律受夷則。夷則者，易其則也，德以去矣。○莊逵吉云：御覽下有注云：「夷則，七月律。德以去，生氣盡也。」指酉，酉者，飽也，律受南呂。南呂者，任包大也。○莊逵吉云：御覽下有注云：「南呂，八月律。」指戌，戌者，滅也，律受無射。無射〔一〕，入無厭也。○莊逵吉云：御覽作「入之無厭也」，下有注云：「無射，九月律。」指亥，亥者，閡也，律受應鐘。應鐘者，應其鐘也。○莊逵吉云：御覽下有注云：「應鐘，十

〔一〕「無射」下似當有「者」字。

月律。」指子，子者，茲也，律受黄鐘。黄鐘者，鐘已黄也。○莊逵吉云：御覽下有注云：「黄鐘，十一月律。」指丑，丑者，紐也，律受大吕。大吕者，旅旅而去也。○莊逵吉云：御覽下有注云：「大吕，十二月律。」其加卯酉，則陰陽分，日夜平矣。○王引之云：此三句不與上文相承，尋繹文義，當在前「日短而夜脩」之下，云「其加卯酉」者，（王弼注老子曰：「加，當也。」）承「夏日至」、「冬日至」言之，彼言冬夏至，此言春秋分也。言「陰陽分，日夜平」者，承陽勝陰勝、日夜脩短言之，言至春秋分則陰陽無偏勝，日夜無脩短也。寫者錯亂在此，今更定其文如下：「夏日至則陰乘陽，是以萬物就而死；冬日至則陽乘陰，是以萬物仰而生。晝者陽之分，夜者陰之分，是以陽氣勝則日脩而夜短，陰氣勝則日短而夜脩。其加卯酉，則陰陽分，日夜平矣。」故曰規生矩殺，衡長權藏，繩居中央，爲四時根。

道曰規，始於一，○王念孫云：曰規二字，與上下文義不相屬，此因上文「故曰規生矩殺」而誤衍也。宋書律志作「道始於一」，無曰規二字。一而不生，故分而爲陰陽，陰陽合和而萬物生，故曰「一生二，二生三，三生萬物」。天地三月而爲一時，故祭祀三飯以爲禮，喪紀三踊以爲節，兵重三罕以爲制。○王念孫云：重、罕二字義不可通。重當爲革。祭祀、喪紀、兵革，皆相對爲文。革字古文作𠦄，隸省作革，與重相似而誤。罕當爲軍。言兵革之事以三軍爲制也。軍字草書作𫝀，與罕相似而誤。以三參物，三三如九，故黄鐘之律九寸而宫音調。調，和也。因而九之，九九八十一，故黃鐘之數立焉。黃者，土德之色；鐘者，氣之所種也。日冬至德氣爲土，土色黃，故曰黃鐘。律之數六，分爲雌雄，故曰十二鐘，以副十二月。十二各以三成，故置一而十一，三之，爲積分十七萬七千一百四十七，黃鐘大數立焉。凡十二律，黃鐘爲宫，太蔟爲商，姑洗爲角，林鐘爲徵，南吕爲羽。物以三成，音以五立，三與五如八，◯文典謹按：北堂書鈔百十二引，如作而。故卵生者八竅。律之初生也，寫鳳之音，故音以八生。黃鐘爲宫，宫者，音之君也，故黃鐘位子，其數八十一，主十一月，下生林鐘。林鐘之數五十四，主六月，上生太蔟。太蔟之數七十二，主正月，下生南吕。南吕之數四十八，主八月，上生姑洗。姑洗之數六十四，主三月，下生應鐘。應鐘之數四十二，主十月，上生蕤賓。蕤賓之數五十七，主五月，上生大吕。大吕之數七十六，主十二月，下生夷則。夷則之數五十一，主七月，上生夾鐘。夾鐘之數六十八，主二月，下生無射。無射之數四十五，主九月，上生仲吕。仲吕之數六十，主四月，極不生。徵生宫，宫生商，◯劉績云：當作「宫生徵，徵生商」。◯王念孫云：劉説是也。上文曰黃鍾爲宫，太蔟爲商，林鍾爲徵，又曰黃鍾下生林鍾，林鍾上生太蔟，所謂「宫生徵，徵生商」也。宋書律志、晉書律曆志並作「宫生徵，徵生商」，地形篇亦曰「變宫生徵，變徵生商」。（高注：「變猶化也。」）商生羽，羽生角，角生姑洗，◯王引之云：「音律相生，皆非同位者。上文曰『姑洗爲角』，則角與姑洗爲一，不得云『角生姑洗』也。生當爲主。『角主姑洗』猶言姑洗爲角耳。主與生相似，又因上下文生字而誤。宋書律志亦誤作生。」

姑洗生應鐘，比于正音，故爲和。應鐘，十月也。與正音比，故爲和。和，從聲也。一曰和也。

應鐘生蕤賓，不比正音，故爲繆。〇劉績云：以序論之，黄鍾爲宫，以次而商、角、徵、羽。姑洗生應鍾變宫在南吕羽之後，故曰比於正音爲和。應鍾生蕤賓變徵閒入正音角羽之間，故曰不比正音爲繆。〇王引之云：劉説非也。七音之序，周回相次，變宫在羽之後、宫之前，變徵在角之後、徵之前。（唐武后樂書要録説七聲次第曰：假令十一月黄鍾爲宫，隔一月以正月太蔟爲商，又隔一月以三月姑洗爲角，又隔一月以五月蕤賓爲變徵，卽以其次之月六月林鍾爲徵，又隔一月以八月南吕爲羽，又隔一月以十月應鍾爲變宫，周迴還與十一月相比也。）其道相同，豈有順逆之分乎。比，讀如易比卦之比。比，入也，合也。閔元年左傳曰「屯固比入」，又曰「合而能固」是也。（説林篇「黄鍾比宫，太蔟比商」，與此比字同義。）「比於正音，故爲和」，本作「不比於正音，故爲和」，注内「與正音比」本作「不與正音比」。「不比於正音」者，不入於正音也。言應鍾是宫之變音，故不入於正音；不入於正音則命名當有以別之，故謂之曰和。和者，言其調和正音也。蕤賓是徵之變音，故亦不入於正音，不入於正音則命名當有以別之，故謂之曰繆。（音目。）繆之言穆，穆亦和也。（大雅烝民箋曰：「穆，和也。」穆、繆古字通。）言其調和正音也。（周語：「以七同其數，而以律和其聲，於是乎有七律。」昭二十年左傳正義釋其義曰：「變宫、變徵，舊樂無之，聲或不會，而以律調和其聲，使與五音諧會。」是應鍾、蕤賓二律，皆所以調和其聲也。）漢書楊雄傳甘泉賦說風聲曰：「陰陽清濁，穆羽相和兮，若夔、牙之調琴。」穆與繆同，穆在變音之末，言穆而和可知矣。羽在正音之末，言羽而宫商角徵可知矣。變聲與正聲相調和，故曰穆羽相和。（張晏曰「穆然相和」，殆未達穆字之義。）以律管言之，則變宫爲和，變徵爲穆；以琴弦言之，則當以少宫爲和，少商爲穆。琴亦有和穆二音，故曰「穆羽相和，若夔、牙之調琴」也。然則變音之繆，本與穆同。而穆之命名，正取相和之義，明矣。後人誤讀繆爲紕繆之繆，以爲和與繆相反，（宋書引舊注曰：「繆，音相干也。」亦誤解繆字。）遂於應鍾不比於正音句删去不字，以别於蕤賓，并注中不字而亦删之。古訓之不通，其勢必至於妄改矣。宋書律志正作「姑洗生應鍾，不比於正音，故爲和」，載注文正作「不與正音比」。晉書律曆志引淮南王安曰：「應鍾不比正音，故爲和。」足證今本之謬。日冬至，音比林鐘，浸以濁。日夏至，音比黄鐘，浸以清。以十二律應二十四時之變，甲子，仲吕之徵也；丙子，夾鐘之羽也；戊子，黄鐘之宫也；庚子，無射之商也；壬子，夷則之角也。

古之爲度量輕重，生乎天道。黄鐘之律脩九寸，物以三生，三九二十七，故幅廣二尺七寸。古者幅比皆然也。○王引之云：「物以三生」下，本有「三三九」一句，後人以上文已言「三三如九」，故删去此句。不知上文「三三如九，九九八十一」，與此文「三三九，三九二十七」，皆上下相承爲義。物以三生，故必先以三自乘而得九，然後以三乘九而得二十七。且上文與此相離甚遠，不得因彼而省此也。宋書正作「三三九，三九二十七」。「幅廣二尺七寸」下，本有「古之制也」四字，故高注曰：「古者幅皆然也。」（各本皆上衍比字，今删。）脱去此句，則注文爲贅設矣。宋書正作「故幅廣二尺七寸，古之制也」。**音以八相生，故人脩八尺，尋自倍，故八尺而爲尋。有形則有聲，音之數五，以五乘八，五八四十，故四丈而爲匹。匹者，中人之度也。一匹而爲制。**○王引之云：此文多不可通。人修八尺，尋自倍，則丈六尺矣，而云「人修八尺，尋自倍，故八尺而爲尋」，其不可通一也。音以八相生，音卽聲也，何須更云「有形則有聲」？其不可通二也。匹長四丈，人之長安得有此，而云「匹者，中人之度」？其不可通三也。蓋寫者譌舛失次，兼有脱文。宋書已與今本同，則後人以誤本淮南改之也。今更定其文而釋之如下：「有形則有聲，音以八相生，故人臂修四尺，尋自倍，故八尺而爲尋。尋者，中人之度也。音之數五，以五乘八，五八四十，故四丈而爲匹。一匹而爲制。」云「有形則有聲」者，有形謂上文「黄鍾之律修九寸」也，有聲謂「音以八相生」也。云「人臂修四尺」者，一切經音義卷十七引淮南云「人臂四尺，尋自倍，故八尺曰尋」是也。云「尋者，中人之度也」者，考工記曰「人長八尺」是也。**秋分蔈定，蔈定而禾熟。**蔈，禾穗、粟孚甲之芒也。定者，成也，故禾熟。蔈，讀如詩「有貓有虎」之貓，古文作秒也。○莊逵吉云：説文解字：「秒，禾芒也。」蓋正字應作秒，此借白花蔈之蔈當之，亦通用。○王念孫云：隋書律曆志引此，作「秋分而禾蔈定，蔈定而禾熟」，是也。宋書律志同。今本脱「而禾」

二字，則文義不明。○陶方琦云：説文稱字下注引「秋分而秒定」，是許本淮南作秒也。説文：「秒，禾芒也。」宋書及隋律曆志引淮南舊注云：「穮，禾穗芒也。」字作穮，義正與許氏説文合，其爲許注無疑。高注云「古文作秒」，蓋古本也，疑卽指許氏之本。主術訓「寸生於穮」，高注：「穮，禾穗穮孚榆頭芒也。」與此注説正同。**律之數十二，故十二蔈而當一粟，十二粟而當一寸。律以當辰，音以當日，日之數十**，十，從甲至癸日。**故十寸而爲尺，十尺而爲丈。**○王引之云：十二蔈當一粟，十二粟當一寸，則百四十四蔈而當一寸也。主術篇「寸生於穮」，（蔈、穮並與秒同，今本穮誤作穮，辯見主術。）高注曰：「十二穮爲一分，（今本脱二字。）十分爲一寸，十寸爲一尺，十尺爲一丈。」説文亦曰：「律數十二秒而當一分，十分而寸。」則是百二十蔈而當一寸，與此不同也。許、高二家之説，俱本於此篇，使原文作「十二蔈而當一粟，十二粟而當一寸」，則二家之説何以並言「十二蔈爲分，十分爲寸」乎？且主術篇明言「寸生於穮」，不得又以粟參之也。然則今本爲後人所改明矣。宋書律志與今本同，則其誤已久。今依主術篇及許、高二家之説而更定之如下：「律之數十二，故十二蔈而當一分。律以當辰，音以當日，日之數十，故十分而爲寸，十寸而爲尺，十尺而爲丈。」**其以爲量，十二粟而當一分**，分，言其輕重分銖也。**十二分而當一銖，**○王念孫云：量當爲重。重、量字相近，又因上文「度量」而誤也。自十二粟以下，皆言其重之數，非言其量之數。説文禾部注及宋書律志並作「其以爲重」。**十二銖而當半兩。衡有左右，因倍之，故二十四銖爲一兩。天有四時，以成一歲，因而四之，四四十六，故十六兩而**

爲一觔。三月而爲一時，三十日爲一月，故三十觔爲一鈞。四時而爲一歲，故四鈞爲一石。其以爲音也，一律而生五音，十二律而爲六十音，因而六之，六六三十六，故三百六十音以當一歲之日。故律曆之數，天地之道也。下生者倍，以三除之；上生者四，以三除之。鐘律上下相生，誘不敏也。太陰元始建于甲寅，一終而建甲戌，二終而建甲午，三終而復得甲寅之元。歲徙一辰，立春之後，得其辰而遷其所順，前三後五，百事可舉。前後，太陰之前後也。太陰所建，蟄蟲首穴而處，鵲巢鄉而爲户。○文典謹按：穴，莊本作定。御覽九百四十四引作「太陰所在，蟄蟲首穴處，鵲巢以鄉爲户」，傳寫宋本亦作「蟄蟲首穴而處」，今據改。太陰在寅，朱鳥在卯，勾陳在子，玄武在戌，白虎在酉，蒼龍在辰。○王引之云：下文「天神之貴者，莫貴於青龍，或曰天一，或曰太陰」，是太陰卽蒼龍也。既云「太陰在寅」，不當復云「蒼龍在辰」矣。下文「凡徙諸神，朱鳥在太陰前一，鉤陳在後三，玄武在前五，白虎在後六」，而不言蒼龍所在，正以太陰卽蒼龍也。「蒼龍在辰」四字，蓋淺人所加。寅爲建，卯爲除，辰爲滿，巳爲平，主生；午爲定，未爲執，主陷；申爲破，主衡；酉爲危，主杓；戌爲成，主少德；亥爲收，主大德；子爲開，主太歲；丑爲閉，主太陰。

太陰在寅，歲名曰攝提格，○王引之云：太陰二字，乃下屬爲句，與下文「太陰在卯」之屬相同，主下當别有所主之事，而今脱去。王應麟小學紺珠始誤讀「主太陰」爲句，劉本遂重「太陰」

二字，而各本及莊本從之，非也。上文云「太陰在寅」，何得又言「主太陰」乎？且下文曰「天神之貴者，莫貴於青龍，或曰天一，或曰太陰」，而無太歲之名，天一元始、太陰元始之屬，皆太歲也，而謂之天一、太陰，不謂之太歲。「咸池爲太歲」，則又大歲之譌。（說見上。）然則天文篇無稱太歲者也。此太歲亦當作大歲，寫者誤加點耳。斗杓爲小歲，咸池爲大歲。（見上文。）上文「酉爲危，主杓」，杓，小歲也；此文「子爲開，主大歲」，大歲，咸池也。太歲月從右行四仲，與歲從左行之太陰迥殊。若作大歲，則與太陰無異。上言太陰在寅，下言子主太歲，是太陰主太陰矣，義不可通。開元占經歲星占篇引此篇舊注曰：「太陰，謂太歲也。」（蓋許慎注。廣雅：「太陰，太歲也。」本此。）使篇內太歲、太陰分爲二，注者必不爲此注矣。可見太歲乃大歲之譌，而太歲、太陰之未嘗分也。偏考書傳，亦無分太歲、太陰爲二者。或據淮南譌脱之文，以爲太歲、太陰不同之證，非也。○陶方琦云：占經二十三引許注：「太陰在天爲雄歲星，在地爲太陰。」按：雄字衍。周禮保章氏鄭注：「歲星爲陽，右行于天；太歲爲陰，左行于地。」太陰卽太歲，故曰「在天爲歲星，在地爲太陰」，說正同也。**其雄爲歲星，舍斗、牽牛，以十一月與之晨出東方，東井、輿鬼爲對。**○陶方琦云：占經二十三引許注：「東井、輿鬼在未，斗、牽牛在丑，故爲對。」按：十一月應作正月，淮南建寅，非太初法也。**太陰在卯，歲名曰單閼，**單，讀明揚之明。**歲星舍須女、虛、危，以十二月與之晨出東方，柳、七星、張爲對。太陰在辰，歲名曰執除，歲星舍營室、東壁，以正月與之晨出東方，翼、軫爲對。太陰在巳，歲名曰大荒落，歲星舍奎、婁，以二月**

與之晨出東方，角、亢爲對。太陰在午，歲名曰敦牂，歲星舍胃、昴、畢，以三月與之晨出東方，氐、房、心爲對。太陰在未，歲名曰協洽，歲星舍觜嶲、參，以四月與之晨出東方，尾、箕爲對。太陰在申，歲名曰涒灘，歲星舍東井、輿鬼，以五月與之晨出東方，斗、牽牛爲對。太陰在酉，歲名曰作作，讀昨。鄂，歲星舍柳、七星、張，以六月與之晨出東方，須女、虛、危爲對。太陰在戌，歲名曰閹茂，歲星舍翼、軫，以七月與之晨出東方，營室、東壁爲對。太陰在亥，歲名曰大淵獻，歲星舍角、亢，以八月與之晨出東方，奎、婁爲對。太陰在子，歲名曰困敦，困，讀羣。歲星舍氐、房、心，以九月與之晨出東方，胃、昴、畢爲對。太陰在丑，歲名曰赤奮若，歲星舍尾、箕，以十月與之晨出東方，○王引之云：十一月當爲正月，十二月當爲二月，正月當爲三月，二月當爲四月，三月當爲五月，四月當爲六月，五月當爲七月，六月當爲八月，七月當爲九月，八月當爲十月，九月當爲十一月，十月當爲十二月。史記天官書曰：「歲陰左行在寅，歲星右轉居丑，以正月與斗、牽牛晨出東方。歲陰在卯，星居子，以二月與婺女、虛、危晨出。歲陰在辰，星居亥，以三月與營室、東壁晨出。歲陰在巳，星居戌，以四月與奎、婁晨出。歲陰在午，星居酉，以五月與胃、昴、畢晨出。歲陰在未，星居申，以六月與觜觿、參晨出。歲陰在申，星居未，以七月與東井、輿鬼晨出。歲陰在酉，星居午，以八月與柳、七星、張晨出。歲陰在戌，星居巳，以九月與翼、軫晨出。歲星在亥，星居辰，以十月與角、亢晨出。歲陰在子，星居卯，以十一月與氐、房、心晨出。歲陰在丑，星居寅，以十二月與尾、箕晨出。」漢書天文志曰：「太歲在寅，歲星正月晨出東方。在卯，二月出。在辰，三月出。在巳，四月出。在午，五月出。在未，六月出。在申，七月出。在酉，八月出。在戌，九月出。在亥，十月出。在子，十一月出。在丑，十二月出。」開元占經歲星占篇引甘氏曰：「攝提在寅，（此攝提謂太陰。）歲星在丑，以正月與建星、牽牛、婺女晨出於東方。」皆其證也。後人以太初曆「太歲在子，歲星十一月出，在建星、牽牛」，（見天文志。）故改正月爲十一月，以合太初之法，而自此以下，皆遞改其所出之月。不知太陰在寅，則歲星亦以寅月出，樂動聲儀所謂歲星常應太歲月建以見也。（見前「太一在丙子」下。）若以十一月出，則是子而非寅，與太陰所在不相應矣。太初曆之太歲始建於子，故以歲星與日同次之十一月定之，所謂子年應子月也。淮南之太歲始建於寅，故以歲星晨出之正月定之，所謂寅年應寅月也。豈得以建子之法，雜入於建寅之法乎？況太陰在寅以下，俱本於石氏。（天文志：「太歲在寅，歲星正月晨出東方，石氏在斗、牽牛。」天官書索隱亦云：「歲星正月晨見東方已下，皆出石氏星經文。」）又豈有用其説而改其月者乎？開元占經引淮南已與今本同，則其誤改在唐以前矣。錢氏曉徵謂史記歲星正月晨出以天正言之，其實與淮南無別。（見潛研堂文集。）今案：天官書曰：「歲陰左行在寅，歲星右轉居丑，以正月與斗、牽牛晨出，色蒼蒼有光。歲陰在子，星居卯，以十一月與氐、房、心晨出，玄色甚明。」正月德在木，故星色蒼。（天官書凡言正月者七，皆謂建寅之月。）十一月德在水，故星色玄。若以正月爲天正，則是夏正之十一月矣，何以不云色玄，而云色蒼乎？且寅年正月日在娵訾，歲星在星紀，中隔玄枵一次，故歲星晨見有光。若十一月，則與日同次，其光不能見矣，安得云「蒼蒼有光」乎？此由不知淮南之十一月爲後人所改，故曲爲之説，而終不可通也。觜巂、參爲對。

太陰在甲子，刑德合東方宫，常徙所不勝，合四歲而離，離十六歲而復合。所以離者，刑不得入中宫，而徙於木。太陰所居，日德，辰爲刑。德，綱日自倍因，柔日徙所不勝。刑，水辰之木，木辰之水，金、火立其處。凡徙諸神，朱鳥在太陰前一，鉤陳在後三，玄武在前五，白虎在後六，虚星乘鉤陳而天地襲矣。襲，和也。凡日，甲剛乙柔，丙剛丁柔，以至于癸。○王引之云：「日德」，日下脱爲字。日爲德，辰爲刑，相對爲文也。綱當爲剛。剛日柔日，「甲剛乙柔」是也。癸上當有壬字。此以剛柔對言，不當但言癸也。

木生于亥，壯于卯，死于未，三辰皆木也。火生于寅，壯于午，死于戌，三辰皆火也。土生于午，壯于戌，死于寅，三辰皆土也。金生于巳，壯于酉，死于丑，三辰皆金也。水生于申，壯于子，死于辰，三辰皆水也。故五勝生一，壯五，終九；五九四十五，故神四十五日而一徙；以三應五，故八徙而歲終。凡用太陰，左前刑，右背德，○王引之云：此當爲「右背刑，左前德」，寫者顛倒耳。五行大義論配支幹篇曰：「從甲至癸爲陽，從寅至丑爲陰，陽則爲前爲左爲德，陰則爲後爲右爲刑。右背刑，左前德者，所以順陰陽也。」史記天官書曰：「太白出東爲德，舉事左之迎之吉。出西爲刑，舉事右之背之吉。」是其例矣。○曾國藩云：背即後也。孫子曰：「右背山陵，前左水澤。」亦以背與前爲對。**擊鉤陳之衝辰，以戰必勝，以攻必剋。欲知天道，以日爲主，六月當心，左周而行，分而爲十二月，與日相當，天地重襲，後必無殃。星，正月建營室，二月建奎、婁，三月建胃，**「星」宜言「日」。明堂月令孟春之月，日在營室；仲春之月在奎、婁；季春之月在胃。此言「星正月建營室」，字之誤也。**四月建畢，五月建東井，六月建張，七月建翼，八月建亢，九月建房，十月建尾，十一月建牽牛，十二月建虛。**○王引之云：「二月建奎、婁」，備舉是月日所在之星也。由此推之，則正月當云「建營室、東壁」，三月當云「建胃、昴」，四月當云「建畢、觜巂、參」，五月當云「建東井、輿鬼」，六月當云「建柳、七星、張」，七月當云「建翼、軫」，八月當云「建角、亢、氐」，九月當云「建房、心」，十月當云「建尾、箕」，十一月當云「建斗、牽牛」，十二月當云「建須女、虛、危」。蓋月令日在某星，但舉一月之首言之，而此則舉其全也。後人妄加删節，每月但存一星之名，獨「二月建奎、婁」，尚仍其舊，學者可以考見原文矣。不然，豈有月令季夏日在柳，而此言建張；仲秋日在角，而此言建亢；仲冬日在斗，而此言建牽牛；季冬日在婺女，（即須女。）而此言建虛者乎？

星分度：角十二，亢九，氐十五，房五，心五，尾十八，箕十一四分一，斗二十六，牽牛八，須女十二，虛十，危十七，營室十六，東壁九，奎十六，婁十二，胃十四，昴十

一，畢十六，觜巂二，參九，東井三十三，○莊逵吉云：三十三，藏本作三十，葉近山本作三十四。「四」字非，今以漢書攷正。輿鬼四，柳十五，星七，張、翼各十八，軫十七，凡二十八宿也。星部地名：角、亢鄭，氐、房、心宋，尾、箕燕，斗、牽牛越，須女吳，○王引之云：諸書無言斗但主越，須女但主吳者。「斗、牽牛越，須女吳」當作「斗、牽牛、須女吳、越」。開元占經分野略例曰：「淮南子曰：『斗，吳、越也。』」（斗下脱「牽牛、須女」四字。）高誘注呂氏春秋曰：『斗，吳也。牽牛，越也。』」（以上開元占經。）然則呂氏春秋注分言吳、越，而淮南則合言之也。蓋分野之説，鄭、魏、趙並列，（戰國時多謂韓爲鄭。）則在三家分晉之後，其時吳地已爲越有，故但可合言吳、越，若分言某星主越，某星主吳，則當時豈有吳國乎？後人以吳、越二國不應同分野，故移越字於斗、牽牛下，而不知其不可分也。晉書天文志引費直説周易、蔡邕月令章句曰：「起斗至須女，吳、越之分野。」又引陳卓、范蠡、鬼谷先生、張良、諸葛亮、譙周、京房、張衡，並曰「斗、牽牛、須女吳、越」，足證今本之謬。虛、危齊，營室、東壁衞，奎、婁魯，胃、昴、畢魏，觜巂、參趙，東井、輿鬼秦，柳、七星、張周，翼、軫楚。

歲星之所居，五穀豐昌；其對爲衝，歲乃有殃。當居而不居，越而之他處，主死國亡。太陰治春則欲行柔惠温涼，木德仁，故柔涼也。○俞樾云：温涼異義，不得連文。涼當作良，聲之誤也。○文典謹按：俞説是也。北堂書鈔百五十三引，涼正作良，是其證。太陰治

夏則欲布施宣明，火德陽，故布施宣明也。**太陰治秋則欲修備繕兵，**金德斷割，故修兵也。○文典謹按：北堂書鈔百五十三引，備作甲。御覽二十四引注，金德作陰德。二十七引，治作理。**太陰治冬則欲猛毅剛彊。**純陰閉固，水澤冰凍，故剛彊也。○莊逵吉云：御覽剛作堅，注同。○文典謹按：御覽二十七引，治作理。又引注，純陰作純陽。**三歲而改節，六歲而易常，故三歲而一饑，六歲而一衰，**○莊逵吉云：御覽下有注云：「衰，疾也。」**十二歲一康。**康，盛也。○莊逵吉云：御覽康作荒，下有注云：「蔬不熟爲荒也。」疑是許昚注，故義異。○王念孫云：注「盛」當爲「虛」，此淺學人改之也。康之爲言荒也。康、荒皆虛也。（小雅賓之初筵篇「酌彼康爵」，鄭箋：「康，虛也。」爾雅：「漮，虛也。」方言：「㝩，空也。」並字異而義同。郭璞爾雅音義曰：「漮，本或作荒。」大雅桑柔篇「具贅卒荒」，毛傳：「荒，虛也。」泰九二「包荒」，鄭讀爲康，云：「康，虛也。」康、荒古字通。）襄二十四年穀梁傳：「一穀不升謂之嗛，二穀不升謂之饑，三穀不升謂之饉，四穀不升謂之康。」范甯曰：「康，虛也。」（廣雅：「四穀不升曰歉。」說文：「歉，飢虛也。」逸周書謚法篇：「凶年無穀曰糠。」糠，虛也。並字異而義同。）康與荒古字通，故韓詩外傳作「四穀不升謂之荒」。史記貨殖傳曰「十二歲一大饑」，鹽鐵論水旱篇曰「六歲一饑，十二歲一荒」，義與此同也。自三歲一饑以下，皆年穀不登之名，但有小大之差耳。太平御覽時序部二引此作「十二歲而一荒」，是康卽荒也。若訓康爲盛，則與正文顯相違戾矣。且四穀不升謂之康，乃春秋古訓，十二年一荒，亦漢時舊語。是之不知，而訓康爲盛，明是淺學人所改，漢人無此謬也。

甲齊，乙東夷，丙楚，丁南夷，戊魏，己韓，庚秦，辛西夷，壬衛，癸越。○王念孫云：開元占經日辰占邦篇引此，越作趙。案：齊近東夷，楚近南夷，魏近韓，秦近西夷，衛近趙，則作趙者是也。若作越，則與南夷相複矣。子周，丑翟，寅楚，卯鄭，辰晉，巳衛，午秦，未宋，申齊，酉魯，戌趙，亥燕。

甲乙寅卯，木也。丙丁巳午，火也。戊己四季，土也。庚辛申酉，金也。壬癸亥子，水也。水生木，木生火，火生土，土生金，金生水。子生母曰義，母生子曰保，子母相得曰專，母勝子曰制，子勝母曰困。以勝擊殺，勝而無報。○王引之云：上文「子生母曰義，母生子曰保，子母相得曰專，母勝子曰制，子勝母曰困」，其名有五。下文「以專從事」「以義行理」「以保畜養」「以困舉事」，分承「專」「義」「保」「困」四字，不應於「制」字獨不相承。然則此句當作「以制擊殺」明矣。今本制作勝者，因上下文勝字而誤。制爲母勝子之名，若作勝，何以別於子勝母乎？以專從事，而有功。以義行理，名立而不墮。以保畜養，萬物蕃昌。以困舉事，破滅死亡。

北斗之神有雌雄，十一月始建於子，月從一辰，○王念孫云：從當爲徙，字之誤也。上文云：「帝張四維，運之以斗，月徙一辰，復反其所。」是其證。雄左行，雌右行，五月合午謀刑，○陶方琦云：占經六十七引許注：「刑爲煞，故薺麥死也。」按：卽上文「五月爲小刑，薺麥亭歷枯」之義。十一月合子謀德。○陶方琦云：占經六十七引許注：「德爲生，問射于振末。」按：注文多譌。射于當作射干。易通卦驗：「冬至蘭、射干生。」後漢陳寵傳：「冬至陽气萌動，故十一月有蘭、射干、芸荔之應。」「問射于」卽「蘭、射干」。太陰所居辰爲厭日，○王引之云：「太陰所居辰」當作「雌所居辰」。雌，北斗之神右行者也，月徙一辰。太陰則左行而歲徙一辰，兩者各不相涉。太陰二字，因下文「太陰所居」而誤也。「爲厭日」本無日字，此因下句「厭日」而衍也。厭者，鄭注周官占夢曰：「天地之會，建厭所處之日辰。」疏曰「建謂斗柄所建，謂之陽建，故左還於天。厭謂日前一次，謂之陰建，故右還於天」是也。今人猶謂陰建爲月厭，是雌所居辰名爲厭，不名爲厭日也。厭日不可以舉百事。堪輿徐行，雄以音知雌，○陶方琦云：文選揚雄甘泉賦注、漢書藝文志注、後漢書王景傳注引許注：「堪，天道也。輿，地道也。」按：高無注，揚雄傳張晏注曰：「堪輿，天地總名也。」藝文志五行家有堪輿金匱十四卷。故爲奇辰。數從甲子始，子母相求，所合之處爲合。十日十二辰，周六十日，凡八合。合於歲前則死亡，合於歲後則無殃。甲戌，燕也；乙酉，齊也；丙午，越也；丁巳，楚也；庚申，秦也；辛卯，戎也；壬子，代也；○莊逵吉云：代，諸本皆作趙，惟藏本作代。癸亥，胡也；戊戌、己亥，韓也；己酉、己卯，魏也；戊午、戊子，○王念孫云：錢氏答問曰：「庚申當作庚辰，八合猶八會也。今依堪輿天老説推衍之，（天老説見周官占夢疏所引鄭志内。）正月陽建寅破於申，陰建戌破於辰，二月陽建卯破於酉，陰建酉破於卯，乙近卯，故二月乙酉爲八會之一。三月陽建辰破於戌，陰建申破於寅，甲近寅，故三月甲戌爲八會之二。四月陽建巳破於亥，陰建未破於丑，癸近丑，故四月癸亥爲八會之三。五月陰陽建俱在午而破於子，壬近子，故五月壬子爲八會之四。六月陽建未破於丑，陰建巳破於亥，七月陽建申破於寅，陰建辰破於戌，八月陽建酉破於卯，陰建卯破於酉，辛近酉，故八月辛卯爲八會之五。九月陽建戌破於辰，陰建寅破於申，庚近申，故九月庚辰爲八會之六。十月陽建亥破於巳，陰建丑破於未，丁近未，故十月丁巳爲八會之七。十一月陰陽建俱在子而破於午，丙近午，故十一月丙午爲八會之八。十二月陽建丑破於未，陰建亥破於巳，此建厭所在及八會之名也。淮南所列甲戌至癸亥，蓋大會之日。其下又有戊戌、己亥、己酉、己卯、戊午、戊子，當是小會之日，而尚缺其二。以例推之，當是戊辰、己巳也。」案：錢說是也。戊辰當在戊戌上，己巳當在己亥上。堪輿家所謂小會，三月戊辰、四月己巳、九月戊戌、十月己亥也。又戊辰、戊戌及戊午、戊子下，皆當有所主之國，而今脱之。地在天下之中者，韓、魏而外，更有趙、宋、衛、中山及周，未知以何國當之也。八合天下也。太陰、小歲、星、日、辰五神皆合，其日有雲氣風雨，國君當之。天神之貴者，莫貴於青龍，或曰天一，或曰太陰。太陰所居，不可背而可鄉。北斗所擊，不可與敵。

天地以設，分而爲陰陽。陽生於陰，陰生於陽。陰陽相錯，四維乃通。或死或生，萬物乃成。蚑行喙息，莫貴於人。孔竅肢體，皆通於天。天有九重，人亦有九竅。天有四時，以制十二月，人亦有四肢，以使十二節。天有十二月，以制三百六十日，人亦有十二肢，以使三百六十節。故舉事而不順天者，逆其生者也。

以日冬至數來歲正月朔日，五十日者，民食足；不滿五十日，日減一斗；有餘日，日益一升。○王念孫云：太平御覽時序部十三、十四引此，數下有至字，（數，色主反。）五十日上有滿字，一斗作一升，皆是也。有其歲司也：○王引之云：此本作「其爲歲司也」，今本衍有字，（因上文「有餘日」而衍。）脱爲字。太平御覽時序部十三引此，正作「其爲歲伺也」。又引注曰：「伺，候也。」（司，古伺字。）「爲歲司」者，爲歲候豐凶也。尋繹文義，「其爲歲司也」，乃起下之詞。下文「攝提格之歲，歲早水晚旱」云云，正謂候歲也，當直接此句下。作圖者誤列圖於此句之後，（點校者按：爲排版方便，今將圖移至下頁。）隔絶上下文義，遂使此句成不了之語。且自上文「以日冬至」至下文「民食一升」，皆言占歲之事，中間不應有圖。圖蓋後人所爲，故置之非其所耳。劉績不能是正，又移上文「帝張四維」一段於此句之下，大誤。○文典謹按：北堂書鈔百五十三引，作「爲祈歲也」。攝提格之歲，格，起。言萬物承陽而起也。歲早水晚旱，稻疾，蠶不登，菽麥昌，民食四升。寅。在甲曰閼蓬。言萬物鋒芒欲出，擁遏未通，故曰閼蓬也。單閼之歲，單，盡。閼，止也。陽氣推萬物而起，陰氣盡止也。歲和，稻菽麥蠶昌，民食五升。卯。在乙曰旃蒙。在乙，言萬物遏蒙甲而出，故曰旃蒙也。執徐之歲，執，蟄。徐，舒也。伏蟄之物皆散舒而出也。歲早旱晚水，小饑，蠶閉，麥熟，民食三升。辰。在丙曰柔兆。在丙，言萬物皆生枝布葉，故曰柔兆也。大荒落之歲，荒，大也。方萬物熾盛而大出，霍然落落大布散。歲有小兵，蠶小登，麥昌，菽疾，民食二升。巳。在丁曰強圉。在丁，言萬物剛盛，故曰強圉也。敦牂之歲，敦牂，敦，盛；牂，壯也。言萬物皆盛壯也。歲大旱，蠶登，稻疾，菽麥昌，禾不爲，民食二升。午。在戊曰著雍。在戊，言位在中央，萬物繁養四方，故曰著雍也。協洽之歲，協，和。洽，合也。言陰欲化萬物和合。歲有小兵，蠶登，稻昌，菽麥不爲，民食三升。未。在己曰屠維。在己，言萬物各成其性，故曰屠維。屠，別。維，離也。涒灘之歲，涒，大。灘，修也。言萬物皆修其精氣也。○桂馥云：兩修字寫誤，並當爲循。高注呂氏春秋序意篇「歲在涒灘」云：「涒，大也。灘，循也。萬物皆大循其情性也。」李巡說爾雅云：「萬物皆循精氣，故曰涒灘。」歲和，小雨行，蠶登，菽麥昌，民食三升。申。在庚曰上章。在庚，言陰氣上升，萬物畢生，故曰上章也。作鄂之歲，作鄂，零落也。萬物皆陊落。歲有大兵，民疾，蠶不登，菽麥不爲，禾蟲，民食五升。酉。在辛曰重光。在辛，言萬物就成熟。其煌煌，故曰重光也。掩茂之歲，掩，蔽。茂，冒也。言萬物皆蔽冒。歲小饑，有兵，蠶不登，麥不爲，菽昌，民食七升。戌。在壬曰玄黓。在壬，言歲終包任萬物，故曰玄黓也。大淵獻之歲，淵，藏。獻，迎也。言萬物終于亥，大小深藏窟伏以迎陽。歲有大兵，大饑，蠶開，

甲
寅　火生　土老
卯　木壯
辰　水老
角亢氐房心尾箕

丙
巳　金生
午　火壯　土生
未　木老
丁
東井輿鬼柳七星張翼軫

庚
申　水生
酉　金壯
戌　火老　土壯
辛
奎婁胃昴畢觜參

亥　木生
子　水壯
丑　金老
斗牽牛須女虛危室壁

菽麥不爲，禾蟲，民食三升。困敦之歲，困，混。敦，沌也。言陽氣皆混沌，萬物牙蘖也。歲大霧起，大水出，蠶稻菽麥昌，民食三斗。○王念孫云：蠶下脱登字，稻下脱疾字，「蠶登」爲句，「稻疾」爲句，「菽麥昌」爲句。「民食三斗」，斗當爲升。開元占經引此，正作「蠶登，稻疾，菽麥昌，民食三升」。子。在癸曰昭陽。在癸，言陽氣始萌，萬物合生，故曰昭陽。赤奮若之歲，奮，起也。若，順也。言陽奮物而起之，無不順其性也。赤，陽色。歲有小兵，早水，蠶不出，稻疾，菽不爲，麥昌，民食一升。

正朝夕，先樹一表東方，操一表卻去前表十步，以參望日始出北廉。日直入，又樹一表於東方，因西方之表以參望日，方入北廉則定東方。兩表之中，與西方之表，則東西之正也。日冬至，日出東南維，入西南維。至春、秋分，日出東中，入西中。夏至，出東北維，入西北維，至則正南。欲知東西、南北廣袤之數者，立四表以爲方一里歫，先春分若秋分十餘日，從歫北表參望日始出及旦，以候相應，相應則此與日直也。輒以南表參望之，以入前表數爲法，除舉廣，除立表袤，以知從此東西之數也。假使視日出，入前表中一寸，是寸得一里也。一里積萬八千寸，得從此東萬八千里。視日方入，入前表半寸，則半寸得一里。半寸而除一里積寸，得三萬六千里，除則從此西里數也。并之東西里數也，則極徑也。未春分而直，已秋分而不直，此從中處南也。未秋分而直，已春分而不直，此處北也。分、至而直，此處南北中也。從中處欲知中南也，未秋分而不直，此處南北中也。從中處欲知南北極遠近，從西南表參望日，日夏至始出與北表參，則是東與東北表等也，正東萬八千里，則從中北亦萬八千里也。倍之，南北之里數也。其不從中之數也，以出入前表之數益損之，表入一寸，寸減日近一里，表出一寸，寸益遠一里。欲知天之高，樹表高一丈，正南北相去千里，同日度其陰，北表一〔一〕尺，南表尺九寸，是南千里陰短寸，南二萬里則無景，是直日下也。陰二尺而得高一丈者，南一而高五也，則置從此南至日下里數，因而五之，爲十萬里，則天高也。若使景與表等，則高與遠等也。

〔一〕「一」疑當爲「二」。日本諸子大成改正淮南鴻烈解作「二」。

淮南鴻烈集解卷四

墬形訓

紀東西南北山川藪澤，地之所載，萬物形兆所化育也，故曰「地形」，因以題篇。

墬形之所載，六合之間，四極之内，四極，四方之極。無復有外，故謂之内也。○王念孫云：此篇皆言地之所載，地下不當有形字，此因篇名而誤衍耳。高釋篇名云：「紀東西南北山川藪澤，地之所載，萬物形兆所化育也。」則正文本作「地之所載」明矣。海外南經云：「地之所載，六合之閒，四海之内」云云，此卽淮南所本。○陶方琦云：爾雅釋文釋地序目引許注：「地，䨓也。」按：楊泉物理論：「地，著也。」説文：「䨓，附著也。」易离「百穀艸木䨓乎土」，王肅作「䨓乎地」。地、䨓諧聲之訓。**照之以日月，經之以星辰，紀之以四時，要之以太歲。**要，正也。以太歲所在正天時也。**天地之間，九州八極，**八極，八方之極也。○王念孫云「八極」當爲「八柱」。柱與極草書相近，故柱誤爲極。初學記地部上、太平御覽地部一及白帖一引此，並作「天有九部八紀，地有九州八柱」，又太平御覽州郡部三引作「天地之間，九州八柱」，楚辭天問曰：「八柱何當？東南何虧？」初學記引河圖括地象曰：「地下有八柱，柱廣十萬里。」皆其證也。又案：文選張協雜詩注云：「淮南子曰：『八紘之外有八極。』高誘曰：『八極，八方之極也。』」是高注云云，本在下文「八紘之外，乃有八極」下，後人不知此處八極爲八柱之譌，又移彼注於此，以曲爲附會，甚矣其謬也。**土有九山，山有九塞，澤有九藪，風有八等，水有六品。何謂九州？東南神州曰農土，**東南辰爲農祥，后稷之所經緯也，故曰農土。**正南次州曰沃土，**沃，盛也。五月建午，稼穡盛張，故曰沃土也。**西南戎州曰滔土，**滔，大也。七月建申，五穀成大，故曰滔土也。**正西弇州曰并土，**并，猶成也。八月建西，百穀成熟，故曰并土也。**正中冀州曰中土，**冀，大也。四方之主，故曰中土也。**西北台州曰肥土，正北泲州曰成土，**未聞。**東北薄州曰隱土，**薄，猶平也。氣所隱藏，故曰隱土也。**正東陽州曰申土。**申，復也。陰氣盡於北，陽氣復起東北，故曰申土。**何謂九山？會稽、泰山、王屋、首山、太華、岐山、太行、羊腸、孟門。**會稽山在會稽郡。泰山今在泰山郡，是爲東嶽。王屋山在今河東垣縣東北，沇水所出也。首山在蒲坂縣南河曲之中，伯夷所隱。太華，今弘農華陰山也，是爲西嶽。岐山，今扶風美陽縣北，周家所邑也。太行在今上黨太行關，直河内野王縣是也。羊腸，山名也。説苑曰：「桀之居，左河、泲，右太華，伊闕在其南，羊腸在其北。」今太原晉陽西北九十里，通河西、上郡，關曰羊腸坂，是孟門、太行之限也。**何謂九塞？曰太汾、澠阨、荆阮、方城、殽阪、井陘、令疵、句注、居庸。**太汾在晉。澠阨，今弘農澠池是也。荆阮、方城皆在楚。殽阪，弘農郡澠池殽欽吟是也。井陘在常山，通太原關是也。令疵在遼西。句注在鴈門，陰館句注是也。居庸在上谷沮陽之東，通渾都關是也。○孫詒讓云：注「欽」當作「嶔」。鹽鐵論險固篇云：「敗秦師崤嶔崟。」公羊傳作嶔巖，穀梁作巖唫，釋文云：「唫，本作崟。」吟、唫字同，欽吟即嶔崟也。○文典謹按：初學記州郡部引，作「大汾、冥阨、荊苑、方城、豪阪、井陘、令疵、句注、居庸也」。何謂九藪？藪，澤也。曰越之具區，具區在吴、越之間也。楚之雲夢，雲夢在南郡華容也。秦之陽紆，陽紆蓋在馮翊池陽，一名具圃。○莊逵吉云：具圃，左傳作具囿，疑字誤。晉之大陸，大陸，魏獻子所游，焚焉而死者是也。鄭之圃田，圃田在今河南中牟。傳曰「鄭有原圃，猶秦之具圃也，吾子取其麋鹿，以閒敝邑」是也。宋之孟諸，孟諸在今梁園，睢陽東北澤是也。齊之海隅，海隅猶崖，蓋近海濱是也。趙之鉅鹿，今鉅鹿黄阿澤是也。○莊逵吉云：黄阿澤卽廣阿，古字黄、廣通用。燕之昭余。昭余，今太原郡是，古者屬燕也。何謂八風？東北曰炎風，艮氣所生，一曰融風也。東方曰條風，震氣所生也，一曰明庶風。東南曰景風，巽氣所生也，一曰清明風。南方曰巨風，離氣所生也，一曰愷風。○俞樾云：「巨」乃「豈」之壞字，豈讀爲愷。高注云「一曰愷風」，愷正字，豈借字，巨誤字耳。説詳吕氏春秋。西南曰涼風，坤氣所生也。西方曰飂風，兑氣所生也。○文典謹按：北堂書鈔一百五十一引，「飂」作「飈」，又有注云「一曰閶闔風」。西北曰麗風，乾氣所生也，一曰閶闔風。○文典謹按：書鈔引注「閶闔」作「不周」。北方曰寒風。坎氣所生也，一曰廣莫風。何謂六水？曰河水、赤水、遼水、黑水、江水、淮水。河水出昆侖東北陬。赤水出其東南陬。遼水出碣石山，自塞北東流，直遼東之西南入海。黑水在雝州。江水出岷山，在蜀西徼外。淮水出桐柏山南平陽也。**闔四海之内，東西二萬八千里，南北二萬六千里，**子午爲經，卯西爲緯，言經短緯長也。**水道八千里，通谷其名川六百，**○陳觀樓云：吕氏春秋有始篇作「通谷六，名川六百」，此「其」字當爲「六」之譌。**陸徑三千里。**陸徑，邪徑也。陸，地也。

禹乃使太章步自東極，至于西極，二億三萬三千五百里七十五步；使豎亥步自北極，至于南極，二億三萬三千五百里七十五步。太章、豎亥，善行人，皆禹臣也。海内東西長，南北短，極内等也。**凡鴻水淵藪，自三百仞以上，二億三萬三千五百五十里，有九淵。**○王念孫云：三百仞之百，五十里之里，九淵之淵，皆衍文。此言鴻水淵藪自三仞以上者共有二億三萬三千五百五十九也。廣雅曰：「湋、潭，淵也，自三仞以上，二億三萬三千五百五十有九。」即用淮南之文。**禹乃以息土填洪水以爲名山，**息土不秏減，掘之益多，故以填洪水。名山，大山也。**掘昆侖虚以下地，**掘猶平也。地或作池。**中有增城九重，其高萬一千里百一十四步二尺六寸。**中，昆侖虚中也。增，重也。有五城十二樓，見括地象。此乃誕，實未聞也。○俞樾云：萬一千里言城之高，則百一十四步二尺六寸當言城之厚，然其數奇零，疑有脱誤。○文典謹按：文選遊天台山賦注、前緩聲歌注引，「增」並作「層」。藝文類聚八十三引同，惟六十五引作「曾」，曾亦即層也。增、層古通用。**上有木禾，其修五尋，**上，昆侖虚上也。五尋長三十五尺。○文典謹按：文選思玄賦注引作「其穗長五尋」，海内西經：「海内崑崙之墟在西北，帝之下都。崑崙之墟方八百里，高萬仞，上有木禾，長五尋，大五圍。」郭璞曰：「木禾，穀類也。生黑水之阿，可食。」珠樹、玉樹、琁樹、不死樹在其西，在木禾之西也。沙棠、琅玕在其東，皆玉名也。在木禾之東也。一說：沙棠，木名也。吕氏春秋曰：「果之美者，沙棠之實也。」絳樹在其南，絳，赤色。碧樹、瑶樹在其北。碧，青玉也。木禾之北。旁有四百四十門，門間四里，里間九純，純丈五尺，純，量名也。○俞樾云：「門間四里」，言每門相距之數也。「里間九純」，義不可通，疑本作「門九純」，言門之廣也。門誤爲間，後人遂妄加里字耳。旁有九井玉横，維其西北之隅，横，猶光也。横或作彭。彭，受不死藥器也。○文典謹按：御覽七百五十六引作「旁有九井玉横受不死藥」，又引注云「横或作彭，器名也」，今高注亦云「彭，受不死藥器也」。疑「玉横」下舊有「受不死藥」四字，而今本脱之。北門開，以内不周之風。傾宫、旋室、傾宫，宫滿一頃。旋室，以旋玉飾室也。一說：室旋機關，可轉旋，故曰旋室。縣圃、涼風、樊桐在昆侖閶闔之中，閶闔，昆侖虚門名也。縣圃、涼風、樊桐，皆昆侖之山名也。樊，讀如麥飯之飯。是其疏圃。疏圃之池，浸之黄水，黄水三周復其原，原，本也。是謂丹水，飲之不死。○王念孫云：丹水本作白水，此後人妄改之也。水經河水注引此作丹水，亦後人依俗本改之。楚辭離騷：「朝吾將濟於白水兮」，王注曰：「淮南言白水出崑崙之原，飲之不死。」文選思玄賦「斞白水以爲漿」，李善卽引王注。太平御覽地部二十四亦云淮南子曰：「白水出崑崙之原，飲之不死。」則舊本皆作白水明矣。又案：楚辭惜誓「涉丹水而馳騁兮」，王注曰：「丹水，猶赤水也，淮南言赤水出崑崙也。」此是引下文赤水出東南陬之語，若此文本作丹水，則王注當引以爲證，何置此不引，而別指赤水以當之乎？**河水出昆侖東北陬，貫渤海，入禹所導積石山。**渤海，大海也。河水自昆侖由地中行，禹導而通之，至積石山。書曰：「道河積石。」入，猶出也。**赤水出其東南陬，西南注南海丹澤之東。赤水之東，弱水出自窮石，**窮石，山名也，在張掖。北塞水也。**至于合黎，餘波入于流沙，絶流沙南至南海。**絶，猶過也。流沙，流行也。○王引之云：崑崙四隅爲四水所出，說本海内西經。上文言東北陬、東南陬，下文又言西北陬，無獨缺西南陬之理。此處原文當作「弱水出其西南陬，絶流沙南至南海」。其「弱水出窮石，入於流沙」及注「窮石，山名」云云，則當在下文「江出岷山」諸條間。王逸注離騷引淮南子「弱水出於窮石，入於流沙」，郭璞注海内西經引淮南子「弱水出窮石」，正與「江出岷山」諸條文義相同也。蓋弱水本出窮石，而海内西經言出崑崙西南陬，故兩存其說。（此文言河出崑崙東北陬，下文又言河出積石，亦是兩存其說。）後人病其不合，則從而合併之，於是取下文之「弱水出窮石，入於流沙」及注文，皆移置於此處，而删去「弱水出其西南陬」七字，又妄加「赤水之東」四字，（「弱水出」下又加一「自」字。）「至於合黎餘波」六字，而淮南原文遂錯亂不可復識矣。今案：上文赤水次於河水，而不言在河水之某方，下文洋水次於弱水，而不言在弱水之某方，則「弱水」二字前，安得有「赤水之東」四字乎？括地志曰：「蘭門山，一名合黎，一名窮石山。」引淮南子「弱水源出窮石山」。（見史記夏本紀正義。）使淮南原文「弱水出窮石」下有「至於合黎」之文，則合黎非窮石矣，志何得言合黎一名窮石山乎？其爲後人取禹貢之文附入，較然甚明。況既言「絶流沙」，則弱水入其中可知，何必又言「入於流沙」？區區餘波，又安能絶流沙而過乎？後人但知取下文「入於流沙」句增入「餘波」二字，而不知其與本文相抵牾也。高注「絶流沙」曰：「絶，猶過也。流沙，流行也。」（流行下當有之沙二字。）如有「餘波入於流沙」句在前，則注當先釋流沙，後釋絶字，不當先釋絶字，後釋流沙也。然則「絶流沙」前本無「餘波入於流沙」句，而「弱水出窮石，入於流沙」當在「江出岷山」諸條間，明矣。**洋水出其西北陬，入于南海羽民之南。**洋水經隴西氐道，東至武都爲漢陽，或作養水也。○莊逵吉云：洋或作養，養應作瀁，亦作漾，即漢水也。「東至武都爲漢陽」，陽字疑衍。**凡四水者，帝之神泉，以和百藥，以潤萬物。崑崙之丘，或上倍之，**假令高萬里，倍之二萬里。**是謂涼風之山，登之而不死。或上倍之，是謂懸圃，**○王念孫云：上文「縣圃、涼風、樊桐」，高注云「皆崑崙之山名」，上文又云「崑崙之丘，或上倍之，是謂涼風之山」，則此「縣圃」下亦當有「之山」二字。水經河水注引此作「是謂玄圃之山」，是其證。（洪興祖楚辭補注引此亦有「之山」二字。）**登之乃靈，能使風雨。或上倍之，乃維上天，登之乃神，是謂太帝之居。**太帝，天帝。○孫詒讓云：「倍」之爲言，乘也，登也。「或」者，又也。「或上倍之」，謂又登其上也。莊子逍遥遊篇云：「故九萬里，則風斯在下矣，而後乃今培風。」此倍與莊子之培義正同。莊子釋文云：「培，重也。本或作陪。」倍、培、陪字並通。高訓倍爲加倍，陸訓培爲重，皆未得其義。涼風，穆天子傳郭注引作閬風。閬、涼一聲之轉。**扶木在陽州，日之所曊。**扶木，扶桑也，在湯谷之南。曊，猶照也。陽州，東方也。曊，讀無枝欑之欑也。**建木在都廣，**建木，其狀如牛，引之有皮，若瓔黄蛇，葉若羅。都廣，南方山名也。○文典謹按：御覽四都廣下引注云「南方山名」，與今本合。九百六十一引注云「廣都，方都南山也」，疑是許注。**衆帝所自上下，日中無景，呼而無響，蓋天地之中也。**衆帝之從都廣山上天還下，故曰上下。日中時，日直人上，無景晷，故曰蓋天地之中。**若木在建木西，**○莊逵吉云：御覽引作「弱水在東，建木在西」。**末有十日，其華照下地。**末，端也。若木端有十日，狀如蓮華。華，猶光也，光照其下也。○莊逵吉云：蓮華，御覽作連珠。○文典謹按：北堂書鈔百四十九，及初學記天部上引注，「蓮華」亦並作「連珠」。

九州之大，純方千里。純，緣也。亦曰量名也。**九州之外，乃有八殥，亦方千里：**殥，猶遠也。殥，讀胤嗣之胤。○文典謹按：初學記地理部上引，殥作埏，下同。**自東北方曰大澤，曰無通；**大澤、無通，皆藪名也。○俞樾云：此當作「自東北方曰無通，曰大澤」，方與下文「東方曰大渚，曰少海」，「東南方曰具區，曰元澤」，「南方曰大夢，曰浩澤」，「西南方曰渚資，曰丹澤」，「西方曰九區，曰泉澤」，「西北方曰大夏，曰海澤」，「北方曰大冥，曰寒澤」，文義一律。蓋無通也，大渚也，具區也，大夢也，渚資也，九區也，大夏也，大冥也，所謂八殥也；大澤也，少海也，元澤也，浩澤也，丹澤也，泉澤也，海澤也，寒澤也，所謂八澤也。故下文總之曰「凡八殥八澤之雲，是雨九州」。今無通、大澤傳寫誤倒，則先澤而後殥，與下不一律矣。高注「大澤、無通，皆藪名也」，本作「無通，藪名也」，蓋無通是藪，大澤是澤，澤名已顯，故不必注；藪名未顯，故必注之。因無通、大澤傳寫誤倒，遂增大澤於無通之上，而以爲皆澤名矣。其注少海曰：「東方多水，故曰少海，亦澤名也。」上注無「澤名」之文，而此云「亦」者，亦大澤也。大澤是澤名，少海亦是澤名，特因東方多水，故從大稱而曰「海」耳，實亦澤也，故言「亦」也。卽此可見大澤與少海同在八澤之數。然則大澤不應在無通之上，其證一矣。下文浩澤注曰：「浩亦大也。」上注無「大」文，而此云「亦」者，亦大澤也。大澤以大得名，浩澤亦以大得名，故言「亦」也。卽此可見大澤與浩澤同在八澤之數。然則大澤不應在無通之上，其證二矣。○文典謹按：文選吴都賦注引淮南子曰：「九州外有八澤，方千里；八澤之外有八紘，亦方千里。」兩見八澤二字，今本唯下文「凡八殥八澤之雲，是雨九州」句，疑古有而今敚失之也。選注所引，亦足與俞説互相參證。**東方曰大渚，曰少海；**水中可居者曰渚。東方多水，故曰少海，亦澤名也。○文典謹按：初學記地理部上引，少作沙。**東南方曰具區，曰元澤；**元，讀常山人謂伯爲穴之穴也。○莊逵吉云：古讀元爲兀，故説文解字元從一，從兀爲聲，又髡一作髨，其從兀、從元皆爲聲，是此讀元爲穴之證。古聲兀、穴相同也。○王念孫云：莊説非也。元澤當爲亢澤，字之誤也。亢與沆同。（水經巨馬河注曰：督亢溝水東逕督亢澤。」風俗通曰：「沆，漭也，言平望漭漭無崖際也。」是沆、亢古字通。）爾雅：「沄，沆也。」郭璞曰：「水流漭沆。」說文曰：「沆，莽沆，大水，一曰大澤。」風俗通義引傳曰：「沆者，莽也，言其平望莽莽無涯際也。」（舊本沆譌作沉，今據水經注改。）此言亢澤，亦取大澤之義。初學記地部上、太平御覽地部一引此竝作沆澤，是其證也。高注「常山人謂伯爲穴」，穴亦亢字之誤。伯，古阡陌字也。（管子四時篇曰：「脩封疆，正千伯。」史記酷吏傳「置伯格長」，徐廣曰：「街陌屯落皆設督長也。」又漢書食貨志、地理志阡陌字並作仟伯。）亢與畂同。（廣雅曰：「畂陌，道也。」釋名曰：「鹿兔之道曰亢，行不由正，亢陌山谷草野而過也。」是畂、亢古字通。）說文曰：「趙、魏謂伯爲畂。」漢之常山郡，戰國時趙地也。此云「常山人謂伯爲亢」，正與說文相合。沆、畂古同聲而並通作亢，故曰「亢，讀常山人謂伯爲亢之亢」。**南方曰大夢，曰浩澤；**夢，雲夢也。浩亦大也。**西南方曰渚資，曰丹澤；**蓋近丹水，因其名，故曰丹澤也。**西方曰九區，曰泉澤；西北方曰大夏，曰海澤；北方曰大冥，曰寒澤。**北方多寒水，故曰寒澤也。**凡八殥八澤之雲，是雨九州。八殥之外，而有八紘，**紘，維也。維落天地而爲之表，故曰紘也。○陶方琦云：文選歐陽堅石臨終詩注、答賓戲注引許注：「紘，維也。」此許、高並用舊訓，故同。或即羼入之許說。說文：「紘，冠卷維也。」說正合。原道訓「紘宇宙而章三光」，高注：「紘，綱也，若小車蓋四維謂之紘繩之類也。」**亦方千里：自東北方曰和丘，曰荒土；**鳳所自歌，鸞所自舞，名曰和丘，曰荒土也。○莊逵吉云：「鳳所自歌，鸞所自舞」八字，出山海經。東方曰棘林，曰桑野；東南方曰大窮，曰衆女；○莊逵吉云：御覽下有注云：「民少男多女。」南方曰都廣，曰反户；都廣，國名也。山在此國，因復曰都廣山。言其在鄉日之南，皆爲北鄉户，故反其户也。西南方曰焦僥，曰炎土；焦僥，短人之國也，長不滿三尺。○莊逵吉云：御覽注作「焦僥人長三尺，衣冠帶劍」。西方曰金丘，曰沃野；西方，金位也，因爲金丘。沃，猶白也。西方白，故曰沃野。西北方曰一目，曰沙所；國人一目，在面中央。沙所，蓋流沙所出也。一曰：澤名也。北方曰積冰，曰委羽。北方寒，冰所積，因以爲名。委羽，山名，在北極之陰，不見日也。凡八紘之氣，是出寒暑，以合八正，必以風雨。八正，八風之正也。以風雨八紘之内。

八紘之外，乃有八極：自東北方曰方土之山，曰蒼門；東北木將用事，青之始也，故曰蒼門。東方曰東極之山，曰開明之門；明者，陽也，日之所出也，故曰開明之門。東南方曰波母之山，曰陽門；東南月建在巳，純陽用事，故曰陽門。據天下諸城，東南角門皆陽門，是其類也。南方曰南極之山，曰暑門；南方盛陽，積温所在，故曰暑門。西南方曰編駒之山，曰白門；西南月建在申，金氣之始也。金氣白，故曰白門。西方曰西極之山，曰閶闔之門；西方八月建酉，萬物成濟，將可及收斂。閶，大也。闔，閉也。大聚萬物而閉之，故曰閶闔之門也。西北方曰不周之山，曰幽都之門；幽，闇也。都，聚也。玄冥將始用事，順陰而聚，故曰幽都之門。北方曰北極之山，曰寒門。積寒所在，故曰寒門。凡八極之雲，是雨天下；八門之風，是節寒暑；八紘、八殥、八澤之雲，以雨九州而和中土。中土，冀州。東方之美者，有醫毋閭之珣玗琪焉。醫毋閭，山名，在遼東屬國。珣玗琪，玉名也。東南方之美者，有會稽之竹箭焉。會稽山在今會稽山陰縣之南，禹所葬。竹箭，今會稽郡出好竹箭是也。南方之美者，有梁山之犀象焉。梁山在會稽長沙湘南，有犀角、象牙，皆物之珍也。西南方之美者，有華山之金石焉。金，美金也。石，含玉之石也。華山，今弘農華陰南山是也。西方之美者，有霍山之珠玉焉。出夜光之珠，五色之玉也。今河東永安縣也。西北方之美者，有昆侖之球琳、琅玕焉。球琳、琅玕，皆美玉也。北方之美者，有幽都之筋角焉。古之幽都在雁門以北，其畜宜牛羊馬，出好筋角，可以爲弓弩。東北方之美者，有斥山之文皮焉。斥，讀斥丘之斥。文皮，虎豹之皮也。傳曰「無終子使孟樂因魏莊子納虎豹之皮也，以請和諸戎」是也。中央之美者，有岱嶽，以生五穀桑麻，魚鹽出焉。岱嶽，泰山也。王者禪代所祠，因曰岱嶽也。五穀、桑麻、魚鹽，所養人者。出，猶生也。

凡地形：東西爲緯，南北爲經；山爲積德，川爲積刑；山仁，萬物生焉，故爲積德。川水智，智制斷，故爲積刑也。論語曰「仁者樂山，知者樂水」是也。高者爲生，下者爲死；高者陽，主生；下者陰，主死。丘陵爲牡，谿谷爲牝；丘陵高敞，陽也，故爲牡。谿谷污下，陰也，故爲牝。**水圓折者有珠，方折者有玉；**圓折者，陽也。珠，陰中之陽。方折者，陰也。玉，陽中之陰也。皆以其類也。**清水有黃金，龍淵有玉英。**清水澂，故黃金出焉。龍淵，龍所出游淵也。玉英轉化，有精光也。**土地各以其類生，**○王念孫云：此本作「土地各以類生人」，今本衍其字，脱人字。（陳祥道禮書引此已誤。）史記天官書正義、藝文類聚水部上、白帖六、太平御覽天部十五、地部二十三、疾病部一、疾病部三引此，並無其字，有人字。**是故山氣多男，澤氣多女，障氣多喑，風氣多聾，**○王念孫云：障氣本作水氣，後人以水與澤相複，故妄改爲障耳。（禮書引此已誤。）不知凡水皆謂之水，而水鍾乃謂之澤，（見周官大司徒注。）且澤氣與山氣相對，水氣與風氣相對，義各有取。改水爲障，則義不可通矣。太平御覽天部十五、疾病部一、疾病部三，（此篇内兩引。）引此並作水氣。酉陽雜俎廣知篇同。**林氣多癃，木氣多傴，**自此上至「山氣多男」，皆生子多有此病也。**岸下氣多腫，**○王念孫云：腫本作尰，此亦後人妄改之也。（禮書引此已誤。）腫音諸勇反，尰音市勇反。凡腫疾皆謂之腫，而腫足則謂之尰。尰字從尢，尢，讀若汪，跛曲脛也，（見下條。）故尰字從之。岸下氣下溼，故有尰足之疾。小雅巧言篇「居河之麋，既微且尰」，鄭箋曰：「居下溼之地，故生微尰之疾。」爾雅曰「既微且尰，骭瘍爲微，腫足爲尰」是也。若作腫，則非其指矣。太平御覽天部十五引此正作尰，又引高注云：「岸下下溼，腫足曰尰。」（今脱此注。）又疾病部一、疾病部三引此並同。**石氣多力，**象石堅也。**險阻氣多癭，**上下險阻，氣衝喉而結，多瘻咽也。**暑氣多夭，**夭折不終也。**寒氣多壽，谷氣多痹，丘氣多狂，**○王念孫云：狂當爲尩。說文：「尢，跛曲脛也。从大，象偏曲之形。」古文作尩。一切經音義十八引蒼頡篇曰：「痹，手足不仁也。」痹與尩皆肢體之疾，故連類而及之，若狂則非其類矣。篆書尩、狂二字相似，隸書亦相似，故尩誤爲狂。天官書正義、太平御覽引此作狂，亦傳寫之誤。酉陽雜俎正作尩。吕氏春秋盡數篇「輕水所多禿與癭人，重水所多尰與躄人，苦水所多尩與傴人」，癭、尰、尩、傴四字皆與此篇同。**衍氣多仁，**下而污者爲衍也。○莊逵吉云：御覽衍作廣，注云：「下而平者爲廣也。」**陵氣多貪，輕土多利，重土多遲，**利，疾也。**清水音小，濁水音大，**音，聲也。**湍水人輕，遲水人重，**湍，急流悍水也。**中土多聖人。皆象其氣，皆應其類。故南方有不死之草，北方有不釋之冰，**南方温，故草有不死者。北方寒，故冰有不泮釋者。○文典謹按：御覽六十八引，南方作淮海。意林引注云：「寒温異也。」疑皆據許本也。**東方有君子之國，**東方木德仁，故有君子之國。其人衣冠帶劍食獸，使二文虎也。○莊逵吉云：說文解字曰：「東夷從大，大人也。夷俗仁，仁者壽，有君子不死之國。」卽與此解同。**西方有形殘之尸。寢居直夢，人死爲鬼，**西方金，金斷割攻戰之事，有形殘之尸也。寢，寐也。居，處也。金氣方剛，故其寢寐處夢，悟如其夢，故曰直夢。不終其命，死而爲鬼，能爲祆怪病人也。一說曰：形殘之尸于是以兩乳爲目，腹臍爲口，操干戚以舞，天神斷其手，後天帝斷其首也。以無夢，故曰寢居直夢。○莊逵吉云：一説卽山海經之形天也。古聲天、殘相近。**磁石上飛，雲母來水，土龍致雨，燕鴈代飛，**湯遭旱，作土龍以象龍。雲從龍，故致雨也。燕，玄鳥也，春分而來，鴈春分而北詣漠中也；燕秋分而去，鴈秋分而南詣彭蠡也；故曰代飛。代，更也。○莊逵吉云：御覽引許眘注：「湯遭旱，作土龍以象雲龍。」卽此注而小異。○陶方琦云：初學記一、白帖二、御覽十一、歲華紀麗二注引許注「湯遭旱，作土龍以象雲從龍也。」按：此亦疑許説羼入高注本，故同。桓子新論：「問求雨所以爲土龍者，何也？曰：龍見者，輒有風雨興起以送迎之，故緣其象類而爲之。」論衡亂龍篇：「董仲舒申春秋之雩，謂土龍以招雨，其意以雲龍相致。易曰：『雲從龍。』以類求之，故設土龍。」許注謂湯時事，必係古説。又御覽九百四十二引「燕雁代飛」許注云：「燕春南而雁秋北。」文選江淹雜體詩注引敚一秋字，義固未足，然御覽加一雁字，義又未安。當是「燕春南而秋北，雁春北而秋南。」管子：「桓公曰：鴻雁春北而秋南，不失其時。」文亦相類。**蛤蠏珠龜，與月盛衰。**與，猶隨也。**是故堅土人剛，弱土人肥；**○俞樾云：下文「壚土人大，沙土人細；息土人美，秏土人醜」，大與細對，美與醜對。剛與肥則不對矣。肥當作脃。廣雅釋詁：「脆，弱也。」脆卽脃之俗體。堅土人剛，弱土人脃，正相對成義。家語執轡篇作「堅土之人剛，弱土之人柔」，柔亦脃也。**壚土人大，沙土人細；**壚，讀纑繩之纑。細，小也。**息土人美，秏土人醜。食水者善游能寒，**魚鼈鶩鷺之屬是也。○陶方琦云：意林引許注：「魚是也。」當是高承許注。○文典謹按：

能，讀曰耐。漢書趙充國傳「漢馬不能冬」，師古曰「能，讀曰耐」，是其比也。家語執轡篇正作耐。

食土者無心而慧，蚯蚓之屬是也。○俞樾云：蚯蚓之屬，何慧之有？大戴記易本命篇作「無心而不息」，盧辯注曰：「蚯蚓之屬不氣息也。」此文慧字疑亦不息二字之誤。○文典謹按：家語執轡篇與大戴禮同。御覽九百四十四引作「食土者無心不惠」。（惠、慧古通。）俞説近塙。○陶方琦云：意林引許注：「蚯蚓是也。」此高承用許注。

食木者多力而㚇，熊羆之屬是也。㚇，煩腸黄理也。㚇，讀「内㚇于中國」之㚇，近鼻也。○陶方琦云：意林引許注：「熊羆是也。」此亦高承用許注。○文典謹按：御覽九百五十二引㚇作惡，引注羆作犀。

食草者善走而愚，麋鹿之屬是也。○陶方琦云：意林引許注：「麋鹿是也。」亦是高承用許注。

食葉者有絲而蛾，蠶是也。○王念孫云：食葉本作食桑。後人以蟲之食葉者多化爲蛾，故改食桑爲食葉。不知正文本作食桑，故高注專訓爲蠶。若作食葉，則與高注不合矣。爾雅「蛓羅」，郭璞曰蠶蛾。説文：「蝥蠶化飛蟲。」或作蛓。是古人言蛾者，多專指蠶蛾言之，故曰「食桑者有絲而蛾」，故高注專訓爲蠶也。大戴禮易本命篇、家語執轡篇並作食桑，太平御覽資産部五蠶下引淮南亦作食桑，意林及藝文類聚蟲豸部並同。○文典謹按：上文「食木者」、「食草者」，下文「食肉者」、「食穀者」，木也，草也，肉也，穀也，皆共名也，此似不應獨舉專名曰「食桑者」。蟲之食葉者多化爲蛾，此生民之所共見，且據藝文類聚高注實作「蠶屬是也」，此「蠶是也」乃許注也。既曰「蠶屬」，則非專訓爲蠶可知，王説泥矣。

食肉者勇敢而悍，虎豹鷹鸇之屬是也。○陶方琦云：意林引許注作「虎豹是也」。**食氣**

者神明而壽，仙人松、喬之屬是也。○陶方琦云：意林引許注：「龜蛇之類，王喬、赤松是也。」食穀者知慧而夭，○陶方琦云：意林引許注：「人是也。」高無注，乃敓文也。不食者不死而神。凡人民禽獸萬物貞蟲，各有以生，貞蟲，諸細要之屬也。或奇或偶，或飛或走，莫知其情。唯知通道者，能原本之。

天一地二人三，一，陽；二，陰也。人生於天地，故曰三也。三三而九。九九八十一，一主日，日數十，十，從甲至癸也。日主人，人故十月而生。八九七十二，二主偶，偶以承奇，奇主辰，辰主月，月主馬，馬故十二月而生。七九六十三，三主斗，斗主犬，犬故三月而生。六九五十四，四主時，時主彘，彘故四月而生。五九四十五，五主音，音主猿，猿故五月而生。四九三十六，六主律，律主麋鹿，○莊逵吉云：大戴禮記作禽鹿。麋鹿故六月而生。三九二十七，七主星，星主虎，虎故七月而生。二九十八，八主風，風主蟲，蟲故八月而化。

鳥魚皆生於陰，陰屬於陽，○王念孫云：下陰字蒙上而衍。此謂鳥魚皆屬於陽，非謂陰屬於陽也。大戴禮、家語並作「鳥魚皆生於陰而屬於陽」，盧辯曰：「生於陰者，謂卵生也。屬於陽者，謂飛游於虚也。」則無下陰字明矣。文選辯命論注、太平御覽羽族部一引淮南皆無下陰字。故鳥魚皆卵生。魚游於水，鳥飛於雲，故立冬燕雀入海，化爲蛤。○莊逵吉云：大戴禮記蛤作蚧。**萬物之生而各異類：蠶食而不飲，蟬飲而不食，蜉蝣不飲不食，**○莊逵吉云：盧辯注大戴禮記引本書云：「蠶食而不飲，三十二日而化。蟬飲而不食，三十日而死。蜉蝣不飲不食，三日而終。」**介鱗者夏食而冬蟄。**介，甲，龜鼈之屬也。鱗，魚龍之屬。**齕吞者八竅而卵生，**鳥魚之屬。**嚼咽者九竅而胎生。四足者無羽翼，戴角者無上齒；無角者膏而無前，**膏，豕也，熊猿之屬。無前，肥從前起也。**有角者指而無後。**指，牛羊麋之屬。無後，肥從後起也。○莊逵吉云：指應作脂，見周禮注，所謂「戴角者脂，無角者膏」是也。又王肅家語注引本書，正作脂。○文典謹按：莊校是也。御覽八百六十四、八百九十九引，指並作脂。說文肉部：「戴角者脂，無角者膏。」一切經音義引三倉：「有角曰脂，無角曰膏。」皆其證。又「無前」、「無後」，義不可通，無疑當作兑，始譌爲无，傳寫又爲無耳。御覽八百九十九引，正作「兑前」、「兑後」，又引注云：「豕馬之屬前小，牛羊後小。」是其證矣。前小即兑前，後小即兑後也。**晝生者類父，夜生者似母。至陰生牝，至陽生牡。夫熊羆蟄藏，飛鳥時移。是故白水宜玉，黑水宜砥，**砥則皁石也。**青水宜碧，赤水宜丹，黄水宜金，清水宜龜；汾水濛濁而宜麻，濟水通和而宜麥，河水中濁而宜菽，**○王念孫云：中濁二字，義不相屬。濁本作調，中調猶中和也。上文曰「濟水通和而宜麥」，義與此相近，今作中濁者，涉上文「汾水濛濁」而誤。（禮書引此已誤。）後漢書馮衍傳注引此作「河水調宜菽」，太平御覽百穀部五引此作「河水中調而宜菽」。**雒**

水輕利而宜禾，渭水多力而宜黍，漢水重安而宜竹，○王念孫云：太平御覽地部二十三、二十七引此，竹下皆有箭字，今本脱之。（禮書引此已無箭字。）古人言物産者多並稱竹箭，故曰「漢水重安而宜竹箭」。周官職方氏曰：「其利金錫竹箭。」楚語曰：「楚有藪曰雲連、徒洲，金木竹箭之所生。」皆是也。江水肥仁而宜稻。平土之人，慧而宜五穀。

東方川谷之所注，日月之所出，其人兑形小頭，隆鼻大口，鳶肩企行，竅通於目，筋氣屬焉，蒼色主肝，長大早知而不壽；其地宜麥，多虎豹。南方陽氣之所積，暑濕居之，其人修形兑上，大口決胔，○王念孫云：胔當爲眦，字之誤也。説文：「眥，目厓也。」鄭注鄉射禮曰：「決，猶開也。」開眦謂大目也。大口、決眦意相近。（曹植鼙舞歌曰：「張目決眥。」）太平御覽人事部四引此正作眦。竅通於耳，血脉屬焉，赤色主心，早壯而夭；其地宜稻，多兕象。西方高土，川谷出焉，日月入焉，其人面末僂，修頸卬行，竅通於鼻，末，猶脊也。○俞樾云：高注曰：「末，猶脊也。」然則末僂者，謂其脊句僂也。末上不當有面字，疑是衍文。又按莊子外物篇「末僂而後耳」，釋文引李云：「末，上，謂頭前也。」蓋訓末爲上，又以上爲頭，故以末僂爲頭前。此説末字之義較合。説文木部「木上爲末」，故人亦以上爲末矣。皮革屬焉，白色主肺，勇敢不仁；其地宜黍，多旄犀。旄，讀近綢繆之繆，急氣言乃得之。○莊逵吉云：何休注公羊傳、劉熙釋名並有急氣籠口讀字之説，蓋當時有其法，卽開魏音反語、周沈切韻之漸矣。北方幽晦不明，天之所閉也，寒水之所積也，○王念孫云：寒水當爲寒冰，字之誤也。上文「北方曰積冰」，高注曰「北方寒，冰所積，因名爲積冰」是也。太平御覽引此，正作寒冰。蟄蟲之所伏也，其人翕形短頸，大肩下尻，竅通於陰，骨幹屬焉，黑色主腎，其人惷愚，惷，讀人謂惷然無知之惷也，籠口言乃得。禽獸而壽；○王念孫云：自「翕形短頸」以下六句，皆承上「其人」二字言之，則「惷愚」上不當更有「其人」二字。上文東方、南方、西方皆無此二字，此卽因上文「其人翕形」而誤衍也。（太平御覽引此已誤。）又按：禽獸二字，妄人所加也。「惷愚而壽」與上文「早知而不壽」，文正相對，加入禽獸二字，則文不成義矣。太平御覽引無此二字。其地宜菽，菽，豆也。多犬馬。傳曰：「冀之北土，馬之所生。」言燕、代出馬也。中央四達，風氣之所通，雨露之所會也，其人大面短頤，美須惡肥，竅通於口，膚肉屬焉，黃色主胃，慧聖而好治；其地宜禾，多牛羊及六畜。

木勝土，土勝水，水勝火，火勝金，金勝木，故禾春生秋死，禾者木，春木王而生，秋金王而死。菽夏生冬死，豆，火也，夏火王而生，冬水王而死。麥秋生夏死，麥，金也，金王而生，火王而死也。薺冬生中夏死。薺，水也，水王而生，土王而死也。○王念孫云：此本作「薺冬生而夏死」，後人以薺死於中夏，因改爲中夏。不知上文「禾春生秋死」，「菽夏生冬死」，「麥秋生夏死」，皆但言其時而不言其月，薺亦然也。藝文類聚草部下、太平御覽百穀部一、菜部五引此，並作「薺冬生而夏死」。木壯水老火生金囚土死，火壯木老土生水囚金死，土壯火老金生木囚水死，金壯土老水生火囚木死，水壯金老木生土囚火死。音有五聲，宫其主也。五聲，宫、商、角、徵、羽也。在中央，故爲主。色有五章，黄其主也。味有五變，甘其主也。位有五材，土其主也。是故鍊土生木，鍊木生火，鍊火生雲，雲，金氣所生也。鍊雲生水，鍊水反土。◎文典謹按：御覽八百六十九引，作「鍊水生土」。鍊甘生酸，鍊酸生辛，鍊辛生苦，鍊苦生鹹，鍊鹹反甘。鍊，猶治也。變宫生徵，變徵生商，變商生羽，變羽生角，變角生宫。變，猶化也。是故以水和土，以土和火，以火化金，以金治木，木復反土。五行相治，所以成器用。土，本也，故曰五行相生，以成器用。

凡海外三十六國：◎王引之云：論衡無形、談天二篇並作三十五國，今麻數下文，自脩股民至無繼民，實止三十五國，六字誤也。自西北至西南方，有修股民、天民、肅慎民、修，長也。股，脚也。天民、肅慎，皆有國名也。傳曰：「肅慎、燕、亳吾北土。」是云西方，黨獨西方之國自復有之耶？一曰：肅，敬也。慎，畏也。白民、沃民、女子民、丈夫民、白民，白身民，被髮，髮亦白。女子民，其貌無有須，皆如女子也。丈夫民，其狀皆如丈夫，衣黄衣冠帶劒。皆西方之國也。奇股民、一臂民、三身民。奇，隻也。股，脚也。言其人一臂一手一鼻孔也。三身民，蓋一頭有三身。皆西方之國也。自西南至東南方，結胷民、羽民、讙頭國民、裸國民、三苗民、交股民、不死民、穿胷民、反舌民、三苗，國名也，在豫章之彭蠡。交股民，脚相交切。不死民，不食也。穿胷，胷前穿孔達背。反舌民，語不可知而自相曉。一説：舌本在前，反向喉，故曰反舌也。南方之國名也。豕喙民、鑿齒民、三頭民、修臂民。豕喙民，其喙如豕。鑿齒民，吐一齒出口下，長三尺也。三頭民，身有三頭也。修臂民，一國民皆長臂，臂長於身。皆南方之國也。自東南至東北方，有大人國、君子國、東南壚土，故人大也。君子國，已説在上章也。黑齒民、玄股民，其人黑齒，食稻啖蛇，在湯谷上。玄股民，其股黑，兩鳥夾之，見山海經也。○陶方琦云：文選海賦注引許注：「其民不衣也，其民黑齒也。」按：「其人黑齒」，此許與高同本海外東經之説，或許注羼入高注中者。海外東經黑齒國，郭注引東夷傳曰：「倭國東四十餘里有裸國，裸國東南有黑齒國，船行一年可至。」王逸楚辭招魂注：「黑齒，齒牙盡黑。」齊俗訓（無「題篇」字，乃許注本。）「雖之夷狄徒倮之國」，許注：「徒倮，不衣也。」與此注同。毛民、勞民。其人體半生毛，若矢鏃也。勞民，正理躁擾不定也。皆東方國也。自東北至西北方，有跂踵民、句嬰民、跂踵，民踵不至地，以五指行也。句嬰，讀爲九嬰。北方之國也。○莊逵吉云：古句、九同聲，故齊桓公九合即糾合，此讀句爲九之證。深目民、無腸民、柔利民，皆北方之國也。一目民、無繼民。一目民，目在面中央。無繼民，其人蓋無嗣也。北方之國也。○莊逵吉云：無繼即無脊，脊與繼通用字。

行九野，在無繼民之南。硥，讀如蚌也。硥魚在其南。硥魚，如鯉魚也，有神聖者乘夜行。有神二人連臂爲帝候夜，在其西南方。連臂大呼夜行。三珠樹在其東北方，有玉樹在赤水之上。昆侖、華丘在其東南方，在無繼民之東南也。爰有遺玉、○莊逵吉云：遺玉，説文解字作璗玉。青馬、視肉、其人不知言也。楊桃、甘樝、甘華，百果所生。皆異物也。在木曰果，在地曰蓏。○劉績云：華丘疑䠩丘之誤。䠩音嗟。山海經：「䠩丘，爰有遺玉、青鳥、視肉、楊柳、甘柤、甘華，百果所生。」○王念孫云：此海外東經文也。䠩與華，形聲皆不相近，若本是䠩字，無緣誤爲華。今案：華字當是苹字之誤。苹與平古字通。（堯典「平秩東作」，馬融本平作苹。周官車僕「苹車之萃」，故書苹作平。説文「蒻，蒲子，可以爲平席」，王肅注顧命作苹席。）海外北經曰：「平丘在三桑東，爰有遺玉、青鳥、視肉、楊柳、甘柤、甘華，百果所生。」此淮南所本也。隸書華字或作𦻏，（見漢北海相景君碑陰。）又作華，（見桐柏淮源廟碑。）並與苹相似，故苹誤爲華矣。（説文「蒻，蒲子，可以爲平席」，文選秋興賦注引作「華席」，亦是平通作苹，因誤爲華也。史記禮書「大路越席」，正義：「越席謂蒲爲華席。」亦是苹席之誤。）○陶方琦云：此許注羼入高注中者。時則訓「果實蚤成」，高注：「有覈曰果，無覈曰蓏。」其注吕覽本味篇説亦同。説文蓏字下云：「在木曰果，在地曰蓏。」説正同。幸有左證，方能别而出之。和丘在其東北陬，四方而高曰丘。鸞所自歌，鳳所自舞，故曰和丘。在無繼民東北陬也。

三桑、無枝在其西，夸父、耽耳在其北方。耽耳，耳垂在肩上。耽，讀褶衣之褶。或作攝，以兩手攝耳，居海中。○王念孫云：褶、攝二字，聲與耽不相近，耽字無緣讀如褶，亦無緣通作攝也。耽皆當爲耴。今作耽者，後人以意改之耳。説文：「耴，耳垂也。從耳下垂，象形。春秋傳曰秦公子耴。耴者，其耳下垂，故以爲名。」玉篇豬涉切。是耳下垂謂之耴。故高注云「耴耳，耳垂在肩上」。廣韻「耴耳，國名」，正謂此也。（春秋鄭公子輒字子耳，義與耴亦相近。）字或作聶，海外北經云：「聶耳之國在無腸國東，爲人兩手聶其耳，縣居海水中。」卽高注所云「以兩手聶耳，居海中」者也。耴與聶聲相近，故海外北經作聶。耴與褶、攝聲亦相近，故高讀耴如褶，而字或作攝。後人多見耽，少見耴，又以説文云「耽，耳大垂也」，故改耴爲耽，而不知其與高注大相抵牾也。夸父棄其策，是爲鄧林。夸父，神獸也，飲河、渭不足，將飲西海，未至，道渴死。見山海經。策，杖也，其杖生木而成林。鄧，猶木也。一曰：仙人也。○陶方琦云：文選潘岳西征賦注引許注：「策，杖也。」按：此亦許注羼入高注中者。莊子齊物論司馬注：「策，杖也。」昆吾丘在南方。昆吾，楚之祖祝融之孫，陸終之子，爲夏伯也。詩云「昆吾夏桀」也。軒轅丘在西方。軒轅，黄帝有天下之號也。巫咸在其北方，巫咸，知天道，明吉凶。立登保之山。暘谷、榑桑在東方。暘谷，日之所出也。榑桑，在登保之山東北方也。有娀在不周之北，長女簡翟，少女建疵。有娀，國名也。不周，山名也。娀，讀如嵩高之嵩。簡翟、建疵姊妹二人在瑶臺，帝嚳之妃也。天使玄鳥降卵，簡翟吞之以生契，是爲玄王，殷之祖也。詩云「天命玄鳥，降而生商」也。西王母在流沙之瀕。地理志曰：西王母石室，在金城臨羌西北塞外。樂民、拏閭在昆侖弱水之洲。水中可居曰洲。三危在樂民西。三危，西極之山名也。宵明、燭光在河洲，所照方千里。洲，水中所居者。燭光所照者方千里。龍門在河淵。湍池在昆侖。龍門在河中馮翊夏陽界。玄燿、不周、玄燿，水名。一曰山名。申池在海隅。海隅，藪也。孟諸在沛。孟諸，宋澤也，在睢陽東北。少室、太室在冀州。少室、太室在陽城，嵩高山之別名。冀，堯都冀州，冀爲天下之號也。燭龍在雁門北，蔽于委羽之山，不見日，其神人面龍身而無足。蔽，至也。委羽，北方山名也。一曰：龍銜燭以照太陰，蓋長千里，視爲晝，瞑爲夜，吹爲冬，呼爲夏。○陶方琦云：初學記三、御覽九百二十九引許注：「不見日，故龍以目照之，蓋長千里。開爲晝，（御覽引開仍作視字。）瞑爲夜，吹爲冬，呼爲夏。」按：許注亦本海外北經說也。海外北經作：「鍾山之神名燭陰，視爲晝，瞑爲夜，吹爲冬，呼爲夏。」御覽引括地志亦同。又大荒北經章尾山「是燭九陰，是謂燭龍。」郭注引「詩含神霧：『天不足西北，無有陰陽消息，故有龍銜精以照天門。』淮南子曰『蔽于委羽之山，不見天日』也。」○文典謹按：文選謝靈運擬魏太子鄴中集詩注引，蔽作第，注同。后稷壠在建木西，建木在都廣。都廣，南方澤名。說其山，說其澤。壠，冢也。其人死復蘇，其半魚，在其間。南方人死復生，或化爲魚，在都廣建木間。流黃、沃民在其北方三百里，狗

國在其東。雷澤有神，龍身人頭，鼓其腹而熙。雷澤，大澤也。鼓，擊也。熙，戲也。地理志曰：禹貢雷澤在濟陰城陽西北，城陽有堯塚。

江出岷山，東流絶漢入海，左還北流，至于開母之北，右還東流，至于東極。岷山在蜀西徼外。絶，猶過也。開母，山名，在東海中。**河出積石。**河原出昆侖，伏流地中方三千里，禹導而通之，故出積石。積石山在金城郡河關縣西南。**睢出荆山。**荆山在左馮翊懷德縣之南，下有荆漂原，雝州浸也。○莊逵吉云：「睢出荆山」，「睢」字誤，當爲「洛」。古字作雒，故誤爲睢也。荆漂原當卽彊梁原，古字荆、彊相通，漂、梁則字之誤也。孫編修謂：梁古文作桼，形與漂近，後人多見漂，少見桼，因之而亂耳。○王念孫云：水經沮水注曰：「沮水出東汶陽郡沮陽縣西北景山，卽荆山首也。（中山經：「荆山之首曰景山，睢水出焉，東南流注于江。」）故淮南子曰：沮出荆山。高誘云：荆山在左馮翊懷德縣。蓋以洛水有漆、沮之名故也。斯繆證耳。」案：此所謂沮水，乃江、漢、睢、漳之睢，非漆、沮之沮，所謂荆山，乃禹貢南條荆山，非北條荆山，故酈氏以高注爲繆證。莊伯鴻欲改睢爲洛，以合高注，不知洛水過荆山入渭，（地理志：左馮翊懷德，禹貢北條荆山在南，下有彊梁原，洛水東南入渭。）則不得言洛出荆山，且下文明言洛出獵山，何不察之甚也！**淮出桐柏山。睢出羽山。**桐柏山在南陽。**清漳出楬戾。濁漳出發包。**楬戾山在上黨治。發包山一名鹿苦山，亦在上黨長子。二漳合流，經魏郡入清河也。○莊逵吉云：錢別駕云：鹿苦，地理志作鹿谷，苦字誤，應作谷。清漳，説文解字以爲出沾山大要谷，地理志以爲出大沁水所出之山爲清漳所出耳。發包，水經作發鳩，古字鳩或爲勼，勼與包形近，亦聲同，因字因聲，故亦通用。楬、謁亦同。**濟出王屋。時、泗、沂出臺、台、術。**王屋山在河東垣縣東北。時、泗、沂皆水名，臺、台、術皆山名，處則未聞也。**洛出獵山。**獵山在北地西北夷中，洛東南流入渭，詩「瞻彼洛矣，維水泱泱」是也。**汶出弗其，西流合於濟。**弗其山在北海朱虛縣東。○莊逵吉云：弗其，地理志作不其，弗、不通用。○王引之云：水經汶水注曰：「按誘説是乃東汶，非經所謂入濟者也，蓋其誤證爾。」今案：漢書地理志琅邪郡朱虛「有東泰山，汶水所出，東至安丘入維」，此高注所本也。其水入維不入濟，故酈氏以爲誤證。地理志又曰：「泰山郡萊蕪有原山，禹貢汶水出西南，（句。）入泲。（古濟字。）」此則淮南之汶矣。汶出原山，而此云出弗其者，弗其蓋原山之别名。淮南與地理志似異而實同也。禹貢錐指因高注誤證，而並以淮南爲誤，則過矣。弗其卽是原山，在萊蕪縣，與不其縣之不其山名相似而地則不同，莊氏伯鴻以爲卽不其山，謬矣。○俞樾云：説文水部汶水「出琅琊朱虛東泰山，東入濰」，又曰：「桑欽説，汶水出泰山萊蕪，西南入泲。」是汶水有二，一入濰，一入泲，泲卽濟也。高注曰：「弗其山在北海朱虛縣東。」是誤以入濰之汶説入濟之汶，王氏讀書雜志已辯正矣。惟弗其之名，未能塙指。漢書地理志曰：「泰山郡萊蕪有原山，禹貢汶水出西南入泲。」今原山在山東泰安府萊蕪縣東北七十里，亦名馬耳山。弗其二字，疑卽馬耳之誤。弗與馬，其與耳，字形皆相似。○文典謹按：西流合於濟，各本皆作流合於濟，攷西字，今據水經注所引補。**漢出嶓冢。涇出薄落之山。**嶓冢山，漢陽縣西界，漢水所出，南入廣漢，東南至雝州入江。薄落之山，一名笄頭山，安定臨涇縣西，禹貢涇水所出，東南至陽陵入渭。**渭出鳥鼠同穴。伊出上魏。**鳥鼠同穴山在隴西首陽西南，渭水所出，東會于灃，又入河，雝州川也。上魏，山名，處則未聞。○莊逵吉云：渭水，諸書皆作雍州浸，唯此書與周書作川。**雒出熊耳。**熊耳山在京師上雒西北也。**浚出華竅。維出覆舟。汾出燕京。**燕京，山名也，在太原汾陽，汾水所出，西南至汾陽，冀州浸。○莊逵吉云：山海經、水經皆云汾出管涔山，古字燕管、京涔聲近通用。**衽出濆熊。淄出目飴。**目飴，山名。**丹水出高褚。**高褚一名冢嶺山，在京兆上雒，丹水所出，東至均入沔也。○劉績云：冢領山在陜西西安府商縣南，丹水出於此，東流至河南内鄉縣，與淅水合流入漢江，非此所謂丹水也。高褚恐高都之譌，漢上黨高都縣莞谷，丹水所出，東南入絶水。（見地理志。）今山西澤州高平卽高都，有丹水源出仙公山，南流合白水入沁河，此丹水是。○王念孫云：劉説是也。北山經曰：「沁水之東有林焉，名曰丹林，丹水出焉。（舊本作「丹林之水」，衍「林之」二字，今依水經注删。）南流注于沁。」（舊本作「注于河」，涉上文「沁注于河」而誤，今依水經注改。）水經沁水注曰：「丹水出上黨高都縣故城東北阜下，東會絶水，又東南流，白水注之，又東南流注於沁。」竹書紀年「晉出公五年，丹水三日絶不流」，皆謂此丹水也。漢高都故城在今澤州府鳳臺縣東北，此作高褚，豈都字古通作諸，因誤爲褚與？**股出嶕山。**○王引之云：徧考地理書，無股水之名。股疑當爲般。隸書舟字多作月，故般誤爲股。（漢巴郡太守張納功德敍「般桓弗就」，司隸校尉魯峻碑陰「平原般」，並作股，與股相似。爾雅釋水「鉤般」，釋文：「般，李本作股。」）漢書地理志濟南郡般陽，應劭曰：「在般水之陽。」水經濟水注曰：「般水出般陽縣東南龍山，俗亦謂之爲左阜。」龍山蓋嶕山也，古今異名耳。**鎬出鮮于。涼出茅盧、石梁。**鎬、鮮于、茅盧、石梁，皆山名也。◯莊逵吉云：郭璞山海經注引此，作「薄出鮮于」。◯劉績云：鎬、薄必有一誤。◯王引之云：北山經薄水注引此文，則薄非誤字可知。鎬與薄形聲皆不相似，薄字亦無緣誤爲鎬。蓋鎬字下有出某山之文，而今脱之，「薄出鮮于」又脱薄字，故混爲一條耳。**汝出猛山。淇出大號。**猛山一名高陵山，在汝南定陵縣，汝水所出，東南至新蔡入淮。大號山在河内共縣北。或曰在臨慮西。◯莊逵吉云：河内共縣，諸本及藏本皆作卬，攷河内無卬縣，當作共，故改之。**晉出龍山結給，合出封羊。**結給合一名也龍山，在晉陽之西北，晉水所出，東入汾。封羊，山名。◯王引之云：「晉出龍山結給」當作「晉出結紬」。龍山二字，因注而衍。紬字右畔作合，則因下句「合出封羊」而誤。注當作「結紬山一名龍山」。今本作結給，亦隨正文而誤，又脱山字，衍合字、也字耳。水經晉水注曰：「晉書地道記及十三州志並言晉水出龍山，一云出結紬山，在晉陽縣西北。」太平御覽地部十引郡國志曰：「懸甕山一名龍山，亦名結紬山，晉水出焉。」是結紬山乃晉水所出，故曰「晉出結紬」，結紬疊韻字，（結古讀若吉。）若作結給，則失其韻矣。且龍山即是結紬，不得並言「龍山結紬」也。注言「結紬山一名龍山」者，猶上注言「發包山一名鹿谷山」，

「薄落之山一名笄頭山」，「猛山一名高陵山」。其云一名某山，乃高以當時山名釋之，不得闌入正文。**遼出砥石。**砥石，山名，在塞外，遼水所出，南入海。**釜出景。**景山在邯鄲西南，釜水所出，南澤入漳，其原浪沸湧，正勢如釜中湯，故曰釜，今謂之釜口。**岐出石橋。呼沱出魯平。**魯平，山名。呼沱，并州之浸也，今中山漢昌呼沱河是。○莊逵吉云：孫編修云：「魯平疑當作魯乎，此山亦名武夫，古聲武魯、夫乎相近。又攷山海經名之爲泰戲，戲聲亦與乎夫近，皆通用字。」**泥塗淵出樠山。**樠，讀人姓樠氏之樠。**維濕北流出於燕。**流於北燕，北塞外也。○莊逵吉云：錢別駕云：「維濕」，濕字當作灅。灅水出右北平浚靡縣，東南至無終入庚，庚水至雍奴入海。出地理志。卽經流燕京之水也。若濕出平原、高唐，與此不涉，非是。

諸稽、攝提，條風之所生也；諸稽、攝提，天神之名也。艮爲條風。**通視，明庶風之所生也；**通視，天神也。明庶風，震卦之所生也。**赤奮若，清明風之所生也；**赤奮若，天神也。巽爲清明風也。**共工，景風之所生也；**共工，天神也，人面蛇身。離爲景風。**諸比，涼風之所生也；**諸比，天神也。坤爲涼風。**皐稽，閶闔風之所生也；**皐稽，天神也。兑爲閶闔風。**隅强，不周風之所生也；**隅强，天神也。乾爲不周風。**窮奇，廣莫風之所生也。**窮奇，天神也，在北方道，足乘兩龍，其形如虎。坎爲廣莫風。

穸生海人，穸，人之先人。○俞樾云：下文又曰「凡穸者生於庶人」，兩穸字皆胈字之誤。

史記司馬相如傳「躬腠胝無胈」，韋昭曰：「胈，戚中小毛也。」漢書相如傳注引孟康曰：「胈，毳膚皮也。」然則「凡胈者生於庶人」與下「凡羽者生於庶鳥」、「凡毛者生於庶獸」、「凡鱗者生於庶魚」、「凡介者生於庶龜」一律。人以胈言，猶鳥獸魚龜以羽毛鱗介言也。其字本从肉，傳寫誤从穴，後人以从穴之字多上形下聲，因變爲窔矣。管子侈靡篇有鵙字，卽寫字之誤。墨子備城門篇有臏字，卽竇字之誤。説見本書。彼蓋先誤穴爲肉，後人以从肉之字多左形右聲，因變爲鵙、爲臏，與此正可互證也。道藏本作「凡容者生於庶人」，則與「窔生海人」不相應，卽與下文羽毛鱗介不一律矣。又按：「窔生海人」，窔下脱一字，説詳下條。海人生若菌，菌，讀羣下之羣。若菌生聖人，聖人生庶人，凡窔○莊逵吉云：此字藏本作容，恐非，是故從各本仍作窔。者生於庶人。羽嘉生飛龍，飛龍、羽嘉，飛蟲之先。飛龍有翼。○文典謹按：御覽九百十四引注「飛龍有翼」作「蜚龍，龍之有羽者」。飛龍生鳳皇，鳳皇生鸞鳥，鸞鳥生庶鳥，凡羽者生於庶鳥。毛犢生應龍，應龍生建馬，建馬生麒麟，麒麟生庶獸，凡毛者生於庶獸。介鱗生蛟龍，介鱗，鱗蟲之先。蛟龍，有鱗甲之龍也。○俞樾云：蛟龍乃鱗蟲，非介蟲也，不當兼言介。上文「羽嘉生飛龍」，「毛犢生應龍」，下文「介潭生先龍」，曰羽嘉，曰毛犢，曰介潭，是羽、毛、介各有一字以配之，使成一名，則此文鱗下亦當有一字，傳寫脱去，又涉下文「介潭」而誤衍介字耳。以此推之，上文「窔生海人」，窔下亦必脱一字矣。蛟龍生鯤鯁，鯤鯁生建邪，建邪生庶魚，凡鱗者生於庶魚。介潭生先龍，介，國也，鼂之先。潭，讀譚國之譚。先龍生玄黿，玄黿生靈鼂，靈鼂生庶鼂，凡介者生於庶鼂。煖濕生容，煖，一讀暵，當風乾燥之貌也。煖濕生於毛風，毛風生於濕玄，濕玄生羽風，羽風生煗介，煗介生鱗薄，鱗薄生煖介。五類雜種興乎外，肖形而蕃。肖，像也，言相代象而蕃多也。日馮生陽閼，日馮，木之先也。陽閼生喬如，喬如生榦木，榦木生庶木，凡根拔木者生於庶木。〇王念孫云：根拔二字，涉下文「根茇草」而誤衍也。下文言「根茇草」者，對後「浮生不根茇者」而言。若木則皆有根茇，不必別言之曰「根拔木」也。「凡木者生於庶木」，與上文「凡羽者生於庶鳥」、「凡毛者生於庶獸」、「凡鱗者生於庶魚」、「凡介者生於庶鼂」，文同一例，不當有根拔二字也。又下文「根拔生程若，程若生玄玉，玄玉生醴泉，醴泉生皇辜，皇辜生庶草，凡根茇草者生於庶草」，高注「根拔生程若」曰：「根拔，根生草之先也。」（今本草之二字誤倒，據下注「浮生草之先」改。）案：根拔皆當作招摇，今作根拔者，亦因下文「根茇草」而誤。根茇草生於庶草，由庶草而上溯之，至於程若，是程若爲根茇草之先，不得言「根拔生程若」也。酉陽雜俎廣動植篇作「招摇生程若」，以下六句皆本淮南，則根拔爲招摇之誤，明矣。根拔生程若，根拔，根生之草先也。程若生玄玉，玄玉生醴泉，醴泉生皇辜，皇辜生庶草，凡根茇草者生於庶草。海閭生屈龍，海閭，浮草之先也。屈龍，游龍，鴻也。詩云「隰有游龍」，言屈，字之誤。屈龍生容華，容華，芙蓉草花。容華生蔈，蔈，流也，無根水中草。**蕈生萍藻，萍藻生浮草，凡浮生不根茇者生於萍藻。**○王念孫云：三萍字皆後人所加。（埤雅引此已誤。）蕈一作藻，萍一作蓱，吕氏春秋季春篇注曰：「萍，水藻也。」（今本藻誤作藻。）爾雅釋草注曰：「水中浮蓱，江東謂之藻。」則蕈卽是萍，不得言「蕈生萍藻」。且萍、藻爲二物，又不得言「萍藻生浮草」也。酉陽雜俎正作「蕈生藻，藻生浮草」。

正土之氣也御乎埃天，○莊逵吉云：御覽御作仰，下同。下有注云：「正土，中土也。其氣上曰埃。央，中天也。」○王念孫云：也字衍。下文「偏土之氣」四段，氣下皆無也字。太平御覽地部三十五引此亦無。**埃天五百歲生缺，**○莊逵吉云：御覽作砄，注云：「砄，石名也。中央數五，故五百歲而一化。」似與「黄金」下注語相亂。**缺五百歲生黄埃，黄埃五百歲生黄澒，**○王念孫云：此本作「埃天五百歲生缺缺，五百歲生黄澒」，其「生黄埃，黄埃五百歲」八字皆因上下文而誤衍也。（上文有「埃天」，下文有「黄泉之埃」。）下文「青天八百歲生青曾，青曾八百歲生青澒」，與此文同一例，（後二段並同。）則不當有「生黄埃」以下八字明矣。初學記寶器部、太平御覽珍寶部九引此，並云「玦五百歲生黄澒」。（又引注云：「玦，石也。」）御覽地部三十五引此云「埃天五百歲生砄，（又引注云：「砄，石名也。」玉篇：「砄音決，石也。」）砄五百歲生黄澒」，是其證。**黄澒五百歲生黄金，**黄金，石名也。中央數五，故五百歲而一化。澒，水銀也。**黄金千歲生黄龍，黄龍入藏生黄泉，**○莊逵吉云：御覽下有注云：「黄泉，黄龍之汋也。」**黄泉之埃上爲黄雲，陰陽相薄爲雷，激揚爲電，上者就下，流水就通，而合于黄海。黄海，中央之海。偏土之氣御乎清天，〇莊逵吉云：御覽下有注云：「偏土，方土也。」清天八百歲生青曾，〇莊逵吉云：御覽下有注云：「青曾，青石也。東方數八，故八百歲而一化。」亦與下注語相亂。〇王念孫云：清天當爲青天，謂東方天也。下清泉同。太平御覽地部引此正作青天、青泉。青曾八百歲生青澒，青澒八百歲生青金，青金八百歲生青龍，東方木，色青，其數八，故八百歲而一化。〇王念孫云：八百歲當爲千歲。上文「黄金千歲生黄龍」，即其證也。（後二段並同。）高注云：「東方木色青，其數八，故八百歲而一化。」此注本在上文「青澒八百歲生青金」之下，後誤入此句下，讀者因改千爲八百耳。太平御覽引此正作「青金千歲生青龍」。青龍入藏生青泉，青泉之埃上爲青雲，陰陽相薄爲雷，激揚爲電，上者就下，流水就通，而合于青海。東方之海。壯土之氣御于赤天，〇莊逵吉云：御覽引此，下有注云：「壯土，南方之土。」〇王念孫云：壯土當爲牡土。此對下文「北方土爲牝土」而言。壯字俗書作壮，與牡相似而誤。赤天七百歲生赤丹，〇莊逵吉云：御覽注云：「赤丹，砂也。南方數七，故七百歲而一化。」赤丹七百歲生赤澒，赤澒七百歲生赤金，南方火，其色赤，其數七，故七百歲而一化。〇莊逵吉云：御覽此下注云：「丹砂不化爲沙，而可以爲金，故氣赤澒也。」當有誤字，而無攷。赤金千歲生赤龍，赤龍入藏生赤泉，赤泉之埃上爲赤雲，陰陽相薄爲雷，激揚爲電，上者就下，流水就通，而合于赤海。南方之海。弱土之氣御于白天，○莊逵吉云：御覽下有注云：「弱土，西方土也。」白天九百歲生白礜，白礜九百歲生白澒，白澒九百歲生白金，白礜，礜石也。白澒，水銀也。西方金，色白，其數九，故九百歲而一化。白金千歲生白龍，白龍入藏生白泉，白泉之埃上爲白雲，陰陽相薄爲雷，激揚爲電，上者就下，流水就通，而合于白海。西方之海。牝土之氣御于玄天，○莊逵吉云：御覽下有注云：「牝土，北方土也。」玄天六百歲生玄砥，玄砥，黑石也。玄砥六百歲生玄澒，玄澒六百歲生玄金，北方水，其色黑，其數六，故六百歲而一化。玄金千歲生玄龍，玄龍入藏生玄泉，玄泉之埃上爲玄雲，陰陽相薄爲雷，激揚爲電，上者就下，流水就通，而合于玄海。北方之海。上者就下，天氣復從天流下也。其通流之水皆入于海也。

淮南鴻烈集解卷五

時則訓

則，法也，四時、寒暑、十二月之常法也，故曰「時則」，因以題篇。

孟春之月，招摇指寅，招摇，斗建。**昏參中，旦尾中。**參，西方白虎之宿也，是月昏時中於南方。尾，東方蒼龍之宿也，是月將旦時中於南方。**其位東方，其日甲乙，盛德在木，**太皞之神治東方也。甲乙，木日也。盛德在木，木王東方也。○莊逵吉云：「太皞之神治東方也」八字，藏本無之，明葉近山本有。據下孟夏、孟秋、孟冬注語，則有者是也，因從之。**其蟲鱗，其音角，**東方少陽，物去太陰。甲散，散爲鱗，鱗蟲龍爲之長。角，木也，位在東方也。○陶方琦云：文選宋玉對楚王問注引許注：「鱗，龍之屬也。」按：周禮大司徒「其動物宜鱗物」，鄭注：「鱗物，魚龍之屬。」**律中太蔟，其數八，**律，管音也。陰衰陽發，萬物太蔟地而生，故曰太蔟。其數八，五行數五，木第三，故曰八也。○文典謹按：注「萬物太蔟地而生」，太字疑衍。本書天文訓「音比太蔟」，注言「陰衰陽發，萬物蔟地而生，故曰太蔟」也。吕氏春秋孟春紀，高氏彼注：「太陰氣衰，少陽氣發，萬物動生，蔟地而出，故曰『律中太蔟』。」曰「蔟地而生」，曰「蔟地而出」，並無太字，是其證矣。**其味酸，其臭羶，**木味酸，酸之言鑽也，萬物鑽地而生。羶，木香羶。**其祀户，祭先脾。**

蟄伏之類始動，生出由户，故祀户也。脾屬土，陳設俎豆，脾在前也。春木勝土，言常食所勝也。一曰：脾屬木，自用其藏也。◎莊逵吉云：錢别駕云：説文解字肉部曰：「腎，水藏也。」「肺，金藏也。」「脾，土藏也。」「肝，木藏也。」皆無異義。唯心部曰：「人心，土藏，在身之中。博士説以爲火藏。」攷五經異義曰：「今尚書歐陽説：肝，木也。心，火也。脾，土也。肺，金也。腎，水也。古尚書説：脾，木也。肺，火也。心，土也。肝，金也。腎，水也。」案：月令春祭脾，夏祭肺，季夏祭心，秋祭肝，冬祭腎，與古尚書説同。鄭康成駁之曰：「月令祭四時之位與五藏上下之次，冬位在後腎在下，夏位在前而肺在上，春位小前故祭先脾，秋位小却故祭先肝。腎也、脾也，俱在鬲下，肺也、心也、肝也，俱在鬲上，祭者必三，故有先後焉，不與五行之氣同也。今醫病之法，以肝爲木，心爲火，脾爲土，肺爲金，則有瘳也。若反其説，不死爲劇。」鄭説與素問合，與古尚書異。説文解字既以心爲土藏，而與肉部不侔者，疑後人以博士説改之。博士者，漢之醫官也。誘注此訓一説，卽許君之義也。知未必是許注矣。**東風解凍，蟄蟲始振蘇，**東方木，火母也。氣温，故東風解冰凍。振，動。蘇，生也。**魚上負冰，獺祭魚，**是月之時，魚應陽而動，上負冰也。獺，獱也。是月之時，獺祭鯉魚於水邊，四面陳之，謂之祭魚也。**候鴈北。**是月時候之應鴈從彭蠡來，北過周、洛，至漢中孕卵鷇也。**天子衣青衣，乘蒼龍，**周禮馬八尺已上曰龍也。**服蒼玉，建青旗，**服，佩也。熊虎曰旗。**食麥與羊，**麥，金穀也。羊，土畜也。是月金土以老，食所勝，先食麥，以麥爲主也。**服八風水，爨萁燧火，**取銅槃中露水服之，八方風所吹也。取其木燧之火炊之。萁，讀該備之該也。○莊逵吉云：易「箕子之明夷」，劉向曰：「今易箕子作荄茲。」是箕有荄音。因之其亦有該音耳。**東宮御女青色，衣青采，鼓琴瑟，**春王東方，故處東宮也。琴瑟，木也，春木王，故鼓之也。**其兵矛，**矛有鋒銳，似萬物鑽地生。**其畜羊，**羊土，木之母，故畜之也。**朝于青陽左个，以出春令。**是月之朔，天子朝日于青陽左个。東向堂，故曰青陽。北頭室，故曰左个。个猶隔也。春令，寬和之令也。○莊逵吉云：各本此下雜用呂氏春秋注語，唯藏本如是，知藏本爲準。**布德施惠，行慶賞，省徭賦。**布陽德、施柔惠也。慶，善。賞，賜予也。省減徭役之勞，輕其賦斂也。**立春之日，天子親率三公九卿大夫以迎歲于東郊，**率，使也。迎歲，逆春也。東郊，郭外八里之郊也。○陶方琦云：魏書五十五劉芳傳、北史四十二引許注：「東郊，八里郊也。」按：劉芳傳引賈逵曰：「東郊，木帝太昊，八里。」盧植：「東郊，八里郊也。」賈爲許之師，盧爲高之師，並用先師舊訓，故自同。**修除祠位，幣禱鬼神，犧牲用牡。**祠位，壇場屏攝之位也。幣，圭璧也。禱鬼神，求福祥也。人神曰鬼，天神曰神。犧牲用牡，尚蠲潔也。**禁伐木，**春木王，當長養，故禁之也。**毋覆巢、殺胎夭，毋麛，毋卵，**胎，獸胎，懷妊未育者也。麋子曰夭，鹿子曰麛，卵未轂者，皆禁民不得取，蕃庶物也。**毋聚衆置城郭，掩骼薶骴。**毋聚合大衆，建置城郭，以妨害農功也。骼，骨有肉。掩覆薶藏之，慎生氣也。**孟春行夏令，則風雨不時，**○俞樾云：月令作「雨水不時」，是也。仲春之月始雨水，則孟春之月而雨水，卽爲雨水不時矣。漢太初以後，更改氣名，以雨水爲正月中，則正月雨水不復爲異，於是改「雨水不時」爲「風雨不時」，非淮南之舊矣。吕氏春秋孟春紀亦作「風雨不時」，並太初以後人所追改。**草木旱落，國乃有恐。**孟春木德用事，法當寬仁，而用火氣動于上，故草木旱落，國惶恐也。○俞樾云：月令作「草木蚤落」，吕氏春秋作「草木早槁」，此旱字卽早字之誤。**行秋令，則其民大疫，飄風暴雨總至，黎莠蓬蒿竝興。**孟春寬仁，而秋正金鐵之令，氣不和，故民疫疾，風雨猥至，故黎莠蓬蒿疏薉之草並興盛也。**行冬令，則水潦爲敗，雨霜大雹，首稼不入。**冬，陰也，水泉涌起，而春行之，故爲敗。氣不和，故雨霜大雹，植稼不熟也。**正月官司空，其樹楊。**司空主土，春土受嘉穡，故官司空也。爾雅曰：「楊，蒲柳也。」楊木春光，故其樹楊也。

仲春之月，招摇指卯，昏弧中，旦建星中。弧星在輿鬼南，是月昏時中于南方。建星在斗上，是月平旦時中于南方也。**其位東方，其日甲乙，其蟲鱗，其音角，律中夾鍾，**是月萬物去陰夾陽，聚地而生，故曰夾鍾也。**其數八，其味酸，其臭羶，其祀户，祭先脾。始雨水，桃李始華，**自冬氷雪至此春分穀雨，故曰始雨水，桃李于是皆秀華也。**蒼庚鳴，鷹化爲鳩。**蒼庚，爾雅曰：「商庚、黎黄，楚雀也。」齊人謂之搏黍，秦人謂之黄流離，幽、冀謂之黄鳥。一說：鶛木也，至此月而鳴。鷹化爲鳩，喙正直不鷙搏也。鳩謂布穀也。○王引之云：次句内本無始字，今本有者，後人據月令旁記始字，因誤入正文也。高注曰「自冬氷雪至此春分穀雨」，案：

「春分穀雨」四字乃後人所改。逸周書時訓篇「雨水之日桃始華」，則非春分穀雨時也。呂氏春秋注作「自冬氷雪至此土發而耕，故曰始雨水」，是首句有始字也。又曰「桃李於是皆秀華」，是次句無始字也。月令「桃始華，倉庚鳴」，皆三字爲句，若無始字，則句法參差矣。此文「桃李華，倉庚鳴」，亦三字爲句。若加一始字，則句法又參差矣。故桃李華不言始，而桃華則言始；倉庚鳴不言始，而蟬鳴則言始；蟬鳴言始，而寒蟬鳴則不言始：皆變文協句也。呂氏春秋仲春篇正作「桃李華」。天子衣青衣，乘蒼龍，服蒼玉，建青旗，食麥與羊，服八風水，爨萁燧火，東宮御女青色，衣青采，鼓琴瑟，其兵矛，其畜羊，朝于青陽太廟。太廟，東向堂，中央室。命有司，省囹圄，去桎梏，毋笞掠，止獄訟，囹圄，法室也。省之，赦輕微也。在足曰桎，在手曰梏。毋笞掠，言不用也。止，猶禁也。養幼小，存孤獨，以通句萌。順春陽，長養幼小，使繁茂也。無父曰孤，無子曰獨。皆存之，所以慎陽氣也。故草木不句萌者，以通達也。擇元日，令民社。元者，善之長也。日，從甲至癸也。社所以爲民祈穀，嫌日不吉，故言擇元也。是月也，日夜分，雷始發聲，蟄蟲咸動蘇。分，等也。冬陰閉固，雷伏不發，是月陽升，雷始發聲也。咸，皆。動蘇，生也。先雷三日，振鐸以令於兆民曰：「雷且發聲，鐸，木鈴也，金口木舌爲鐸，所以振告萬民也。兆，大數。且，猶將也。有不戒其容止者，生子不備，必有凶災。」以雷電合房室者，生子必有瘖聾通精癡狂之疾，故曰不備必有凶災也。令官市，同度量，鈞衡石，角斗稱，度，丈尺也。量，釜鍾也。鈞，等也。衡石，稱也。百二十斤爲石。角，平也。斗稱，量器也。○王念孫云：稱皆當爲桶。桶、稱字相近，又涉注内「衡石，稱也」而誤。説文：「桶，木方受六升。」廣雅曰：「方斛謂之桶。」斗、桶爲一類，故高注以桶爲量器。若作稱，則非量器矣。月令作「角斗甬」，鄭注曰：「甬，今斛也。」吕氏春秋作「角斗桶」，高彼注與此注同。史記商君傳「平斗桶」，義亦同也。下文仲秋之月「角斗桶」，桶字亦誤作稱。○沈濤云：吕氏春秋仲春紀作「角斗桶」，高氏彼注：「斗桶，量器也。」稱非量器，當爲桶字之誤。禮記作「角斗甬」，史記商君傳作「平斗桶」，甬正字，桶別字，稱誤字。仲秋紀作甬，疑後人據禮記改。**端權槩。**端，正也。稱錘曰權。槩，平斗斛者。**毋竭川澤，毋漉陂池，毋焚山林，毋作大事，以妨農功。**大事，戎旅征伐之事，妨害農民之功也。**祭不用犧牲，用圭璧，更皮幣。**是月尚生育，故不用犧牲也。更，代也，以圭璧皮幣代犧牲也。皮謂鹿皮也。幣謂玄纁束帛也。禮記曰「幣帛圭皮告于祖禰」者也。**仲春行秋令，則其國大水，寒氣總至，寇戎來征。**仲春，陽中也。陽氣長養，而行秋節殺戮之令，故寒氣猥至，寇兵來征伐其國也。**行冬令，則陽氣不勝，麥乃不熟，民多相殘。**仲春行冬陰之令，陰氣勝陽，故陽不勝，則麥不升熟，民相殘賊也。**行夏令，則其國大旱，煖氣早來，蟲螟爲害。**仲春行夏太陽之令，故大旱；陽氣熱，故煖極；陽生陰，故蟲螟作害也。食心曰螟。**二月官倉，其樹杏。**二月興農播穀，故官倉也。杏有竅在中，竅在中，象陰布散在上，故其樹杏。

〇莊逵吉云：御覽注云：「杏有核在中，象陰在内，陽在外也，故其樹杏。」此稍異。〇孫詒讓云：杏不可言有竅，竅當作覈，覈、核古今字。後三月「其樹李」，注云「李亦有核」，説與杏同，正冢此注而言。御覽是也。

季春之月，招搖指辰，昏七星中，旦牽牛中。七星，南方朱鳥之宿，是月昏時中于南方。牽牛，北方玄武之宿，是月平旦時中于南方也。**其位東方，其日甲乙，其蟲鱗，其音角，律中姑洗，**姑，故也。洗，新也。是月陽氣養生，去故就新，故曰姑洗。〇文典謹按：注「陽氣養生」，初學記歲時部引，作「陽氣發生」。**其數八，其味酸，其臭羶，其祀户，祭先脾。桐始華，田鼠化爲鴑，**桐，梧桐也，是月生華。田鼠，鼢鼠也。鴑，鶉也，青、徐謂之鴾，幽、冀謂之鶉。**虹始見，萍始生。**虹，螮蝀也。詩云：「螮蝀在東，莫之敢指。」萍，水藻也，是月始生也。**天子衣青衣，乘蒼龍，服蒼玉，建青旗，食麥與羊，服八風水，爨萁燧火，東宮御女青色，衣青采，鼓琴瑟，其兵矛，其畜羊，朝于青陽右个。**東向堂，南頭室，故曰右个。**舟牧覆舟，五覆五反，乃言具于天子。**舟牧，主舟之官也。是月天子將乘舟而漁，故反覆而視之，恐有穿漏也。五覆五反，慎之至也。**天子烏始乘舟，薦鮪於寢廟，乃爲麥祈實。**烏，猶安也。自冬至此而安乘舟，故曰始乘也。薦，進也。鮪，魚似鯉而大。進此魚於寢廟，祈於宗祖，求麥實。前曰廟，後曰寢。詩云「寢廟奕奕」，言相連。〇莊逵吉云：「烏始乘舟」，各本烏皆作焉，注

「烏，猶安也」，各本皆作「焉，猶於也」。是月也，生氣方盛，陽氣發泄，發泄，猶布散也。句者畢出，萌者盡達，不可以內。天子命有司，發囷倉，助貧窮，振乏絶，無財曰貧，鰥寡孤獨曰窮。振，救也。開府庫，出幣帛，使諸侯，府庫，幣帛之藏也。使人聘問諸侯。聘名士，禮賢者。有名德之士，大賢之人，聘問禮之，將與爲治也。命司空，時雨將降，下水上騰，循行國邑，周視原野，司空，主水土之官也。是月下水上騰，恐有浸漬，傷害五穀，故循行徧視之也。廣平曰原，郊外曰野也。修利隄防，導通溝瀆，達路除道，從國始，至境止。田獵畢弋，罝罘羅罔，餧毒之藥，毋出九門。畢，掩罔也。弋，繳射也。詩曰：「弋鳧與鴈。」罝，兔罟也。詩曰：「肅肅兔罝。」畢，羅鳥罟也。詩曰：「鴛鴦于飛，畢之羅之。」罘，麋鹿罟。罔，其總名也。天子城門十二，東方三門，王氣所在，餧獸之毒藥所不得出，尚生育也。兼餘九門得出，故特戒之，如其毋出。乃禁野虞，毋伐桑柘。桑、柘皆可養蠶，故禁民伐之也。鳴鳩奮其羽，戴鵀降于桑，鳴鳩，奮迅其羽，直刺上飛入雲中者是也。戴鵀，戴勝鳥也。詩曰「鳴鳩在桑，其子在梅」是也。具撲曲筥筐，撲，持也，三轉謂之撲。撲，讀南陽人言山陵同。曲，薄也，青、徐謂之曲。員底曰筥，方底曰筐，皆受桑器。○莊逵吉云：「三轉謂之撲」，錢別駕云：當作「三輔謂之撲」。孫編修云：撲卽曲簿。說文解字曰：「專，六寸簿也。」三轉或當作三專，三專者，一尺有八寸。兩說無可定從，姑附之俟攷。○王念孫云：呂氏春秋季春篇作「挾曲」，高注曰：「挾，讀曰朕，三輔謂之挾，關東謂之得。」月令作「曲植」，鄭注曰：「植，槌也。」案：撲與挾皆栚字之誤。（栚字本作栚，形與撲相近。挾字隸書作挟，形與栚亦相近。）栚，讀若朕，架蠶薄之木也。持，陟革反。呂氏春秋注「關東謂之得」，乃㝵字之誤，㝵與持同。（見玉篇廣韻。）説文：「栚，槌之横者也。」方言作㮳，云：「槌，宋、魏、陳、楚、江、淮之間謂之植，自關而西謂之槌。其横，關西曰㮳，齊部謂之持。」郭璞曰：「槌，縣蠶薄柱也。」朕字古音本在蒸部，讀若澄清之澄。（説文謄、滕、賸、幐、騰、縢、𦩍、縢、螣、塍、勝十一字竝從朕聲。淮南要略「形埒之朕」與應爲韻，又兵略篇「凡物有朕，唯道無朕」，文子自然篇朕作勝。）説文勝字從仌，朕聲；或作凌，從仌，夌聲。是朕、夌古同聲。故呂氏春秋注云「栚，讀曰朕」，此注云「栚，讀南陽人言山陵同」。○陶方琦云：史記索隱十六、漢書周勃傳注引許注：「曲，葦薄也。」按：説文曲作𠙹，「象器曲受物之形。或曰：曲，蠶薄也。」又苗字下云：「苗，蠶薄也。从艸，曲聲。」蓋以萑葦爲之，故字从艸。莊子大宗師「或編曲」，釋文引李注：「曲，蠶薄也。」方言：「薄，宋、衞、陳、楚、江、淮之間謂之苗，或謂之麴。自關而西謂之薄。南楚謂之蓬薄。」蓬薄卽葦薄。詩「八月萑葦」，毛傳：「豫畜萑葦，可以爲曲也。」**后妃齋戒，東鄉親桑，省婦使，勸蠶事。**○文典謹按：御覽八百二十五引，親作就，省作者，勸作觀。**命五庫，令百工審金鐵皮革、筋角箭幹、脂膠丹漆，無有不良。**○桂馥云：幹，借字，正作笴。長笛賦作箭稾是也。周禮夏官有稾人，掌弓弩之事。考工記「矢人爲矢，以其笴厚，爲之羽深」，鄭注：「笴，讀爲稾，謂矢幹。」**擇下旬吉日，大合樂，致歡欣。**樂所以移風易俗也，故擇吉日大合之，以致歡和也。**乃合累牛騰馬，游牝于牧。**累牛，特牛也。騰馬，騰駒跳踶，善將羣者也。游從牝於所牧之地風合之。累，讀葛藟之藟也。**令國儺，九門磔攘，以畢春氣。**儺，散。宫室中區隅幽闇之處，擊鼓大呼，以逐不祥之氣，如今驅疫逐除是也。九門，三方九門也。磔犬，陽氣盡之，故曰畢春之氣也。**行是月令，甘雨至三旬。季春行冬令，則寒氣時發，草木皆肅，國有大恐。**季春行冬寒殺之氣也，故寒氣時起。草木上竦曰肅也。**行夏令，則民多疾疫，時雨不降，山陵不登。**季春行夏亢陽之令，氣不和，故民疾疫；雨澤不降，故草木不登成也。**行秋令，則天多沈陰，淫雨早降，兵革竝起。**秋，金氣用事，水之母也。季春行之，故多沈陰爲雨也。金爲兵革，故竝起也。**三月官鄉，其樹李。**三月科民户口，故官鄉也。李亦有核，説與杏同。李後杏熟，故三月李也。○孫詒讓云：注科當作料，形近而誤。料民，見國語周語。

孟夏之月，招摇指巳，昏翼中，旦婺女中。翼，南方朱鳥之宿，是月昏時中于南方。婺女，一曰須女，北方玄武之宿，是月平旦中于南方。**其位南方，其日丙丁，盛德在火，**炎帝之神治南方也。丙丁，火日也。盛德在火，火王南方也。**其蟲羽，其音徵，**盛陽用事，鱗散。羽，羽蟲，鳳爲長。徵，火也。**律中仲吕，其數七，**是月陽散在外，陰實在中，所以旅陽成功，故曰仲吕。其數七，五行數五，火第二，故曰七也。**其味苦，其臭焦，**火味苦也。焦，火香焦。**其祀竈，祭先肺。**祝融吴回爲高辛氏火正，死爲火神，託祀於竈。是月火王，故祀竈。肺，金也，祭祀之肉先用所勝也。一曰：肺火，自用其藏也。**螻蟈鳴，丘蟥出，**螻，螻蛄。蟈，蝦蟇也。四月陰氣始動於下，故類應鳴也。丘蟥，蝨螾也。**王瓜生，苦菜秀。**王瓜，括樓也。爾雅曰「不榮而實曰秀」，苦菜宜言榮也。**天子衣赤衣，乘赤騮，服赤玉，建赤旗，**順火色也。**食菽與雞，**菽，豆連皮也。雞、豆皆屬火之所養也。**服八風水，爨柘燧火，南宮御女赤色，衣赤采，吹竽笙，**火王南方，故處南宮也。竽笙空中，像陽，故吹之。○文典謹按：北堂書鈔五十四引，南宮上有處字。**其兵戟，**戟有枝榦，象陽布散也。戟或作弩也。**其畜雞，朝于明堂左个，以出夏令。**南向堂，當盛陽，故曰明堂。東頭室，故曰左个。居是室，行是月之令也。雞，羽蟲，陽也，故畜之。**立夏之日，天子親率三公九卿大夫以迎歲於南郊。**迎歲，迎夏也。南郊，七里之郊也。○陶方琦云：魏書五十五劉芳傳、北史四十二引許注：「南郊，七里郊也。」按：劉芳傳引賈逵云：「南郊，火帝，七里。」（疑敓祝融二字。）盧植云：「南郊，七里郊。」並用先師舊訓，故同。**還，乃賞賜，封諸侯，修禮樂，饗左右。**還，從南郊還也。賞賜有功，割土封爵。傳曰「賞以春夏，刑以秋冬」也。修治禮樂，所以安上治民，移風易俗。左右，近臣也。**命太尉，贊傑俊，選賢良，舉孝悌，**太尉，卿官也。命，使也。贊，白也。才過千人爲傑。選擇賢良孝弟，舉而用之，蓋非太尉之職，故特命之也。**行爵出禄，佐天長養。繼修增高，無有墮壞，毋興土功，毋伐大樹。令野虞，行田原，勸農事，驅獸畜，勿令害穀。天子以彘嘗麥，先薦寢廟。**是月麥始升，故以豕嘗麥。豕，水畜，宜麥。先薦寢廟，孝之至也。**聚畜百藥，靡草死，**是月陽氣極，藥草成，故聚積之也。靡草，則葶歷之屬。**麥秋至，決小罪，斷薄刑。**四月陽氣盛于上，及五月陰氣作于下，故曰麥秋至。決小罪，斷薄刑，順殺氣也。**孟夏行秋令，則苦雨數來，五穀不滋，四鄙入保。**孟夏盛陽，當助長養，而行金氣殺戮之令，故苦雨殺穀，不得滋長也。四方之民來入城郭自保守也。**行冬令，則草木早枯，後乃大水，敗壞城郭。**行冬寒閉固之令，故草木早枯，大水敗壞其城郭。奸時違行之應也。**行春令，則螽蝗爲敗，暴風來格，秀草不實。**孟夏當繼修增高，助陽長養，而行春時啟蟄之令，故致螽蝗之敗。春，木氣，多風，故言暴風來至，使當秀之草不長茂也。**四月官田，其樹桃。**四月勉農事，故官田也。桃，說與杏同。後李熟，故曰四月桃也。

仲夏之月，招搖指午，昏亢中，旦危中。亢，東方蒼龍之宿，是月昏時中于南方。危，北方玄武之宿，是月平旦時中于南方也。**其位南方，其日丙丁，其蟲羽，其音徵，律中蕤賓，其數七，**是月陰氣萎蕤在下，象主人也，陽氣在上，象賓客也，故曰蕤賓。**其味苦，其臭焦，其祀竈，祭先肺。小暑至，螳蜋生，**螳蜋，世謂之天馬，一名齒肬，沇、豫謂之巨斧也。○文典謹按：注齒肬，呂氏春秋仲夏紀注作齕疣，初學記歲時部引高注同，月令正義鄭答王瓚問作食肬。又沇、豫，呂氏春秋注作兗州，巨斧作拒斧。初學記引高注，沇亦作兗。**鵙始鳴，反舌無聲。**

鶪，伯勞鳥也。五月陰氣生於下，伯勞夏至應陰而鳴，殺蛇于木。傳曰：「伯趙氏司至者。」反舌，百舌鳥也，能辨變其舌，反易其聲，以效百鳥之鳴，故謂百舌。無聲者，五月陽氣極於上，微陰起於下，百舌無陰，故無聲也。○文典謹按：鶪，吕氏春秋仲夏紀作鵙。又注「能辨變其舌，反易其聲」，辨變卽偏變。辨、偏古通用。**天子衣赤衣，乘赤騮，服赤玉，載赤旗，食菽與雞，服八風水，爨柘燧火，南宫御女赤色，衣赤采，吹竽笙，其兵戟，其畜雞，朝于明堂太廟。**廟，南向堂，中央室也。**命樂師，修鞀鞞琴瑟管簫，調竽篪，飾鐘磬，**管，一孔，似笛。簫，今之歌簫是也。篪，讀池澤之池。**執干戚戈羽。**干，盾也。戚，斧也。戈，戟屬也。羽，舞者所持翿也。**命有司，爲民祈祀山川百源，大雩帝，用盛樂。**國之山川百源能興雲雨者，皆祈祀之也。雩，旱祭也。帝，上帝也。爲民祈雨，故用盛樂。盛樂，六代之樂也。**天子以雉嘗黍，**雉，新雞也。不言嘗雞而言嘗黍者，以穀爲主也。○王念孫云：古無謂新雞爲雉者，雉皆當爲䨲，字之誤也。廣雅釋言云：「䨲，雡也。」（曹憲音而絹、而緣二反。）郭注爾雅釋言云：「今呼少雞爲鷚。」（鷚與雡同。）少雞卽新雞，故高注云「䨲，新雞也」。月令作「以雛嘗黍」，其義一也。左思蜀都賦「巖穴無豣豵，翳薈無麢鷚」，麢，鹿子也，義與䨲亦相近。茅一桂不知雉爲䨲之誤而改雉爲雛，（莊本同。）義則是，而文則非矣。**羞以含桃，先薦寢廟。**羞，進也。含桃，鶯所含食，故言含桃。是月而熟，故進之。**禁民無刈藍以染，**爲藍青未成故。**毋燒灰，**是月草木未成，不夭物也。**毋**

暴布，火盛日猛，暴布則脆傷也。**門閭無閉，關市無索，**門，城門也。閭，里門也。民順陽氣，散布在外，當出入，故不閉也。關，要塞也。市，人聚也。無索，不征稅也。**挺重囚，益其食，**挺，緩也。**存鰥寡，振死事，**老無妻曰鰥，老無夫曰寡也，皆存之。有先人爲死難，振起其子孫也。**游牝別其羣，執騰駒，班馬政。**是月牝馬懷胎已定，故別其羣。不欲騰駒蹏傷其胎育，故執之。班，告也。馬政，掌馬官也。騰駒，騰馬也。馬五尺以下曰駒也。○王念孫云：馬政本作馬正，（注同。）故高以爲掌馬官。呂氏春秋仲夏篇「班馬正」，高彼注亦云「馬正，掌馬之官」，是其證。月令作馬政，鄭注云：「馬政，謂養馬之政教。」引周官廋人職曰：「掌十有二閑之政教。」鄭說是也。高不知正爲政之借字，故訓爲掌馬之官。若字本作政，則亦當訓爲政教矣。後人依月令改正爲政，而不知其戾於高注也。**日長至，陰陽爭，死生分，君子齋戒，慎身無躁，節聲色，薄滋味，百官靜，事無徑，以定晏陰之所成。**事無徑，當先請詳而後行也。晏陰，微陰也。**鹿角解，蟬始鳴，**夏至鹿角解墮也。蟬鼓翼始鳴也。**半夏生，木堇榮。**半夏，藥草也。木堇，朝榮莫落，樹高五六尺，其葉與安石榴相似也。是月生榮華，可用作烝也。雒家謂之朝生，一名蕣，詩云「顔如蕣華」也。**禁民無發火，**發，起也。**可以居高明，遠眺望，登丘陵，處臺榭。**積土四方而高曰臺也。臺有屋曰榭也。順陽宣明也。一曰：望雲物，占氛祥也。**仲夏行冬令，則雹霰傷穀，道路不通，暴兵來至。**冬水凍，故雹霰傷害五穀也。冬氣閉藏，又多雨水，故道陷壞不通利，暴害之兵橫來至也。**行春令，則五穀不孰，百螣時起，其國乃饑。**行春木王好生育之令，故五穀晚熟。百螣，動股蝗屬也，時起害穀，故國饑也。**行秋令，則草木零落，果實蚤成，民殃於疫。**有核曰果，無核曰蓏。仲夏行秋成熟之令，故草木零落，果實蚤成。非其時氣，故民有疾疫也。○陶方琦云：「齊民要術收種篇引許注：「在樹曰果，在地曰蓏。」按：說文蓏字下云：「在木曰果，在地曰蓏。」與注淮南說同。地形訓「百果所生」下注云：「在木曰果，在地曰蓏。」當是許注羼入高注中。**五月官相，其樹榆。**是月陽氣長養，故官相。相，佐也。榆，說未聞也。○文典謹按：御覽二十三引注，陽氣作養氣。

季夏之月，招搖指未，昏心中，旦奎中。心，東方蒼龍之宿，是月昏時中于南方。奎，西方白虎之宿，是月平旦時中于南方也。**其位中央，其日戊己，盛德在土，**黃帝之神治中央也。戊己，土日也。盛德在土，土王中央。**其蟲蠃，其音宮，**羽落而爲蠃，蠃蟲麟爲之長。宮，土也，位中央，五音之主也。**律中百鐘，其數五，**百鐘，林鐘也。是月陽盛陰起，生養萬物，故曰百鐘。其數五，五行數土第五也。**其味甘，其臭香，**土味甘也，土臭香也。**其祀中霤，祭先心。**土用事，故祀中霤。中霤，室中之祭，祀后土也。心，火也，用所勝也。一曰：心，土也，自用其藏也。**涼風始至，蟋蟀居奧，**蟋蟀，蜻蛚，趣織也。詩曰「七月在野」，此曰居奧，不與經合。奧或作壁也。**鷹乃學習，腐草化爲蚈。**秋節將至，鷹自習擊也。蚈，馬蚿也，幽、冀謂之秦渠。蚈，讀奚徑之徑也。○陶方琦云：御覽九百四十八引許注：「草得陰而死，極陰中反陽，故化爲蚈。蚈，馬蠸也。」按：兵略訓「若蚈之足」，許注：「蚈，馬蠸也。」正與此同。說文：「蠲，馬蠲也。」引明堂月令「腐艸爲蠲」。（郭璞注爾雅「馬蠲」云：「馬蠲，蚼也。」）廣雅釋蟲：「蛆蝶、馬蠸，馬蚿也。」又曰：「馬蚿，螢蛆也。」蚈、蠸、蚿、蠲、蚿皆一聲之轉。高注吕覽及說林訓皆作「蚈，馬蚿」。**天子衣黃衣，乘黃騮，服黃玉，建黃旗，**黃，順土色也。黃謂登餡之登也。**食稷與牛，**稷、牛皆屬土也。**服八風水，爨柘燧火，中宮御女黃色，衣黃采，其兵劍，**季夏中央也。劍有兩刃，諭無所生也。一曰：諭無所主，皆主之也。○莊逵吉云：御覽引作「無所不主」。**其畜牛，朝于中宮。**是月天子朝于中宮。中宮，大室。**乃命漁人，伐蛟取鼉，登龜取黿。**漁人，掌漁官。漁，讀相語之語也。蛟、鼉、黿皆魚屬也。鼉可作鼓，詩云：「鼉鼓洋洋。」黿可作羹，傳曰「楚人獻黿于鄭靈公，靈公不與公子宋黿羹，公子怒，染指于鼎，嘗之而出」是也。皆不害人，易得，故言取。蛟有鱗甲，能害人，難得，故言伐。龜神，可決吉凶，入宗廟，尊之，故言登。○莊逵吉云：「鼉鼓洋洋」，詩異本也。古登有升義，三字疏解爲精。**令滂人，入材葦。**滂人，掌池澤官也。入材葦，供國用也。○俞樾云：池澤之官，不聞謂之滂人，高注非也。滂人當作榜人。月令「命漁師伐蛟」，鄭注曰：「今月令漁師爲榜人。」文選司馬相如子虛賦「榜人歌」，張揖曰：「榜，船也。月令曰『命榜人』，榜人，船長也。」張所據月令，即鄭君所謂今月令；船長之義，亦必月令舊說也。淮南書用榜人字，正本月令。高氏以爲掌池澤官，蓋據月令作「命澤人納材葦」，故云然耳，非榜人之本義也。後人因高注池澤之文，疑榜字從木無義，改榜爲滂，而古義湮矣。命四監大夫，令百縣之秩芻以養犧牲，周制，天子地方千里，分爲百縣，縣有四郡。故春秋傳言「上大夫受縣，下大夫受郡」。秦初置三十六郡以監縣耳。此云百縣者，謂周制畿内之縣也。四監，監四郡大夫也。秩，常也。常所當出芻，聚之以養犧牲也。以供皇天上帝、名山大川、四方之神、宗廟社稷，爲民祈福行惠。令弔死問疾，存視長老，行稃鬻，厚席蓐，○莊逵吉云：説文解字葬字「從死在茻中，一其中，所以薦之」。此云「厚席蓐」者，蓋言葬義，故下云「以送萬物歸也」。以送萬物歸也。命婦官染采，黼黻文章，青黃白黑，莫不質良，婦人能別五色，故染采。白與黑爲黼，青與赤爲黻，黑與赤爲文，赤與白爲章。質，美也。良，善也。以給宗廟之服，必宣以明。宣，徧也。明，鮮明也。是月也，樹木方盛，勿敢斬伐；不可以合諸侯，起土功，動衆興兵，必有天殃。殃，罰。土潤溽暑，大雨時行，利以殺草糞田疇，以肥土疆。是月大暑，土潤溽，暑溼重也。又有時雨，可以殺草爲糞，美土疆。疆，土分畔者也。季夏行春令，則穀實解落，多風欬，民乃遷徙。春木王，木性墮落，陽發多風，而行其令，故穀實解落，民疾病風，欬嗽上氣，象春陽布散，民遷徙者也。行秋令，則丘隰水潦，稼穡不孰，乃多女災。丘，高也。隰，卑也。言高下皆有水潦，故殺稼令不熟也。陰氣過差，故多女災。女災，生子不育也。○莊逵吉云：女災，鄭康成以爲敗任，是卽生子不育之義也。**行冬令，則風寒不時，鷹隼蚤摯，四鄙入保。**冬陰肅殺，而行其令，故寒風不節，鷹隼蚤摯擊，四界之民皆入城郭自保守也。**六月官少内，其樹梓。**六月植稼成熟，故官少内也。梓，説未聞也。

孟秋之月，招摇指申，昏斗中，旦畢中。斗，北方玄武之宿，是月昏時中于南方。畢，西方白虎之宿，是月平旦時中于南方也。**其位西方，其日庚辛，盛德在金，**少昊之神治西方也。庚辛，金日也。盛德在金，金王西方也。**其蟲毛，其音商，**金氣寒，倮者衣毛。毛蟲虎爲之長。商，金也，位在西方。**律中夷則，其數九，**夷，傷也。則，法也。是月陽衰陰盛，萬物凋傷，應法成性，故曰夷則也。其數九，五行數五，金第四，故曰九也。**其味辛，其臭腥，**金味辛也，金臭腥也。**其祀門，祭先肝。**孟秋始内，入由門，故祀門也。肝，木也，祭先之，用所勝也。一曰：肝沈金，自用其藏也。**涼風至，白露降，寒蟬鳴，鷹乃祭鳥，用始行戮。**是月鷹搏鷙，殺鳥於大澤之中，四面陳之，世謂之祭鳥。用是時，乃始行殺戮刑罰，順秋氣也。**天子衣白衣，乘白駱，服白玉，建白旗，**白，順金色也。白馬黑毛曰駱。○莊逵吉云：黑毛之毛讀曰旄，謂尾及鬛也。爾雅曰：「白馬黑鬛，駱。」**食麻與犬，服八風水，爨柘燧火，西宮御女白色，衣白采，撞白鐘，**金王西，故處西宮也。○王念孫云：白鐘之白，因上文而衍。春鼓琴瑟，夏吹竽笙，秋撞鐘，冬擊磬石，鐘上不宜有白字。而北堂書鈔歲時部二、藝文類聚歲時部上、太平御覽時序部九引此，皆有白字，則其誤久矣。○王紹蘭云：白鐘之白非衍文。春言鼓琴瑟，夏言吹竽笙，冬言擊磬石，皆三字爲句。若此文無白字，但言撞鐘，則句法參差，非其例矣。且石即磬也，磬下加石以足句，猶鐘上加白以足句耳。管子五行篇：「昔者黄帝以其緩急作五聲，以政五鐘。令其五鐘，一曰青鐘大音，二曰赤鐘大心，三曰黄鐘灑光，四曰景鐘昧其明，五曰黑鐘隱其常。」景鐘與青鐘、赤鐘、黄鐘、黑鐘並列，則白鐘即景鐘也。説文：「顥，白貌。从頁，从景。」是景爲白之證。○文典謹按：王紹蘭説是也。本篇「撞白鐘」句凡三見，豈得盡爲衍文。**其兵戈，**○王念孫云：戈當爲戉，字之誤也。説文：「戉，大斧也。從戈，𠄌聲。（𠄌音厥。）司馬法曰：『夏執玄戉，殷執白戚，周左杖黄戉，右把白髦。』」徐鍇曰：「今作鉞。」（説文：「鉞，車鑾聲也。從金，戉聲。詩曰：『鑾聲鉞鉞。』」今詩作噦。）藝文類聚、太平御覽引此，並作其兵鉞，是其證也。四時之兵，春用矛，夏用戟，季夏用劍，秋用戉，冬用鎩，五者皆不同類。戈與戟同類，夏用戟，則秋不用戈矣。莊二十五年穀梁傳：「天子救日陳五兵。」徐邈曰：「矛在東，戟在南，鉞在西，楯在北，弓矢在中央。」彼言「鉞在西」，正與此秋用戉同義。又案：説文引司馬法作戉，今經傳皆作鉞，未必非後人所改。此戉字若不誤爲戈，則後人亦必改爲鉞矣。（史記周本紀「斬以玄鉞」，太平御覽皇親部一引作玄戈，戈亦戉之誤。）

其畜狗，朝于總章左个，以出秋令。總章，西向堂也。西方總成萬物而章明之，故曰總章。左个，南頭室也。居是室，行是月之令。狗，金畜也。**求不孝不悌、戮暴傲悍而罰之，以助損氣。**損氣，陰氣。**立秋之日，天子親率三公九卿大夫以迎秋于西郊。**西郊，九里之外郊也。○王念孫云：迎秋本作迎歲，後人依月令改之耳。上文孟春、孟夏及下文孟冬並作迎歲，高注曰：「迎歲，迎春也。」又曰：「迎歲，迎夏也。」則此亦當云：「迎歲，迎秋也。」後人既改迎歲爲迎秋，又删去高注，斯爲妄矣。○陶方琦云：魏書五十五劉芳傳、北史四十二引許注：「西郊，九里郊也。」按：劉芳傳引賈逵曰：「西郊，金帝少昊，九里。」盧植云：「西郊，九里。」許、高並用先師舊訓，故同。還，乃賞軍率武人於朝。軍率，軍將也。武勇者，功名也。命將率，選卒厲兵，簡練桀俊，專任有功，以征不義，詰誅暴慢，順彼四方。順，循也。四方，天下也。命有司，修法制，繕囹圄，禁姦塞邪，審決獄，平詞訟。決，斷也。平，治也。天地始肅，不可以贏。肅，殺也。殺氣始行也。贏，盛也，故曰不可也。是月農始升穀，天子嘗新，先薦寢廟。升，成。薦，進也。命百官，始收斂，孟秋始内也。完隄防，謹障塞，以備水潦，修城郭，繕宫室，是月「月麗于畢，俾滂沱矣」，故備水潦也。毋以封侯，立大官，行重幣，出大使。行是月令，涼風至三旬。封侯，列土封邑也。大官，九命之爵也。重幣，金帛之幣也。大使，命卿使之。金氣收斂，皆所不宜行也，故言毋也。孟秋行冬令，則陰氣大勝，介蟲敗穀，戎兵乃來。孟秋，陰也，復行冬水王之令，故陰氣勝也，其介蟲敗穀也。陰氣并，故戎兵來也。行春令，則其國乃旱，陽氣復還，五穀無實。春陽亢燥，而行其令，故旱也。陽氣還者，此月涼風，而反行温風之令，故敗穀，令無實也。行夏令，則冬多火災，寒暑不節，民多瘧疾。夏火王，而行其令，故多火災。寒暑相干，故不節，多瘧疾。瘧疾，寒暑所生也。七月官庫，其樹楝。庫，兵府也。秋節整兵，故官庫也。其樹楝，楝實，鳳皇所食也，今雒城旁有樹。楝實秋熟，故其樹楝也。楝，讀練染之練也。

仲秋之月，招搖指酉，昏牽牛中，旦觜巂中。牽牛，北方玄武之宿，是月昏時中于南方。觜巂，西方白虎之宿，是月平旦時中于南方也。其位西方，其日庚辛，其蟲毛，其音商，律中南呂，其數九，南，任也，言陽氣呂旅而志助陰，陰任成萬物也。庚辛，金日也。其味辛，其臭腥，其祀門，祭先肝。涼風至，候鴈來，玄鳥歸，羣鳥翔。候時之鴈從北漠中來，過周、雒，南至彭蠡也。玄鳥歸，秋分後歸蟄所也。羣鳥翔，寒氣至，羣鳥肥盛，試其羽翼而高翔。翔者，六翮不動也。或作養，養育其羽毛也。◯莊逵吉云：諸家釋翔，皆曰回飛，唯高氏以爲大飛不動，亦曰六翮不動，又曰翼一上一下曰翔，義更精。◯沈濤云：呂氏春秋紀作「羣鳥養羞」，高氏彼注曰：「寒氣將至，羣鳥養進其毛羽御寒也。」雖訓羞爲進，與禮記鄭注訓爲所食者不同，而其爲養羞則同，疑淮南注本作「或作養羞，養進其羽毛也」，淺人不知羞有進義，遂删去羞字，改進爲育耳。又淮南注許、高二家每相亂，恐作翔者爲許慎本。天子衣白衣，乘白駱，服白玉，建白旗，食麻與犬，服八風水，爨柘燧火，西宮御女白色，衣白采，撞白鐘，其兵戈，其畜犬，朝于總章太廟。總章，西向堂也。太廟，中央室也。命有司，申嚴百刑，斬殺必當，無或枉撓。

枉，曲也。撓，弱也。言平直也。決獄不當，反受其殃。反，還。是月也，養長老，授几杖，行稃鬻飲食。乃命宰祝，行犧牲，案芻豢，草養曰芻，穀養曰豢。案其簿書閱租之。豢，讀宦學之宦。視肥臞全粹，全，無虧缺也。粹，毛色純也。粹，讀禍祟之祟。察物色，課比類，量小大，視少長，莫不中度。天子乃儺，以御秋氣。儺，猶除也。御，止也。止秋氣，不使爲害。儺，讀躁難之難。氣或作兵。以犬嘗麻，先薦寢廟。是月可以築城郭，建都邑，國有先君之宗廟曰都，無曰邑。都曰城，邑曰築。穿竇窖，修囷倉。穿竇，所以通水，不欲地溼也。穿窖，所以盛穀也。窖，讀窖藏人物之窖。乃命有司，趣民收斂畜采，多積聚，勸種宿麥，若或失時，行罪無疑。是月也，雷乃始收，蟄蟲培户，殺氣浸盛，陽氣日衰，水始涸，涸，凝竭。涸或作盛。盛，言陰勝也。日夜分。一度量，平權衡，正鈞石，角斗稱，理關市，來商旅，理，通也。入貨財，以便民事。四方來集，遠方皆至，財物不匱，上無乏用，百事乃遂。遂，成也。仲秋行春令，則秋雨不降，草木生榮，國有大恐。春陽氣，而行其令，故雨不降。又温煦之仁，故草木生榮華也。氣相干，必有災咎，故國大惶恐。行夏令，則其國乃旱，蟄蟲不藏，五穀皆復生。行炎陽之令，故旱涸。氣熱，故蟄蟲不藏，使五穀復生。行冬令，則風災數起，收雷先行，草木蚤死。行冬寒氣激之令，故有風災。又冬閉藏，故收雷先行，草木蚤死也。八月官尉，其樹柘。尉，戎官。是月治兵，故官尉。傳曰：「羊舌大夫爲中軍尉。」柘，説未聞也。

季秋之月，招摇指戌，昏虚中，旦柳中。虚，北方玄武之宿，是月昏時中于南方。柳，南方朱雀之宿，是月平旦中于南方也。其位西方，其日庚辛，其蟲毛，其音商，律中無射，陰氣上升，陽氣下降，萬物隨陽而藏，無射出見也。其數九，其味辛，其臭腥，其祀門，祭先肝。候鴈來，賓雀入大水爲蛤，是月時候之雁從北漠中來，南之彭蠡。蓋以爲八月來者，其父母也，是月來者，蓋其子也。羽翼穉弱，故在後爾。賓雀者，老雀也，栖宿人堂宇之間，如賓客者也，故謂之賓。大水，海水也。傳曰「雀入海爲蛤」也。○陶方琦云：御覽九百四十一引許注：「雀，依屋之雀，本飛鳥也，隨陽下藏，故爲蛤。」高作賓雀，與注呂覽同。今月令鄭注：「來賓，言其客止未去。」屬上鴻雁解，與許合也。説文：「雀，依人小鳥也。」故注淮南亦曰「依屋之雀，本飛鳥」。菊有黄華，豺乃祭獸戮禽。豺，似狗而長尾，其色黄。是月時，豺殺獸，四面陳之，世謂之祭獸。戮，猶殺也。天子衣白衣，乘白駱，服白玉，建白旗，食麻與犬，服八風水，爨柘燧火，西宫御女白色，衣白采，撞白鐘，其兵戈，其畜犬，朝于總章右个。西向堂，北頭室，故謂右个也。命有司，申嚴號令，百官貴賤，無不務入，以會天地之藏，無有宣出。乃命冢宰，農事備收，舉五穀之要，冢，大也。宰，治也。卿官也。要，簿書也。藏帝籍之收於神倉。天子籍田千畝，故曰「帝籍之收」，籍田所收之穀也。神倉，倉也。是月也，霜始降，百工休。霜降天寒，朱漆難成，故百工休止，不復作器也。乃命有司曰：寒氣總至，民力不堪，其皆入室。詩曰「入此室處」是也。上丁入學習吹，大饗帝，嘗犧牲，合諸侯，制百縣，是月上旬丁日，入學宮，吹笙竽，習禮樂，饗上帝，用犧牲。合諸侯之制，度車服之差，各以其命數也。百縣，圻內之縣，言百，舉全數爾。五家爲鄰，五鄰爲里，四里爲酇，五酇爲鄙，五鄙爲縣，然則縣二千五百家也。○莊逵吉云：注「學宮」本或作「學官」。爲來歲受朔日，與諸侯所稅於民，輕重之法，貢歲之數，以遠近土地所宜爲度。來歲，明年。受朔日，如今計吏朝賀，豫明年之曆日也。度者，職貢多少有常也。乃教於田獵，以習五戎。戎，兵也。刀、劍、矛、戟、矢曰五戎。命太僕及七騶，咸駕戴茌，○劉績云：戴茌，記作載旌旐，疑茌乃旌字之誤。○王念孫云：劉說是也。隸書旌字或作㫌，與茌相似而誤。載、戴古字通。○文典謹按：御覽八百九十六引，戴茌作載旗。授車以級，皆正設于屏外。級，等也。授當車者以高下各隨其等級。正，立。設，陳也。天子外屏。屏，樹垣也。爾雅曰「門內之垣謂之樹垣」者也。司徒搢朴，北嚮以贊之。搢，插也。朴，以教導也，插置帶間，贊相威儀也。司徒主衆，教導之也。天子乃厲服廣飾，執弓操矢以獵。是月天子尚武，乃服猛厲之服，廣其所佩之飾，以取禽。命主祠，祭禽四方。命，教也。主祠，典祀之官也。祭禽四方，祀始設禽獸者于四方，報其功，不知其神所在，故博求之於四方也。是月草木黃落，乃伐薪爲炭，蟄蟲咸俛，乃趨獄刑，毋留有罪，俛，伏也。

青州謂伏爲俛。無留，言當斷也。**收禄秩之不當，供養之不宜者。**不當，謂無德受禄也。不宜，謂不孝也。一曰：所養者無勳於國，其先人又無賢德，所不宜養，故收也。**通路除道，從境始，至國而后已。**○王念孫云：后字後人所加。季春言「從國始，至境止」，季秋言「從境始，至國而已」，已亦止也，無庸加后字。**是月，天子乃以犬嘗麻，先薦寢廟。**孝之至也。**季秋行夏令，則其國大水，冬藏殃敗，民多鼽窒。**季秋陰氣，而行夏月霖雨之令，故大水。火氣熱，故冬藏殃敗也。火金相干，故民鼽窒，鼻不通利也。鼽，讀怨仇之仇也。**行冬令，則國多盜賊，邊竟不寧，土地分裂。**冬水純陰，奸謀所生，故多盜賊，使邊竟之民不安寧也。則土地見侵削，爲鄰國所分裂也。**行春令，則煗風來至，民氣解隋，師旅竝興。**春氣陽温，故煗風至，民氣解隋也。木干金，故師旅並興也。二千五百人爲師，五百人爲旅也。**九月官候，其樹槐。**候，望也。是月繕修守備，故曰官候也。槐，懷也，可以懷來遠人也。

孟冬之月，招摇指亥，昏危中，旦七星中。危，北方玄武之宿，是月昏時中于南方。七星，南方朱雀之宿，是月平旦時中于南方。**其位北方，其日壬癸，盛德在水，**顓頊之神治北方也。壬癸，水日也。盛德在水，水王北方也。**其蟲介，其音羽，**介，甲也。象冬閉固，皮漫胡也。甲蟲龜爲之長。羽，屬水也。**律中應鐘，其數六，**陰應于陽，轉成其功，萬物聚成，故曰應鐘。其數六，五行數五，水第一，故曰六也。**其味鹹，其臭腐，**水味鹹也，水臭腐也。**其祀井，祭先**

胥。井水給人，故祀也。井或作行。行，門内地。冬守在内，故祀也。胥，水，自用其藏也。**水始冰，地始凍，雉入大水爲蜃，虹藏不見。**蜃，蛤也。大水，淮也。傳曰：「雉入于淮爲蜃。」虹，陰中之陽也。是月陰盛，故不見也。**天子衣黑衣，乘玄驪，服玄玉，建玄旗，**順水德也。熊與虎曰旗也。**食黍與彘，服八風水，爨松燧火，**○文典謹按：御覽二十七引注云：「改火也。」**北宫御女黑色，衣黑采，擊磬石，**水王北方，故處北宫。**其兵鎩，其畜彘，**鎩者却内，象陰閉。彘，水畜。**朝于玄堂左个，以出冬令。**北向堂，西頭室，故曰左个。居是室，行此月令也。**命有司，修羣禁，**順陰閉，諸所當禁，皆使有司禁也。**禁外徙，閉門閭，大搜客，**傳曰：「禁舊客，爲露情也。有新客，搜出之，爲觀釁也。」門，城門也。閭，里門也。嚴閉之，守備也。**斷罰刑，殺當罪，**諸罰刑當決也。當罰正罪，故殺之也。**阿上亂法者誅。**阿意曲從，取容於上，以亂法度也。誅，治也。**立冬之日，天子親率三公九卿大夫以迎歲于北郊。**○陶方琦云：魏書五十五劉芳傳、北史四十二引許注：「北郊，六里郊也。」又引高注：「北郊，六里之郊也。」按：劉芳傳引賈逵曰：「北郊，水帝顓頊，六里。」盧植云：「北郊，六里郊也。」許、高並用先師舊訓，故同。**還，乃賞死事，存孤寡。**有忠節蹈義死王事者，賞其子孫也。幼無父曰孤，無夫曰寡，皆存慰矜恤之。**是月，命太祝禱祀神位，占龜策，審卦兆，以察吉凶。於是天子始裘，命百官謹蓋藏，命司徒行積聚，修城郭，警門閭，修楗閉，慎管籥，固封璽，**封璽，印封也。○文典謹按：禮記月令楗作鍵，壐作疆，鄭注云：「今月令疆或作壐。」吕覽孟冬紀、御覽六百八十二載應劭漢官儀引月令、蔡邕獨斷皆作「固封壐」，北堂書鈔百五十六引此文壐作疆，與古月令合。修邊境，○文典謹按：書鈔引，脩作備。完要塞，絶蹊徑，飭喪紀，審棺槨衣衾之薄厚，飾，治也。紀，數也。二十五月之數也。棺槨衣衾薄厚各有差等，故審之。營丘壠之小大高庳，使貴賤卑尊各有等級。營，度也。丘壠，冢也，小大高下各有度量也。是月也，工師效功，陳祭器，案度程，堅致爲上。案，視也。度，法也。堅致，功牢也。爲，故也。上，盛也。○莊逵吉云：堅致，禮記作功致，故注云「功牢也」。致卽密緻之緻，古無緻字。工事苦慢，作爲淫巧，必行其罪。苦，惡也。慢，不牢也。淫巧，非常之巧也。故行其罪。苦，讀鹽會之鹽。是月也，大飲蒸，天子祈來年於天宗，蒸，冬祭也。于是時，大飲酒而祭，求明年之福祥也。凡屬天上之神，日月星辰皆爲天宗也。大禱祭于公社，畢，饗先祖。禱，求也。公社，后土之祭也。生爲上公，死爲貴神，故曰公也。畢，饗先祖，先公後私之義也。勞農夫，以休息之。命將率講武，肄射御，角力勁。肄，習也。勁，强貌。乃命水虞漁師，收水泉池澤之賦，虞，掌水官也。師，長也。賦，税也。毋或侵牟。牟，多。孟冬行春令，則凍閉不密，地氣發泄，民多流亡。春陽氣散越，故凍閉不密，地氣發泄也。民多流亡，象陽氣布散。行夏令，則多暴風，方冬不寒，蟄蟲復出。冬當閉藏，反行夏盛陽之令，故多暴疾。陽氣温，故盛冬不寒，令蟄伏之蟲復出也。行秋令，則雪霜不時，小兵時起，土地侵削。秋氣干冬，大寒，不當雪而雪，不當霜而霜，故曰不時也。小兵數起，鄰國來伐，侵削其土地。十月官司馬，其樹檀。冬閒講武，故官司馬也。檀，陰木也。

仲冬之月，招摇指子，昏壁中，旦軫中。東壁，北方玄武之宿，是月昏時中于南方。軫，南方朱鳥之宿，是月平旦時中于南方也。其位北方，其日壬癸，其蟲介，其音羽，律中黄鐘，其數六，黄鐘者，陽氣聚于下，陰氣盛于上，萬物黄，萌于地中，故曰黄鐘也。其味鹹，其臭腐，其祀井，祭先腎。冰益壯，地始坼，鶡鳴不鳴，虎始交。鶡鳴，山鳥。是月陰盛，故不鳴也。虎，陽中之陰也，陰氣盛，以類發也。交，讀將校之校也。天子衣黑衣，乘鐵驪，服玄玉，建玄旗，食黍與彘，服八風水，爨松燧火，北宫御女黑色，衣黑采，擊磬石，其兵鎩，其畜彘，朝于玄堂太廟。北向堂，中央室，故曰太廟也。命有司曰：土事無作，無發室居，及起大衆，是謂發天地之藏，諸蟄則死，民必疾疫，有隨以喪。○莊逵吉云：有，諸本皆作又。急捕盜賊，誅淫泆詐僞之人，命曰暘月。陰氣在上，民人空閒，故命曰暘月。命奄尹，申宫令，奄，官〔一〕也。尹，正也。申宫令，重戒敕也。審門閭，謹房室，必重閉，助陰

〔一〕「官」，疑當爲「宦」，形近而誤。日本諸子大成改正淮南鴻烈解作「宦」。

氣也。省婦事。乃命大酋，秫稻必齊，麴蘖必時，酋，主酤酒官也，醞釀米麴，使化熟，故謂之酋。酋，讀酋豪之酋。齊，讀齊和之齊也。作麴蘖當得其時，不時則不成也。湛熺必潔，水泉必香，湛，漬也。熺炊必令圭潔也。水泉香則酒善也。湛，讀審釜之審。熺，炊熾火之熾也。○桂馥云：熺，借字，當爲饎。特牲饋食禮「主婦視饎，爨於西堂下」，鄭注：「炊黍稷曰饎。」陶器必良，火齊必得，無有差忒。陶器，瓦器也。炊亨必得其適，故曰無有差忒也。天子乃命有司，祀四海大川名澤。能興雲雨，故祀之也。是月也，農有不收藏積聚、牛馬畜獸有放失者，取之不詰。詰，呵問也。山林藪澤，有能取疏食、田獵禽獸者，野虞教導之。其有相侵奪，罪之不赦。大加刑也。是月也，日短至，陰陽争，君子齋戒，處必掩，身欲静，去聲色，禁嗜欲，聲，絲竹金石之聲也。色，美色也。有貪欲濫求者禁之。寧身體，安形性。閉情欲也。是月也，荔挺出，芸始生，丘螾結，麋角解。荔，馬荔草也。芸，芸蒿，菜名。丘螾，蟲也。結，屈結也。麋角解墮，皆應微陽氣也。○陶方琦云：説文艸部芸字下、爾雅釋草疏、御覽九百八十二引許注：「芸，艸，可以死復生。」按：説文：「芸，艸也。似苜蓿。」與鄭君月令注「芸，香艸」説亦合。高注吕覽皆訓作菜，芸生於冬至一陽初生之月，故云死復生。水泉動則伐樹木，取竹箭，罷官之無事、器之無用者，罷，省。涂闕庭門閭，築囹圄，所以助天地之閉。仲冬行夏令，則其國乃旱，氛霧冥冥，雷乃發聲。夏氣炎陽，故其國旱也。清濁相干，故氛霧冥冥也。十一月雷發聲，非其時，故言乃也。行秋令，則其時雨水，瓜瓠不成，國有大兵。秋金氣，水之母也，故雨水。水、金用事，故有大兵也。行春令，則蟲螟爲敗，水泉咸竭，民多疾癘。春陽氣，蟄伏生，故蟲螟敗穀，水泉竭也。陽干陰，氣不和，故多疾癘也。十一月官都尉，其樹棗。冬成軍師，故官都尉。棗，取其赤心也。

季冬之月，招摇指丑，昏婁中，旦氐中。婁，西方白虎之宿，是月昏時中于南方。氐，東方蒼龍之宿，是月平旦時中于南方也。其位北方，其日壬癸，其蟲介，其音羽，律中大吕，吕，旅也。萬物萌動于黄泉，未能達見，所以旅旅去陰卽陽，助其成功，故曰大吕。其數六，其味鹹，其臭腐，其祀井，祭先腎。鴈北鄉，鵲加巢，雁在彭蠡之水，皆北嚮，將至北漠中也。鵲感陽而動，上加巢也。○王念孫云：加，讀爲架，謂搆架之也。召南鵲巢箋曰：「鵲之作巢，冬至架之，至春乃成。」釋文：「架之，俗本或作加功。」（案：之作功者，非。架作加，則古字通用。劉昌宗讀加爲架，是也。匡謬正俗謂「加功力作巢」，非是。）本經篇「大夏曾加」，高注謂「以材木相乘架」，是加、架古字通。此言「鵲加巢」，卽鄭箋所謂「冬至架之」者，非謂增加其巢也。天文篇曰：「日冬至，鵲始加巢。」月令曰：「季冬之日，鵲始巢。」義並與此同。召南正義引推度災云「鵲以復至之月始作室家」是也。雉雊，雞呼卵。詩云「雉之朝雊，尚求其雌」是也。雞呼鳴求卵也。天子衣黑衣，乘鐵驪，服玄玉，建玄旗，食麥與彘，服八風水，爨松燧火，北宫御女黑色，衣黑采，擊磬石，其兵鎩，其畜彘，朝于玄堂右个。右个，東頭室也。命有司，大儺旁磔，出土牛。大儺，令之逐陰驅疫，爲陽導也。旁磔，四面皆磔犬羊，以禳四方之疾疫也。出土牛，今鄉縣出勸農耕之土牛於外是也。命漁師始漁，是月將捕魚，故命其長也。漁，讀論語之語。天子親往射漁，先薦寢廟。令民出五種，令農計耦耕事，修耒耜，具田器。耦，合。命樂師大合吹而罷。乃命四監，收秩薪，以供寢廟及百祀之薪燎。是月也，日窮于次，月窮于紀，星周于天，歲將更始，十二次窮于牽牛中也。紀道窮於故宿也。星周于天者，謂二十八舍更見南方，至是月周帀也。令静農民，無有所使。天子乃與公卿大夫飾國典，論時令，以待嗣歲之宜。乃命太史，次諸侯之列，賦之犧牲，賦，布。以供皇天上帝社稷之芻享。乃命同姓之國，供寢廟之芻豢；卿士大夫至于庶民，供山林名川之祀。季冬行秋令，則白露早降，介蟲爲祆，四鄙入保。秋節白露，故白露早降。介甲之蟲爲祆災。金氣爲兵，故四竟之民入城郭自保守也。行春令，則胎夭傷，國多痼疾，命之曰逆。季冬大寒，而行春温之令，氣不和，故胎養夭傷，國多篤疾。逆風氣之由也，故命之曰逆也。行夏令，則水潦敗國，時雪不降，冰凍消釋。夏氣炎陽，又多霖雨，故水潦敗國也。時雪當降而不降，冰凍不當消釋而消釋，皆干時之徵也。十二月官獄，其樹櫟。十二月歲盡刑斷，故官獄也。櫟可以爲車轂，木不出火，惟櫟爲然，亦應除氣也。

五位：東方之極，自碣石山過朝鮮，貫大人之國，碣石在遼西界海水西畔。朝鮮，樂浪之縣也。貫，通也。大人國在其東。○莊逵吉云：御覽引無山字，注云：「碣石在東北海中。朝鮮，東夷。東方有大人之國也。東至日出之次，榑木之地，青土樹木之野，榑木，榑桑。○莊逵吉云：御覽此下有注云：「皆日所出之地也。」○王引之云：青土當爲青丘，字之誤也。（御覽引此已誤。）本經篇「繳大風於青丘之野」，（今本野誤作澤，辯見本經。）高注曰：「青丘，東方之丘名。」即此所云「東至青丘之野」也。吕氏春秋求人篇亦云：禹東至榑木之地，日出之野，青丘之鄉。」海外東經云：「青丘國在朝陽北。」逸周書王會篇「青丘狐九尾」，孔晁曰：「青丘，海東地名。」服虔注漢書司馬相如傳云：「青丘國在海東三百里。」太皞、句芒之所司者，萬二千里。太皞，伏羲氏，東方木德之帝也。句芒，木神。司，主也。其令曰：挺羣禁，開閉闔，通窮窒，達障塞，行優游，棄怨惡，解役罪，免憂患，休罰刑，開關梁，宣出財，和外怨，撫四方，行柔惠，止剛强。剛强侵陵人，不循軌度者，禁止之也。南方之極，自北户孫之外，北户孫，國名也，日在其北，皆爲北向户，故曰北户孫。○莊逵吉云：御覽作北户烏孫，注云：「北户，日在其北，向以爲户。」○文典謹按：文選思玄賦注引高注作「北户，孤竹國名也」。貫顓頊之國，南至委火炎風之野，赤帝、祝融之所司者，萬二千里。赤帝，炎帝少典之子，號爲神農，南方火德之帝也。祝融，顓頊之孫，老童之子吴回也。一名黎，爲高辛氏火正，號爲祝融，死爲火神也。

○莊逵吉云：御覽此下有注云：「赤帝，著明審諟也。祝，屬。融，工也。萬物盛長，屬而工也。」程文學云：「此亦古注，宜存，然未定卽是高、許二家耳。」其令曰：爵有德，賞有功，惠賢良，救飢渴，舉力農，振貧窮，惠孤寡，憂罷疾，出大禄，行大賞，起毀宗，立無後，封建侯，立賢輔。應陽施也。中央之極，自昆侖東絶兩恆山，自，從也。絶，猶過也。恆山，常山。言兩，未聞也。○莊逵吉云：御覽無「兩」字，注云：「恆山，北岳。」日月之所道，江、漢之所出，日月照其所經過之道。江出岷山，漢出番冢也。衆民之野，五穀之所宜，龍門、河、濟相貫，以息壤堙洪水之州，○莊逵吉云：御覽此下有注云：「禹以息土湮洪水，以爲中國九州。州，水中可居也。」東至於碣石，黄帝、后土之所司者，萬二千里。黄帝，少典之子，以土德王天下，號爲軒轅氏，死爲中央土德之帝。后土者，句龍氏之子，名曰后土，能平九土，死祀爲土神也。○莊逵吉云：御覽此注有云：「黄，中色，地道載物，故稱名也。」其令曰：平而不阿，明而不苛，包裹覆露，露，潤。無不囊懷，溥氾無私，正靜以和，行稃鬻，養老衰，弔死問疾，以送萬物之歸。土，四方之主也，故曰萬物之歸。西方之極，自昆侖絶流沙、沈羽，西至三危之國，流沙，蓋在昆侖之西南爾。○莊逵吉云：御覽此注有云：「沈羽，弱水，弱沈羽毛也。」石城金室，飲氣之民，不死之野，少皞、蓐收之所司者，萬二千里。少皞，黄帝之子青陽也，名摯，以金德王天下，號爲金天氏，死爲西方金德之帝也。蓐收，金天氏之裔子曰修禮，死祀爲金神也。○莊逵吉云：御覽此注有云：「少皞，白帝之號。少皞，用物浩成也。」其令曰：審用法，誅必辜，備盜賊，禁姦邪，飾羣牧，謹著聚，修城郭，補決竇，塞蹊徑，遏溝瀆，止流水，雝谿谷，守門閭，陳兵甲，選百官，誅不法。應金斷也。北方之極，自九澤窮夏晦之極，北至令正之谷，九澤，北方之澤。夏，大也。晦，暝也。○莊逵吉云：御覽令正作令止，注云：「令止，丁令，北海胡地。」有凍寒積冰、雪雹霜霰、漂潤羣水之野，顓頊、玄冥之所司者，萬二千里。顓頊，黄帝之孫也，以水德王天下，號高陽氏，死爲北方水德之帝也。其神玄冥者，金天氏有適子曰昧，爲玄冥師，死而祀爲主水之神也。○莊逵吉云：御覽此下有注云：「顓頊，黑帝號。頊，大。言陰用事，振翕而寒也。陰閉不視，故神爲玄冥也。」其令曰：申羣禁，固閉藏，修障塞，繕關梁，禁外徙，斷罰刑，殺當罪，閉關閭，大搜客，○王念孫云：古書無以關閭二字連文者，關當爲門，此涉上二「關梁」而誤也。上文及天文篇並云：「閉門閭，大搜客。」春秋繁露五行順逆篇云：「閉門閭，大搜索。」太平御覽時序部十二引此作「守門閭」。止交游，禁夜樂，蚤閉晏開，以塞姦人，已德，執之必固。○王念孫云：塞本作索，此後人以意改之也。「蚤閉晏開，以索姦人」，即上文所謂「閉門閭，大搜客」也。下句「姦人已得」，正謂索而得之，若改索爲塞，則與下句義不相屬矣。姦人下當更有姦人二字。德，讀爲得。「蚤閉晏開，以索姦人，姦人已得，執之必固」，皆以四字爲句。若第三句無姦人二字，則文不成義矣。太平御覽時序部十

二、地部二引此，塞作索，德作得，是也。但無姦人二字，則所見本已誤。天節已幾，○莊逵吉云：御覽此下注云：「幾，終也。」刑殺無赦，雖有盛尊之親，斷以法度。毋行水，毋發藏，毋釋罪。應陰殺也。○莊逵吉云：御覽作「毋釋刑罪」。

六合：孟春與孟秋爲合，仲春與仲秋爲合，季春與季秋爲合，孟夏與孟冬爲合，仲夏與仲冬爲合，季夏與季冬爲合。孟春始贏，孟秋始縮；贏，長也。縮，短也。仲春始出，仲秋始内；出，二月播種。内，八月收斂。○文典謹按：御覽十七引注，播種作播植，十九引，與今本合。季春大出，季秋大内；孟夏始緩，孟冬始急；緩，四月陽安。急，十月寒肅。○文典謹按：御覽十七引注，作「緩，四月陽炎也。急，十月寒肅也」。二十四引同。仲夏至修，仲冬至短；夏至北極，冬至南極，短、修皆在至前也。季夏德畢，季冬刑畢。德畢，陽施結。刑畢，刑獄盡。○莊逵吉云：御覽引注，作「德畢，陽始窮也。刑畢，陰殺盡也」。故正月失政，七月涼風不至；二月失政，八月雷不藏；三月失政，九月不下霜；四月失政，十月不凍；五月失政，十一月蟄蟲冬出其鄉；六月失政，十二月草木不脱；不脱，葉槁著樹，不零落也。七月失政，正月大寒不解；東風不解凍也。八月失政，二月雷不發；不發聲也。九月失政，三月春風不濟；濟，止。十月失政，四月草木不實；實，長。十一月失政，五月下雹霜；十二月失政，六月五穀疾狂。疾狂，不華而實也。春行夏令泄，象盛陽發泄也。○俞樾云：下云「冬行春令泄」，不當重複。且上文云「仲春始出」、「季春大出」，則春日發泄，不足爲咎也。管子幼官篇作「春行夏政閹」，當從之。蓋發泄太過，故奄然而息也。方言及廣雅並曰：「奄，息也。」閹與奄通，因脱閹字，而寫者以泄字補之，殊非其義。高注曰：「象盛陽發泄也。」是其所據本已誤。夫下文「冬行春令泄」，高注曰：「象春氣布散發泄也。」然則布散發泄，自是春氣所固然，豈行夏令所致乎？卽此可知其非矣。行秋令水，水生于申，故水也。行冬令肅。象氣肅急。夏行春令風，象春木氣多風。行秋令蕪，象秋氣蕪穢生。行冬令格。格，歧也。象冬斷刑，恩澤歧格不流下。○王引之云：高説非也。格，讀爲落，謂夏行冬令，則草木零落也。格字從木，各聲，古讀如各。（説見唐韻正。）格與落聲相近，字相通。史記酷吏傳「置伯格長」，徐廣曰：「古村落字亦作格。」村落之落通作格，猶零落之落通作格也。月令云：「仲夏行秋令，則草木零落。」管子幼官篇「夏行冬政落」，（四時篇同。）尹知章曰：「寒氣肅殺，故凋落也。」春秋繁露五行五事篇云：「秋行冬政則落。」又云：「夏行冬政則落。」皆其明證矣。秋行夏令華，象夏氣樹華茂。行春令榮，象春氣生榮華。行冬令秏。秏，零落也。冬行春令泄，象春氣布散發泄也。行夏令旱，旱象陽炎。行秋令霧。秋氣陰亂，故霧。

制度陰陽，大制有六度：天爲繩，地爲準，春爲規，夏爲衡，秋爲矩，冬爲權。繩者，所以繩萬物也。繩，正。準者，所以準萬物也。規者，所以員萬物也。衡者，所以平萬物也。矩者，所以方萬物也。權者，所以權萬物也。繩之爲度也，直而不爭，○俞樾云：争，讀爲竫。儀禮士喪禮鄭注曰：「竫，屈也。江、沔之間謂縈收繩索爲竫。」故此曰「繩之爲度也，直而不竫」。脩而不窮，久而不弊，遠而不忘，與天合德，與神合明，所欲則得，所惡則亡，自古及今，不可移匡，○俞樾云：移之言迆也。説文辵部：「迆，衺行也。」移亦有衺義。禮記玉藻篇「手足毋移」，正義曰：「移，謂靡迆搖動也。」是其證也。匡與軭通。説文車部：「軭，車戾也。」考工記「輪雖敝不匡」，匡卽軭字。不移匡，言不衺曲也。厥德孔密，廣大以容，○莊逵吉云：廣大以容，明本作廣下以容衆，非。是故上帝以爲物宗。宗，本。準之爲度也，平而不險，均而不阿，廣大以容，寬裕以和，柔而不剛，鋭而不挫，鋭，利也。挫，折也。流而不滯，流，行也。滯，止也。易而不穢，發通而有紀，紀，道也。周密而不泄，準平而不失，萬物皆平，民無險謀，怨惡不生，是故上帝以爲物平。平，正，讀評議之評。規之爲度也，轉而不復，員而不垸，復，遏也。垸，轉也。優而不縱，廣大以寬，感動有理，發通有紀，優優簡簡，百怨不起，優簡，寬舒之貌。規度不失，生氣乃理。氣類理達。衡之爲度也，緩而不後，平而不怨，施而不德，弔而不責，○莊逵吉云：御覽引作「匝而不責」。當平民禄，以繼不足，教教陽陽，唯德是行，養長化育，萬物蕃昌，以成五穀，以實封疆，其政不失，天地乃明。明，理。矩之爲度也，肅而不悖，剛而不憒，取而無怨，内而無害，威厲而不懾，令行而不廢，殺伐既得，仇敵乃克，矩正不失，百誅乃服。權之爲度也，急而不贏，殺而不割，充滿以實，周密而不泄，敗物而弗取，罪殺而不赦，誠信以必，堅慤以固，糞除苛慝，不可以曲，故冬正將行，必弱以强，必柔以剛，權正而不失，萬物乃藏。明堂之制，静而法準，動而法繩，春治以規，秋治以矩，冬治以權，夏治以衡，是故燥溼寒暑以節至，甘雨膏露以時降。

淮南鴻烈集解卷六

覽冥訓

覽觀幽冥變化之端，至精感天，通達無極，故曰「覽冥」，因以題篇。

昔者，師曠奏白雪之音，而神物爲之下降，風雨暴至，平公癃病，晉國赤地。白雪，太乙五十弦琴瑟樂名也。神物，卽神化之物，謂玄鶴之屬來至，無頭鬼類操戈以舞也。平公，晉悼公之子彪也。癃病，篤疾。赤地，旱也。唯聖君能御此異，使無災耳。平公德薄，不能堪，故篤病而大旱也。**庶女叫天，雷電下擊，景公臺隕，支體傷折，海水大出。**庶賤之女，齊之寡婦，無子，不嫁，事姑謹敬。姑無男有女，女利母財，令母嫁婦。婦益不肯，女殺母以誣寡婦。婦不能自明，寃結叫天，天爲作雷電下擊景公之臺。隕，壞也。毀景公之支體，海水爲之大溢出也。○陶方琦云：文選詣建平王上書注引許注云：「庶女，齊之少寡，無子，養姑。姑無男有女，女利母財而殺母，以誣告寡婦。婦不能自解，故寃告天。」此高承用許注。○文典謹按：上文「昔者，師曠奏白雪之音，而神物爲之下降」，則此「庶女叫天」下亦當有而字，文乃一律。北堂書鈔百五十二、初學記一、藝文類聚二引，「叫天」下皆有而字，此必古有而今本敓之也。又按：叫天，御覽六十引作告天；雷電，白帖二、御覽六十引竝作雷霆。御覽引「景公臺隕」下有注云：「景公，齊景公也。雷擊景公臺，隕壞之也。」「枝體傷折」下有注云：「景公爲雷霆所傷折。」「庶女告天」下所引注，與文選詣建平王上書注所引許注略同。則此二注，亦必許君注也。**夫瞽師、庶女，位賤尚葈，權輕飛羽，**尚，主也。葈者，葈耳，菜名也。幽、冀謂之檀菜，雒下謂之胡葈。主是官者，至微賤也。瞽師、庶女復賤於主葈之官，故曰「權輕飛羽」也。○王引之云：主枲耳之官，書傳未聞。尚枲，蓋卽周官「典枲下士二人」者，典亦主也。（見周官典婦功注。）言典枲本賤官，瞽師、庶女則又賤於典枲。枲謂麻枲，非謂枲耳也。○洪頤煊云：周禮天官「典枲掌布緦縷紵之麻草之物」，是庶女爲之。賈疏：「枲，麻也。」葈卽枲字。**然而專精厲意，委務積神，上通九天，激厲至精。**九天，八方、中央也。以精誠感之。**由此觀之，上天之誅也，雖在壙虛幽閒，遼遠隱匿，重襲石室，界障險阻，其無所逃之，亦明矣。**上天，上帝也。上帝神明。言人有罪惡，雖自隱蔽竄藏，猶見誅害也。故曰「無所逃」也。**武王伐紂，渡于孟津，陽侯之波，逆流而擊，疾風晦冥，人馬不相見。**陽侯，陵陽國侯也。其國近水，溺水而死。其神能爲大波，有所傷害，因謂之陽侯之波。○俞樾云：陽陵自是漢侯國，史記高祖功臣侯表有陽陵侯傅寬是也。高注以說古之陽侯，殆失之矣。春秋閔二年「齊人遷陽」，杜注曰「國名」。正義曰：「世本無陽國，不知何姓。杜世族譜土地名闕，不知所在。」古之陽侯當卽此陽國之侯。水經「沂水南逕陽都縣故城東，縣故陽國城」，是其所在矣。○文典謹按：北堂書鈔二、御覽八十四、博物志異聞篇引，孟津皆作盟津。**於是武王左操黃鉞，右秉白旄，瞋目而撝之，曰：「余任，天下誰敢害吾意者！」於是風濟而波罷。**○王念孫云：「右秉白旄」，秉本作執，此後人依牧誓改之也。論衡感虛篇引此正作執。（論衡稱「傳書言武王伐紂，渡孟津」云云，共十二句，皆與此同，是所引即淮南之文也。）太平御覽地部二十六、三十六、皇王部九引此，亦作執。泰族篇亦云：「武王左操黃鉞，右執白旄。」執與秉同義，無煩據彼以改此也。任當爲在，字之誤也。（道應篇「本在於身」，在字亦誤作任。）「余在」爲句，「天下誰敢害吾意者」爲句。孟子引書曰：「四方有罪無罪，惟我在，天下曷敢有越厥志！」句法與此相似。論衡感虛篇、藝文類聚儀飾部、太平御覽地部二十六、三十六、皇王部九、儀式部一引此，竝作「余在」。害，讀爲曷。（古字以害爲曷，通見詩、書。）曷，止也。言誰敢止吾意也。爾雅：「曷、遏，止也。」商頌長發篇「則莫我敢曷」，荀子議兵篇引作「則莫我敢遏」。

魯陽公與韓搆難，戰酣日暮，援戈而撝之，日爲之反三舍。魯陽，楚之縣公，楚平王之孫，司馬子期之子，國語所稱魯陽文子也。楚僭號稱王，其守縣大夫皆稱公，故曰魯陽公。今南陽魯陽是也。酣，對戰合樂時也。撝日令反，却行三舍。舍，次宿也。○陶方琦云：文選郭璞遊仙詩注引許注：「二十八宿，一宿爲一舍也。」按：論衡感虛篇：「星之在天也，爲日月舍，猶地有郵亭，爲長吏廨也。」二十八宿有分度，一舍十度，或增或減。言日反三舍，乃三十度也。廣雅釋詁：「宿，舍也。」○文典謹按：文選吳都賦注、郭璞遊仙詩注、弔魏武帝文注引，搆竝作遘，疑是許本。又吳都賦注引，魯陽公下有「楚將也」三字，疑亦許注之羼入正文者也。**夫全性保真，不虧其**

身，遭急迫難，精通于天。若乃未始出其宗者，何爲而不成！精通于天者，謂聖人質成上通，爲天所助。宗者，道之本也。謂性不外逸，生與道同也。夫死生同域，不可脅陵，勇武一人，爲三軍雄。武，士也。江、淮間謂士爲武。○莊逵吉云：意林引作「勇士一人」，是竟改武爲士，非異本也。彼直求名耳，而能自要者尚猶若此，又況夫宫天地，懷萬物，以天地爲宫室。懷，猶囊也。而友造化，造化，陰陽也。與之相朋友。含至和，直偶于人形，外直偶與人同形，而内有大道也。○俞樾云：「偶與寓通，言特寄寓於人之形耳。」高注曰「外直偶與人同形」，則增出「同」字矣。觀九鑽一，知之所不知，九，謂九天。一，龜也。觀九天之變，鑽龜占兆，所不知事亦云然也。○俞樾云：高説迂曲。九、一皆以數言也。數始於一而極於九，至十則復爲一矣。素問三部九候論曰：「天地之至數，始於一，終於九焉。」是其義也。故古人之言，凡至少者，以一言之，如孟子「一杯水」、「一鉤金」是也；至多者，以九言之，如公羊傳「叛者九國」是也。觀九鑽一，言所觀覽者多，而所鑽孯者少也。精神篇曰：「能知一，則無一之不知也。不能知一，則無一之能知也。」是其義。而心未嘗死者乎！心未嘗死者，謂心生與道同者也，不與觀九鑽一等也。昔雍門子以哭見於孟嘗君，雍門子，名周，善彈琴，又善哭。雍門，齊西門也。居近之，因以爲氏。哭，猶歌也。見，猶感也。孟嘗君，齊相田文。已而陳辭通意，撫心發聲，孟嘗君爲之增欷歍唈，流涕狼戾不可止。增，重也。歍唈，失聲也。狼戾，猶交横也。歍，讀鴛鴦之鴦也。咆，讀左傳嬖人婤姶之姶。**精神形於內，而外諭哀於人心，此不傳之道。**言能以精神哀悲感傷人心，不可學而得之，故曰不傳之道也。**使俗人不得其君形者而效其容，必爲人笑。**君形者，言至精爲形也。〇曾國藩云：君形，主宰乎形骸者也。**故蒲且子之連鳥於百仞之上，**蒲且子，楚人善弋射者。七尺曰仞。**而詹何之鶩魚於大淵之中，此皆得清淨之道，太浩之和也。**詹何，楚人知道術者也。言其善釣，令魚馳鶩來趨鉤餌，故曰鶩魚。得其精微，故曰太浩之和也。

夫物類之相應，玄妙深微，知不能論，〇俞樾云：論者，知也。說山篇「以小明大，以近論遠」，高注曰：「論，知也。」此論字不訓爲知，蓋以正文已有知字故耳。不知正文知字當讀爲智，「知不能論」，謂智者不能知也。說文心部：「惀，欲知之貌。」論與惀通。下文曰：「心意之論，不足以定是非。」論亦知也。〇文典謹按：俞說非也。下文「得失之度，深微窈冥，難以知論，不可以辯說也」，正與此文一例。論與說爲對文，非作知解明矣。**辯不能解。故東風至而酒湛溢，**東風，木風也。酒湛，清酒也。米物下湛，故曰湛。木味酸，酸風入酒，故酒酢而湛者沸溢，物類相感也。〇王念孫云：如高說以酒湛爲清酒，則當言「湛酒溢」，不當言「酒湛溢」，故又申之曰「酒酢而湛者沸溢」，殆失之迂矣。今案：湛、溢二字當連讀，湛與淫同。（爾雅「久雨謂之淫」，論衡明雩篇「久雨爲湛」，湛卽淫也。湛字或作沈，微子「我用沈酗于酒」，沈酗卽淫酗。史記宋世家「紂沈湎于酒」，太史公自序「帝辛湛湎」，楊雄光禄勳箴「桀、紂淫湎」，淫湎即湛湎。樂書「流沔沈佚」，沈佚即淫泆。淫與湛、沈義同而字亦相通。考工記㡛氏「淫之以蜃」，杜子春云：「淫當爲湛。」齊語「擇其淫亂者而先征之」，管子小匡篇淫作沈。莊子天下篇「禹沐甚雨」，崔譔本甚作湛，音淫。淮南修務篇作「禹沐淫雨」。）淫溢猶衍溢也。酒性温，故東風至而酒爲之加長。春秋繁露同類相動篇曰：「水得夜益長數分，東風而酒湛溢，故陽益陽而陰益陰。」義與此同也。○陶方琦云：太平廣記百九十一、事類賦風部引許注：「東方，震方也。酒汎，清酒也。木味酸，相感故也。」御覽九引略同，惟「酒汎，清酒也」作「清�янь酒也」。太平廣記引許注後，又引高注云：「酒汎，爲米麫麴之汎者，風至而沸動。」此乃高注，故與許注文異，益知今高注本中羼入許注不少。汎字今高本作湛，蓋汎字乃沉字之誤文，沈、湛古通。○文典謹按：文選七啓注引此文及高注，湛亦作汎。**蠶咡絲而商弦絶，或感之也。**老蠶上下絲於口，故曰咡絲。新絲出，故絲脆。商於五音最細而急，故絶也。咡或作珥。蠶老時，絲在身中正黄，達見于外如珥也。商，西方金音也。蠶，午火也。火壯金困，應商而已，或有新故相感者也。**畫隨灰而月運闕，鯨魚死而彗星出，或動之也。**運，讀連圍之圍也。運者，軍也。將有軍事相圍守，則月運出也。以蘆草灰隨牖下月光中令圜畫，缺其一面，則月運亦缺於上也。鯨魚，大魚，蓋長數里，死于海邊。魚之身賤也，彗星爲變異，人之害也，類相動也。○莊逵吉云御覽引許脊注云：「有軍事相圍守，則月暈。以蘆灰環，闕其一面，則月暈亦闕于上。」○陶方琦云：「運者，軍也」以下，或即許注羼入高注中者。許作暈，説文：「暈，日月气也。」漢書天文志如淳曰：「暈，讀曰運。」則高本作運亦合也。呂覽明理篇「有暈珥」，高注：「气圍繞日周帀，有似軍營相圍守，故曰暈也。」運作圍解，與此注同。博物志引：「凡月暈隨灰畫之，隨所畫而闕，淮南子云。未詳其法。」〇文典謹按：暈，説文新坿古作煇，作運。則高本作運是也。北堂書鈔百五十引作暈。**故聖人在位，懷道而不言，澤及萬民。**聖人行自然無爲之道，故澤及萬民也。**君臣乖心，則背譎見於天，神氣相應徵矣。**日旁五色氣，在兩邊外出爲背，外向爲譎，内向爲珥，在上外出爲冠。**故山雲草莽，水雲魚鱗，**山中氣出雲似草莽，水氣出雲似魚鱗。**旱雲煙火，涔雲波水，各象其形類，所以感之。**旱雲，亢陽氣，似煙火。涔，大滀水也。雲出於涔，似波水也。〇王引之云：煙當爲熛，字之誤也。（高注同。）説文：「熛，火飛也。讀若標。」一切經音義十四引三倉曰：「熛，迸火也。」「旱雲熛火，涔雲波水」，猶言旱雲如火，涔雲如水耳。熛火與波水對文。若作煙火，則與下句不類矣。又齊俗篇「譬若水之下流，煙之上尋也」，煙亦當爲熛。「熛之上尋」，猶言火之上尋，故與「水之下流」對文。天文篇曰：「火上尋，水下流。」是其證也。若以煙、水相對，則非其旨矣。藝文類聚火部煙下引此作「煙之上尋」，則此字之誤已久。**夫陽燧取火於日，方諸取露於月，**夫，讀大夫之夫，已説在上。一説：水火從太極來，在人手中，非人所能説知。〇王念孫云：「夫陽燧」本作「夫燧」，今本有陽字者，後人所加也。彼蓋誤以夫爲語詞，又以天文篇「陽燧見日則然而爲火，方諸見月則津而爲水」，故加入陽字。不知夫燧即陽燧也。夫燧與方諸相對爲文。周官司烜氏「掌以夫遂取明火於日（遂與燧同。）」，鄭注曰：「夫遂，陽遂也。」下文云「夫燧之取火，慈石之引鐵」，並以夫燧二字連文，故高注云「夫，讀大夫之夫」，則夫非語詞明矣。**天地之間，巧曆不能舉其數，**巧，工也。天地之間，物類相感者衆多，雖工爲曆術者，不能悉舉其數也。**手徵忽怳，不能覽其光。**言手雖覽得微物，不能得其光。一説：天道廣大，手雖能徵其忽怳無形者，不能覽得日月之光也。**然以掌握之中，引類於太極之上，**太極，天地始形之時也。上，猶初也。**而水火可立致者，陰陽同氣相動也。**動，猶化也。○俞樾云：高氏注「太極之上」曰：「太極，天地始形之時也。上，猶初也。」此説殊失其義。周易繫辭傳「易有太極」，釋文曰：「太極，天也。」然則「太極之上」，言天之上也。上文曰「夫陽燧取火於日，方諸取露於月」，此云取類於太極之上，而水火可立致，即以取火於日、取露於月而言。日月麗乎天，故曰「太極之上」也。注以爲天地始形之初，則與上義不相屬矣。**此傳説之所以騎辰尾也。**言殷王武丁夢得賢人，使工寫其象，旁求之，得傳説于傅巖，遂以爲相，爲高宗成八十一符，致中興也。死託精於辰尾星，一名天策。**故至陰飂飂，至陽赫赫，兩者交接成和，而萬物生焉。衆雄而無雌，又何化之所能造乎！所謂不言之辯，不道之道也。故召遠者使無爲焉，**遠者，四夷也。欲致化四夷者，當以無爲。無爲，則夷荒自至也。**親近者使無事焉，**近者，諸夏也。欲親近者，當以無事。無事，則近人自親附之。○王念孫云：高説非也。「親近者使無事焉」，使當作言。無爲、無事，猶今人言無用也。此言使不足以召遠，言不足以親近，惟誠足以動之耳。今本言作使者，涉上句使字而誤。高云「欲親近者，當以無事」，以字正釋使字，則所見本已誤作使。管子形勢篇曰：「召遠者使無爲焉，親近者言無事焉，唯夜行者獨有之也。」（形勢解曰：「民利之則來，害之則去，故欲民者，先起其利，雖不召而民自至。設其所惡，雖召之而民不來也。故曰『召遠者使無爲焉』。道之純厚，遇之有實，雖不言曰『吾親民』，而民親矣。道之不厚，遇之無實，雖言曰『吾親民』，民不親也。故曰『親近者言無事焉』。所謂夜行者，心行也。能心行，行德天下，莫能與之爭矣。故曰『唯夜行者獨有之』也。」）此卽淮南所本。文子精誠篇曰：「夫召遠者使無爲焉，親近者言無事焉，唯夜行者能有之。」又本於淮南也。（或謂文子所用乃管子之文，非淮南之文。今知不然者，淮南唯此五句與管子同，其上下文皆管子所無也。文子上下文皆與淮南同，則皆本於淮南明矣。又管子作「唯夜行者獨有之」，淮南作「惟夜行者爲能有之」，文子與淮南同。是此五句亦本於淮南，非本於管子也。）**惟夜行者爲能有之。**夜行，喻陰行也。陰行神化，故能有天下也。一說：言入道者如夜行幽冥之中，爲能有召遠親近之道也。**故却走馬以糞，而車軌不接於遠方之外，**「卻走馬以糞」，老子詞也。止馬不以走，但以糞糞田也，行至德之效也。一說：國君無道，則戎馬生于郊；無事，止走馬以糞田也，故兵車之軌不接遠方之外。兩輪之間爲軌。**是謂坐馳陸沈，晝冥宵明，**言坐行神化，疾于馳傳，沈浮冥明，與道合也。**以冬鑠膠，以夏造冰。**

夫道者，無私就也，無私去也，能者有餘，拙者不足，言以非時鑠膠造冰，難成之也。

天道無私就去，能行道，功有餘也。○文典謹按：「夫道者，無私就也，無私去也」，夫本作天，形近而譌也。高注作天道，御覽二十七引此文及文子精誠篇竝作天道，皆其證也。又御覽引注作「能行道者有餘，不能者不足」。順之者利，逆之者凶。譬如隋侯之珠，和氏之璧，得之者富，失之者貧。隋侯，漢東之國，姬姓諸侯也。隋侯見大蛇傷斷，以藥傅之，後蛇于江中銜大珠以報之，因曰隋侯之珠，蓋明月珠也。楚人卞和得美玉璞于荆山之下，以獻武王，王以示玉人，玉人以爲石，刖其左足。文王卽位，復獻之，以爲石，刖其右足。抱璞不釋而泣血。及成王卽位，又獻之。成王曰：「先君輕刖而重剖石。」遂剖視之，果得美玉，以爲璧，蓋純白夜光。文王在春秋前，成王不以告，故不書也。○莊逵吉云：「文王」至「不書」十四字，葉近山、茅一桂二本皆有，藏本無，今增入。○文典謹按：文選西都賦注、南都賦注、劉越石荅盧諶詩注、夏侯常侍誄注引，並作「得之而富，失之而貧」。又按：西都賦注、南都賦注引高注，漢東皆作漢中，「以藥傅」下有「而塗」二字，（夏侯常侍誄注同。）江中作夜中。惟夏侯常侍誄注作大江中，與今注合，疑後人所改也。得失之度，深微窈冥，難以知論，不可以辯説也。何以知其然？今夫地黄主屬骨，而甘草主生肉之藥也，以其屬骨，責其生肉，以其生肉，論其屬骨，是猶王孫綽之欲倍偏枯之藥而欲以生殊死之人，亦可謂失論矣。王孫綽，蓋周人也。一曰，衞人王孫賈之後也。言一劑藥愈偏枯之病，欲倍其劑，以生已死之人。○王念孫云：下欲字因上欲字而衍。「欲倍偏枯之藥而以生殊死之人」作一句讀，不當更有欲字。高注曰：「欲倍其劑，以生已死之人。」則無下欲字明矣。○文典謹按：御覽九百八十四引注云：「王孫綽，魯人也。」疑許君注也。若夫以火能焦木也，因使銷金，則道行矣；若以慈石之能連鐵也，而求其引瓦，則難矣。○文典謹按：連鐵，御覽七百六十七引作運鐵。物固不可以輕重論也。夫燧之取火於日，○王念孫云：於日二字，因上文「取火於日」而衍。夫燧之取火，慈石之引鐵，蟹之敗漆，葵之鄉日，各相對爲文，則此處不當有於日二字。慈石之引鐵，蟹之敗漆，以蟹置漆中，則敗壞不燥，不任用也。葵之鄉日，雖有明智，弗能然也。然，猶明也。○文典謹按：御覽九百四十二引，「雖有明智」作「雖在明知」。故耳目之察，不足以分物理；心意之論，不足以定是非。故以智爲治者，難以持國，唯通于太和而持自然之應者，爲能有之。能有持國之術。故嶢山崩，而薄落之水涸；嶢山在雍州也，薄落水在馮翊臨晉山，窮相通也。一曰：薄落，涇水也。○文典謹按：初學記地部中引，嶢作硝。區冶生，而淳鈞之劍成；區，讀歌謳之謳。區，越人，善冶劍工也。淳鈞，古大鋭劍也。紂爲無道，左强在側；左强，紂之諛臣也。教紂無道，勸以貪淫也。太公竝世，故武王之功立。立，成。由是觀之，利害之路，禍福之門，不可求而得也。言其門户不可豫求而得知也。忽然來至，無形兆也。

夫道之與德，若韋之與革，遠之則邇，近之則遠，革之質象道，韋之質象德。欲去遠之，道反在人側；欲以事求之，去人已遠也。無事者近人，有事者遠人。不得其道，若觀鯈魚。

鯈魚，小魚也，在水中可觀見，見而不可得。道亦如之。○王念孫云：「近之則遠」，遠當作疏，此涉上句遠字而誤也。德、革爲韻，疏、魚爲韻，若作遠，則失其韻矣。泰族篇「遠之則邇，延之則疏」，亦與除、虛、餘爲韻。泰族篇之延字當作近，今據泰族之疏字以正此篇遠字之誤，并據此篇之近字以正泰族延字之誤。文子精誠篇正作「近之即疏」。**故聖若鏡，不將不迎，**將，送也。**應而不藏，**應，猶隨也。謂鏡隨人形好醜，不自藏匿者也。○王念孫云：聖下脱人字。意林及太平御覽人事部四十二、服用部十九引此，竝有人字。莊子應帝王篇「至人之用心若鏡」，文子精誠篇「是故聖人若鏡」，亦皆有人字。**故萬化而無傷。其得之乃失之，其失之非乃得之也。**自謂得，乃失道者也。自謂失道，未必不得道也。○王念孫云：非字義不可通，衍文也。高注云：「自謂失道，未必不得道也。」則無非字明矣。劉本作「其失之也，乃得之也」，此依文子精誠篇改。○俞樾云：非上脱未始二字，非下衍乃字，本作「其失之，未始非得之也」，故高注曰：「自謂得道，乃失道者也。自謂失道，未必不得道也。」各依正文爲説耳。文子精誠篇曰：「其得之也，乃失之也。其失之也，乃得之也。」雖用淮南文，然意同而字句固小異矣。不得據彼改此，而轉與高注不合也。**今夫調弦者，叩宫宫應，彈角角動，此同聲相和者也。**叩大宫則少宫應，彈大角則少角動，故曰同音相和。**夫有改調一弦，其於五音無所比，鼓之而二十五弦皆應，此未始異於聲，而音之君已形也。**一弦，宫音也，音之君也，故二十五弦皆和也。一説：改調一弦，不比五音，謂一聲宫音也，故曰未始異于聲也。五主于一聲，故曰音之君已形。君，主。形，見也。**故通於太和者，惛若純醉而甘卧，以游其中，而不知其所由至也。**太和，謂等死生之和，齊窮達之端。其中道之中也，不自知所至此也。**純温以淪，鈍悶以終，若未始出其宗，**純，一也。温，和也。淪，没也，喻潛伏也。鈍悶，無情也。欲終始于道。宗，本也。若未有其形。**是謂大通。**

今夫赤螭、青虬之游冀州也，赤螭、青虬，皆龍屬也。**天清地定，毒獸不作，飛鳥不駭，入〔一〕榛薄，食薦梅，**薦梅，草實也，狀如桑椹，其色赤，生江濱也。**噆味含甘，步不出頃畝之區，而蛇鱓輕之，以爲不能與之争於江海之中。**噆味，長美也。蛇鱓自以爲能勝赤螭、青虬。**若乃至於玄雲之素朝，**玄，黑。素，白也。黑雲升合於明朝也。〇王念孫云：「玄雲之素朝」，衍之字。高注曰：「玄，黑。素，白也。」是玄雲、素朝相對爲文，雲下不當有之字。且兩句皆以四字爲句，加一之字，則句法參差矣。文選南都賦、魏都賦注引此，皆無之字。**陰陽交争，降扶風，雜凍雨，扶摇而登之，**降，下也。扶風，疾風也。凍雨，暴雨也。扶摇，發動也。登，上也。上風雨而去。**威動天地，聲震海内，**四海之内悉畏之也。**蛇鱓著泥百仞之中，**百仞，七

〔一〕「入」，原本作「人」，形近而誤，今改。

百尺也。度深曰仞，傳曰「仞溝洫」也。**熊羆匍匐丘山磛巖，虎豹襲穴而不敢咆，**襲，入。咆，嗥。**猨狖顛蹶而失木枝，**狖，讀中山人相遺物之遺。狖，猨屬，長尾而卬鼻。**又況直蛇䱇之類乎！**○王念孫云：下言「又況直蛇䱇之類」，則上文「著泥百仞之中」者，非謂蛇䱇也。且蛇䱇在淺水之中，亦不得言百仞。蛇當作蚖。蚖與黿同。（史記太史公自序「黿䱇與處」，索隱：「本作蚖䱇，即黿鼉字也。」書大傳「河鯇江䱇」，亦與黿鼉同。）䱇與鼉同。（說文：「䱇，魚也，皮可以爲鼓。」夏小正傳：「剝䱇，以爲鼓也。」呂氏春秋古樂篇：「䱇乃偃寢，以其尾鼓其腹。」）言蚖䱇（徒何反。）且伏於深淵而不敢出，況蛇䱇（音善。）之類乎？今本蚖作蛇者，涉上下文蛇䱇而誤。○王引之云：磛巖乃高峻貌。龍乘風雨而熊羆畏避，則當伏於幽隱之地，山巔高峻，非所以藏身也。磛巖當作之巖。王逸注七諫曰：「巖，穴也。」（莊子山木篇：「豐狐文豹，伏於巖穴。」）言熊羆匍匐於丘山之穴而不敢出也。下文「虎豹襲穴而不敢咆」，正與此同義。且蚖䱇著泥百仞之中，熊羆匍匐丘山之巖，二句相對爲文，若作磛巖，則義不明，而句亦不協矣。磛字蓋出後人所改。**鳳皇之翔至德也，**雄曰鳳，雌曰皇。爲至德之君而來翔也。**雷霆不作，風雨不興，川谷不澹，**澹，溢。**草木不搖，而燕雀佼之，以爲不能與之爭於宇宙之間。**燕雀自以爲能佼健於鳳皇也。佼或作詨。宇，屋簷也。宙，棟梁也。易曰：「上棟下宇。」○莊逵吉云：說文解字：「宇，屋邊也。」義與此同。○王念孫云：高說非也。佼，讀爲姣。廣雅曰：「姣，侮也。」言燕雀輕侮鳳皇也。上文云：「赤螭、青虬之游冀州也，蛇鱓輕之，以爲不能與之争於江海之中。」是其證也。作佼者，借字耳。**還至其曾逝萬仞之上，翱翔四海之外，**曾，猶高也。逝，猶飛也，一曰，回也。翼一上一下曰翱，不摇曰翔。外，猶表也。○莊逵吉云：古曾與層通，此曾卽層字。○孫詒讓云：還字無義，當爲遝之誤。遝與逮同。墨子兼愛下篇云「遝至乎夏王桀」，今本遝亦誤還，是其證。**過昆侖之疏圃，飲砥柱之湍瀨，**疏圃在昆侖之上。過，猶歷也。砥柱，河之隘也，在河東大陽之東。湍，浮水，至疾。瀨，清。皆激浮急流。○文典謹按：御覽九百十五引，湍瀨作涔瀨。**邅回蒙汜之渚，**邅回，猶倘佯也。蒙汜，日所出之地。池決復入爲渚。渚，小洲也。**尚佯冀州之際，徑躡都廣，入日抑節，**躡，至也。都廣，東南之山名，衆帝所自上下也。言鳳皇過都廣之野，送日入于抑節之地，言其翔之廣也。躡或作絶。徑，過。絶，歷也。**羽翼弱水，暮宿風穴，**濯羽翼于弱水之上。風穴，北方寒風從地出也。○王念孫云：「羽翼弱水」四字文不成義，羽翼當爲濯羽，故高注云「濯羽翼於弱水之上」。今本作羽翼，卽涉注内羽翼而誤也。舊本北堂書鈔地部二穴下引此，正作「濯羽弱水，暮宿風穴」。（陳禹謨本删去。）文選辯命論注、白帖九十四並同。説文「鳳濯羽弱水，莫宿風穴」，卽用淮南之文。○陶方琦云：文選辨命論注引許注：「風穴，風所从出。」按：博物志雜篇云：「風山之首方高三百里，風穴如電突，深三十里。」文選風賦注引十洲記曰：「玄洲在北海上，有風聲響如雷，上對天之西北門也。」説文鳳字下云「濯羽弱水，莫宿風穴」，卽淮南文。當此之時，鴻鵠鶬鸖莫不憚驚伏竄，注喙江裔，注喙，喙注地不敢動也。裔，邊也。〇文典謹按：鶬鸖，藝文類聚九十、御覽九百十五引，並作蒼鶴。江裔，御覽作江介。又況直燕雀之類乎！此明於小動之迹，而不知大節之所由者也。

昔者，王良、造父之御也，王良，晉大夫郵無恤子良也，所謂御良也。一名孫無政。爲趙簡子御，死而託精于天駟星，天文有王良星是也。造父，嬴姓，伯翳之後，飛廉之子，爲周穆王御。上車攝轡，馬爲整齊而斂諧，整齊，不差也。斂諧，馬容體足調諧也。〇文典謹按：初學記武部、御覽三百五十八引，竝作「上車攝轡，馬爲齊整」。投足調均，勞逸若一，一，同也。心怡氣和，體便輕畢，畢，疾也。安勞樂進，馳騖若滅，滅，没也。言疾也。左右若鞭，周旋若環，左右，謂騑驂也。步趨之力，若被鞭矣。一説：言掉鞭教諭其易也。周旋若環，如人志也。〇俞樾云：鞭當讀爲緶。説文糸部：「緶，交枲也。」段氏玉裁曰：「謂以枲二股交辮之也。交絲爲辮，交枲爲緶。此云『左右若緶』，言如枲之交辮也。『左右若緶』，『周旋若環』，兩句一律。高以本字讀之，故所列二説皆非。世皆以爲巧，然未見其貴者也。〇文典謹按：御覽八百九十六引作「世皆以爲工，然而未甚貴也」。若夫鉗且、大丙之御也，此二人，太乙之御也。一説：古得道之人，以神氣御陰陽也。〇文典謹按：御下舊敚也字，與上文「昔者，王良、造父之御也」不一律，今據文選東京賦注、御覽三百五十九、七百四十六、八百九十六引補。除轡銜，去鞭棄策，

○文典謹按：「除轡銜」三字爲句，「去鞭棄策」四字爲句，文不一律。御覽三百五十九引，作「除轡舍銜，去鞭弃策」，多一舍字，是也。八百九十六引，作「除轡銜，去轟鞅」，疑後人妄改，以就已誤之上句也。**車莫動而自舉，馬莫使而自走也。**但以車馬爲主爾，神氣扶之也。**日行月動，星燿而玄運，**燿，照〔一〕。玄，天也。運，行也。**電奔而鬼騰，進退屈伸，不見朕垠，**朕，兆朕也。垠，形狀也。**故不招指，不咄叱，過歸鴈於碣石，**言其御疾，到自息止，乃使北歸于碣石之山，而中之鴈得之過去也。過，讀責過之過。**軼鶤雞於姑餘，**自後過前曰軼。姑餘，山名，在吴。鶤鷄，鳳皇之别名。言其御疾，自碣石過歸雁，便復東南，軼過鶤鷄於姑餘山也。○文典謹按：鶤，文選魏都賦注引作鵾，御覽八百九十六引作昆。**騁若飛，騖若絶，縱矢躡風，追猋歸忽，**縱，履也。足疾及箭矢。躡，蹈也。一説：矢在後，不能及，故言縱。其行疾，能及矢〔二〕，言躡。追猋及之。猋，光中有影者。忽然便歸。皆極言疾也。○王念孫云：高謂猋爲光中有影者，於古無據。又言忽然便歸，亦失之。猋、忽，皆謂疾風也。爾雅「扶摇謂之猋」，郭璞曰：「暴風從下上也。」説文：「飇，扶摇風也。」「颮，疾風也。」飇颮通作猋忽。張衡思玄賦曰「乘猋忽兮馳虚無」是也。追猋歸忽，即承上躡風而申言之，歸忽猶言歸風，説林篇曰「以兔之走，使大如馬，則逮日歸

〔一〕「照」，原本作「有」，據莊逵吉校本淮南子高注改。
〔二〕「矢」，疑當爲「風」，其下似脱「故」字。

風」是也。縱矢躡風，追猋歸忽，二句相對爲文。若以歸忽爲忽然便歸，則與上文不類矣。**朝發榑桑，日入落棠。**榑桑，日所出也。落棠，山名，日所入也。○王念孫云：日入當爲入日。今本作日入，蓋涉高注「日所入」三字而誤。不知高注自謂落棠山爲日所入，非正釋入日二字也。入日者，及日於將入也。「朝發榑桑」，謂與日俱出；「入日落棠」，謂與日俱入。上言追猋，此言入日，皆狀其行之疾也。若云「日入落棠」，則非其指矣。上文云鳳皇「徑躡都廣，入日抑節」，正與此「入日落棠」同意。海外北經：「夸父與日逐走，入日。」郭璞曰：「言及日於將入也。」意亦與此同。**此假弗用而能以成其用者也，**弗用，無爲。**非慮思之察，手爪之巧也；嗜欲形於匈中，而精神踰於六馬，此以弗御御之者也。**言藏嗜欲之形于匈臆之中。踰，和也。以弗御御之，以道術御也。○陳觀樓云：踰當爲喻，字之誤也。喻，曉也。言馬曉人意也。太平御覽獸部八引此，正作喻。

昔者，黄帝治天下，而力牧、太山稽輔之，力牧、太山稽，黄帝師，孟子曰「王者師臣也」。**以治日月之行律，**律，度也。**治陰陽之氣，節四時之度，**○陳觀樓云：律下本無治字，「律陰陽之氣」與上下相對爲文，讀者誤以律字上屬爲句，則陰陽之氣四字文不成義，故又加治字耳。高注「律，度也」三字本在「律陰陽之氣」下，傳寫誤在律字之下，陰陽之上，隔斷上下文義，遂致讀者之惑。○王念孫云：文子精誠篇作「調日月之行，治陰陽之氣」，此用淮南而改其文也。後人不知律字之下屬爲句，故依文子加治字耳。○文典謹按：北堂書鈔四引，作「理日月之行，治陰陽之氣」。**正律曆之數，别男女，異雌雄，明上下，等貴賤，使强不掩弱，衆不暴寡，**○文典謹按：北堂書鈔四、藝文類聚十一引，竝作「使强不得掩弱，衆不得暴寡」。**人民保命而不夭，**安其性命，不夭折也。**歲時孰而不凶，**不凶，無災害也。**百官正而無私，**皆在公也。**上下調而無尤，**君臣調和，無尤過也。**法令明而不闇，輔佐公而不阿，**卿士公正，不立私曲從也。○文典謹按：藝文類聚十一引，輔佐作輔弼。**田者不侵畔，漁者不争隈，**隈，曲深處，魚所聚也。**道不拾遺，市不豫賈，城郭不關，**關，閉也。**邑無盜賊，鄙旅之人相讓以財，**言所有餘。**狗彘吐菽粟於路而無忿争之心，於是日月精明，星辰不失其行，風雨時節，五穀登孰，虎狼不妄噬，鷙鳥不妄搏，鳳皇翔於庭，**翔，猶止也。**麒麟游於郊，**游，行也。郊，邑外也。**青龍進駕，飛黄伏皁，**飛黄，乘黄也，出西方，狀如狐，背上有角，壽千歲。皁，櫪也。○陶方琦云：占經百十五引許注：「飛黄出西方，狀如狐，背乘之，壽三千歲，伏皁櫪而食焉。」按：占經引皆許注，雖高注多同，或卽羼入之義也。御覽引符瑞圖：「騰黄，神馬也，一名乘黄，亦曰飛黄，或曰紫黄。狀如狐，背上有兩角。」海外西經：「白民國有乘黄，其狀如狐，背上有角。」漢書禮樂志作訾黄，卽符瑞圖之紫黄，故應劭注「訾黄卽乘黄」。○文典謹按：高注「壽千歲」，「千」上脱「三」字。文選赭白馬賦注引，正作「乘之，壽三千歲」也。藝文類聚十一引作「乘之，壽一千歲」，文雖小異，然足斆其脱誤之跡。**諸北、儋耳之國莫不獻其貢職。**皆北極夷國也。**然猶未及虙戲氏之道也。**

往古之時，四極廢，九州裂，廢，頓也。裂，分也。**天不兼覆，地不周載，火爁炎而不滅，水浩洋而不息，**息，消。○王念孫云：炎當爲焱，字之誤也。説文：「焱，火華也。」玉篇弋贍切。廣韻：「爁，力驗切。爁焱，火延也。」太平御覽皇王部三引此作「爁焱」，與廣韻合。洋當爲溔，亦字之誤也。玉篇：「溔，弋沼切。」司馬相如上林賦「灝溔潢漾」，郭璞曰：「皆水無涯際貌也。」左思魏都賦「河、汾浩汧而皓溔」，李善注引廣雅曰：「皓溔，大也。」灝、皓並與浩通。御覽地部二十四引此作浩溔，皇王部三引此作皓溔。爁焱、浩溔，皆疊韻，浩洋則非疊韻。蓋後人多見炎洋，少見焱溔，故焱誤爲炎，溔誤爲洋矣。○文典謹按：浩洋，初學記地部中引作浩瀚，藝文類聚八作浩漾，白帖三作浩蕩，是唐代已自數本各異。**猛獸食顓民，**顓，善。○文典謹按：藝文類聚十一引此文及下文「狡蟲死，顓民生」，顓並作精，又引注云：「精，善也。」**鷙鳥攫老弱。**攫，撮。**於是女媧鍊五色石以補蒼天，**女媧，陰帝，佐虙戲治者也。三皇時，天不足西北，故補之。師説如是。**斷鼇足以立四極，**鼇，大龜。天廢頓，以鼇足柱之。楚詞曰「鼇戴山下，其何以安之」是也。○文典謹按：初學記天部上引注，頓作傾。**殺黑龍以濟冀州，**黑龍，水精也。力牧、太稽殺之以止雨。濟，朝也。冀，九州中，謂今四海之内。**積蘆灰以止淫水。**蘆，葦也，生于水，故積聚其灰以止淫水。平地出水爲淫水。蒼天補，四極正，淫水涸，冀州平，狡蟲死，蟲，狩也。顓民生。背方州，抱圓天，方州，地也。和春陽夏，殺秋約冬，枕方寢繩，方，榘四寸也。寢繩，直身而卧也。陰陽之所壅沈不通者，竅理之；逆氣戾物、傷民厚積者，絶止之。逆氣，亂氣也。傷害民物之積財，故絶止之。○王念孫云：「陰陽之所壅沈不通者」，當依文子精誠篇作「陰陽所擁，（擁、壅古字通。）沈滯不通者」。今本所上衍之字，沈下脱滯字，則句法參差，且與下文不對。（若以壅沈二字連讀，則文不成義。）當此之時，卧倨倨，興眄眄，倨倨，卧無思慮也。倨，讀虚田之虚。眄眄然視，無智巧貌也。○王念孫云：眄眄當爲盱盱。盱字本作眄，形與眄相近，故誤爲眄。（脩務篇「以身解於陽盱之河」，今本盱誤作眄。晉書陸機傳豪士賦序「偃仰瞪盱」，文選盱作眄。）莊子應帝王篇「其卧徐徐，其覺于于」，司馬彪曰：「于于，無所知貌。」正與高注「無智巧」之意相合。盜跖篇曰：「卧居居，起于于。」于與盱聲近而義同也。説文：「盱，張目也。」俶真篇曰：「萬民睢睢盱盱然，莫不竦身而載聽視。」魯靈光殿賦「鴻荒朴略，厥狀睢盱」，張載曰：「睢盱，質朴之形。」劇秦美新曰：「天地未袪，睢睢盱盱。」故高云「盱盱然視，無智巧貌也」。若眄爲邪視，則與無智巧之意不合矣。且莊子以徐、于爲韻，居、于爲韻，此以倨、盱爲韻。若作眄，則失其韻矣。○洪頤煊云：眄眄當是盱盱之譌。盱，説文作眄，與眄字形相近。倨、盱合韻。莊子寓言篇：「老子曰：『而睢睢，而盱盱，而誰與居。』」廣雅釋訓：「睢睢、盱盱，氣也。」一自以爲馬，一自以爲牛，其行蹎蹎，其視瞑瞑，蹎，讀填寘之填。侗然皆得其和，莫知所由生，浮游不知所求，魍魎不知所往。○文典謹按：北堂書鈔十五引，作「浮游不知所來，罔兩不知所往」，來、往對文，於義爲長。當此之時，禽獸蝮蛇無不匿其爪牙，藏其螫毒，○王念孫云：蝮蛇本作蟲蛇，此後人妄改之也。禽獸、蟲蛇，相對爲文，所包者甚廣。改蟲蛇爲蝮蛇，則舉一漏百，且與禽獸二字不類矣。文子精誠篇正作「禽獸蟲蛇」。韓子五蠹篇亦云「人民不勝禽獸蟲蛇」。無有攫噬之心。考其功烈，上際九天，下契黃壚，上與九天交接，下契至黃壚。黃泉下壚土也。壚，讀繩纑之纑。○文典謹按：注「黃泉下壚土也」，文選曹子建責躬詩注引，作「泉下有壚山」。名聲被後世，光暉重萬物。使萬物有煇光也。○王念孫云：重字義不可通。爾雅釋魚疏引此作「光煇熏萬物」，是也。熏猶熏炙也。謂光煇熏炙萬物。（韓詩外傳曰：「名聲足以熏炙之。」熏與熏同。）故高注曰「使萬物有煇光」也。乘雷車，○陶方琦云：御覽九百三十引，作乘雲車。又引許注云：「雲雷之車。」服駕應龍，驂青虯，駕應德之龍。在中爲服，在旁爲驂。有角爲龍，無角爲虯。一說：應龍，有翼之龍也。○王念孫云：「服應龍」，「驂青虯」，相對爲文，故高注曰「在中爲服，在旁爲驂」。服下不當有駕字。此後人據高注旁記駕字，因誤入正文也。不知高注「駕應德之龍」是解「服應龍」三字，非正文内有駕字也。一切經音義一、太平御覽鱗介部二及爾雅疏引此，俱無駕字。○陶方琦云：御覽九百三十引許注：「服，轅中也。應龍，有翼之龍。青虯，青龍。」按：高注所云一說，多爲許注，與御覽引正合。說文：「服，一曰車右騎。」衛策「拊驂無答服」，韋注：「轅中曰服。」蓋與許注淮南同。廣雅：「有翼曰應龍。」大荒東經「應龍處南極」，郭注：「應龍，龍有翼者也。」説文：「虯，龍子有角者。」高作無角，説亦異。**援絶瑞，席蘿圖**，殊絶之瑞應，援而致之也。羅列圖籍，以爲席蓐。一説：蘿圖，車上席也。○王念孫云：援絶瑞本作援絶應，此亦涉注文而誤也。案正文作「絶應」，故注釋之曰「殊絶之瑞應」，若正文本作「絶瑞」，則無庸加應字以釋之矣。爾雅疏引此作絶瑞，則所見本已誤。御覽引此正作絶應。○陶方琦云：御覽九百三十引許注：「蘿圖，車上席也。」按：高注一説，卽許義也，與上同。蘿圖爲車上席，未詳，或疑席是飾字之誤。**黄雲絡，前白螭，後奔蛇**，絡，讀道路之路，謂車之垂絡也。黄雲之氣絡其車，白螭導在于前。奔蛇，騰蛇也，從在于後。皆瑞應也。○陶方琦云：御覽九百三十引，黄雲絡作雲黄路，又引許注云：「雲黄所乘路車。」按：爾雅疏引作雲黄璐，璐卽路字。乘字疑作垂，謂所垂路車上也。續博物志引作震黄路。又按：御覽「前白螭」下引許注云：「白螭先道。」後奔蛇，御覽引作後賁蛇。賁與奔同。許注本作賁。爾雅釋蟲疏引許注：「奔蛇，馳蛇也。」許以馳字釋奔，與高注文略異。○俞樾云：黄雲絡當作絡黄雲，方與上下文句法一律。高注曰：「黄雲之氣絡其車。」正説「絡黄雲」之義，猶下注曰「白螭導在于前」，是説正文「前白螭」之義，「奔蛇，騰蛇也，從在于後」，是説正文「後奔蛇」之義，非正文作「白螭前，奔蛇後」也。後人因注文絡字在黄雲之下，輒改正文作「黄雲絡」以合之，謬矣。**浮游消搖，道鬼神，登九天**，九天，八方、中央。**朝帝於靈門**，在朝于上帝靈門也。**宓穆休于太祖之下**。宓，寧也。穆，和也。休，息也。太祖，道之太宗也。然而不彰其功，不揚其聲，彰、揚皆明也。隱真人之道，以從天地之固然。隱，藏也。真人，真德之人。固然，自然也。何則？道德上通，而智故消滅也。智故，巧詐。逮至夏桀之時，〇文典謹按：北堂書鈔百五十八引，夏桀作桀、紂。主闇晦而不明，道瀾漫而不修，仁義道不復修飾之，故曰瀾漫。棄捐五帝之恩刑，推蹶三王之法籍，〇文典謹按：北堂書鈔四十一引，無捐字，推蹶作壞。是以至德滅而不揚，帝道揜而不興，興，舉也。舉事戾蒼天，發號逆四時，戾，反也。〇文典謹按：北堂書鈔二十一引，蒼作倉。春秋縮其和，天地除其德，縮，藏也，言和氣不復行也。言其所施日惡，不自知也，故曰除其德也。仁君處位而不安，大夫隱道而不言，不爲民所安。隱仁義之道，不正諫直言也。論語曰「國無道，危行言遜」也。羣臣準上意而懷當，準，望。懷，思。當，合也。取合主意，不復以道正諫也。〇俞樾云：懷當二字，甚爲不辭，高注亦曲説耳。懷當乃壞常之誤，言羣臣皆準上意而敗壞其典常也。文子上禮篇作「羣臣推上意而壞常」，是其明證。疏骨肉而自容，邪人參耦比周而陰謀，陰謀，私謀也。居君臣父子之間，而競載驕主而像其意，像，猶隨也。亂人以成其事，是故君臣乖而不親，骨肉疏而不附，植社槁而壥裂，言不禋於神也。〇王念孫云：説文、玉篇、廣韻、集韻皆無壥字，壥當爲墠，隸書之誤也。（隸書虖字或作雩，雩字或作雽，二形相近，故虖誤爲雩。漢書王子侯表虖葭康侯澤，史記作雩殷；又匈奴傳郎中係虖淺，史記作係雩淺。

說文：「槫，木也。」今作樗。玉篇：「嫭，胡故切，好皃。或作嫮。」皆其例也。）說文：「罅，裂也。」又曰：「墂，坼也。」墂、罅古字通。賈子耳痺篇作「置社槁而分裂」。**容臺振而掩覆**，容臺，行禮容之臺。言不能行禮，故天文振動而敗也。**犬羣嗥而入淵**，言將滅壞，犬失其主，故嗥而入淵也。一說：言犬禍也。**豕銜蓐而席澳**，豕銜其蓐席入之澳，言豕禍也。一說：銜蓐自藏。**美人挐首墨面而不容**，挐首，亂頭也。草與髮并編爲挐首。不修容飾也。**曼聲吞炭内閉而不歌**，曼聲，善歌也。見世亂衰將滅，故吞炭自敗音聲，閉氣不復動也。**喪不盡其哀，獵不聽其樂**，言時亂禮壞，不盡在哀。樂崩，故不復聽田獵之樂。○俞樾云：高注曰「樂崩，故不復聽田獵之樂」，是此樂字是喜樂字，而非音樂字，乃言不聽，於義未安。聽疑德字之誤。家語本命篇「効匹夫之聽」，王注曰：「聽宜爲德。」是其例也。德與得通，「不德其樂」，卽不得其樂，言雖田獵而不得其樂也，正與上句「喪不盡其哀」文義一律。後人不知德爲得之叚字，遂臆改爲聽耳。**西老折勝，黄神嘯吟**，西王母折其頭上所戴勝，爲時無法度。黄帝之神傷道之衰，故嘯吟而長嘆也。○孫詒讓云：老當作姥。廣韻十姥云：「姥，老母。」古書多以姥爲母，故西王母亦稱西姥。○陶方琦云：占經七十四引許注：「鬼神失其臨。」按：臨者，或卽鑒臨之意。○文典謹按：北堂書鈔四十二引，折勝作折膝。**飛鳥鎩翼，走獸廢脚**，鎩翼，縱翼也。廢脚，跛蹇也。言桀無道，田獵煩數，鳥獸悉被創夷也。○文典謹按：北堂書鈔百五十八引，廢脚作廢足。文選於安城答靈運詩注、江文通雜體詩注引許君注：「鎩，殘羽也。」山無峻幹，澤無洼水，峻幹，美材也。洼水，渟水。言山澤不以時故也。狐狸首穴，馬牛放失，田無立禾，路無莎薠，莎，草名也。莎薠，讀猿猴蹯噪之蹯。狀如葴，葴如葭也。○王引之云：莎薠本作薠莎，故高注先釋薠，後釋莎。道藏本誤作莎薠，（洪興祖楚辭九歌補注引此已誤。）注内薠上又衍一莎字，劉績不能是正，反移莎字之注於前，以就已誤之正文，斯爲謬矣。（莊本同。）莎與禾、嬴、施爲韻。（各本嬴作理，乃後人所改，辯見下。施字古讀若婆娑之娑，説見唐韻正。）若作莎薠，則失其韻矣。金積折廉，璧襲無理，金氣積聚，折其鋒廉也。璧，文。襲，重。言用之煩數，皆鈍，無復文理也。璧，讀辟也。○孫詒讓云：王充論衡量知篇云：「銅未鑄鑠曰積石。」是積爲礦樸之名。金積卽金樸也。高釋爲「金氣積聚」，望文生訓，與「折廉」之文不相貫矣。○王引之云：高解「璧襲無理」曰：「璧，文。襲，重。言用之煩數，皆鈍，無復文理也。」文子上禮篇無理作無羸。案：羸當作嬴。淮南原文當亦是嬴字，非理字。本經篇「冠無觚嬴之理」，高彼注云：「嬴，讀指端嬴文之嬴。」（今本嬴亦皆誤爲羸，莊本改爲嬴，是也。晏子春秋諫篇觚嬴作觚羸，羸字古亦讀若嬴，故與嬴通也。本經篇又曰：「嬴鏤雕琢，詭文回波。」嬴鏤亦謂轉刻如嬴文也，故彼注云：「嬴鏤，文章鏤。」今本嬴字亦誤爲羸。）「指端嬴文」，今人猶有此語，謂其文之旋轉如嬴也。璧形圓，故謂其文曰嬴。久而漫滅，故曰無嬴。此注「璧文」上當有嬴字，「嬴，璧文」，是釋嬴字之義；「襲，重」，是釋襲字之義。「言用之煩數，皆鈍，無復文理也」，是統釋「璧襲無嬴」四字之義。文子作無羸，而此注言無文理，故知其字之本作嬴也。

後人不解嬴字之義，又見注内有無文理之語，遂改嬴爲理，而不知注内「壁文」二字正釋嬴字也。且嬴與禾、莎、施爲韻，改嬴爲理，則失其韻矣。**磬龜無腹，**磬，空也。象磬，數鑽以卜，故空盡無腹也。言桀爲無道，不修仁德，但數占龜，莫得吉兆也。詩曰「握粟出卜，自何能穀」，又曰「我龜既厭，不我告猶」是也。**蓍策日施。**易曰「再三瀆，瀆則不告」也。

晚世之時，七國異族，諸侯制法，各殊習俗，晚世，春秋之後，戰國之末。七國，齊、楚、燕、趙、韓、魏、秦也。齊姓田，楚姓芈，燕姓姚，趙姓趙，韓姓韓，魏姓魏，秦姓嬴，故異族也。**縱横間之，舉兵而相角，**蘇秦約縱，張儀連横。南與北合爲縱，西與東合爲横。故曰「縱成則楚王，横成則秦帝」也。**攻城濫殺，覆高危安，掘墳墓，揚人骸，大衝車，高重京，**衝車，大鐵著其轅端，馬被甲，車被兵，所以衝于敵城也。古者伐不敬，取其鯨鯢，收其骸尸，聚土而瘞之，以爲京觀，故曰「高重壘」，京觀也。○王念孫云：「高重京」，京當爲壘。注云「故曰『高重壘』」，卽其證也。注「京觀也」上，當更有一壘字，「壘，京觀也」四字卽承上注言之。今本正文壘作京，涉注文京觀而誤；注内又脱一壘字。文子上禮篇作「高重壘」，是其明證矣。高以上文言濫殺，故謂重壘爲京觀。今案：衝車所以攻，重壘所以守，此二句别爲一義。「高重壘」卽所謂「深溝高壘」，非京觀之謂也。**除戰道，便死路，犯嚴敵，殘不義，百往一反，名聲苟盛也。**言百人行戰皆死，一人得還反也。一説：百人行伐，一反得勝爾。○文典謹按：注「一説：百人行伐，一反得勝爾」，人當作往，涉上「百人」而誤也。蓋前説以人數言之，後説以往反之次數言之也。若作百人，則非其指矣。**是故質壯輕足者爲甲卒**甲，鎧也。在車曰士，步曰卒。**千里之外，家老羸弱悽愴於内，厮徒馬圉，軵車奉饟，**厮，役。徒，衆也。牛曰牧，馬曰圉。軵，推也。饟，資糧也。軵，讀楫拊之拊也。**道路遼遠，霜雪亟集，短褐不完，**短褐，處器物之人也。褐，毛布，如今之馬衣也。不完，言民窮也。◯陶方琦云：後漢書王望傳注引，短作裋。後漢書注、列子釋文又引許注：「楚人謂袍曰裋。」按：説文：「裋，豎使布長襦也。从衣，豆聲。」徐廣曰：「裋，一作短，小襦也。」廣雅：「袍，長襦也。」説文以襦爲短衣，兹曰長襦，乃稍長于襦，因别言之。袍與裋皆長于襦，故漢書貢禹傳注：「裋者，謂僮豎所著布長襦也。」與説文裋訓長襦同。◯文典謹按：裋本字，短叚字也。史記孟嘗君列傳「而士不得短褐」，索隱：「短音豎，豎褐，謂褐衣而豎裁之，以其省而便事也。」文選王命論「思有短褐之襲」，漢書短作裋，蓋短、裋皆從豆得聲，故得通用也。**人羸車獘，泥塗至膝，相攜於道，奮首於路，**攜，引也。奮首，民疲于役，頓仆于路，僅能摇頭耳。言疲困也，故曰奮首。◯俞樾云：高説極爲迂曲。原文本作「奮於首路」，首猶嚮也。漢書司馬遷傳「北首爭死敵」，師古曰：「首，嚮也。」是其義也。「相攜於道，奮於首路」，言不得已自奮勉而嚮路也。兵略篇曰：「百姓之隨逮肆刑，挽輅首路死者，一旦不知千萬之數。」正以首、路連文，可證此篇之誤。**身枕格而死。**格，搒牀也。言收民役賦不畢者，搒之於格上，不得下，故曰「枕格而死」也。

○王念孫云：高説枕格之義非也。格，音胡格反，與輅同，謂輓車之横木也。晏子春秋外篇曰：「擁轅執輅。」漢書婁敬傳「敬脱輓輅」，應劭曰：「輅謂以木當胸以輓輂也。」（見文選西京賦注。）孟康音胡格反。「身枕格而死」，謂困極而仆，身枕輓車之木而死也。兵略篇曰：「百姓之挽輅首路死者，一旦不知千萬之數。」高彼注曰：「輅，輓輂横木也。」挽輅首路而死，即此所謂「奮首於路，身枕格而死」也。人閒篇又曰：「羸弱服格於道，病者不得養，死者不得葬。」兵略篇作輅，此及人閒篇作格，字異而義同也。奮首於路，身枕格而死，皆承上「人羸車獘」而言。若以「身枕格」句爲死於搒掠，則與上文全不相屬矣。所謂兼國有地者，伏尸數十萬，破車以千百數，傷弓弩矛戟矢石之創者扶舉於路，故世至於枕人頭，食人肉，葅人肝，飲人血，甘之于芻豢。芻豢，家肉。甘，猶嗜也。○文典謹按：御覽三百三十九引，芻豢下有牛羊二字。又引注云：「芻，牛肉。豢，家肉。」故自三代以後者，天下未嘗得安其情性，而樂其習俗，保其脩命，天而不夭於人虐也。虐，害。所以然者何也？諸侯力征，天下合而爲一家。○王念孫云：「天而不夭於人虐也」，天字與上下文義不相屬，此因上文「天下」而誤衍也。太平御覽兵部七十引此，無天字。「天下合而爲一家」，合上脱不字，太平御覽引此有不字。文子上禮篇同。

逮至當今之時，天子在上位，天子，漢孝武皇帝。持以道德，輔以仁義，近者獻其智，遠者懷其德，拱揖指麾而四海賓服，春秋冬夏皆獻其貢職，天下混而爲一，混，同。

子孫相代，此五帝之所以迎天德也。夫聖人者，不能生時，時至而弗失也。輔佐有能，黜讒佞之端，息巧辯之説，除刻削之法，去煩苛之事，屏流言之迹，塞朋黨之門，消知能，消除知巧之能。脩太常，隳肢體，絀聰明，去其小聰明並大利欲者也。大通混冥，解意釋神，漠然若無魂魄，使萬物各復歸其根，則是所脩伏犧氏之迹，而反五帝之道也。反，復。

夫鉗且、大丙不施轡銜而以善御聞於天下，伏戲、女媧不設法度而以至德遺於後世，何則？至虛無純一，而不嘍喋苛事也。嘍喋，猶深算也。言不采取煩苛之事。周書曰：「掩雉不得，更順其風。」言掩雉雖不得，當更從其上風，順其道理也。言可行與不，猶當以道德爲本，喻申、韓之法失之也。今若夫申、韓、商鞅之爲治也，申，申不害也。韓，韓非也。商鞅，公孫鞅。三子之術，皆爲刻削之法也。挬拔其根，蕪棄其本，而不窮究其所由生。何以至此也？鑿五刑，爲刻削，乃背道德之本，而爭於錐刀之末，錐刀之末，謂小利。言盡爭之也。斬艾百姓，殫盡太半，斬艾百姓，以草木喻也，不養之也。殫，病也。太半，通半也。○莊逵吉云：凡數三分有二爲太半，有一爲少半，韋昭説也。而忻忻然常自以爲治，忻忻，猶自喜得意之貌也。是猶抱薪而救火，鑿竇而出水。○王念孫云：出當爲止，字之誤也。欲止水而鑿竇，則水從竇入而愈不可止。若鑿竇而出水，則固其宜耳。文子精誠篇「鑿渠而止水，抱薪而救火」，卽用淮南之文。又説林篇「若被蓑而救火，毀瀆而止水」，毀當爲鑿。（太平御覽火部一引此已誤。）俗書鑿字或作鑿，因誤而爲毀。（顏氏家訓書證篇説俗字云：「鼓外設皮，鑿頭生毀。」）瀆與竇同。意林引此，正作「被蓑救火，鑿瀆止水」。今據説林之止水，以正出字之誤，并據此篇之鑿竇，以正説林毀字之誤。**夫井植生梓而不容甕，溝植生條而不容舟，不過三月必死。**植謂材也，椽杙于溝邊，因生爲條木也。以喻申、韓、商鞅之所爲法，比于梓條也。○王念孫云：梓當爲㭒。㭒，古櫱字也。説文：「𣡌，伐木餘也。商書曰：『若顛木之有甹𣡌。』或作櫱，古文作㭒。」（㭒字從木，𢆉聲。説文：「羍，小羊也。從羊，大聲。或省作𢆉。」）爾雅：「枿，餘也。」李巡曰：「枿，槁木之餘也。」釋文：「枿，本或作㭒。」盤庚「若顛木之有由櫱」，釋文：「櫱，本又作枿。馬云：顛木而肄生曰枿。」魯語「山不槎櫱」，韋注曰：「以株生曰櫱。」櫱、枿、𣡌並與㭒同。是㭒爲伐木更生之名，故本經篇高注曰：「㭒，滋生也。」又説文：「甹，木生條也。商書曰：『若顛木之有甹枿。』」是條與㭒義相近，故此篇云「井植生㭒」、「溝植生條」。俶真篇「百事之莖葉條㭒」，高注云：「㭒，讀詩頌『苞有三櫱』同。」是其明證矣。又俶真篇「十人養之，一人拔之，（今本十誤作一，一誤作十，辯見俶真。）則必無餘㭒」，高注亦讀㭒爲櫱。㭒字篆文作㭒，隸變作梓，形與梓相似，因誤爲梓矣。**所以然者何也？皆狂生而無其本者也。河九折注於海而流不絶者，昆侖之輸也。**折，曲。○王念孫云：藝文類聚水部上、初學記地部中、太平御覽地部二十六及文選海賦注引此，並云「河水九折，注海而流不絶者，有崑崙之輸也」，較今本爲長。○文典謹按：白帖六引，河下亦有水字。**潦水不泄，瀇瀁極望，旬月不雨則涸而枯澤，受瀷而無源者。**瀷，雨瀆疾流者，故曰無源。瀷，讀燕人强春言「敕」同也。○莊逵吉云：强春疑當作强秦。○俞樾云：者當作也，澤字絶句。如、而古通用，「涸而枯澤」者，涸如枯澤也。此言潦水雖瀇瀁極望，然旬月不雨，則涸如枯澤矣。所以然者，以其受瀷而無源也。與上文「河九折注於海而流不絶者，昆侖之輸也」，正相對成義。句末也字誤作者，則文義轉似不了矣。○陶方琦云：文選江賦郭璞注引作「潦水旬月不雨，則涸而枯澤，受瀷而無源者也」，又引許注：「瀷，湊漏之流也。」按：管子宙合「泉踰瀷而不盡」，注：「瀷，湊漏之流也。」江賦「磴之以瀿瀷」，皆同許義。**譬若羿請不死之藥於西王母，姮娥竊以奔月，**姮娥，羿妻。羿請不死之藥於西王母，未及服之，姮娥盜食之，得仙，奔入月中，爲月精也。奔月或作坌肉。藥坌肉，以爲死畜之肉復可生也。○莊逵吉云：姮娥，諸本皆作恒，唯意林作姮，文選注引此作常。淮南王當諱恒，不應作恒，疑意林是也。○洪頤煊云：歸藏云：「昔常娥以不死之藥服之，遂奔，爲月精。」恒改爲常，是漢人避諱字。張衡靈憲作姮娥。説文無姮字，後人所造。○陶方琦云：文選郭璞遊仙詩注、初學記引許注：「常娥，羿妻也。逃月中，蓋上虚夫人是也。」初學記引正文，尚有「託身於月，是謂蟾蜍，而爲月精」十二字，許、高異本也。許作常，常與恒義同。淮南王當諱恒字，許本是也。初學記、文選補亡詩注、御覽皆引淮南注，有「月一名夜光，月御曰望舒，亦曰纖阿」，疑即此處許氏注文。**悵然有喪，無以續之。**言羿悵然失志，若有所喪亡，不能復得不死藥以續之也。**何則？不知不死之藥所由**

生也。羿不知不死之藥所由生也。申、韓、商鞅之等不得治之根本，如乞藥矣。一説：羿謂命在藥，不知命自在天也，故或欲得知不死藥之所由出生也。是故乞火不若取燧，寄汲不若鑿井。

淮南鴻烈集解卷七

精神訓

精者，人之氣；神者，人之守也。本其原，説其意，故曰「精神」，因以題篇。

古未有天地之時，惟像無形，惟，思也。念天地未成形之時無有形。生有形，故天地成焉。○俞樾云：惟乃惘字之誤。隸書罔字或作罓，故惘與惟相似而誤也。惘像，即罔象也。文選思玄賦：「鹹汩飂淚〔一〕，沛以罔象兮。」亦作象罔。莊子天地篇「乃使象罔，象罔得之」是也。罔象乃疊韻字，與下文「澒濛鴻洞」一律，皆無形之象，故曰「罔象無形」。今作「惟像無形」，義不可通。乃高注訓惟爲思，則其誤久矣。**窈窈冥冥，芒芠漠閔，澒濛鴻洞，莫知其門。**皆未成形之氣也。芒，讀王莽之莽。芠，讀抆滅之抆。閔，讀閔子騫之閔。澒，讀項羽之項。鴻，讀子贛之贛。洞，讀同游之同也。皆無形之象，故曰「莫知其門」也。○文典謹按：御覽一引，作「幽幽冥冥，茫昧昧，幕幕閔閔」，三百六十引，與今本合。蓋許、高本各異也。**有二神混生，經天營地，**二神，陰陽之神也。混生，俱生也。**孔乎莫知其所終極，滔乎莫知其所止息，**孔，深貌。滔，大

〔一〕「淚」，原本作「戾」，據文選改。

貌。**於是乃別爲陰陽，離爲八極，剛柔相成，萬物乃形，**離，散也。八極，八方之極。剛柔，陰陽也。**煩氣爲蟲，**煩，亂也。**精氣爲人。是故精神，天之有也；而骨骸者，地之有也。精神入其門，而骨骸反其根，**精神無形，故能入天門。骨骸有形，故反其根歸土也。**我尚何存？**言人死各有所歸，我何猶常存。**是故聖人法天順情，不拘於俗，不誘於人，**誘，猶惑也。**以天爲父，以地爲母，陰陽爲綱，四時爲紀。天靜以清，地定以寧，萬物失之者死，法之者生。夫靜漠者，神明之宅也；虛無者，道之所居也。是故或求之於外者，失之於內；有守之於內者，失之於外。譬猶本與末也，從本引之，千枝萬葉莫不隨也。**

夫精神者，所受於天也；而形體者，所禀於地也。故曰：「一生二，二生三，三生萬物。一謂道也，二曰神明也，三曰和氣也。或說：一者，元氣也。生二者，乾坤也。二生三，三生萬物。天地設位，陰陽通流，萬物乃生。**萬物背陰而抱陽，沖氣以爲和。」**萬物以背爲陰，以腹爲陽，身中空虛，和氣所行。爲陰，故腎雙；爲陽，故心特。陰陽與和，共生物形；君臣以和，致太平也。**故曰一月而膏，**始育如膏也。○文典謹按：御覽三百六十三引，膏作氣。**二月而肤，**○文典謹按：御覽肤作血。**三月而胎，四月而肌，**○王念孫云：文子九守篇作「一月而膏，二月而脈，三月而胚，四月而胎」，廣雅釋親作「一月而膏，二月而脂，三月而胎，四月而胞」，與此或同或異。又爾雅釋詁釋文及文選江賦注引此，並作「三月而肧」，亦與今本異。○文典謹按：御覽肌作胞。**五月而筋，六月而骨，七月而成，八月而動，九月而躁，十月而生。形體以成，五藏乃形，是故肺主目，**肺象朱雀，朱雀，火也，火外景，故主目。**腎主鼻，**腎象龜，龜，水也，水所以通溝，鼻所以通氣，故主鼻。**膽主口，**膽，勇者決所以處，故主口。**肝主耳。**肝，金也，金内景，故主耳。○王念孫云：文子作「肝主目，腎主耳，脾主舌，肺主鼻，膽主口」，說肝腎肺之所主與此互異，而多「脾主舌」一句。案：此言五藏之主五官，不當獨缺脾與舌，下文「膽爲雲，肺爲氣，脾爲風，腎爲雨，肝爲雷」，卽承此文言之，則此當有「脾主舌」一句，但未知次於何句之下耳。白虎通義亦曰「脾繫於舌」。**外爲表而内爲裏，開閉張歙，各有經紀。**歙，讀脅也。**故頭之圓也象天，足之方也象地。天有四時、五行、九解、**四時，春夏秋冬。五行，金木水火土也。九解，謂九十爲一解。一說：九解，六一之所解合也。一說：八方、中央，故曰九解。○俞樾云：高注九解有三說，當以「八方、中央」之義爲塙。天文篇「天有九野，中央曰鈞天，東方曰蒼天，東北曰變天，北方曰玄天，西北方曰幽天，西方曰顥天，西南方曰朱天，南方曰炎天，東南方曰陽天」，卽此九解矣。解者，分也，謂分周天三百六十五度四分度之一而爲九也。○文典謹按：高注之一說，多卽許注。御覽三百六十引注云：「九解者，八方、中央也。」與高注第三說正同，卽許君注也。**三百六十六日，人亦有四支、五藏、九竅、三百六十六節。**○王念孫云：「三百六十六日」、「三百六十六節」，本作「三百六十日」、「三百六十節」。後人以堯典言「朞三百有六旬有六日」，故於上句加「六」字，因併下句而加之也。不知三百六十日，但舉大數言之。繫辭傳曰「乾坤之策凡三百有六十，當期之日」是也。若人之骨節，則諸書皆言三百六十。呂氏春秋本生篇曰：「則三百六十節皆通利矣。」達鬱篇曰：「三百六十節，九竅五藏六府。」太平御覽人事部一引公孫尼子曰：「人有三百六十節，當天之數也。」皆其證矣。春秋繁露人副天數篇曰：「天以終歲之數成人之身，故小節三百六十分，（今本分作六，亦是後人所改。上文云：「人有三百六十節，偶天之數也。」即其證。今依上文改。）副日數也；大節十二分，副月數也。」淮南天文篇亦曰：「天有十二月，以制三百六十日，人亦有十二肢，以使三百六十節。」此皆以十二統三百六十，猶十二律之統三百六十音也，（見天文篇。）不得言三百六十六，明矣。太平御覽引此已誤。文子九守篇正作「三百六十日」、「三百六十節」。**天有風雨寒暑，人亦有取與喜怒。故膽爲雲，**膽，金也，金石，雲之所出，故爲雲。**肺爲氣，**肺，火也，故爲氣。**肝爲風，**肝，木也，木爲風生，故爲風。○王念孫云：「肝爲風」本作「脾爲風」，注「肝，木也」本作「脾，木也」，「脾爲雷」本作「肝爲雷」，皆後人改之也。上注曰：「肝，金也。」是高不以肝爲木也。時則篇「春祭先脾」，注引一說曰：「脾屬木，自用其藏也。」是脾爲木也。（說詳經義述聞月令。）脾屬木而木爲風生，故曰「脾爲風」。脾爲風，則肝爲雷矣。五行大義論人配五行篇及御覽人事部一引此，並作「脾爲風，肝爲雷」。文子九守篇同。**腎爲雨，**腎，水也，因水故雨。雨或作雹。腎，水也，水爲光，故爲雹。**脾爲雷，以與天地**

相參也，而心爲之主。心，土也，故爲四行之主。是故耳目者日月也，血氣者風雨也。日中有踆烏，踆，猶蹲也，謂三足烏。踆，讀踆巍之踆。○文典謹按：藝文類聚一引注云：「踆，趾也，謂三足烏也。」北堂書鈔百四十九引，趾作止，餘同。（趾、止古通用。）疑亦許君注也。而月中有蟾蜍。蟾蜍，蝦蟆。日月失其行，薄蝕無光；薄者，迫也。薄，讀享薄之薄。○莊逵吉云：享薄，御覽作厚薄。古字厚與享形近而誤。○文典謹按：傳寫宋本享正作厚。風雨非其時，毁折生災；五星失其行，州國受殃。五星，熒惑、太白、歲星、辰星、鎮星也。今熒犯角、亢，則州國受其殃也。餘準此。夫天地之道，至紘以大，尚猶節其章光，愛其神明，人之耳目曷能久熏勞而不息乎？息，止。○俞樾云：熏當爲勳。勳勞二字連文，古人常語。主乎勳而言之，則勞亦勳也。禮記明堂位篇「成王以周公爲有勳勞於天下」，言有勳於天下也。主乎勞而言之，則勳亦勞也。此文曰「曷能久熏勞而不息乎」，言不能久勞而不息也。文子九守篇作「何能久燻而不息」，蓋由後人不達古語而改之。○孫詒讓云：熏勞無義，熏當作勤。勤挩其半爲堇，又譌作熏，遂不可通。文子九守篇襲此文作「何能久燻而不息」，亦非。御覽三百六十三引文子作「人之耳目何能久勤而不愛」，文亦有譌，而勤字可正文子及淮南此文之誤。精神何能久馳騁而不既乎？既，盡。是故血氣者，人之華也；而五藏者，人之精也。夫血氣能專於五藏專，一。而不外越，則胷腹充而嗜欲省矣。胷腹充而嗜欲省，則耳目清、聽視達矣。耳目清、聽視達，謂之明。五藏能屬於心而無乖，則桻志勝而行不僻矣。教志勝，言己之教志也。僻，邪也。勝或作遯。教志勝而行之不僻，則精神盛而氣不散矣。精神盛而氣不散則理，理則均，均則通，通則神，神則以視無不見，以聽無不聞也，以爲無不成也。是故憂患不能入也，而邪氣不能襲。襲，猶因也，亦入。故事有求之於四海之外而不能遇，遇，得。或守之於形骸之内心無欲也。而不見也。○俞樾云：守當作得。言求之於四海之外而不能遇者，或得之於形骸之内也。求與得文義相應。下文曰「故所求多者所得少」，正承此而言。今作守之，失其義矣。一切經音義一引衛宏古文官書曰：「导、得二字同體。」导與守相似，故誤爲守耳。故所求多者所得少，所見大者所知小。

夫孔竅者，精神之户牖也；而氣志者，五藏之使候也。○王念孫云：氣可言五藏之使候，志不可言五藏之使候。氣志當爲血氣，此涉下文氣志而誤也。上文曰：「血氣能專於五藏而不外越，則匈腹充而嗜欲省矣。」下文曰：「五藏摇動而不定，則血氣滔蕩而不休矣。」故曰：「血氣者，五藏之使候。」文子九守篇正作血氣。耳目淫於聲色之樂，則五藏摇動而不定矣。○莊逵吉云：不定，本亦作不寧。下同。五藏摇動而不定，則血氣滔蕩而不休矣。血氣滔蕩而不休，則精神馳騁於外而不守矣。多情欲，故神不内守。精神馳騁於外而不守，則禍福之至，雖如丘山，無由識之矣。丘山諭大。識，知也。使耳目精明玄達而無誘慕，氣志虛静恬愉而省嗜慾，五藏定寧充盈而不泄，精神内守形骸而不外越，則望於往世之前，而視於來事之後，猶未足爲也，猶，尚也。爲，治也。豈直禍福之間哉！故曰：「其出彌遠者，其知彌少。」言難以道故也。以言夫精神之不可使外淫也。是故五色亂目，使目不明；不明，視而昏也。五聲譁耳，使耳不聰；不聰，聽無聞也。五味亂口，使口爽傷；爽，病。病傷滋味也。○王念孫云：「使口爽傷」本作「使口厲爽」，注本作「厲爽，病傷滋味也」。大雅思齊箋曰：「厲，病也。」逸周書謚法篇曰：「爽，傷也。」（廣雅同。）故云：「厲爽，病傷滋味也。」後人以韻書爽在上聲，與明、聰、揚三字音不相協，故改厲爽爲爽傷。不知爽字古讀若霜，正與明、聰、揚爲韻。（衛風氓篇「女也不爽」，與湯、裳、行爲韻。小雅蓼蕭篇「其德不爽」，與瀼、光、忘爲韻。楚辭招魂「厲而不爽」，與方、粱、行、芳、羹、漿、鶬、餭、觴、涼、妨爲韻。案：爽字古皆讀若霜，毛詩、楚辭而外，不煩覼縷。）故老子「五味令人口爽」，亦與盲、聾、狂、妨爲韻。而莊子天地篇「五色亂目，使目不明；五聲亂耳，使耳不聰；五味濁口，使口厲爽；趣舍滑心，使性飛揚」，即淮南所本也。且爽即是傷，若云「使口爽傷」，則是使口傷傷矣。（文子九守篇作「使口生創」，亦是後人所改。）乃既改正文之厲爽爲爽傷，又改注文之厲爽爲爽病，甚矣其謬也。（諸書無訓爽爲病者。又高注「不明，視而昏也」，「不聰，聽無聞也」，「厲爽，病傷滋味也」，「飛揚，不從軌度也」，皆先列正文而後釋其義，今改厲爽爲爽病，則與上下注文不類矣。）趣舍滑心，使行飛揚。滑，亂也。飛揚，不從軌度也。此四者，天下之所養性也，性，生也。然皆人累也。故曰：嗜欲者使人之氣越，而好憎者使人之心勞，弗疾去，則志氣日秏。越，失。勞，病。秏，猶亂也。夫人之所以不能終其壽命而中道夭於刑戮者，何也？以其生生之厚。夫惟能無以生爲者，則所以脩得生也。言生生之厚者，何必極嗜欲，淫濫無猒，以傷耳目情性，故不終其壽命，中道夭殞，以刑辟之戮也。無以生爲者，輕利害之鄉，除情性之欲，則長得生矣。○俞樾云：脩得生本作得脩生。得脩生者，得長生也。淮南以父諱長，故變長言脩耳。文子九守篇正作得長生，是其證。今作脩得生，則文不成義矣。高注曰：「無以生爲者，輕利害之鄉，除情性之欲，則長得生矣。」長得生亦當作得長生，後人依既倒之正文而改之耳。

夫天地運而相通，萬物總而爲一。總，合。一，同也。萬物合同，統於一道。能知一，則無一之不知也；不能知一，則無一之能知也。上一，道也。下一，物也。譬吾處於天下也，亦爲一物矣。不識天下之以我備其物與，與，邪，詞也。且惟無我而物無不備者乎？然則我亦物也，物亦物也。物之與物也，又何以相物也？物亦物也，何相名爲物也？雖然，其生我也，將以何益？言生我，自然之道，亦當以何益乎。其殺我也，將以何損？損，減。夫造化者既以我爲坯矣，將無所違之矣。言既以我爲人，無所離之。喻不求亦不避也。吾安知夫刺灸而欲生者之非惑也？又安知夫絞經而求死者之非福也？或者生乃徭役也，而死乃休息也？天下茫茫，孰知之哉！○王念孫云：孰知下有脱文。劉本作「孰知之哉」，此以意補，不可從。其生我也不彊求已，已，止也。言不惡生也。其殺我也不彊求止。言不畏死。欲生而不事，事，治。憎死而不辭，唯義所在，故不辭也。賤之而弗憎，貴之而弗喜，人有惡賤己者，己不憎也。人有尊己者，己不喜也。隨其天資而安之不極。資，時也。一曰：性也。極，急也。喻道人不急求生也。吾生也有七尺之形，吾死也有一棺之土。○文典謹按：北堂書鈔九十二引，棺作槨。意林引，作「生有七尺之形，死爲一棺之土」。吾生之比於有形之類，猶吾死之淪於無形之中也。然則吾生也物不以益衆，吾死也土不以加厚，吾又安知所喜憎利害其間者乎！不知喜生之利，不知憎死之害，守其正性也。夫造化者之攫援物也，攫，撮也。援，引也。譬猶陶人之埏埴也：○陶方琦云：文選長笛賦注引，作「陶人之克埏埴」，又引許注「埏，抒也」，抒當是揉之壞文。說文作煣，云「屈申木也」。揉之本字卽柔，說文：「柔，木曲直也。」字林：「埏，柔也。」聲類：「埏，柔也。」蕭該漢書音義引許注作「挻，抑也」，抑亦揉之譌文。埴之訓土，說文：「埴，黏土也。」老子河上注：「埴，土也。」釋文引杜弼曰：「埴，黏土也。司馬曰：埴，土可以爲器。」字林：「埴，土也。黏土爲埴。」兵略訓「陶人之化埴」，許注：「陶人復變爲埴土，不能化埴土也。」亦以土訓埴。文選注引許注作「埴，土爲也」，恐卽「黏土爲埴」之敓文。其取之地而已爲盆盎也，與其未離於地也無以異；其已成器而破碎漫瀾而復歸其故也，陶人，作瓦器之官也。頓泥坯取之于地㠯爲器，無以異于土也。明人不當惡死，死，復歸其未生之故耳。譬猶瓦器之破，而復反於土也。與其爲盆盎亦無以異矣。夫臨江之鄉，居人汲水以浸其園，江水弗憎也；○文典謹按：藝文類聚六十五引，浸作溉，憎作減。苦洿之家，決洿而注之江，洿水弗樂也。是故其在江也，無以異其浸園也；其在洿也，亦無以異其在江也。道尚空虛，貴無形。江水大，去不可消，就易，故不憎也。窊水小，去易小消，就不消，故不樂也。洿水，猶澮水也。苦，猶疾也。一說：言各自安其處也。及其轉易，亦無憎樂也。○陶方琦云：御覽三百七十一引許注：「洿，澮也。」按：此高承許說，或即羼入之許注。説文：「洿，濁水不流也。一曰：窊下也。」廣雅：「洿，深也。」與洼同字，或作窪。説文：「洼，深池也。」又：「窪，一曰窊也。」與洿之訓窊同。澮水之訓，澮乃窪之誤字。澮或作濊，與窪相似。方言：「洿，洼也。」大戴禮少閒篇「洿池土察」，注：「洿，窪也。」老子釋文顧注：「窪，洿也。」並作窪。御覽所引亦據誤本。是故聖人因時以安其位，當世而樂其業。業，事也。

夫悲樂者，德之邪也；而喜怒者，道之過也；好憎者，心之暴也。○王念孫云：暴，當依文子九守篇作累，字之誤也。上文曰「好憎者使人之心勞」，故曰「好憎者，心之累也」。作暴，則非其指矣。原道篇曰：「喜怒者，道之邪也；憂悲者，德之失也；好憎者，心之過也；嗜欲者，性之累也。」語意略與此同。故曰：「其生也天行，似天氣也。其死也物化，如物之變化也。靜則與陰俱閉，動則與陽俱開。」○王念孫云：「與陰俱閉」、「與陽俱開」，本作「與陰合德」、「與陽同波」，後人以原道篇云「與陰俱閉，與陽俱開」，故據彼以改此也。不知波與化爲韻，（自「其生也天行」至「不敢越也」，皆隔句用韻。）若如後人所改，則失其韻矣。文子九守篇「靜卽與陰合德，動卽與陽同波」，卽用淮南之文。莊子天道篇「其生也天行，其死也物化，靜而與陰同德，動而與陽同波」，（刻意篇同。）又淮南所本也。精神澹然無極，不與物散，而天下自服。極，盡也。散，雜亂貌。自服，服於德也。故心者，形之主也；而神者，心之寶也。形勞而不休則蹶，蹶，顛。精用而不已則竭，是故聖人貴而尊之，不敢越也。夫有夏后氏之璜者，匣匱而藏之，寶之至也。半璧曰璜，珍玉也。夫精神之可寶也，非直夏后氏之璜也。直，猶但也。是故聖人以無應有，必究其理；以虛受實，必窮其節；恬愉虛靜，以終其命。是故無所甚疏，而無所甚親，抱德煬和，以順于天。煬，炙也。向火中炙和氣，以順天道也。煬，讀供養之養。與道爲際，與德爲鄰；際，合也。鄰，比也。不爲福始，不爲禍先。魂魄處其宅，而精神守其根，死生無變於己，故曰至神。變，動。所謂真人者，性合于道也。真人者，伏羲、黄帝、老聃是也。故有而若無，實而若虛，處其一不知其二，治其內不識其外，治其內，守精神也。不識其外，不好憎也。明白太素，無爲復樸，體本抱神，以游于天地之樊，樊，崖也。樊，讀麥飯之飯也。芒然仿佯于塵垢之外，芒，讀王莽之莽。而消摇于無事之業。浩浩蕩蕩乎，機械知巧弗載於心。是故死生亦大矣，而不爲變；不爲變者，同死生也。雖天地覆育，亦不與之㐱抱矣。㐱抱，猶持著也。言不以天地養育萬物，故强與持著，守其純熟也。審乎無瑕，而不與物糅；瑕，猶釁也。其見利欲之來也，能審順之，故不與物相雜糅。見事之亂，而能守其宗。見事亂者止之，亂不能眩惑，故能守其宗。宗，本也。若然者，正肝膽，遺耳目，言精神内守也。○王念孫云：正當爲亡，字之誤也。亡與忘同。「忘肝膽，遺耳目」，遺亦忘也。若云「正肝膽」，則義與下句不類矣。莊子大宗師篇「忘其肝膽，遺其耳目」，即淮南所本。俶真篇又云「忘肝膽，遺耳目」。心志專于内，通達耦于一。一者，道也。居不知所爲，行不知所之，言志意無所繫。渾然而往，逯然而來。渾，轉行貌。逯，謂無所爲。忽然往來也。逯，讀詩緑衣之緑。渾，讀大珠渾之渾也。○莊逵吉云：説文解字：「逯，行謹逯逯也。」與此義近。别本或誤作逮，非是。形若槁木，心若死灰，槁木無氣，死灰無熱，喻無爲也。忘其五藏，損其形骸。不學而知，不視而見，不爲而成，不治而辯。感而應，迫而動，迫切不得不動，然後乃動也。不得已而往，如光之燿，如景之放，○王念孫云：劉績依文子九守篇改放爲效，案：劉改是也。「如景之效」，謂如景之效形也。效與燿爲韻，若作放，則失其韻矣。○王紹蘭云：放當爲敫字之壞也。説文放部：「敫，光景流也。从白，从放。讀若龠。」敫从白，故爲光景；从放，故爲流。然則淮南本作「如景之敫」，謂如景之流。許解敫爲光景流，正取此文爲義也。文子九守篇亦本作敫，傳寫者多見效，寡見敫，又以效與燿韵，因誤敫爲效。不知敫讀若龠，正與耀爲韵。邶風簡兮篇「左手執籥，右手秉翟」，卽其明證矣。是知劉本放爲效，放固失之，而效亦未爲得也。以道爲紃，有待而然。紃者，法也。以道待萬物，故曰有待，而默默如是。抱其太清之本而無所容與，無所容與於情欲也。而物無能營，營，惑也。一曰亂。廓惝而虛，清靖而無思慮，不勞精神。大澤焚而不能熱，河、漢涸而不能寒也，大雷毁山而不能驚也，大風晦日而不能傷也。言體道之人，閉情守虛，雖此四者之大，不能惑也。是故視珍寶珠玉猶石礫也，視至尊窮寵猶行客也，視毛嬙、西施猶頬醜也。至尊，謂帝王也，故曰窮寵也。行客，猶行路過客。毛嬙、西施，皆古之美人。頬，頬頭也。方相氏黄金四目，衣赭，稀世之頬貌，非生人也。但其像耳目頬醜，言極醜也。○莊逵吉云：「頬頭」見周禮。説文解字有頬，云「醜也」，又有娸，杜林亦以爲醜。○王引之云：石礫本作礫石。説文：「礫，小石也。」逸周書文傳篇云：「礫石不可穀。」楚辭惜誓「相與貴夫礫石」，王注云：「相與貴重小石也。」韓詩外傳云：「太山不讓礫石，江海不辭小流。」皆其證也。石與客、魄爲韻，若作石礫，則失其韻矣。（古韻石在鐸部，礫在藥部，兩部絶不相通。此非精於三代、秦、漢之音者，不能辯也。）頬醜本作倛魄。此魄誤爲醜，（醜與魄草書相似。）

後人又改倛爲䫏耳。後人以荀子非相篇「面如蒙倛」，楊倞曰：「倛，方相也」，周官方相氏注云「如今魌頭」，（魌與䫏、倛同。）遂誤以倛爲倛頭之倛，又以説文倛頭字作䫏，故改倛爲䫏。不知倛醜本作倛魄，乃請雨之土人，非逐疫之䫏頭也。倛魄一作欺魄，又作欺頼。列子仲尼篇「若欺魄焉而不可與接」，張湛曰：「欺魄，土人也。」釋文曰：「魄，片各反。字書作欺頼。」文選應璩與岑文瑜書注曰：「淮南子曰：『視西施、毛嬙猶倛魄也。』高誘曰：『倛魄，請雨土人也。』」皆其明證矣。視毛嬙、西施如倛魄者，謂視如土偶，非謂視如䫏頭也。且魄與石、客爲韻，若作䫏醜，則失其韻矣。集韻倛字注云：「淮南祈雨土偶人曰倛。」但言倛而不言倛魄，似所見本魄字已誤作醜，然倛字尚未改作䫏。且高氏請雨土人之注，亦未嘗改也。今則正文既改，而高注亦非其舊矣。**以死生爲一化，以萬物爲一方，**方，類也。○俞樾云：文子九守篇作「以千生爲一化」，當從之。言生之數雖有千，而以爲一也。以千生爲一化，以萬物爲一方，兩文相儷，而意亦相準。若作死生，則不類矣。且以死生爲一化，義亦未安。當據文子訂正。**同精於太清之本，而游於忽區之旁。**忽區，忽恍無形之區旁也。**有精而不使，有神而不行，**不濁其精，不勞其神，此之謂也。**契大渾之樸，而立至清之中。**樸，猶質也。渾，不散之貌。渾，讀揮章之揮。**是故其寢不夢，其智不萌，其魄不抑，其魂不騰。**其寢不夢，神內守也。其智不萌，無思念也。魄，陰神；魂，陽神。陰不沈抑，陽不飛騰，各守其宅也。**反覆終始，不知其端緒，甘瞑太宵之宅，而覺視于昭**

昭之宇，○文典謹按：甘瞑下當有于字，始與下句「覺視于昭昭之宇」一律。文選辛丑歲七月赴假還江陵夜行塗口詩注引，作「甘瞑于大霄之宅」，文雖小異，然足補今本敚失。休息于無委曲之隅，而游敖于無形埒之野。太宵，長夜之中也。言其直瞑于大道之處，冥視昭昭矣。無委曲之隅，無形埒之野，冥冥無形象之貌也。居而無容，處而無所，言其人居無形容可得見也。無委處無常所。其動無形，其静無體，無形無體，道之容也。存而若亡，生而若死，出入無間，役使鬼神，言耐化也。人不與鬼同形，而耐使之者，道也。天神曰神，人神曰鬼也。淪於不測，入於無間，以不同形相嬗也，嬗，傳也。萬物之形不同，道以相傳生也。終始若環，莫得其倫。倫，理也，道也，人莫能得焉。此精神之所以能登假於道也，假，至也。上至于道也。或作蝦蟇雲氣。是故真人之所游。○俞樾云：「是故真人之所游」本作「是真人之游也」，乃結上之辭。文子九守篇亦有此文，大略相同，結之曰「此真人之游也」，乃其明證也。下文曰：「若吹呴呼吸，吐故納新，熊經鳥伸，鳧浴蝯躩，鴟視虎顧，是養形之人也，不以滑心。」高注曰：「是非真人之道也。」若如今本作「是故真人之所游」，則下文云云，皆爲真人之道矣。其謬殊甚，不可不正。若吹呴呼吸，吐故内新，熊經鳥伸，鳧浴蝯躩，鴟視虎顧，是養形之人也，不以滑心。滑，游，行也。經，動摇也。伸，頻伸也。若此養形之人，導引其神，屈伸跳踉，是非真人之道也。滑，亂也。言此養形者耳，不足以亂真人之心也。使神滔蕩而不失其充，日夜無傷而與物爲春，充，實也。體道人同。日夜，喻賊害也。無傷，無所賊害也。與物爲春，言養物也。**則是合而生時干心也。**若是者，合于道，生四時化其心也。言不干時害物也。○劉績云：文子作「則是合而生時於心者也」，莊子作「是接而生時於心者也」，則干乃于字之誤。○王念孫云：高注「生四時化其心也」，當作「生四時之化于其心也」。此是釋「生時于心」之義。生時于心而與物爲春，則是順時以養物，故注又云「言不干時害物也」。今本正文于字作干，卽涉注文干時而誤。○文典謹按：劉、王說是也。宋本干正作于。

且人有戒形而無損於心，戒，備也。人形體備具。戒或作革。革，改也。言人形骸有改更而作化也。心喻神，神不損傷也。**有綴宅而無秏精。**綴宅，身也。精神居其宅則生，離其宅則死。言人雖死，精神終不秏減，故曰無秏精也。○王念孫云：「無損於心」，於，衍字也。戒形與損心，綴宅與秏精，皆相對爲文，則損下不當有於字。莊子大宗師篇「且彼有駭形而無損心，有旦宅而無情死」，卽淮南所本。**夫癩者趨不變，狂者形不虧，神將有所遠徙，孰暇知其所爲！**言病癩者形生神在，故趨不變也。或作介，介，被甲者。禮，介者不拜而能趨于步，故曰不變也。狂體具存，故曰不虧，但精神散越耳，故曰神有所遠徙也。○莊逵吉云：錢別駕云：癩或作介者，介卽兀字，莊子有兀者王駘，或作介，是也。雖于高注之外闢一解，與本文義更覺切近。**故形有摩而神未嘗化者，以不化應化，千變萬摻而未始有極。**摩，滅，猶死也。神變歸於無形，故曰未嘗化。化，猶死也。不化者精神，化者形骸。死者形爲灰土，爲日化也。化者，復歸於無形也；不化者，與天地俱生也。夫木之死也，青青去之也。夫使木生者豈木也？使木生者天地，故曰「豈木也」。猶充形者之非形也。充形者氣也，故曰非形也。故生生者未嘗死也，其所生則死矣；生生者道。喻道之人若天氣，未嘗死也。下所生者，萬物矣。化物者未嘗化也，其所化則化矣。化物者道也。道不化，故未嘗化也。所化者萬物也。萬物有變，故曰則化。輕天下，則神無累矣；輕薄天下寵勢之權者，許由是也，故其精神無留累于物也。細萬物，則心不惑矣；以萬物爲小事而弗欲，故心不惑物也。齊死生，則志不懾矣；齊，等也。不畏義死，不樂不義生，其志意無所懾懼，故曰等也。同變化，則明不眩矣。眩，惑。衆人以爲虚言，吾將舉類而實之。實，明。

人之所以樂爲人主者，以其窮耳目之欲，而適躬體之便也。○文典謹按：藝文類聚十一引，人主作天子。今高臺層榭，人之所麗也，四方而高曰臺，加木曰榭。麗，美也。而堯樸桷不斲，素題不枅。樸，采也。桷，椽也。不斲削，加密石之。素題者，不加采飾。不枅者，不施欂櫨。枅，讀雞枅，或作刮也。○王念孫云：如高注，則樸爲樣之誤也。隸書樸或作樸，樣或作樣，二形相近，故樣誤爲樸。樣卽今橡栗字也。説文曰：「樣，栩實。」又曰：「栩，柔也。其實草。（今借用早字，俗作皁。）一曰樣。」又曰：「草斗，櫟實。一曰樣斗。」高注呂氏春秋恃君篇曰：「橡，早斗也，其狀似栗。」應劭注漢書司馬相如傳曰：「櫟，采木也。」韓子五蠹篇曰：「堯之王天下也，茅茨不翦，采椽不斲。」史記太史公自序索隱引韋昭漢書注曰：「采椽，櫟榱也。」合觀諸説，櫟一名栩，一名柔，一名采。其實謂之早，亦謂之樣。是樣爲采實，而非采也。然司馬彪注莊子齊物論篇云：「芧，橡子也。」（芧與柔同。）則采亦謂之樣矣。故韓子言「采椽不斲」，此言「樣桷不斲」，而高注亦訓樣爲采也。又案：説文樣字，今書傳皆作橡，蓋後人所改也。此樣字若不誤爲橑，則後人亦必改爲橡矣。○文典謹按：文選魯靈光殿賦注引，素題作桁題。**珍怪奇異，**○莊逵吉云：奇異，本皆作奇味，唯藏本作異。○王念孫云：作味者是也。上文「高臺層榭」，指宮室言之，與樣桷素題相對。下文「文繡狐白」，指衣服言之，與布衣鹿裘相對。此文「珍怪奇味」，指飲食言之，與糲粢藜藿相對。若云「珍怪奇異」，則不專指飲食，失其指矣。藝文類聚帝王部一、太平御覽皇王部五、百穀部六、文選劉琨荅盧諶詩注引此，並作奇味。○文典謹按：王説是也。北堂書鈔百四十二引，作「怪味，人之所美」，文雖小異，而作味則同也。**人之所美也，而堯糲粢之飯，藜藿之羹。**糲，粗也。粢，稷也。糲，讀賴恃之賴。粢，讀齊衰之齊。○王紹蘭云：粢當爲秶。説文米部無粢字，禾部：「𪗉，稷也。从禾，齊聲。秶，𪗉或从次。」是秶卽𪗉之或字，於穀爲稷，故高注「秶，稷也」。古者以稷食爲疏食，故秶與粗糲之糲對文。説文：「糲，粟重一秳爲十六斗大半斗，舂爲米一斛，曰糲。从米，萬聲。」作糲者，今字也。經典齍盛之齍通作粢，其字从米，非糲秶之義。此文粢字，據注訓稷，知高誘所據舊本原作从禾之秶，後人多見粢，寡見秶，遂併注文皆改从米耳。注中褒亦衰之譌也。文繡狐白，人之所好也，而堯布衣揜形，鹿裘御寒。養性之具不加厚，而增之以任重之憂，任，讀任俠之任。故舉天下而傳之於舜，傳，禪。若解重負然。○文典謹按：藝文類聚十一引「若解重負然」作「若釋負然」。非直辭讓，誠無以爲也。此輕天下之具也。禹南省方，濟于江，巡狩爲省，省視四方也。濟，渡也。黄龍負舟，舟中之人五色無主，禹乃熙笑而稱曰：「我受命于天，竭力而勞萬民。勞，憂也。生寄也，死歸也，何足以滑和！」視龍猶蝘蜓，人壽蓋不過百年，故曰寄。死滅没化不見，故曰歸。滑，亂也。和，適也。蝘蜓，蜥蜴也，或曰守宫。東方朔射覆，對武帝曰「謂爲龍，無有角。謂爲蛇，而有足。蹻蹻脈脈，喜緣壁，非守宫」，卽蜥蜴是也。顔色不變，龍乃弭耳掉尾而逃。逃，去。禹之視物亦細矣。鄭之神巫相壺子林，見其徵，神在男曰覡，在女曰巫。巫能占骨法吉凶之氣，故見其兆徵。徵，應也。告列子。列子行泣報壺子。列子，鄭之隱士壺子弟子也。報，白也。壺子持以天壤，言精神天之有也，形骸地之有也，死自歸其本，故曰持天壤矣。名實不入，機發於踵。名，爵號之名。實，幣帛貨財之實。不入者，心不恤也。機，喻疾也。謂命危殆，不旋踵而至，猶不恐懼。○陶方琦云：列子釋文引許注「機發不旋踵」。按：所引非全文。説文：「主發謂之機。从木，幾聲。」壺子之視死生亦齊矣。齊，等。子求行年五十有四而病傴僂，脊管高于頂，腸下迫頤，兩脾在上，燭營指天，子求，楚人也。僂，脊管下竅也。高于頂，出頭上也。腸，肝胷也。迫，薄至于頤也。兩脾下在上，軀正員也。腸，讀精神歇越無之歇也。燭，陰華也。營，其竅也。上指天也。燭營，讀曰括撮也。○俞樾云：子求當作子來，字之誤也。子來事見莊子大宗師篇，其文曰：「子祀、子輿、子犂、子來四人相與友。」又曰：「俄而子輿有病，子祀往問之。曰：『偉哉！夫造物者將以予爲此拘拘也！』曲僂發背，上有五管，頤隱於齊，肩高於頂，句贅指天。」又曰：「俄而子來有病，喘喘然將死。」淮南所見莊子，其「子輿有病」、「子來有病」兩文，蓋與今本互易，故以傴僂之病屬之子來也。莊子釋文引崔譔云：「淮南作子永。」抱朴子博喻篇亦云：「子永歎天倫之偉。」顧氏千里以作永爲是。誠知其當爲子來，則求與永並屬形似之誤，求固非，而永亦未是也。說互詳莊子。○孫詒讓云：注「腸，肝胷也」，古無此訓。腸肝當作𩩲骬。廣雅釋親云：「𩩲骬，胾也。」靈樞經骨度篇云：「結喉以下至缺盆長四寸，缺盆以下至𩩲骬長九寸。」是𩩲骬正當胷間，故高云「𩩲骬，胷也」。但據靈樞，則缺盆、𩩲骬並雙字爲名，不當單舉𩩲言之。且頤在𩩲骬上，而云「下迫」，於義亦乖。竊疑正文本作「𩩲肝迫頤」，注「𩩲肝」即述正文也。肝或挩肉形作于，又譌爲下，遂不可通耳。**匍匐自闚於井曰：「偉哉造化者！其以我爲此拘拘邪？」**偉哉，猶美哉也。造化，謂天也。拘拘，好貌。**此其視變化亦同矣。故覩堯之道，乃知天下之輕也；**以其禪舜。**觀禹之志，乃知天下之細也；**以其視龍猶蝘蜓也。○王念孫云：「天下之細」，天下當爲萬物，此涉上「天下之輕」而誤也。上文云：「輕天下，則神無累矣；細萬物，則心不惑矣。」又云：「堯舉天下而傳之於舜，若解重負然。此輕天下之具也。禹視龍猶蝘蜓，龍乃弭耳掉尾而逃。禹之視物亦細矣。」此文「知天下之輕」承上堯輕天下而言，「知萬物之細」則承上禹細萬物而言。今本萬物作天下，則與上文不合。原壺子之論，乃知死生之齊也；論「持以天壤」也。見子求之行，乃知變化之同也。行，匍匐窺于井，此之謂也。夫至人倚不拔之柱，行不關之塗，倚于不可拔搖之柱，行于不可關閉之塗，言無不通。稟不竭之府，學不死之師，無往而不遂，往而遂也。無至而不通。至而通也。生不足以挂志，死不足以幽神，屈伸俛仰，抱命而婉轉。抱天命而婉轉，不離違也。禍福利害，千變萬紾，紾，轉。孰足以患心！若此人者，抱素守精，蟬蛻蛇解，游於太清，輕舉獨住，忽然入冥。○王念孫云：住當爲往，謂輕舉而獨行也。若作住，則與「忽然入冥」句義不相屬矣。隸書從彳從亻、從㞢從主之字多相亂，故往誤爲住。鳳凰不能與之儷，而況斥鷃乎！儷，偕也。斥澤之鷃雀，飛不出頃畮，喻弱也。○陶方琦云：文選七啓注引，斥作尺。又引許注：「鷃雀飛不過一尺，言其劣弱也。」按説文：「鴳，雀也。从鳥，安聲。」許注飛不過一尺，正釋尺之義，與高本作斥異。文選宋玉對楚王問「尺澤之鯢」，注：「尺澤，言小也。」夏侯湛抵疑「尺鷃不能陵桑榆」，亦作尺。然尺、斥古字通。莊子釋文「斥鷃笑〔一〕之」司馬注：「小澤也。本亦作尺。」一切

〔一〕「笑」，原本作「关」，據莊子改。

經音義二十二「尺鷃」下云：「鷃長惟尺，卽以名焉。一作斥，小澤也。」**勢位爵禄何足以槩志也！**不足以槩至人之志。

晏子與崔杼盟，臨死地而不易其義。晏子名嬰，字平仲，齊大夫也。崔杼殺齊莊公，盟諸侯曰：「不唯崔慶是從者，如此盟。」晏子曰：「嬰所不唯忠於君而利社稷者是從，亦如之。」故曰臨死地而不易其義者也。**殖、華將戰而死，莒君厚賂而止之，不改其行。**殖，杞梁，華，華周，皆齊士，爲君伐莒。莒人圍之，壯其勇力，厚賂而止之。不可，遂戰而死。故曰不改其行也。**故晏子可迫以仁，而不可劫以兵；**晏子不從崔杼之盟，將見殺。晏子曰：「句戟何不句，直矛何不摧，不撓不義。」故曰不可劫以兵也。**殖、華可止以義，而不可縣以利。**縣，視也。言不爲利動也。**君子義死，而不可以富貴留也；義爲，而不可以死亡恐也。彼則直爲義耳，而尚猶不拘於物，又況無爲者矣！堯不以有天下爲貴，故授舜；公子札不以有國爲尊，故讓位；**札，吴壽夢之少子，延州來季子也。讓位不受兄國，春秋賢之。諸侯之子稱公子也。**子罕不以玉爲富，故不受寶；**子罕，宋戴公六世之孫，西卿士之子，司城樂喜也。宋人或得玉，以獻子罕，子罕不受。獻玉者曰：「以示玉人，玉人以爲寶，故敢獻之。」子罕曰：「我以不貪爲寶，子以玉爲寶。若與我，是皆喪寶也。不如人有其寶。」稽首告曰：「小人懷寶，不可以越鄉。納此以請死。」子罕置諸其里，使玉人爲之攻之，富而後使復其所。故曰不受寶也。**務光不**

以生害義，故自投於淵。務光，湯時隱士也。湯伐桀，讓天下於務光。人謂務光曰：「湯殺其君，將歸不義之名於子。」務光因抱石自投於深淵而死。由此觀之，至貴不待爵，以至德見貴，許由、務光是也，故曰不待爵也。至富不待財。以至德見富，若楚狂接輿是也，王聞其賢，使使者齎金百溢聘之，欲以爲相，而不受，故曰至富不待財也。天下至大矣，而以與佗人；堯是也。身至親矣，而棄之淵。務光是也。外此，其餘無足利矣。外，猶除也。利，猶貪利。或作私。私，獨受也。此之謂無累之人。無累之人，不以天下爲貴矣。

上觀至人之論，深原道德之意，以下考世俗之行，乃足羞也。攷，觀。故通許由之意，金縢、豹韜廢矣；金縢、豹韜，周公、太公陰謀圖王之書。許由輕天下不受，焉用此書爲，故曰廢矣。延陵季子不受吴國，而訟閒田者慙矣；訟閒田者，虞、芮及暴桓公、蘇信公是也。子罕不利寶玉，而争券契者媿矣；務光不污於世，而貪利偷生者悶矣。故不觀大義者，不知生之不足貪也；不聞大言者，不知天下之不足利也。大義，死君親之難也。大言，體道無欲之言。今夫窮鄙之社也，叩盆拊瓴，相和而歌，自以爲樂矣。窮鄙之社，窮巷之小社也。盆瓴瓦器，叩之有音聲，故曰自以爲樂也。○文典謹按：窮鄙，北堂書鈔八十七、一百十一，藝文類聚三十九，御覽五百三十二、五百八十四引，並作窮鄉。唯四百八十六、七百五十八引，作窮鄙，與今本合。疑古本作窮鄉，後人據已誤之本改御覽而未能遍耳。嘗試爲之

擊建鼓，撞巨鐘，乃性仍仍然，知其盆瓴之足羞也。仍仍，不得志之貌。仍仍或作聆聆，猶聞也。○莊逵吉云：「乃性仍仍然」，性本皆作始。○王念孫云：性字義不可通，性當爲始。古人多以乃始二字連文。俶真篇曰：「乃始昧昧楙楙，皆欲離其童蒙之心，而覺視於天地之間。」又曰：「儒墨乃始列道而議，分徒而訟。」管子版法篇曰：「外之有徒，禍乃始牙。」莊子馬蹄篇曰：「民乃始踶跂好知，爭歸於利。」在宥篇曰：「之八者，乃始臠卷傖囊而亂天下也，而天下乃始尊之惜之。」荀子儒效篇曰：「狂惑戇陋之人，乃始率其羣徒，辯其談説，明其辟稱。」韓子外儲説右篇曰：「王自聽之，亂乃始生。」呂氏春秋禁塞篇曰：「雖欲幸而勝，禍乃始長。」乃始猶然後也。藝文類聚禮部中、太平御覽人事部一百二十七、禮儀部十一、樂部二十二、器物部三引此，並作乃始。又本經篇：「愚夫惷婦皆有流連之心，悽愴之志，乃使始爲之撞大鍾，擊鳴鼓，吹竽笙，彈琴瑟，失樂之本矣。」案：乃始二字之間不當有使字，此因始使聲相亂而誤衍也。主術篇曰：「故民至於焦脣沸肝，有今無儲，而乃始撞大鍾，擊鳴鼓，吹竽笙，彈琴瑟，失樂之所由生矣。」是其證。**藏詩、書，修文學，而不知至論之旨，則拊盆叩瓴之徒也。夫以天下爲者，學之建鼓矣。**建鼓，樂之大者。○王念孫云：「夫以天下爲者」，以上當有無字。「無以天下爲者」，承上文許由而言；建鼓「學之」，對「拊盆叩瓴」而言。言無以天下爲者，其於世俗之學者，猶建鼓之於盆瓴也。今本「以天下」上脱無字，則義不可通。文子九守篇正作「無以天下爲者」。

尊勢厚利，人之所貪也。尊勢，窮位。厚利，重禄。**使之左據天下圖而右手刎其**

喉，愚夫不爲。由此觀之，生尊於天下也。天下至大，非手所據，故不言手也。使得據天下之圖籍，行其權勢，而刎喉殺身，雖愚者不肯爲也，故曰生貴于天下矣。○王念孫云：尊本作貴，此涉上文「尊執厚利」而誤也。此言生貴而天下賤，非言生尊而天下卑。高注「故曰生貴於天下」，即其證。吕氏春秋知分篇注引此，亦作貴。泰族篇亦云「身貴於天下」。聖人食足以接氣，衣足以蓋形，適情不求餘，接，續也。蓋，覆也。餘，饒也。無天下不虧其性，有天下不羨其和。虧，損。羨，過。和，適也。有天下，無天下，一實也。實，等。今贛人敖倉，予人河水，贛，賜也。敖，地名。倉者，以之常滿倉也，在今滎陽縣北。飢而餐之，渴而飲之，其入腹者不過簞食瓢漿，則身飽而敖倉不爲之減也，減，少。腹滿而河水不爲之竭也。竭，盡。有之不加飽，無之不爲之飢，與守其篅笔、有其井，一實也。篅笔，受穀器。井，家人之井水也。篅讀顓孫之顓也。○莊逵吉云：説文解字：「笔，篅也。」「篅，以判竹圜以盛穀也。」急就篇所云「笔篅箯筥篼笲篝」是也。與注義合。人大怒破陰，大喜墜陽，已説在原道訓。大憂内崩，大怖生狂。除穢去累，莫若未始出其宗，乃爲大通。清目而不以視，清，明。静耳而不以聽，鉗口而不以言，委心而不以慮，棄聰明而反太素，休精神而棄知故，覺而若眛，以生而若死，眛，暗也，厭也。楚人謂厭爲眛，喻無知也。○王引之云：眛與厭義不相近，眛皆當爲眯，（音米。）字之誤也。注中「暗也」二字乃後人所加。説文：「𥧌，寐而厭也。」字通作眯。西山經「鵸䳜，服之使人不眯」，郭璞曰：「不厭夢也。」引周書王會篇云：「服者不眯。」莊子天運篇「彼不得夢，必且數眯焉」，司馬彪曰：「眯，厭也。」是眯與厭同義，故高注亦云：「眯，厭也，楚人謂厭爲眯。」後人不知眛爲眯之譌，而誤讀爲暗昧之昧，遂於注内加「暗也」二字，何其謬也！且眯與死、體爲韻，若作昧，則失其韻矣。**終則反本未生之時，而與化爲一體。**言人之未生時。欲同死生也，故曰與化爲一體也。**死之與生，一體也。**

今夫繇者，揭钁臿，負籠土，繇，役也。今河東謂治道爲繇道。揭，舉也。钁，斫也。臿，鏵也。青州謂之鏵，有刃也。三輔謂之鍋也。籠，受土籠也。〇莊逵吉云：鏵，説文解字作茉。鍋即䥯字。解字又曰：「䥯，梠屬。讀若媯。」蓋因讀䥯爲媯，因之誤爲鍋也。〇文典謹按：御覽三百八十七引，钁作錢。説文：「錢，銚也。古田器。」詩周頌「庤乃錢鎛」，傳：「錢，銚也。」**鹽汗交流，喘息薄喉。**白汗鹹如鹽，故曰鹽汗。薄，迫也，氣衝喉也。**當此之時，得茠越下，則脱然而喜矣。**茠，蔭也。三輔人謂休華樹下爲茠也。楚人樹上大本小，如車蓋狀爲越，言多蔭也。脱，舒也。言繇人之得小休息，則氣得舒，故喜也。越，讀經無重越之越也。〇文典謹按：北堂書鈔百五十八引許君注云：「楚謂兩樹交會其陰曰越。」玉篇：「楚謂兩木交陰之下曰樾。」即用此注也。越、樾古同字。（孫輯許注未收此條。）**巖穴之間，非直越下之休也。病疵瘕者，捧心抑腹，膝上叩頭，**抑，按也。叩或作跔，跔，讀車軥之軥。〇孫詒讓云：疵與病義複，疑是疝之誤。急就篇云：「疝瘕顛疾狂失響。」蹠蹋而諦，通夕不寐。○文典謹按：文選長笛賦「通旦忘寐，不能自禦」注引，夕作旦。當此之時，噲然得卧，則親戚兄弟歡然而喜。夫脩夜之寧，非直一噲之樂也。謂得安卧極夜者。樂于一噲之樂，然不得比長夜之樂也。故知宇宙之大，則不可劫以死生；劫，迫。知養生之和，則不可縣以天下；養生之和，謂正道也。已脩正道不惑，故不可示以天下之窮勢而移也。知未生之樂，則不可畏以死；樂其未生之時，雖懼之以死，不能使之畏死。言不畏死。知許由之貴於舜，則不貪物。言不貪利欲之物也。牆之立，不若其偃也，又況不爲牆乎！冰之凝，不若其釋也，又況不爲冰乎！不如未爲牆、冰之時，偃、凝能變也。自無蹠有，自有蹠無，自無蹠有，從無形至有形也。自有蹠無，從有形至無形也。至無形，謂死生變化也。終始無端，莫知其所萌。非通於外內，孰能無好憎？好憎，情欲。無外之外，至大也；無內之內，至貴也；言天無有垠外，而能爲之外，喻極大也。無內，言其小，小無內，而能爲之內。道尚微妙，故曰至貴也。能知大貴，何往而不遂！大貴，謂無內之內也。言道至微，能出入于無間，故曰何往而不遂。遂，通也。

衰世湊學，不知原心反本，湊，趨也。趨其末，不脩稽古之典，苟徼名號耳，故曰不知原心反本也。直雕琢其性，矯拂其情，以與世交，直，猶但也。雕琢其天性，拂戾其本情，以合流俗，與世人交接也。故目雖欲之，禁之以度，心雖樂之，節之以禮，趨翔周旋，詘節卑拜，肉凝而不食，酒澄而不飲，外束其形，內總其德，○王念孫云：總字義不可通，總當爲愁，愁與揫同。（鄉飲酒義「秋之爲言愁也」，鄭注：「愁讀爲揫。揫，斂也。」）說文：「揫，束也。」外束其形，內揫其德，其義一也。俶真篇「內愁五藏，外勞耳目」，義亦與此同。俗書總字或作捴，又作捴，與愁相似，愁誤爲捴，後人因改爲總耳。文子上禮篇正作「外束其形，內愁其德」。鉗陰陽之和，而迫性命之情，故終身爲悲人。悲，哀也。謂衰世之學。達至道者則不然，理情性，治心術，養以和，持以適，樂道而忘賤，安德而忘貧，性有不欲，無欲而不得，言其守虛，執持不欲之情性，則無有所欲而不得也。心有不樂，無樂而不爲，言其志正，不樂邪淫之樂，則無有正樂而不爲樂。言皆爲之樂也。無益情者不以累德，而便性者不以滑和，滑，亂。○莊逵吉云：諸本作「無益於情者不以累德，不便於性者不以滑和」。○王念孫云：「便於性」二句義不可通，且與上文不對。劉績依文子九守篇改爲「無益於情者不以累德，不便於性者不以滑和」，當是也。故縱體肆意，而度制可以爲天下儀。縱，放也。肆，緩也。儀，法也。今夫儒者，不本其所以欲而禁其所欲，本所以欲，謂正性恬漠也。所欲，謂情欲驕奢權勢也。不原其所以樂而閉其所樂，是猶決江河之源而障之以手也。障，蔽也。言不能掩也。夫牧民者，猶畜禽獸也，不塞其囿垣，使有野心，系絆其足，以禁其動，而欲脩生壽終，豈可得乎！夫顏回、季路、子夏、冉伯牛，孔子之通學也。然顏淵夭死，季路葅於衛，顔淵十八而卒，孔子曰：「回不幸短命死矣！」故曰夭也。季路仕于衛，衛君父子争國，季路死，孔子曰：「若由不得其死然。」言不得以壽命終也，故曰然。衛人醢之以爲醬，故曰葅。子夏失明，冉伯牛爲厲。子夏學于西河，喪其子而失明，曾子哭之。伯牛有疾，孔子自牖執其手，曰：「斯人也，而有斯疾也！」此皆迫性拂情而不得其和也。○文典謹按：文選王康琚反招隱詩注引，作「顔回夭死，季由葅於衛，皆迫性命之情而不得天和者也。」故子夏見曾子，一臞一肥，曾子問其故，曰：「出見富貴之樂而欲之，入見先王之道又説之，兩者心戰，故臞。先王之道勝，故肥。」道勝，不惑縣于富貴，精神内守無思慮，故肥也。推此志，非能貪富貴之位，不便侈靡之樂，此志，子夏之志。直宜迫性閉欲，以義自防也。直，猶但也。○王念孫云：貪上當有不字，直下不當有宜字，宜卽直之誤而衍者也。高注宜字亦當爲直。直之言特也。言子夏非能不貪富貴，不樂侈靡，特以義自强耳。特、但一聲之轉，故云「直猶但也」。雖情心鬱殪，形性屈竭，猶不得已自强也，故莫能終其天年。義以自防，故情心鬱殪不通，形性屈竭也。以不得止而自勉强，故無能終其天年之命也。

若夫至人，量腹而食，度形而衣，容身而游，適情而行，餘天下而不貪，委萬物而不利，委，棄也。不以萬物爲利矣。處大廓之宇，游無極之野，廓，虚也。極，盡也。登太皇，馮太一，玩天地於掌握之中，太皇，天也。馮，依也。太一，天之形神也。玩，弄也。夫豈爲貧富肥臞哉！故儒者非能使人弗欲，而能止之；言不能使人無情欲也。己雖欲之，能以義自已也。非能使人勿樂，而能禁之。言不能使人無樂富貴，能以禮自禁止之。論語曰「不義而富且貴，于我如浮雲」也。夫使天下畏刑而不敢盜，豈若能使無有盜心哉！越人得髯蛇，以爲上肴，中國得而棄之無用。髯蛇，大蛇也，其長數丈，俗以爲上肴。○文典謹按：御覽九百三十三引，髯作蚺，注同。故知其無所用，貪者能辭之；不知其無所用，廉者不能讓也。夫人主之所以殘亡其國家，損棄其社稷，身死於人手，爲天下笑，未嘗非爲非欲也。夫仇由貪大鐘之賂而亡其國，仇由，近晉之狄國。晉智襄子欲伐之，先賂以大鐘。仇由之君貪，開道來受鐘，爲和親。智伯因是以兵滅取其國也。仇，讀仇餘之仇也。○陶方琦云：史記集解七十一引許注：「仇猶，夷狄之國。」按：説文厹字下云：「臨淮有厹猶縣。」注云：「或作仇酋。」酋卽猶字，故高注云或作也。呂覽權勳作厹字亦作猶，與此注作猶正合。國策作厹由，高誘注曰：「厹由，狄國。」亦同作由。虞君利垂棘之璧而擒其身，晉大夫荀息謀于獻公，以屈產之馬、垂棘之璧假道於虞以伐虢。虞公貪璧馬，假晉道。既滅虢，還館于虞，遂襲虞，滅之。君死位曰滅，故曰擒其身也。獻公豔驪姬之美而亂四世，晉獻公伐驪戎，得驪姬及其娣。好色曰美。好體曰豔。豔其色而嬖之，生奚齊，其娣生卓子，遂爲殺太子申生而立奚齊。殺適立庶，故曰亂。四世者，奚齊、卓子、惠公夷吾、懷公圉也。桓公甘易牙之和而不以時葬，齊桓好味，易牙蒸其首子而進之，遂見信用，專任國政，亂嫡庶。桓公卒，五公子爭立，六十日而殯，蟲流出户，五月不葬，故曰不以時葬也。**胡王淫女樂之娱而亡上地。**胡，西戎之君也。秦穆公欲伐之，先遺女樂以淫其志。其臣由余諫，不從，去戎來適秦。秦伐戎，得其上地。上地，美地也。**使此五君者，適情辭餘，以己爲度，不隨物而動，豈有此大患哉？**五君，仇由、虞公、晉獻、齊桓、胡王也。適，猶節也。動，猶惑也。**故射者非矢不中也，學射者不治矢也；**不治矢，言不爲而得用之。然則爲者不得用之。**御者非轡不行，學御者不爲轡也。知冬日之箑、夏日之裘無用於己，則萬物之變爲塵埃矣。**箑，扇也。楚人謂扇爲箑。**故以湯止沸，沸乃不止；誠知其本，則去火而已矣。**已，止也。

淮南鴻烈集解卷八

本經訓

本，始也。經，常也。本經造化出于道，治亂之由，得失有常，故曰「本經」，因以題篇。

太清之始也，和順以寂漠，清，静也。太清，無爲之始者。謂三皇之時和順，不逆天暴物也。寂漠，不擾民。○王念孫云：「太清之始」，始當爲治，字之誤也。自「和順以寂漠」以下二十三句，皆言太清之治如此也。高注當云：「太清，（句。）無爲之治也。（句。）」今本作「太清，無爲之始者」，文不成義，後人所改也。文選東都賦注、後漢書班固傳注引此，並作「太清之化」，又引高注曰：「太清，無爲之化也。」治字作化，避高宗諱也。則其字之本作治，明矣。太平御覽天部十五引，作「太清之始」，亦後人依誤本改之。其竹部一引，正作「太清之治」。文子下德篇作「清静之治者，和順以寂寞，質真而素樸」，是其明證矣。○文典謹按：王説是。宋本始正作治。**質真而素樸，閑静而不躁，推移而無故，**質，性也。真，不變也。素樸，精不散也。閑静，言無欲也。不躁擾。故，常也。**在内而合乎道，出外而調于義，**在内者，志在心。平欲，故能合于道。出于外者，身所履行也。行不越規矩，故能調義。義或作德也。**發動而成於文，行快而便於物，**

發，作也。動，行也。文，文章也。便，利也。物，事也。○俞樾云：快當爲決。周易文言傳鄭注謂古書傳作立心，與水相近。決、快相亂，正由此矣。説文水部：「決，行流也。」是決有行義。上句曰「發動而成於文」，發亦動也。此云「行決而便於物」，決亦行也。**其言略而循理，其行侻而順情，**略，約要也。侻，簡易也。侻，讀射侻取不覺之侻。○莊逵吉云：「侻取不覺」，義當是「敚」字。敚，今之奪字也。**其心愉而不僞，其事素而不飾，**愉，和也。僞，虚詐也。素，樸也。飾，巧也。**是以不擇時日，不占卦兆，**擇，選也。卦，八卦也。兆，契龜之兆也。世所以占吉凶也。**不謀所始，不議所終，安則止，激則行，通體於天地，同精於陰陽，一和于四時，**一，同也。**明照於日月，與造化者相雌雄。**造化，天地也。雌雄，猶和適也。**是以天覆以德，地載以樂，**樂，生也。**四時不失其敍，風雨不降其虐，日月淑清而揚光，**光，明也。**五星循軌而不失其行。**五星，熒惑、太白、鎮、辰、歲星也。軌，道也。循，順也。**當此之時，玄元至碭而運照，**玄，天也。元，氣也。碭，大也。言盛德之君，恩仁廣大，徧照四海也。○王紹蘭云：説文石部：「碭，文石也。」無大誼。口部：「唐，大言也。啺，古文唐，从口昜。」是淮南假碭爲啺也。○俞樾云：高注曰：「玄，天也。元，氣也。」分兩字爲兩義，殊不可通。疑正文及注均誤。正文本曰「玄光至碭而運照」，注文本曰「玄，天也。光，氣也。」俶真篇曰：「弊其玄光而求知之於耳目。」此玄光二字見於本書者。高彼注曰：「玄光，内明也。一曰：玄，天也。」然則此曰

「玄，天也」，正與彼注同。疑彼亦有「光，氣也」三字，而今脱之也。**鳳麟至，著龜兆，**鳳麟聖德之世至于門庭。著，四十九策。兆，信也。善言臧否也。**甘露下，竹實滿，流黄出，而朱草生，**滿，成也。流黄，玉也。朱草生于庭。皆瑞應也。**機械詐僞莫藏於心。**莫，無也。**逮至衰世，鐫山石，**鐫，猶鑿也，求金玉也。**鍥金玉，擿蚌蜃，**鍥刻金玉以爲器也。擿，猶開也，開以求珠也。○桂馥云：擿當爲摘。説文摘有拓義。增韵：「拓，㡿開也。」揚雄甘泉賦：「拓迹開統。」拓亦借字，當爲袥。字書：「袥，張衣令大也。」太玄：「天地開闢，宇宙袥袓。」**消銅鐵，而萬物不滋。**不滋長也。言盡物類也。**刳胎殺夭，麒麟不游，**胎，獸胎也。夭，麋子也。爲類見害，故不來游。**覆巢毁卵，鳳凰不翔，**鳥未鷇曰卵也。**鑽燧取火，構木爲臺，焚林而田，竭澤而漁，**田，獵也。竭澤，漏池也。**人械不足，畜藏有餘，**械，器用也。畜藏餘，府庫實也。**而萬物不繁兆，萌牙卵胎而不成者，處之太半矣。積壤而丘處，糞田而種穀，掘地而井飲，疏川而爲利，**疏，通。**築城而爲固，拘獸以爲畜，則陰陽繆戾，四時失敍，雷霆毁折，雹霰降虐，**○王念孫云：電霰不同類，且電亦不得言降虐，電當爲雹，草書之誤也。雷霆爲一類，雹霰爲一類。呂氏春秋仲夏篇云「雹霰傷穀」，故言降虐也。文子上禮篇作「雹霜爲害」，是其證。○文典謹按：王説是，今正。**氛霧霜雪不霽，**霽，止也。**而萬物燋夭。**霜雪之害不止，則萬物燋夭不繁茂也。**菑榛穢，聚埒畝，**茂草曰菑，木聚曰榛，積之於疆畝。○俞樾云：高此注殊失其義。菑者，殺草之名。爾雅釋地「田一歲曰菑」，孫炎曰：「菑，始災殺其草木也。」榛、穢連文，其義相同，漢書楊雄傳注曰「榛榛，梗穢貌」是也。「菑榛穢，聚埒畝」，皆三字爲句，言榛穢之區，皆災殺之，而集成埒畝也。下云「芟野菼，長苗秀」，是此四句皆言治田之事，菑榛穢故芟野菼，聚埒畝故長苗秀也。下文曰「草木之句萌、銜華、戴實而死者不可勝數」，正見殺草之多。若從高注，則與下文不貫矣。**芟野菼，長苗秀，**芟，殺也。菼，草也。苗，稼也。不榮而實曰秀也。○王引之云：野草多矣，不應獨言菼。菼當爲莽。隸書莽字作美，與菼極相似，故誤爲菼。説文作茻，「衆艸也」，故野草謂之野莽。下文「野莽白素」，楚辭九歎「遵壄莽以呼風」是也。（壄與野同。）注「菼，草也」亦當作「莽，草也」。泰族篇注「莽，草也」，正與此同。**草木之句萌、銜華、戴實而死者，不可勝數。乃至夏屋宮駕，縣聯房植，**夏屋，大屋也。縣聯，聯受雀頭著桷者。一曰，辟帶也。房，室也。植，户植也。○莊逵吉云：縣聯，縣卽櫋字。辟帶之義，見楚詞九歌。○王念孫云：縣皆當爲緜，字之誤也。（隸書緜、縣二字相似，説見原道「旋縣」一條下。）説文：「櫋，屋櫋聯也。」又曰：「楣，秦名屋櫋聯也。齊謂之檐，楚謂之梠。」方言：「屋梠謂之欞。」郭璞曰：「卽屋檐也。亦呼爲連緜。」（連緜猶緜聯，語之轉耳。）釋名：「梠，旅也。連旅旅也。或謂之櫋。櫋，緜也。緜連榱頭，使齊平也。上入曰爵頭，形似爵頭也。」皆足與高注相證。櫋與緜，聯與連，並字異而義同。太平御覽人事部一百三十四引此，正作緜聯。○孫詒讓云：駕當爲架之誤。後文云「大搆駕，興宮室」，注云：「駕，材木相乘駕也。」文選鮑照蕪城賦李注引彼文駕作架，此宮駕字誤與彼同。**榱**

檐榱題，橑，椽橑也。檐，屋垂也。榱，桷也。題，頭也。**雕琢刻鏤，喬枝菱阿，夫容芰荷，**阿，曲屋。夫容，藕華也。芰，菱角交茵也。荷，夫渠也。○俞樾云：高注曰「阿，曲屋」，不説菱字之義，疑高氏所據本菱字作淩，言橑檐榱題之上雕刻榭木，故其喬枝上淩於曲阿也。淩字之義易明，故不煩訓釋。後人因下句言芰荷，遂改淩作菱以配之，則義不可通矣。**五采爭勝，流漫陸離，**流漫，采色相參和也。陸離，美好貌。**脩掞曲挍，夭矯曾橈，芒繁紛挐，**皆屋飾也。芒，讀麥芒之芒。挐，讀上谷茹縣之茹。○陶方琦云：文選吴都賦注引許注：「挐，亂也。」按：説文：「挐，牽引也。」牽引卽有亂義。**以相交持，公輸、王爾無所錯其剞剧削鋸，**公輸，巧者。一曰，魯班之號也。王爾，古之巧匠也。剞，巧刺畫盡頭黑邊箋也。剧，鋸尺。削，兩刃句刀也。剞，讀技尺之技。剧，讀詩「蹶角」之蹶。削，讀綃頭之綃也。○莊逵吉云：原道訓注云：「剞，巧工鉤刀也。剧者，規度刺畫墨邊箋也。所以刻鏤之具也。」與此注異。錢別駕云：剞、剧二字，古無定解。説文解字以剞剧爲曲刀。應劭曰：「剞，曲刀。剧，曲鑿。」又與許君不同。淮南書高、許二家注本相溷，故多前後互異歟？**然猶未能澹人主之欲也。是以松柏箘露夏槁，**松柏根茂，箘露竹箊，皆冬生難殺之木，當是時夏槁死也。刺君作事不時，陰陽失序。箘，讀似綸。露，讀南陽人言道路之路。○莊逵吉云：箘露之露當作簬。○王念孫云：「藝文類聚治政部上引此，夏槁上有宛而二字。案「松柏箘露，宛而夏槁；江河三川，絶而不流」，四句相對爲文，則有宛而二字者是也。宛與菀同。俶真篇「形傷於寒暑燥溼之虐者，形菀而神壯」，高注曰：「菀，枯病也。菀，讀南陽宛之宛。」莊子天地篇釋文云：「苑，本亦作宛。」是苑、宛古字通。素問四氣調神大論「惡氣不發，風雨不節，白露不下，則菀槁不榮」，菀亦與苑同。唐風山有樞篇「宛其死矣」，毛傳曰：「宛，死貌〔一〕。」義與此宛字亦相近。**江、河、三川絶而不流，**三川，涇、渭、汧也，出于岐山。絶，竭也，故曰不流。國語曰「河竭而商亡」也。**夷羊在牧，**夷羊，土神。殷之將亡，見於商郊牧野之地。○陶方琦云：占經一百十九引許注：「夷羊，大羊也，時在商牧野。」按：説文：「夷，平也。从大，从弓。」夷之訓大，从形而得義。**飛蛩滿野，**蛩，蟬，蠛蠓之屬也。一曰：蝗也。沇州謂之螣。螣，讀近殆，緩氣言之。蛩，讀詩小珙之珙。○陶方琦云：御覽九百四十五引，蛩作蟲。御覽及占經一百二十又引許注：「飛蟲，蠛蠓。」按：高注「蛩蟬」下「蠛蠓之屬」四字乃許注羼入。爾雅釋蟲「蠓，蠛蠓」，孫炎注：「蠛蠓細小于蚉。」説文：「蠓，蠛蠓也。」史記周紀「飛鴻滿野」，索隱又引高注：「蜚鴻，蠛蠓也。言飛蟲盈田蔽野，故爲災。」此卽許注，誤爲高本也。唐宗聖觀碑作「飛蛩滿野」，亦因蛩而誤。**天旱地坼，**坼，燥裂也。**鳳皇不下，句爪、居牙、戴角、出距之獸於是鷙矣。**句爪，鷹鸇之屬也。居牙，熊虎之屬也。距，讀拒守之拒。○文典謹按：居牙，文選吴都賦注、七命注引，並作鋸牙。鷙並作摯。**民之專室蓬廬，無所歸宿，**專特小室也。蓬廬，籧篨覆也。言小，有賓客歸之，無所庇宿也。**凍餓飢寒死者，相枕席也。**言其衆也。**及至分山川谿谷使**

〔一〕「貌」，原本作「號」，據詩毛傳改。

有壤界，計人多少衆寡使有分數，築城掘池，設機械險阻以爲備，飾職事，制服等，等，差也。異貴賤，差賢不肖，經誹譽，行賞罰，經，書也。誹惡譽善，賞可賞，罰可罰也。○王念孫云：「差賢不」下本無肖字。不與否同。貴賤、賢不、誹譽、賞罰皆相對爲文。後人不知不爲否之借字，故又加肖字耳。則兵革興而分争生，民之滅抑夭隱，虐殺不辜而刑誅無罪，於是生矣。抑，没也。言民有滅没夭折之痛。

天地之合和，陰陽之陶化萬物，皆乘人氣者也。天地合和其氣，故生陰陽，陶化萬物。○莊逵吉云：「乘人氣」本作「乘一氣」，唯藏本作人。是故上下離心，氣乃上蒸，離者，不和也。君臣不和，五穀不爲。不爲，不成也。距日冬至四十六日，天含和而未降，地懷氣而未揚，自立冬到冬至皆未動也。陰陽儲與，呼吸浸潭，包裹風俗，儲與，猶尚羊，無所主之貌。一曰：褒大貌。浸潭，廣衍也。故曰包裹風俗。斟酌萬殊，旁薄衆宜，旁，並。薄，近也。衆物宜適也。以相嘔咐醖釀，而成育羣生。醖釀，猶和調也。是故春肅秋榮，冬雷夏霜，皆賊氣之所生。由此觀之，天地宇宙，一人之身也；六合之内，一人之制也。○王念孫云：制字義不可通，制當爲刑，字之誤也。刑與形同。「一人之形」即承「一人之身」言之。文子下德篇正作「一人之形」。又主術篇「是故任一人之力者，則烏獲不足恃；乘衆人之制者，則天下不足有也」，制亦當爲刑，刑與形同。文子自然篇作「乘衆人之勢」，勢亦形也。劉績依文子改制爲勢，義則是而文則非矣。是故明於性者，天地不能脅也；脅，恐也。審於符者，怪物不能惑也。審，明也。符，驗也。怪物非常，人所疑惑也。故聖人者，由近知遠，而萬殊爲一。殊，異也。一，同也。

古之人，同氣于天地，與一世而優游。優游，猶委從也。○俞樾云：古之人三字，衍文也。四句一氣相屬，皆蒙「故聖人者」爲文。若有古之人三字，則文義不貫矣。此文本云：「故聖人者，由近而知遠，以萬殊爲一同，氣蒸於天地，與一世而優游。」今本而字脱去，校者誤補於遠字之下，遂誤删以字。一同與萬殊本相對爲文，今衍古之人三字，遂以同字下屬，而誤删蒸字，皆非其舊。文子下德篇作「聖人由近以知遠，以萬里爲一同，炁蒸乎天地」，宜據以訂正。彼云「由近以知遠」，卽「由近而知遠」也；「以萬里爲一同」，卽「以萬殊爲一同」也。彼云「炁蒸乎天地」，故知此脱蒸字矣。上文云「氣乃上蒸」，卽此蒸字之義也。當此之時，無慶賀之利，刑罰之威，○陳觀樓云：賀當爲賞，字之誤也。慶賞與刑罰相對，不當言慶賀。禮義廉耻不設，毁譽仁鄙不立，而萬民莫相侵欺暴虐，猶在于混冥之中。混，大也。大冥之中，謂道也。逮至衰世，人衆財寡，事力勞而養不足，於是忿争生，是以貴仁。仁鄙不齊，比周朋黨，設詐諝，懷機械巧故之心，而性失矣，諝，謀也。性失，失其純樸之性也。是以貴義。陰陽之情，莫不有血氣之感，男女羣居雜處而無别，是以貴禮。禮以别也。性命之情，淫而相脅，脅，迫。以不得已，則不和，是以貴樂。樂以和之。是故仁義禮樂者，可以救敗，而非通治之至也。

夫仁者所以救争也，義者所以救失也，禮者所以救淫也，樂者所以救憂也。神明定於天下而心反其初，心反其初而民性善，初者，始也，未有情也。未有情欲，故性善也。民性善而天地陰陽從而包之，則財足而人澹矣，貪鄙忿争不得生焉。由此觀之，則仁義不用矣。道德定於天下而民純樸，則目不營於色，營，惑。耳不淫於聲，坐俳而歌謡，被髮而浮游，雖有毛嬙、西施之色，不知説也，言尚德也。掉羽、武象，不知樂也，掉羽，羽舞也。武象，周武王樂也。淫泆無别，不得生焉。由此觀之，禮樂不用也。是故德衰然後仁生，行沮然後義立，沮，敗也。和失然後聲調，禮淫然後容飾。是故知神明然後知道德之不足爲也，知道德然後知仁義之不足行也，道德本，仁義末。知仁義然後知禮樂之不足脩也。仁義大也，禮樂小也。今背其本而求其末，釋其要而索之於詳，未可與言至也。至，至德之道也。

天地之大，可以矩表識也；矩，度也。表，影表。識，知也。星月之行，可以曆推得也；歷，術也。推，求也。○文典謹按：意林引，作「天地雖大，可以矩表知之；星月之形，可以律歷知之」。雷震之聲，可以鼓鐘寫也；寫，猶放斆也。○王念孫云：雷震當爲雷霆，字之誤也。天地、星月、雷霆、風雨相對爲文。太平御覽天部十三引此，正作雷霆。文子下德篇同。風雨之變，可以音律知也。律知陰陽。是故大可覩者，可得而量也；明可見者，可得而蔽也；蔽，或作察。聲可聞者，可得而調也；色可察者，可得而別也。夫至大，天地弗能含也；至微，神明弗能領也。領，理也。及至建律曆，別五色，異清濁，清商，濁宫。味甘苦，則樸散而爲器矣。立仁義，脩禮樂，則德遷而爲僞矣。脩，設也。遷，移也。及僞之生也，飾智以驚愚，設詐以巧上，巧欺上也。天下有能持之者，有能治之者也。有能持之者，桀、紂之民。有能治之者，湯、武之君也。○王念孫云：「有能治之者也」當作「未有能治之者也」。言詐僞並起，天下有能以法持之者，未有能以道治之者也。其能治之者，必待至人，下文「至人之治也」云云是也。文子下德篇作「天下有能持之，而未有能治之者也」，是其證。高所見本蓋脱未字。昔者蒼頡作書而天雨粟，鬼夜哭；蒼頡始視鳥迹之文，造書契，則詐僞萌生。詐僞萌生，則去本趨末，棄耕作之業而務錐刀之利。天知其將餓，故爲雨粟。鬼恐爲書文所劾，故夜哭也。鬼或作兔，兔恐見取豪作筆，害及其軀，故夜哭。○陶方琦云：意林引許注：「倉頡，黄帝史臣也。造文字則詐僞生，故鬼哭也。」按：説文敍云「黄帝之史倉頡」，與注淮南説同。伯益作井，而龍登玄雲，神棲昆侖；伯益佐舜，初作井，鑿地而求水。龍知將決川谷，漉陂池，恐見害，故登雲而去，棲其神于昆侖之山也。○文典謹按：高注「登雲而去，棲其神于昆侖之山」，據此，則神者龍之神也，殊失其義矣。龍登玄雲，神棲昆侖，相對爲文，謂龍登於玄雲，神棲於昆侖也。論衡感虚篇曰：「傳書又言伯益作井，龍登玄雲，神棲崑崙。言作井有害，故龍神爲變也。夫言龍登玄雲，實也。言神棲崑崙，又言爲作井之故，龍登神去，虚也。」又曰：「所謂神者，何神也？百神皆是。百神何故惡人爲井？」是神者百神，非龍之神也明矣。高注失之。**能愈多而德愈薄矣。**愈，益也。○王念孫云：太平御覽鱗介部一引此，「能愈多」作「智愈多」。案：當作「智能愈多」。智能二字總承上文言之，今本脱智字，御覽脱能字。文子下德篇作「智能彌多而德滋衰」，是其證。**故周鼎著倕，使銜其指，以明大巧之不可爲也。**倕，堯之巧工也。周鑄鼎，著倕像於鼎，使銜其指。假令倕在見之，伎巧不能復踰，但當銜齧其指，故曰以明巧之不可爲也。一説：周人鑄鼎畫象，鏤倕身于鼎，使自銜其指，以戒後世，明不當大巧爲也。**故至人之治也，心與神處，形與性調，静而體德，動而理通，隨自然之性而緣不得已之化，洞然無爲而天下自和，憺然無欲而民自樸，無機祥而民不夭，不忿争而養足，兼包海内，澤及後世，不知爲之者誰何。**道無姓名，自當然也，故曰不知誰何也。**是故生無號，死無謚，實不聚而名不立，**實，財也。道不名，故名不立。**施者不德，受者不讓，**施者不以爲恩德，振不足而已。受者不讓之，則受之，不飾辭讓也。**德交歸焉而莫之充忍也。**忍，不忍也。○王念孫云：高蓋誤讀「忍也」二字爲句，訓忍爲不忍，於正文無當也。今案：「充忍」二字當連讀，忍讀爲牣。大雅靈臺篇「於牣魚躍」，毛傳曰：「牣，滿也。」德交歸焉而莫之充滿，所謂「大盈若虛」也。鄭風將仲子、大雅抑及周官山虞釋文忍字並音刃，忍有刃音，故又與牣通。史記殷本紀「充仞宮室」，後漢書章八王傳「充牣其第」，牣、仞、忍並同聲而通用。**故德之所總，道弗能害也；**總，一也。○俞樾云：總字無義，乃利字之誤。利古文作𥝢，總俗作惣，其上半相似，因而致誤。周書大匡篇「及其利害」，今本利亦誤作總，是其證也。德之所利，道弗能害，利與害義相應。○文典謹按：下文「德之所總要」，注「總，凡也」，與此文及注誼皆相類。且高氏所據本已作總，安得有俗書之惣與古文之𥝢以形似致誤乎？俞説鑿矣。**智之所不知，辯弗能解也。**有智謀者尚不能知，但口辯者何能解也？**不言之辯，不道之道，若或通焉，謂之天府。**或，有也。有能通不言之辯，不道之道者，入天之府藏。**取焉而不損，**損，減。**酌焉而不竭，**酌，猶予。竭，盡也。**莫知其所由出，是謂瑶光。瑶光者，資糧萬物者也。**瑶光，謂北斗杓第七星也，居中而運，歷指十二辰，擿起陰陽，以殺生萬物也。一説：瑶光，和氣之見者也。

振困窮，補不足，則名生；名，仁名也。**興利除害，伐亂禁暴，則功成。**功，武功也。**世無災害，雖神無所施其德；上下和輯，雖賢無所立其功。昔容成氏之時，道路鴈行列處，**容成，黄帝時造曆術者。鴈行，長幼有差也。**託嬰兒於巢上，置餘糧於畮首，虎豹可尾，虺蛇可蹍，而不知其所由然。**虎豹擾人，無害人之心，故可牽尾。虺蛇不螫毒，故可蹍履也。時人謂自當然耳，故曰不知其所由然。○莊逵吉云：擾人之擾，當作𢺢，古柔字也。**逮至堯之時，十日竝出，焦禾稼，殺草木，而民無所食。猰貐、鑿齒、九嬰、大風、封豨、脩蛇皆爲民害。**猰，讀車軋履人之軋。貐，讀疾除瘉之瘉。猰貐，獸名也，狀若龍首。或曰：似貍，善走而食人，在西方也。鑿齒，獸名，齒長三尺，其狀如鑿，下徹頷下，而持戈盾。九嬰，水火之怪，爲人害。大風，風伯也，能壞人屋舍。封豨，大豕。楚人謂豕爲豨也。脩蛇，大蛇，吞象三年而出其骨之類。○王念孫云：漢書楊雄傳應劭注、文選辯命論注、太平御覽皇王部五、兵部三十六引此，鑿齒皆在封豨下，各本誤在猰貐下。又案：道藏本、劉本、朱本猰貐以下六者之注文，本分見於下文六句之下。（文選王融曲水詩序注、辯命論注、太平御覽皇王部五、兵部三十六、羽族部十四所引皆如是。）故「鑿齒，獸名」云云本在下文「誅鑿齒於疇華之澤」之下。自茅本始移六者之注於此文下，而次鑿齒之注於猰貐之下，九嬰之上，則是以已誤之正文改不誤之注文也。莊本從之，謬矣。○俞樾云：高注曰「大風，風伯也，能壞人屋舍」，此下當有「一曰鷙鳥」四字，而今脱之。文選劉孝標辨命論注引高誘曰：「大風，鷙鳥。」是其證也。下文「繳大風於青丘之澤」，注曰：「羿于青丘之澤繳遮，使不爲害也。一曰：以繳繫矢射殺之。」繳遮之説，以風言也；繳射之説，以鳥言也。**堯乃使羿誅鑿齒於疇華之野，**羿善射，堯使羿射殺之。疇華，南方澤名。○洪亮吉云：當卽國語依疇、歷華二地。**殺九嬰於凶水之上，**北狄之地有凶水。**繳大風於青丘之澤，**羿于青丘之澤繳遮，使不爲害也。一曰：以繳繫矢射殺之。青丘，東方之澤名也。○王念孫云：疇華之野，野本作澤，故高注云南方澤名。青丘之澤，澤本作野，時則篇云「東至青丘樹木之野」是也。高注本作「青丘，東方丘名也」。今本正文澤野二字互誤，高注「東方丘名」，丘字又誤作澤。文選王融三月三日曲水詩序注引此作「青丘之澤」，亦後人依誤本改之。辯命論注引此正作「疇華之澤」、「青丘之野」。又北堂書鈔地部一、太平御覽地部十八、皇王部五、兵部三十六、資産部十二引此，並作「疇華之澤」、「青丘之野」。又皇王部五、資産部十二引高注並作「青丘，東方丘」。論衡感類篇亦云「堯繳大風於青丘之野」。○俞樾云：王氏念孫謂「疇華之野」野本作澤，「青丘之澤」澤本作野，引北堂書鈔、太平御覽爲證。然劉孝標辨命論曰「鑿齒奮於華野」，華野者，疇華之野也。若本作「疇華之澤」，何不曰「華澤」而曰「華野」乎？然則古本自作「疇華之野」、「青丘之澤」，類書所引，殆不足據。**上射十日而下殺猰貐，**十日並出，羿射去九。○文典謹按：北堂書鈔百四十九引，作「命羿射十日，中九，烏皆死，墮羽翼」。藝文類聚一所引略同。**斷脩蛇於洞庭，禽封豨於桑林。**洞庭，南方澤名。桑林，湯所禱旱桑山之林。**萬民皆喜，置堯以爲天子。於是天下廣陝險易遠近始有道里。舜之時，共工振滔洪水，以薄空桑，**共工，水官名也，柏有之後。振，動也。滔，蕩也。欲壅防百川，滔高堙庳，以害天下者。薄，迫也。空桑，地名，在魯也。**龍門未開，呂梁未發，江、淮通流，四海溟涬，民皆上丘陵，赴樹木。**龍門，河之隘也，在左馮翊夏陽北，禹所鑿也。呂梁，在彭城呂縣，石生水中，禹決而通之，民所由得度也，故曰呂梁也。未發之時，水道不通，江、淮合流，四海溟涬，無岸畔也。○莊逵吉云：呂梁有兩説。一説在西河，司馬彪曰「呂梁在離石縣西」是也。水經注云：「河水左合一水出善無縣故城西南八十里，其水西流，歷于呂梁之山而爲呂梁洪。昔呂梁未闢，河出孟門之上，蓋大禹所闢以通河也。今離石縣西，歷山尋河，並無過峘，至是乃爲巨險，卽呂梁矣。在離石北以東百有餘里。」道元雖駁正郡國志，然亦主西河之説矣。一説在彭城，卽注是也。云「石在水中」者，説文解字：「砅，履石渡水也。」考詩「在彼淇梁」「在彼淇厲」，以例推之，厲亦卽砅字。梁、砅俱置石水中以渡行旅之義。段國沙州記云：「吐谷渾於河上作橋，謂之河砅。」亦其事矣。毛、鄭注詩，恐未得其解。**舜乃使禹疏三江五湖，闢伊闕，導廛、澗，**伊闕，山名也。禹所開以通伊水，故曰闢。伊闕在洛陽西南九十里。廛、澗，兩水名。廛，讀裹纏之纏。○文典謹按：御覽八十一引，闢作決。**平通溝陸，流注東海。**○文典謹〔一〕按：御覽八十一引，作「通溝洫，注之東海」。**鴻水漏，九州乾，萬民皆寧其性。是以稱堯、舜以爲聖。晚世之時，帝有桀、紂，爲琁室、瑶臺、象廊、玉牀，**琁、瑶，石之似玉，以飾室臺也。用象牙飾廊殿，以玉爲牀。言淫役也。琁或作旋，瑶或作摇。言室施機關，可轉旋也；臺可摇動，極土木之巧也。○陶方琦云：文選班固西都賦注引許注：「廊，屋也。」後漢申屠剛傳注：「廊，殿下屋也。」漢書司馬相如傳「高廊四注」，注：「堂下四周屋也。」史記龜策傳「教爲象郎」，集解引許君注「象牙郎」，當亦是此處注文。○王念孫云：「爲

〔一〕「謹」，原本作「證」，形近而誤，今改。

「璇室」上脱桀字。大戴禮少閒篇注、北堂書鈔帝王部二十、太平御覽皇王部七引此，爲上皆有桀字。**紂爲肉圃、酒池，**紂積肉以爲園圃，積酒以爲淵池。今河内朝歌，紂所都也。城西有糟丘酒池處是也。**燎焚天下之財，**○俞樾云：「天下之財」不當言「燎焚」，燎焚當作撩聚。古人書聚字或作眔，漢書古今人表眔子，師古注曰：「眔，聚字也。」俗書焚字作炑，兩形相似而誤。聚誤爲焚，自然改撩爲燎矣。廣雅釋詁：「撩，取也。」聚與取古字通。周易萃彖傳「聚以正也」，釋文曰：「聚，荀作取。」漢書五行志「内取兹爲禽」，師古曰：「取，讀如禮記聚麀之聚。」並其證也。撩聚卽撩取，謂撩取天下之財也。**罷苦萬民之力，刳諫者，剔孕婦，**王子比干，紂之諸父也，數諫紂之無道，紂剖其心而觀之，故曰刳諫者。孕婦，妊身將就草之婦也。紂解剔觀其胞裏，故曰剔孕婦也。**攘天下，虐百姓。於是湯乃以革車三百乘伐桀於南巢，放之夏臺，**革車，兵車也。南巢，今廬江巢縣是也。夏臺，大臺，故作宮也。**武王甲卒三千破紂牧野，殺之於宣室，**武王，周文王之子發也。在車曰士，步曰卒。牧野，南郊地名，在朝歌城外。宣室，殷宫名。一曰：宣室，獄也。**天下寧定，百姓和集，是以稱湯、武之賢。由此觀之，有賢聖之名者，必遭亂世之患也。今至人生亂世之中，含德懷道，拘無窮之智，鉗口寢説，遂不言而死者，衆矣，**至人，至德之人。○王念孫云：拘字義不可通，劉本作抱，是也。含、懷、抱三字同意。**然天下莫知貴其不言也。**無有貴鉗口不言而死也。**故道可道，非常道；**至道無名，不可道，故曰可道者非常道也。**名可名，非常名。**真人之名不可得名也。**著於竹帛，鏤於金石，可傳於人者，其粗也。五帝三王，殊事而同指，異路而同歸。**五帝，黄帝、顓頊、帝嚳、帝堯、帝舜。三王，夏禹、商湯、周文王。同歸，同歸修仁義也。**晚世學者，不知道之所一體，德之所總要，**總，凡也。要，約也。○陶方琦云：文選殷仲文桓公九井詩注、盧諶贈劉琨詩注、潘岳河陽詩注引許注：「猥，凡也。」當附此處。許本必作「德之所總猥」。廣雅：「猥，衆也。」漢書溝洫志「水猥盛」，注：「猥，多也。」董仲舒傳「勿猥勿并」，注：「猥，積也。」是猥又通委，委亦衆多義。凡，説文云：「冣括也。」三倉：「凡，數之總名也。」最括亦總其緐多之謂。凡義亦與緐近。小爾雅：「凡，多也。」廣雅：「緐，衆也。」人物志效難篇「相與分亂于總猥之中」，是總與猥正連訓。**取成之迹，相與危坐而説之，鼓歌而舞之，故博學多聞，而不免於惑。**○陳觀樓云：「取成之迹」，當依文子精誠篇作「取成事之迹」。**詩云：「不敢暴虎，不敢馮河。」人知其一，莫知其他。」此之謂也。**無兵搏虎曰暴虎。無舟檝而渡曰馮河。言小人而爲政，不可不敬，不敬則危，猶暴虎馮河之必死。人皆知暴虎馮河立至害也，故曰「知其一」；而不知當畏眘小人危亡也，故曰「莫知其佗」。此不免于惑，此之謂也。

帝者體太一，體，法也。太一，天之刑神也。**王者法陰陽，霸者則四時，君者用六律。秉太一者，牢籠天地，彈壓山川，**牢，讀屋霤，楚人謂牢爲霤。彈山川，令出雲雨，復能壓止之也。**含吐陰陽，伸曳四時，**伸曳，猶伸引，和調之也。〇文典謹按：藝文類聚十一引，伸曳作申洩。**紀綱八極，經緯六合，**〇王念孫云：「秉太一者」，秉字後人所加。下文「體太一者」云云，是釋上文「體太一」之義；此文「太一者」云云，是專釋太一二字之義，「太一者」之上不當有秉字也。且下文「陰陽者」、「四時者」、「六律者」皆與此文同一例，加一秉字，則與下文不合矣。藝文類聚帝王部一引此作「體太一者」，亦與下文相複。文選魏都賦、文賦注引此，皆作「太一者」，無秉字，亦無體字。**覆露照導，普汜無私，**普，太也。汜，衆也。無私愛憎，言皆公也。〇文典謹按：文選王元長三月三日曲水詩序注引，照導作昭道。又按：藝文類聚十一引，普汜下有而字。**蠉飛蠕動，莫不仰德而生。**〇文典謹按：藝文類聚十一引，蠉飛作翾飛。集韻：「蠉，蟲行皃。」爾雅釋蟲「蜎蠉」，注：「井中小赤蟲也。」皆與飛字義不相屬。説文：「翾，小飛也。」當以作翾者爲是。卽原道篇「蠉飛蝡動」字，亦當作翾。**陰陽者，承天地之和，形萬殊之體，**〇文典謹按：藝文類聚十一引，萬殊作萬類。**含氣化物，以成埒類，**埒，形也。**贏縮卷舒，淪於不測，**贏，長也。縮，短也。卷，屈也。舒，散也。淪，入也。測，深也。入于不可測盡之深。**終始虛滿，轉於無原。**轉化歸於無窮之原本也。〇王念孫云：正文言無原，不言無窮之原，高説非也。原，度也，量也。言陰陽之化轉於無量也。廣雅：「量、謜，度也。」謜與原通。宋玉神女賦「志未可乎得原」，韓子主道篇「掩其跡，匿其端，下不能原」，皆謂不可量度也。漢書王莽傳「功亡原者賞不限」，言有無量之功則有不限之賞也。（顏師古注：「無原，謂不可測其本原。」失之。）是古謂無量爲無原。淪於不測，轉於無原，其義一也。四時者，春生夏長，秋收冬藏，取予有節，出入有時，○王念孫云：有時本作有量，此涉上文四時而誤也。取予有節，出入有量，量與節義相近。若作時，則非其指矣。且量與長、藏爲韻，若作時，則失其韻矣。文子正作「出入有量」。開闔張歙，不失其敍，歙，讀曰脅。敍，次也。○文典謹按：御覽十九引注，作「歙，讀曰翕」。又藝文類聚十一引，歙作歛，疑非。喜怒剛柔，不離其理。理，道也。六律者，生之與殺也，賞之與罰也，予之與奪也，予，布施也。奪，取收也。非此無道也，則四時用六律之君，非用此上事，其餘無他道也。故謹於權衡準繩，審乎輕重，足以治其境內矣。權衡，平也。準，法也。繩，直也。是故體太一者，明於天地之情，通於道德之倫，聰明燿於日月，精神通於萬物，動靜調於陰陽，喜怒和於四時，德澤施於方外，施，延。延于遠方之外。名聲傳于後世。後世傳聞之也。法陰陽者，德與天地參，明與日月竝，竝，併也。精與鬼神總，總，合也。戴圓履方，抱表懷繩，圓，天也。方，地也。表，正也。繩，直也。內能治身，外能得人，能得人之歡心。發號施令，天下莫不從風。風，化也。○王念孫云：「外能得人」本作「外得人心」，高注「能得人之歡心」，正釋「得人心」三字。今本作「外能得人」，卽涉注內「能得人」而誤。此文以繩、心、風爲韻。（蒸、侵二部古或相通。秦風小戎篇以膺、弓、縢、興、音爲韻，大雅大明篇以林、興、心爲韻，生民篇以登、升、歆、今爲韻，魯頌閟宫篇以乘、縢、弓、綅、增、膺、懲、承爲韻，管子小匡篇「子大夫受政，寡人勝任；子大夫不受政，寡人恐崩」，心術篇「專於意，一於心，耳目端，知遠之證」，淮南本經篇「上下離心，氣乃上蒸」，説山篇「欲學歌謳者必先徵羽樂風，欲美和者始於陽阿、采菱」，皆其證也。古音風字在侵部，弓字在蒸部，説見唐韻正。）若作「外能得人」，則失其韻矣。文子正作「内能治身，外得人心」。則四時者，柔而不脆，剛而不鞼，鞼，折也。寬而不肆，肆，緩。雖寛不緩，過齊非也。肅而不悖，肅，急也。雖急不促悖。優柔委從，以養羣類，類，物類也。其德含愚而容不肖，無所私愛。私，邪也。用六律者，伐亂禁暴，進賢而退不肖，扶撥以爲正，撥，任也。扶，治也。壞險以爲平，矯枉以爲直，矯，正也。枉，曲也。明於禁舍開閉之道，乘時因勢以服役人心也。役，使也。帝者體陰陽則侵，爲諸夏所侵陵。王者法四時則削，爲諸夏所侵削。傳曰「諸侯侵犯王略」也。霸者節六律則辱，爲鄰國所侮辱。君者失準繩則廢。爲臣所廢，更立賢君。故小而行大，則滔窕而不親；滔窕，不滿密也。不爲下所親附也。大而行小，則陿隘而不容。行小則政陿隘，而不容包臣下。貴賤不失其體，而天下治矣。不失其體，大行大，小行小也。天愛其精，地愛其平，精，光明也。平，正也。○俞樾云：詩黍苗篇「原隰既平」，毛傳曰：「土治曰平。」此平字之義也。高注曰「平，正也」，未得其旨。人愛其情。情，性也。天之精，日月星辰雷電風雨也；地之平，水火金木土也；人之情，思慮聰明喜怒也。故閉四關，止五遁，則與道淪。四關，耳、目、心、口。遁，逸也。淪，入也。是故神明藏於無形，精神反於至真，真，身也。○王念孫云：精神與神明意相複，神字卽涉上句而誤，精神當爲精氣。淮南一書多以神與氣對文也。文子下德篇正作「精氣反於至真」。則目明而不以視，耳聰而不以聽，心條達而不以思慮，委而弗爲，和而弗矜，矜，自大也。冥性命之情，而智故不得襍焉。襍，糅也。精泄於目則其視明，泄，猶通也。在於耳則其聽聰，留於口則其言當，當，合也。集於心則其慮通。故閉四關則身無患，百節莫苑，苑，病也。苑，讀南陽之宛也。○王念孫云：「身無患」當依文子下德篇作「終身無患」。終身無患，百節莫苑，相對爲文。下二句亦相對爲文。脱去終字，則句法參差不協矣。莫死莫生，莫虛莫盈，是謂真人。言守其常。

凡亂之所由生者，皆在流遁。流遁之所生者五：流，放也。遁，逸也。大構駕，興宮室，構，連也。駕，材木相乘駕也。○陶方琦云：文選蕪城賦注引，駕作架。蕪城賦注及謝朓銅雀臺詩注並引許注云：「皆屋搆飭也。」飾、飭古通，故文選引許注下云「飭一作飾」。○文典謹按：初學記居處部引，駕亦作架。延樓棧道，雞棲井榦，延樓，高樓也。棧道，飛閣複道相通。雞棲井榦，復屋熒井也，刻花置其中也。標株欂櫨，標株，柱類。欂，枅也。櫨，柱上拊，卽梁上短柱也。**以相支持，木巧之飾，盤紆刻儼，**盤，盤龍也。紆，曲屈。刻儼，浮首虎頭之屬。皆屋飾也。儼，讀儼然之儼也。**贏鏤雕琢，詭文回波，**贏鏤，文章鏤。雕，畫也。玉曰琢。皆巧飾也。詭文，奇異之文也。回波，若水波也。**淌游瀷淢，菱杼紾抱，**淌游瀷淢，皆文畫，擬象水勢之貌。菱，芰。杼，采實。紾，戾也。抱，轉也。皆壯采相銜持貌也。淌，讀平敞之敞。瀷，讀燕人强春言敕之敕。淢，讀郁乎文哉之郁。杼，讀楚言杼。紾，讀紾結之紾。抱，讀岐嶷之嶷。◯王引之云：菱、杼皆水草也。杼讀爲芧，字亦作苧。漢書司馬相如傳上林賦「蔣芧青薠」，張揖曰：「芧，三棱也。」文選芧作苧。張衡南都賦曰：「其草則藨苧薠莞，蔣蒲蒹葭，藻茆菱芡，芙蓉含華。」是芧爲水草也。作苧者或字，作杼者借字耳。（莊子山木篇「食杼栗」，徐無鬼篇作「芧栗」，是芧與杼通。）畫爲菱杼在水波之中，故曰「淌游瀷淢，菱杼紾抱」也。高以杼爲采實，采實卽橡栗，與菱爲不類矣。**芒繁亂澤，巧僞紛挐，以相摧錯，此遁於木也。**皆采色形象文章貌。挐，讀人性紛挐不解之挐。**鑿汙池之深，肆畛崖之遠，**肆，極也。崖，垠也。**來谿谷之流，飾曲岸之際，積牒旋石，以純脩碕，**飾，治也。牒，累。純，緣也。以玉石致之水邊，爲脩碕。或作旋石，旋石切以牒累流水邊，爲脩碕。脩碕，曲中水所棠處也。◯陶方琦云：文選吴都賦注、江賦注引許注：「碕，長邊也。」按：碕卽埼。漢書司馬相如傳：「激堆埼。」又通隑。相如傳「臨曲江之隑州」，注引張揖曰：「隑，長也。」與許注「長邊」義同。蓋碕从奇，奇羡、奇贏皆有長義。說文垂下云

「遠邊也」，崖下云「高邊也」，碕爲長邊，訓義相類。○文典謹按：「積牒旋石」，文選吳都賦注引作「積疊琁玉」。**抑減怒瀨，以揚激波，**抑，止也。減，怒水也。瀨，急流也，而抑止，故激揚之波起也。○俞樾云：高注曰「減，怒水也」，減既爲怒水，何以又云怒瀨乎？高説非也。減者，逆也。言抑而逆之，以揚其波也。莊子天下篇「其風窢然」，郭注曰：「逆風所動之聲。」水逆謂之減，猶風逆謂之窢。**曲拂邅迴，以像湡、浯，**拂，戾也。邅迴，轉流也。湡，番隅；浯，蒼梧。之二國多水，江湖環之，故多象渠池以自邅迴，故法而象之也。湡，讀愚戇之愚也。○莊逵吉云：錢別駕云：浯，靈門水名。湡，邢國水名。亦通。○文典謹按：文選王元長三月三日曲水詩序注引，湡浯作偶語。又引高注，作「拂，戾。邅迴，水流也」。**益樹蓮菱，以食鼈魚，**樹，種也。蓮，藕實也；菱，芰也，皆可以養魚鼈。蓮，讀蓮羊魚之蓮也。**鴻鵠鸕鷀，稻粱饒餘，龍舟鷁首，浮吹以娛，此遁於水也。**鸕鷀，雁類。一曰：鳳之別類。龍舟，大舟也，刻爲龍文以爲飾也。鷁，大鳥也，畫其像著船頭，故曰鷁首。於舟中吹籟與竽以爲樂，故曰浮吹以娛。○文典謹按：北堂書鈔百三十七、藝文類聚七十一、文選西都賦注、江文通雜體詩注、顏延年三月三日曲水詩序注引，娛並作虞。**高築城郭，設樹險阻，崇臺榭之隆，**設，施也。樹，立也。一說：種樹木以爲險阻，令難攻易守也。積土高丈曰臺，加木曰榭也。**侈苑囿之大，以窮要妙之望，**侈，廣也。有牆曰苑，無牆曰囿，所以畜禽獸也。盡極要〔二〕之觀望也。**魏闕之高，上際青雲，大厦曾加，擬於昆侖，**門闕高崇嵬嵬然，故曰魏闕。大厦，大屋也。曾，重。架，材木相乘架也。其高與昆侖山相擬象。**脩爲牆垣，甬道相連，**甬道，飛閣複道也。甬，讀踊躍之踊。道，讀道布之道也。**殘高增下，積土爲山，**殘，墮也。增，益也。**接徑歷遠，直道夷險，**接，疾也。徑，行也。道之阨者正直之。夷，平也。**終日馳騖，而無蹟蹈之患，此遁於土也。**○王念孫云：「接徑歷遠」當在「直道夷險」之下。此以垣、連、山、遠、患爲韻，若移「直道夷險」於下，則失其韻矣。高注「接，疾也；徑，行也」，亦當在「夷，平也」之下。蓋正文爲寫者誤倒，後人又改注以從之耳。文選謝惠連秋懷詩注引此已作「接徑歷遠，直道夷險」，則其誤久矣。又案：蹟蹈當爲蹪陷，字之誤也。（俗書陷字作陥，又因蹪字而誤從足。）蹪與隤同。高注原道、説山、説林、脩務並云：「蹪，躓也。楚人謂躓爲蹪。」玉篇：「陷，隤也。」原道篇曰「先者隤陷，則後者以謀」，又曰「蹪陷（今本陷字亦誤作蹈。）於汙壑穽陷之中」，皆其證也。**大鐘鼎，美重器，**鐘，音之君也。重器，大器，蓋鐘鼎也。**華蟲疏鏤，以相繆紾，**書曰：「山龍華蟲藻火粉米。」繆紾，相纏結也。**寢兕伏虎，蟠龍連組，**兕，獸名。寢伏各有形也。蟠龍詰屈相連，文錯如織組文也。**焜昱錯眩，照燿煇煌，**錯，雜也。

〔二〕據正文，「要」下似脫「妙」字。

眩，惑也。照燿煇煌，焜光澤色貌也。**偃蹇蓼糾，曲成文章，雕琢之飾，鍛錫文鐃，乍晦乍明，**雕，畫也。緣錯錫鐃文，如脂膩不可刷，如連珠不可掇，故曰乍晦乍明也。○莊逵吉云：鐃，說文解字作「鐃，鐵文〔一〕也」。**抑微滅瑕，霜文沈居，若簟籧篨，**言劍理之美，沒滅其瑕，文鐃如霜，皆沒身中，故曰沈居。簟，竹席。籧篨，葦席。取其邪文次敍，劍鐃若此也。○孫詒讓云：「抑微」無注，以義審之，疑微當讀爲舋，聲近字通。周禮𨛘人鄭司農注云：「舋讀爲徽。」此借微爲舋，與禮注讀舋爲徽正同。國語晉語韋注云：「舋，隙也。」抑微亦謂抑杜其舋隙，與滅瑕文相對也。**纏錦經穴，似數而疏，**劍文相句，連纏如綺，經冗如錦，似數如疏，文鐃美眩人目。**此遁於金也。煎熬焚炙，**○文典謹按：北堂書鈔百四十二引，焚作燔。**調齊和之適，以窮荆、吴甘酸之變，**荆，楚。言二國善酸鹹之和，而窮盡之。**焚林而獵，燒燎大木，鼓橐吹埵，以銷銅鐵，**鼓，擊也。橐，冶鑪排橐也。埵，銅橐口鐵筒，埵入火中吹火也，故曰吹埵。銷，鑠。**靡流堅鍛，無猒足目，**○莊逵吉云：盧詹事云：「無猒足目」，別本作足日。**山無峻幹，林無柘梓，**峻幹，長枝也。柘，桑。梓，滋生也。○孫詒讓云：王云：「梓當爲榟。榟，古櫱字也。」案：王說是也。惟柘榟與峻幹文不相對，柘疑當爲碩之叚字，（柘、碩聲類同。）碩榟謂萌櫱之大者。**燎木以爲**

〔一〕「文」字原本脫，據說文解字補。

炭，燔草而爲灰，野莽白素，不得其時，莽，草也。白，素也。上掩天光，下殄地財，此遁於火也。殄，盡也。殄，讀曰典也。此五者一，足以亡天下矣。五者之中有一，則足以滅亡也。是故古者明堂之制，下之潤溼弗能及，上之霧露弗能入，四方之風弗能襲，明堂，王者布政之堂。上圓下方，堂四出，各有左右房，謂之个，凡十二所。王者月居其房，告朔朝歷，頒宣其令，謂之明堂。其中可以序昭穆，謂之太廟。其上可以望氛祥，書雲物，謂之靈臺。其外圓，似辟雍。諸侯之制半天子，謂之泮宫，詩云「矯矯虎臣，在泮獻馘」是也。土事不文，質也。木工不斲，樸而已。斲或作琢，不雕畫也。金器不鏤，不錯鏤設文飾也。鏤，讀婁之婁。◯莊逵吉云：婁之者，字從母中女，即婁處子義也。此讀從之。衣無隅差之削，隅，角也。差，邪也。古者質，皆全幅爲衣裳，無有邪角。邪角，削殺也。冠無觚羸之理，觚羸之理，謂若馬目籠相連干也。言「無」者，冠文取平直而已也。羸，讀指端羸文之羸也。堂大足以周旋理文，堂，明堂。所以升降揖讓脩禮容，故曰周旋。理文，理政事文書也。静潔足以享上帝，禮鬼神，以示民知儉節。孝經曰「宗祀文王于明堂，以配上帝」也。◯文典謹按：藝文類聚三十八、初學記禮部上引，並作「示人知節也」。夫聲色五味，遠國珍怪，瓌異奇物，足以變心易志，揺蕩精神，感動血氣者，不可勝計也。夫天地之生財也，本不過五。不過五行之數。聖人節五行，則治不荒。五行，金、木、水、火、土也。水屬陰行，火爲陽行，木爲燠行，金爲寒行，土爲風行。五氣常行，故曰五行。

凡人之性，心和欲得則樂，心和，不喜不怒。欲得，無違耳。○文典謹按：羣書治要引，心和作心平。樂斯動，動斯蹈，蹈斯蕩，蕩斯歌，歌斯舞，歌舞節則禽獸跳矣。○王念孫云：「歌舞節」當作「歌舞無節」。○俞樾云：此本作「舞則禽獸跳矣」，與下文「動則手足不靜」、「發怒則有所釋憾矣」文義一律，歌字、節字皆衍文也。下文曰：「故鐘鼓管簫，干鏚羽旄，所以飾喜也。」是此時所謂舞者，尚未有干鏚羽旄之飾，不過手之舞之，足之蹈之而已，其去禽獸跳踉無幾也。今衍歌字、節字，義不可通。王氏謂當作「歌舞無節」，不知節與不節，尚非所論於此也。人之性，心有憂喪則悲，悲則哀，有憂，艱難也。喪，亡也。亡失所離，愛則悲，悲則傷。哀斯憤，憤斯怒，怒斯動，動則手足不靜。靜，寧也。擗踴哭泣，哀以送之也。人之性，有侵犯則怒，怒則血充，人性有侵犯則怒盛，氣血充盈，以成其勢。○文典謹按：羣書治要引，侵犯上有所字。血充則氣激，氣激則發怒，發怒則有所釋憾矣。釋，解也。憾，恨也。故鐘鼓管簫，干鏚羽旄，所以飾喜也。衰經苴杖，苴，麻之有實者。衰，讀曰崔杼之崔也。○陶方琦云：羣書治要引許注：「苴，艸。」按：説文：「苴，履中艸。」説正同。哭踊有節，所以飾哀也。爲哀所容，故曰飾也。兵革羽旄，金鼓斧鉞，所以飾怒也。必有其質，乃爲之文。古者聖人在上，○文典謹按：羣書治要引，聖人作聖王。宋本同。政教平，仁愛洽，上下同心，君臣輯睦，衣食有餘，家給人足，○文典謹按：羣書治要引，作「家足人給」。父慈慈，柔。子孝，兄良弟順，生者不怨，死者不恨，有道之世，人得其志，故生者不怨也。皆終其天命，故死者不恨。天下和洽，人得其願。夫人相樂，無所發貺，故聖人爲之作樂以和節之。夫人，衆人也。但中心相樂，無以發其恩賜也，故聖人爲之作樂以節之，猶通制也。○文典謹按：羣書治要引，樂上有禮字。末世之政，田漁重稅，關市急征，澤梁畢禁，網罟無所布，耒耜無所設，民力竭於徭役，財用殫於會賦，會，計。計人口數，責其稅斂也。○陶方琦云：羣書治要引許注：「會，計。」按：説文：「計，會也。」説正同。居者無食，行者無糧，老者不養，死者不葬，贅妻鬻子，以給上求，猶弗能澹，贅，從嫁也。或作賃妻。○文典謹按：羣書治要引，作「猶不能贍其用」。澹、贍古通用。愚夫惷婦皆有流連之心，悽愴之志，流連，猶瀾漫，失其職業也。悽愴，傷悼之貌。惷，讀近貯益之肚，戇，籠口言之也。○文典謹按：羣書治要引，志作意。乃使始爲之撞大鐘，擊鳴鼓，吹竽笙，彈琴瑟，失樂之本矣。○文典謹按：「乃使始爲之」不辭。羣書治要引無使字，是也。主術篇「而乃始撞大鐘」云云，亦無使字。古者上求薄而民用給，給，足。君施其德，臣盡其忠，父行其慈，子竭其孝，竭，盡也。善事父母曰孝也。各致其愛而無憾恨其間。無憾恨，各得其願也。夫三年之喪，非強而致之，非強行致孝子之情也，情自發于中。○王念孫云：「非強而致之」，強下當有引字。高注當作

「非强引致孝子之情」，今本正文脱引字，注内引字又誤作行。羣書治要引此，正作「非强引而致之」。**聽樂不樂，食旨不甘，思慕之心未能絶也。**三年之思，思慕之心未能自絶於哀戚也。〇文典謹按：羣書治要引，絶作弛，於義爲長。**晚世風流俗敗，嗜慾多，禮義廢，君臣相欺，父子相疑，怨尤充胷，思心盡亡，**盡喪其忠孝思慕之心也。**被衰戴絰，戲笑其中，雖致之三年，失喪之本也。**本在哀戚。〇文典謹按：羣書治要引，也作矣，當從之。**古者天子一畿，諸侯一同，**方千里爲畿，方百里爲同。〇陶方琦云：羣書治要引許注：「畿，千里地。同，百里也。」按：説文：「畿，天子千里地。」與注淮南訓合。**各守其分，不得相侵。**分，猶界也。**有不行王道者，暴虐萬民，争地侵壤，亂政犯禁，召之不至，令之不行，**言不行上令者。**禁之不止，誨之不變，**誨，教也。變，更也。**乃舉兵而伐之，戮其君，易其黨，封其墓，類其社，**有賢者受惡君之誅，則封殖其墓。若武王伐紂，封比干之墓是也。祭社曰類。以事類祭之也。詩云「是類是禡」也。**卜其子孫以代之。**卜，擇立其子孫之賢也。天子不滅國，諸侯不滅姓，古之政也。〇陶方琦云：羣書治要引許注：「天子不滅同姓，諸侯不滅國，自古之正也。」按：此許注羼入高注中者。古之政，蓋古禮也。論語「興滅國」，天子事也；公羊「衛侯燬，何以名？絶。曷爲絶之？爲滅同姓也」，諸侯事也。許注當乙轉。**晚世務廣地侵壤，幷兼無已，舉不義之兵，伐無罪之國，殺不辜之民，絶先聖之後，**辜，罪也。民皆帝王之後，故曰絶先聖之後。大國出攻，小國城守，驅人之牛馬，傒人之子女，傒，繫囚之繫，讀曰雞。毁人之宗廟，遷人之重寶，血流千里，暴骸滿野，○王念孫云：血流當爲流血。流血與暴骸相對爲文。羣書治要引此，正作流血。兵略篇亦云「流血千里，暴骸盈場」。以澹貪主之欲，非兵之所爲生也。言兵爲禁暴整亂設，不爲作亂生也。○文典謹按：羣書治要引，生作主。故兵者，所以討暴，非所以爲暴也。言兵討人之暴亂，非所以自爲暴亂也。樂者，所以致和，非所以爲淫也。樂蕩人之邪志，存人之正性，致其中和而已，非所爲自淫過也。喪者，所以盡哀，非所以爲僞也。喪踊哭泣，所以盡孝子之哀情也，非所以爲詐僞、佯哀戚而已也。故事親有道矣，而愛爲務；道，孝道。務在愛敬其親。朝廷有容矣，而敬爲上；朝廷之容濟濟也。父子主愛，君臣主敬，故以敬爲上也。處喪有禮矣，而哀爲主；處，居也。喪禮，三年之禮也。論語曰「喪與其易也，寧戚」，故曰以哀爲主也。用兵有術矣，而義爲本。術，數也，陰陽天生〔一〕虚實之數也。傳曰：「天生五材，民並用之，廢一不可，誰能去兵。兵之所由來久矣，聖人以興，亂人以亡。廢興存亡，昏明之術也。」故曰以義爲本。本立而道行，本傷而道廢。本立，義立也。本傷，義喪也。故曰道廢。○文典謹按：羣書治要引，廢下有矣字。

〔一〕「生」字疑爲「地」之譌。

淮南鴻烈集解卷九

主術訓

主，君也。術，道也。君之宰國統御臣下，五帝三王以來，無不用道而興，故曰「主術」也，因以題篇。

人主之術，處無爲之事，而行不言之教，教，令也。謂不言而事辦也。**清靜而不動，一度而不搖，**○文典謹按：羣書治要引，度作動。**因循而任下，責成而不勞。**成辦而不自勞。**是故心知規而師傅諭導，**規，謀也。師者，所從取法則者也。傅，相也。諭導以正道也。○文典謹按：治要引，導作道。「諭道」與下文「稱辭」對文，於義爲長，當從之。今本作導者，涉下文「先導」而誤耳。**口能言而行人稱辭，足能行而相者先導，**相，儀也。**耳能聽而執正進諫。**諫，或作謀也。○孫詒讓云：正與政，聲同古通。後文「執正營事」同。○文典謹按：孫說是也。治要引，正作「耳能聽而執政者進諫」。**是故慮無失策，謀無過事，**過，猶誤也。○王念孫云：謀本作舉，此後人以意改之也。舉猶動也。「慮無失策」，以謀事言之；「舉無過事」，以行事言之。若改舉爲謀，則與「無過事」三字義不相屬，且與上句相複矣。羣書治要引此，正作「舉無過事」。賈子保傅篇「是以慮無失計，而舉無過事」，即淮南所本。（大戴禮保傅篇同。）文子自然篇

「謀無失策，舉無過事」，又本於淮南也。言爲文章，○文典謹按：治要引，爲作成。行爲儀表於天下，爲天下人所法則也。○俞樾云：「於天下」三字，衍文也。涉高注曰「爲天下人所法則也」，故誤衍此三字。進退應時，動静循理，不爲醜美好憎，不爲賞罰喜怒，名各自名，類各自類，事猶自然，○文典謹按：治要引，猶作由。猶，由古通用。莫出於己。故古之王者，冕而前旒所以蔽明也，冕，王者冠也。前旒，前後垂珠飾邃綖也。下自目，故曰蔽明也。天子玉縣十二，公侯挂珠九，卿點珠六，伯子各應隨其命數也。○陶方琦云：羣書治要引許注：「冕，冠也。前旒，冕前珠飾也。」按：説文「冕」下云：「冕，大夫以上冠也，邃延垂瑬紞纊。」又「瑬」下云：「垂玉也，冕飾。」黈纊塞耳所以掩聰，不欲其妄聞也。黈，讀而買黈蓋之黈也。○陶方琦云：羣書治要引許注：「黈纊，所以塞耳。」按：説文「冕」下作紞纊。「紞」下云：「冕冠塞耳者也。」説正同。天子外屏所以自障。屏，樹垣也。門内之垣謂之樹。論語曰：「國君樹塞門。」諸侯在内，天子在外，故曰所以自障也。故所理者遠則所在者邇，○文典謹按：治要引，邇作近。所治者大則所守者少。○王念孫云：少當爲小，字之誤也。羣書治要引此，正作小。夫目妄視則淫，耳妄聽則惑，○文典謹按：治要引，聽作聞。口妄言則亂。夫三關者，不可不慎守也。若欲規之，乃是離之；言嗜欲有所規合，乃是離散也。若欲飾之，乃是賊之。飾，好也。賊，敗也。天氣爲魂，地氣爲魄，反之玄房，各處其宅。守而勿失，上通太一。太一之精，通於天道。○王念孫云：「通於天道」本作「通合於天」，今本脱合字，衍道字。（道字涉下句「天道玄默」而衍。）文子自然篇正作「通合於天」。天與精爲韻。（天字合韻讀若汀。小雅節南山篇「不弔昊天」與定、生、寧、酲、成、政、姓爲韻。大雅雲漢篇「瞻卬昊天」與星、嬴、成、正、寧爲韻。瞻卬篇「瞻卬昊天」與寧、定爲韻。乾彖傳「乃統天」、「時乘六龍以御天」與形、成、命、貞、寧爲韻。坤彖傳「乃順承天」與生爲韻。乾文言「時乘六龍，以御天也」與精、情、平爲韻。楚辭九章「瞭杳杳而薄天」，九辯「瞭冥冥而薄天」，並與名爲韻。凡周、秦用韻之文，天字多有入耕部者。詩、易、楚辭而外，不可枚舉。）若作「通於天道」，則失其韻矣。此文上下十八句皆用韻。天道玄默，無容無則，大不可極，深不可測，測，盡。尚與人化，知不能得。天道至大，非人智慮所能得也。

昔者神農之治天下也，神不馳於胷中，言釋神安静，不躁動也。智不出於四域，信身在中。懷其仁誠之心，懷，思。甘雨時降，○文典謹按：御覽七十八引，「甘雨時降」作「甘雨以時」。五穀蕃植，蕃，茂。植，長。春生夏長，秋收冬藏。月省時考，歲終獻功，以時嘗穀，穀，新穀也。薦之明堂，嘗之也。○文典謹按：北堂書鈔二十八引，獻功作報功。祀于明堂。明堂之制，有蓋而無四方，風雨不能襲，寒暑不能傷。○文典謹按：御覽七十八引，寒暑作燥濕。遷延而入之，養民以公。遷延，猶倘佯也。已説在本經也。其民樸重端慤，端，直也。慤，誠也。不忿争而財足，不勞形而功成。因天地之資，而與之和同，是故威厲而不殺，○王念孫云：殺本作試，此後人以意改之也。荀子議兵、宥坐二篇及史記禮書並云「威厲而不試，刑錯而不用」，不試猶不用也。若云「不殺」，則非其指矣。太平御覽皇王部三引此，正作「不試」。文子精誠篇同。刑錯而不用，法省而不煩，省，約也。煩，多也。故其化如神。其地南至交阯，北至幽都，幽冥之都。東至暘谷，暘谷，日所出也。西至三危，三危，西極之山。莫不聽從。當此之時，法寬刑緩，囹圄空虚，而天下一俗，一同其俗。莫懷姦心。末世之政則不然，上好取而無量，下貪狼而無讓，民貧苦而忿争，事力勞而無功，智詐萌興，盗賊滋彰，上下相怨，號令不行。執政有司，不務反道矯拂其本，而事修其末，事，治。削薄其德，曾累其刑，而欲以爲治，無以異於執彈而來鳥，捭梲而狎犬也，亂乃逾甚。逾，益。○莊逵吉云：梲，説文解字云：「木杖也。」攷禰衡執梲以駡曹操，亦是杖。此捭梲義當從之。○陳觀樓云：説山篇作「執彈而招鳥，揮梲而呼狗」，則捭字當爲揮字之譌。説文：「揮，奮也。」○陶方琦云：意林、御覽九百五、事類賦引許注：「揮，挾。梲，杖也。」按：説文：「梲，木杖也。」説正同。説文：「挾，俾持也。」○文典謹按：御覽九百五引，捭作袖。

夫水濁則魚噞，魚短氣，出口於水，喘息之諭也。○文典謹按：文選吴都賦注、長笛賦注引，噞下皆有喁字。政苛則民亂。言無聊也。○莊逵吉云：説文解字：「喁，魚口上見。」論語素王受命讖曰：「莫不喁喁，延頸歸德。」蓋亦衆口上向之義。「水濁則魚喁，政苛則民亂」十字出韓詩外傳。淮南之文，博采通人，信而有證。此乃改喁爲噞，噞、喁古音相近，古字無即異文與？

故夫養虎豹犀象者，爲之圈檻，供其嗜欲，適其飢飽，違其怒恚，然而不能終其天年者，形有所劫也。是以上多故則下多詐，故，詐。◯洪頤煊云：原道訓「不設智故，而方圓曲直弗能逃也」，高注：「智故，巧飾也。」俶真訓「不以曲故是非相見」，高注：「曲故，曲巧也。」本經訓「懷機械巧故之心而性失矣」，俶真訓「巧故萌生」，吕氏春秋下賢篇「空空乎其不爲巧故也」，故當訓爲巧，不爲詐也。**上多事則下多態，上煩擾則下不定，**不定，不知所從也。**上多求則下交争。不直之於本，而事之於末，譬猶揚堁而弭塵，抱薪以救火也。**堁，塵壂也，楚人謂之堁。堁，動塵之貌。弭，止也。◯陶方琦云：文選宋玉風賦注引許注：「堁，塵壂也。」按：此許注羼入高注本者。説文：「壂，塵也。」廣雅釋詁：「堁，塵也。」**故聖人事省而易治，求寡而易澹，**澹，給。**不施而仁，不言而信，不求而得，不爲而成，塊然保真，抱德推誠，**誠，實。**天下從之，如響之應聲，景之像形，其所修者本也。**詹何曰：「未聞身治而國亂。」故曰其所修者本也。**刑罰不足以移風，殺戮不足以禁姦，唯神化爲貴。至精爲神。夫疾呼不過聞百步，志之所在，踰于千里。**踰，猶過也。**冬日之陽，夏日之陰，萬物歸之，而莫使之然。**冬日仁物歸陽，夏日猛物歸陰，莫使之，自然如是也。**故至精之像，弗招而**

自來，不麾而自往，窈窈冥冥，不知爲之者誰，而功自成。智者弗能誦，辯者弗能形。

昔孫叔敖恬卧，而郢人無所害其鋒；郢，楚國都也。孫叔敖，楚大夫也。蓋乘馬三年，不知其牝牡，言其賢也。但恬卧養德，折衝千里之外，敵國不敢犯害，故郢人不舉兵出伐，無所害其鋒于四方也。◯王念孫云：「害其鋒」三字義不相屬，害當爲用，字之誤也。（隸書害字作𡨥，其上半與用相似。）高注亦當作「故郢人不舉兵出伐，無所用其鋒於四方」。莊子徐無鬼篇作「孫叔敖甘寢秉羽，而郢人投兵」。投兵亦謂無所用之也。又繆稱篇「夜行瞑目而前其手，事有所至，而明有不害」。案：不害二字義不可通，害亦當爲用。夜行者瞑目而前其手，是不用目而用手，故曰「明有不用」也。説林篇曰：「夜行者掩目而前其手，涉水者解其馬載之舟，事有所宜而有所不施。」施亦用也。（見原道、脩務二篇注。）◯俞樾云：害字無義。王氏念孫謂是用字之誤，然用與害字形不似，無緣致誤也。害蓋容字之誤，容亦用也。釋名釋姿容曰：「容，用也，合事宜之用也。」是其義也。無所容其鋒，卽無所用其鋒。老子曰：「兵無所容其刃。」此淮南所本也。

市南宜遼弄丸，而兩家之難無所關其辭。宜遼，姓也，名熊，勇士，居楚市南。楚平王太子建爲費無忌所逐，奔鄭，鄭人殺之。其子勝在吴，令尹子西召之，以爲白公。請伐鄭以報讎，子西許之，而未出師。晉人伐鄭，子西救之。勝怒曰：「鄭人在此，讎不遠矣。」欲殺子西。其臣石乞曰：「市南熊宜遼，得之可以當五百人。」乃往視之，告其故，不從。舉之以劍而不動，而弄丸不輟，心志不懼，曰：「不能從子爲亂，亦不泄子之事。」白公遂殺子西。故兩家雖有難，不怨宜遼。故曰無所關其辭也。○莊逵吉云：應云「宜遼，名也，姓熊」。**鞅鞈鐵鎧，**○孫詒讓云：鞅爲馬頸靼，於甲義無取。此疑當爲韇。草書央、貴二形近，因而致誤。國語齊語云：「輕罪贖以韇盾一戟。」韋注云：「韇盾，綴革有文如績也。」説文革部云：「韇，革繡也。」荀子議兵篇云：「楚人鮫革犀兕以爲甲，鞈如金石。」楊注云：「鞈，堅貌。」考工記有合甲，此韇鞈亦言合綴革札爲甲也。**瞋目扼掔，**○莊逵吉云：掔卽腕字。本或作擘者非。**其於以御兵刃，縣矣！**縣，遠也。比于德，不及之遠。**券契束帛，刑罰斧鉞，其於以解難，薄矣！**薄于德也。**待目而照見，待言而使令，其於爲治，難矣！蘧伯玉爲相，子貢往觀之，曰：「何以治國？」曰：「以弗治治之。」**蘧伯玉，衛大夫蘧瑗也。子貢，衛人也，姓端木，名賜，孔子弟子也。**簡子欲伐衛，使史黯往覿焉。**簡子，晉卿趙鞅也。史黯，史墨也。覿，觀之也。○王念孫云：覿訓爲見，不訓爲觀。覿皆當爲䚐。廣雅曰：「觀、䚐，視也。」玉篇：「䚐，七亦切，觀也。」義皆本於高注。後人多見覿，少見䚐，故䚐誤爲覿矣。**還報曰：「蘧伯玉爲相，未可以加兵。」**以其賢也。**固塞險阻，何足以致之！**致，猶勝也。**故臯陶瘖而爲大理，天下無虐刑，有貴于言者也。**雖瘖，平獄理訟能得人之情，故貴於多言者也。**師曠瞽而爲太宰，晉無亂政，有貴于見者也。**雖盲，而大治晉國，使無有亂政，故貴於有所見。**故不言之令，不視之見，**不言之令，臯陶瘖也。不視之見，師曠瞽也。**此伏犧、神農之所以爲師也。故民之化也，**○王念孫云：「民之化也」本作「民之化上也」。下句其字，正指上而言，脱上字，則義不相屬。文子精誠篇正作「民之化上」。不從其所言，而從所行。故齊莊公好勇，不使鬬争，而國家多難，其漸至于崔杼之亂。莊公，齊靈公之子光。崔杼，齊大夫也。亂，殺莊公也。頃襄好色，不使風議，而民多昏亂，其積至昭奇之難。楚頃襄王。昭奇，楚大夫也。故至精之所動，若春氣之生，秋氣之殺也，雖馳傳騖置，不若此其亟。亟，疾。故君人者，其猶射者乎！於此豪末，於彼尋常矣。故慎所以感之也。夫榮啟期一彈，而孔子三日樂，感于和。鄒忌一徽，而威王終夕悲，感于憂。徽，鶩彈也。威王，齊宣王之父也，在春秋後。徽，讀紛麻縗車之縗也。○陶方琦云：文選陸機文賦注、劉孝標廣絶交論注、陸機弔魏武文注引許注：「鼓琴循絃謂之徽。悲雅俱有，所以成樂。直雅而無悲，則不成。」按：二注文異。漢書揚雄傳「高張急徽」，注：「徽，琴徽也。」然循絃之説，義與揮同。琴賦云「伯牙揮手」是也。悲雅下當有誤文，疑是「悲絃俱有，所以成樂。直絃而無悲，則不成樂」。雍門周善彈琴，以哭見孟嘗君，即此意也。齊俗訓：「徒絃則不能悲。故絃，悲之具也，而非所以爲悲。」許注卽本此。動諸琴瑟，形諸音聲，而能使人爲之哀樂。哀，威王也。樂，孔子也。縣法設賞，而不能移風易俗者，其誠心弗施也。甯戚商歌車下，桓公喟然而寤，甯戚飯牛車下，叩角商歌。齊桓公悟之，用以爲相。○陶方琦云：王子淵四子講德論注、陶淵明夜行塗口詩注引許注：「甯越，衛人。聞齊桓公興霸，無因自達，將車自往。商，秋聲也。」按：二注文異，許本作甯越，甯越乃周威王師，非是。越當是戚。説文：「戚，戉也。」當是古本或作戉，遂加走爲越也。今道應訓亦作甯越，均誤。道應訓：「甯越欲干齊桓公，困窮無以自達，於是爲商旅，將任車以商于齊。」許卽用此文。文選嘯賦注亦引淮南子注：「甯戚，衛人。商，金聲清，故以爲曲。」當並是許注。至精入人深矣！故曰：樂聽其音則知其俗，見其俗則知其化。○王念孫云：樂字與下文義不相屬，當有脱文。文子精誠篇作「聽其音則知其風，觀其樂卽知其俗，見其俗卽知其化」。孔子學鼓琴於師襄，師襄，魯樂太師也。而諭文王之志，見微以知明矣。諭，教。教之鼓文王操也。延陵季子聽魯樂而知殷、夏之風，論近以識遠也。作之上古，施及千歲而文不滅，況於竝世化民乎！湯之時，七年旱，○文典謹按：初學記天部下引，七年作九年。以身禱於桑林之際，而四海之雲湊，千里之雨至。湊，會也。或作蒸。蒸，升也。抱質效誠，感動天地，神諭方外，令行禁止，豈足爲哉！

古聖王至精形於內，而好憎忘於外，形，見。好憎，情欲以充。出言以副情，發號以明旨，陳之以禮樂，風之以歌謠，業貫萬世而不壅，貫，通。壅，塞也。○王念孫云：業當爲葉，聲之誤也。葉，聚也，積也。貫，累也。言積累萬世而不壅塞也。方言曰：「葉，聚也。（廣雅同。）楚通語也。」楚辭離騷「貫薜荔之落蘂」，王注曰：「貫，累也。」（廣雅同。）荀子王霸篇「貫日而治詳」，楊倞曰：「貫日，積日也。」是葉貫皆積累之意也。俶真篇曰：「枝解葉貫，萬物百族。」義與此葉貫同。原道篇曰：「大渾而爲一，葉累而無根。」葉累猶葉貫也。俶真篇曰：「横廓六合，揲貫萬物。」揲貫猶葉貫也。（彼言横廓六合，猶此言横扃四方，彼言揲貫萬物，猶此言葉貫萬世。）故廣雅云：「揲，積也。」）高注訓貫爲通，失之矣。**横扃四方而不窮，禽獸昆蟲與之陶化，**化，從。昆蟲，或作鬼神。**又况於執法施令乎！故太上神化，其次使不得爲非，其次賞賢而罰暴。**暴，虐亂也。**衡之於左右，無私輕重，故可以爲平。**衡，銓衡也。**繩之於内外，無私曲直，故可以爲正。人主之於用法，無私好憎，故可以爲命。夫權輕重不差蟁首，**蟁首，猶微細也。**扶撥枉橈不失鍼鋒，直施矯邪不私辟險，姦不能枉，讒不能亂，德無所立，**立，見。**怨無所藏，是任術而釋人心者也，故爲治者不與焉。**治在道，不在智，故曰不與。○王念孫云：不與上當有智字。老子曰：「以智治國，國之賊。不以智治國，國之福。」故曰「爲治者智不與焉」。脱去智字，則文不成義。高注曰：「治在道，不在智，故曰不與焉。」則有智字明矣。文子下德篇正作「知不與焉」。**夫舟浮於水，車轉於陸，此勢之自然也。木擊折轊，**○文典謹按：意林引，轊作軸。**水戾破舟，不怨木石而罪巧拙者，**罪御者、刺舟者之巧拙也。○俞樾云：「水戾破舟」當作「石戾破舟」，故云「不怨木石」。今作水戾，則下句石字無著矣。巧字疑功字之誤。功與工通，周官肆師職「凡師不功」，故書功爲工是也。不罪木石而罪工拙，工卽工人之工，言不罪木石而罪作舟車者之拙也。高注曰：「罪御者、刺舟者之巧拙也。」是其所據本已誤。○文典謹按：意林引，巧拙者下有何也二字。知故不載焉。「言木石無巧詐，故不怨也。○文典謹按：意林引作「智有不周」。是故道有智則惑，言道智則惑也。德有心則險，心有目則眩。眩於物也。兵莫憯於志而莫邪爲下，○陶方琦云：史記集解引許注：「莫邪，大戟也。」按：説文鏌字下云：「鏌鋣也。」集解引文當是許注淮南本，故作莫邪。漢書揚雄傳「杖鏌邪」，注亦云「鏌邪，大戟也」。脩務訓「而不期于墨陽、莫邪」，高注「美劍名」，正與許異。寇莫大於陰陽而枹鼓爲小。小，細。憯，猶利也。以智意精誠伐人爲利。老子曰：「重積德則無不克。」故以莫邪爲下也。寇亦兵也。推陰陽虛實之道爲大，故以枹鼓爲小也。今夫權衡規矩，一定而不易，不爲秦、楚變節，不爲胡、越改容，常一而不邪，方行而不流，一日刑之，萬世傳之，而以無爲爲之。言無所爲爲之，爲自爲之。故國有亡主，而世無廢道；亡主，桀、紂是也。湯、武以其民王，故曰無廢道也。人有困窮，而理無不通。理，道。由此觀之，無爲者，道之宗。宗，本。故得道之宗，應物無窮；任人之才，難以至治。才，智也。

湯、武，聖主也，而不能與越人乘幹舟而浮於江湖；幹舟，小船也，危險，越人習水，自能乘之，故湯、武不能也。一曰：大舟也。○王念孫云：古無謂小船爲幹者，幹當爲軨，字之誤也。軨與舲同字，或作艑。廣雅曰：「艑，舟也。」玉篇：「舲，與艑同，小船有屋也。」楚辭九章：「乘舲船余上沅兮。」王注曰：「舲船，船有牕牖者。」俶真篇：「越舲蜀艇，不能無水而浮。」高注曰：「舲，小船也，越人所便習。」正與此注相同。藝文類聚舟車部、太平御覽舟部引此，並作舲舟。御覽又引高注：「舲舟，小船也。」皆其證矣。○文典謹按：王説是也。羣書治要引此文，軨作舼，文雖小異，然舼之爲誤字，益明矣。**伊尹，賢相也，而不能與胡人騎騵馬而服騊駼；**黄馬白腹曰騵。詩云：「駟騵彭彭。」騊駼，野馬也，胡人所習。伊尹雖賢，不能與服也。○陶方琦云：羣書治要引許注：「原，國名，在益州西南，出千里馬。騊駼，北野馬。」按：二注正異。許作國名，卽隱十一傳「温、原、絺、樊」之原，與高作騵解異也。説文亦無騵字，騊下云：「騊駼，北野之良馬。」與此作北野馬正同。**孔、墨博通，而不能與山居者入榛薄險阻也。**孔，孔子也。墨，墨翟也。聚木爲榛，深草爲薄，山居者所習，故孔、墨者不能也。阻或作塗。○王念孫云：險阻上脱出字。「入榛薄，出險阻」與「騎騵馬，服騊駼」相對爲文。羣書治要引此有出字。**由此觀之，則人知之於物也，淺矣，而欲以偏照海内，存萬方，**○文典謹按：「照海内」、「存萬方」相對爲文，加一偏字，則句法參差不齊，偏字疑衍文也。羣書治要引此文無偏字。下文「如此而欲照海内，存萬方，是猶塞耳而聽清濁，掩目而視青黄也」，亦無偏字，皆其證也。**不因道之數，而專己之能，則其窮不達矣。**○王念孫云：「道之數」本作「道理之數」，此後人以意删之也。下文曰：「不循道理之數。」又曰：「拂道理之數，詭自然之性。」原道篇曰：「循道理之數，因天地之自然。」皆其證也。羣書治要引此正作道理之數。文子下德篇「同則其窮不達矣」，達當爲遠，字之誤也。「其窮不遠」謂其窮可立而待也。文子下德篇正作遠。氾論篇「人章道息，則危不遠矣」，語意略與此同。**故智不足以治天下也。桀之力，制觡伸鉤，索鐵歙金，椎移大犧，水殺黿鼉，陸捕熊羆，**觡，角也。索，絞也。歙，讀協。○陶方琦云：史記正義八、御覽八十二、又九百三十二引許注：「戲，大旗也。」按：高無注，今高本作大犧，亦小異。戲通麾。說文作摩，曰「旌旗，所以指麾也」。周禮「建大麾」，鄭注：「大麾不在九旗中。」孫氏晏子音義以謂大戲當是人名，此古說之互異。然淮南本義不作人名解。○文典謹按：御覽八十二引，制觡作剔觡。四百三十七引，歙金作揉金，捕作搏。九百三十二引，歙金作操金。**然湯革車三百乘，困之鳴條，擒之焦門。**焦或作巢。○莊逵吉云：焦與巢古字通。**由此觀之，勇力不足以持天下矣。**○王念孫云：力字因勇字而衍。「勇不足以持天下」，與上文「智不足以治天下」相對爲文，不當有力字。羣書治要及太平御覽人事部七十六引此，皆無力字。下文「勇不足以爲强」，亦無力字。**智不足以爲治，勇不足以爲强，則人材不足任，明也。**○文典謹按：羣書治要引，作「則人才不足以任，明矣」。**而君人者不下廟堂之上，而知四海之外者，因物以識物，因人以知人也。故積力之所舉，則無不勝也；衆智之所爲，則無不成也。埳井之無黿鼉，隘**

也；園中之無脩木，小也。夫舉重鼎者，力少而不能勝也，及至其移徙之，不待其多力者。故千人之羣無絶梁，萬人之聚無廢功。

夫華騮、緑耳，一日而至千里，然其使之搏兔，不如豺狼，伎能殊也。殊，異。○王引之云：太平御覽獸部八引此，豺狼作狼契。按：狼、契皆犬名也。廣雅曰「狼狐狂獱」，犬屬也。玉篇：「猰，公八切，雜犬也。」（廣韻同。）猰與契通。犬能搏兔而馬不能，故曰搏兔不如狼契也。後人不知狼契爲犬名，而改爲豺狼。豺狼可使搏兔，所未聞也。鴟夜撮蚤蚊，察分秋豪，晝日顛越，不能見丘山，形性詭也。鴟，鴟鵂也，謂之老菟，夜鳴人屋上也。夜則目明，合聚人爪以著其巢中，故曰察分秋豪。晝則無所見，故曰形性詭也。○王引之云：莊子秋水篇：「鴟夜撮蚤，察豪末。晝出，瞋目而不見丘山。」司馬本蚤作蚉，云「鴟夜取蚉食」。崔本作爪，云「鵂鶹夜聚人爪於巢中也」。爪、蚤通用，故崔本作爪。蚤、蚉字形相似，故司馬本作蚉。然則蚤蚉二字不得而並存矣。淮南作蚤，故高氏但言合聚人爪，而不言食蚉。後人乃取司馬本之蚉字增於此處蚤字之下，其失甚矣。秋水篇釋文曰：「淮南子：『鴟夜聚蚤，察分豪末。』許慎云：『鴟夜聚食蚤蝨不失也。』」李善注文選演連珠曰：「淮南子曰：『鴟夜撮蚤，察分豪末。晝出，瞋目而不見丘山。』高誘曰：『鴟鵂謂之老菟。』」據二書所引，則許、高本俱無蚉字，明矣。顛越二字，與「不見丘山」意不相屬，且高注但言晝無所見，而不言顛越。文選注引此，正作「瞋目而不見丘山」，與莊子同。疑瞋目二字譌作顛目，而後人遂改爲顛越也。撮蚤之說，許、高異義。揆之事理，則許注爲雅馴耳。○陶方琦云：莊子釋文引許注：「鴟夜聚食蚤蝨不失也。」按：二注文義並異。許本訓爲蚤蝨之蚤，高本作指爪解，是顯異也。説文：「蚤，跳蟲齧人也。」莊子司馬注曰：「鴟，鵂鶹，夜取蚤食。」崔譔本作爪。太平廣記四百八十二引感應經云：「鵂鶹食人遺爪。」非也。蓋鵂鶹夜能拾蚤蝨，爪、蚤音近，故誤云也。纂文云：「鵂鶹一名忌欺，白日不見人，夜能拾蚤蝨也。蚤、爪音相近，俗人云鵂鶹食人棄爪，相其吉凶，妄説也。」據纂文所云，則許本作蚤蝨解爲長。**夫螣蛇游霧而動，應龍乘雲而舉，**○王念孫云：上句本作「螣蛇游霧而騰」，後人以騰與螣同音，因妄改爲動耳。不知螣是蛇名，而騰爲升義，本不相複。騰與舉亦同義，故下句云「應龍乘雲而舉」。改騰爲動，則文不成義矣。太平御覽鱗介部一引此，正作騰。説苑説叢篇同。（説苑作「騰蛇遊霧而騰，龍乘雲而舉」。今本騰上有升字，此後人誤以騰字屬下句讀，因妄加升字也。）大戴禮勸學篇亦云「螣蛇無足而騰」。**猨得木而捷，魚得水而騖。**騖，疾也。**故古之爲車也，漆者不畫，鑿者不斲，工無二伎，士不兼官，各守其職，不得相姦，**姦，亂也。**人得其宜，物得其安，是以器械不苦，而職事不嫚。**苦，讀盬。嫚，捕器。嫚，讀慢緩之慢。**夫責少者易償，**○文典謹按：意林引，責作債。**職寡者易守，**寡，少也。**任輕者易權。**權，謀也。○俞樾云：文子下德篇作「任輕易勸也」，勸字之義，視權字爲長，言任輕則易舉，故人皆相勸而爲之也。高注曰：「權，謀也。」其所據本已誤。**上操約省之分，下效易爲之功，是以君臣彌久而不相猒。**猒，欺也。

君人之道，其猶零星之尸也，尸，祭主也。尸食飽，以知神之食亦飽。詩曰：「公尸燕飲，在宗載考。」儼然玄默，而吉祥受福。尸不言語，故曰玄默。○文典謹按：北堂書鈔九十引，零作靈，吉祥作𣋺而。是故得道者不爲醜飾，不爲僞善，不飾爲美，亦不枉爲善也。○王念孫云：此本作「不僞醜飾，不僞善極」，僞卽爲字也。（古爲字多作僞，説見史記淮南衡山傳「爲僞」下。）不僞醜飾，不僞善極，相對爲文，故高注云「不飾爲美，亦不極爲善也」。（道藏本、劉本、朱本、茅本皆如是。莊改不極爲不枉，謬甚。）後人誤讀僞爲詐僞之僞，而改上句僞字作爲，又改下句作「不爲僞善」，則既與上句不對，而又與高注不合矣。且極與飾爲韻，若作「不爲僞善」，則失其韻矣。一人被之而不褒，褒，大也。萬人蒙之而不褊。蒙，冒。褊，小也。是故重爲惠，若重爲暴，則治道通矣。通，猶順也。○王念孫云：「重爲惠若重爲暴」，本無若字，後人以詮言篇云「重爲善若重爲非」，故加若字也。不知彼文是言爲善者必生事，故曰「重爲善若重爲非」，此言惠暴俱不可爲，則二者平列，不得云「重爲惠若重爲暴」也。下文「爲惠者生姦」，「爲暴者生亂」，卽承此文言之，則惠暴平列，明矣。文子自然篇作「是故重爲惠，重爲暴，卽道達矣」，無若字。爲惠者，尚布施也。無功而厚賞，無勞而高爵，則守職者懈於官，而游居者亟於進矣。爲暴者，妄誅也。無罪者而死亡，行直而被刑，則修身者不勸善，而爲邪者輕犯上矣。言不可不慎也。故爲惠者生姦，而爲暴者生亂。姦亂之俗，亡國之風。風，化。是故明主之治，國有誅者而主無怒焉，因法而行，故不怒也。朝有賞者而君無與焉。因功而行，故不與也。誅者不怨君，罪之所當也；賞者不德上，功之所致也。民知誅賞之來，皆在於身也，故務功脩業，不受贛於君。贛，賜也。是故朝廷蕪而無迹，田野辟而無草，故太上下知有之。言太上之世，下知之人皆能有此術。

橋直植立而不動，俛仰取制焉；橋，桔皋上衡也。植，柱權衡者。行之俛仰，取制於柱也。以諭君也。人主静漠而不躁，躁，動也。百官得脩焉。譬而軍之持麾者，○陶方琦云：宋蘇頌淮南校題序，許本如作而。按：蘇氏曰：「許于卷内多用叚借，如以而爲如之類。」此譬如作譬而，當是許本。高本當作譬如。御覽三百四十一引高本此注，正作譬如。古而、如通也。妄指則亂矣。慧不足以大寧，智不足以安危，與其譽堯而毁桀也，不如掩聰明而反脩其道也。不足以大寧者，小惠也。不足以安危者，小智也。如此人者，欲譽堯而毁桀，以成善善惡惡之名，人猶有强知之人爾，不如掩聰明而本脩大道成名之速也。人君之道亦如此也。清静無爲，則天與之時；廉儉守節，則地生之財；人君德行如此，故天與之時，地生之財。天與之時，湯、武是也。地生之財，神農、后稷也。處愚稱德，則聖人爲之謀。若伊尹爲湯謀，傅説爲高宗謀是。孟子曰：「伊尹，聖之任。」國語曰「武丁以象旁求聖人，得傅説于傅巖」也。是故下者萬物歸之，虚者天下遺之。遺，與也。夫人主之聽治也，清明而不闇，虚心而弱志，是故羣臣輻湊竝進，無愚智賢不肖莫不盡其能。於是乃始陳其禮，建以爲基。建，立也。基，業也。是乘衆勢以爲車，御衆智以爲馬，雖幽野險塗，則無由惑矣。幽，深也。險，猶遠也。人主深居隱處以避燥溼，閨門重襲以避姦賊，〇王念孫云：下避字當作備。俗讀備避聲相亂，又涉上避字而誤也。（呂氏春秋節喪篇「姦邪盜賊寇亂之患，慈親孝子備之者，得葬之情矣」，俗本備作避，亦因上文而誤。）重門所以防賊，故言備。作避，則義不可通矣。文選西京賦注引此，正作備。內不知閭里之情，外不知山澤之形，帷幕之外，目不能見十里之前，耳不能聞百步之外，天下之物無不通者，通，知。〇文典謹按：治要作「然天下之物無所不通者」。其灌輸之者大，而斟酌之者衆也。是故不出户而知天下，不窺牖而知天道。乘衆人之智，則天下之不足有也。專用其心，則獨身不能保也。保，猶守也。〇文典謹按：治要保作守。是故人主覆之以德，不行其智，而因萬人之所利。夫舉踵天下而得所利，故百姓載之上，弗重也；錯之前，弗害也；舉之而弗高也，推之而弗猒。尊重，舉之不自覺高也。推，求也，奉也。主道員者，運轉而無端，端，厓也。化育如神，虛無因循，常後而不先也。〇文典謹按：治要先下有者字。臣道員者運轉而無方者，〇王念孫云：「臣道員者運轉而無方者」，本作「臣道方者」。其「員者運轉而無」六字，則因上文而誤衍也。羣書治要引，無此六字。文子上義篇亦無。主道員，臣道方，方員不同道，故下文云

「君臣異道則治，同道則亂」也。呂氏春秋圜道篇亦云：「主執圜，臣執方。方圜不易，其國乃昌。」

論是而處當，爲事先倡，守職分明，以立成功也。是故君臣異道則治，不易奪，言相和。同道則亂。君所謂可，臣亦曰可，君所謂否，臣亦曰否，是同也。莫相匡弼，故曰亂也。各得其宜，處其當，則上下有以相使也。君得君道，臣得臣道，故曰得其宜也。○文典謹按：治要處下有得字。夫人主之聽治也，虚心而弱志，清明而不闇，是故羣臣輻湊竝進，無愚智賢不肖莫不盡其能者，則君得所以制臣，臣得所以事君，治國之道明矣。文王智而好問，故聖。好問，欲與人同其功。武王勇而好問，故勝。勝殷也。夫乘衆人之智，則無不任也；用衆人之力，則無不勝也。○俞樾云：「無不任也」當作「無不聖也」。上文曰：「文王智而好問，故聖。武王勇而好問，故勝。」此卽承上文而言。說文耳部：「聖，通也。」無不聖卽無不通也。後人不達聖字之義，疑「無不聖也」於文難通，故臆改爲任字。不知任卽勝也。勇當言勝，智當言聖。若亦言任，則與勝義複，而無以爲智勇之別矣。千鈞之重，烏獲不能舉也；千鈞，三萬斤也。烏獲，秦武王之力士也。武王試其力，使舉大鼎，腕脱而不任，故曰不能舉也。衆人相一，則百人有餘力矣。是故任一人之力者，則烏獲不足恃；不能勝，故不恃也。乘衆人之制者，則天下不足有也。人衆力强，以天下爲小，故曰不足有也。

禹決江疏河，以爲天下興利，而不能使水西流。稷辟土墾草，以爲百姓力農，然不能使禾冬生。豈其人事不至哉？其勢不可也。夫推而不可爲之勢，而不脩道理之數，推，行。○王念孫云：「推而不可爲之勢」，而字涉下文而衍。雖神聖人不能以成其功，而況當世之主乎！夫載重而馬羸，雖造父不能以致遠。造父，周穆王之善御臣也。車輕馬良，雖中工可使追速。○文典謹按：車輕下當有而字，始與上文「載重而馬羸」一律。羣書治要及御覽七百四十六引，並作「車輕而馬良」。又按：致遠，御覽作追急。追速作致遠。是故聖人舉事也，○文典謹按：羣書治要引，聖人下有之字。豈能拂道理之數，詭自然之性，拂，戾也。詭，違也。以曲爲直，以屈爲伸哉？未嘗不因其資而用之也。是以積力之所舉，無不勝也；而衆智之所爲，無不成也。聾者可令嗺筋，○王紹蘭云：攷工記弓人曰：「筋欲敝之敝。」鄭司農云：「嚼之當孰。」是治筋有嚼之一法。説文：「噍，齧也。」重文作嚼，云「噍或从爵」。爵、雀古通用。魏、晉以後，俗趨簡易，書嚼爲嗺。玉篇：「嚼，噬嚼也。嗺，同上。」是其證。當時淮南子蓋有作嗺者，傳寫之徒不知嗺爲嚼之俗體，别作嗺字。玉篇：「嗺，撮口也。」淮南因作嗺筋。但撮筋於口不得爲嚼，寫易林者以嗺非正字，直改从手作摧。轉輾承譌，皆不足據也。由是覈之，嗺俗字，嗺因嗺而變，摧又因嗺而變，據先鄭注，漢時淮南、易林舊本當是噍筋。（此條不載讀書雜記，乃王紹蘭與王引之書中語也。）○孫詒讓云：玉篇口部云：「嗺，撮口也。」筋不可以言嗺，嗺當爲嚼之譌。考工記弓人云「筋欲敝之敝」，注：「鄭司農云：嚼之當孰。」

賈疏云：「筋之椎打嚼齧，欲得勞敝。」是嚼筋爲漢時常語，即謂椎打之使柔熟，以纏弓弩也。嚼俗作噍，與嚾形近，因而致誤。易林展轉傳寫，又誤作摧，益不可通矣。而不可使有聞也；瘖者可使守圉，而不可使言也。○王念孫云：「不可使言」本作「不可使通語」。今本語誤作言，又脱通字。筋、聞爲韻，圉、語爲韻。如今本，則失其韻矣。太平御覽疾病部三引此，正作「不可使通語」。形有所不周，而能有所不容也。是故有一形者處一位，有一能者服一事。力勝其任，則舉之者不重也；能稱其事，則爲之者不難也。○文典謹按：意林能稱作智能。毋小大修短，各得其宜，則天下一齊，無以相過也。聖人兼而用之，故無棄才。

人主貴正而尚忠，忠正在上位，執正營事，營，典。○王引之云：諸書無訓營爲典者。營當爲管，字之誤也。（隸書管字或作**菅**，俗書營字作营，二形相似而誤。）管事與執政義相近。史記李斯傳曰「管事二十餘年」是也。管、典皆主也，故訓管爲典。秦策「淖齒管齊之權」，高彼注曰：「管，典也。」（見史記范睢傳索隱。）正與此注同。則讒佞姦邪無由進矣。譬猶方員之不相蓋，而曲直之不相入。入，中。夫鳥獸之不可同羣者，其類異也；○王念孫云：「不可同羣」，可字後人所加。「鳥獸不同羣」，「虎鹿不同游」，相對爲文，則上句内不當有可字。後人熟於「鳥獸不可與同羣」之文，因加可字耳。虎鹿之不同遊者，力不敵也。是故聖人得志而在上位，讒佞姦邪而欲犯主者，譬猶雀之見鸇而鼠之遇狸也，亦必無餘命矣。是故人主之一舉也，○王念孫云：此謂舉賢不可不慎，舉上不當有一字。蓋因下文「一舉不當」而衍。不可不慎也。所任者得其人，則國家治，上下和，羣臣親，百姓附。附，從。所任非其人，則國家危，上下乖，羣臣怨，百姓亂。故一舉而不當，終身傷。傷，病也，亦敗也。得失之道，權要在主。是故繩正於上，木直於下，非有事焉，事，治也。非治之使直。所緣以修者然也。故人主誠正，則直士任事，而姦人伏匿矣。人主不正，則邪人得志，忠者隱蔽矣。夫人之所以莫抓玉石而抓瓜瓠者，何也？玉石堅，抓不耐入，故不抓。○王念孫云：抓皆當爲振，字之誤也。廣雅：「振，裂也。」曹憲音必麥反。（字從手，𠂢聲。𠂢，匹卦反。）振之言劈也。瓜瓠可劈，而玉石不可劈，故曰「玉石堅，振不能入」也。方言：「鋠、摫，裁也。梁、益之間裁木爲器曰鋠，裂帛爲衣曰摫。」郭璞音劈歷之劈，義亦與振同。若作抓，則非其義矣。（玉篇：「抓，古華切，引也，擊也。」字從瓜。）○文典謹按：「夫人之所以莫抓〔一〕玉石」，莊本作「夫人主之所以莫抓玉石」。主字涉上下文「人主」而衍，今據宋本删。無得於玉石，弗犯也。使人主執正持平，如從繩準高下，則羣臣以邪來者，猶以卵投石，以火投水。故靈王好細要，而民有殺食自飢也；靈王，蓋楚靈王。殺食，省食。越王好勇，而民皆處危

〔一〕「抓」，原本作「抓」，形近而誤，據正文改。下同。

争死。越王，句踐。由此觀之，權勢之柄，其以移風易俗矣。〇王念孫云：「其以移風易俗矣」，文義未足。下文曰：「攝權勢之柄，其於化民易矣。」則此亦當曰「權勢之柄，其以移風易俗易矣」。蓋上易爲變易之易，下易爲難易之易。漢書禮樂志：「其感人深，其移風易俗易。」（今樂記脱下易字，辯見經義述聞。）顔師古曰：「易，音弋豉反。」是其證也。今本無下易字者，後人誤以爲複而删之耳。堯爲匹夫，不能仁化一里；桀在上位，令行禁止。由此觀之，賢不足以爲治，而勢可以易俗，明矣。書曰：「一人有慶，萬民賴之。」此之謂也。

天下多眩於名聲，而寡察其實，寡，少也。察，明也。實，真僞之實。是故處人以譽尊，處人，隱居也。以名譽見尊也。而游者以辯顯。游行之人，以辯辭自顯達。察其所尊顯，無他故焉，人主不明分數利害之地，而賢衆口之辯也。治國則不然，然，如是也。言事者必究於法，而爲行者必治於官。上操其名以責其實，臣守其業業，事。以效其功，效，致。言不得過其實，行不得踰其法，羣臣輻湊，莫敢專君。專，制。事不在法律中，而可以便國佐治，必参五行之。陰考以觀其歸，並用周聽以察其化，不偏一曲，不黨一事，是以中立而徧，運照海内，中，正。羣臣公正，莫敢爲邪，公，方。正，直。百官述職，務致其公迹也。主精明於上，官勸力於下，姦邪滅迹，庶功日進，庶，衆。是以勇者盡於軍。盡力於軍功也。〇俞樾云：此下當有「智者」云云，而今闕之。下文云：「爲智者務於巧詐，爲勇者務於鬬争。」亦以智勇並舉，是其證也。亂國則不然，有衆咸譽者無功而賞，守職者無罪而誅。主上闇而不明，羣臣黨而不忠，説談者游於辯，脩行者競於往。往，自益也。○孫詒讓云：往當爲任，形之誤也。後詮言訓云「君好智則倍時而任己」，宋本任亦誤往，可與此互證。主上出令，則非之以與；法令所禁，則犯之以邪。與，黨與也。以黨與非謗上令。邪，姦也。爲智者務於巧詐，爲勇者務於鬬争，大臣專權，下吏持勢，朋黨周比，以弄其上，國雖若存，古之人曰亡矣。且夫不治官職，而被甲兵，不隨南畝，○俞樾云：脩務篇「隨山栞木」，注曰：「隨，循也。」不隨南畝者，不循南畝也。王氏念孫以隨爲脩字之誤，非。而有賢聖之聲者，非所以都於國也。騏驥騄駬，天下之疾馬也，驅之不前，引之不止，雖愚者不加體焉。加，猶止也。○王念孫云：「而被甲兵」，而當爲不，與上下兩不字文同一例。作而者，字之誤耳。「不隨南畝」，隨當爲脩，謂不治南畝也。隸書隨字或作隨，（見漢司隸校尉楊涣石門頌。）其右畔與脩相似，故脩誤爲隨。（史記趙世家「脩下而馮」，脩或作隋。李斯傳「隨俗雅化」，隨俗一作脩使。皆以右畔相似而誤。）「非所以都於國也」，都字義不可通，當是教字之誤。（教、都草書相似。）韓子外儲説右篇曰：「不服兵革而顯，不親耕耨而名，非所以教於國也。今有馬於此，如驥之狀者，天下之至良也。然而驅之不前，却之不止，則臧獲雖賤，不託其足。」即淮南所本也。今治亂之機，轍迹可見也，而世主莫之能察，此治道之所以塞。塞，猶閉也。

權勢者，人主之車輿；爵禄者，人臣之轡銜也。是故人主處權勢之要，而持爵禄之柄，審緩急之度，而適取予之節，是以天下盡力而不倦。夫臣主之相與也，非有父子之厚，骨肉之親也，而竭力殊死，不辭其軀者，何也？勢有使之然也。昔者豫讓，中行文子之臣。文子，晉大夫中行穆子之子荀寅也。智伯伐中行氏，并吞其地，豫讓背其主而臣智伯。智伯與趙襄子戰于晉陽之下，身死爲戮，國分爲三。韓、魏、趙三分而有之。豫讓欲報趙襄子，欲爲智伯報讎，殺趙襄子。漆身爲厲，吞炭變音，擿齒易貌。夫以一人之心而事兩主，或背而去，或欲身徇之，豈其趨捨厚薄之勢異哉？人之恩澤使之然也。紂兼天下，朝諸侯，人迹所及，舟檝所通，莫不賓服。然而武王甲卒三千人，擒之於牧野。豈周民死節，而殷民背叛哉？其主之德義厚而號令行也。夫疾風而波興，木茂而鳥集，〇王念孫云：「疾風」當爲「風疾」。「風疾」、「木茂」，相對爲文。意林引此，正作「風疾」。相生之氣也。〇文典謹按：意林氣作勢。是故臣不得其所欲於君者，君亦不能得其所求於臣也。君臣之施者，相報之勢也。是故臣盡力死節以與君，君計功垂爵以與臣。是故君不能賞無功之臣，臣亦不能死無德之君。君德不下流於民，而欲用之，如鞭蹏馬矣。是猶不待雨而求熟稼，必不可之數也。數，術也。

君人之道，處静以修身，儉約以率下。静則下不擾矣，儉則民不怨矣。下擾則政亂，民怨則德薄。政亂則賢者不爲謀，德薄則勇者不爲死。是故人主好鷙鳥猛獸，珍怪奇物，金玉爲珍，詭異爲怪，非常爲奇。狡躁康荒，康，安。荒，亂也。不愛民力，馳騁田獵，出入不時，如此則百官務亂，事勤財匱，勤，勞。匱，乏也。萬民愁苦，生業不脩矣。人主好高臺深池，雕琢刻鏤，黼黻文章，絺綌綺繡，寶玩珠玉，白與黑爲黼，青與赤爲黻。絺綌，葛也。精曰絺，麤曰綌，五采具曰繡也。則賦斂無度，而萬民力竭矣。堯之有天下也，非貪萬民之富而安人主之位也，以爲百姓力征，强凌弱，衆暴寡，○莊逵吉云：御覽引，作「百姓九屈，强弱相乘，衆寡相暴」。於是堯乃身服節儉之行，而明相愛之仁，以和輯之。是故茅茨不翦，采椽不斷，大路不畫，大路，上路，四馬車也。天子駕六馬。不畫，不文飾也。○莊逵吉云：御覽引，翦作剗，是古字。○王念孫云：斷當爲斲，字之誤也。精神篇作「樣桷不斲」。（高注：「樣，采也。桷，椽也。」）晉語曰：「天子之室，斲其椽而礱之，加密石焉。諸侯礱之，大夫斲之，士首之，以采爲椽而又不斲，儉之至也。」太平御覽皇王部五引此，正作斲。韓子五蠹篇、史記李斯傳並同。越席不緣，越，結蒲爲席也。大羹不和，不致五味。○俞樾云：高注曰「不致五味」，疑本作「大羹不致」，故高注云然。桓二年左傳曰「大羹不致」，杜注亦曰「不致五味」，卽本諸此。粢食不毇，毇，細也。○莊逵吉云：御覽引，作「粢飯不鑿」。巡狩行教，勤勞天下，周流五嶽。豈其奉養不足樂哉？舉天下而以爲社稷，非有利焉。○俞樾云：此本作「以爲社稷，非有利焉」，言皆以爲社稷，而非自以爲利也。涉下文「舉天下而傳之舜」句衍此四字，當删。年衰志憫，衰，老也。憫，憂也。舉天下而傳之舜，猶却行而脱蹝也。言甚易也。○莊逵吉云：文選作許脅注，甚作其。○陶方琦云：文選孔稚圭北山移文注引許注：「言其易也。」按：此許注羼入高注本者。其卽甚字之譌。○文典謹按：北堂書鈔百三十六引，作：「堯舉天下而傳之舜，猶却行而釋屣，舜猶却之。」衰世則不然，一日而有天下之富，處人主之勢，則竭百姓之力，以奉耳目之欲，志專在于宫室臺榭，陂池苑囿，猛獸熊羆，玩好珍怪。是故貧民糟糠不接於口，而虎狼熊羆猒芻豢；百姓短褐不完，而宫室衣錦繡。人主急兹無用之功，百姓黎民黎，齊。顦顇於天下，是故使天下不安其性。不得安其正性，詐僞生也。○王念孫云：此注後人所改。性之言生也。（性與生義同而字亦相通，説見經義述聞周語。）「不安其生」，卽承上「黎民顦顇」言之。昭八年左傳曰：「今宫室崇侈，民力彫盡，怨讟並作，莫保其性。」義與此同。高注當云：「性，生也」。後人熟於「性卽理也」之訓，故妄改高注耳。下文「近者安其性」，高注曰：「性，生也。」故知此注爲後人所改。人主之居也，如日月之明也，天下之所同側目而視，側耳而聽，延頸舉踵而望也。是故非澹薄無以明德，○文典謹按：御覽七十七引，側耳作傾耳，澹薄作淡漠。非寧静無以致遠，非寬大無以兼覆，非慈厚無以懷衆，非平正無以制斷。是故賢主之用人也，猶巧工之制木也，制，裁也。〇文典謹按：治要引，工作匠。大者以爲舟航柱梁，舟，船也。方兩小舡並與共濟爲航也。小者以爲楫楔，〇王念孫云：楫楔本作楼楢，此後人以意改之也。楼、楫並在葉韻，楢在緝韻，楔在薛韻。楼楢，疊韻字也；楫楔則非疊韻矣。楼楢謂梁之小者，對上文大者爲柱梁而言。莊子在宥篇「吾未知聖知之不爲桁楊楼楢也」，釋文：「崔云：楼楢，桎梏梁也。淮南曰：大者爲柱梁，小者爲楼楢也。」案：小梁謂之楼楢，故桎梏之梁亦謂之楼楢。集韻：「楼楢，梁也。淮南子：大者爲柱梁，小者爲楼楢。」蓋高注以楼楢爲梁，而今本脱之也。據集韻引此作楼楢，則北宋本尚未誤。修者以爲欄榱，欄，屋垂。榱，隱也。短者以爲朱儒枅櫨。朱儒，梁上戴蹲跪人也。枅，讀如雞也。無小大脩短，各得其所宜；規矩方圓，各有所施。〇王念孫云：羣書治要引此，「各有所施」下有「殊形異材，莫不可得而用也」二句，今本脱去。下文「天下之物莫凶於奚毒，然而良醫橐而藏之，有所用也」，即承「莫不可得而用」言之，則原有此二句，明矣。凡治要所引之書，於原文皆無所增加，故知是今本遺脱也。天下之物，莫凶於雞毒，雞毒，烏頭也。〇王念孫云：鷄毒當爲奚毒。（注同。）此涉上文注内「枅，讀如鷄」而誤也。廣雅、本草並作奚毒，羣書治要、意林及太平御覽藥部七引淮南亦作奚毒，（急就篇補注引作奚毒，則南宋本尚不誤。）無作鷄毒者。〇陶方琦云：羣書治要、御覽九百九十、意林引許注：「奚毒，附子。」按：御覽引許注作附子，與高注亦異。廣雅：「蕉奚，附子也。」（玉篇：「䔍毒，附子也。」）一歲爲萴子，二歲爲烏喙，三歲爲附子，四歲爲烏頭，五歲爲天雄。」説文：「萴，烏喙也。」然而良醫槖而藏之，有所用也。是故林莽之材，猶無可棄者，而况人乎！◎文典謹按：治要引，作：「是故竹木草莽之材，猶有不棄者，而又况人乎！」今夫朝廷之所不舉，鄉曲之所不譽，◎文典謹按：治要曲作邑。非其人不肖也，其所以官之者非其職也。鹿之上山，獐不能跂也，◎文典謹按：治要引，作「麋之上山也，大獐不能跂也」。及其下，牧豎能追之，才有所修短也。是故有大略者不可責以捷巧，略，行道也。有小智者不可任以大功。人有其才，物有其形，有任一而太重，或任百而尚輕。是故審豪氂之計者，必遺天下之大數；遺，失。◎文典謹按：「豪氂之計」，「天下之數」，相對爲文，加一大字，則文不一律。大字疑涉下文「不失小物之選者，惑於大數之舉」而衍。羣書治要引，作「必遺天地之數」。不失小物之選者，惑於大數之舉。譬猶狸之不可使搏牛，虎之不可使搏鼠也。◎文典謹按：搏牛、搏鼠，於辭爲複。治要引作捕鼠，當從之。今人之才，或欲平九州，并方外，存危國，繼絶世，◎王引之云：并本作從，從猶服也。（襄十年左傳注：「從，猶服也。」）言使方外之國服從也。原道篇曰：「從裸國，納肅慎。」人間篇曰：「王若欲從諸侯，不若大城城父，而令太子建守焉，以來北方。」司馬相如難蜀父老曰：「朝冄從駹，定筰存邛。」皆是也。後人不達從字之義，遂改從爲并，不知「平九州，從方外，存危國，繼絶世」，皆謂撫柔中外，非謂吞并之也。羣書治要引此，正作「從方外」。志在直道正邪，決煩理挐，而乃責之以閨閣之禮，奥窔之間；○文典謹按：治要引，奥窔作人事。或佞巧小具，諂進愉説，隨鄉曲之俗，○文典謹按：治要引，隨作脩。卑下衆人之耳目，而乃任之以天下之權，治亂之機；機，理。是猶以斧劗毛，以刀抵木也，劗，翦也。劗，讀驚攢之攢。○王念孫云：木當言伐，不當言抵。蓋伐誤爲氏，後人因加手旁耳。説山篇云：「刀便剃毛。至伐大木，非斧不剋。」是其證。羣書治要引此，正作「以刀伐木」。皆失其宜矣。宜，適。

人主者，以天下之目視，以天下之耳聽，以天下之智慮，以天下之力爭，○王念孫云：爭本作動，動謂舉事也。慮則用羣策，動則用羣力，故曰「以天下之智慮，以天下之力動」。今本動作爭者，後人依文子上仁篇改之耳。藝文類聚帝王部一、太平御覽皇王部一引此，並作動。是故號令能下究，而臣情得上聞，聞，猶達也。百官脩同，羣臣輻湊，羣臣歸君，若輻之湊轂，故曰輻湊。○王念孫云：劉本作脩同，云「同，一作通」。莊本從劉本作同。案：作通者是也。藝文類聚引此作「脩道」，道卽通之誤。太平御覽引此，正作「脩通」。文子上仁篇同。韓子難篇「百官脩通，羣臣輻湊」，卽淮南所本。管子任法篇亦云：「羣臣脩通輻湊，以事其主。」喜不以賞賜，怒不以罪誅。懼失當也。是故威立而不廢，○莊逵吉云：本皆作「威厲立而不廢」。聰明先而不獘，獘，闇。○王念孫云：先與不獘，義不相屬。先當爲光，字之誤也。光，明也。太平御覽皇王部二引此，正作光。法令察而不苛，察，明也。苛，煩也。耳目達而不闇，善否之情，日陳於前而無所逆。是故賢者盡其智，而不肖者竭其力，德澤兼覆而不偏，羣臣勸務而不怠，怠，解也。近者安其性，遠者懷其德。性，生也。懷，歸也。所以然者，何也？得用人之道，而不任己之才者也。故假輿馬者，足不勞而致千里；假或作駕。乘舟檝者，不能游而絶江海。絶，猶過也。○文典謹按：不能游，意林引作不假游。夫人主之情，莫不欲總海内之智，盡衆人之力，然而羣臣志達效忠者，希不困其身。困，猶危也。○王念孫云：「志達」當爲「達志」，寫者誤倒耳。達志、效忠，相對爲文。氾論篇「不能達善效忠」，卽其證。使言之而是，雖在褐夫芻蕘，猶不可棄也。言雖賤，當也，故曰「不可棄」也。使言之而非也，雖在卿相人君，揄策于廟堂之上，未必可用。人君，謂國君也。揄，出。策，謀也。言之而非，雖貴，罰也。是非之所在，不可以貴賤尊卑論也。是明主之聽於羣臣，其計乃可用，不羞其位；不羞其位卑而不用。其言可行，而不責其辯。不責其辯口美辭也。○王念孫云：劉本作「其言可行，而不責其辯」。案：此當作「其言而可行，不責其辯」。「其計乃可用」、「其言而可行」相對爲文。乃、而皆如也。道藏本作「其主言可行」，主字因上下文而衍，又脱而字，劉本而字在可行下，皆非也。文子上仁篇作「其言可行，不責其辯」。○文典謹按：治要引作「其計可用也，不羞其位。其言可行也，不責其辯」。闇主則不然，所愛習親近者，雖邪枉不正，不能見也；疏遠卑賤者，竭力盡忠，不能知也。○文典謹按：「竭力盡忠」上當有雖字，乃與上文「雖邪枉不正」一律。治要引，正作「雖竭力盡忠，不能知也」。有言者窮之以辭，有諫者誅之以罪，如此而欲照海內，存萬方，是猶塞耳而聽清濁，商音清，宮音濁。掩目而視青黃也，其離聰明則亦遠矣。離，去。

法者，天下之度量，而人主之準繩也。縣法者，法不法也；○王念孫云：「縣法者，法不法也」，上二法字皆當爲罰，與「設賞者，賞當賞也」相對爲文。下文「中程者賞」，謂賞當賞也；「缺繩者誅」，謂罰不法也。今本二罰字作法，後人依文子上義篇改之耳。設賞者，賞當賞也。○俞樾云：「設賞者，賞當賞也」七字，疑衍文。下文「法定之後，中程者賞，缺繩者誅」，即承「縣法者，法不法也」而言。文子上義篇正作「縣法者，法不法也。法定之後，中繩者賞，缺繩者誅」，可據以訂正。王氏念孫謂上句當作「縣罰者，罰不法也」，與下句對。若然，何不竟改爲「罰當罰」，與下句不尤對乎？法定之後，中程者賞，缺繩者誅，尊貴者不輕其罰，而卑賤者不重其刑，言平也。犯法者雖賢必誅，中度者雖不肖必無罪，是故公道通而私道塞矣。公，正也。私，邪也。塞，閉也。古之置有司也，有司，蓋有理官士也。所以禁民，使不得自恣也。恣，放恣也。其立君也，所以剬有司，使無專行也。專，擅。法籍禮義者，所以禁君，使無擅斷也。人莫得自恣，則道勝，道勝而理達矣，故反於無爲。無爲者，非謂其凝滯而不動也，以其言莫從己出也。○王念孫云：「以其言」當作「以言其」，與「非謂其」相對爲文。今本言其二字誤倒，則文不成義。文子上義篇正作「言其」。夫寸生於⿰禾粟，⿰禾粟生於日，日生於形，形生於景，此度之本也。⿰禾粟，禾穗⿰禾粟孚榆頭芒也〔一〕。十⿰禾粟爲一分，十分爲一寸，十寸爲一尺，十尺爲一丈。政謂之本也。○莊逵吉云：⿰禾粟，古累黍字。○王引之云：說文、玉篇、廣韻、集韻皆無⿰禾粟字。⿰禾粟當爲⿰禾票，字之誤也。⿰禾票與秒同。說文：「秒，禾芒也。」字或作蔈，通作漂，又通作翲。天文篇曰：「秋分而禾蔈定，蔈定而禾孰。律之數十二，故十二蔈而當一分。（今本誤作「十二蔈而當一粟，十二粟而當一寸」，辯見天文。）律以當辰，音以當日。日之數十，故十分而爲寸，十寸而爲尺，十尺而爲丈。」彼注云：「蔈，禾穗蔈孚榆之芒也。古文作秒。」宋書律志曰：「秋分而禾⿰禾票定，⿰禾票定而禾孰。」注云：「⿰禾票，禾穗芒也。」（玉篇：「⿰禾票，亡紹切。」集韻：「秒，禾芒也。或作⿰禾票。」）皆其明證矣。又齊策曰：「象牀之直千金，傷此若髮漂，賣妻子不足償之。」史記太史公自序「閒不容翲忽」，正義曰：「翲字當作秒。秒，禾芒表也。」然則⿰禾票、蔈、漂、翲四字，並與秒同，而⿰禾粟爲⿰禾票之誤，明矣。字彙補乃於禾部增入⿰禾粟字，音粟，引淮南子「寸生於⿰禾粟，⿰禾粟生於日」，甚矣其謬也。莊以⿰禾粟爲古累黍字，尤不可解。○俞樾云：王氏引之以⿰禾粟爲⿰禾票字之誤，⿰禾票與秒同，其

〔一〕天文訓注爲：「蔈，禾穗、粟孚甲之芒也。」

説是也。惟「標生於日」，義不可通。疑本作「寸生於標，標生於形，形生於景，景生於日」，與下文「樂生於音，音生於律，律生於風」文義一律，言度之本生於日，聲之宗生於風也。傳寫錯亂其文耳。樂生於音，音生於律，律生於風，此聲之宗也。宗亦本也。法生於義，義生於衆適，衆適合於人心，此治之要也。要，約也。故通於本者不亂於末，覩於要者不惑於詳。惑，眩。法者，非天墮，非地生，發於人間而反以自正，反，還。是故有諸己不非諸人，有諸己，己有聰明也。不非諸人，恕人行也。無諸己不求諸人，言己雖無獨見之明，不求加罪于人也。所立於下者不廢於上，人主所立法禁于民，亦自修之。不廢于上，言以法也。所禁於民者不行於身。不正之事，不獨行之于身。言其正己以正人也。所謂亡國，非無君也，無法也；變法者，非無法也，有法者而不用，與無法等。等，同。○王念孫云：「有法者而不用」，者字當在上文「所謂亡國」下，與「變法者」相對爲文，今誤入此句内，則文不成義。是故人主之立法，先自爲檢式儀表，表，正。○王念孫云：「先自爲檢式儀表」，當作「先以身爲檢式儀表」。言以身爲度，則令無不行也。下文引孔子曰：「其身正，不令而行。」是其明證矣。（上下文身字凡四見。）今本身誤爲自，自上又脱以字。文子上義篇作「先以自爲檢式」，自亦身之誤，唯以字未脱。故令行於天下。孔子曰：「其身正，不令而行。其身不正，雖令不從。」故禁勝於身，則令行於民矣。禁勝於身，不敢自犯禁也，故耐令行于民也。

聖主之治也，其猶造父之御，齊輯之于轡銜之際，而急緩之于脣吻之和，正度于胷臆之中，而執節于掌握之間，節，策也。內得於心中，外合於馬志，○王念孫云：心中當爲中心，中心與馬志相對爲文。太平御覽治道部五、獸部八引此，並作中心。列子湯問篇、文子上義篇皆同。是故能進退履繩，繩，直正也。而旋曲中規，曲，屈。規，圓。取道致遠，而氣力有餘，誠得其術也。是故權勢者，人主之車輿也；大臣者，人主之駟馬也。體離車輿之安，而手失駟馬之心，而能不危者，古今未有也。是故輿馬不調，王良不足以取道；君臣不和，唐、虞不能以爲治。執術而御之，則管、晏之智盡矣；明分以示之，則蹠、蹻之姦止矣。盜蹠，孔子時人。蹻，莊蹻，楚威王之將軍，能大爲盜也。夫據除而窺井底，○王引之云：階除不得有井，除當爲榦，字之誤也。莊子秋水篇「吾跳梁乎井榦之上」，司馬彪曰：「井榦，井欄也。」漢書枚乘傳「單極之絖斷榦」，晉灼曰：「榦，井上四交之榦。」說文作韓，云「井垣也」。此言據井之欄以窺井底耳。○文典謹按：王說是也。宋本正作榦。雖達視猶不能見其睛；睛，目瞳子也。借明於鑑以照之，則寸分可得而察也。鑑，鏡也。分，毛也，一曰疵。是故明主之耳目不勞，精神不竭，物至而觀其象，事來而應其化，近者不亂，遠者治也。○王念孫云：「物至而觀其象」，象當爲變，草書之誤也。變與化同義，「觀其變」亦謂觀其變而應之也。作象，則非其指矣。文子上義篇正作「物至而觀其變」。氾論篇亦曰：「物動而知其反，事萌而察其變，近者不亂，遠者治也。」文子作「近者不亂，卽遠者治矣」，亦於義爲長。是故不用適然之數，而行必然之道，故萬舉而無遺策矣。○文典謹按：御覽七百四十六引，作「進退周旋，無不如意」。今夫御者，馬體調于車，御心和于馬，則歷險致遠，進退周游，莫不如志。雖有騏驥騄駬之良，臧獲御之，則馬反自恣，而人弗能制矣。臧獲，古之不能御者，魯人也。○文典謹按：御覽引，臧獲作烏獲，恣下引注云：「恣，卻行也。」「而人弗能制矣」作「而人不御也」。故治者不貴其自是，而貴其不得爲非也。故曰：「勿使可欲，毋曰弗求。勿使可奪，毋曰不爭。」如此，則人材釋而公道行矣。美者正於度，而不足者建於用，故海內可一也。○王念孫云：美當爲羨，正當爲止，建當爲逮，皆字之誤也。（文選陸雲爲顧彥先贈婦詩「佳麗良可羨」，今本羨誤作美，玉臺新詠載此詩正作羨。）羨謂才有餘也。「羨者止於度，而不足者逮於用」，謂人主有一定之法，則才之有餘者，止於法度之中，而不得過；其不足者，亦可逮於用，而不患其不及也。羨與不足正相反。文子上義篇作「有餘者止於度，不足者逮於用」，是其明證矣。夫釋職事而聽非譽，棄公勞而用朋黨，公，正。則奇材佻長而干次，奇材，非常之材。佻長，卒非純賢也，故曰干次也。守官者雍遏而不進。如此，則民俗亂於國，而功臣爭於朝。奇材佻長之人干超其次，功勞之臣反不顯列，故爭於朝。故法律度量者，人主之所以執下，執，制。釋之而不用，不用法律度量也。是猶無轡銜而馳也，羣臣百姓反弄其上。是故有術則制人，無術則制於人。爲人所禽制也。呑舟之魚，蕩而失水，則制於螻蟻，離其居也。魚能呑舟，言其大也。其居，水也。猨狖失木，而擒於狐狸，非其處也。其處，茂木。君人者釋所守而與臣下爭，則有司以無爲持位，無所爲以持其位也。守職者以從君取容，隨君之欲，以取容媚。是以人臣藏智而弗用，不用智謀贊佐其上也。反以事轉任其上矣。賢臣見其不肯爲謀，故轉任其上，令自制之。詩云：仲山甫「既明且哲，以保其身」。○王念孫云：「與臣下爭」，當作「與臣下爭事」。唯君與臣爭事，是以臣藏智弗用，而以事轉任其上也。脱去事字，則文義不明。文子上仁篇正作「與臣爭事」。

夫富貴者之於勞也，達事者之於察也，驕恣者之於恭也，勢不及君。君人者不任能，而好自爲之，不任用臣智能也。則智日困而自負其責也。數窮於下則不能伸理，行墮於國則不能專制，智不足以爲治，威不足以行誅，則無以與天下交也。○王念孫云：「與天下交」當作「與下交」，下謂羣臣也。（下字上下文凡四見。）上文曰：「法律度量者，人主之所以執下。」舍是，則智不足以爲治，威不足以行誅矣，故曰無以與下交。（大學曰：「與國人交。」）下上不當有天字。文子上仁篇有天字，亦後人依誤本淮南加之。羣書治要引文子無天字。喜怒形於心者欲見於外，○王念孫云：者當爲耆，字之誤也。耆欲與喜怒，相對爲文。文子上仁篇作嗜欲，是其證。則守職者離正而阿上，有司枉法而從風，賞不當功，誅不應罪，上下離心，而君臣相怨也。是以執政阿主，阿，曲從也。而有過則無以責之。有罪而不誅，則百官煩亂，智弗能解也；毀譽萌生，而明不能照也。不正本而反自然，則人主逾勞，人臣逾逸。是猶代庖宰剝牲，而爲大匠斲也。與馬競走，筋絶而弗能及；上車執轡，則馬𣦸于衡下。○陳觀樓云：𣦸字義不可通。文子上仁篇作「馬服於衡下」，是也。𣦸本作𦨈，服或作服，下半相似而誤。相之勞而致千里者，乘於人資以爲羽翼也。資，才也。故伯樂相之，王良御之，明主乘之，無御相之勞而致千里者，乘於人資以爲羽翼也。

是故君人者，無爲而有守也，有爲而無好也。無所私好。○王念孫云：有爲與無爲正相反，且下二句云「有爲則讒生，有好則諛起」，則不當言有爲，明矣。有爲本作有立。有立而無好，謂有所建立而無私好也。（高注：「無所私好。」）今本作有爲者，涉下句有爲而誤。文子上仁篇正作「有立而無好」。有爲則讒生，有好則諛起。讒諛之人乘志而起。昔者齊桓公好味而易牙烹其首子而餌之，桓公，襄公諸兒之子小白。虞君好寶而晉獻以璧馬釣之，釣，取。胡王好音而秦穆公以女樂誘之，誘，惑。是皆以利見制於人也。制，猶禽也。故善建者不拔。言建之無形也。○王念孫云：此六字乃正文，非注文也。「故善建者不拔」者，引老子語也。「言建之無形也」者，釋其義也。精神篇曰：「故曰『其出彌遠者，其知彌少』，以言夫精神之不可使外淫也。」亦是引老子而釋之。後人誤以此六字爲注文，故改入注耳。文子正作「故善建者不拔，言建之無形也」。

夫火熱而水滅之，金剛而火銷之，木强而斧伐之，水流而土遏之，唯造化者，物莫能勝也。故中欲不出謂之扃，外邪不入謂之塞。○莊逵吉云：吕覽作「外欲不入謂之閉」。據下「中扃外閉」云云，則此句疑當如吕覽。○王念孫云：扃與閉皆以門爲喻，閉字是也。文子上仁篇亦作閉。中扃外閉，何事之不節！外閉中扃，何事之不成！弗用而後能用之，弗爲而後能爲之。精神勞則越，越，散。耳目淫則竭，竭，滅。故有道之主，滅想去意，清虚以待，不伐之言，不奪之事，循名責實，使有司，○王念孫云：「不伐之言」，伐當爲代。「不代之言，不奪之事」，謂臣所當言者，君不代之言，臣所當行者，君不奪之事也。吕氏春秋知度篇代字亦誤作伐。案：上文云「是猶代庖宰剝牲，而爲大匠斲也」，吕氏春秋云「是君代有司爲有司也」，則皆當作代明矣。「使自司」，（道藏本如是。）當從吕氏春秋作「官使自司」，謂使百官自司其事而君不與也。故下文云「如此，則百官之事各有所守」。此文上下皆以四字爲句，脱去官字，則不成句矣。劉本作「使有司」，文子上仁篇作「使自有司」，皆於義未安。莊從劉本作「使有司」，非也。任而弗詔，責而弗教，以不知爲道，道常未知。以柰何爲寶。道貴無形，無形不可奈何，道之所以爲貴也。如此，則百官之事各有所守矣。有所守，言不離扃也。攝權勢之柄，其於化民易矣。衛君役子路，權重也；衛君，出公輒也。景、桓公臣管、晏，位尊也。管仲輔相桓公，晏嬰相景公，二君位尊故也。○王念孫云：公字後人所加。衛君役子路，景、桓臣管、晏，相對爲文。景、桓下加公字，則文不成義矣。又人閒篇：「故蔡女蕩舟，齊師侵楚。（今本侵楚上衍大字，辯見人閒。）兩人搆怨，廷殺宰予。簡公遇殺，身死無後。陳氏代之，齊乃無吕。兩家鬬鷄，季氏金距。郈公作難，魯昭公出走。」案：魯昭公之公，亦後人所加。自「蔡女蕩舟」以下，皆四字爲句，魯昭下加公字，則累於詞矣。又泰族篇：「闔閭伐楚，五戰入郢。燒高府之粟，破九龍之鍾。鞭荆平王之墓，舍昭王之宫。」案：荆平王之王，亦後人所加。「燒高府之粟」以下，皆五字爲句。荆平下加王字，則累於詞矣。（吕氏春秋胥時篇「鞭荆平之墳」，亦無王字。）○俞樾云：此本作「桓、景臣管、晏」，言桓臣管，景臣晏也。因傳寫誤作桓公，後人遂加景字於桓字之上。先景後桓，與管、晏不相當，而「景、桓公臣管、晏」，與上文「衛君役子路」句法又參差不一律，足知其非矣。**怯服勇而愚制智，其所託勢者勝也。故枝不得大於榦，末不得强於本，則輕重大小有以相制也。若五指之屬於臂，搏援攫捷，莫不如志，言以小屬於大也。**○王念孫云：「則輕重小大有以相制也」，本作「言輕重小大有以相制也」。此釋上之詞，與下「言以小屬於大也」文同一例。後人不達，而改言爲則，上言「不得」，下言「則」，則文義不相承接矣。文子上義篇正作「言輕重大小有以相制也」。**是故得勢之利者，所持甚小，其存甚大；**○王念孫云：「其存甚大」，本作「所任甚大」。「所持甚小，所任甚大」，卽下文所謂「十圍之木，持千鈞之屋」也。今本「所任」作「其存」者，其字因與上下三甚字相似而誤，任誤爲在，後人因改爲存耳。文子作「所在甚大」，在亦任之誤。羣書治要引文子，正作「所任甚大」。**所守甚約，**約，要也，少也。所制甚廣。是故十圍之木，持千鈞之屋；○文典謹按：意林持上有能字。五寸之鍵，制開闔之門。○王念孫云：「制開闔」三字文義未足，説苑説叢篇作「而制開闔」，文子作「能制開闔」，能亦而也。（而字古通作能，説見經義述聞「能不我知」下。）二書皆本於淮南，則淮南原文本作「五寸之鍵，而制開闔」明矣。道藏本脱而字，劉績不能攷正，乃於制開闔下加之門二字，而諸本及莊本皆從之，謬矣。（上言「持千鈞之屋」，若無之屋二字，則文不成義。此言制開闔，則其義已明，無庸加之門二字。）○文典謹按：意林制上有能字。豈其材之巨小足哉？所居要也。○文典謹按：意林作「非材有巨細，所居要耳」。孔丘、墨翟修先聖之術，通六藝之論，口道其言，身行其志，慕義從風風，化。而爲之服役者不過數十人。役，事。使居天子之位，則天下徧爲儒墨矣。徧，猶盡也。○文典謹按：意林作「使孔、墨爲天下，天下盡儒墨，得其要也」。楚莊王傷文無畏之死於宋也，奮袂而起，衣冠相連於道，遂成軍宋城之下，權柄重也。莊王，楚穆王商臣之子旅也。使申舟聘于齊，不假道於宋。無畏曰：「宋必襲殺我。」王曰：「殺汝，伐宋。」見犀而行，不假道於宋。華元曰：「過我而不假道，鄙我也。鄙我，亾也；以兵殺其使者，亦亾也。」遂殺之。莊王聞之怒，故投袂而起，成軍亾宋城。故曰權柄重也。楚文王好服獬冠，楚國效之；文王，楚武王熊達之子熊庛也。獬廌之冠，如今御史冠。○陶方琦云：御覽六百八十四引，作「楚莊王好觟冠，楚國效之也」。御覽、藝文類聚服飾部一、事類賦冠部並引許注：「觟冠，今力士冠。」按：説文角部：「觟，牝牂羊生角者也。」玉篇：「觟，角皃。」（廣韻三十五馬觟下云「楚冠名」。）或云：觟卽解字。王充論衡：「觟䚦者，一角之羊也。」觟䚦卽解廌，觸邪神羊也。後漢輿服志：「獬廌，神羊，能別曲直。楚王嘗獲之，以爲冠。」注引異物志云：「東北荒中有獸名獬廌，一角，性忠，見人鬭則觸不直者，聞人論則咋不正者。楚執法者所服也。今冠兩角，非豸也。」許云「力士冠」，疑卽武弁大冠。○文典謹按：初學記服食部引，文王亦作莊王。

趙武靈王貝帶鵕鸃而朝，趙國化之。趙武靈王出春秋後，以大貝飾帶，胡服。鵕鸃，讀曰私鈚頭，二字三音也。曰郭洛帶、粒銚鏑也。○莊逵吉云：藏本如是。本或作「曰郭洛帶係銚鎬也」，文義皆難通，疑有誤字。○陶方琦云：文選吴都賦注引許注：「鵕鸃，鷩雉也。」史記索隱二十六、二十七引許注作鷩鳥，鳥乃雉字之誤。爾雅「鷩雉」注：「似山雞而小，冠背毛黄，腹下赤，項緑色鮮明。」説文鳥部鵕字下：「鵕鸃，鷩也。」鸃下：「鵕鸃也。秦、漢之初，侍中冠鵕鸃冠。」玉篇：「鵕鸃，鷩雉也。」卽用許注淮南説。○孫詒讓云：此注文難通。戰國趙策「武靈王賜周紹胡服，衣冠具帶，黄金師比」，史記匈奴傳作黄金胥紕，索隱：「張晏云：鮮卑郭落帶，瑞獸名也，東胡好服之。延篤云：胡革帶鉤也。班固與竇憲牋云：賜犀比黄金頭帶也。」漢書匈奴傳作犀毗，師古云：「犀毗，胡帶之鉤也。亦曰鮮卑，亦謂師比，總一物也，語有輕重耳。」此注私鈚頭，卽史記之師比，漢書之胥紕、犀毗。郭洛帶，卽張晏所謂郭落帶也。「郭洛帶、粒銚鏑也」義未詳，疑當作「郭洛帶、私鈚鉤也」。

使在匹夫布衣，雖冠獬冠，帶貝帶，鵕鸃而朝，則不

免爲人笑也。

夫民之好善樂正，不待禁誅而自中法度者，萬無一也。下必行之令，從之者利，逆之者凶，日陰未移，而海内莫不被繩矣。繩，正也。故握劍鋒，以離北宮子、司馬蒯蕢不使應敵；北宮子，齊人，孟子所謂北宮黝也。司馬蒯蕢，其先程伯休父，宣王命以爲司馬，因爲司馬氏，蒯蕢其後也。周衰，適他國。蒯蕢在趙，以善擊劍聞。應，猶擊也。操其觚，招其末，則庸人能以制勝。觚，劍拊。招，舉也。○王念孫云：「握劍鋒以」之下脱去一字。離字與上下文皆不相屬，當是雖字之誤。隸書離字或作離，（説見天文篇「禹以爲朝晝昏夜」下。）形與雖相近，故雖誤爲離。「不使應敵」，使上當有可字。言手握劍鋒，則雖北宮黝、司馬蒯蕢亦不可使應敵。若操其本而舉其末，則庸人亦能以制勝也。「可使」與「能以」，文相正對。○王紹蘭云：離爲雖誤，使上有可字，是也。以字當在雖字下，謂握劍鋒，雖以北宮子、司馬蒯蕢亦不可使應敵。此文以雖誤倒耳。「故握劍鋒」爲句，雖以二字下屬，文義自明，則劍鋒下無脱字。○俞樾云：王氏念孫謂離是雖字之誤，使上應有可字，皆是也。疑「握劍鋒以」之下有脱文，則尚未盡得。此當以鋒字絶句，「操其觚，招其末」之下更無他文，則「握劍鋒」下亦不必更有何字矣。以字本在雖字之下，其文曰：「故握劍鋒，雖以北宮子、司馬蒯蕢不可使應敵。」因雖字誤作離，遂移以字於上，使成句耳。今使烏獲、藉蕃從後牽牛尾，尾絶而不從者，逆也；烏獲、藉蕃，皆多力人。若指之桑條以貫其鼻，則五尺童子牽而周四海者，順也。夫七尺之橈而制船之左右者，以水爲資；橈，刺船櫂也。資，用也。橈，讀煩嬈之嬈也。天子發號，令行禁止，以衆爲勢也。○文典謹按：北堂書鈔一百三十八引，作：「七尺之檝而制大舟者，因水爲資也。君發一言之號而令行於民者，因衆爲勢也。」又御覽七百七十一引，制作動，勢作資。夫防民之所害，開民之所利，威行也，若發堿決唐。堿，水堿也。唐，隄也。皆所以畜水。○莊逵吉云：唐，古塘字。故循流而下易以至，背風而馳易以遠。因其勢也。桓公立政，去食肉之獸，食粟之鳥，係罝之網，三舉而百姓説。桓，齊桓公。紂殺王子比干而骨肉怨，斮朝涉者之脛而萬民叛，再舉而天下失矣。故義者，非能徧利天下之民也，利一人而天下從風；暴者，非盡害海内之衆也，害一人而天下離叛。故桓公三舉而九合諸侯，紂再舉而不得爲匹夫。故舉錯不可不審。三舉，去食肉之獸、食粟之鳥、係罝之網。再舉，殺比干、斮朝涉之脛也。

人主租斂於民也，必先計歲收，量民積聚，知饑饉有餘不足之數，然後取車輿衣食供養其欲。○王念孫云：羣書治要引此，饑饉作饒饉。案：作饒饉者原文，作饑饉者後人所改也。饒與饉，有餘與不足，皆相對爲文。若作饑饉，則與有餘不足之文不類矣。此言人主必知民積聚之多寡，然後可以取於民。若上言饑饉，則下不得言「取車輿衣食供養其欲」矣。後人熟於饑饉之文，遂以意改之，而不知其與下文相抵牾也。高臺層榭，接屋連閣，非不麗也，然民有掘穴狹廬所以託身者，明主弗樂也。不樂其大麗也。○王念孫云：掘穴本作堀室。堀，古窟字。昭二十七年左傳「吳公子光伏甲於堀室而享王」，史記吳世家作窟室，是也。因堀誤爲掘，後人遂妄改爲掘穴耳。窟室與狹廬，事相類，若云掘穴狹廬，則文不成義矣。羣書治要引此，正作窟室。又引注云：「窟室，土室。」太平御覽木部七引此，亦作窟室。又案：「民無掘穴狹廬所以託身者」，（道藏本如是。）劉本作「民有掘穴狹廬無所託身者」，此依下文改也。案：下文云「民有糟糠菽粟不接於口者」，又云「民有處邊城，犯危難，澤死暴骸者」。此云「民無堀室狹廬所以託身者」，文與下二條異，不當據彼以改此。且既有狹廬，則不得言無所託身。羣書治要、太平御覽引此，並作「民無窟室狹廬」，則劉改非也。莊依劉本作「民有掘穴狹廬」，又依道藏本作「所以託身者」，兩無所據矣。○陶方琦云：羣書治要引許注：「窟穴，土室。」按：說文：「穴，土室也。」與此注正同。肥醲甘脆，非不美也，○文典謹按：治要引，美作香。然民有糟糠菽粟不接於口者，則明主弗甘也。不甘其肥醲也。匡牀蒻席，非不寧也，匡，安也。蒻，細也。○文典謹按：治要引，蒻作衽。然民有處邊城，犯危難，澤死暴骸者，明主弗安也。不安其匡床蒻席也。故古之君人者，其慘怛於民也，○文典謹按：治要引，作「甚憯怛於民也」。國有飢者，食不重味；民有寒者，而冬不被裘。與同飢寒。歲登民豐，○文典謹按：治要引，作

「歲豐穀登」。乃始縣鐘鼓，陳干戚，登，成也，年穀豐熟也。君臣上下同心而樂之，國無哀人。言皆樂也。故古之爲金石管絃者，所以宣樂也；金，鐘。石，磬。管，簫也。絃，琴瑟也。兵革斧鉞者，所以飾怒也；觴酌俎豆，酬酢之禮，所以效善也；效，致。○王念孫云：效善當爲效喜，字之誤也。此以喜怒哀樂相對，作善則義不可通。羣書治要引此，正作喜。衰絰菅屨，辟踊哭泣，所以諭哀也。諭，明。此皆有充於内，而成像於外。充，實。○文典謹按：治要外下有者也二字。及至亂主，取民則不裁其力，裁，度。求於下則不量其積，男女不得事耕織之業以供上之求，事，治。業，事。力勤財匱，君臣相疾也。故民至於焦脣沸肝，有今無儲，有今日之食，而無明日之儲也。而乃始撞大鐘，擊鳴鼓，吹竽笙，彈琴瑟，是猶貫甲胄而入宗廟，被羅紈而從軍旅，○文典謹按：治要羅紈作綺羅。失樂之所由生矣。夫民之爲生也，一人蹠耒，而耕不過十畝，蹠，蹈。中田之獲，卒歲之收，○俞樾云：既言之獲，又言之收，重複無謂。疑本作「中田卒歲之收」，無之獲二字。故文子上仁篇作「中田之收」，蓋省卒歲二字耳。若使本作「中田之獲，卒歲之收」，而文子省其一句，則何不曰「中田之獲」，而必變獲言收乎？不過畝四石，妻子老弱仰而食之。時有涔旱災害之患，洿，久而〔一〕水潦也。無以給上之徵賦車馬兵革之費。○王念孫云：「有以」之有，各本多作無，惟道藏本及茅本作有，有字是也。有，讀爲又。言終歲之收，僅足供一家之食，既時有水旱之災，而又以此給上之徵賦也。後人不知有爲又之借字，而改有爲無，斯爲謬矣。莊刻仍從諸本作無，故特辯之。由此觀之，則人之生，憫矣！憫，憂無樂。夫天地之大，計三年耕而餘一年之食，率九年而有三年之畜，十八年而有六年之積，積，委也。二十七年而有九年之儲，雖洿旱災害之殃，民莫困窮流亾也。故國無九年之畜，謂之不足；無六年之積，謂之憫急；憫，憂。急，病也。無三年之畜，謂之窮乏。故有仁君明王，其取下有節，自養有度，則得承受於天地，而不離饑寒之患矣。若貪主暴君，撓於其下，侵漁其民，以適無窮之欲，則百姓無以被天和而履地德矣。天和，氣也。地德，所生植也。

食者，民之本也。民者，國之本也。國者，君之本也。是故人君者，○王念孫云：君字當在人字上。羣書治要引此，正作「君人者」。上因天時，下盡地財，中用人力，是以羣生遂長，五穀蕃植。教民養育六畜，○陶方琦云：説文畜字下引許注「玄田爲畜」。按：説文引淮南子曰「玄田爲畜」，即引其注文，與芸字、蜩字下同例。説文：「畜，田畜也。」即周官牧人

〔一〕「而」，疑當爲「雨」，形近而誤。

「掌牧六牧而阜蕃其物」之義。王氏筠曰：「玄田當作玄田，从叀之古文𢆶。」叀部疐下云：「从叀，引而止之也。」漢書景帝詔「農桑毄畜」，注：「食養之畜。毄，古繫字。」繫之者，恐其逸也。是其證。以時種樹，務修田疇，滋植桑麻，肥墝高下，各因其宜。丘陵阪險不生五穀者，以樹竹木，春伐枯槁，夏取果蓏，有核曰果，無核曰蓏。秋畜疏食，菜蔬曰疏，穀食曰食。冬伐薪蒸，大者曰薪，小者曰蒸。以爲民資。資，用。是故生無乏用，死無轉尸。轉，棄也。故先王之法，畋不掩羣，掩，猶盡也。不取麛夭，鹿子曰麛，麋子曰夭。不涸澤而漁，涸澤，漉池也。不焚林而獵。爲盡物也。豺未祭獸，罝罦不得布於野；十月之時，豺殺獸，四面陳之，世謂之祭獸也。未祭獸，罝罦不得施也。獺未祭魚，網罟不得入於水；獺，猵也。明堂月令：「孟春之月，獺祭魚。」取鯉四面陳之水邊也，世謂之祭魚。未祭，不得捕也。鷹隼未摯，羅網不得張於谿谷；立秋鷹摯矣。未立秋，不得施下。鷹或作雁。草木未落，斤斧不得入山林；九月草木節解。未解，不得伐山林也。昆蟲未蟄，不得以火燒田。十月蟄蟲備藏。未蟄，不得用燒田也。○王念孫云：正文燒字，因注內「燒田」而衍。「不得以火田」，謂田獵不得用火。爾雅曰「火田爲狩」是也。高注「不得用燒田」，燒讀去聲。管子輕重甲篇「齊之北澤燒」，尹知章注曰：「獵而行火曰燒。式照反。」是也。燒字正釋火字。若云以火燒田，則不詞矣。王制及賈子容經篇並云「昆蟲未蟄，不以火田」，（說苑脩文篇同。）此即淮南所本。文子上仁篇亦作「不得以火田」。孕育不得殺，鷇卵不得探，魚不長尺不得取，彘不期年不得食。皆爲盡物。是故草木之發若蒸氣，發，生。禽獸之歸若流泉，飛鳥之歸若煙雲，有所以致之也。故先王之政，四海之雲至而脩封疆，立春之後，四海出雲。○文典謹按：御覽九百二十二引注，立春作春分。蝦蟇鳴、燕降而達路除道，三月之時。○文典謹按：御覽九百二十二引注，作「春分之後」。陰降百泉則橋梁，十月之時。昏張中則務種穀，三月昏，張星中于南方。張，南方朱鳥之宿也。○文典謹按：御覽八百二十三引，張作弧。又引注，作「二月昏時，弧星中於南方，朱雀之宿也」。大火中則種黍菽，大火，東方蒼龍之宿，在四月建巳中南方。菽，豆也。虛中則種宿麥，虛，北方玄武之宿，八月建酉中于南方也。昴中則收斂畜積，伐薪木。昴星，西方白虎宿也。季秋之月，收斂畜積也。上告于天，下布之民，先王之所以應時修備，富國利民，實曠來遠者，其道備矣。實，滿也。曠，空也。○文典謹按：治要引，「富國利民」作「富利國民」。非能目見而足行之也，欲利之也。欲利之也不忘於心，則官自備矣。心之於九竅四支也，不能一事焉，然而動靜聽視皆以爲主者，不忘於欲利之也。故堯爲善而衆善至矣，桀爲非而衆非來矣。善積則功成，非積則禍極。極，至。

凡人之論，心欲小而志欲大，智欲員而行欲方，能欲多而事欲鮮。所以心欲小者，慮患未生，備禍未發，戒過慎微，不敢縱其欲也。詩云：「惟此文王，小心翼翼，昭事上帝，聿懷多福。」此之謂也。志欲大者，兼包萬國，一齊殊俗，并覆百姓，若合一族，是非輻湊而爲之轂。轂，以諭王。○莊逵吉云：「不穀」之訓，古皆云穀善。錢别駕云：道德經「侯王自稱孤寡不穀」，河上本作轂，注云，「不轂，不爲輻所湊也」，又別一解，與此「轂以論王」之注正同，知古兩義並有，後人但識穀善，而不知有輻轂之訓矣。智欲員者，環復轉運，終始無端，若順連環，故曰無端。旁流四達，淵泉而不竭，萬物並興，莫不嚮應也。應，和。行欲方者，直立而不撓，撓，弱曲也。素白而不污，窮不易操，通不肆志。肆，放。能欲多者，文武備具，動静中儀，舉動廢置，曲得其宜，無所擊戾，擊，掌也。戾，破也。○洪頤煊云：荀子脩身篇：「行而俯項，非擊戾也。」尚書益稷「戛擊鳴球」，文選長楊賦作拮隔。韋昭曰：「古文隔爲擊。」擊戾即隔背，高注非。無不畢宜也。事欲鮮者，執柄持術，得要以應衆，執約以治廣，處静持中，○俞樾云：文子微明篇作「處静以持躁」，當從之。静、躁對文，與上文「得要以應衆，執約以治廣」文義一律。運於璇樞，以一合萬，若合符者也。符，約也。故心小者禁於微也，志大者無不懷也，多所容也。智員者無不知也，行方者有不爲也，非正道不爲也。能多者無不治也，治，猶作也。事鮮者約所持也。約，要也。

古者天子聽朝，公卿正諫，博士誦詩，瞽箴師誦，庶人傳語，史書其過，宰徹其膳。猶以爲未足也，故堯置敢諫之鼓，欲諫者，擊其鼓。○文典謹按：治要敢作欲。舜立誹謗之木，書其善否於表木也。湯有司直之人，司直，官名，不曲也。武王立戒慎之鞀，欲戒君令慎疑者，摇鞀鼓。○文典謹按：治要立作有，鞀作銘。過若豪氂，而既已備之也。備，具也。夫聖人之於善也，無小而不舉；舉，用。其於過也，無微而不改。改，更。堯、舜、禹、湯、文、武，皆坦然天下而南面焉。背屏而朝諸侯。○王念孫云：次句當作「皆坦然南面而王天下焉」。今本顛倒，不成文理。劉本删去王字，尤非。當此之時，鼙鼓而食，鼙鼓，王者之食樂也。詩云：「鼓鐘伐鼛。」○王念孫云：「鼛鼓而食」當爲「伐鼛而食」。今作鼛鼓者，涉注文而誤也。周官大司樂曰：「王大食三侑皆令奏鍾鼓。」奏鍾鼓而食，故曰「伐鼛而食」。高注引詩「鼓鍾伐鼛」，正釋伐鼛二字之義。若云「鼛鼓而食」，則文不成義矣。且「伐鼛而食，奏雍而徹」，相對爲文。荀子正論篇曰「曼而饋，伐皋而食，（今本伐誤作代，辯見荀子。皋與鼛同，考工記「韗人爲皋鼓」是也。）雍而徹乎五祀」，即淮南所本也。玉海音樂部樂器類引此，正作「伐鼛而食」。奏雍而徹，雍，已食之樂也。已飯而祭竈，行不用巫祝，言其率德蹈政，無求於神。鬼神弗敢祟，山川弗敢禍，可謂至貴矣，至德之可貴也。然而戰戰慄慄，日慎一日。由此觀之，則聖人之心小矣。詩云：「惟此文王，小心翼翼，昭事上帝，聿懷多福。」其斯之謂歟！武王伐紂，○王念孫云：伐紂本作克殷，此後人妄改之也。（下文「解箕子之囚」，高注「武王伐紂，赦其囚執」，伐紂二字，亦後人所加。）下文所述六事，皆在克殷以後。若改克殷爲伐紂，則自孟津觀兵以後，皆是伐紂之事，與下文不合矣。羣書治要引此，正作武王克殷。又齊俗篇「昔武王執戈秉鉞以伐紂勝殷，搢笏杖殳以臨朝」，伐紂二字，亦後人所加。「執戈秉鉞以勝殷，搢笏杖殳以臨朝」，相對爲文。加入伐紂二字，則文不成義，且與下句不對矣。太平御覽兵部八十四引此，無伐紂二字，蓋後人熟於武王伐紂之語，遂任意增改，而不顧文義，甚矣其妄也！發鉅橋之粟，散鹿臺之錢，鉅橋，紂倉名也。一說：鉅鹿漕運之橋。鹿臺，紂錢藏府所積也。武王發散以振疲民。○陶方琦云：史記集解三、漢書張良傳注、後漢地理志引許注：「鉅鹿之大橋，有漕粟也。」按：二注文義異，所云一說，即是許義，與集解、漢書注引合。水經注十引許慎曰：「鉅鹿水之大橋也。」亦即此注。呂氏春秋慎大高注：「巨橋，紂倉名。」與此注前一說正同。封比干之墓，比干，紂諸父也。諫紂之非，紂殺之。故武王封崇其墓，以旌仁也。表商容之閭，商容，殷之賢人，老子師，故表顯其里。穆稱篇又云「老子業于商容，見舌而知守柔矣」是也。○陶方琦云：世說新語一引許注：「商容，殷之賢人，老子師。」按：此許注羼入高注中，故同。蘇氏淮南子叙云：「高氏注每篇下皆曰訓，今本皆用高氏，故皆稱訓。」茲所曰穆稱篇，穆、繆古通。稱篇，乃許氏之本也。繆稱篇許注亦云：「商容，賢人也。」朝成湯之廟，成湯，殷受命之王。言聖人以類相宗。解箕子之囚，箕子，紂之庶兄。論語云「箕子爲之奴」。武王伐紂，赦其囚執，問以洪範，封之于朝鮮也。使各處其宅，田其田，無故無新，惟賢是親，○文典謹按：治要引，是作之。用非其有，使非其人，晏然若故有之。○文典謹按：治要引，若下有其字。由此觀之，則聖人之志大也。

〇文典謹按：「則聖人之志大也」，與上文「則聖人之心小矣」，下文「則聖人之智員矣」、「則聖人之行方矣」不一律，也當作矣。治要引，正作「卽聖人之志大矣」。文王周觀得失，徧覽是非，堯、舜所以昌，桀、紂所以亡者，皆著於明堂，著，猶圖也。於是略智博聞，以應無方。由此觀之，則聖人之智員矣。成、康繼文、武之業，守明堂之制，觀存亡之迹，見成敗之變，非道不言，非聖人之意不敢言。非義不行，非仁義不敢履行也。言不苟出，行不苟爲，擇善而後從事焉。由此觀之，則聖人之行方矣。孔子之通，智過於萇弘，勇服於孟賁，足躡郊菟，力招城關，能亦多矣。萇弘，周大夫，敬王臣也，號知大道。孟賁，勇士也。孔子皆能。招，舉也。以一手招城門關端，能舉之，故曰能亦〔一〕多也。〇陶方琦云：羣書治要引許注：「萇弘，周景王之史，行通天下鬼方之術也。」按：春秋文曜鉤云：「高辛受命，重黎説天，成周改號，萇弘分官。」又羣書治要、後漢書鄭太傳注引許注：「孟賁，衛人。」按：漢書淮南王傳「奮諸、賁之勇」，應劭曰：「吳專諸，衛孟賁也。」與許説同。然而勇力不聞，人不聞其爲勇力也。伎巧不知，人不知其有伎巧也。專行教道，〇文典謹按：治要引，教作孝。以成素王，事亦鮮矣。春秋二百四十二年，亾國五十二，弒君三十六，采善鉏醜，以成王道，論亦博矣。

〔一〕「能亦」，原本作「亦能」，據正文乙。

然而圍於匡，顔色不變，絃歌不輟，匡，宋邑也。今陳留襄邑西匡亭是也。孔子曰：「天生德于予，匡人其如予何！」故顔色不變，絃歌不止也。臨死亾之地，犯患難之危，據義行理而志不懾，分亦明矣。犯，猶遭也。懾，猶懼也。然爲魯司寇，聽獄必爲斷，爲魯定公司寇。作爲春秋，不道鬼神，不敢專己。夫聖人之智，固已多矣，其所守者有約，故舉而必榮。愚人之智，固已少矣，其所事者多，○王念孫云：「其所事者多」，多上亦當有有字。「其所守者有約」，「其所事者有多」，兩有字皆讀爲又，又與「固已」文義相承。羣書治要引此，正作「其所事者又多」。（荀子王霸篇引孔子曰：「知者之知固已多矣，有以守少，能無察乎？愚者之知固已少矣，有以守多，能無狂乎？」此卽淮南所本。）故動而必窮矣。吴起、張儀，智不若孔、墨，而爭萬乘之君，此其所以車裂支解也。夫以正教化者，易而必成；以邪巧世者，難而必敗。凡將設行立趣於天下，捨其易成者，○王念孫云：「捨其易成者」，當作「捨其易而必成者」。今本脱而必二字，則與上文不合。文子微明篇正作「捨其易而必成」。而從事難而必敗者，愚惑之所致也。凡此六反者，不可不察也。六反，謂孔、墨、萇宏、孟賁、吴起、張儀也。其行相反，故曰六反。○俞樾云：高注曰：「六反，謂孔、墨、萇宏、孟賁、吴起、張儀也。其行相反，故曰六反。」此注大謬。上文雖有此六人，然非舉以相較。萇宏、孟賁，不過謂孔子之智勇過此二人耳，初非言其相反也。六反者，卽上文所謂「心欲小而志欲大，智欲員而行欲方，能欲多而事欲鮮」也。小與大反，員與方反，多與鮮反，是謂六反。

偏知萬物而不知人道，不可謂智。偏愛羣生而不愛人類，不可謂仁。仁者，愛其類也；智者，不可惑也。仁者，雖在斷割之中，其所不忍之色可見也。不忍智〔一〕斷割之色見于顔色也。智者，雖煩難之事，其不闇之效可見也。內恕反情，心之所欲，其不加諸人，由近知遠，由己知人，此仁智之所合而行也。小有教而大有存也，小有誅而大有寧也，小教之以正，故大有存也；小責之以義，故大有寧也。非正則不存，非義則不寧。唯惻隱推而行之，此智者之所獨斷也。故仁智錯，有時合，◯王念孫云：「故仁智錯，有時合」，當作「故仁智有時錯，有時合」。合者爲正，錯者爲權，其義一也。府吏守法，君子制義。法而無義，亦府吏也，不足以爲政。◯孫詒讓云：吏並當爲史，形之誤也。周禮諸官皆有府史胥徒，鄭注云「府治藏，史掌書」者。凡府史，皆其官長所自辟除。耕之爲事也勞，織之爲事也擾。擾勞之事，而民不舍者，知其可以衣食也。人之情不能無衣食，衣食之道必始於耕織，萬民之所公見也。物之若耕織者，始初甚勞，終必利也衆，愚人之所見者寡；事可權者多，愚之所權者少：此愚者之所多患也。◯王念孫云：「事可權

〔一〕「智」字疑衍。

者多」二句，當作「事之可權者多（對上文「物之若耕織者，始初甚勞，終必利也衆。」），愚人之所權者少（對上文「愚人之所見者寡。」）」。各本脱之字、人字，則文義不明。「此愚者之所多患」，劉本作「此愚者之以多患也」。案：當作「此愚者之所以多患也」。（對下文「此智者所以寡患也」。）道藏本脱以字、也字，劉本脱所字。○俞樾云：此有脱誤。當云：「物之可備者衆，愚人之所備者寡；事之可權者多，愚人之所權者少：此愚者之所以多患也。」下文曰：「物之可備者，智者盡備之；可權者，盡權之：此智者所以寡患也。」與此文反覆相明，是其證也。衆上脱「物之可備者」五字。王氏念孫遂欲以衆字屬上句讀，然上文云「物之若耕織者，始初甚勞，終必利也」，其文義已足，必綴衆字於句末，轉爲不詞矣。物之可備者，智者盡備之；可權者，盡權之：此智者所以寡患也。故智者先忤忤，逆。而後合，愚者始於樂而終於哀。今日何爲而榮乎，旦日何爲而義乎，此易言也。今日何爲而義，旦日何爲而榮，此難知也。問瞽師曰：「白素何如？」曰：「縞然。」曰：「黑何若？」曰：「黮然。」援白黑而示之，則不處焉。人之視白黑以目，言白黑以口，瞽師有以言白黑，無以知白黑，故言白黑與人同，其別白黑與人異。入孝於親，出忠於君，無愚智賢不肖皆知其爲義也，使陳忠孝行而知所出者鮮矣。凡人思慮，莫不先以爲可而後行之，其是或非，此愚智之所以異。

凡人之性，莫貴於仁，莫急於智。仁以爲質，智以行之。兩者爲本，而加之以勇力辯慧，捷疾劬録，巧敏遲利，〇王念孫云：遲利二字，義不相屬。遲當爲犀，字之誤也。犀亦利也。漢書馮奉世傳「器不犀利」，如淳曰：「今俗刀兵利爲犀。」自勇力以下，皆兩字同義。聰明審察，盡衆益也。身材未修，伎藝曲備，而無仁智以爲表幹，而加之以衆美，則益其損。故不仁而有勇力果敢，則狂而操利劍；狂，猶亂也。不智而辯慧懷給，則棄驥而不式。不智之人，辯慧懷給，不知所裁之，猶棄驥而或，不知所詣也。懷，佞也。〇王念孫云：懷與佞，義不相近。懷皆當爲懁，字之誤也。懁與儇同字，或作譞。方言曰：「儇，慧也。」說文同。又曰：「譞，譞慧也。」廣雅曰：「辯、儇，慧也。」卽此所云「辯慧懁給」也。楚辭九章「忘儇媚以背衆兮」，王注曰：「儇，佞也。」正與高注同。「棄驥而不式」，本作「乘驥而或」。因乘誤爲棄，（隸書乘或作乗，棄或作弃，二形相似。）或誤爲式，（草書或式相似。）後人遂於式上加不字耳。或與惑同。故高注云「不智之人，辯慧懁給，不知所裁之，猶乘驥而或，不知所詣也」。呂氏春秋當務篇曰：「辯而不當論，信而不當理，勇而不當義，法而不當務，或而乘驥也，狂而操吳干將也。」春秋繁露必仁且知篇曰：「不仁而有勇力材能，則狂而操利兵也。不知而辯慧獧給，則迷而乘良馬也。」是皆其明證矣。獧亦與儇同。雖有材能，其施之不當，其處之不宜，適足以輔僞飾非。伎藝之衆，不如其寡也。故有野心者不可借便勢，野，外。有愚質者不可與利器。老子曰：「國之利器，不可以假人。」魚得水而游焉則樂，塘決水涸，則爲螻蟻所食。有掌修其隄防，補其缺漏，則魚得而利之。掌，主。國有以存，人有以生。國有以存，若魚得水也。國厚，故人道生也。國之所以存者，仁義是也；人之所以生者，行善是也。國無義，雖大必亾；桀、紂是也。人無善志，雖勇必傷。論語曰：「勇而無禮則亂。」亂則傷也。治國上使不得與焉；使不得與亾傷之危，是上術也。○俞樾云：高注曰：「使不得與亾傷之危，是上術也。」此蓋屬上文讀之。然文義迂迴，不可從也。此當屬下文讀之。下文曰：「孝於父母，弟於兄嫂，信於朋友，不得上令而可得爲也。釋己之所得爲，而責于其所不得制，悖矣！」是「不得」、「可得」兩文反覆相明。疑治國下脱非字，本云「治國非上使，不得與焉」。蓋上文言「國無義，雖大必亡；人無善志，雖勇必傷」。此言國之有義無義，乃治國之事。治國之事，非上使我爲之，我不得與焉。若人之有善無善，則在我而已，故曰「不得上令而可得爲也」。上令，卽上使也。「不得上令而可得爲」，正與「非上使不得與」相對。高所據本已脱非字，故失其解矣。孝於父母，弟於兄嫂，信於朋友，不得上令而可得爲也。釋己之所得爲，而責于其所不得制，悖矣！

士處卑隱，欲上達，必先反諸己。上達有道：名譽不起，而不能上達矣。取譽有道：不信於友，不能得譽。信於友有道：事親不說，不信於友。不能説親，朋友不信之也。説親有道：修身不誠，不能事親矣。誠身有道：心不專一，不能專誠。○王念孫云：以上文例之，則「不能專誠」當作「不能誠身」。據高注云「不脩其本，而欲得悦親誠身之名，皆難也」，則正文本作「不能誠身」明矣。今作「不能專誠」者，涉上文「心不專一」而誤。中庸作「誠身有道，不明乎善，不誠乎身矣」，次句雖異義，而首句、三句則同。**道在易而求之難，**易，謂反己，先脩其本也。不脩其本，而欲得説親誠身之名，皆難也，故曰道在易而求之難。**驗在近而求之遠，故弗得也。**驗，効也。近謂本，遠謂末也。故不能得之也。

淮南鴻烈集解卷十

繆稱訓

繆異之論，稱物假類，同之神明，以知所貴，故曰「繆稱」。○莊逵吉云：此下三篇標目下皆無「因以題篇」四字，注又簡畧，蓋亦不全者也。但各本皆同，缺無據證，並仍其舊，不敢妄有增加也。○文典謹按：此篇序目，無「因以題篇」字，又宋本此篇與要畧竝題作淮南鴻烈閒詁，其爲許慎注本無疑。

道至高無上，至深無下，平乎準，直乎繩，圓乎規，方乎矩，包裹宇宙而無表裏，洞同覆載而無所礙。礙，挂也。是故體道者，不哀不樂，不喜不怒，其坐無慮，其寢無寢，物來而名，事來而應。主者，國之心。心治則百節皆安，○陶方琦云：羣書治要引許注：「治，猶理也。節，猶事也。以體喻也。」按：今注無，當補。說文：「理，治玉也。」解亦同。心擾則百節皆亂。故其心治者，支體相遺也；○陶方琦云：羣書治要引許注：「遺，忘。」按：今注無，當補。說文：「遺，忘也。」與注淮南同。其國治者，君臣相忘也。○陶方琦云：羣書治要引許注：「各得其所，無所思念。」按：今注無，當補。說文：「忘，不識也。」卽無思念。黄帝曰：「芒芒昧昧，從天之道，與元同氣。」○王念孫云：道本作威。今作道者，後人不解威字之義，而妄改之也。案：威者，德也，言從天之德也。廣雅曰：「威，德也。」周頌有客篇：「既有淫威，降福孔夷。」正義曰：「言有德，故易福。」風俗通義十反篇曰：「書曰：『天威棐諶。』言天德輔誠也。」是古謂德爲威也。後泰族篇及吕氏春秋應同篇並云：「黄帝曰：『芒芒昧昧，因天之威，與元同氣。』」文子上仁篇「因天之威，與元同氣」，用泰族篇文也。（上下文皆出泰族篇。）符言篇「從天之威，與元同氣」，用此篇文也。（下文「故至德言同略，事同指」云云，皆出此篇。）然則泰族作「因天之威」，此作「從天之威」，雖因與從不同，而威字則同矣。**故至德者，言同略，事同指，上下一心，無岐道旁見者，遏障之於邪，開道之於善，而民鄉方矣。故易曰：「同人于野，利涉大川。」**言能同人道至于野，則可以濟大川。大川，大難也。

道者，物之所導也；德者，性之所扶也；仁者，積恩之見證也；義者，比於人心而合於衆適者也。故道滅而德用，德衰而仁義生。故上世體道而不德，中世守德而弗壞也，末世繩繩乎唯恐失仁義。○俞樾云：文子微明篇作「中世守德而不懷」，此文壞字亦懷字之誤。懷卽懷來之懷，言中世守德，未知仁義之爲美，猶無意乎懷來之也。字誤作壞，失其旨矣。**君子非仁義無以生，失仁義，則失其所以生；小人非嗜欲無以活，失嗜欲，則失其所以活，故君子懼失仁義，小人懼失利。**○王念孫云：三仁字皆原文所無，此後人依上文加之也。不知此八句，與上異義。上文是言仁義不如道德，此文是言君子重義，小人重利，故以義與利欲對言，而仁不與焉。太平御覽人事部六十二「義」下引此，無三仁字。文子微明篇同。○文典謹按：王說是也。羣書治要引此文，亦無三仁字。觀其所懼，知各殊矣。易曰：「卽鹿無虞，惟入于林中，君子幾不如舍，往吝。」卽，就也。鹿以諭民。虞，欺也。幾，終也。就民欺之，卽入林中，幾終不如舍之，使之不終如其吝也。

其施厚者其報美，其怨大者其禍深。薄施而厚望，畜怨而無患者，古今未之有也。是故聖人察其所以往，則知其所以來者。聖人之道，猶中衢而致尊邪？道六通謂之衢。尊，酒器也。○莊逵吉云：六通應作四通，字之誤也。○王念孫云：致尊當爲設尊，字之誤也。藝文類聚雜器物部、太平御覽居處部二十三、器物部六引此，並作設尊。○陶方琦云：意林引許注：「衢，六通。尊，酒器。」按：意林所引同，文少約耳。益知八篇皆許注本，故引亦同。六通當作四達。說文：「四達謂之衢。」又尊字下云：「尊，酒器也。」與淮南注並同。過者斟酌，多少不同，各得其所宜。是故得一人，所以得百人也。一人來得其心，百人來亦得其心。人以其所願於上以交其下，誰弗戴？以其所欲於下以事其上，誰弗喜？詩云：「媚茲一人，應侯慎德。」慎德大矣，一人小矣，能善小，斯能善大矣。

君子見過忘罰，故能諫；見賢忘賤，故能讓；見不足忘貧，故能施。情繫於中，行形於外。凡行戴情，雖過無怨；不戴其情，雖忠來惡。戴，心所感也。情，誠也。○洪頤煊云：下文：「上意而民載，誠中者也。」高注：「上有意而未言，則民皆載而行之。」古字載、戴通用，「凡行戴情」，謂行載其情。高注非。○俞樾云：高注曰：「戴，心所感也。」此未得戴字之義。戴當讀爲載。釋名釋姿容曰：「戴，載也。載之於頭也。」是戴、載聲近義通。下文曰：「其載情一也，施人則異矣。」可證此文戴之當爲載矣。下文又曰：「義載乎宜之謂君子。」亦與此載字同。**后稷廣利天下，猶不自矜。禹無廢功，無廢財，自視猶觖如也。**觖，不滿也。**滿如陷，**陷，少也。**實如虛，盡之者也。**

凡人各賢其所説，而説其所快。○陶方琦云：羣書治要引許注：「賢其所悦者，更悦其所行之快性也。」按：今注無，當補。説文有説字，無悦字。**世莫不舉賢，**○陶方琦云：羣書治要引許注：「人無不舉與己同者以爲賢也。」按：今注無，當補。**或以治，或以亂。非自遁，**遁，欺。○文典謹按：羣書治要引，遁下有也字。又引許注作「遁，失」。**求同乎己者也。己未必得賢，而求與己同者，而欲得賢，亦不幾矣！**○王念孫云：「己未必得賢」，得字因下文「得賢」而衍。羣書治要引此，無得字。○陶方琦云：羣書治要引許注：「幾，近也。」按：今注無，當補。爾雅釋詁：「幾，近也。」**使堯度舜，則可；使桀度堯，是猶以升量石也。今謂狐狸，則必不知狐，又不知狸。**俱不知此二獸。**非未嘗見狐者，必未嘗見狸也，狐、狸非異，同類也，而謂狐狸，則不知狐、狸。是故謂不肖者賢，則必不知賢；謂賢者不肖，**

則必不知不肖者矣。聖人在上，則民樂其治；在下，則民慕其意。小人在上位，如寢關，曝纊，寢〔一〕，謂臥關上之不安。纊，繭也。曝繭，蛹動摇不休，死乃止也。不得須臾寧。故易曰：「乘馬班如，泣血漣如。」諭乘馬班如，難也，故有泣血之憂。言小人處非其位，不可長也。物莫無所不用。◯王念孫云：此當作「物莫所不用」，莫卽無也。無字蓋涉下文「無所不用」而衍。天雄烏喙，藥之凶毒也，良醫以活人。侏儒瞽師，人之困慰者也，慰，可蹶也。一曰：慰，極。◯莊逵吉云：「困慰」本或作「困懟」，注並同。疑作懟者是。人主以備樂。是故聖人制其剟材，無所不用矣。剟，疏殺也。

勇士一呼，三軍皆辟，其出之也誠。故倡而不和，意而不戴，意，恚聲。戴，嗟也。◯王念孫云：高説非也。戴，讀爲載。鄭注堯典曰：「載，行也。」言上有其意而不行於下者，誠不足以動之也。下文云「上意而民載，誠中者也」，高注曰：「上有意而未言，則民皆載而行之。」是其證矣。文子精誠篇正作「意而不載」。◯洪頤煊云：「意而不戴」，謂上有意，民不載而行之，是必中心之不合也。高注非。中心必有不合者也。故舜不降席而王天下者，求諸己也。◯王念孫云：王當爲匡，字之誤也。匡，正也。正己而天下自正，故曰「舜不降席而匡天下者，求諸

〔一〕據正文，「寢」下似脱「關」字。

己也」。己不正，則不能正人，故下文曰：「身曲而景直者，未之聞也。」下文又曰：「故舜不降席而天下治。」彼言天下治，此言匡天下，其義一也。今本作「王天下」，則非其指矣。文子精誠篇作「不下席而匡天下」，韓詩外傳及新序雜事篇並作「不降席而匡天下」。**故上多故，則民多詐矣。身曲而景直者，未之聞也。**説之所不至者，容貌至焉。説之粗，不如容貌精微入人深也。**容貌之所不至者，感忽至焉。**○王念孫云：感忽者，精誠之動人者也。故下文曰：「感乎心，明乎智，發而成形，精之至也。可以形勢接，而不可以昭認。」（廣雅：「認，告也。」）荀子議兵篇曰：「善用兵者，感忽悠闇，莫知其所從出。」義與此相近。**感乎心，明乎智，發而成形，精之至也。可以形勢接，而不可以照認。戎、翟之馬，皆可以馳驅，或近或遠，唯造父能盡其力；三苗之民，皆可使忠信，或賢或不肖，唯唐、虞能齊其美，必有不傳者。**心教之微眇，不可傳也。**中行繆伯手搏虎，**中行繆伯，晉臣也，力能搏生虎。**而不能生也，**力能殺虎，而德不能服之。**蓋力優而克不能及也。**克，猶能也。○王念孫云：「克不能及」當爲「克不及」。克，能也。言搏虎之力雖優，而服虎之能則不及也。優與不及，義正相對，則及上不當有能字。高注「克，猶能也」，是指上句能字而言。正文能字，即因上句能字而衍。○俞樾云：高注曰：「克，猶能也。」則是「克不能及」爲「能不能及」矣，於義難通。王氏念孫以能爲衍字，然「力優而克不及」，義亦未安。今按：此文蓋有錯誤，此注亦後人竄入，非高氏原文也。克當作悳，及當作㞋，皆以形似而誤。悳者，㥁之古文，與德字通。㞋者，服之本字也。古書服字每作㞋，而傳寫多誤爲及。尚書吕刑篇「何度非及」，大戴記王言篇「及其明德也」，及並㞋字之誤，説詳羣經平議。此文本云：「蓋力優而悳不能㞋也。」高注於上文注曰「力能殺虎，而德不能服之」，本當注於此句之下，「德不能服」四字卽本正文。因悳誤作克，㞋誤作及，遂移注於上文，又竄入「克猶能也」四字爲此句之注，而文義俱晦矣。用百人之所能，則得百人之力；舉千人之所愛，則得千人之心：辟若伐樹而引其本，千枝萬葉則莫得弗從也。慈父之愛子，非爲報也，不可内解於心；聖人之養民，非求用也，性不能已：若火之自熱，冰之自寒，夫有何修焉！及恃其力，賴其功者，若失火舟中。言舟中之人同心救火，不相爲賜也。○文典謹按：御覽八百六十九引注，「不相爲賜也」作「其用爲易」。故君子見始，斯知終矣。媒妁譽人，而莫之德也；取庸而强飯之，莫之愛也。雖親父慈母，不加於此，有以爲，則恩不接矣。故送往者，非所以迎來也；施死者，非專爲生也。誠出於己，則所動者遠矣。錦繡登廟，貴文也；登，猶入也。圭璋在前，尚質也。以玉祭之者，質也。文不勝質，之謂君子。故終年爲車，無三寸之鎋，不可以驅馳；匠人斲户，無一尺之楗，不可以閉藏。○文典謹按：一尺，意林引作五寸，當以意林爲是。本書主術訓「五寸之鍵，制開闔之門」，楗卽鍵也。故君子行斯乎其所結。結，要終也。○王念孫云：斯當爲期，字之誤也。言君子行事必期其所終也。（高注：「結，要終也。」）又下文「釋近斯遠，塞矣」，斯亦當爲期。「釋近期遠，塞矣」，謂道在邇而求諸遠，則必塞也。文子精誠篇作「舍近期遠」，是其證。

心之精者，可以神化，而不可以導人；導，教也。目之精者，可以消澤，而不可以昭誋。昭，道。誋，誡也。不可以教導戒人。○洪頤煊云：上文「可以形勢接，而不可以照誋」，齊俗訓「日月之所照誋」，鹽鐵論相刺篇「天設三光以照記」，昭、照古字通用，誋卽記字。高注失之。在混冥之中，不可諭於人。混冥，人心中也。故舜不降席而天下治，桀不下陛而天下亂，蓋情甚乎叫呼也。言雖叫呼大語，不如心行真直也。無諸己，求諸人，古今未之聞也。同言而民信，信在言前也。同令而民化，誠在令外也。聖人在上，民遷而化，情以先之也。動於上，不應於下者，情與令殊也。故易曰：「亢龍有悔。」仁君動極在上，故有悔也。三月嬰兒，未知利害也，而慈母之愛諭焉者，情也。故言之用者，昭昭乎小哉！不言之用者，曠曠乎大哉！身君子之言，信也；身君子之言，體行君子之言也。中君子之意，忠也。忠信形於內，感動應於外。故禹執干戚，舞於兩階之間，而三苗服。三苗畔禹，禹風以禮樂而服之也。鷹翔川，魚鼈沈，禹以德服三苗，猶鷹翔川上，魚鼈恐，皆潛。飛鳥揚，鳥見鷹而揚去。必遠害也。鷹懷欲害之心，故鳥魚知其情實，故遠之。○王念孫云：「遠害」本作「遠實」，此後人以意改之也。據高注云「鷹懷欲宊（宊與肉同，欲肉者，欲食肉也。各本宎字皆誤作害，辯見原道篇「欲寅之心」下。）之心，鳥魚知其情實，故遠之」，則本作「遠實」明矣。太平御覽鱗介部四引此，正作「遠實」。此承上文「忠信行於内，感動應於外」而言，言禹有忠信之實，故舞干戚而三苗服；鷹有欲肉之實，故魚鳥皆遠之。若無其實而能動物者，則未之有也。後人改遠實爲遠害，失其指矣。子之死父也，臣之死君也，世有行之者矣，非出死以要名也，恩心之藏於中，而不能違其難也。故人之甘甘，非正爲蹠也，人之甘甘，猶樂樂而爲之。臣之死君，子之死父，非以求蹠蹠也。而蹠焉往。言蹠乃往至也。君子之慘怛，非正爲僞〔一〕形也，諭乎人心。非從外入，自中出者也。義正乎君，仁親乎父，故君之於臣也，能死生之，不能使爲苟簡易；君不能使臣爲苟合易行之義。○王念孫云：簡字後人所加。高注云「君不能使臣爲苟合易行之義」，則無簡字明矣。下文曰：「父之於子也，能發起之，不能使無憂尋。」與此相對爲文。加一簡字，則文不成義，且與下文不對矣。父之於子也，能發起之，不能使無憂尋。憂尋，憂長也，仁念也。仁念，父母不樂子之如此，然不能止。故義勝君，仁勝父，則君尊而臣忠，父慈而子孝。聖人在上，化育如神。太上曰：「我其性與！」太上，皇德之君也。我性自然也。其次曰：「微彼，其如此乎！」其次，五帝

〔一〕「僞」字疑涉上文「爲」而衍。

時也。其民如此，故我治之如彼。故詩曰「執轡如組」，易曰「含章可貞」。動於近，成文於遠。夫察所夜行，周公慙乎景，故君子慎其獨也。○王念孫云：慙上當有不字，方與下意相屬。文子精誠篇作「聖人不慙於景」。釋近斯遠，塞矣。聞善易，以正身難。夫子見禾之三變也，夫子，孔子也。三變，始於粟，粟生於苗，苗成於穗也。滔滔然曰：「狐鄉丘而死，我其首禾乎！」禾穗垂而向根，君子不忘本也。○文典謹按：文選思玄賦注引，「滔滔然曰」作「乃歎曰」。故君子見善則痛其身焉。痛己身善惡自在也。身苟正，懷遠易矣。懷，來。故詩曰：「弗躬弗親，庶民弗信。」小人之從事也，曰苟得；君子曰苟義。所求者同，所期者異乎！擊舟水中，魚沈而鳥揚，同聞而殊事，其情一也。僖負羈以壺餐表其閭，釐負羈，曹臣。晉重耳出過曹，負羈遺以壺餐。重耳反晉，伐曹，令兵不入其閭。趙宣孟以束脯免其軀，趙宣孟，晉卿，以束脯活靈輒，後免其難也。禮不隆，隆，多也。而德有餘，仁心之感恩接而憯怛生，故其入人深。俱之叫呼也，在家老則爲恩厚，其在責人則生爭鬭。故曰：「兵莫憯於意志，莫邪爲下；寇莫大於陰陽，枹鼓爲小。」聖人爲善，非以求名而名從之，名不與利期而利歸之。故人之憂喜，非爲蹠，蹠焉往生也。言非爲冀幸往生利意也。故至人不容。至道人不飾容也。○王念孫云：劉本改「至至」爲「至人」。又下文「故至至之人不可遏奪也」，高注曰：「言至道之人，其心先定，不可臨以利，奪其志也。」劉本又改「至至」爲「至道」。案：劉不解至至二字之意，又見高注兩言「至道之人」，故或改爲至人，或改爲至道。不知至至卽至道也，至至之人卽至道之人也。下文云「故聖人栗栗乎其內，而至乎至極矣」，「至乎至極」卽所謂至至也。本經篇「未可與言至也」，高注亦曰「至，至德之道也」，是道之至極卽謂之至，至乎道之至極卽謂之至至，故此兩注皆以至至爲至道也。劉不曉注意，而以注文改正文，謬矣。下文又云：「至至之人，（唯此至至二字，劉本未改。）不慕乎行，不慙乎善。」至至二字，前後三見，何不察之甚也！　故若眯而撫，眯，芥入目也。撫，捫之。從中發，非爲觀容也。　若跌而據。跌，仆也。

聖人之爲治，漠然不見賢焉，終而後知其可大也。　若日之行，騏驥不能與之爭遠。　今夫夜有求，與瞽師併；東方開，斯照矣。言人見照用，瞽者猶闇而無爲，人而以治事用思也。　動而有益，則損隨之，益所以爲損也。　故易曰：「剝之不可遂盡也，故受之以復。」言物剝落而復生也。　積薄爲厚，積卑爲高，故君子日孳孳以成煇，小人日快快以至辱。　其消息也，離朱弗能見也。　文王聞善如不及，宿不善如不祥，非爲日不足也，其憂尋推之也，憂尋，憂深也。　故詩曰：「周雖舊邦，其命維新。」新國者也。　懷情抱質，天弗能殺，地弗能薶也，聲揚天地之間，配日月之光，甘樂之者也。　苟鄉善，雖過無怨；苟不鄉善，雖忠來患。　故怨人不如自怨，求諸人不如求諸己得也。　聲自召

也，貌自示也，名自命也，文自官也，無非己者。操鋭以刺，操刃以擊，何怨乎人？故筦子文錦也，雖醜登廟；筦仲相齊，明法度，審國刑，不能及聖，猶文錦雖惡，宜以升廟也。○文典謹按：御覽四百四十七引注：「相桓公，以霸功成事，衣文錦之服，大書在明堂，故曰雖醜登廟也。」**子産練染也，美而不尊。**子産相鄭，先恩而後法，猶練染爲衣，温厚而非宗廟服也。○文典謹按：御覽引，練作絹。又引注云：「子産相鄭，以乘車濟朝涉者。孟子曰：『惠而不知爲政。』絹染者，以子産喻母人。月令曰：『命婦官染絹。』温暖其民，如人之母也。」二注與今注迥異。繆稱訓乃許注本，則御覽所引殆高注也。又八百十五引，「練染」作「練帛」，注云：「雖不及聖，猶文錦也。子産先思後去，如綵帛雖温，不堪爲宗廟服。」與今注略同。知御覽前後兩引，爲許、高二本矣。家語：「子思子曰：『管仲繢錦也，雖惡而登朝。子産練絲也，雖美而不尊。』」卽本此文也。**虚而能滿，淡而有味，被褐懷玉者。故兩心不可以得一人，一心可以得百人。男子樹蘭，美而不芳，**蘭，芳草，艾之美芳也。男子樹之，蓋不芳。○文典謹按：御覽九百八十三引注，「艾之美芳也」作「女之美芳色」。傳寫宋本艾亦作女。**繼子得食，肥而不澤，**繼子有假母也。**情不相與往來也。**○文典謹按：御覽引，情作精。

生所假也，死所歸也，故弘演直仁而立死，弘演，衛懿公臣。狄人攻衛，食懿公。其肝在，弘演剖腹以盛之也。**王子閭張掖而受刃，**楚白公欲立王子閭爲王，不可，刺之以兵，子閭不受。不以所託害所歸也。故世治則以義衛身，世亂則以身衛義。死之日，行之終也，故君子慎一用之。無勇者，非先懾也，難至而失其守也；貪婪者，非先欲也，見利而忘其害也。虞公見垂棘之璧，而不知虢禍之及己也。故至道之人，不可遏奪也。言至道之人，其心先定，不可臨以利，奪其志也。

人之欲榮也，以爲己也，於彼何益！聖人之行義也，其憂尋出乎中也，於己何以利！故帝王者多矣，而三王獨稱；貧賤者多矣，而伯夷獨舉。以貴爲聖乎，則聖者衆矣；以賤爲仁乎，則賤者多矣。何聖仁之寡也！獨專之意樂哉，忽乎日滔滔以自新，忘老之及己也。始乎叔季，歸乎伯孟，必此積也。言自少而至長。不身遁，斯亦不遁人，遁，隱也。己不自隱身之行，亦不隱之於人故也。○王念孫云：「不身遁」，身當爲自，字之誤也。上文「非自遁也」，高注云：「遁，欺也。」（廣雅同。遁字亦作遯。脩務篇「審於形者不可遯以狀」，高注曰：「遯，欺也。」）此言自遁，亦謂自欺也。不自欺，斯不欺人，故下二句云：「若行獨梁，不爲無人不兢其容。」謂不自欺也。古者謂欺爲遁。管子法禁篇曰：「遁上而遁民者，聖王之禁也。」謂上欺君而下欺民也。賈子過秦篇曰：「姦僞並起，而上下相遁。」史記酷吏傳序曰：「姦僞萌起，其極也，上下相遁。」皆謂上下相欺也。故若行獨梁，不爲無人不兢其容。獨梁，一木之水橋也。行其上，常兢兢，恐陷也。故使人信己者易，而蒙衣自信者難。及身不信，故難。情先動，動無不得；無不得，則無萫；發萫而後快。言人君以情動導民也，動盡得人心也，無萫結。發，動也。雖萫結，快民心。○莊逵吉云：萫，本或作窨。故唐、虞之舉錯也，非以偕情也，快己而天下治；桀、紂非正賊之也，快己而百事廢：喜憎議而治亂分矣。下有喜議而國治，有憎議而國亂也。○俞樾云：高注曰：「下有喜議而國治，有憎議而國亂也。」此未得議字之旨。議，當讀爲儀。周易繫辭傳「議之而後言」，釋文曰：「議，陸、姚、桓玄、荀柔之本作儀。」國語鄭語「伯翳能議百物」，漢書地理志議作儀。是議、儀古通用。廣雅釋詁：「儀，見也。」「喜憎儀」謂喜憎見也。俶真篇「是非無所形」，高注曰：「形，見也。」儀與形同，故廣雅形與儀並訓見。齊俗篇曰「是非形則百姓眩矣」，此云「喜憎儀而治亂分矣」，句法一律。乃諸書多以形爲見，少以儀爲見，而此又叚議爲之，其義益晦，宜表出之，以存古訓也。

聖人之行，無所合，無所離。譬若鼓，無所與調，無所不比。絲筦金石，小大脩短有敍，異聲而和。君臣上下，官職有差，殊事而調。夫織者日以進，織帛者進。耕者日以却，却，謂耕者却行。事相反，成功一也。申喜聞乞之歌而悲，出而視之，其母也。申喜亡其母，母乞食於道。艾陵之戰也，夫差曰：「夷聲陽，句吳其庶乎！」艾陵之戰，吳王夫差與齊戰於艾陵也。夷謂吳。陽，吉也。句吳，夷語，不正言吳，加以「句」也。庶，幾也。○莊逵吉云：「陽，吉也」，本或誤作「告也」。攷易陽爲吉，陰爲凶，故訓陽爲吉，作告非是。

同是聲，而取信焉異，有諸情也。故心哀而歌不樂，心樂而哭不哀。夫子曰：「絃則是也，其聲非也。」閔子騫三年之喪畢，援琴而彈，其絃是也，其聲切切而哀。○王引之云：上文中喜遇母，及艾陵之戰，皆直敍其事。此未敍其事，而忽云：「夫子曰：『弦則是也，其聲非也。』」則不知所指爲何事矣。疑「閔子騫三年之喪畢，援琴而彈」十二字，本是正文，在「夫子曰」上，而寫者誤入注也。文者，所以接物也；情，繫於中而欲發外者也。以文滅情則失情，以情滅文則失文。文情理通，則鳳麟極矣，言至德之懷遠也。

輪子陽謂其子曰：「良工漸乎矩鑿之中。」漸，習也。矩鑿之中，固無物而不周，聖王以治民，造父以治馬，醫駱以治病，醫駱，越醫。同材而各自取焉。自，從也。矩鑿之中，各取法度，或以治民，或以治馬，或以治病，同材而各往從取治法之也。上意而民載，誠中者也。上有意而未言，則民皆載而行之。志或發中，之於大。未言而信，弗召而至，或先之也。忣於不己知者，不自知也。忣，急也。○莊逵吉云：急字從及下心，此作心旁及，字本同耳。矜怛生於不足，怛，驕也。不足，知不足也。○王念孫云：慘怛之怛，無訓爲驕者。怛皆當爲怚，字之誤也。說文：「怚，驕也。」字從且，不從旦。玉篇秦吕、子御二切。廣雅曰：「憍，（通作驕。）怚、傲、侮、慢，傷（通作易。）也。」高注氾論篇曰：「駔，驕怚也。」並與此注同義。怚訓爲驕，故言「矜怚」也。又吕氏春秋審應篇「使人戰者嚴駔也」，高注曰：「嚴，尊也。駔，驕也。」說文又云：

「嫿，驕也。」文選嵇康幽憤詩「恃愛肆姐，不訓不師」，怛、嫿、姐、駔，並字異而義同。**華誣生於矜。誠中之人，樂而不㤂，如鴞好聲，**忠信之人，自樂爲之，非㤂㤂也，如鴞自好爲聲耳。**能之好經，**經，動，導引。**夫有誰爲矜！**各任自性，非徒矜也。○文典謹按：御覽九百八引，㤂作伋，無不字。鴞作鴞，矜作務。**春女思，秋士悲，**春女感陽則思，秋士見陰而悲。○文典謹按：北堂書鈔百五十四引，作「春女悲」，又引注云：「周禮，仲春之月，令媒氏會男女。一升成於夫家，骨肉相離，故悲之也。」繆稱篇乃許注本，書鈔所引，殆高注也。又藝文類聚三引，亦作「春女悲，秋士哀」。**而知物化矣。號而哭，嘰而哀，而知聲動矣。容貌顏色，理詘㑁倨佝，**○劉績云：後有「倨句詘伸」，（見兵略篇。）疑此作「詘伸倨句」，衍理字。○王念孫云：劉說是也。倨句，猶曲直也。樂記曰：「倨中矩，句中鉤。」伸誤爲㑁，句誤爲佝，（因倨字而誤加人旁。）理字因下文「循理」而衍。各本佝字又誤爲徇，而莊本從之，謬矣。**知情僞矣。故聖人栗栗乎其內，而至乎至極矣。功名遂成，天也；循理受順，人也。太公望、周公旦，天非爲武王造之也；崇侯、惡來，天非爲紂生之也；**崇侯，紂時諸侯也。惡來，紂之臣，秦之先也。**有其世，有其人也。教本乎君子，小人被其澤；利本乎小人，君子享其功。昔東户季子之世，**東户季子，古之人君。**道路不拾遺，耒耜餘糧宿諸畮首，使君子小人各得其宜也。故一人有慶，兆民賴之。**

凡高者貴其左，天道左旋。故下之於上曰左之，臣辭也。臣道左君。下者貴其右，故上之於下曰右之，君讓也。君謙讓，佑助臣。故上左遷則失其所尊也，左，臣詞也。君以再還，故失其尊也。臣右還則失其所貴矣。右，君詞也。而臣以再還，故失其貴也。小快害道，斯須害儀。斯須，近也。子產騰辭，騰，傳也。子產作刑書，有人傳詞詰之。獄繁而無邪，繁，多也。獄雖益多，而下無邪也。失諸情者，則塞於辭矣。失事之情，則爲世人辭所窮塞也。成國之道，工無僞事，農無遺力，士無隱行，官無失法。譬若設網者，引其綱而萬目開矣。○文典謹按：藝文類聚五十二引，成作盛，隱作謟，萬目開矣作萬目張。意林引，作「治國者若設網，引其綱，萬目張」。舜、禹不再受命，受命于人，不受于天。堯、舜傳大焉，先形乎小也。形，見也。先見微小，以知大。刑於寡妻，至于兄弟，禪於家國，而天下從風。禪，傳也。言堯、舜、禹相傳，天下服之也。○王念孫云：「刑於寡妻」本作「施於寡妻」，此後人依大雅改之也。不知「施於寡妻」、「禪於家國」皆用詩意而小變其文，與直引詩詞者不同，無煩據彼以改此也。文選漢高祖功臣頌注引此，正作「施於寡妻」。施，讀若「施于孫子」之施。故戎兵以大知小，若湯、武以義伐不義，從大伐小。人以小知大。人，謂天下從風者也。堯、舜之民以小知堯大也。◎俞樾云：「戎兵」以器言，猶曰「器以大知小，人以小知大」耳。兵器有大小，如考工記所載弓與劍皆有上制、中制、下制是也。知上制如干，則等而下之，皆可知矣，故曰「戎兵以大知小」。高氏以湯、武説上句，堯、舜説下句，殊非其旨。君子之道，近而不可以至，卑而不可以登，無載焉而不勝，萬物載之，皆勝其任。大而章，遠而隆。○王念孫云：「大而章」大當爲久，字之誤也。此言君子之道，始於卑近，而終於高遠，是以久而彌章，遠而彌隆。上文云：「聖人之爲治，漠然不見賢焉，終而後知其可大也。」意正與此同。若云「大而章」，則義與下句不類矣。文選荅賓戲「時暗而久章者，君子之真也」，李善注引此文云：「君子之道，久而章，遠而隆。」是其明證矣。知此之道，不可求於人，斯得諸己也。釋己而求諸人，去之遠矣。

君子者樂有餘而名不足，小人樂不足而名有餘。觀於有餘不足之相去，昭然遠矣。含而弗吐，在情而不萌者，未之聞也。言懷其情而必萌見也。

君子思義而不慮利，小人貪利而不顧義。子曰：「鈞之哭也，子，孔子。鈞，等也。曰：『子予奈何兮乘我何！』其哀則同，其所以哀則異。」故哀樂之襲人情也深矣。鑿地漂池，人或有鑿穿，或有填池。言用心異也。非止以勞苦民也，各從其蹠而亂生焉。蹠，願也。○王念孫云：如高注，則漂池當作湮池。湮訓爲塞，故注言「填池」也。「非止以勞苦也」，止疑當作正。上文曰：「故人之甘甘，非正僞蹠也，（僞與爲同。）而蹠焉往。君子之憯怛，非正僞形也，而諭乎人心。」語意與此相似。其載情一也，施人則異矣。施于人有善惡。故唐、虞日孳孳以致於王，桀、紂日快快以致於死，不知後世之譏己也。凡人情，説其所苦卽樂，失其所樂則哀，故知生之樂，必知死之哀。有義者不可欺以利，有勇者不可劫以懼，如飢渴者不可欺以虛器也。人多欲虧義，欲則貪，貪損義。多憂害智，貪憂閉塞，故害智也。多懼害勇。○文典謹按：意林引，害作妨。嫚生乎小人，嫚，倨也。蠻夷皆能之；嫚，蠻夷之行也。善生乎君子，誘然與日月争光，誘，美稱也。天下弗能遏奪。故治國樂其所以存，亡國亦樂其所以亡也。金錫不消釋則不流刑，刑，法。上憂尋不誠則不法民。憂尋不在民，則是絶民之繫也；繫，所以拘維民。君反本，而民繫固也。至德小節備，大節舉。齊桓舉而不密，齊桓有大節，小節疏也。晉文密而不舉。晉文有小節，大節廢也。晉文得之乎閨內，失之乎境外；閨內修而境外亂也。齊桓失之乎閨內，而得之本朝。閨內亂而朝廷治也。水下流而廣大，君下臣而聰明。君不與臣争功，而治道通矣。管夷吾、百里奚經而成之，百里奚，虞人，秦相也。齊桓、秦穆受而聽之。聽用二臣之謀。照惑者以東爲西，惑也，照，曉。見日而寤矣。衞武侯謂其臣曰：「小子無謂我老武侯蓋年九十五矣。而羸我，羸，劣也。有過必謁之。」是武侯如弗羸之必得羸，故老而弗舍，通乎存亡之論者也。

人無能作也，有能爲也；有能爲也，而無能成也。人之爲，天成之。終身爲善，非天不行；終身爲不善，非天不亡。故善否，我也；禍福，非我也。非我也，天所爲也。故君子順其在己者而已矣。性者，所受於天也；命者，所遭於時也。有其材，不遇其世，天也。太公何力，比干何罪，循性而行指，或害或利。〇王念孫云：循性而行指，謂率其性而行其志也。吕氏春秋行論篇「布衣行此指於國」，高注曰：「指，猶志也。」劉本改指爲止，而諸本從之，謬矣。求之有道，得之在命，故君子能爲善，而不能必其得福；不忍爲非，而未能必免其禍。〇王念孫云：「必其得福」，當依文子符言篇作「必得其福」，與「必免其禍」相對爲文。君，根本也；臣，枝葉也。根本不美，枝葉茂者，未之聞也。〇文典謹按：御覽六百二十引，美作善，「未之聞也」作「不聞也」。有道之世，以人與國；若堯以天下與舜也。無道之世，以國與人。〇莊逵吉云：御覽此下有注云：「以賢人而與之國，堯、舜是也。以國與人，桀、紂與湯、武是也。」堯王天下而憂不解，授舜而憂釋。〇文典謹按：御覽八十引，釋上有乃字。憂而守之，而樂與賢終，不私其利矣。凡萬物有所施之，無小不可；爲無所用之，不知其所用也。碧瑜糞土也。瑜，玉也。不知用之，則爲糞土也。〇文典謹按：文選子虛賦注引高誘淮南子注曰：「碧，青石也。」疑卽此處注也。人之情，於害之中爭取小焉，於利之中爭取大焉。故同味而嗜厚膊者，厚膊，厚切肉也。〇王念孫云：説文：「膊，薄脯，膊之屋上也。」非切肉之義。膊皆當爲膞，字之誤也。説文：「膞，切肉也。」玉篇旨兗切。廣雅：「膞，臠也。」（説文：「臠，切肉臠也。」）字從專，不從尃。膞之言剸也。鄭注文王世子曰：「剸，割也。」故高注以膊爲切肉。鍾山札記以膊爲膞字之誤，非也。必其甘之者也；同師而超羣者，必其樂之者也。弗甘弗樂，而能爲表者，未之聞也。表，立見也。君子時則進，得之以義，何幸之有！不時則退，讓之以義，何不幸之有！故伯夷餓死首陽之下，伯夷，孤竹君之子，讓國與弟，不食周粟，故餓也。猶不自悔，棄其所賤，得其所貴也。求仁而得仁也。福之萌也緜緜，禍之生也分分。福禍之始萌微，故民嫚之，○王念孫云：「分分」當爲「介介」，字之誤也。介介，微也。豫六二「介于石」，繫辭傳「憂悔吝者存乎介」，虞注並云：「介，纖也。」齊策曰「無纖介之禍」，是介爲微小之稱。「禍之生也介介」，與「憂悔吝者存乎介」，意正相近。緜緜介介，皆微也，故曰「福禍之始萌微」。文子微明篇作「禍之生也紛紛」，則後人妄改之耳。唯聖人見其始而知其終，故傳曰：「魯酒薄而邯鄲圍，魯與趙俱朝楚，獻酒於楚，魯酒薄而趙酒厚。楚之主酒吏求酒於趙，不與，楚吏怒，以趙所獻酒，獻於楚王〔一〕，易魯薄酒，楚王以爲趙酒薄而圍邯鄲。一曰：趙、魯獻之于周也。事見莊子。○陶方琦云：莊子釋文、御覽八百四十五引許注：「楚會諸侯，魯、趙俱獻酒于楚王，魯酒薄而趙酒厚。楚之主酒吏求酒于趙，趙不與，吏怒，乃以趙厚酒易魯薄酒，奏之。楚王以趙酒薄，故圍邯鄲也。」按：今注較莊子釋

〔一〕「獻於楚王」四字，疑爲「所獻酒」旁注誤入注文。

文、御覽引微詳，引書家多約文也。羊羹不斟而宋國危。」宋將華元與鄭戰，殺羊食士，不及其御。及戰，御馳馬入鄭軍，華元以獲也。○錢大昕云：宣二年，宋華元殺羊食士，其御羊斟不與。據後文羊斟兩見，是羊斟爲人姓名。案：淮南繆稱訓云：「魯酒薄而邯鄲圍，羊羹不斟而宋國危。」則斟爲斟酌之義，當以羊爲其御之名，「斟不與」三字爲句。細玩下文，其御字叔牂，正與羊名相應，則淮南説亦可通。傳文後兩「斟」字或後人所加。○俞樾云：方言曰：「斟，益也。凡相益而又少，謂之不斟。」然則「羊羹不斟」謂羹少也。上句「魯酒薄而邯鄲圍」，酒薄、羹少，其事正相類。宣二年左傳「其御羊斟不與」，羊斟自是人名。此云「羊羹不斟」，自謂羹少，必并爲一談，則皆失之矣。

明主之賞罰，非以爲己也，以爲國也。適於己而無功於國者，不施賞焉；逆於己便於國者，不加罰焉。故楚莊謂共雍曰：共雍，楚臣。「有德者受吾爵禄，有功者受吾田宅。是二者，女無一焉，吾無以與女。」可謂不踰於理乎！踰，越。其謝之也，猶未之莫與。謝，謂遣共雍也。莫，勉之也。周政至，至于道也。殷政善，善施教，未至于道也。夏政行。行尚麤也。行政善，善未必至也。至至之人，不慕乎行，不慙乎善，○王念孫云：「行政善，善未必至也」，當作「行政未必善，善政未必至也」。今本上句脱「未必」二字，下句脱政字，則文義不明。高注「夏政行」曰：「行尚粗也。」是行政未必善也。又注「殷政善」曰：「善施教，未至於道也。」是善政未必至也。又注「周政至」曰：「至於道也。」故曰「至至之人不慕乎行，不慙乎善」。（「至至」卽至道，説見上文「至至」下。）含德履道，而上下相樂也，不知其所由然。有國者多矣，而齊桓、晉文獨名；泰山之上有七十〔一〕壇焉，封乎泰山，蓋七十二君也。而三王獨道。君不求諸臣，臣不假之君，脩近彌遠，而後世稱其大。不越鄰而成章，而莫能至焉。故孝己之禮可爲也，而莫能奪之名也，必不得其所懷也。孝己，殷高宗之子也，蓋放逐而不失禮。人不能與孝己争名者，不得孝己之所懷也。義載乎宜之謂君子，宜遺乎義之謂小人。通智得而不勞，通智，達道之人。其次勞而不病，其下病而不勞。古人味而弗貪也，古人知其味而不貪其食。今人貪而弗味。孔子魯人之學也〔二〕，歆之而已，莫之能味也。歌之修其音也，此言樂所以移風易俗，歌長其音。音之不足於其美者也。此音不足以致美化也。金石絲竹，助而奏之，猶未足以至於極也。極，治化之至也。人能尊道行義，喜怒取予，如此，卽其化民逾于樂也。欲如草之從風。草上之風，必偃。召公以桑蠶耕種之時弛獄出拘，召公，周太保也。使百姓皆得反業修職；文王辭千里之地，而請去炮烙之刑。紂拘文王，文王獻寶於紂。紂賞以千里之地，文王不受，願去炮烙之

〔一〕據高注，「七十」下似脱「二」字。
〔二〕此句有脱誤，疑「魯」字當爲「曰」。

刑。故聖人之舉事也，進退不失時，若夏就絺綌，上車授綏之謂也。老子學商容，見舌而知守柔矣；商容，神人也。商容吐舌示老子，老子知舌柔齒剛。列子學壺子，觀景柱而知持後矣。先有形而後有影，形可亡而影不可傷。故聖人不爲物先，而常制之，其類若積薪樵，後者在上。

人以義愛，以黨羣，以羣强。是故德之所施者博，則威之所行者遠；義之所加者淺，則武之所制者小矣。鐸以聲自毁，鐸，大鈴，出於吴。○梁處素云：矣當爲吴，字之誤也。「吴鐸」二字連讀，故高注云「鐸，大鈴，出於吴」。鹽鐵論利議篇「吴鐸以其舌自破」，是其證。太平御覽人事部一百引此，正作「吴鐸以聲自毁」。膏燭以明自鑠，虎豹之文來射，猨狖之捷來措，措，刺也。○文典謹按：意林引，之並作以，措作刺。故子路以勇死，死衛侯輒之難。萇弘以智困。欲以術輔周，周人殺之。能以智知，而未能以智不知也。故行險者不得履繩，出林者不得直道，夜行瞑目而前其手，事有所至，而明有所害。○俞樾云：至當作宜，害當作容，皆字之誤也。容，用也，説見主術篇。容與庸通。莊子胠篋篇容成氏，六韜大明篇作庸成氏。庸爲用，故容亦爲用也。夜行者不用目而用手，是事之宜也，故曰「事有所宜而明有不容」。説林篇曰：「夜行者掩目而前其手，涉水者解其馬載之舟，事有所宜而有所不施。」可證此文至字之誤。不施，亦即不用也。人能貫冥冥入于昭昭，可與言至矣。鵲巢知

風之所起，歲多風，則鵲作巢卑。**獺穴知水之高下，**水之所及，則獺避而爲穴。**暉目知晏，**暉目，鴆鳥也。晏，無雲也。天將晏靜，暉目先鳴。莊逵吉云：「暉目」疑當作「暉日」。說文解字：「鴆，運日也。」廣雅：「雄曰運日，雌曰陰諧。」「晏，無雲也」，當是曹字。封禪書作曣，並同。○陶方琦云：史記索隱四引許注：「晏，無雲也。」文選羽獵賦注引許注：「晏，無雲之處也。」按：說文：「晏，天清也。」又日部「曹」下曰：「星無雲也。」知晏、曹義並通。漢書天文志：「日晡時天星晏。」（星卽晴字。）又郊祀志作曣，如淳曰：「三輔俗謂日出清濟爲晏。」○文典謹按：莊校是也。宋本「暉目」正作「暉日」，注同。**陰諧知雨。**陰諧，暉目雌也。天將陰雨則鳴。○朱芹云：羅願爾雅翼：「鴆，毒鳥也。雄名運日，雌名陰諧。天晏靜無雲，則運日先鳴。天將陰雨，則陰諧鳴之。故淮南子云『運日知晏，陰諧知雨』也。或曰：取蛇虺時，呼『同力』數十聲，石起蛇出，故江東人呼爲同力鳥。」又廣南異物志曰：「檀雞，鴆鳥之別名。」案：暈日二字合音爲鴆，諧陰二字合音亦爲鴆，則運日、陰諧，皆鴆字之切音也，故以名之。**爲是謂人智不如鳥獸，則不然。故通於一伎，察於一辭，可與曲說，未可與廣應也。甯戚擊牛角而歌，桓公舉以大政；**○王念孫云：「舉以大政」本作「舉以爲大田」，此後人以意改之也。文選江淹雜體詩注引此作「舉以爲大田」，又引高注曰：「大田，官也。」（當作「大田，田官也」。）今則既改正文，又刪去高注矣。高注詮言篇曰：「甯戚疾商歌以干桓公，桓公舉以爲大田。」晏子春秋問篇曰：「桓公聞甯戚歌，舉以爲大田。」此皆其明證也。又齊俗篇「后稷爲大田師，奚仲爲工」，師字當在工字下。（後人不知大田爲官名，故又移師字於大田之下。太平御覽皇王部五引此已誤。）大田，田官之長也。工師，工官之長也。文子自然篇作「后稷爲田疇，奚仲爲工師」，是其證。**雍門子以哭見孟嘗君，涕流沾纓。**〇俞樾云：「孟嘗君」下當更有「孟嘗君」三字，而今脱之。覽冥篇曰：「昔雍門子以哭見於孟嘗君，已而陳辭通意，撫心發聲，孟嘗君爲之增欷歍唈，流涕狼戾不可止。」彼文再言孟嘗君，故知此亦當同。不然，則涕流沾纓仍屬雍門子，而不屬孟嘗君，不見其感人之至矣。〇文典謹按：俞說是也。論衡感虚篇：「雍門子哭對孟嘗君，孟嘗君爲之於邑。」論衡所引儒者傳書之言，多同淮南，知此文亦必重「孟嘗君」三字矣。又按：文選陸士衡於承明作與士龍詩注引此文，作「雍門子以琴見孟嘗君，涕流霑纓」，漢書景十三王傳「雍門子壹微吟，孟嘗君爲之於邑」，蘇林云：「六國時人，名周，善鼓琴。母死，無以葬，見孟嘗君而微吟也。」如淳云：「雍門子以善鼓琴見孟嘗君，先説萬歲之後，高臺既已顛，曲池又已平，墳墓生荆棘，牧豎游其上，孟嘗君亦如是乎？孟嘗君喟然歎息也。」説苑善説篇所説略同。文選注所引，琴字似非誤字。繆稱訓乃許注本，疑高本自作琴也。**歌哭，衆人之所能爲也；一發聲，入人耳，感人心，情之至者也。故唐、虞之法可效也，其諭人心不可及也。簡公以懦殺，**簡公，齊君也。以柔懦，田成子殺之。**子陽以猛劫，**子陽，鄭相也。尚刑而劫死。**皆不得其道者也。故歌而不比於律者，其清濁一也；**由清濁失和，故不與律合。**繩之外與繩之内，皆失直者也。紂爲象箸而箕子嘰，**嘰，唬也。知象箸必有玉杯，爲杯必極滋味。魯以偶人葬而孔子歎，偶人，桐人也。嘆其象人而用之也。見所始則知所終。故水出於山，入於海；稼生乎野，而藏乎倉；聖人見其所生，則知其所歸矣。

水濁者魚噞，令苛者民亂，城峭者必崩，岸崝者必陀。崝，峭也。陀，落也。○陶方琦云：文選長笛賦注、謝靈運七里瀨詩注引許注：「陗，峻也。阤，落也。」按：今注峭應作陗。説文𨸏部：「陗，陖也。从𨸏，肖聲。」「陖」下亦云：「陗高也。」崝因峭字而譌，當是峻字。太玄陵「崝岸陗阤」，注：「陗，峻也。」陀即阤字，説文作陊，落也。又「阤」下云：「小崩也。」小崩亦落義。故商鞅立法而支解，商鞅爲秦孝公立治法，百姓怨之，以罪支解。吴起刻削而車裂。吴起相楚，設貴臣相坐之法，卒車裂也。治國譬若張瑟，大絃組，組，急也。○王念孫云：組皆當爲緪，字之誤也。緪，讀若亙，字本作揯，又作縆。説文：「揯，引急也。」又曰：「縆，急也。」楚辭九歌「縆瑟兮交鼓」，王注曰：「縆，急張弦也。」緪即縆之省文，馬融長笛賦云「緪瑟促柱」是也。意林及太平御覽治道部五引此，並作「大弦緪」，是其證。泰族篇云：「故張瑟者，小弦緪而大弦緩。」義與此同也。○文典謹按：意林引，瑟上有琴字。則小絃絶矣。故急轡數策者，非千里之御也。有聲之聲，不過百里；無聲之聲，施於四海。是故禄過其功者損，名過其實者蔽。情行合而名副之，禍福不虚至矣。身有醜夢，不勝正行；國有妖祥，不勝善政。是故前有軒冕之賞，不可以無功取也；後有斧鉞之禁，不可以無罪蒙也。素脩正者，弗離道也。君子不謂小善不足爲也而舍之，小善積而爲大善；不謂小不善爲無傷也而爲之，小不善積而爲大不善。是故積羽沈舟，羣輕折軸，故君子禁於微。壹快不足以成善，積快而爲德；壹恨不足以成非，積恨而成怨。故三代之善，千歲之積譽也；桀、紂之謗，千歲之積毀也。○王念孫云：「積恨而成怨」，怨本作惡，「桀、紂之謗」，謗亦本作惡，皆後人妄改之也。「壹快不足以成善，積快而爲德」者，德亦善也。言一爲善而快於心，不足以成善；多爲善，則積快而爲德矣。「壹恨不足以成非，積恨而成惡」者，恨，悔也，非亦惡也。言一爲不善而悔於心，不足以成非；多爲不善，則積悔而成惡矣。快與恨對，善與非對，德與惡對，皆謂己之善惡，非謂人之恩怨也。後人誤以德爲恩德，恨爲怨恨，故改惡爲怨耳。「三代之善，千歲之積譽也；桀、紂之惡，千歲之積毀也」，善與惡對，譽與毀對。改惡爲謗，則既與善字不對，又與毀字相複矣。文選運命論注引此，正作「桀、紂之惡」。

天有四時，人有四用。何謂四用？視而形之莫明於目，聽而精之莫聰於耳，重而閉之莫固於口，含而藏之莫深於心。目見其形，耳聽其聲，口言其誠，而心致之精，則萬物之化咸有極矣。地以德廣，人君以德廣益其土地也。君以德尊，上也；地以義廣，君以義尊，次也；地以强廣，君以强尊，下也。故粹者王，駮者霸，無一焉者亡。昔二皇鳳皇至於庭，○王念孫云：此本作「昔二皇鳳至於庭」。道藏本皇字倒在鳳字下，因誤而爲凰，劉本補皇字而未删凰字，皆非也。文選長笛賦注、藝文類聚祥瑞部下、太平御覽羽族部二及爾雅翼、玉海祥瑞部引此，並作「二皇鳳至於庭」，無凰字。三代至乎門，周室至乎澤。德彌麤，所至彌遠；德彌精，所至彌近。君子誠仁，施亦仁，不施亦仁。道無爲而民蒙純，此所謂不施而仁。小人誠不仁，施亦不仁，不施亦不仁。善之由我，與其由人若，仁德之盛者也。故情勝欲者昌，欲勝情者亡。欲知天道，察其數；謂律曆之數也。欲知地道，物其樹；五土之宜，各有所種生之木。欲知人道，從其欲。君子欲于道，小人欲于利。勿驚勿駭，萬物將自理；勿撓勿攖，攖，纓。萬物將自清。言治天下各順其情。察一曲者，不可與言化；一曲，一事也。審一時者，不可與言大。猶蟬不知寒也。日不知夜，月不知晝，日月爲明而弗能兼也，唯天地能函之。能包天地，曰唯無形者也。驕溢之君無忠臣，口慧之人無必信。交拱之木無把之枝，拱，抱也。把，握也。尋常之溝無吞舟之魚。根淺則末短，本傷則枝枯。福生於無爲，患生於多欲。害生於弗備，穢生於弗耨。聖人爲善若恐不及，備禍若恐不免。蒙塵而欲毋眯，涉水而欲無濡，不可得也。是故知己者不怨人，知命者不怨天。福由己發，禍由己生。

聖人不求譽，不辟誹，正身直行，衆邪自息。今釋正而追曲，倍是而從衆，是與俗儷走，而内行無繩，繩，所以彈曲者也。故聖人反己而弗由也。道之有篇章形埒者，形埒，兆朕也。非至者也；嘗之而無味，視之而無形，不可傳於人。大戟去水，亭歷愈張，用之不節，乃反爲病。物多類之而非，唯聖人知其微。善御者不忘其馬，善射者不忘其弩，善爲人上者不忘其下。誠能愛而利之，天下可從也。弗愛弗利，親子叛父。天下有至貴而非勢位也，有至富而非金玉也，有至壽而非千歲也，原心反性則貴矣，適情知足則富矣，明死生之分則壽矣。言無常是，行無常宜者，小人也。察於一事，通於一伎者，中人也。兼覆蓋而并有之，度伎能而裁使之者，聖人也。裁，制也。度其伎能而裁制使之。○王念孫云：正文本作「兼覆而并有之，伎能而裁使之」，注本作「度其能而裁制使之」。伎之言支也；支，度也。注言「度其能而裁制使之」，度字正釋伎字。今本注文作「度其伎能」者，涉正文而衍伎字也。正文作「度伎能」者，又涉注文而衍度字也。因正文衍度字，後人又於上句加蓋字，以對下句。「兼覆蓋而并有之」，斯爲不詞矣。太平御覽人事部一引此，正作「兼覆而并有之，技能而裁使之」。（技與伎同。）文子符言篇同。又齊俗篇「若以聖人爲之中，則兼覆而并之」。案：彼文并下當有字，「兼覆而并有之」，文與此同也。又兵略篇「必擇其人，技能其才，使官勝其任，人能其事」。案：「技能其才」，能字涉下文「能其事」而衍，「技其才」亦謂度其才也。「擇其人，技其才」，「官勝其任，人能其事」，皆相對爲文，則技下不當有能字。且能卽是才，若云「技能其才」，則是技能其能矣。

淮南鴻烈集解卷十一

齊俗訓

齊，一也。四宇之風，世之衆理，皆混其俗，令爲一道也，故曰「齊俗」。○文典謹按：此篇敍目無「因以題篇」字，乃許慎注本。

率性而行謂之道，得其天性謂之德。性失然後貴仁，道失然後貴義。是故仁義立而道德遷矣，禮樂飾則純樸散矣，是非形則百姓昡矣，珠玉尊則天下争矣。凡此四者，衰世之造也，末世之用也。夫禮者，所以別尊卑，異貴賤；義者，所以合君臣、父子、兄弟、夫妻、朋友之際也。今世之爲禮者，恭敬而忮；忮，害也。爲義者，布施而德；君臣以相非，骨肉以生怨，則失禮義之本也，故搆而多責。搆謂以權相交。權盡而交疏，搆搆然也。夫水積則生相食之魚，土積則生自穴〔一〕之獸，禮義飾則生僞匿之本。○王念孫云：御覽禮儀部二引此，「僞匿之本」作「僞慝之儒」，又引注曰：「僞，詐。慝，姦。」

〔一〕「穴」疑當爲「宍」，古肉字。

案：慝、匿古字通。「本」當爲「士」。「僞匿之士」與「相食之魚」、「自肉之獸」相對爲文。若云「僞匿之本」，則與上文不類矣。御覽作「僞慝之儒」，儒亦士也。隸書士字或作圡，與本相似，又涉上文「禮義之本」而誤。○文典謹按：御覽五百二十三引，作「夫水積則生相食之蟲，（注云：「言大魚食小魚。」）土積則生食肉之獸，禮飾則生僞慝之儒」。三句皆以八字爲句，句法一律。今本多一義字，句法遂參差不齊，義字疑衍文也。又按：説文：「魚，水蟲也。」是「相食之蟲」義亦可通。**夫吹灰而欲無眯，涉水而欲無濡，不可得也。古者，民童蒙不知東西，貌不羨乎情，而言不溢乎行。其衣致煖而無文，其兵戈銖而無刃，**楚人謂刃頓爲銖。○莊逵吉云：頓卽鈍字，故「頑頓」卽「頑鈍」是。○洪頤煊云：説文：「殊，死也。从歺，朱聲。」漢令：「蠻夷長有罪當殊之。」漢書高帝紀：「其赦天下殊死以下。」銖卽殊叚借字。○王念孫云：此本作「其衣煖而無文，其兵銖而無刃」，後人於煖上加致字，於義無取。戈爲五兵之一，言兵而戈在其中，不當更加戈字。且「其衣致煖」與「其兵戈銖」不對，明是後人所改。文子道原篇正作「其衣煖而無采，其兵鈍而無刃」。○俞樾云：王氏念孫謂致與戈皆衍文，其説是也。高解銖字曰：「楚人謂刃頓爲銖。」是銖與「無刃」一意也。煖與「無文」則非一意矣。疑煖當爲緩。緩者，縵之叚字也。説文糸部：「縵，繒無文。」國語晉語曰：「乘縵不舉。」韋注曰：「縵，車無文也。」是凡無文者皆謂之縵，故曰「其衣縵而無文」，正與「其兵銖而無刃」同義。縵與緩古音相同，得以通用。廣雅釋詁，慢、謾並訓緩，故緩亦通作縵也。後人不知緩爲縵之叚字，因其言衣，輒改作煖，似是而實非矣。○文典謹按：洪云銖卽殊叚借字；殊，死也。如洪説，則是其兵戈死而無刃，此説豈復可通耶！高注明言楚人謂刃頓爲銖，廣雅「銖，鈍也」，卽本此注。其歌樂而無轉，其哭哀而無聲。鑿井而飲，耕田而食。無所施其美，亦不求得。親戚不相毁譽，朋友不相怨德。及至禮義之生，貨財之貴，而詐僞萌興，非譽相紛，怨德竝行，於是乃有曾參、孝己之美，而生盜跖、莊蹻之邪。故有大路龍旂，羽蓋垂綏，大路，天子車也。交龍爲旂。結駟連騎，則必有穿窬拊楗、抽箕踰備之姦；抽，握也。備，後垣也。○王引之云：「抽箕」當爲「扫墓」，高注「抽，握也」，當作「扫，掘也」。扫字本作搰，説文曰：「搰，掘也。」或作扫，廣雅曰：「扫，掘也。」荀子正論篇曰「扫人之墓」是也。吕氏春秋節喪篇「葬淺則狐狸扫之」，高注曰：「扫，讀曰掘。」是扫與掘聲相近，字亦相通也。今本「扫墓」作「抽箕」者，抽與扫字相似，故扫誤作抽，墓與基字亦相似，墓以形誤爲基，基又以聲誤爲箕耳。「穿窬拊楗、扫墓踰備之姦」，皆謂盜賊也。楗，謂户牡也。拊楗，謂搏取户楗也。吕氏春秋異用篇云「跖與企足得飴以開閉取楗」是也。備與培同。下文「鑿培而遁之」，高注曰：「培，屋後牆也。」故此注云「備，後垣也」。又兵略篇「毋扣墳墓」，扣亦扫字之誤。本或作抉者，後人以意改之耳。有詭文繁繡，弱緆羅紈，弱緆，細布也。羅，縠。紈，素也。○文典謹按：藝文類聚八十五引，緆作錫。儀禮大射儀「羃用錫若絺」，鄭注：「錫，細布也。」説文：「緆，細布也。」錫、緆通用。必有菅屩跐踦，短褐不完者。菅，茅也。跐，偶也。踦，適也。楚人謂袍爲短。褐，大布。○陶方琦云：後漢書王望傳注引許注：「楚人謂袍曰裋。」此條已見上覽冥訓，重列之者，見許注、今注之同。故高下之相傾也，短脩之相形也，亦明矣。

夫蝦蟇爲鶉，鶉，鵪也。水蠆爲⿰虫⿱每心莣，青蛉也。○王念孫云：「水蠆爲⿰虫⿱每心莣」本作「水蠆爲蟌」。玉篇：「蟌，千公切，蜻蛉也。」廣韻引淮南子「蝦蟇爲鶉，水蠆爲蟌」。太平御覽蟲豸部六所引與廣韻同，又引注云：「老蝦蟇化爲鶉，水中蠆蟲化爲蟌。蟌者，蜻蜓也。」（此蓋許注。）說林篇「水蠆爲蟌」，高注曰：「水蠆化爲蟌。蟌，青蜓也。」皆其明證矣。今本作「水蠆爲⿰虫⿱每心莣」者，⿰虫⿱每心爲蟌之誤，（蟌字從虫、悤聲，隸書悤或作⿱冊心，又作⿱毌心，其上半與每相近。蟌或作⿰虫⿱冊心，因誤爲⿰虫⿱每心耳。廣雅釋草：「蔦藸，蔥也。」今本蔥作葸。又「藜蘆，蔥苒也」，今本蔥作葸。皆其證也。）莣爲葱之誤。葱，俗書蔥字也，與蟌同音。校書者記葱字於⿰虫⿱每心字之旁，而寫者因誤合之耳。又案：高注「青蛉也」下，各本皆有「音矛音務」四字，蓋蟌葱二字既誤爲⿰虫⿱每心莣，後人遂妄加音釋耳。字彙補乃於虫部收入⿰虫⿱每心字，音矛；又於艸部「莣」字下注云「音務」，引淮南子「水蠆爲⿰虫⿱每心莣」。甚矣其惑也！皆生非其類，唯聖人知其化。其化視陰入陽，從陽入陰。夫胡人見黂，黂，麻子也。不知其可以爲布也；越人見毳，不知其可以爲旃也。故不通於物者，難與言化。○文典謹按：「難與言化」，北堂書鈔百三十四引，作「不可與言俗」。昔太公望、周公旦受封而相見，太公問周公曰：「何以治魯？」周公曰：「尊尊親親。」太公曰：「魯從此弱矣！」尊尊親親，仁者弱也。周公問太公曰：「何以治齊？」太公曰：「舉賢而上功。」周公曰：「後世必有劫殺之君！」舉賢上功，則民競，故劫殺。其後，齊日以大，至於霸，二十四世而田氏代之；齊臣田氏奪其君位代之。魯日以削，至三十二世而亡。魯祿去公室，至楚考烈王滅之。○文典謹案：二疑四誤。魯自伯禽至頃公讎，適三十四世。呂覽長見篇、韓詩外傳二竝作四。故易曰：「履霜，堅冰至。」聖人之見終始微言！○孫詒讓云：言當作矣。故糟丘生乎象櫡，紂爲長夜之飲，積糟成丘者，起于象櫡。炮烙生乎熱斗。庖人進羹于紂，熱，以爲惡，以熱斗殺之。趙國斗可以殺人，故起炮烙。○陶方琦云：北堂書鈔引，作「炮烙始于熱斗」，注云：「熱斗，熨斗也。紂見熨斗爛人手，遂作炮格之刑矣。」御覽七百十二引許注：「熱斗，熨斗也。熱人手，遂作炮烙之刑也。」按：今注無此條，敚文也，應補在「庖人進羹」上。呂氏春秋順民篇高注：「紂常熨爛人手，因作銅烙，布火其下，令人走其上，以爲娛樂。」與此注文亦異。帝王世紀曰：（御覽八十三引。）「紂欲重刑，乃先爲大熨斗，以火爇之，使人舉，輒爛手不能勝。紂怒，乃更爲銅柱，以膏涂之，加于爇炭之上，使有罪者緣焉，足滑跌墮火中，紂與妲己笑爲樂，名曰炮格之刑。」與許注義相同。説文「尉」下：「所以尉申繒也。」卽熨斗之説。○文典謹按：「生乎象櫡」，「生乎熱斗」，兩生字於辭爲複。北堂書鈔四十一、一百三十五兩引此文，下生字竝作始。又按：御覽服用部十四、事物記原卷八引帝王世紀，與許注義亦正同，足證陶説。子路撜溺而受牛謝，撜，舉也。抍出溺人，主謝以牛也。〇陶方琦云：羣書治要引許注：「拯，舉也。」二注正同，益知八篇真許注也。説文：「抍，上舉也。」説與注淮南正合。氾論訓「捽其髪而拯」，高注「拯，升也」，注亦異。孔子曰：「魯國必好救人於患。」〇文典謹按：「救人於患」下，當有矣字，與下文「孔子曰：『魯國不復贖人矣』」一律。羣書治要引此文，患下有矣字。子贛贖人而不受金於府，魯國之法，贖人於他國者，受金於府。〇陶方琦云：羣書治要引許注，與今注正同。孔子曰：「魯國不復贖人矣。」子路受而勸德，子贛讓而止善。孔子之明，以小知大，以近知遠，通於論者也。由此觀之，廉有所在，而不可公行也。〇文典謹按：羣書治要引，在上有不字，於義爲長。故行齊於俗，可隨也；事周於能，易爲也。矜僞以惑世，伉行以違衆，聖人不以爲民俗。

廣廈闊屋，連闥通房，人之所安也，鳥入之而憂。〇文典謹按：意林引，闊作弘。高山險阻，深林叢薄，虎豹之所樂也，人入之而畏。川谷通原，積水重泉，黿鼉之所便也，人入之而死。〇文典謹按：御覽八百九十二、九百三十二引，泉竝作淵。咸池、承雲，皆黄帝樂。九韶、舜樂。六英，帝顓頊樂。人之所樂也，鳥獸聞之而驚。深谿峭岸，峻木尋枝，猨狖之所樂也，人上之而慄。形殊性詭，所以爲樂者乃所以爲哀，所以爲安者乃所以爲危也。乃至天地之所覆載，日月之所照認，使各便其性，安其居，處其宜，爲其能。故愚者有所脩，智者有所不足；柱不可以摘齒，〇莊逵吉云：御覽引，摘作刺。筐不可以持屋；筐，小簪也。〇王念孫云：太平御覽居處部十五引，作「蓬不可以持屋」。案：筐與蓬皆筳字之誤也。筳，讀若庭，又讀若挺。庭、挺皆直也。（爾雅：「庭，直也。」考工記弓人注曰：「挺，直也。」）小簪形直，故謂之筳。柱與筳大小不同，而其形皆直，故類舉之。若筐與蓬，則非其類矣。玉篇：「筳，徒丁切，小簪也。」義卽本於高注。此言大材不可小用，小材不可大用，故柱可以持屋而不可以摘齒，小簪可以摘齒而不可以持屋也。筳字隸書或作莛，形與蓬相似，筐與筳草書亦相似，故筳誤爲筐，又誤爲蓬矣。馬不可以服重，牛不可以追速；鉛不可以爲刀，銅不可以爲弩；鐵不可以爲舟，木不可以爲釜。各用之於其所適，施之於其所宜，卽萬物一齊，而無由相過。夫明鏡便於照形，其於以函食，不如簞；〇王念孫云：「函食不如簞」，本作「承食不如竹箄」。（箄，博計反。）今本承誤爲函，箄誤爲簞，（箄誤爲簞，又誤而爲簞。）又脱去竹字耳。說文：「箄，蔽也。所以蔽甑底。」承，讀爲「烝之浮浮」之烝，謂用以烝食也。（漢書地理志長沙國承陽，師古曰：「承音烝。」續漢書郡國志作烝陽，是烝與承通。太平御覽器物部引此作「蒸食」。）今人猶謂甑中蔽爲箄子。世說云「客詣陳太丘宿，大丘使元方、季方炊，二人委而竊聽，炊忘箸箄，飯落釜中」是也。說山篇云：「弊箄甑瓾在旃茵之上，雖貪者不搏。」是箄爲物之賤者。然明鏡雖貴，若用以蔽甑底，則氣不上升而食不熟。竹箄雖賤，而可以烝食。故下文云「物無貴賤，因其所貴而貴之，物無不貴；因其所賤而賤之，物無不賤也」。鏡形圓，箄形亦圓，故連類而及之。若篁笥之屬，則儗之不於其倫矣。且笲與蜧爲韻，（蜧音戾。）若作篁，則失其韻矣。太平御覽服用部「鏡」下引淮南子「明鏡便於照形，承食不如竹篁」，雖承字不誤，而篁字已與今本同。然器物部「笲」下又引淮南子「明鏡可鑑形，蒸食不如竹笲」，是則服用部作篁者，後人據誤本淮南改之耳。北堂書鈔服飾部「鏡」下引作「承食不如竹篁」，篁亦笲之誤。又案：說山篇「獘笲甑瓾」，今本笲作箄，非也。說文：「笲，蔽也。所以蔽甑底。從竹，畀聲。」玉篇「博計切」，急就篇云「笆篙篌笘篼笲篝」是也。說文又云：「箄，篧箄也。從竹，卑聲。」玉篇必匙、必是二切，急就篇云「篧箄箕帚筐篋簍」是也。此言「弊笲甑瓾」，則是甑笲之笲，非篧箄之箄，字不當從卑。**犧牛粹毛，宜於廟牲，其於以致雨，不若黑蜧。**黑蜧，神蛇也。潛於神淵，蓋能興雲雨。○陶方琦云：文選江賦注引許注：「黑蜧，神蛇也。潛于神泉，能致雲雨。」張景陽雜詩注引作高誘，誤也。其「能致雲雨」四字，據以補入。說文虫部：「蜦，蛇屬也。潛於神淵之中，能興致雲雨。蜦或从戾作蜧。」許氏說文卽采用淮南注。初學記引淮南注：「黑蜧，神蛇。潛淵而居，將雨則躍。」（御覽十引亦同。）此卽許說，而引文稍異。御覽九百三十三引此注：「黑蜧，黑色蛇屬也。蜧潛于水，神象，能致雨也。」文又小異，或卽許、高之別。然江賦注引許注，文正同今注，與說文符合，確爲許說無疑。「神淵」作「神泉」，乃唐人避諱而改。（歲華紀麗亦引爲許注。）○文典謹按：「粹毛」，文選張景陽雜詩注、御覽九百三十三引，並作「騂毛」，知今本作粹者，誤字也。又按：白帖二引淮南子曰：「黑蜧，神虬。潛泉中而居，天將雨則躍。」亦注文也。**由此觀之，物無貴賤。因其所**

貴而貴之，物無不貴也；因其所賤而賤之，物無不賤也。夫玉璞不厭厚，角觽不厭薄，角觽，刀劍羽閒之覆角也。○孫詒讓云：刀劍無羽飾，此羽疑當爲削之譌。釋名釋兵云：「刀，其室曰削。」漆不厭黑，粉不厭白。此四者相反也，所急則均，其用一也。○文典謹按：北堂書鈔百三十五引，用下有則字。今之裘與蓑，孰急？見雨則裘不用，升堂則蓑不御，此代爲常者也。○陳觀樓云：常當爲帝，字之誤也。「代爲帝」，謂裘與蓑迭爲主也。說林篇曰：「旱歲之土龍，疾疫之芻靈，是時爲帝者也。」莊子徐無鬼篇曰：「堇也，桔梗也，雞廱也，豕零也，是時爲帝者也。」義並與此同。譬若舟、車、楯、肆、窮廬，故有所宜也。水宜舟，陸地宜車，沙地宜肆，泥地宜楯，草野宜窮廬。○莊逵吉云：錢別駕云：大禹四載，本皆異。說文解字「水行乘舟，陸行乘車，山行乘欙，澤行乘𨊾」；史記「山行乘檋，水行乘船，陸行乘車，澤行乘橇」；漢書溝洫志「山行乘梮，水行乘舟，陸行乘車，澤行乘毳」，徐廣史記注又作「山行乘橋，水行乘船，陸行乘車，澤行乘蕝」；呂不韋書「山用樏，水用舟，陸用車，塗用楯」，又有「沙用鳩」；本書脩務訓又云「山行乘蔂，水行乘舟，沙行乘鳩，澤行乘楯」，與此而七。其字各殊，攷之，欙爲正字，蔂、樏皆欙字之別也。肆字音與欙相近，通用。檋、梮亦同聲，橋又檋字之轉聲。檋乃駕馬大車，橋即俗轎字也。鳩、車聲相轉，然古別有一種車名鳩，蓋小車。𨊾、輴、楯三字同類。橇、毳、蕝三字同類。周禮曰「孤乘夏𨊾」，又下棺車亦曰𨊾。古字無輴，楯，乃以闌楯借用耳。僞孔傳尚書本不足據，其見于諸書者，因以別駕所肆攷而附詳之如是。○盧文弨云：今本淮南𨽻譌作肆，唯葉林宗本作𨽻，从镸，从𣎆。案：文子自然篇「水用舟，沙用𨽻，泥用楯，山用樏」，釋音云：「𨽻，乃鳥切，推版具。」今檢玉篇無𨽻字，有𨽻字，从镸，从土，从小，音正同，云「㔒𨽻長不勁」，蓋與「嫋嫋」同義。廣韻則从镸，从赤。三字不同。案：𣎆字亦有茶音，當以从𣎆爲正。又脩務訓「沙之用𨽻」，葉本亦譌作肆，而別本有作鳩者。案：吕氏春秋慎勢篇作「沙用鳩」，字書九與糾通，則音亦可通轉，卽以鳩從文子、淮南讀，其亦可也。○王念孫云：肆當作𨽻，（玉篇乃鳥切。）字相似而誤。文子自然篇正作「沙用𨽻」。朱本、茅本、莊本依吕氏春秋（慎勢篇。）改作「沙之用鳩」，非也。鳩與肆形聲皆不相近，若是鳩字，不得誤爲肆矣。或又因說文無𨽻字，而以肆爲樏。樏與肆形聲亦不相近，且脩務篇明言「沙用肆，山用蔂」，（與樏同。）肆、樏不同物，何得以肆爲樏乎！**故老子曰「不上賢」者，言不致魚於木，沉鳥於淵。**物各因其宜，故不須用賢。

故堯之治天下也，舜爲司徒，契爲司馬，禹爲司空，后稷爲大田師〔一〕**，奚仲爲工。其導萬民也，水處者漁，山處者木，**○俞樾云：木乃采之壞字，謂采樵也。「山處者采」，與上句「水處者漁」，下句「谷處者牧」，「陸處者農」一律。漁也，采也，牧也，農也，皆言其事也。若作「山處者木」，則上句當云「水處者魚」矣。文子自然篇作「林處者採」，可據以訂正。說林篇「漁者

〔一〕「師」字當在下句「工」字下，見繆稱訓「桓公舉以大政」注。

走淵，木者走山」，木亦當爲采。谷處者牧，陸處者農。地宜其事，事宜其械，械宜其用，用宜其人。澤皋織網，陵阪耕田，得以所有易所無，以所工易所拙，是故離叛者寡，而聽從者衆。譬若播棊丸於地，○文典謹按：意林引，播作翻。員者走澤，方者處高，各從其所安，夫有何上下焉！若風之遇簫，簫，籟也。○陳觀樓云：各本過字皆誤作遇，唯道藏本不誤。文子自然篇正作「若風之過簫」。忽然感之，各以清濁應矣。夫猨狖得茂木，不舍而穴；狟狢得埵防，弗去而緣：狟，狟豚也。埵，水埒也。防，隄也。物莫避其所利而就其所害。是故鄰國相望，雞狗之音相聞，而足迹不接諸侯之境，車軌不結千里之外者，皆各得其所安。故亂國若盛，治國若虛，亡國若不足，存國若有餘。虛者非無人也，皆守其職也；盛者非多人也，皆徼於末也；有餘者非多財也，欲節事寡也；不足者非無貨也，民躁而費多也。故先王之法籍，非所作也，其所因也。其禁誅，非所爲也，其所守也。凡以物治物者不以物，○王念孫云：「凡以物治物者」，「以物」二字因下文而衍。吕氏春秋貴當篇、文子下德篇皆無此二字。以睦；治睦者不以睦，以人；治人者不以人，以君；治君者不以君，以欲；治欲者不以欲，以性；治性者不於性，以德；治德者不以德，以道。原人之性，蕪濊而不得清明者，物或堁之也。堁，坋塵也。

羌、氐、僰、翟，嬰兒生皆同聲，羌，東戎。氐，南夷。僰，西夷。翟，北胡也。及其長也，雖重象狄騠，象狄騠，譯也。象傳狄騠之語也。不能通其言，教俗殊也。今三月嬰兒，生而徙國，則不能知其故俗。由此觀之，衣服禮俗者，非人之性也，所受於外也。夫竹之性浮，殘以爲牒，束而投之水，則沉，失其體也。金之性沉，託之於舟上則浮，勢有所支也。夫素之質白，染之以涅則黑；縑之性黄，染之以丹則赤。人之性無邪，久湛於俗則易。易而忘本，合於若性。若性合於他性，自若〔一〕本性也。故日月欲明，浮雲蓋之；河水欲清，沙石濊之；○文典謹按：御覽七十四引，「沙石濊之」作「沙壤穢之」。羣書治要引，濊亦作穢。人性欲平，嗜欲害之。惟聖人能遺物而反己。夫乘舟而惑者，不知東西，見斗極則寤矣。○文典謹按：文選應休璉與從弟君苗君胄書注引，作「見斗極則曉然而寤矣」。夫性，亦人之斗極也。有以自見也，則不失物之情；無以自見，則動而惑營。譬若隴西之游，愈躁愈沉。孔子謂顔回曰：「吾服汝也忘，孔子謙，自謂無知而服回，此忘行也。而汝服於我也亦忘。雖然，汝雖忘乎，吾猶有不忘者存。」孔子知其本也。

〔一〕「若」，疑當爲「忘」。

夫縱欲而失性，動未嘗正也，以治身則危，以治國則亂，〇文典謹按：羣書治要引，危作失，亂作敗。以入軍則破。是故不聞道者，無以反性。故古之聖王，能得諸己，故令行禁止，名傳後世，德施四海。是故凡將舉事，必先平意清神。神清意平，物乃可正。若璽之抑埴，璽，印也。埴，泥也。正與之正，印正而封亦正。傾與之傾。故堯之舉舜也，決之於目；桓公之取甯戚也，斷之於耳而已矣。爲是釋術數而任耳目，其亂必甚矣。夫耳目之可以斷也，反情性也；聽失於誹譽，而目淫於采色，而欲得事正，則難矣。夫載哀者聞歌聲而泣，〇文典謹按：意林引，載作戴，下同。載樂者見哭者而笑。〇文典謹按：羣書治要引，見作聞。哀可樂者，笑可哀者，〇王念孫云：「哀可樂者」，者字因下句而衍。〇文典謹按：羣書治要引，此下有「何者」二字。載使然也，是故貴虛。虛者，心無所載於哀樂也。〇陶方琦云：羣書治要引許注：「虛者，無所載于哀樂。」故水擊則波興，氣亂則智昏。智昏不可以爲政，波水不可以爲平。〇王念孫云：「水擊」當爲「水激」，聲之誤也。羣書治要引此，正作激。氾論篇亦云：「水激興波，智昏不可以爲政。」「智昏」當爲「昏智」，「昏智」與「波水」相對，謂既昏之智不可以爲正，已波之水不可以爲平也。今本作「智昏」者，蒙上句而誤。文子下德篇正作「昏智不可以爲正」。故聖王執一而勿失，萬物之情既矣，既，盡也。〇王念孫云：既本作測，高注本作「測，盡也」。今本正文、注文皆作既，後人以意改耳。羣書治要引此，正作測。原道篇：「水，大不可極，深不可測。」主術篇：「天道，大不可極，深不可測。」呂氏春秋下賢篇：「昏乎其深而不測也。」高注並云：「測，盡也。」後人但知既之訓爲盡，而不知測之訓爲盡，遂以其所知改其所不知，謬矣。且測與服爲韻，（服字古讀蒲北反，説見唐韻正。）若作既，則失其韻矣。**四夷九州服矣。夫一者至貴，無適於天下。聖人託於無適，故民命繫矣。**

爲仁者必以哀樂論之，爲義者必以取予明之。目所見不過十里，而欲遍照海内之民，哀樂弗能給也。無天下之委財，而欲遍澹萬民，利不能足也。且喜怒哀樂，有感而自然者也。故哭之發於口，涕之出於目，○莊逵吉云：御覽引，目作鼻，疑是。○王紹蘭云：陳風澤陂篇「涕泗滂沱」，毛傳：「自目曰涕，自鼻曰泗。」泗即洟之借字。説文：「洟，鼻液也。」易萃上六「齎咨涕洟」，釋文引鄭「自目曰涕，自鼻曰洟」，（虞翻同。）然則目涕之義古矣。王褒僮約云「目淚下落，鼻涕長一尺」，非經訓也。莊氏疑御覽引目作鼻爲是，失之。○俞樾云：莊説非也。周易萃上六「齎咨涕洟」，釋文引鄭注曰：「自目曰涕，自鼻曰洟。」然則涕出乎目，非出乎鼻，不得據御覽之誤字以改淮南之不誤者也。○文典謹按：王、俞説是也。藝文類聚八十引，與今本合，明御覽作鼻必爲誤字。**此皆憤於中而形於外者也。譬若水之下流，烟之上尋也，**○文典謹按：尋，讀爲覃，（古侵、覃通爲一韻。）即古燂字。説文火部：「燂，火熱也。」字亦作焬。又與䵉通。儀禮有司徹「乃䵉尸俎」，鄭注：「䵉，温也。古文䵉皆作尋，記或作焬。」（左哀十二年傳「若可尋也」，此注引作焬。）天文篇「火上蕁」，高注：「蕁，讀葛覃之覃。」亦叚爲燂。夫有孰推之者！故強哭者雖病不哀，強親者雖笑不和。情發於中而聲應於外，故釐負羈之壺餐，愈於晉獻公之垂棘；獻公以垂棘滅虞、虢。趙宣孟之束脯，賢於智伯之大鐘。智伯以大鐘滅仇由。故禮豐不足以效愛，而誠心可以懷遠。故公西華之養親也，若與朋友處，曾參之養親也，若事嚴主烈君，其于養，一也。公西華，孔子弟子也。與朋友處，睦而少敬。烈，酷也。曾參事親，其敬多。故胡人彈骨，越人契臂，中國歃血也，所由各異，其於信，一也。胡人之盟約，置酒人頭骨中，飲以相詛。刻臂出血，殺牲歃血，相與爲信。◎莊逵吉云：御覽引，契作齧。列子釋文仍作契，引許慎注云：「契，刻臂出血也。」歃，御覽引作唼。唼，歃之別字也。◎陶方琦云：今注文略媘節，「刻臂」上應有契字。釋名釋書契：「契，刻也。」爾雅：「契，絶也。」郭注：「今江東以刻斷物爲契斷。」三苗髽首，羌人括領，中國冠笄，越人劗鬋，其於服，一也。三苗之國在彭蠡、洞庭之野。髽，以枲束髮也。括，結。笄，簪。鬋，斷也。帝顓頊之法，婦人不辟男子於路者，拂之於四達之衢，拂，放也。◎莊逵吉云：御覽引，拂作祓，有注云：「除其不祥。」今之國都，男女切踦，踦，足也。肩摩於道，其於俗，一也。故四夷之禮不同，皆尊其主而愛其親，敬其兄；獫狁之俗相反，獫狁，北胡也。其俗物與中國相反也。皆慈其子而嚴其上。夫鳥飛成行，獸處成羣，有孰教之！故魯國服儒者之禮，行孔子之術，地削名卑，不能親近來遠。越王句踐劗髮文身，無皮弁搢笏之服，皮弁，以爲爵冠也。搢，佩紟。笏，佩玉也，長三尺，抒上終葵首。拘罷拒折之容，拘罷，圜也。拒折，方也。然而勝夫差於五湖，南面而霸天下，泗上十二諸侯皆率九夷以朝。○胡鳴玉云：史天官書「太微宫垣有匡衡十二星」，註正義云：「十二諸侯之府也。」乃知天有十二次，日月之所躔也；地有十二州，王侯之所國也。舉十二州以該天下之諸侯，非謂十二國也。胡、貉、匈奴之國，縱體拖髮，拖，縱也。箕倨反言，而國不亡者，未必無禮也。楚莊王裾衣博袍，裾，裒也。衣，裾也。令行乎天下，遂霸諸侯。晉文君大布之衣，大布，粗布也。牂羊之裘，韋以帶劍，威立於海内。豈必鄒、魯之禮之謂禮乎！鄒，孟軻邑。魯，孔子邑。是故入其國者從其俗，入其家者避其諱，不犯禁而入，不忤逆而進，雖之夷狄徒倮之國，徒倮，不衣也。俞樾云：廣雅釋詁：「徒，袒也。」徒倮猶袒倮，徒與袒一聲之轉。吕氏春秋異用篇「非徒網鳥也」，高注曰：「徒，猶但也。」袒與但同。結軌乎遠方之外，而無所困矣。

禮者，實之文也；仁者，恩之效也。故禮因人情而爲之節文，而仁發怲以見容。怲，色也。禮不過實，仁不溢恩也，治世之道也。夫三年之喪，是强人所不及也，而以僞輔情也。三月之服，是絶哀而迫切之性也。三月之服，夏后氏之禮。夫儒墨不原人情之終始，而務以行相反之制，五縗之服。五縗，謂三年、朞年、九月、五月、三月服也。悲哀抱於情，葬薶稱於養，不强人之所不能爲，不絶人之所能已，○陳觀樓云：「能已」上亦當有不字。文子上仁篇正作「不絶人所不能已」。度量不失於適，誹譽無所由生。古者，非不知繁升降槃還之禮也，蹀采齊、肆夏之容也，采齊、肆夏，皆樂名也。以爲曠日煩民而無所用，故制禮足以佐實喻意而已矣。古者，非不能陳鐘鼓，盛筦簫，揚干戚，奮羽旄，以爲費財亂政，制樂〔一〕足以合歡宣意而已，喜不羨於音。非不能竭國麋民，虚府殫財，含珠鱗施，綸組節束，鱗施，玉紐也。綸，絮也。束，縛也。追送死也，以爲窮民絶業，而無益於槁骨腐肉也，故葬薶足以收斂蓋藏而已。昔舜葬蒼梧，市不變其肆；禹葬會稽之山，農不易其畝；舜南巡狩，死蒼梧，葬泠道九疑山，不煩市井之〔二〕所廢。禹會羣臣於會稽，葬山陰之陽，不煩農人之田畝。明乎生死之分，通乎侈儉之適者也。亂國則不然，言與行相悖，情與貌相反，禮飾以煩，樂優以淫，○王念孫云：文子上仁篇優

〔一〕「制樂」上疑脱「故」字。

〔二〕「市井之」，原本作「於市有」，據莊逵吉校本改。

作擾，於義爲長。擾亦煩也。俗書擾字作擾，與優相似而誤。崇死以害生，久喪以招行，是以風俗濁於世，而誹譽萌於朝，是故聖人廢而不用也。

義者，循理而行宜也；禮者，體情制文者也。義者宜也，禮者體也。○王引之云：上二句卽是訓義爲宜，訓禮爲體，不須更云「義者宜也，禮者體也」矣。疑後人取中庸、禮器之文記於旁，而寫者因誤入正文也。○文典謹按：御覽五百二十三引，「體情」下有而字。昔有扈氏爲義而亡，有扈，夏啓之庶兄也。以堯、舜舉賢，禹獨與子，故伐啓，啓亡之。知義而不知宜也；魯治禮而削，知禮而不知體也。有虞氏之祀，○王念孫云：「有虞氏之祀」，祀當爲禮。此涉下文「祀中霤」而誤也。「有虞氏之禮」，總下三事而言，不專指祭祀。下文「夏后氏之禮」，（今本脫「之禮」二字，據下文補。）「殷人之禮」，「周人之禮」，皆其證。其社用土，封土爲社。祀中霤，葬成畝，田畝而葬。其樂咸池、承雲、九韶，舜兼用黃帝樂。九韶，舜所作也。其服尚黃。舜，土德也。夏后氏〔一〕其社用松，所樹之木，皆所生地之所宜也。祀户，春祭先户，夏木德也。葬牆置翣，翣，棺衣飾也。其樂夏籥、九成、六佾、六列、六英，九成，變也。六列，六六爲行列也。六英，禹兼用顓頊之樂也。其服尚青。木德，故尚青也。殷人之禮，其社

〔一〕「夏后氏」下似脫「之禮」二字。

用石，以石爲社主也。祀門，秋祭先門，殷金德也。葬樹松，其樂大濩、晨露，大濩、晨露，湯所作樂。其服尚白。金德，故尚白也。周人之禮，其社用栗，祀竈，夏祭先竈，周火德也。鄒子曰：「五德之次，從所不勝。」故虞土，夏木，殷金，周火。葬樹柏，其樂大武、三象、棘下，三象、棘下，武象〔一〕樂也。其服尚赤。火德，故尚赤也。禮樂相詭，服制相反，然而皆不失親疎之恩，上下之倫。今握一君之法籍，以非傳代之俗，譬由膠柱而調瑟也。故明主制禮義而爲衣，分節行而爲帶。衣足以覆形，從典墳，虚循撓，便身體，適行步，不務於奇麗之容，隅眥之削。○洪頤煊云：眥當作些。本經訓「衣無隅差之削」，高注：「隅，角也。差，邪也。」些、差聲相近。晏子春秋諫下篇「衣不務於隅眦之削」，眦即眥之譌字。帶足以結紐收衽，束牢連固，不亟於爲文句疏短之鞻。○孫詒讓云：短疑當爲矩。文句者，圜文也。（說文句部云：「句，曲也。」）疏矩者，方文也。鞻字疑誤。說文革部云：「鞻，革生〔二〕鞮也。」此上文並說帶，不宜忽及鞮屨，此必有譌捝也。故制禮義，行至德，而不拘於儒墨。

所謂明者，非謂其見彼也，自見而已。所謂聰者，非謂聞彼也，自聞而已。所謂

〔一〕「武象」，疑當作「武王」，涉上文「象」而誤。

〔二〕「革生」，段注改爲「生革」，是。

達者，非謂知彼也，自知而已。是故身者，道之所託，身得則道得矣。道之得也，以視則明，以聽則聰，以言則公，以行則從。故聖人裁制物也，猶工匠之斲削鑿枘也，宰庖之切割分别也，曲得其宜而不折傷。拙工則不然，大則塞而不入，小則窕而不周，動於心，枝於手，而愈醜。夫聖人之斲削物也，剖之判之，離之散之；已淫已失，復揆以一；既出其根，復歸其門；已雕已琢，還反於樸。合而爲道德，離而爲儀表。其轉入玄冥，其散應無形。禮義節行，又何以窮至治之本哉！世之明事者，多離道德之本，曰禮義足以治天下，此未可與言術也。所謂禮義者，五帝三王之法籍風俗，一世之迹也。譬若芻狗土龍之始成，芻狗，束芻爲狗，以謝過求福。土龍，以請雨。○陶方琦云：意林引許注：「芻狗事以謝過，土龍事以請雨。」文以青黄，○文典謹按：意林引，作「則衣以文繡」。絹以綺繡，○俞樾云：絹當爲羂。漢書司馬相如傳「羂要褭」，師古注曰：「羂，謂羅繫之也。」文選上林賦李善注引聲類曰：「絹，係取也。」「羂以綺繡」，謂以綺繡繫之。作絹者，省不從网耳。太平御覽皇王部引，作「飾以綺繡」，殆由不得其義而臆改也。纏以朱絲，尸祝袀袨，袀，純服。袨，墨齋衣也。大夫端冕端冕，冠也。以送迎之。及其已用之後，則壤土草薊而已，○莊逵吉云：御覽薊作芥。芥正字，薊奇字。○王念孫云：各本薊下有「音出」二字，案：「音出」二字後人所加。高注皆言「讀某字」，無言「音某」者。考説文、玉篇、廣韻、集韻，皆無薊字。或音出，或以爲芥之奇字，皆不知何據。余謂薊者，薊之壞字也。「草薊」即草芥。史記賈生傳「細故蔕薊兮」，索隱曰：「薊音介。」漢書作蔕芥。是芥、薊古字通，故此作薊，御覽作草芥也。○文典謹按：意林引，作「及其用畢，則棄之土壤」。夫有孰貴之！言弃之不貴也。○莊逵吉云：御覽作「誰貴之哉」。

故當舜之時，有苗不服，於是舜修政偃兵，執干戚而舞之。禹之時，天下大雨，禹令民聚土積薪，擇丘陵而處之。○王念孫云：「天下大雨」，雨本作水，此後人妄改之也。唯天下大水，是以令民聚土積薪而處丘陵。若作大雨，則非其指矣。後人改水爲雨者，以與舞、處二字爲韻耳。不知此文但以舞、處爲韻，餘皆不入韻也。要略正作「禹之時，天下大水」。武王伐紂，載尸而行，武王伐紂，伯夷曰：「父死未葬，爰及干戈，可謂孝乎？」海内未定，故不爲三年之喪始。言始廢于武王也。禹遭洪水之患，陂塘之事，故朝死而暮葬。○王念孫云：遭，文選海賦注、應休璉與從弟君苗君胄書注、太平御覽禮儀部三十四引，並作有。道藏本「不爲三年之喪始」下注云：「三年之喪於武王。」案：「故不爲三年之喪始」，當作「故爲三年之喪」。高注當作「三年之喪始於武王」。藏本始字誤入正文，正文「爲三年之喪」上又衍不字，則正文、注文皆不可讀矣。且上文以舞、處爲韻，此以行、喪、葬爲韻，若喪下有始字，則失其韻矣。此言武王爲三年之喪，而禹則朝死暮葬，與武王不同，非謂武王不爲三年之喪也。下文云「脩干戚而笑钁插，知三年而非一日」，（今本非上脱而字，據上句補。）「干戚」二字承上文舜舞干戚而言，「钁插」二字承禹令民聚土而言，「一日」二字承禹朝死暮葬而言，「三年」二字則承武王爲三年之喪而言。若云「不爲三年之喪」，則與下文相反矣。要略云：「武王誓師牧野，以踐天子之位。天下未定，海内未輯，武王欲昭文王之令德，使夷狄各以其賄來貢，遼遠未能至，故治三年之喪，殯文王於兩楹之間，以俟遠方。」彼言武王治三年之喪，正與此同。若云「不爲三年之喪」，則又與要略相反矣。道應篇述武王之事，亦云「爲三年之喪，令類不蕃」。以上三篇，皆謂武王始爲三年之喪，故高注云「三年之喪始於武王」也。藏本作「三年之喪於武王」者，始字誤入正文耳。劉績不知是正，又改注文爲「三年之喪於武王廢」，朱本又改爲「言始廢於武王也」，皆由正文誤作「不爲三年之喪」，故又改注文以從之耳。○文典謹按：御覽五百五十五引，「陂塘之事」下有注云：「陂，蓄水。塘，池也。」此皆聖人之所以應時耦變，見形而施宜者也。○文典謹按：御覽五百五十五引，作「此皆聖人之所以應時設教，見而施宜者也」。今之修干戚而笑钁插，钁，斫屬。知三年非一日，是從牛非馬，以徵笑羽也。以此應化，無以異於彈一絃而會棘下。棘下，樂名。一絃會之，不可成也。夫以一世之變，欲以耦化應時，譬猶冬被葛而夏被裘。夫一儀不可以百發，儀，弩招顔也。射百發，遠近不可皆以一儀也。一衣不可以出歲。儀必應乎高下，衣必適乎寒暑。是故世異則事變，時移則俗易。故聖人論世而立法，隨時而舉事。尚古之王，封於泰山，禪於梁父，七十餘聖，法度不同，非務相反也，時世異也。是故不法其已成之法，而法其所以爲法。所以爲法者，與化推移者也。夫能與化推移爲人者，至貴在焉爾。○王念孫云：「夫能與化推移者」，乃復舉上文之詞，「推移」下不當有「爲人」二字，蓋涉下文「與造化爲人」而衍。故狐梁之歌可隨也，其所以歌者不可爲也；○孫志祖云：「狐梁」無注，或疑卽「有狐綏綏，在彼淇梁」之詩。案：蜀志郤正傳「瓠梁託絃以流聲」，注引淮南子「瓠巴鼓瑟而鱏魚聽之」，（今本説山訓作「淫魚出聽」。）又引此文作「瓠梁之歌」，蓋瓠與狐通也。與衛詩無涉。梁曜北云：梁字何解？豈巴又名梁耶？○文典謹按：孫説是也。北堂書鈔一百六歌篇二引，狐正作瓠，又引注云：「瓠梁，善歌之人也。」藝文類聚四十三引注，「善歌」上多一古字，餘同。皆足證孫説。聖人之法可觀也，其所以作法不可原也；辯士言可聽也，其所以言不可形也；淳均之劍不可愛也，而歐冶之巧可貴也。今夫王喬、赤誦子，吹嘔呼吸，吐故内新，遺形去智，抱素反真，以游玄眇，上通雲天。今欲學其道，不得其養氣處神，而放其一吐一吸，時詘時伸，其不能乘雲升假亦明矣。王喬，蜀武陽人也，爲柏人令，得道而仙。赤誦子，上谷人也，病癘入山，導引輕舉。假，上也。○莊逵吉云：俗本赤誦作赤松，蓋誤改之。古字誦與松同聲通用。五帝三王，輕天下，細萬物，齊死生，同變化，抱大聖之心，以鏡萬物之情，上與神明爲友，下與造化爲人。今欲學其道，不得其清明玄聖，而守其法籍憲令，不能爲治亦明矣。故曰：「得十利劍，不若得歐冶之巧；得百走馬，不若得伯樂之數。」

樸至大者無形狀，道至眇者無度量，故天之圓也不得規，地之方也不得矩。○俞樾云：兩得字皆當爲中。周官師氏「掌國中失之事」，故書中爲得，是其例也。文子自然篇正作「天圓不中規，地方不中矩」。往古來今謂之宙，四方上下謂之宇，道在其間，而莫知其所。故其見不遠者，不可與語大；其智不閎者，不可與論至。昔者馮夷得道，以潛大川；馮夷，河伯也，華陰潼鄉隄首里人，服八石，得水仙。鉗且得道，以處昆侖。鉗且得仙道，升居昆侖山。○莊逵吉云：莊子大宗師篇「堪坏襲昆侖」，陸德明釋文云：「堪坏，神人，人面獸形。淮南作欽負。」是唐本鉗且作欽負也。字形近，故誤耳。程文學據山海經云「是與欽鴀殺祖江于昆侖之陽」，後漢書注引作欽駓，古駓、鴀本一字。錢別駕云：古丕與負通，故尚書「丕子之責」，史記作「負子」，丕與負通，因之從丕之字亦與負通也。堪、欽亦同聲。○王念孫云：程、錢、莊説皆是。扁鵲以治病，扁鵲，盧人，姓秦名越人，趙簡子時人。造父以御馬，羿以之射，倕以之斲，倕，堯時巧工也。所爲者各異，而所道者一也。○文典謹按：意林引，作「得道一也」。夫稟道以通物者，無以相非也。譬若同陂而溉田，其受水均也。今屠牛而烹其肉，或以爲酸，或以爲甘，煎熬燎炙，齊味萬方，○王念孫云：兩爲字皆後人所加。北堂書鈔酒食部四、太平御覽資産部八、飲食部十一引此，皆無兩爲字。「齊味」當爲「齊咊」，字之誤也。齊，讀若劑。咊，卽今和字也，讀若「甘受和」之和。舊本北堂書鈔及太平御覽引此，並作「齊和萬方」，和與齊義相近。鄭注周官鹽人云：「齊事，和五味之事。」又注少儀云：「齊謂食羹醬飲有齊和者也。」高注吕氏春秋本味篇云：「齊和，分也。」本經篇云：「煎熬焚炙，調齊和之適。」鹽鐵論通有篇云：「庖宰烹殺胎卵，煎炙齊和，窮極五味。」新序雜事篇云：「管仲善斷割之，隰朋善煎熬之，賓胥無善齊和之。」漢書藝文志云：「調百藥齊和之所宜。」皆其證也。又案：和字説文本作咊，今經傳皆作和，從隸變也。此咊字若不誤爲味，則後人亦必改爲和矣。○文典謹按：燎，北堂書鈔一百四十五引作膳，御覽八百六十三引作犢。齊味，意林引作劑味。**其本一牛之體。伐楩柟豫樟而剖梨之，**剖，判。梨，分也。**或爲棺椁，或爲柱梁，披斷撥檖，**披，解也。撥，析理也。檖，順也。○王念孫云：如高注，則檖字本作遂，故訓爲順也。今作檖者，因上文棺椁柱梁等字而誤耳。茅本并注文亦改爲檖，而莊本從之，謬矣。**所用萬方，然一木之樸也。故百家之言，指奏相反，其合道一體也。譬若絲竹金石之會樂同也，**○王念孫云：體字因下文「不失於體」而衍。「合道一」與「會樂同」，文正相對，則一下不當有體字。下文又云「其知馬一也」，「其得民心鈞也」，皆與此文同一例。**其曲家異而不失於體。伯樂、韓風、秦牙、管青，**四子皆古善相馬者。**所相各異，其知馬一也。故三皇五帝，法籍殊方，其得民心均也。故湯入夏而用其法，武王入殷而行其禮，桀、紂之所以亡，而湯、武之所以爲治。故剞劂銷鋸陳，非良工不能以制木；鑪橐埵坊設，鑪、橐、埵，皆治具。坊，土刑也。非巧治不能以治金。○文典謹按：御覽九百五十二引，工作匠。屠牛吐一朝解九牛，而刀以剃毛；屠牛吐，齊之大屠。剃，截髮也。○莊逵吉云：御覽吐作坦，疑垣字之訛。○王念孫云：刀下當有可字。「刀可以剃毛」，賈子所謂「芒刃不頓」也。脱去可字，則文義不明。白帖十三、太平御覽兵部七十七、資産部八引此，皆有可字。庖丁用刀十九年，而刀如新剖硎。庖丁，齊屠伯也。新剖，始製也。硎，磨刀石。○王念孫云：劉本於剖下增硎字。案：劉增是也。據高注云：「硎，磨刀石。」則有硎字明矣。下刀字當作刃。刃、刀字相似，又涉上刀字而誤也。「刃如新剖硎」，言刀刃不頓也。莊子養生主篇「今臣之刀十九年矣，而刀刃若新發於硎」，吕氏春秋精通篇「宋之庖丁好解牛，用刀十九年而刃若新磨研」，皆其證也。太平御覽資産部八引此，作「刃如新砥硎」，雖砥與剖不同，而字亦作刃。○文典謹按：御覽八百二十八引注作：「庖丁，宋人。砥，磨也。」齊俗訓乃許注本，御覽所引，疑是高注。何則？游乎衆虚之閒。衆虚之閒，剖中理也。○文典謹按：御覽八百二十八引，閒作門。若夫規矩鉤繩者，此巧之具也，而非所以巧也。○王念孫云：「巧也」上當有爲字。下文云：「故弦，悲之具也，而非所以爲悲也。」與此相對爲文。太平御覽工藝部九引此，正作「非所以爲巧」。文子自然篇同。故瑟無絃，雖師文不能以成曲；

師文，樂師。徒絃，則不能悲。故絃，悲之具也，而非所以爲悲也。若夫工匠之爲連鐖、運開、陰閉、眩錯，連鐖，鐖發也。運開，相通也。陰閉，獨閉也。眩，因而相錯也。入於冥冥之眇，神調之極，游乎心手衆虚之閒，○王念孫云：「衆虚」二字，因上文「游乎衆虚之閒」而誤衍也。上文説庖丁解牛，批郤導窾，游刃有餘，故曰「游乎衆虚之閒」。此是説工匠爲連鐖之事，不當言「衆虚」。且「心手之閒」，謂心與手之閒也，則不當有「衆虚」二字明矣。文子作「遊於心手之閒」，無「衆虚」二字。而莫與物爲際者，父不能以教子。瞽師之放意相物，寫神愈舞，而形乎絃者，兄不能以喻弟。今夫爲平者準也，爲直者繩也。若夫不在於繩準之中，可以平直者，此不共之術也。故叩宮而宮應，彈角而角動，此同音之相應也。其於五音無所比，而二十五絃皆應，此不傳之道也。故蕭條者，形之君；蕭條，深静也。而寂寞者，音之主也。微音生於寂寞。

天下是非無所定，世各是其所是而非其所非，所謂是與非各異，○文典謹按：羣書治要引，作「所謂是與所謂非各異」，文義較今本爲完。皆自是而非人。由此觀之，事有合於己者，而未始有是也；有忤於心者，而未始有非也。故求是者，非求道理也，求合於己者也；去非者，非批邪施也，施，微曲也。去忤於心者也。忤於我，未必不合於人也；合於我，未必不非於俗也。至是之是無非，至非之非無是，此真是非也。若夫是於此而非於彼，非於此而是於彼者，此之謂一是一非也。此一是非，隅曲也；夫一是非，宇宙也。今吾欲擇是而居之，擇非而去之，不知世之所謂是非者，不知孰是孰非。○陳觀樓云：「不知孰是孰非」，「不知」二字因上句而衍。○王念孫云：羣書治要引此，無「不知」二字。老子曰：「治大國若烹小鮮。」爲寬裕者曰勿數撓，裕，饒也。爲刻削者曰致其鹹酸而已矣。晉平公出言而不當，師曠舉琴而撞之，跌衽宮壁。跌衽，至平公衣衽，中宮壁。○俞樾云：「跌衽宮壁」，於文未明。高注曰：「跌衽，至平公衣衽，中宮壁。」疑本作「跌衽中壁」。跌，猶越也。言越過平公之衽而中於壁也。今作「宮壁」，卽涉注而誤。左右欲塗之，欲塗師曠所敗壁也。平公曰：「舍之！以此爲寡人失。」孔子聞之曰：「平公非不痛其體也，欲來諫者也。」韓子聞之曰：韓子，韓公子非。「羣臣失禮而弗誅，是縱過也。有以也夫，平公之不霸也！」故賓有見人於宓子者，宓子，子賤也。○文典謹按：羣書治要作「客有見人於季子者」，注與今注正同。意林引作「客有見子賤」，注：「宓子。」御覽四百五引，賓亦作客，宓作孚。賓出，宓子曰：「子之賓獨有三過：望我而笑，是攓也；攓，慢也。○文典謹按：羣書治要引，「子之賓」作「子之所見客」，攓作僈，注同。意林及御覽四百五引，攓竝作慢。蓋許、高本之異也。談語而不稱師，是返也；○文典謹按：羣書治要引，返作反。意林引，此句在「交淺而言深」句下，師作名，返亦作反。御覽四百五引，語作論，返作叛。交淺而言深，是亂也。」賓曰：「望君而笑，是公也。談語而不稱師，是通也。交淺而言深，是忠也。」故賓之容一體也，或以爲君子，或以爲小人，所自視之異也。○文典謹按：羣書治要引，視作見。御覽四百五引，作「從視之異」。故趣舍合，卽言忠而益親；身疏，卽謀當而見疑。○王念孫云：趣謂志趣也。（七句反。）「趣合」與「身疏」相對爲文，則趣下不當有舍字，蓋卽合字之誤而衍者也。文子道德篇正作「趣合」。○文典謹按：羣書治要引，兩卽字竝作則。親母爲其子治扢禿，而血流至耳，見者以爲其愛之至也；使在於繼母，則過者以爲嫉也。事之情一也，所從觀者異也。從城上視牛如羊，視羊如豕，所居高也。○文典謹按：羊與豕大小不甚相遠，視牛如羊，視羊不得如豕大也。此疑本作「從城上視牛，如羊如豕。」御覽八百九十九引此文，卽無「視羊」二字。窺面於盤水則員，於杯則隋。○文典謹按：羣書治要引，作「於杯水卽橢」。御覽七百五十八引，作「於杯水則修」。面形不變其故，有所員、有所隋者，所自窺之異也。今吾雖欲正身而待物，庸遽知世之所自窺我者乎！若轉化而與世競走，譬猶逃雨也，無之而不濡。常欲在於虛，則有不能爲虛矣；爲者失之，執者敗之。若夫不爲虛而自虛者，性自然也。此所慕而不能致也。○王念孫云：「此所慕而不能致也」，義不可通。「不能致」當作「無不致」。上文「欲在於虛，則不能爲虛」，高注以爲「爲者失之，執者敗之」，是也。聖人無爲故無敗，無執故無失，故曰「若夫不爲虛而自虚者，此所慕而無不致也」。「所慕無不致」，猶言所欲無不得。精神篇曰：「達至道者，性有不欲，無欲而不得。」義與此同也。今本作「不能致」者，涉上文「不能爲虚」而誤。文子道德篇正作「此所欲而無不致也」。○俞樾云：此言欲爲虚則不能爲虚，若夫不爲虚而自虚，則又慕之而不能致也。蓋性之自然，非可勉强，故慕之而不能致。文子道德篇作「此所欲而無不致也」，於義不可通。王氏念孫反據以訂正淮南，殊爲失之。**故通於道者，如車軸，不運於己，而與轂致千里，轉無窮之原也。不通於道者，若迷惑，告以東西南北，所居聆聆，**聆聆，意曉解也。**一曲而辟，**辟，小邪僻也。**然忽不得，復迷惑也。**○王念孫云：「然忽不得」，當作「忽然不得」。**故終身隸於人，辟若俔之見風也，**俔，候風者也。世所謂五兩。○莊逵吉云：文選注引，俔作綄，見作候，許慎注云：「綄，候風也。楚人謂之五兩。」攷古完與見因字形相近，本多譌別，故論語「莞爾」之莞，陸德明又作「莧爾」。此字義當作綄爲是。○王念孫云：莊以俔爲綄之譌，是也。道藏本、朱本注竝作「俔，候風雨也」，雨乃羽字之譌。劉本改爲「候風雨者」，茅本又改爲「候風者也」，而莊本從之，誤矣。廣韻：「綄，船上候風羽。」北堂書鈔舟部二十引注云：「綄者，候風之羽也。」太平御覽舟部四引許注云：「綄，候風羽也。」（今本羽譌作扇。）則高注雨字明是羽字之譌。文選江賦注引許注作「候風也」者，傳寫脱羽字耳。○陶方琦云：俔乃綄字之譌，雨乃羽字之譌。玉篇：「綄，候風五兩也。」廣韻二十六桓：「綄，船上候風羽。楚人謂之五兩。」又二十四緩「綄」下云：「候風羽，出淮南子。」是許注舊本作綄，明矣。御覽引作「候風扇也」，扇乃「之羽」二字壞文。○文典謹按：記纂淵海卷二引北堂書鈔云：「候風之羽，楚人曰五兩。」與今本書鈔所引許注小異，而與廣韻正同，必宋人所見真本如此也。無須臾之閒定矣。故聖人體道反性，不化以待化，則幾於免矣。無爲以待有爲，近於免世難也。

治世之體易守也，其事易爲也，其禮易行也，其責易償也。○王念孫云：「治世之體」，羣書治要引此，體作職，是也。俗書職字作軄，體字作軆。軄誤爲軆，又改爲體耳。職易守，事易爲，禮易行，責易償，四者義並相近。若作體，則與守字義不相屬，且與下三句不類矣。文子下德篇亦作「職易守」，下文云萇弘、師曠「不可與衆同職」，又其一證矣。是以人不兼官，官不兼事，士農工商，鄉別州異。是故農與農言力，士與士言行，工與工言巧，商與商言數。是以士無遺行，農無廢功，工無苦事，商無折貨，各安其性，不得相干。故伊尹之興土功也，修脛者使之跖钁，長脛以蹋插者，使入深。○王念孫云：太平御覽地部二、器物部九引此，钁並作鏵。案：鏵字是也。鏵卽臿也。跖，蹋也。（文選舞賦注引淮南許注如此。）故高注言「蹋插」。說文：「苿，（玉篇胡瓜切。）兩刃臿也。宋、魏曰苿。或作釫。」玉篇云：「今爲鏵。」方言云：「臿，宋、魏之閒謂之鏵。」高注精神篇云：「臿，鏵也。青州謂之鏵。」釋名云：「鍤，或曰鏵。鏵，刳也，刳地爲坎也。」苿、釫、鏵，字異而義同。（臿、鍤、插亦同。）今人謂臿爲鏵鍬是也。使長脛者蹋臿，則入地深而得土多，故高注曰：「長脛以蹋插者，使入深也。」後人不識鏵字，遂妄改爲钁。（埤雅引此作钁，則所見本已然。）案：説文：「钁，大鉏也。」鉏以手揮，非以足蹋，不得言跖钁。且高注明言蹋插，不言蹋钁。○陶方琦云：羣書治要引許注，脚作脛。按：説文：「脛，脚也。」今注作「長脚」，是。御覽七百六十四引注，亦作「長脚」，又「入深」作「入土深」。强脊者使之負土，脊强者任負重。○陶方琦云：羣書治要引許注正同。眇者使之準，目不正，因令睎。傴者使之塗，傴人塗地，因其俛也。○陶方琦云：羣書治要引許注正同。按：新論亦作「僂作者使之塗地」。各有所宜，而人性齊矣。○文典謹按：羣書治要引，「所宜」作「所以」。胡人便於馬，越人便於舟，異形殊類，易事而悖，失處而賤，得勢而貴。聖人總而用之，其數一也。夫先知遠見，達視千里，人才之隆也，而治世不以責於民。言民〔一〕不以己求備于下也。博聞强志，口辯辭給，人智之美也，而明主不以求於下。敖世輕物，不汙於俗，士之伉行也，而治世不以爲民化。神機陰閉，剞劂無迹，人巧之妙也，而治世不以爲民業。故萇弘、師曠，先知禍福，言無遺策，而不可與衆同職也；公孫龍折辯抗辭，别同異，離堅白，公孫龍，趙人，好分析詭異之言。以白、馬不得合爲一物，離而爲二也。不可與衆同道也；北人無擇非舜而自投清泠之淵，北人無擇，古隱士也。非舜，非

〔一〕「民」，疑爲「君」之譌。或爲衍文。

其德之衰也。不可以爲世儀；魯般、墨子以木爲鳶而飛之，三日不集，而不可使爲工也。○文典謹按：御覽羽族部「鵝」條下引，鳶作鵝，必本亦如此也。故高不可及者，不可以爲人量；行不可逮者，不可以爲國俗。夫挈輕重不失銖兩，聖人弗用，而縣之乎銓衡；○文典謹按：羣書治要引，銓作權。視高下不差尺寸，明主弗任，而求之乎浣準。浣準，水望之平。○孫詒讓云：泰族訓云：「人欲知高下而不能，教之用管準則説。」管、浣音近，叚借字。（凡从官聲、完聲字，古多通用。管或作筦，是其比例。）管所以視遠，準卽水平，非一物也。李筌太白陰經水攻具篇載「爲水平槽，鑿三池，浮木立齒，注水，眇目視之，三齒齊平以爲準」，是其遺法。但彼不用管，與古異耳。○陶方琦云：羣書治要引許注，與今注正同。案：説文：「水，準也。」「準，平也。」説正同。何則？人才不可專用，而度量可世傳也。故國治可與愚守也，而軍制可與權用也。夫待騕褭飛兔而駕之，則世莫乘車；騕褭，良馬。飛兔，其子。褭、兔走，蓋皆一日萬里也。○陶方琦云：羣書治要引許注：「要褭、飛兔，皆一日千里者也。」按：治要所引，乃約文。呂覽高注：「要褭、飛兔，皆馬名。馳若兔之飛，因以爲名。」與許君説亦有異。原道訓「馳〔一〕要褭」注，亦當是許注羼入高注者。○文典謹按：御覽八百九十六引，兔作

〔一〕「馳」，原本作「驅」，形近而誤，據原道訓改。

菟，車下有矣字，與下文「終身不家矣」一律。又引注云：「腰褭、飛菟，皆行萬里。其行若飛，因曰飛菟也。」**待西施、毛嬙而爲配，則終身不家矣。**西施、毛嬙，古好女也。○王念孫云：羣書治要引此，作「西施、絡慕」，又引注作「西施、絡慕，古好女也」。太平御覽獸部八引作落慕。案：廣韻及元和姓纂，絡、落皆姓也，慕蓋其名。治要、御覽所引者，原文也。今本作毛嬙者，後人不知絡慕所出，又見古書多言毛嬙、西施，故改耳。不知他書自作毛嬙，此自作絡慕，不必同也。○陶方琦云：御覽八百九十六引，作「西施、落纂」，落纂卽絡慕。元和姓譜，絡、落皆姓也。今本乃後人習于西施、毛嬙之說而改之。**然非待古之英俊，而人自足者，因所有而並用之。**○王念孫云：羣書治要引此，竝作遂，於義爲長。遂，卽也。言因所有而卽用之，故不待古之英俊而人自足也。今本作竝者，後人依文子下德篇改之耳。○文典謹按：意林引，作「待古英俊而用之，則無人矣」。**夫騏驥千里，一日而通；駑馬十舍，旬亦至之。**旬，十日也。**由是觀之，人材不足專恃，而道術可公行也。亂世之法，高爲量而罪不及，重爲任而罰不勝，危爲禁而誅不敢。**○王念孫云：「危爲禁」，本作「危爲難」。「危爲難而誅不敢」者，危猶高也，（見緇衣鄭注。）高爲艱難之事，而責之以必能，及畏難而不敢爲，則從而誅之，正與上二句同意。後人不察，而改難爲禁。禁之，正欲其不敢，何反誅之乎？文子下德篇正作「危爲難而誅不敢」。莊子則陽篇：「匿爲物而愚不識，大爲難而罪不敢，重爲任而罰不勝，遠其塗而誅不至。」呂氏春秋適威篇：「煩爲教而過不識，數爲令而非不從，巨爲危而罪不敢，重爲任而罰不勝。」文義並與此同。**民**

困於三責，則飾智而詐上，犯邪而干免。干，求也。故雖峭法嚴刑，不能禁其姦。○文典謹按：「峭法嚴刑」，意林引作「峻刑嚴法」。何者？力不足也。故諺曰：「鳥窮則噣，獸窮則觕，人窮則詐。」此之謂也。

道德之論，譬猶日月也，江南河北不能易其指，馳騖千里不能易其處。○王念孫云：下易字本作改，此因上易字而誤也。意林及文選月賦注、鮑照翫月城西門解中詩注引此，下易字並作改。趨舍禮俗，猶室宅之居也，東家謂之西家，西家謂之東家，雖皋陶爲之理，不能定其處。故趨舍同，誹譽在俗；意行鈞，窮達在時。湯、武之累行積善，可及也；其遭桀、紂之世，天授也。今有湯、武之意，而無桀、紂之時，而欲成霸王之業，亦不幾矣。昔武王執戈秉鉞以伐紂勝殷，搢笏杖殳殳，木杖也。以臨朝。武王既没，殷民叛之，周公踐東宫，履乘石，人君升車有乘石也。攝天子之位，負扆而朝諸侯，户牖之間謂之扆。放蔡叔，誅管叔，周公兄也。克殷殘商，殘商，誅紂子禄父。祀文王于明堂，七年而致政成王。夫武王先武而後文，非意變也，以應時也；周公放兄誅弟，非不仁也，以匡亂也。故事周於世則功成，務合於時則名立。昔齊桓公合諸侯以乘車，退誅於國以斧鉞；晉文公合諸侯以革車，退行於國以禮義。桓公前柔而後剛，文公前剛而後柔，然而令行乎天下，權制諸侯鈞者，審於勢之變也。顏闔，魯君欲相之，顏闔，魯隱士也。而不肯，使人以幣先焉，鑿培而遁之，培，屋後墻也。爲天下顯武。楚人謂士爲武。使遇商鞅、申不害，刑及三族，又況身乎！世多稱古之人而高其行，竝世有與同者而弗知貴也，非才下也，時弗宜也。故六騏驥、四駃騠，駃騠，北翟之良馬也。以濟江河，不若窾木便者，窾，空也。處世然也。○王念孫云：「處世」本作「處勢」。古者謂所居之地曰處勢。窾木，謂舟也。言乘良馬濟江河，不若乘舟之便者，處勢使然也。莊子山木篇曰：「王獨不見夫騰猿乎，得柘棘枳枸之間，危行側視，振動悼慄，處勢不便，未足以逞其能也。」新序雜事篇曰：「玄蝯在枳棘之中，恐懼而悼慄，危視而蹟行，處勢不便故也。」史記蔡澤傳曰：「翠鵲犀象，其處勢非不遠死也。」漢書陳湯傳曰：「故陵因天性，據真土，處埶高敞。」又史記楚世家曰：「處既形便，勢有地利。（有與又同。）」淮南俶真篇曰：「處便而勢利。」處勢或曰勢居。逸周書周祝篇曰：「勢居小者，不能爲大。」賈子過秦篇曰：「秦地被山帶河以爲固，自繆公以來至於秦王，二十餘君，常爲諸侯雄，其勢居然也。」淮南原道篇曰：「故橘樹之江北則化而爲橙，鴝鵒不過濟，貈渡汶而死，形性不可易，勢居不可移也。」或言處，或言勢，或言處勢，或言勢居，其義一也。後人不識古義，而改「處勢」爲「處世」，其失甚矣。○文典謹按：王說是也。宋本「處世」正作「處勢」。是故立功之人，簡於行而謹於時。今世俗之人，以功成爲賢，以勝患爲智，以遭難爲愚，以死節爲戇，吾以爲各致其所極而已。王子比干非不知箕子被髮佯狂以免其身也，然而樂直行盡忠以死節，故不爲也。○王念孫云：「箕子」二字，因下文「從箕子視比干」而衍。下文曰：「伯夷、叔齊非不能受禄任官以致其功也。」「許由、善卷非不能撫天下、寧海内以德民也。」「豫讓、要離非不知樂家室、安妻子以偷生也。」皆與此文同一例。若有「箕子」二字，則文不成義，且與下文不對矣。伯夷、叔齊非不能受禄任官以致其功也，然而樂離世伉行以絶衆，故不務也。許由、善卷非不能撫天下、寧海内以德民也，然而羞以物滑和，故弗受也。豫讓、要離豫讓，智伯臣。要離，吴王闔閭臣。非不知樂家室、安妻子以偷生也，然而樂推誠行，必以死主，故不留也。今從箕子視比干，則愚矣；從比干視箕子，則卑矣；從管、晏視伯夷，則戆矣；從伯夷視管、晏，則貪矣。趨舍相非，嗜欲相反，而各樂其務，將誰使正之？曾子曰：「擊舟水中，鳥聞之而高翔，魚聞之而淵藏。」○文典謹按：御覽九百十四引，「淵藏」作「沉淵」。故所趨各異，而皆得所便。故惠子從車百乘以過孟諸，惠子，名施，仕爲梁相。從車百乘，志尚未足。孟諸，宋澤。莊子見之，弃其餘魚。莊子，名周，蒙人。隱而不仕，見惠施之不足，故弃餘魚。鵜胡飲水數斗而不足，鵜胡，汙澤鳥。鱓鮪入口若露而死，鱓鮪，魚名。○孫詒讓云：鱓鮪生於水，無入口若露而死之理。竊疑此「鱓鮪」當作「蟬蜩」。蟬、鱓古字通用。周書王會篇「歐人蟬蛇」，彼以蟬爲鱓，與此以鱓爲蟬，可互證。説文虫部云：「蜩，蟬也。」或从舟作蜩，與鮪形近，因而致誤。死當爲飽，亦形之誤。（艸書二字相似。）墬形訓云：「蟬飲而不食。」荀子大略篇亦云：「飲而不食者，蟬也。」是蟬蚋雖飲而不多，故云「入口若露而飽」也。然許注已以魚名爲釋，或後人所增竄與？ 智伯有三晉而欲不澹，三晉，智伯兼范中行地。澹，足也。 林類、榮啓期衣若縣衰而意不慊。 林類、榮啓期，皆隱士。慊，恨也。○文典謹按：御覽六百八十九引，衰作蓑。 由此觀之，則趣行各異，何以相非也！ 夫重生者不以利害己，立節者見難不苟免，貪禄者見利不顧身，而好名者非義不苟得。 此相爲論，譬猶冰炭鉤繩也，何時而合！ ○文典謹按：白帖十六引注云：「冰寒炭熱，無時得合。」若以聖人爲之中，則兼覆而并之，未有可是非者也。夫飛鳥主巢，狐狸主穴，巢者巢成而得棲焉，穴者穴成而得宿焉。 趨舍行義，亦人之所棲宿也，○文典謹按：御覽九百十四引，人上有主字。 各樂其所安，致其所蹠，謂之成人。 蹠，至也。 故以道論者，總而齊之。

治國之道，上無苛令，○文典謹按：羣書治要引，苛作苛。 官無煩治，士無僞行，工無淫巧，其事經而不擾，○文典謹按：羣書治要引，經作任。 其器完而不飾。 亂世則不然。 爲行者相揭以高，揭，舉。○文典謹按：羣書治要引，揭作揚。注同。 爲禮者相矜以僞，車輿極於雕琢，器用逐於刻鏤，○文典謹按：羣書治要引，逐作遽。 求貨者争難得以爲寶，詆文者處煩撓以爲慧，○文典謹按：羣書治要引，作「調文者遽於煩繞以爲慧」。 争爲佹辯，久稽而不訣，○文典謹按：羣書治要及宋本竝作「久積而不決」。無益于治。工爲奇器，歷歲而後成，不周於用。故神農之法曰：「丈夫丁壯而不耕，天下有受其飢者。婦人當年而不織，天下有受其寒者。」故身自耕，妻親織，以爲天下先。其導民也，不貴難得之貨，不器無用之物。是故其耕不强者，無以養生；其織不强者，無以揜形；○文典謹按：「其耕不强」，「其織不强」，兩强字於辭爲複。羣書治要引，作「其織不力」。宋本同。有餘不足，各歸其身。衣食饒溢，○文典謹按：羣書治要引，溢作裕。姦邪不生，安樂無事而天下均平，故孔丘、曾參無所施其善，孟賁、成荆無所行其威。成荆，古勇士也。○陶方琦云：史記集解七十九及羣書治要引許注：「成荆，古勇士。」按：史記范睢蔡澤列傳：「成荆、孟賁、王慶忌、夏育之勇也而死。」呂覽論威：「成荆致死于韓王。」古荆、慶字通，成荆或作成慶。漢書景十三王傳「其殿門有成慶畫」，師古注：「成慶，古勇士，見淮南子。」是淮南舊本或作成慶。衰世之俗，以其知巧詐僞，飾衆無用，貴遠方之貨，珍難得之財，不積於養生之具。澆天下之淳，澆，薄也。淳，厚也。○陶方琦云：文選陸機招隱詩注、王元長永明策秀才文注、劉孝標廣絶交論注引許注：「澆，薄也。」按：文選注引，澆與[氵梟]同，非許原注。莊子繕性「[氵梟]醇散樸」，釋文：「本作澆。」澆同磽。孟子「則地有肥磽」，趙注：「磽，薄也。」析天下之樸，牿服馬牛以爲牢。滑亂萬民，以清爲濁，性命飛揚，皆亂以營。貞信漫瀾，人失其情性。於是乃有翡翠犀象、黼黻文章以亂其目，芻豢黍粱、荆吴芬馨以嚂其口，荆、吴，國也。芬，珍味也。嚂，貪求也。鐘鼓管簫、絲竹金石以淫其耳，趨舍行義、禮節謗議以營其心。於是百姓糜沸豪亂，暮行逐利，煩挐澆淺，淺，薄也。既薄尚澆也。法與義相非，行與利相反。雖十管仲，弗能治也。且富人則車輿衣纂錦，纂，繪也。馬飾傅旄象，帷幕茵席，綺繡絛組，青黄相錯，不可爲象；貧人則夏被褐帶索，○文典謹按：「則夏」與下文「冬則羊裘解札」不一律。初學記人部中、御覽四百八十五引，並作「夏則」。二十三引作「則夏」，疑後人據已誤之本改之也。含菽飲水以充腸，以支暑熱，○莊逵吉云：御覽兩引，一引支作止，一引仍作支。冬則羊裘解札，解札，裘敗解也。○莊逵吉云：御覽兩引，一引「解札」作「蔽體」，一引仍作解札，有注云：「解札，爲裘如鎧甲之札，言其破壞也。」當是異本，故兩引兩異耳。短褐不掩形，而煬竈口；煬，炙也。○莊逵吉云：御覽引注，作「煬，炙也。向竈口自温煬。讀高尚之尚也」。解讀甚精，當是今本脱之。故其爲編户齊民無以異，然貧富之相去也，猶人君與僕虜不足以論之。○王念孫云：論當爲諭，字之誤也。諭或作喻。太平御覽人事部一百二十六引此，作「不足以喻之」，又引注云：「喻，猶方也。」是其證。○文典謹按：羣書治要引，論作倫。

夫乘奇技、僞邪施者，自足乎一世之間；守正修理、不苟得者，不免乎飢寒之患；○文典謹按：「守正修理」，文選東都賦注、東京賦注、鸕鷀賦注引，並作「守道順理」。羣書治要引，「苟得」上有爲字。而欲民之去末反本，由是發其原而壅其流也。○王念孫云：「由是」當爲「是由」，由與猶同。羣書治要引此，正作「是猶」。○文典謹按：王説是也。文選東都賦注、東京賦注引，亦並作「是猶」。夫雕琢刻鏤，傷農事者也；○文典謹按：羣書治要引，琢作文。錦繡纂組，害女工者也。農事廢，女工傷，則飢之本而寒之原也。○文典謹按：羣書治要引，作「農事廢業，饑之本也；女功不繼，寒之原也」。夫飢寒並至，能不犯法干誅者，古今之未聞也。○文典謹按：「古今之未聞也」不詞。羣書治要引及宋本，並作「古今未之聞也」。故仕鄙在時不在行，利害在命不在智。○陳觀樓云：「仕鄙」當爲「仁鄙」，字之誤也。仁與鄙相反，利與害相反。論衡命禄篇引此，正作「仁鄙」。本經篇曰：「毀譽仁鄙不立。」漢書董仲舒傳曰：「性命之情，或夭或壽，或仁或鄙。」夫敗軍之卒，勇武遁逃，將不能止也；勝軍之陳，怯者死行，懼不能走也。故江河決，沉一鄉，父子兄弟相遺而走，爭升陵阪，上高丘，輕足先升，不能相顧也；○王念孫云：沈當爲流，字之誤也。（荀子勸學篇「瓠巴鼓瑟而流魚出聽」，大戴禮作「沈魚」。）「江河決流」爲句，「一鄉」二字下屬爲句，非以「沈一鄉」爲句。江河之決，所沈非止一鄉也。羣書治要引此，正作「江河決流」。又「輕足先升」，升字與上文相複。羣書治要引，作「輕足者先」，無升字，於義爲長。世樂志平，見鄰國之人溺，尚猶哀之，又況親戚乎！故身安則恩及鄰國，志爲之滅；身危則忘其親戚，而人不能解也。游者不能拯溺，手足有所急也；灼者不能救火，身體有所痛也。夫民有餘卽讓，不足則争。讓則禮義生，争則暴亂起。扣門求水，莫弗與者，所饒足也；○王念孫云：此用孟子語，則水下當有火字。羣書治要、意林引此，皆作「求水火」。林中不賣薪，湖上不鬻魚，所有餘也。○文典謹按：意林引，賣作貨。御覽九百三十五引，「所有餘也」作「有所餘也」。故物豐則欲省，○文典謹按：羣書治要引，豐作隆。求澹則争止。秦王之時，或人葅子，利不足也；生子，殺葅之。○俞樾云：「或人」卽國人也。説文戈部：「或，邦也。」口部：「國，邦也。」或、國古通用。劉氏持政，獨夫收孤，財有餘也。劉氏，謂漢也。故世治則小人守政，而利不能誘也；○文典謹按：羣書治要引，政作正。政、正古通用。世亂則君子爲姦，而法弗能禁也。○文典謹按：羣書治要引，法作刑。

淮南鴻烈集解卷十二

道應訓

道之所行，物動而應，考之禍福，以知驗符也，故曰「道應」。○曾國藩云：此篇雜徵事實，而證之以老子道德之言。意以已驗之事皆與昔之言道者相應也，故題曰道應。每節之末，皆引老子語證之，凡引五十二處。○文典謹按：此篇敍目無「因以題篇」字，乃許慎注本。

太清問於無窮曰：「子知道乎？」無窮曰：「吾弗知也。」太清，元氣之清者也。無窮，無形也。又問於無爲無爲，有形而不爲也。曰：「子知道乎？」無爲曰：「吾知道。」無爲有形，故知道也。「子之知道，亦有數乎？」無爲曰：「吾知道有數。」曰：「其數奈何？」無爲曰：「吾知道之可以弱，可以强；可以柔，可以剛；可以陰，可以陽；可以窈，可以明；○俞樾云：窈，讀爲幽，故與明相對。禮記玉藻篇「再命赤韍幽衡」，鄭注曰：「幽，讀爲黝。」窈之通作幽，猶幽之通作黝也。可以包裹天地，可以應待無方。此吾所以知道之數也。」太清又問於無始無始，未始有之氣也。曰：「鄉者，吾問道於無窮，無窮曰：『吾弗知之。』又問於無爲，無爲曰：『吾知道。』曰：『子之知道亦有數乎？』無爲曰：『吾知道有數。』曰：『其數奈何？』無爲曰：『吾知道之可以弱，可以强；可以柔，可以剛；可以陰，可以陽；可以窈，可以明；可以包裹天地，可以應待無方。吾所以知道之數也。』若是，則無爲知與無窮之弗知，孰是孰非？」無始曰：「弗知之深，而知之淺。弗知内，而知之外。弗知精，而知之粗。」〇王念孫云：「弗知之深」，之字當在上文無爲下。「無爲之知」與「無窮之弗知」相對爲文。今本無爲下脱之字，則文不成義；「弗知」下衍之字，則與下二句不對。莊子知北遊篇作：「『若是，則無窮之弗知與無爲之知，孰是而孰非乎？』無始曰：『弗知深矣，知之淺矣。弗知内矣，知之外矣。』」是其證。太清仰而歎曰：「然則不知乃知邪？知乃不知邪？孰知知之爲弗知，弗知之爲知邪？」無始曰：「道不可聞，聞而非也。道不可見，見而非也。道不可言，言而非也。孰知形之不形者乎！」〇王念孫云：「形之不形」當依莊子作「形形之不形」。郭象曰：「形自形耳，形形者竟無物也。」少一形字，則義不可通。列子天瑞篇亦云：「形之所形者實矣，而形形者未嘗有。」故老子曰：「天下皆知善之爲善，斯不善也。」故「知者不言，言者不知」也。

白公問於孔子曰：「人可以微言？」白公，楚平王之孫、太子建之子勝也。建見殺，白公怨而欲復讎，故問微言也。孔子不應。知白公有陰謀，故不應也。白公曰：「若以石投水中，何如？」○俞樾云：中字衍文。列子説符篇、吕氏春秋精諭篇並作「若以石投水」。曰：「吴、越之善没者能取之矣。」曰：「若以水投水，何如？」孔子曰：「菑、澠之水合，易牙嘗而知之。」菑、澠，齊二水名。○文典謹按：文選琴賦注引，易牙作狄牙。白公曰：「然則人固不可與微言乎？」孔子曰：「何謂不可！誰知言之謂者乎！○王念孫云：誰當爲唯，字之誤也。言唯知言之謂者，乃可與微言也。吕氏春秋精諭篇作「唯知言之謂者爲可耳」，列子説符篇作「唯知言之謂者乎」，（文子微明篇同。）是其證。夫知言之謂者，不以言言也。不以言，心知之。争魚者濡，逐獸者趨，非樂之也。故至言去言，至爲無爲。夫淺知之所争者，末矣！」白公不得也，故死於浴室。楚殺白公於浴室之地也。故老子曰：「言有宗，事有君。夫唯無知，是以不吾知也。」白公之謂也。

惠子爲惠王爲國法，惠王，梁惠王。惠子，惠施也。○陶方琦云：羣書治要引許注：「惠王，魏惠王也。惠子，惠施也。」已成而示諸先生，○文典謹按：御覽六百二十四引，示下有之字。又有注云：「示爲國法。」先生皆善之。○王念孫云：「先生」二字，於義無取。吕氏春秋淫辭篇「先生」皆作「民人」。集韻、類篇，民字古作𠑷，人字唐武后作𤯔。疑𠑷誤爲先，𤯔誤爲生也。○俞樾云：先生乃長老有德者之稱，惠子爲國法而示諸先生，乃就正有道之意。吕氏春秋淫辭篇「先生」皆作「民人」，舊校云「一作良人」，此當以「良人」爲是。序意篇「良人請問十二紀」，高注曰：「良人，君子也。」然則「諸良人」卽諸先生也。若是「民人」，則惠子豈能一一示之？且使民人皆以爲善，則其可行也必矣，下文翟煎何以云「善而不可行」乎？王氏念孫反以「民人」爲是，而欲改淮南以從之，誤矣。○文典謹按：俞説是也。「先生」乃周季恒言。莊子天下篇：「其在於詩、書、禮、樂者，鄒、魯之士，搢紳先生，多能明之。」韓非子五蠹篇：「夫離法者罪，而諸先生以文學取。」所謂「先生」者，皆指長老有德者而言，辭本明顯，無可致疑。王氏乃欲改之，其失也鑿矣。奏之惠王，惠王甚説之，以示翟煎，曰：「善！」○王念孫云：「曰善」上當更有「翟煎」二字，「以示翟煎，翟煎曰善」與上文「示諸先生，先生皆善之」，「奏之惠王，惠王甚説之」，文同一例。今本翟煎二字不重，寫者脱之也。太平御覽引此已誤。羣書治要引此，作「以示翟煎，翟煎曰善」，呂氏春秋作「以示翟翦，翟翦曰善也」，皆其證。○文典謹按：御覽六百二十四引，翟煎作翟璜。惠王曰：「善，可行乎？」翟煎曰：「不可。」惠王曰：「善而不可行，何也？」翟煎對曰：「今夫舉大木者，前呼邪許，後亦應之，○桂馥云：魏子才曰：「關西方言，致力於一事爲所。」李獻吉曰：「西土人謂著力幹此事則呼爲所。」馥謂所、許聲相近，詩「伐木許許」，説文引作「所所」，云伐木聲也。此舉重勸力之歌也。豈無鄭、衛激楚之音哉？然而不用者，不若此其宜也。治國有禮，不在文辯。」○王念孫云：「有禮」當爲「在禮」，字之誤也。在與不在，相對爲文。羣書治要引此，正作「在禮」。故老子曰：「法令滋彰，盜賊多有。」此之謂也。

田駢以道術説齊王，田駢，齊臣。王應之曰：「寡人所有，齊國也。〇文典謹按：御覽六百二十四引，作「寡人之治齊國也」。道術難以除患，願聞國之政。」田駢對曰：「臣之言無政，而可以爲政。譬之若林木無材，而可以爲材。願王察其所謂，而自取齊國之政焉已。雖無除其患害，天地之間，六合之内，可陶冶而變化也。齊國之政，何足問哉！此老聃之所謂『無狀之狀，無物之象』者也。若王之所問者，齊也；田駢所稱者，材也。材不及林，林不及雨，雨然後材乃得生也。雨不及陰陽，陰陽不及和，和不及道。」

白公勝得荆國，不能以府庫分人。七日，白公篡得楚國，貪其財而不分人也。得積七日也。石乙入曰：石乙，白公之黨。〇王念孫云：石乙當爲石乞，字之誤也。（乞卽气之省文，非從乙聲，不得通作乙。）人閒篇及哀十六年左傳、史記楚世家、伍子胥傳、墨子非儒篇、呂氏春秋分職篇皆作石乞。「不義得之，又不能布施，患必至矣。不能予人，不若焚之，毋令人害我。」白公弗聽也。九日，葉公入，葉公，楚大夫子高，自方城之外入，殺白公。乃發大府之貨以予衆，出高庫之兵以賦民，因而攻之，十有九日而擒白公。葉公殺白公也。夫國非其有也，而欲有之，可謂至貪也。不能爲人，又無以自爲，可謂至愚矣。譬白公之嗇也，何以異於梟之愛其子也？梟子長，食其母。〇陶方琦云：御覽九百二十七引許

注：「梟子大，食其母。」按：大應作長。詩「流離之子」，陸璣疏曰：「自關以西謂梟爲流離。其子適長大，還食其母。」呂氏春秋分職篇高注亦云：「梟愛養其子，長而食其母也。」意林引桓子新論：「梟生子，長食其母，乃能飛。」並作長字。故老子曰：「持而盈之，不知其已。揣而銳之，不可長保也。」

趙簡子以襄子爲後，董閼于曰：「無邺賤，今以爲後，何也？」董閼于，趙氏臣。無邺，襄子之名，簡子之庶子也。簡子曰：「是爲人也，能爲社稷忍羞。」襄子能柔，能忍恥也。異日，知伯與襄子飲而批襄子之首，大夫請殺之，襄子曰：「先君之立我也，曰能爲社稷忍羞，豈曰能刺人哉！」處十月，知伯圍襄子於晉陽，襄子疏隊而擊之，疏，分也。隊，軍二百人爲一隊。分斯隊卒擊之。大敗知伯，破其首以爲飲器。飲，溺器，椑榼也。○莊逵吉云：左傳：「行人執榼承飲，造于子重。」褚少孫補大宛傳曰「飲器」，韋昭說：「飲器，椑榼也。」皆爲酒器，非溺器也。疑此酒字譌溺。故老子曰：「知其雄，守其雌，其爲天下谿。」

齧缺問道於被衣，齧缺、被衣，皆堯時老人也。被衣曰：「正女形，壹女視，天和將至。攝女知，正女度，神將來舍。德將來附若美，而道將爲女居。惷乎若新生之犢，而無求其故。」○王念孫云：「德將來附若美」，本作「德將爲若美」，此後人因上句「神將來舍」而妄改之也。若亦女也。「德將爲若美，道將爲女居」，相對爲文。若改爲「德將來附」，則「若美」二字文不成義矣。此文以度、舍、居、故爲韻，後人不知舍字之入韻，（舍，古讀若庶，故與度、居、故爲韻。後人讀舍爲始夜反，故不入韻。）故改此句爲「德將來附」，以與度爲韻，不知古音度在御部，附在候部，（説見六書音均表。）附與度非韻也。莊子知北遊篇作「德將爲女美，而道將爲女居」，文子道原篇作「德將爲女容，道將爲女居」，皆其證。○曾國藩云：「惷乎」，莊子知北遊篇作「瞳焉」。瞳焉者，目灼灼不瞬之貌。此作「惷乎」，亦近之。言未卒，齧缺繼以讎夷。讎夷，熟視不言貌。

被衣行歌而去曰：「形若槁骸，心如死灰。直實不知，以故自持。○王念孫云：「直實知」三字，文不成義，當從莊子、文子作「真其實知」。今本真誤爲直，又脱其字。主術篇注曰：「故，巧也。」「真其實知，不以故自持」，莊子所謂「去智與故，循天之理」也。漢魏叢書本改爲「直實不知，以故自持」，而莊本從之，斯爲謬矣。墨墨恢恢，無心可與謀。彼何人哉！」故老子曰：「明白四達，能無以知乎！」

趙襄子攻翟而勝之，取尤人、終人。尤人、終人，翟之二邑。○王念孫云：「攻翟」上當有使字。襄子使新稚狗攻翟而未親往，故下文言「使者來謁」也。羣書治要引此，有使字。晉語曰：「趙襄子使新稚穆子伐狄。」列子説符篇同。是其證。「左〔一〕人、終人」句，與上句義不相屬。莊據列子於句首加取字，理或然也。使者來謁之，襄子方將食而有憂色。左右曰：「一

〔一〕「左」，正文作「尤」，王念孫謂當作「左」，見讀書雜志。

朝而兩城下，此人之所喜也。今君有憂色，何也？」襄子曰：「江、河之大也，不過三日。三日而減。○陶方琦云：羣書治要引許注：「三日而減也。」飄風暴雨，日中不須臾。言其不終日也。○俞樾云：「飄風暴雨」下脱「不終朝」三字。老子曰：「飄風不終朝，驟雨不終日。」是其義也。「日中不須臾」乃「日中則仄」之義。今脱「不終朝」三字，則若飄風暴雨亦不須臾者，失其義矣。列子説符篇正作「飄風暴雨不終朝，日中不須臾」，可據以訂正。呂氏春秋慎大篇亦脱「不終朝」三字。○陶方琦云：羣書治要引許注：「言其不能終日。」按：呂覽慎大「日中不須臾」，高注：「易曰：『日中則仄。』故曰不須臾。」其説與許亦異。今趙氏之德行無所積，今一朝兩城下，亡其及我乎！」○王念孫云：「今一朝兩城下」，本作「一朝而兩城下」，此後人嫌其與上文相複而改之也。不知此是復舉上文之詞，當與前同，不當與前異。若云「今一朝兩城下」，則與上句「今」字相複矣。羣書治要引此，正作「一朝而兩城下」，列子、呂氏春秋並同。孔子聞之曰：「趙氏其昌乎！」夫憂，所以爲昌也；而喜，所以爲亡也。勝非其難也，○王念孫云：劉本於此下增入「持之其難者也」一句，云「舊本無此句，非」。案：列子、呂氏春秋皆有此句，羣書治要引淮南亦有此句，則劉增是也。莊本作「持之者其難也」，則與上句不對，非是。持之者其難也。賢主以此持勝，故其福及後世。齊、楚、吳、越皆嘗勝矣，然而卒取亡焉，不通乎持勝也。唯有道之主能持勝。孔子勁杓國門之關，杓，引也。古者縣門下，從上杓引之者難也。○王念孫云：列子釋文引此作許注，今高注有之者，蓋後人以許注竄入也。又案：杓當爲扚，字從手，不從木。玉篇：「杓，甫遥、都歷二切，斗柄也。」「扚，丁激切，引也。」廣韻：「杓，甫遥切，北斗柄。」「扚，都歷切，引也。」許注訓扚爲引，則其字當從手。玉篇、廣韻訓扚爲引，卽本於許注。其證一也。史記天官書「用昏建者杓」，索隱：「説文：『杓，斗柄。』音匹遥反。」又下文「扚雲如繩者」，索隱：「扚，説文音丁了反。許慎注淮南云：『扚，引也。』」是扚音丁了反，而訓爲引，與杓字不同。其證二也。晉書天文志「扚雲如繩」，何超音義：「扚，音鳥。」鳥與丁了同音。其證三也。而今本淮南及列子釋文、史記、漢書扚字皆誤作杓，（晉書又誤作杓。）與玉篇、廣韻不合。世人多見杓，少見扚，遂莫有能正其失者矣。○洪頤煊云：杓當作扚。説文：「扚，疾擊也。从手，勺聲。」兵略訓「爲人扚者死」，高注：「扚，所擊也。」史記天官書「扚雲如繩者，居前亘天」，索隱：「説文音丁了反。許慎注淮南云：『扚，引也。』」今諸本皆譌作杓。○陶方琦云：列子釋文引許注：「杓，引也。古者縣門下，从上杓引之者難也。」史記索隱但引「杓，引也」三字。杓字从手，不从木。説文：「扚，疾擊也。」「摽，擊也。一曰，挈鬭牡也。」扚卽同摽。玉篇：「扚，丁激反，引也。」廣韻：「扚，都歷反，引也。」訓皆本淮南許注，故索隱引説文「扚音丁了反」，而卽引淮南注「扚，引」之訓，知此字定當从手。主術訓「孔子之通，力招城關」，高注：「以一手招城門關端，能舉之。」吕氏春秋慎大覽「孔子之勁，舉國門之關，而不肯以力聞」，高注：「勁，强也。以一手捉城門關，顯而舉之，不肯以力聞也。」捉亦招字之誤。是高作招，與許作扚正異。道應訓爲許注本，故作扚。列子説符「孔子之勁，能拓國門之關」，張注：「拓，舉也。」拓亦招字〔一〕。文選吴都賦〔二〕引列子，正作招，云「與翹同」。顔氏家訓誡兵篇：「孔子力翹門關，不以力聞。」而不肯以力聞。墨子爲守攻，公輸般服，而不肯以兵知。善持勝者，以强爲弱。故老子曰：「道沖，而用之又弗盈也。」

惠孟見宋康王，蹀足謦欬，疾言曰：「寡人所説者，勇有功也，不説爲仁義者也。○王念孫云：「蹀足」上當更有康王二字，今本脱去，則文義不明。列子黄帝篇作「惠盎見宋康王，康王蹀足謦欬疾言」，是其證。「有功」當爲「有力」，字之誤也。「勇有力」對下句「仁義」而言。若作「有功」，則非其指矣。下文皆言「有力」，不言「有功」，列子及吕氏春秋順説篇並作「勇有力」，是其證。客將何以教寡人？」惠孟對曰：「臣有道於此，人雖勇，刺之不入；雖巧有力，擊之不中。○王念孫云：「人雖勇」上當有使字。下文曰：「臣有道於此，使人雖勇弗敢刺，雖有力不敢擊。」又曰：「使人本無其意。」又曰：「使天下丈夫女子莫不歡然皆欲愛利之。」皆其證也。今本脱使字，則與上句義不相屬。列子、吕氏春秋皆有使字。又案：「有力」上本無巧字，此後人以文子道德篇加之也。案文子云：「雖巧，擊之不中。」此云「雖有力，擊之不中」，文各不同，加巧

〔一〕「字」下似脱「之誤」二字。

〔二〕「賦」下似脱「注」字。

字於「有力」之上，則文不成義矣。下文云「雖有力不敢擊」，亦無巧字也。列子、吕氏春秋皆無巧字。大王獨無意邪？」宋王曰：「善！此寡人之所欲聞也。」惠孟曰：「夫刺之而不入，擊之而不中，此猶辱也。臣有道於此，使人雖有勇弗敢刺，雖有力不敢擊。夫不敢刺，不敢擊，非無其意也。臣有道於此，使人本無其意也。夫無其意，未有愛利之心也。臣有道於此，使天下丈夫女子莫不歡然皆欲愛利之心。○王念孫云：「愛利之」下不當有心字，此因上文「未有愛利之心」而誤衍也。文子、列子、吕氏春秋皆無心字。下文云「天下丈夫女子莫不延頸舉踵而願安利之」，亦無心字。此其賢於勇有力也，四累之上也。大王獨無意邪？」此上凡四事，皆累于世，而男女莫不歡然爲上也。○曾國藩云：累者，層累也。刺不入，擊不中，一層也；弗敢刺，弗敢擊，二層也；無其意，三層也；歡然愛利，四層也。故曰「四累之上」。高注失之。宋王曰：「此寡人所欲得也。」惠孟對曰：「孔、墨是已。孔丘、墨翟，無地而爲君，無官而爲長，無地爲君，以道富也。無官爲長，以德尊也。天下丈夫女子莫不延頸舉踵而願安利之者。今大王，萬乘之主也。誠有其志，則四境之内皆得其利矣。此賢於孔、墨也遠矣！」宋王無以應。惠孟出，宋王謂左右曰：「辯矣，客之以説勝寡人也！」故老子曰：「勇於不敢則活。」○王念孫云：「老子曰」下脱「勇於敢則殺」一句。兩句相對爲文，單引一句，則文不成義。文子道德篇亦有此句。由此觀之，大勇反爲不勇耳。

昔堯之佐九人，禹、皋陶、稷、契、伯夷、倕、益、夔、龍也。舜之佐七人，皆與堯同，臣其七人也。武王之佐五人。謂周公、召公、太公、畢公、毛公也。堯、舜、武王於九、七、五者，不能一事焉，然而垂拱受成功者，善乘人之資也。故人與驥逐走則不勝驥，託於車上則驥不能勝人。北方有獸，其名曰蹷，鼠前而兔後，鼠前足短，兔後足長，故謂之蹷。趨則頓，走則顛，常爲蛩蛩駏驉取甘草以與之。蛩蛩駏驉，前足長，後足短，故能乘虛而走，不能上也。蹷有患害，蛩蛩駏驉必負而走。◯莊逵吉云：爾雅曰：「西方有比肩獸焉，與邛邛岠虛比，爲邛邛岠虛齧甘草。即有難，邛邛岠虛負而走。其名謂之蟨。」攷此獸，唯爾雅作西方，呂不韋書及説苑皆云北方。説文解字與爾雅同。郭璞注之曰：「今雁門廣武縣夏屋山中有獸，形如兔而大，相負共行，土俗名之爲蟨鼠。」錢别駕云，周書王會篇稱「獨鹿邛邛岠虛」，獨鹿卽涿鹿。史記五帝本紀注徐廣曰：「一作濁鹿。」古字獨、濁、涿相通，故借用之。廣武、涿鹿，地居西北，相近，故一稱北方，一稱西方也。解字蹷作蟨，從虫；駏驉作巨虛，邛作蛩，字爲正。然則作邛者省，作岠者借，作蹷及駏驉者别也。此以其能，託其所不能。故老子曰：「夫代大匠斲者，希不傷其手。」

薄疑説衞嗣君以王術，嗣君，衞國君也。嗣君應之曰：「予所有者，千乘也，願以受教。」薄疑對曰：「烏獲舉千鈞，又況一斤乎！」杜赫以安天下説周昭文君，昭文君，周衰，分爲西東，各自立其君也。文君謂杜赫曰：〇王念孫云：「文君謂杜赫曰」上脱昭字，當依上句及吕氏春秋務大篇補。「願學所以安周。」赫對曰：「臣之所言不可，則不能安周。臣之所言可，則周自安矣。此所謂弗安而安者也。」故老子曰：「大制無割。故致數輿無輿也。」

魯國之法，魯人爲人妾於諸侯，〇王念孫云：吕氏春秋察微篇、説苑政理篇、家語致思篇妾上俱有臣字，於義爲長。有能贖之者，取金於府。子贛贖魯人於諸侯，來而辭不受金。孔子曰：「賜失之矣！夫聖人之舉事也，可以移風易俗，而受教順可施後世，〇王念孫云：「教順」上本無受字，此因上文「不受金」而誤衍也。「教順」卽教訓也。（訓、順古多通用，不煩引證。）「教訓」上有受字，則與下四字義不相屬矣。説苑、家語並作「教導可施於百姓」，是其證。非獨以適身之行也。今國之富者寡而貧者衆。贖而受金，則爲不廉；不受金，則不復贖人。自今以來，魯人不復贖人於諸侯矣。」孔子亦可謂知禮矣。故老子曰：「見小曰明。」〇王念孫云：「知禮」本作「知化」，謂知事理之變化也。見子贛之不受金，而知魯人之不復贖人，達於事變，故曰知化。（齊俗篇曰：「唯聖人知其化。」吕氏春秋驕恣篇曰：「智短則不知化。」知化篇曰：「凡智之貴也，貴知化也。」）非謂其知禮也。俗書禮字或作礼，形與化相近，化誤爲礼，後人因改爲禮耳。齊俗篇述此事而論之曰：「孔子之明，以小知大，以近知遠。」即此所謂「知化」也。故下文引老子「見小曰明」之語。呂氏春秋論此事曰：「孔子見之以細，觀化遠也。」説苑曰：「孔子可謂通於化矣。」此皆其明證。

魏武侯問於李克曰：李克，武侯之相。「吴之所以亡者，何也？」李克對曰：「數戰而數勝。」武侯曰：「數戰數勝，國之福。其獨以亡，何故也？」對曰：「數戰則民罷，數勝則主憍。以憍主使罷民，而國不亡者，天下鮮矣。憍則恣，恣則極物；罷則怨，怨則極慮。上下俱極，吴之亡猶晚矣！夫差之所以自剄於干遂也。」越伐吴，夫差所以自殺也。故老子曰：「功成名遂，身退，天之道也。」

甯越欲干齊桓公，困窮無以自達，於是爲商旅，將任車，任，載也。詩曰：「我任我輦。」以商於齊，暮宿於郭門之外。桓公郊迎客，夜開門，辟任車，爝火甚盛，爝，炬火也。從者甚衆。甯越飯牛車下，望見桓公而悲，擊牛角而疾商歌。○莊逵吉云：疾，太平御覽一引作習，一引作疾。桓公聞之，撫其僕之手曰：「異哉，歌者非常人也！」○俞樾云：呂氏春秋舉難篇「歌者」上有之字，當從之。之，猶是也。「之歌者」即「是歌者」也。無之字，則文不備。新序雜事篇作「此歌者」，此亦猶是也。命後車載之。桓公及至，○王念孫云：及當爲反，字之誤也。「反至」，謂桓公反而至於朝也。呂氏春秋舉難篇、新序雜事篇並作「反至」。從者以請，桓公贛之衣冠而見，説以爲天下。桓公大説，將任之，羣臣爭之曰：「客，衛人也。衛之去齊不遠，君不若使人問之。問之而故賢者也，用之未晚。」桓公曰：「不然。問之，患其有小惡也。以人之小惡而忘人之大美，此人主之所以失天下之士也。」凡聽必有驗，一聽而弗復問，合其所以也。合己聽知之意，所以用之。且人固難合也，權而用其長者而已矣。○王念孫云：合當爲全。言用人不可求全也。全、合字相近，又因上文「合其所以」而誤。呂氏春秋、新序並作全。當是舉也，桓公得之矣。故老子曰：「天大，地大，道大，王亦大。域中有四大，而王處其一焉。」以言其能包裹之也。

大王亶父居邠，翟人攻之。事之以皮帛珠玉而弗受，曰：「翟人之所求者地，無以財物爲也。」大王亶父曰：「與人之兄居而殺其弟，與人之父處而殺其子，吾弗爲。皆勉處矣！爲吾臣，與翟人奚以異？○文典謹按：「爲吾臣，與翟人奚以異」，莊子讓王篇作「爲吾臣，與爲狄人臣奚以異」，語意較完。且吾聞之也，不以其所養害其養。」杖策而去，民相連而從之，遂成國於岐山之下。岐山，今之美陽北山也。其下有周地，因是以爲天下號也。大王亶父可謂能保生矣。雖富貴，不以養傷身；雖貧賤，不以利累形。今受其先人之爵禄，則必重失之。所自來者久矣，而輕失之，豈不惑哉！○王念孫云：「所自來者」上當有「生之」二字。此承上文「保生」而言，言人皆重爵禄而輕其生也。脱去「生之」

二字，則文不成義。莊子讓王篇、吕氏春秋審爲篇、文子上仁篇皆有「生之」二字。故老子曰：「貴以身爲天下焉，可以託天下；愛以身爲天下焉，可以寄天下矣。」中山公子牟中山，鮮虞之國。謂詹子曰：「身處江海之上，心在魏闕之下。爲之柰何？」江海之上，言志在于己身。心之魏闕也，言内守。詹子曰：「重生。重生則輕利。」重生，己之性也。

中山公子牟曰：「雖知之，猶不能自勝。」詹子曰：「不能自勝，則從之。從之，神無怨乎！言不勝己之情欲，則當縱心意，則己神無怨也。不能自勝而强弗從者，此之謂重傷。重傷之人，無壽類矣！」故老子曰：「知和曰常，知常曰明，益生曰祥，心使氣曰强。」是故「用其光，復歸其明」也。

楚莊王問詹何曰：「治國柰何？」對曰：「何明於治身，而不明於治國？」楚王曰：「寡人得立宗廟社稷，○俞樾云：立字無義，疑主字之誤。○文典謹按：列子説符篇及藝文類聚五十二引本書，竝作「寡人得奉宗廟社稷」，可據以訂正。俞説非。願學所以守之。」詹何對曰：「臣未嘗聞身治而國亂者也，未嘗聞身亂而國治者也。故本任於身，不敢對以末。」○王念孫云：任當爲在，字之誤也。吕氏春秋執一篇作「爲國之本在於爲身」，列子説符篇作「故本在身」，皆其證。楚王曰：「善。」故老子曰：「脩之身，其德乃真也。」

桓公讀書於堂，桓公，齊君。輪人斲輪於堂下，釋其椎鑿而問桓公曰：「君之所讀者，何書也？」桓公曰：「聖人之書。」輪扁曰：「其人在焉？」輪扁，人名。問作書之人何在也。○王念孫云：「輪人」當依莊子天道篇作「輪扁」。輪扁之名當見於前，不當見於後也。高注「輪扁，人名」四字，本在此句之下，因扁誤爲人，後人遂移置於下文「輪扁曰」云云之下耳。○陳觀樓云：「其人在焉」，當作「其人焉在」，故高注云「問作書之人何在」。○俞樾云：焉，猶乎也。儀禮喪服傳曰：「野人曰：父母何算焉？」禮記檀弓篇曰：「子何觀焉？」論語子路篇曰：「又何加焉？」皆是也。「其人在焉」，猶曰「其人在乎」，故桓公告之曰「已死矣」。莊子天道篇作「聖人在乎」，與此文異而義同。桓公曰：「已死矣。」輪扁曰：「是直聖人之糟粕耳！」糟，酒滓也。粕，已漉之精也。○陶方琦云：莊子釋文引許注作：「粕，已漉粗糟也。」今注「之精」二字即「粗糟」之譌。一切經音義引作「已湰糟曰粕也」，湰卽漉字，糟上敓一粗字，又倒易其文耳。說文：「糟粕，酒滓也。」釋名：「酒滓曰糟，浮米曰粕。」桓公悖然作色而怒曰：「寡人讀書，工人焉得而譏之哉！有說則可，無說則死。」輪扁曰：「然，有說。臣試以臣之斲輪語之：大疾，則苦而不入；苦，急意也。大徐，則甘而不固。甘，緩意也。不甘不苦，應於手，厭於心，而可以至妙者，臣不能以教臣之子，而臣之子亦不能得之於臣。是以行年七十，老而爲輪。今聖人之所言者，亦以懷其實，窮而死，獨其糟粕在耳！」故老子曰：「道可道，非常道。名可名，非常名。」

昔者，司城子罕相宋，謂宋君曰：「夫國家之安危，百姓之治亂，在君行賞罰。民之所好也，君自行之。殺戮刑罰，民之所怨也，臣請當之。」若此文有君字，則下文不可通矣。○俞樾云：君字衍文，涉下文「君自行之」而衍。此但言行賞罰，下乃分別言之曰：「夫爵賞賜予，民之所好也，君自行之。殺戮刑罰，民之所怨也，臣請當之。」若此文有君字，則下文不可通矣。○文典謹案：説苑君道篇、韓詩外傳竝有君字，俞説未諦。夫爵賞賜予，民之所好也，君自行之。殺戮刑罰，民之所怨也，臣請當之。」宋君曰：「善！寡人當其美，子受其怨，寡人自知不爲諸侯笑矣。」國人皆知殺戮之專，制在子罕也，大臣親之，百姓畏之。居不至期年，子罕遂却宋君而專其政。○王念孫云：却當爲劫，字之誤也。韓詩外傳作去，去亦劫之誤。韓子外儲説右篇作「劫宋君而奪其政」，是其證。二柄篇又云：「宋君失刑而子罕用之，故宋君見劫。」史記李斯傳亦云：「司城子罕劫其君。」又説林篇「知己者不可誘以物，明於死生者不可却以危」，却亦當爲劫。繆稱篇曰：「有義者不可欺以利，有勇者不可劫以懼。」是其證。故老子曰：「魚不可脱于淵，國之利器不可以示人。」

王壽負書而行，見徐馮於周。王壽，古好書之人。徐馮，周之隱者也。○俞樾云：韓非子喻老篇周下有塗字，是也。行而見之，則必在道塗之間，故曰「見徐馮於周塗」，周塗猶周道也。徐馮曰：「事者，應變而動。變生於時，故知時者無常行。書者，言之所出也。言出於知者，知者藏書。」於是王壽乃焚書而舞之。自喜焚其書，故舞之也。○王念孫云：「知者藏書」，本作「知者不藏書」，與「知時者無常行」相對爲文。今本脱不字，則與上下文不相屬矣。太平御覽學部十三引此，有不字。韓子喻老篇同。「焚書而舞之」，御覽引，焚下有其字。韓子同。據高注云：「自喜焚其書，故舞之也。」則正文本有其字。**故老子曰：「多言數窮，不如守中。」**

令尹子佩請飲莊王，子佩，楚莊王之相。請飲，請置酒也。**莊王許諾。**○王念孫云：太平御覽人事部一百九引，「莊王許諾」下有「子佩具於京臺，莊王不往，明日」共十二字，今本脱去，當補入。文選應璩與滿寵書注引此，子佩作子瑕，亦云：「子瑕具於京臺，莊王不往。」京、强二字古同聲而通用，故今本京臺作强臺。**子佩疏揖，北面立於殿下，**疏，徒跣也。揖，舉手也。○王念孫云：太平御覽人事部一百九引，正文疏作跣，與高注「徒跣」合，當據改。**曰：「昔者君王許之，今不果往。**果，誠也。○陶方琦云：文選謝宣遠于安城答靈運詩注、繁欽與魏文帝箋注、魏文帝與鍾大理書注引許注：「果，誠也。」按：誠一本作成。論語「行必果」，皇疏引繆協注：「果，成也。」**意者，臣有罪乎？」莊王曰：「吾聞子具於强臺。强臺者，南望料山，以臨方皇，**料山，山名。方皇，水名，一曰山名。○莊逵吉云：料山，太平御覽引作獵山。**左江而右淮，其樂忘死。若吾薄德之人，不可以當此樂也。恐留而不能反。」**○文典謹按：文選應休璉與滿公琰書注引此文，作：「令尹子瑕請飲，莊王許諾。子瑕具於京臺，莊王不往，曰：『吾聞京臺者，南望獵山，北臨方皇，左江右淮，其樂忘歸。若吾薄德之人，不可以當此樂也。恐流而不能自反。』」又引高注：「京臺，高臺也。方皇，大澤也。」故老子曰：「不見可欲，使心不亂。」

晉公子重耳出亡，過曹，無禮焉。曹共公聞重耳骿脅，使袒而捕魚，設薄以觀之。釐負羈之妻謂釐負羈曰：「君無禮於晉公子。吾觀其從者，皆賢人也，從者，狐偃、趙衰之屬也。若以相夫子反晉國，必伐曹。子何不先加德焉！」釐負羈遺之壺餕而加璧焉。重耳受其餕而反其璧。及其反國，起師伐曹，剋之，令三軍無入釐負羈之里。故老子曰：「曲則全，枉則直。」

越王句踐與吴戰而不勝，國破身亡，困於會稽。忿心張膽，氣如涌泉，選練甲卒，赴火若滅，然而請身爲臣，妻爲妾，親執戈爲吴兵先馬走，果擒之於干遂。先馬走，先馬前而走也。○王念孫云：「爲吴兵先馬走」當作「爲吴王先馬」。今本吴王作吴兵，涉下文「襄子起兵」而誤，其走字則涉注文而衍也。據注云「先馬，（句。）走先馬前」，則正文無走字明矣。爲吴王先馬，卽上文所謂身爲臣也。若作吴兵，則非其指矣。越語曰：「其身親爲夫差前馬。」韓子喻老篇曰：「身執戈爲吴王洗馬。」（先、洗古字通。）皆其證。故老子曰：「柔之勝剛也，弱之勝强也，天下莫不知，而莫之能行。」越王親之，故霸中國。

趙簡子死，未葬，中牟入齊。中牟自入臣於齊也。已葬五日，襄子起兵攻圍之，未合而城自壞者十丈，○王念孫云：此當作「襄子起兵攻之，（句。）圍未合，而城自壞者十丈」。今本「之圍」二字誤倒，則文不成義。太平御覽兵部四十九引此不誤。韓詩外傳作「襄子興師而攻之，圍未币而城自壞者十丈」，新序雜事篇作「襄子率師伐之，圍未合而城自壞者十堵」。襄子擊金而退之。軍法，鼓以進衆，鉦以退之。軍吏諫曰：「君誅中牟之罪，而城自壞，是天助我，何故去之？」襄子曰：「吾聞之叔向曰：『君子不乘人於利，不迫人於險。』○文典謹按：意林引，於竝作之。使之治城，城治而後攻之。」中牟聞其義，乃請降。故老子曰：「夫唯不争，故天下莫能與之争。」

秦穆公謂伯樂曰：「子之年長矣。子姓有可使求馬者乎？」子姓，謂伯樂子。對曰：「良馬者，可以形容筋骨相也。相天下之馬者，若滅若失，若亡若滅，其相不可見也。若失，乍入乍出也。若亡，髣髴不及也。其一。○王引之云：此當以「若亡其一」爲句。莊子徐無鬼篇「天下馬有成材，若卹若失，若喪其一」，陸德明曰：「言喪其耦也。」齊物論篇「嗒焉似喪其耦」，司馬彪曰：「耦，身也。身與神爲耦。」此言「若亡其一」，亦謂精神不動，若亡其身也。高讀至「若亡」爲句，則「其一」二字上下無所屬矣。且一與失、徹爲韻，如高讀，則失其韻矣。若此馬者，絶塵弭轍。絶塵，不及也。弭轍，引迹疾也。臣之子，皆下材也，可告以良馬，而不可告以天下之馬。臣有所與供儋纏采薪者九方堙，纏，索也。九方堙，人姓名。○王念孫云：供當爲共，此因儋字而誤加人旁也。蜀志郤正傳注引此，正作共。列子説符篇同。纏字之義，諸書或訓爲繞，（説文。）或訓爲束，（廣雅。）無訓爲索者。纏當爲纆，字之誤也。説文作纆，云「索也」，字或作纆。坎上六「係用徽纆」，馬融曰：「徽纆，索也。」劉表曰：「三股曰徽，兩股曰纆。」故高注云：「纆，索也。」若作「儋纏」，則義不可通矣。列子及郤正傳注、白帖九十六，纆字亦誤作纏。蓋世人多見纏，少見纆，故傳寫多誤耳。（管子乘馬篇「鎌纆得入焉」，今本纆字亦誤作纏，唯宋本不誤。韓子説疑篇「或在囹圄縲紲纆索之中」，今本亦誤作纏。）唯道藏本列子釋文作纆，音墨，足正今本之誤。又説林篇：「龜紐之璽，賢者以爲佩；土壤布在田，能者以爲富。予溺者金玉，（今本溺上有拯字，乃涉注文而衍。此謂與溺者金玉，不如與之繩索，使得援之以出水，非謂與拯溺者也。高注自謂金玉非拯溺之具，亦非謂與拯溺者金玉也。太平御覽珍寶部九引此有拯字，亦後人依誤本加之。其人事部三十七引此，無拯字。文子上德篇亦無，今據删。）不若尋常之纏索。」案：「尋常之纏索」本作「尋常之纆」，其索字則後人所加也。（高注同。）此文以佩、富、纆爲韻，若作纏索，則失其韻矣。（文子作「不如與之尺索」，亦改淮南而失其韻。）太平御覽人事部三十七、珍寶部九引此，並作「尋常之纏」，雖纆誤爲纏，而纏下俱無索字。此其於馬，非臣之下也。請見之。」穆公見之，使之求馬。三月而反報曰：「已得馬矣。在於沙丘。」穆公曰：「何馬也？」對曰：「牡而黄。」使人往取之，牝而驪。穆公不説，召伯樂而問之曰：

「敗矣！子之所使求者，○王念孫云：求下脱馬字。郤正傳注及白帖引此，並有馬字。列子同。毛物、牝牡弗能知，又何馬之能知！」伯樂喟然大息曰：「一至此乎！是乃其所以千萬臣而無數者也。若堙之所觀者，天機也。得其精而忘其粗，在內而忘其外，○王念孫云：在下本有其字，後人以意删之也。爾雅曰：「在，察也。」察其內即得其精也，忘其外即忘其粗也。後人不知在之訓爲察，故删去其字耳。郤正傳注引此，正作「在其內而忘其外」。列子同。白帖引，作「見其內而忘其外」，雖改在爲見，而其字尚存。見其所見而不見其所不見，視其所視而遺其所不視。若彼之所相者，乃有貴乎馬者。」馬至，而果千里之馬。故老子曰：「大直若屈，大巧若拙。」

吴起爲楚令尹，適魏，問屈宜若曰：屈宜若，楚大夫亡在魏者也。○王念孫云：此許注也。宜若當爲宜咎，字之誤也。史記六國表、韓世家並作宜臼，集解引淮南許注云：「屈宜臼，楚大夫亡在魏者也。」正與此注同。説苑指武篇亦作屈宜臼，權謀篇作屈宜咎，是臼、咎古字通。屈宜臼之爲宜咎，亦猶平王宜臼之爲宜咎矣。○陶方琦云：史記集解四十五引許注：「屈宜臼，楚大夫在魏者也。」按：宜若當是宜咎之譌。史記韓世家作宜臼，引許注亦正作宜臼，古本多作宜臼也。説苑指武篇亦作屈宜臼，權謀篇作屈宜咎，咎、臼音近古通。舅犯亦作咎犯。若乃咎之誤文。「王不知起之不肖，而以爲令尹。先生試觀起之爲人也。」○王念孫云：「爲人」本作

「爲之」，此後人以意改之也。「爲之」，謂爲楚國之政也。下文「將衰楚國之爵而平其制禄」云云，正承此句言之。若作「爲人」，則與上下文全不相涉矣。説苑指武篇正作「爲之」。屈子曰：「將柰何？」吴起曰：「將衰楚國之爵而平其制禄，損其有餘而綏其不足，砥礪甲兵，時争利於天下。」○王念孫云：時上當有以字，謂因時而動，與天下争利也。脱去以字，則文義不明。説苑有以字。屈子曰：「宜若聞之，昔善治國家者，不變其故，不易其常。今子將衰楚國之爵而平其制禄，損其有餘而綏其不足，是變其故，易其常也。行之者不利！宜若聞之曰：『怒者，逆德也；兵者，凶器也；争者，人之所本也。』○俞樾云：本字無義，乃去字之誤。下文「始人之所本，逆之至也」，説苑指武篇作「殆人所棄，逆之至也」。彼作棄，此作去，文異而義同。惟始字亦不可通，説苑作殆，尤爲無義。始乃治字之誤。吴起欲砥礪甲兵，故屈子以爲治人所去，言取人之所去者而治之也。文子下德篇作「治人之亂，逆之至也」，治字不誤，可據以訂正。今子陰謀逆德，好用凶器，始人之所本，逆之至也。本者，謂兵争也。且子用魯兵，不宜得志於齊，而得志焉。起爲魯將，伐齊，敗之。子用魏兵，不宜得志於秦，而得志焉。起爲魏西河守，秦兵不敢東下也。宜若聞之，非禍人，不能成禍。吾固惑吾王之數逆天道，戾人理，至今無禍，差須夫子也。」差須，猶意須也。○俞樾云：此本作「嗟！（句。）須夫子也」。嗟乃歎辭。説苑指武篇作「嘻！且待夫子也」，是其證也。嗟字闕壞，高注遂以差須連讀而釋之曰：「猶意須也。」失之甚矣！吳起惕然曰：「尚可更乎？」屈子曰：「成形之徒，不可更也。成形之徒，形禍已成于衆。子不若敦愛而篤行之。」老子〔一〕曰：「挫其鋭，解其紛，和其光，同其塵。」

晉伐楚，三舍不止。大夫請擊之。莊王曰：「先君之時，晉不伐楚。及孤之身而晉伐楚，是孤之過也。若何其辱羣大夫？」曰：「先臣之時，晉不伐楚。今臣之身而晉伐楚，此臣之罪也。請三擊之。」○文典謹按：傳寫宋本三作王。王俛而泣涕沾襟，起而拜羣大夫。晉人聞之曰：「君臣争以過爲在己，且輕下其臣，不可伐也。」夜還師而歸。老子〔二〕曰：「能受國之垢，是謂社稷主。」

宋景公之時，熒惑在心，公懼，召子韋而問焉，子韋，司星者也。曰：「熒惑在心，何也？」子韋曰：「熒惑，天罰也；心，宋分野，宋之分野，上屬房、心之星。禍且當君。雖然，可移於宰相。」公曰：「宰相，所使治國家也，而移死焉，不祥。」子韋曰：「可移於民。」公曰：「民死，寡人誰爲君乎？寧獨死耳！」子韋曰：「可移於歲。」公曰：

〔一〕依上下文例，「老子」上似當有「故」字。

〔二〕依上下文例，「老子」上似當有「故」字。

「歲，民之命。歲饑，民必死矣。爲人君而欲殺其民以自活也，其誰以我爲君者乎？是寡人之命固已盡矣，子韋無復言矣！」〇王念孫云：韋字因上下文而衍。呂氏春秋制樂篇、新序雜事篇、論衡變虚篇皆作「子無復言矣」，無韋字。子韋還走，北面再拜曰：「敢賀君！天之處高而聽卑。君有君人之言三，天必有三賞君。〇王念孫云：次句有字，因下文「故有三賞」而衍。呂氏春秋、新序、論衡皆作「天必三賞君」，無有字。今夕星必徙三舍，君延年二十一歲。」公曰：「子奚以知之？」對曰：「君有君人之言三，故有三賞。星必三徙舍，舍行七里，三七二十一，故君移年二十一歲。〇王念孫云：「七里」當爲「七星」，字之誤也。古謂二十八宿爲二十八星。七星，七宿也。呂氏春秋、新序、論衡皆作「舍行七星」。又新序、論衡「舍行七星」下皆有「星當一年」四字，於義爲長。舍行七星，三舍則行二十一星，星當一年，故延年二十一歲也。呂氏春秋亦云「星一徙當七年」。臣請伏於陛下以伺之。星不徙，臣請死之。」公曰：「可。」是夕也，星果三徙舍。故老子曰：「能受國之不祥，是謂天下王。」

昔者，公孫龍在趙之時，謂弟子曰：「人而無能者，龍不能與遊。」有客衣褐帶索而見曰：「臣能呼。」公孫龍顧謂弟子曰：「門下故有能呼者乎？」對曰：「無有。」公孫龍曰：「與之弟子之籍。」後數日，往説燕王，至於河上，而航在一汜，汜，水厓也。〇文典謹按：一，北堂書鈔百三十八、御覽七百七十引，並作北。藝文類聚七十一作水。使善呼者呼之，一呼而航來。故曰聖人之處世，不逆有伎能之士。○王念孫云：故下曰字，因下文「故老子曰」而衍。此因述公孫龍納善呼者一事，而言聖人不棄伎能之士，非引古語爲證，不當有曰字。下文「故老子曰」云云，方引老子之言以證之耳。下文曰：「故伎無細而能無薄，在人君用之耳。」（今本故下有曰字，誤與此同。）又曰：「故人主之嗜欲見於外，則爲人臣之所制。」又曰：「故周鼎著倕，而使齕其指，先王以見大巧之不可爲也。」又曰：「故大人之行，不掩以繩，至所極而已矣。」其下皆引書爲證，與此文同一例，而故下皆無曰字。故老子曰：「人無棄人，物無棄物，是謂襲明。」

子發攻蔡，踰之。子發，楚宣王之將。踰，越，勝之也。宣王郊迎，列田百頃而封之執圭。楚爵功臣，賜以圭，謂之執圭，比附庸之君。子發辭不受，曰：「治國立政，諸侯入賓，此君之德也。發號施令，師未合而敵遁，此將軍之威也。兵陳戰而勝敵者，此庶民之力也。夫乘民之功勞而取其爵祿者，非仁義之道也。」故辭而弗受。故老子曰：「功成而不居。夫惟不居，是以不去。」

晉文公伐原，原，周邑。襄王以原賜文公，原叛，伐之。與大夫期三日。三日而原不降，文公令去之。軍吏曰：「原不過一二日將降矣。」君曰：「吾不知原三日而不可得下也，以與大夫期。盡而不罷，失信得原，吾弗爲也。」原人聞之曰：「有君若此，可弗降也？」遂降。温人聞，亦請降。時周人亦以温予文公，温相連皆叛。故老子曰：「窈兮冥兮，其中有精。其精甚真，其中有信。」故「美言可以市尊，美行可以加人」。

公儀休相魯，公儀休，故魯博士也。而嗜魚。一國獻魚，公儀子弗受。其弟子諫曰：「夫子嗜魚，弗受，何也？」答曰：「夫唯嗜魚，故弗受。夫受魚而免於相，雖嗜魚，不能自給魚。毋受魚而不免於相，則能長自給魚。」此明於爲人爲己者也。故老子曰：「後其身而身先，外其身而身存。非以其無私邪，故能成其私。」一曰：「知足不辱。」

狐丘丈人謂孫叔敖曰：丈人，老而杖于人者。「人有三怨，子知之乎？」孫叔敖曰：「何謂也？」對曰：「爵高者士妬之，官大者主惡之，禄厚者怨處之。」孫叔敖曰：「吾爵益高，吾志益下；吾官益大，吾心益小；吾禄益厚，吾施益博。是以免三怨，可乎？」〇王念孫云：「是以」當依列子説符篇作「以是」。故老子曰：「貴必以賤爲本，高必以下爲基。」

大司馬捶鉤者年八十矣，而不失鉤芒。捶，鍛擊也。鉤，釣鉤也。大司馬曰：「子巧邪？有道邪？」曰：「臣有守也。臣年二十好捶鉤，於物無視也，非鉤無察也。」

是以用之者，必假於弗用也，而以長得其用。而況持無不用者乎，物孰不濟焉！故老子曰：「從事於道者，同於道。」

文王砥德修政，三年而天下二垂歸之。砥，礪也。文王三分天下有其二也。紂聞而患之，曰：「余夙興夜寐，與之競行，則苦心勞形。縱而置之，恐伐余一人。」崇侯虎曰：「周伯昌行仁義而善謀，◎俞樾云：行字，衍文也。下云「太子發勇敢而不疑，中子旦恭儉而知時」，若此句有行字，則與下兩句不一律矣。蓋涉上文「與之競行」而衍。太子發勇敢而不疑，中子旦恭儉而知時。若與之從，則不堪其殃。縱而赦之，身必危亡。冠雖弊，必加於頭。及未成，請圖之！」屈商乃拘文王於羑里。屈商，紂臣也。羑里，地名，在河内湯陰。於是散宜生乃以千金求天下之珍怪，得騶虞、雞斯之乘，騶虞，白虎黑文而仁，食自死之獸，日行千里。雞斯，神馬也。玄玉百工，三玉爲一工也。大貝百朋，五貝爲一朋也。◎俞樾云：「三玉爲一工」，他無所見。疑本作「玄玉百珏」，注本作「二玉爲一珏也」。說文珏部「二玉相合爲一珏」是也。莊十八年左傳「賜玉五瑴」，僖三十年傳「納玉於王與晉侯，皆十瑴」，襄十八年傳「獻子以朱絲係玉二瑴」，國語魯語「行玉二十瑴」，穆天子傳「於是載玉萬瑴」，杜預、韋昭、郭璞注並以雙玉說之。瑴卽珏之或體。是古人用玉，率以珏計，未聞其以工計也。蓋珏字闕壞而爲工，後人因改爲工，又改高注「二玉」爲「三玉」，以別異於珏耳。至朋之訓五貝，本詩菁菁者莪篇鄭箋。然正義曰：「五貝者，漢書食貨志以爲大貝、壯貝、幺貝、小貝、不成貝爲五也。言爲朋者，爲小貝以上四種，各二貝爲一朋，而不成者不成朋。鄭因經廣解之，言有五種之貝，貝中以相與爲朋，非總五貝爲一朋也。」然則高氏泥鄭箋五貝之説，以注此文，殊非塙詁。古者實以二貝爲一朋。周易損六五「十朋之龜」，李鼎祚集解引崔憬曰：「雙貝曰朋。」得之矣。詩七月篇「朋酒斯饗」，毛傳曰：「兩樽曰朋。」貝以兩爲朋，猶樽以兩爲朋也。此云「玄玉百玨，大貝百朋」，玨也，朋也，皆以兩計。「玄玉百玨」者，玉二百也；「大貝百朋」者，貝二百也。其數正相當矣。玄豹、黄羆、青豻、豻，胡地野犬。白虎文皮千合，以獻於紂，因費仲而通。費仲，紂佞臣也。紂見而説之，乃免其身，殺牛而賜之。文王歸，○文典謹按：御覽八十四引，作「文王歸自商」。乃爲玉門，築靈臺，相女童，擊鐘鼓，玉門，以玉飾門，爲柱樞也。相女童，相視之。一曰：相匠也。以待紂之失也。紂聞之，曰：「周伯昌改道易行，吾無憂矣！」乃爲炮烙，剖比干，剔孕婦，殺諫者。文王乃遂其謀。故老子曰：「知其榮，守其辱，爲天下谷。」

成王問政於尹佚曰：尹佚，史佚也。「吾何德之行，而民親其上？」對曰：「使之時，而敬順之。」王曰：「其度安在？」曰：「如臨深淵，如履薄冰。」○王念孫云：「使之時，而敬順之」，（順與慎同。）時上當有以字。説苑政理篇、文子上仁篇並作「使之以時」，是其證。「其度安至」，劉本改至爲在，而莊本從之。案：「其度安至」者，謂敬慎之度何所至，猶言當如何敬慎也。下文「如臨深淵，如履薄冰」，正言敬慎之度所至也。若云「其度安在」，則謬以千里矣。太平御覽皇王部九引此，正作「其度安至」。說苑同。王曰：「懼哉，王人乎！」尹佚曰：「天地之間，四海之内，善之則吾畜也，不善則吾讎也。昔夏、商之臣反讎桀、紂而臣湯、武，宿沙之民皆自攻其君而歸神農，伏羲、神農之間，有共工、宿沙，霸天下者也。此世之所明知也。如何其無懼也？」故老子曰：「人之所畏，不可不畏也。」

跖之徒問跖曰：「盜亦有道乎？」跖曰：「奚適其無道也！夫意而中藏者，聖也；入先者，勇也；出後者，義也；分均者，仁也；知可否者，智也。○王念孫云：「奚適其無道也」，本作「奚適其有道也」，適與啻同。（孟子告子篇「則口腹豈適爲尺寸之膚哉」，秦策「疑臣者不適三人」，適並與啻同。史記甘茂傳作「疑臣者非特三人」。）言豈特有道而已哉，乃聖勇義仁智五者皆備也。後人不知適之讀爲啻，而誤以爲適齊、適楚之適，故改有爲無耳。莊子胠篋篇本作「何適其有道邪」，適亦與啻同，今本作「何適而無有道邪」，「而無」二字亦後人所改，唯有字尚存。吕氏春秋當務篇正作「奚啻其有道也」。五者不備，而能成大盜者，天下無之。」由此觀之，盜賊之心必託聖人之道而後可行。故老子曰：「絶聖棄智，民利百倍。」

楚將子發好求技道之士，○莊逵吉云：御覽此下有注云：「士有術者無不養。」楚有善爲偷者往見曰：「聞君求技道之士。臣，偷也，○王念孫云：「臣，偷也」，本作「臣，楚市偷也」。下文「市偷進請曰」，卽承此句言之。今本脱「楚市」二字。太平御覽人事部一百十六、一百四十引此，並作「臣，楚市偷也」。願以技齎一卒。」齎，備。卒，足也。○莊逵吉云：御覽作「技該一卒」，注：「該，備也。卒，一人。」子發聞之，衣不給帶，冠不暇正，出見而禮之。左右諫曰：「偷者，天下之盜也，何爲之禮！」○王念孫云：「之禮」當爲「禮之」。上文「出見而禮之」，卽其證。蜀志郤正傳注引此，正作「何爲禮之」。君曰：「此非左右之所得與。」後無幾何，齊興兵伐楚。子發將師以當之，兵三却。楚賢良大夫皆盡其計而悉其誠，齊師愈强。於是市偷進請曰：「臣有薄技，願爲君行之。」子發曰：「諾。」不問其辭而遣之。偷則夜解齊將軍之幬帳而獻之。○王念孫云：郤正傳注及北堂書鈔衣冠部一、太平御覽人事部一百十六、一百四十、服章部五、服用部九引此，夜下俱有出字，於義爲長。子發因使人歸之，曰：「卒有出薪者，得將軍之帷，使歸之於執事。」明又復往取其枕，○文典謹按：北堂書鈔百二十七引，枕作帎。子發又使人歸之。明日又復往取其簪，子發又使歸之。○王念孫云：「明又」、「明日又」兩又字，皆當爲夕。夕、又字相近，又因下句又字而誤。（若以「又復」二字連讀，則明字文不成義。）後人不知又爲夕之誤，故又加日字耳。偷以夜往，故言夕，上文曰「偷則夜出」是也。舊本北堂書鈔衣冠部一引此，作「明夕取枕」、「明夕取簪」。（陳禹謨依俗本於「取簪」上加又字，而夕字尚未改。）太平御覽四引，皆作「明夕復往取其枕」、「明夕復往取其簪」。齊師聞之，○莊逵吉云：御覽作「於是齊師聞之」。大駭，將軍與軍吏謀曰：「今日不去，楚君恐取吾頭。」乃還師而去。○王念孫云：「楚君」當爲「楚軍」，聲之誤也。郤正傳注、太平御覽引此，並作「楚軍」。「則還師而去」，（道藏本如是。）則與卽同。郤正傳注、太平御覽引此，並作「卽還師」。（卽、則古多通用，不煩引證。）劉績不曉則字之義，改則爲乃，而諸本從之，（莊本同。）斯爲謬矣。故曰無細而能薄，在人君用之耳。○王念孫云：「故曰無細而能薄」，本作「故伎無細而能無薄」，言人君能用人，則細伎薄能皆得效其用也。今本衍曰字，（曰字因下文「故老子曰」而衍，説見前「故曰」下。）又脱伎字及下無字，遂致文不成義。太平御覽兩引此文，並作「故伎無細，能無薄」。故老子曰：「不善人，善人之資也。」

顔回謂仲尼曰：「回益矣。」仲尼曰：「何謂也？」曰：「回忘禮樂矣。」回忘禮樂，絶聖弃智，入于無爲也。仲尼曰：「可矣，猶未也。」異日復見，曰：「回益矣。」仲尼曰：「何謂也？」曰：「回忘仁義矣。」仲尼曰：「可矣，猶未也。」異日復見曰：「回坐忘矣。」言坐自忘其身，以至道也。仲尼遽然曰：「何謂坐忘？」顔回曰：「隳支體，黜聰明，離形去知，洞於化通，是謂坐忘。」仲尼曰：「洞則無善也，化則無常矣。而夫子薦賢，薦，先也。回入賢。丘請從之後。」故老子曰：「載營魄抱一，能無離乎！專氣至柔，能如嬰兒乎！」

秦穆公興師，將以襲鄭。蹇叔曰：「不可。臣聞襲國者，以車不過百里，以人不過三十里。爲其謀未及發泄也，甲兵未及鋭弊也，糧食未及乏絶也，人民未及罷病也。皆以其氣之高與其力之盛至，是以犯敵能威。〇俞樾云：威乃烕字之誤。烕，讀爲滅，言能滅之也。呂氏春秋悔過篇正作滅。又按：呂氏春秋此句下有「去之能速」四字，高注曰：「故進能滅敵，去之能速也。」此文無此四字，則於文爲不備，疑寫者脱去之。今行數千里，又數絶諸侯之地，以襲國，臣不知其可也。君重圖之！」穆公不聽。蹇叔送師，衰絰而哭之。師遂行，過周而東。鄭賈人弦高矯鄭伯之命，以十二牛勞秦師而賓之。三帥乃懼而謀曰：「吾行數千里以襲人，未至而人已知之，其備必先成，不可襲也。」還師而去。當此之時，晉文公適薨，未葬，先軫言於襄公曰：先軫，晉大夫也。襄公，晉文公子。「昔吾先君與穆公交，天下莫不聞，諸侯莫不知。今吾君薨未葬，而不弔吾喪，而不假道，是死吾君而弱吾孤也。請擊之！」襄公許諾。先軫舉兵而與秦師遇於殽，大破之，擒其三帥以歸。穆公聞之，素服廟臨，以説於衆。説，解也。故老子曰：「知而不知，尚矣。不知而知，病也。」

齊王后死，王欲置后而未定，使羣臣議。薛公欲中王之意，薛公，田嬰也。〇陶方琦云：羣書治要引許注，與今注正同。因獻十珥而美其一。旦日，因問美珥之所在，因勸立以爲王后。齊王大説，遂尊重薛公。〇王念孫云：「遂尊重薛公」，本作「遂重薛公」，重卽尊也。（秦策「請重公於齊」，高注：「重，尊也。」又西周策、齊策注、吕氏春秋勸學、節喪二篇注、禮記祭統注並同。）古書無以「尊重」二字連用者，（戰國策、史記、漢書及諸子書，皆但言重，無言尊重者。）唯俗語有之。羣書治要引此無尊字，蓋後人所加也。故人主之意欲見於外，則爲人臣之所制。〇王念孫云：古書無以「意欲」二字連用者，此涉上文「欲中王之意」而誤也。「意欲」本作「嗜欲」。主術篇曰：「君人者喜怒形於心，耆欲見於外，（耆與嗜同。）則守職者離正而阿上。」是其證。羣書治要引此，正作「嗜欲」。故老子曰：「塞其兑，閉其門，終身不勤。」

盧敖游乎北海，盧敖，燕人，秦始皇召以爲博士，使求神仙，亡而不反也。經乎太陰，入乎玄闕，太陰，北方也。玄闕，北方之山也。至於蒙穀之上。蒙穀，山名。見一士焉，深目而玄鬢，淚注而鳶肩，淚，水。〇王念孫云：「淚注」當爲「渠頸」，高注「淚，水」，當爲「渠，大」，皆字之誤也。（俗書渠字或作淭，淚字或作淚，二形相似，故渠誤爲淚。廣韻：「淭，强魚切。」引方言云：「『杷，宋、魏之間謂之淭挐。』淭卽渠字。」玉篇云：「淭，俗淚字。」皆其證也。頸誤爲注者，注字右邊主爲頸字左邊巠之殘文，又因淚字而誤加水旁耳。若高注内大字今作水，則後人以淚字從水而妄改之。）「渠頸」，大頸也。渠之言巨也。史記蔡澤傳「先生曷鼻巨肩」，徐廣曰：「巨，一作渠。」彼言渠肩，猶此言渠頸矣。杜子春注周官鍾師，引吕叔玉云：「肆夏、樊遏、渠，皆周頌也。

渠，大也。言以后稷配天，王道之大也。」荀子彊國篇「是渠衝入穴而求利也」，楊倞曰：「渠，大也。渠衝，攻城之大車也。」漢書吳王濞傳「膠西王、膠東王爲渠率」，顏師古亦云：「渠，大也。」是渠與大同義，故高注訓渠爲大也。太平御覽地部二引，作「淚注而鳶肩」，則所見本已誤。蜀志郤正傳注引作「戾頸而鳶肩」，戾亦傳寫之誤，論衡道虚篇作「鴈頸而鳶肩」，鴈字則後人以意改之，唯頸字皆不誤。藝文類聚靈異部上引作「渠頸而鳶肩」，又引注云：「渠，大也。」斯爲確據矣！**豐上而殺下，軒軒然方迎風而舞。顧見盧敖，慢然下其臂，遯逃乎碑。**慢然，止舞也。匿於碑陰。○王念孫云：碑下脱去下字。碑或作崥。太玄增上九「崔嵬不崩，賴彼岟崥」。（玉篇「岟」於兩切，「崥」方爾切。）范望曰：「岟崥，山足也。」下者，後也。（見大雅下武箋、周語注。）謂遯逃乎山足之後。故高注曰「匿於碑陰也」。太平御覽引此，已脱下字。藝文類聚引作「崥下」，蜀志注引作「碑下」，論衡同。**盧敖就而視之，方倦龜殼而食蛤梨。**楚人謂倨爲倦。龜殼，龜甲也。蛤梨，海蚌也。**盧敖與之語曰：「唯敖爲背羣離黨，窮觀於六合之外者，非敖而已乎？敖幼而好游，至長不渝。**○莊逵吉云：御覽此下有注云：「渝，解也。」○王念孫云：此本作「至長不渝解」，今本無解字者，後人不曉「渝解」二字之義而削之也。不知渝與解同義。太玄格次三「裳格鞶鉤渝」，范望曰：「渝，解也。」字亦作愉。吕氏春秋勿躬篇「百官慎職而莫敢愉綎」，高注曰：「愉，解也。綎，緩也。」又方言：「揄、撱，脱也。」「解、輸，脱也。」郭璞曰：「挩，猶脱耳。」文選七發「揄弃恬怠，輸寫淟濁」，李善注引方言：「揄，脱也。」脱亦解也。渝、愉、揄、輸，並聲近而義同。太平御覽引作「至長不渝解」，蜀志注引作「長不喻解」，論衡作「至長不偷解」，字雖不同，而皆有解字。**周行四極，唯北陰之未闚。今卒睹夫子於是，子殆可與敖爲友乎？」若士者，齤然而笑曰：「嘻！子中州之民，寧肯而遠至此。此猶光乎日月而載列星，**言太陰之地，尚見日月也。**陰陽之所行，四時之所生。其比夫不名之地，猶窔奥也。**言我所游不可字名之地，以盧敖所行比之，則如窔奥。奥，室中也。**若我南游乎岡㝗之野，北息乎沉墨之鄉，西窮窅冥之黨，**◎莊逵吉云：黨，所也。方言云。◎盧文弨云：黨，當訓所。案：釋名：「上黨，黨，所也，在山上，其所最高，故曰上黨。」又公羊文十三年傳云：「往黨，衞侯會公于沓，至得與晉侯盟。反黨，鄭伯會公于斐。」何休注：「黨，所也。所猶時，齊人語。」史記齊世家：「萊人歌曰：師乎師乎！何黨之乎！」集解：「服虔曰：黨，所也。言公子徒衆何所適也。」案：此亦齊人語。然上黨在晉，而亦以所爲黨，則不獨齊人爲然矣。**東開鴻濛之光。此其下無地而上無天，聽焉無聞，視焉無眴。**◎王念孫云：「東開鴻濛之光」，開當爲關。關字俗書作開，（唐顏玄孫干禄字書曰：「開、關，上俗下正。」（開字俗書作開，二形相似，故關誤爲開。（莊子秋水篇「今吾無所開吾喙」，釋文：「開，本亦作關。」楚策「大關天下之匈」，今本關誤作開。漢書西南夷傳「皆棄此國而關蜀故徼」，史記關誤作開。說文：「管，十二月之音，物關地而牙，故謂之管。」今本亦誤作開。）關與貫同。（雜記「輪人以其杖關轂而輠輪」，關轂卽貫轂。漢書王嘉傳「大臣括髮關械」，關械卽貫械。今人言關通卽貫通。鄉射禮「不貫不釋」，古文貫作關。大戴禮子張問入官篇「察一而關於多」，家語入官篇關作貫。史記儒林傳「履雖新，必關於足」，漢書關作貫。）「東貫鴻濛之光」，謂東貫日光也。（見上注。）司馬相如大人賦「貫列缺之倒景」，義與此貫字同。太平御覽、楚辭補注引此，作「東開鴻濛之光」，則所見本已誤。論衡作「東貫澒濛之光」，蜀志注引此作「東貫鴻濛之光」，貫、關古字通，則開爲關之誤明矣。「視焉無眴」，本作「視焉則眴」，眴與眩同。司馬相如大人賦云：「視眩泯而亡見。」楊雄甘泉賦云：「目冥眴而亡見。」其義一也。楚辭遠遊云：「下峥嶸而無地兮，上寥廓而無天。視儵忽而無見兮，聽惝怳而無聞。」此云「下無地而上無天，聽焉無聞，視焉則眴」，義本遠遊也。蜀志注引此，正作「視焉則眴」。論衡作「視焉則營」，營與眴古字通也。（眴字從目，旬聲。大雅江漢篇「來旬來宣」，鄭箋曰：「旬，當作營。」史記天官書「旬始」，徐廣曰：「旬，一作營。」旬之通作營，猶眴之通作營矣。）道藏本作「視焉無眴」者，涉上句無字而誤。太平御覽所引已與道藏同，後人不知「無眴」爲「則眴」之誤，遂改眴爲矚，而莊本從之。案：廣韻：「矚，視也。」是矚與視同義，「視焉無視」，斯爲不詞矣。且眴與天爲韻，若作矚，則失其韻矣。

此其外，猶有汰沃之汜。汰沃，四海與天之際水流聲也。汜，涯也。**其餘一舉而千萬里，**千萬里，汰汜之外也。**吾猶未能之在。**吾尚未至此地。**今子游始於此，乃語窮觀，豈不亦遠哉！然子處矣！吾與汗漫期于九垓之外，**汗漫，不可知之也。九垓，九天之外。**吾不可以久駐。」**○王念孫云：「九垓之外」，本作「九垓之上」，高注本作「九垓，九天也」。

俶真篇「徙倚於汗漫之宇」，高注引此文云：「吾與汗漫期於九垓之上。」漢書禮樂志郊祀歌「專精厲意逝九閡」，如淳曰：「閡亦陔也。淮南子曰：『吾與汗漫期乎九陔之上。』陔，重也。謂九天之上也。」司馬相如傳封禪文「上暘九垓」，如淳注所引亦與前同。又論衡及蜀志注、太平御覽、文選郭璞遊仙詩注、張協七命注並引作「九垓之上」。（李白廬山謡「先期汗漫九垓上，願接盧敖遊太清」，卽用此篇之語，則李所見本亦作「九垓之上」。）御覽又引高注云：「九垓，九天也。」此皆其明證矣。後人既改「九垓之上」爲「九垓之外」，復於注内加「之外」二字，以曲爲附會，甚矣其妄也。又案：「吾不可以久駐」，駐字亦後人所加。論衡作「吾不久」，蜀志注、文選注、太平御覽並引作「吾不可以久」，則久下原無駐字明矣。**若士舉臂而竦身，遂入雲中。盧敖仰而視之，弗見，乃止駕，**止其所駕之車。**柸治，**楚人謂恨不得爲柸治也。**悖若有喪也。**○王念孫云：「乃止駕」「止柸治」之止，當爲心。隸書心字作𢗅，止字或作𣥂，二形相似，又涉上句止字而誤也。「乃止駕」爲句，「心柸治」爲句，「悖若有喪也」爲句。柸治，疊韻字，言其心柸治然也。（高注：「楚人謂恨不得爲柸治也。」）論衡作「乃止喜，（喜當爲嘉，嘉、駕古字通。）心不怠，悵若有喪」，不怠卽柸治之借字，則止爲心字之誤明矣。莊本删去止字，非是。○俞樾云：王氏念孫謂「止柸治」之止乃心字之誤，是也。柸治之義，高注曰：「楚人謂恨不得爲柸治也。」其實「柸治」卽不怡也。不怡二字，本於虞書，古人習用之。國語晉語曰：「主色不怡。」太史公報任少卿書曰：「聽朝不怡。」此言「心不怡」，非必楚語，因聲誤而爲柸治，其義始晦矣。論衡道虚篇作「乃止喜，（句。）心不怠」，卽「乃止駕，心不怡」也。喜者，嘉字之誤，駕之叚字也。怠者，怡之叚字也。**曰：「吾比夫子，猶黄鵠與壤蟲也。**壤蟲，蟲之幼也。**終日行，不離咫尺，**八寸爲咫，十寸爲尺。**而自以爲遠，豈不悲哉！」故莊子曰：「小年不及大年，小知不及大知，朝菌不知晦朔，**朝菌，朝生暮死之蟲也。生水上，狀似蠶蛾。一名孳母，海南謂之蟲邪。○王念孫云：「朝菌」本作「朝秀」，（高注同。）今作「朝菌」者，後人據莊子逍遥遊篇改之也。文選辯命論「朝秀晨終」，李善注引淮南子「朝秀不知晦朔」。太平御覽蟲豸部「茲母」下引淮南子「朝秀不知晦朔」，又引高注云：「朝秀，朝生暮死之蟲也。生水上，似蠶蛾。一名茲母。」廣雅釋蟲：「朝蜏，（曹憲音秀。）孳母也。」義本淮南注。是淮南自作「朝秀」，與莊子異文，不得據彼以改此也。○陶方琦云：文選注、御覽引正文及許注，俱作「朝秀」。今本作「朝菌」，乃因莊子而改。莊子逍遥遊「朝菌不知晦朔」，釋文引司馬注：「菌，大芝也。」兩書古注互異，不必强同。今許注既解爲蟲，當作「朝秀」，秀即蜏字。廣雅：「朝蜏，孳母也。」即本許注。玉篇：「蜏，思又、弋久二切，朝生莫死蟲也。生水上，狀如蠶蛾。一名孳母。」即引淮南許氏注文。**蟪蛄不知春秋。」**蟪蛄，貂蟟也。**此言明之有所不見也。**

季子治亶父三年，季子，子賤也。○王念孫云：羣書治要引此，季子作宓（音伏。）子。呂氏春秋具備篇同。案：諸書無謂宓子賤爲季子者，季當爲孚，字之誤也。孚與宓聲相近。宓子之爲孚子，猶宓犧之爲庖犧也。齊俗篇「賓有見人於宓子者」，太平御覽人事部四十六引作孚子，羣書治要作季子，故知宓通作孚，孚誤作季也。○陶方琦云：羣書治要引許注：「宓子，子賤也。」與今注正同。而巫馬期絻衣短褐，巫馬期，孔子弟子也。○陶方琦云：羣書治要引許注：「巫馬期，孔子弟子也。」與今注正同。史記、呂覽並作巫馬旗。易容貌，往觀化焉。易服而往，微以視之。○陶方琦云：羣書治要引許注：「微視之。」是約文。見得魚釋之，○王念孫云：太平御覽鱗介部七引，作「見夜魚者釋之」，羣書治要引作「見夜漁者得魚則釋之」。案：羣書治要所引是也。呂氏春秋作「見夜漁者得則舍之」，家語屈節篇作「見夜敂者得魚輒舍之」，是其證。泰族篇亦云：「見夜漁者得小卽釋之。」巫馬期問焉曰：「凡子所爲魚者，欲得也。今得而釋之，何也？」漁者對曰：「季子不欲人取小魚也。古者，魚不盈尺，不上俎也。○文典謹按：羣書治要引，人下有之字，與呂覽具備篇合。所得者小魚，是以釋之。」巫馬期歸以報孔子曰：「季子之德至矣！使人闇行，若有嚴刑在其側者。季子何以至於此？」孔子曰：「丘嘗問之以治，言曰：『誠於此者刑於彼。』○王念孫云：各本及莊本誠字皆誤作誠，唯道藏本不誤。羣書治要引此，正作誠。呂氏春秋、家語並同。季子必行此術也。」故老子曰：「去彼取此。」

罔兩問於景罔兩，水之精物也。景，日月水光㬷也。曰：「昭昭者，神明也？」罔兩恍惚之物，見景光明，以爲神也。景曰：「非也。」罔兩曰：「子何以知之？」景曰：「扶桑受謝，日照宇宙，扶桑，日所出之木也。受謝，扶桑受日，旦澤出之也。昭昭之光，輝燭四海。

闔户塞牖，則無由入矣。若神明，四通竝流，無所不及，上際於天，下蟠於地，化育萬物而不可爲象，俛仰之間而撫四海之外，昭昭何足以明之！」故老子曰：「天下之至柔，馳騁天下之至堅。」

光耀問於無有光耀可見，而無有至虚者。曰：「子果有乎，其果無有乎？」有形生于無形，何以能生物，故問果有乎，其無有也。無有弗應也。光耀不得問，而就視其狀貌，○王念孫云：「就視」當依莊子知北遊篇作「孰視」，字之誤也。孰與熟同。冥然忽然，視之不見其形，聽之不聞其聲，搏之不可得，望之不可極也。光耀曰：「貴矣哉，孰能至于此乎！予能有無矣，未能無無也。言我能使形不可得，未能殊無形也。及其爲無無，又何從至於此哉！」故老子曰：「無有入于無間，吾是以知無爲之有益也。」

白公勝慮亂，白公將爲父復讎，起兵亂，因思慮之也。○文典謹按：爾雅釋詁、廣雅釋詁四：「慮，謀也。」呂氏春秋安死篇高注：「慮，謀也。」國策秦策注：「慮，計也。」「白公勝慮亂」，猶言白公勝謀亂也。慮當訓謀，訓計，不當訓思。罷朝而立，倒杖策，錣上貫頤，策，馬捶。端有針以刺馬，謂之錣。倒杖策，故錣貫頤也。血流至地而弗知也。鄭人聞之，曰：「頤之忘，將何不忘哉！」白公之父死，鄭人預之，故懼之。此言精神之越於外，智慮之蕩於内，則不能漏理其形也。漏，補空也。是故神之所用者遠，則所遺者近也。近，謂身也。故老子曰：「不出户以知天下，不窺牖以見天道。其出彌遠，其知彌少。」此之謂也。

秦皇帝得天下，恐不能守，發邊戍，築長城，修關梁，設障塞，具傳車，置邊吏。然劉氏奪之，若轉閉錘。閉錘，格也，上之錘，所以編薄席，反覆之易。昔武王伐紂，破之牧野，乃封比干之墓，表商容之閭，柴箕子之門，紂死，箕子亡之朝鮮，舊居空，故柴護之也。○莊逵吉云：柴護之者，設軍士護之也。柴即俗寨字。○曾國藩云：後漢書楊震傳「柴門謝客」，三國志「以萬兵柴道」，與此柴字義同，即塞也。朝成湯之廟，發鉅橋之粟，散鹿臺之錢，破鼓折枹，弛弓絶絃，去舍露宿以示平易，解劍帶笏以示無仇。於此天下歌謡而樂之，諸侯執幣相朝，三十四世不奪。故老子曰：「善閉者無關鍵而不可開也，善結者無繩約而不可解也。」

尹需學御，三年而無得焉，私自苦痛，常寢想之。寢堅思之。○文典謹按：御覽七百四十六引注，堅作臥。中夜，夢受秋駕於師。秋駕，善御之術。明日，往朝。師望之，謂之曰：○王念孫云：「望之謂之」當作「望而謂之」。今本而作之，因下「謂之」而誤。太平御覽工藝部三引此，正作「望而謂之」。吕氏春秋博志篇同。「吾非愛道於子也，恐子不可予也。今日教子以秋駕。」尹需反走，北面再拜曰：「臣有天幸，今夕固夢受之。」故老子曰：「致虚極，守静篤，萬物竝作，吾以觀其復也。」

昔孫叔敖三得令尹，無喜志；三去令尹，無憂色；延陵季子，吳人願一以爲王而不肯；許由，讓天下而弗受；晏子與崔杼盟，臨死地不變其儀，此皆有所遠通也。精神通於死生，則物孰能惑之！荆有佽非，得寶劍於干隊。干國在今臨淮，出寶劍。蓋爲莫邪、洞鄂之形也。還反度江，至於中流，陽侯之波，兩蛟挾繞其船。蛟，龍屬也。魚滿二千五百斤，蛟來爲之主也。佽非謂枻船者曰：枻，櫂也。「嘗有如此而得活者乎？」○俞樾云：嘗下脱見字。下文「對曰：未嘗見也」，「嘗見」字與此相應。呂氏春秋知分篇作「子嘗見有兩蛟繞船能兩活者乎」，正有見字。「能兩活」當作「而能活」，説見呂氏春秋。對曰：「未嘗見也。」於是佽非瞑目教然，攘臂拔劍，○王念孫云：「瞑目」二字與「攘臂拔劍」事不相類，「瞑目」當爲「瞋目」。隸書真或作眞，冥或作㝠，二形相似而誤。又案：「教然」二字當在「瞋目」之上，而以「教然瞋目攘臂拔劍」作一句讀。曰：「武士可以仁義之禮説也，不可劫而奪也。此江中之腐肉朽骨，棄劍而已，○俞樾云：已乃人己之己，己上當有全字。呂氏春秋正作「棄劍而全己」。余有奚愛焉！」赴江刺蛟，遂斷其頭，船中人盡活，風波畢除，荆爵爲執圭。孔子聞之曰：「夫善載！腐肉朽骨棄劍者，佽非之謂乎！」○俞樾云：載當作哉，聲之誤也。哉下脱「不以」二字。呂氏春秋正作「夫善哉！不以腐肉朽骨而棄劍者，其次非之謂乎」。故老子曰：「夫唯無以生爲者，是賢於貴生焉。」

齊人淳于髡以從説魏王，魏王辯之。約車十乘，將使荆，辭而行。人以爲從未足也，復以衡説，其辭若然。從説，説諸侯之計當相從也。衡説，從之非是，當横，更計也。〇孫詒讓云：此人當作又。「又以爲從未足也」句斷。吕氏春秋離謂篇作「有以横説魏王」，有與又同。魏王乃止其行而疏其身。失從心志，而又不能成衡之事，〇王念孫云：「失從心志」當作「失從之志」。今本之作心者，因志字而誤。有與又同。此言魏王既不能合從，又不能連衡也。吕氏春秋離謂篇作「失從之意，又失横之事」，是其證。漢魏叢書本改有爲又，而莊本從之，則昧於假借之義矣。是其所以固也。夫言有宗，事有本。失其宗本，技能雖多，不若其寡也。故周鼎著倕，而使齕其指，先王以見大巧之不可也。〇王念孫云：「不可」下脱爲字。吕氏春秋作「先王有以見大巧之不可爲也」，是其證。本經篇亦云：「故周鼎著倕，使銜其指，以明大巧之不可爲也。」故慎子曰：「匠人知爲門，能以門，所以不知門也，故必杜然後能門。」慎子名到，齊人。不知門，不知門之要也。門之要在門外。〇孫詒讓云：今本慎子殘缺，無此文，義亦難通。文子精誠篇襲此云：「故匠人智爲，不以能以時閉，不知閉也，故必杜而後開。」彼文亦有譌挩。參合校繹，此似當云：「不能以閉，所以不知門也，故必杜然後能開。」言門以開閉爲用，若匠人爲門，但能開而不能閉，則終未知爲門之要也。文子開、閉二字尚未譌，可據以校正。

墨者有田鳩者，田鳩學墨子之術也。**欲見秦惠王，約車申轅，**申，束也。○陶方琦云：文選七發注、謝玄暉京路夜發注引許注：「裝，束也。」按：文選引許君淮南注作「裝，束也」，當卽此處注，或舊本作裝。又文選謝惠連西陵遇風詩注引作「裝，飾也」。思玄賦「簡元辰而俶裝」，注亦曰：「裝，束也。」詩出車箋：「裝載物而往。」義同。**留於秦周年不得見。**○文典謹按：意林引，周作三。以下文「吾留秦三年」覈之，則作三是也。**客有言之楚王者，往見楚王。楚王甚悦之，**○文典謹按：意林引，作「一至楚，楚王説之」。**予以節，使於秦。至，因見予之將軍之節，惠王見而説之。**○陳觀樓云：呂氏春秋首時篇云：「楚王説之，與將軍之節以如秦。至，因見惠王。」則此亦當云：「至，因見惠王，而説之。」其「予之將軍之節」六字，乃是上文「予以節」句注語，今誤入此句中，文義遂不可曉。○王念孫云：陳説是也。莊本又加見字於「而説之」之上，非是。**出舍，喟然而歎，告從者曰：「吾留秦三年不得見，不識道之可以從楚也。」物故有近之而遠，遠之而近者。故大人之行，不掩以繩，**掩，猶揮也。○俞樾云：掩字無義。高注曰：「掩，猶揮也。」義亦未詳。掩乃扶字之誤。管子宙合篇曰：「千里之路，不可扶以繩。」是其證也。下文「此所謂筦子『梟飛而維繩』者」，王氏念孫引陳觀樓説，謂當作「此筦子所謂鳥飛而準繩者」。按：鳥飛準繩本管子宙合篇，其曰「千里之路不可扶以繩，萬家之都不可平以準」，卽説鳥飛準繩之義也。然則此云「大人之行，不扶以繩」，亦本管子，掩字之誤無疑矣。宙合篇又曰：「夫繩，扶撥以爲正。」卽此扶字之義。因扶字闕壞，止存「扶」形，淺人遂以意補成掩字耳。○文典謹按：意林引，作「故大丈夫之行不可掩」，是其敚誤已在唐代矣。至所極而已矣。

此所謂筦子「梟飛而維繩」者。言爲士者上下無常，進退無恒，不可繩也。以喻飛梟從下繩維之，而欲翱翔，則不可也。○陳觀樓云：「此所謂筦子」當作「此筦子所謂」，「梟飛而維繩」當作「鳥飛而準繩」。案：管子宙合篇曰「鳥飛準繩，此言大人之義也」云云，大意謂鳥飛雖不必如繩之直，然意南而南，意北而北，總期於還山集谷而後止，則亦與準於繩者無異，所謂「苟大意得，不以小缺爲傷」也。故此云：「大人之行，不掩以繩，至所極而已矣。此筦子所謂鳥飛而準繩者。」今本鳥誤作梟，準誤作維，（準字俗省作准，又因下繩字而誤從糸。）則義不可通。注内梟字亦鳥字之誤。而云「從下繩維之」，則高所見本已誤作維矣。

澧水之深千仞，而不受塵垢，投金鐵鍼焉，則形見於外。○王念孫云：「金鐵」下不當有鍼字，鍼卽鐵之誤也。（鐵或省作鐡，形與鍼相近。）今作「金鐵鍼」者，一本作鐵，一本作鍼，而後人誤合之耳。文選沈約貽京邑游好詩注、太平御覽珍寶部十一引此，皆無鍼字。文子上禮篇作「金鐵在中，形見於外」。（羣書治要所引如是。今本文子「金鐵」作「金石」，乃後人所改。）非不深且清也，魚鼈龍蛇莫之肯歸也。是故石上不生五穀，禿山不游麋鹿，無所陰蔽隱也。○王念孫云：隱字，蓋蔽字之注而誤入正文者。（廣雅：「蔽，隱也。」）文子無隱字，是其證。昔趙文子問於叔向曰：「晉六將軍，六將軍，韓、趙、魏、范、中行、智伯也。其孰先亡乎？」對曰：「中行、知氏。」文子曰：「何乎？」對曰：「其爲政也，以苛爲察，以切爲明，以刻下爲忠，以計多爲功。譬之猶廓革者也，廓之，大則大矣，裂之道也。」故老子曰：「其政悶悶，其民純純。其政察察，其民缺缺。」

景公謂太卜曰：「子之道何能？」對曰：「能動地。」動，震也。晏子往見公，公曰：「寡人問太卜曰：『子之道何能？』對曰：『能動地。』地可動乎？」晏子默然不對。出，見太卜曰：「昔吾見句星在房心之間，地其動乎？」句星，客星也。房，駟。句星守房、心，則地動也。○王念孫云：劉本注文「房星」作「駟房」。（朱本、漢魏叢書本並同。）案：正文本作「句星在駟心之間」，注本作：「駟，（句。）房星。（句。）句星守房、心，則地動也。」道藏本注文「房星」上脱駟字，劉本房下脱星字。若正文之「駟心」作「房心」，則涉注文「守房、心」而誤也。莊伯鴻不知正文房爲駟之誤，又改注文之「駟，房」爲「房，駟」以就之，斯爲謬矣。駟爲房之別名，故須訓釋。若房、心爲二十八宿之正名，則不須訓釋。（爾雅：「天駟，房也。」以房釋天駟，不以天駟釋房。）高注釋駟而不釋心，即其證也。晏子春秋外篇作「昔吾見鉤星在四、心之間」，即淮南所本。（鉤與句同，四與駟同。）太卜曰：「然。」晏子出，太卜走往見公曰：「臣非能動地，地固將動也。」田子陽聞之田子陽，齊臣也。曰：「晏子默然不對者，不欲太卜之死。往見太卜者，恐公之欺也。晏子可謂忠於上而惠於下矣。」故老子曰：「方而不割，廉而不劌。」

魏文侯觴諸大夫於曲陽。飲酒酣，文侯喟然歎曰：「吾獨無豫讓以爲臣乎！」豫讓事知伯而死其難，故文侯思以爲臣。蹇重舉白而進之，蹇重，文侯臣。舉白，進酒也。曰：「請浮君！」浮，罰也。以酒罰君。君曰：「何也？」對曰：「臣聞之，有命之父母不知孝子，有道之君不知忠臣。夫豫讓之君，亦何如哉？」豫讓相其君，而君見殺，亦何如？不足貴也。文侯受觴而飲釂不獻，釂，盡也。曰：「無管仲、鮑叔以爲臣，故有豫讓之功。」故老子曰：「國家昏亂，有忠臣。」

孔子觀桓公之廟，桓公，魯君。有器焉，謂之宥巵。宥，在坐右。孔子曰：「善哉！予得見此器。」顧曰：「弟子取水！」水至，灌之，其中則正，中，水半巵也。其盈則覆。孔子造然革容曰：「善哉，持盈者乎！」子貢在側曰：「請問持盈。」曰：「益而損之。」○王念孫云：揖與挹同。（集韻：「挹，或作揖。」荀子議兵篇「拱挹指麾」，富國篇作「拱揖」。）文選爲幽州牧與彭寵書注引蒼頡篇云：「挹，損也。」挹與損義相近，故曰「挹而損之」。作揖者，借字耳。劉績不達，而改揖爲益，莊本從之，斯爲謬矣。後漢書杜篤傳注引此，正作「挹而損之」。荀子宥坐篇、説苑敬慎篇並同。韓詩外傳作「抑而損之」，抑與挹聲亦相近，故諸書或言抑損，或言挹損也。曰：「何謂益而損之？」曰：「夫物盛而衰，樂極則悲，日中而移，月盈而虧。是故聰明睿智，守之以愚；多聞博辯，守之以陋；武力毅勇，守之以畏；富貴廣大，守之以儉；○王念孫云：劉本改儉爲陋，陋爲儉，而莊本從之。案：説文：「儉，約也。」廣雅：「儉，少也。」正與「多聞博辯」相對，不當改爲陋。説文：「陋，陜也。（俗作狹。）」楚辭七諫注曰：「陋，小也。」亦與「富貴廣大」相對，不當改爲儉。杜篤傳注引此，正作「多聞博辯，守之以儉；富貴廣大，守之以陋」，與道藏本同。文子九守篇作「多聞博辯，守以儉；富貴廣大，守以狹」，狹亦陋也。德施天下，守之以讓。此五者，先王所以守天下而弗失也。反此五者，未嘗不危也。」故老子曰：「服此道者不欲盈。夫唯不盈，故能弊而不新成。」

武王問太公曰：「寡人伐紂天下，是臣殺其主而下伐其上也。吾恐後世之用兵不休，鬭争不已，爲之柰何？」太公曰：「甚善，王之問也！夫未得獸者，唯恐其創之小也；獵禽恐不能殺，故恐其創小也。已得之，唯恐傷肉之多也。○文典謹按：意林引，作「未得獸者唯恐創少，已得獸者唯恐創多。」王若欲久持之，則塞民於兑，兑，耳目鼻口也。老子曰「塞其兑」是也。道全爲無用之事，煩擾之教。○俞樾云：全乃令字之誤。令，猶使也。道與導同。謂導使爲無用之事，煩擾之教也。彼皆樂其業，供其情，○王念孫云：供當爲佚。佚與逸同，安也。逸、樂義相近。若云「供其情」，則與上句不類矣。隸書佚或作佚，與供相似而誤。**昭昭而道冥冥，於是乃去其瞀而載之木，**瞀，被髮也。木，鶩鳥冠也。知天文者冠鶩。◎王引之云：載與戴同。木當爲朮，字之誤也。朮卽鷸字也。高注當作：「朮，鷸鳥冠也。知天文者冠鷸。」今本鷸作鶩者，鷸、鶩字相近，又涉上文瞀字而誤也。（爾雅翼引此已誤。）說文：「鷸，知天將雨鳥也。」禮記曰：「知天文者冠鷸。」莊子天地篇「皮弁鷸冠，搢笏紳脩」，釋文：「鷸，尹必反。徐音述。」玉篇及爾雅釋文、漢書五行志注，鷸字並聿、述二音。匡謬正俗曰：「案：鷸，水鳥，天將雨卽鳴。古人以其知天時，乃爲冠象此鳥之形，使掌天文者冠之。鷸字音聿，亦有術音，故禮之衣服圖，及蔡邕獨斷，謂爲『術氏冠』，亦因鷸音轉爲術耳。」（以上匡謬正俗。）莊子釋文曰：「鷸，又作鶐。」續漢書輿服志引記曰：「知天者冠述。」說苑脩文篇作「冠鉥」。蓋鷸字本有述音，故其字或作鶐，或作述，或作鉥，又通作朮耳。朮與笏爲韻。若作木，則失其韻矣。鷸卽翠鳥，故古人以其羽飾冠。冠鷸帶笏，皆所以爲飾，故莊子亦言「鷸冠搢笏」。若鶩，無文采，則不可以爲飾矣。且鷸知天雨，故使知天文者冠之。若鶩，則義無所取矣。諸書皆言知天文者冠鷸，無言冠鶩者。◎王紹蘭云：王氏引之改木爲朮，鶩爲鷸，是也。正文瞀亦譌字。古無訓瞀爲「被髮」者，若云借瞀爲髳，說文髟部：「髳，髮至眉也。」引詩曰：「紞彼兩髳。」與淮南此文無涉。且「去其被髮」，亦文不成義。若云借瞀爲旄，既與被髮之解相違，又與戴鷸之文不配。蓋瞀卽鍪之譌借字。說文冃部：「冑，兜鍪也。」謂去其鍪而戴之鷸，與下文解劍帶笏相對成文，示天下不復用兵也。氾論訓「古者有鍪而綣領以王天下者矣」，高彼注云：「一說：鍪，放髮也。」鍪訓放髮，與瞀訓被髮，未之前聞，於此文去字尤不可通，高注非是。○俞樾云：高注曰：「晉，被髮也。木，鷸鳥冠也。知天文者冠鷸。」王氏引之以木爲朮字之誤，朮即鷸字也，引匡謬正俗「鷸字音聿，亦有術音」，蔡氏獨斷謂爲「術氏冠」爲證，其説洵塙不可易矣。惟未説晉字之義。晉當爲鍪。鍪者，兜鍪也。説文兜部：「兜，兜鍪，首鎧也。」從省言之，則止曰鍪。氾論篇「古者有鍪而綣領」，高注曰「鍪，頭著兜鍪帽」是也。「去其鍪而載之朮」，謂去其首鎧而戴之鷸鳥之冠，正與「解其劍而帶之笏」文義一律。作晉者，叚字耳。高注以「被髮」説之，夫被髮豈可言去？足知其非矣。解其劍而帶之笏。爲三年之喪，令類不蕃。高辭卑讓，使民不争。酒肉以通之，竽瑟以娱之，鬼神以畏之。繁文滋禮以弇其質，厚葬久喪以亶其家，含珠鱗、施綸組以貧其財，深鑿高壟以盡其力。家貧族少，慮患者寡。以此移風，可以持天下弗失。」故老子曰：「化而欲作，吾將鎮之以無名之樸也。」

淮南鴻烈集解卷十三

氾論訓

博説世間古今得失，以道爲化，大歸於一，故曰「氾論」，因以題篇。

古者有鍪而綣領以王天下者矣，古者，蓋三皇以前也。鍪，頭著兜鍪帽，言未知制冠也。綣領，皮衣屈而紩之，如今胡家韋襲反褶以爲領也。一説：鍪，放髮也；綣，繞頸而已；皆無飾。○文典謹按：初學記帝王部引，鍪下有頭字。又引注，紩作紩，胡家作朝，褶作攝。**其德生而不辱，**刑措不用也。**予而不奪，**予，予民財也。不奪，無所徵求於民也。○王念孫云：不辱本作不殺，故高注云刑措不用。今作辱者，後人妄改之也。殺與生相對，奪與予相對，若改殺爲辱，則非其指矣。且殺與奪爲韻，若作辱，則失其韻矣。太平御覽皇王部一引此已誤作辱。張載魏都賦注及舊本北堂書鈔衣冠部三引此並作殺，文子上禮篇同。晏子春秋諫篇「古者嘗有紩衣攣領而王天下者矣，其義好生而惡殺」，荀子哀公篇「古之王者有務而拘領者矣，其政好生而惡殺」，此皆淮南所本。**天下不非其服，同懷其德。**非，猶譏呵也。懷，歸也。**當此之時，陰陽和平，風雨時節，萬物蕃息，**政不虐，生無夭折也。**烏鵲之巢可俯而探也，禽獸可羈而從也，**從，猶牽也。**豈必褒衣博帶，句襟委章甫哉！**褒衣，謂方與之衣，如今吏人之左衣也。博帶，大帶，詩云：「垂帶若厲。」句襟，今之曲領褎衣也。委，委貌冠。章甫，亦冠之名也。○文典謹按：御覽七十七引，委下有貌字。古者民澤處復穴，處，居也。復穴，重窟也。一說：穴毀隄防崖岸之中，以爲窟室。○莊逵吉云：復穴之復，應作寝。○文典謹按：御覽百七十四引注，作「鑿崖岸之腹以爲密室」，與高注後說略同。高注之一說，多郎許注，則御覽所引，殆許注也。冬日則不勝霜雪霧露，夏日則不勝暑熱蚤虻。虻，讀詩云「言采其苗」之苗也。○王念孫云：高說非也。「作爲之」三也。築土構木，以爲宮室，構，架也，謂材木相乘架也。聖人乃作爲之作，起字連讀。下文曰「而作爲之揉輪建輿，駕馬服牛」，又曰「而作爲之鑄金鍛鐵，以爲兵刃」，皆其證也。又案：「以爲宮室」本作「以爲室屋」，淺學人多聞宮室，寡聞室屋，故以意改之也。案：月令曰「毋發室屋」，管子八觀篇曰「宮營大而室屋寡」，荀子禮論篇曰「壙壠，其貌象室屋也」，呂氏春秋懷寵篇曰「不焚室屋」，史記周本紀曰「營築城郭室屋」，（俗本亦有改爲宮室者。）天官書曰「城郭室屋門户之潤澤」，則室屋固古人常語。且此二句以木、屋爲韻，下三句以宇、雨、暑爲韻，若作宮室，則失其韻矣。太平御覽居處部二引此，正作室屋。上棟下宇，以蔽風雨，棟，屋櫺也。宇，屋之垂。以避寒暑，而百姓安之。安，樂也。伯余之初作衣也，伯余，黄帝臣也。世本曰：「伯余制衣裳。」一曰：伯余，黄帝。緂麻索縷，手經指挂，其成猶網羅。緂，鋭。索，功也。緂，讀恬然不動之恬。○王念孫云：高訓緂爲鋭，則與麻字義不相屬。今案：緂者續也，緝而續之也。方言：「繝，續也。（廣雅同。）秦、晉續折木謂之繝。」郭璞音剡。人閒篇曰：「婦人不得剡麻考縷。」繝、剡並與緂通。索，如「宵爾索綯」之索，謂切撚之也。高云「索，功也」，功卽切字之誤。顔師古注急就篇曰「索謂切撚之令緊」者也。廣雅曰：「紉，索也。」紉與切通。**後世爲之機杼勝複以便其用，而民得以揜形御寒。**揜，蔽。御，止。**古者剡耜而耕，摩蜃而耨，**剡，利也。耜，臿屬。蜃，大蛤，摩令利，用之。耨，耨除苗穢也。**木鉤而樵，抱甀而汲，**鉤，鐮也。鉤，讀濟陰句陽之句。樵，薪蒸。甀，武。今兗州曰小武爲甀，幽州曰瓦。○文典謹按：御覽七百五十八引，甀作缾。**民勞而利薄。後世爲之耒耜耰鉏，斧柯而樵，桔皋而汲，**耰，讀曰優，椓塊椎也，三輔謂之儓，所以覆種也。**民逸而利多焉。古者大川名谷，衝絶道路，不通往來也，乃爲窬木方版，以爲舟航，**窬，空也。方，並也。舟相連爲航也。**故地勢有無，得相委輸。**運所有，輸所無。**乃爲靻蹻而超千里，肩荷負儋之勤也，**靻蹻，靻䩮也。勤，勞也。○王念孫云：靻皆當爲靼，字從旦不從且。說文：「靼，柔革也。」（玉篇多達、之列二切。）「屩，屐也。」「䩮，小兒履也。」釋名云：「䩮，韋履深頭者之名也。」今正文言靻蹻，（與屩同。）注文言靻䩮，皆是韋履之名，則字當從旦。廣韻：「靻，則古切。」靻，勒名，字從且，兩字聲義判然。茅一桂不知靻爲靼之誤，輒加「音祖」二字，其失甚矣。下文「蘇秦靻蹻嬴蓋」，靻亦靼字之誤。又案：爲靻蹻之爲，音于僞反。「爲靻蹻而超千里，肩負儋之勤也」，乃起下之詞，非承上之詞，爲上不當有乃字。此因上文

「乃爲窬木方版」而誤衍也。下文云「爲鷙禽猛獸之害傷人而無以禁御也，而作爲之鑄金鍛鐵，以爲兵刃」，爲上無乃字，是其證。「肩負儋之勤」，道藏本、劉本及諸本並同，漢魏叢書本於負儋上加荷字，而莊本從之，斯爲謬矣。而作爲之揉輪建輿，駕馬服牛，民以致遠而不勞。代負儋，故不勞也。爲鷙禽猛獸之害傷人而無以禁御也，而作爲之鑄金鍛鐵，以爲兵刃，猛獸不能爲害。以兵刃備之，故不得爲人害也。故民迫其難則求其便，困其患則造其備，人各以其所知，去其所害，就其所利。○王念孫云：「人各以其所知」，當作「人各以其知」，知與智同，言各用其智，以去害而就利也。今本知上有所字者，涉下兩所字而衍。文子上禮篇正作「各以其智，去其所害，就其所利」。常故不可循，器械不可因也，循，隨也。當時之可改則改之，故曰不可也。則先王之法度有移易者矣。

古之制，婚禮不稱主人，當婚者之身，不稱其名也，稱諸父兄師友。○文典謹按：意林引，「不稱主人」下有「必稱父母兄弟」六字。○陶方琦云：此許注並入正文者。舜不告而娶，非禮也。堯知舜賢，以二女妻舜。不告父，父頑，常欲殺舜，舜知告則不得娶也。不孝莫大于無後，故孟子曰：「舜不告，猶告爾。」○文典謹按：意林引，不告下有瞽叟二字。立子以長，文王舍伯邑考而用武王，非制也。伯邑考，武王之兄。廢長立聖，以庶代嫡，聖人之權爾。禮三十而娶，文王十五而生武王，非法也。三十而娶者，陰陽未分時，俱生於子，男從子數，左行三十年立於巳，女從子數，右行二十年亦立於巳，合夫婦。故聖人因是制禮，使男三十而娶，女二十而嫁。其男子自巳數，左行十得寅，故人十月而生於寅，故男子數從寅起。女自巳數，右行得申，亦十月而生於申，故女子數從申起。歲星十二歲而周天，天道十二而備，故國君十二歲而冠，冠而娶。十五生子，重國嗣也，不從故制也。○莊逵吉云：甲寅、庚申也。甲者陽正，寅亦陽正也。庚者陰正，申亦陰正也。義並詳王逸楚詞注、説文解字中。又難經曰：「男立于寅，寅爲木陽；女立于申，申爲金陰。」亦是。○文典謹按：北堂書鈔八十四引注，「周天」下有「爲一紀」三字，「冠而」下有后字。夏后氏殯於阼階之上，禮，飯于牖下，小歛于户内，大歛于阼階。在牀曰尸，在棺曰柩。殯于賓位，祖于庭，葬于墓也。于阼階，猶在主位，未忍以賓道遠之。殷人殯於兩楹之間，楹，柱也。記曰：殷殯之于堂上兩柱之間，賓主共。周人殯於西階之上，蓋以賓道遠之。此禮之不同者也。有虞氏用瓦棺，有虞氏，舜世也。瓦棺，陶瓦。夏后氏堲周，夏后氏，禹世。無棺椁，以瓦廣二尺，長四尺，側身累之，以蔽土，曰堲周。殷人用槨，用柏爲椁，厚之宜，以棺爲制也。周人牆置翣，此葬之不同者也。周人兼用棺椁，故牆設翣，狀如今要扇，畫文，插置棺車箱以爲飾。多少之差，各從其爵命之數也。夏后氏祭於闇，於室中，中夜祭之也。殷人祭於陽，於堂上，日平旦祭也。周人祭於日出以朝，于日出時祭於庭中。朝者，庭也。○俞樾云：高注首句曰「於室中，中夜祭之也」，二句曰「於堂上，日平旦祭也」，三句曰「於日出時祭於庭中。朝者，庭也」，所説皆未得其義。此文本禮記祭義篇，其文曰：「郊之祭，大報天而主日，配以月。夏后氏祭其闇，殷人祭其陽，周人祭日，以朝及闇。」鄭注曰：「闇，昏時也。陽，讀爲『曰雨曰暘』之暘，謂日中時也。朝，日出時也。夏后氏大事以昏，殷人大事以日中，周人大事以日出，亦謂此郊祭也。以朝及闇，謂終日有事。」正義曰：「此郊之祭一經，止明郊祭之禮。郊之祭者，謂夏正郊天。」然則此文所説本屬郊祭，郊祭必爲壇，初非廟祭，有何室中、堂上、庭中之分乎？祭於闇者，於中夜時祭也。祭於陽者，於日中時祭也。祭於日出，卽是祭以朝，朝者，日出也。因周人尚文，郊祭終日有事，日出而祭，及闇而畢，故曰「以朝及闇」。淮南引此文，不連「及闇」二字者，意在明三代之祭不同，若言闇，則疑與夏同。且周人初非有取於闇，直以禮繁，不得不及闇耳。檀弓篇止言大事以日出，其無取於闇，明矣，故淮南省此二字也。高氏誤以朝爲庭中，遂并上文亦以室中、堂上言之，與祭義不合，不可從也。此祭之不同者也。堯大章，堯樂也。舜九韶，舜樂也。書曰「簫韶九成」是也。禹大夏，禹樂也。湯大濩，湯樂也。周武象，武王樂也。此樂之不同者也。故五帝異道而德覆天下，三王殊事而名施後世，此皆因時變而制禮樂者。譬猶師曠之施瑟柱也，所推移上下者無寸尺之度，而靡不中音。故通於禮樂之情者能作音，有本主於中，而以知榘矱之所周者也。榘，方也。矱，度法也。〇王念孫云：音當爲言，此承上句而釋其義也。今作音者，涉上文「中音」而誤。魯昭公有慈母而愛之，

死爲之練冠，故有慈母之服。慈母者，父所命養己者也。此大夫之妾，士之妻，爲之女母，禮爲緦麻三月。昭公獨練，言其記禮之所由興也。◎孫詒讓云：此本禮記曾子問。注「女母」當作「如母」，儀禮喪服云「慈母如母」是也。但以禮經攷之，注文必有舛譌。蓋注云「慈母者，父所命養己者也」，此喪服之慈母也。其服，父卒則爲之齊衰三年。注又云「此大夫之妾，士之妻」，此據內則云「國君世子生，卜士之妻、大夫之妾，使食子」，則喪服之乳母。（內則又云「大夫之子有食母」，鄭注云：「喪服所謂乳母也。」案：諸侯所使食子者，亦即食母也。）下又云「禮爲之緦麻三月」，即據喪服乳母之服也。揆之禮，服慈母、乳母，輕重縣殊，不可并爲一談。高氏既根據經記，不宜踳駁至此。竊謂此注當云：「慈母者，父所命養己者也，爲之如母。（此先舉禮經慈母之正名正服也。）此大夫之妾，士之妻，禮爲之緦麻三月。（此明魯昭公之慈母，實即禮經之乳母，非父命養己者，其服不得如母也。）」今本傳寫錯互，移「爲之如母」四字著「此大夫之妾，士之妻」下，遂錯互不可通矣。但曾子問「孔子曰：『古者男子外有傅，內有慈母，君命所使教子也，何服之有？』」則非乳母甚明。故鄭釋之云「大夫士之子爲庶母慈己者服小功」，蓋謂即喪服小功章所云「君子子爲庶母慈己者」。高義與記文顯迕。又喪服慈母及庶母、慈己三者之服，並據大夫以下言之，諸侯則咸不服，而高猶援乳母緦麻三月之服以爲釋，豈若昭公於乳母宜服緦者，亦與禮經不相應，皆不足據耳。**陽侯殺蓼侯而竊其夫人，故大饗廢夫人之禮。**陽侯，陽陵國侯也。蓼侯，皐陶之後，偃姓之國侯也，今在廬江。古者大饗飲酒，君執爵，夫人執豆。陽侯見蓼侯夫人美豔，因殺蓼侯而娶夫人，由是廢夫人之禮。記所由廢也。先王之制，不宜則廢之；末世之事，善則著之：是故禮樂未始有常也。故聖人制禮樂，而不制於禮樂。聖人能作禮樂，不爲禮樂所制。治國有常，而利民爲本。本，要。政教有經，而令行爲上。經，常也。上，最也。苟利於民，不必法古。苟周於事，不必循舊。舊，常也。傳曰：「舊不必良。」舊，或作咎也。〇文典謹按：意林引，舊作常。夫夏、商之衰也，不變法而亡。亡，謂桀、紂。三代之起也，不相襲而王。三代，禹、湯、武也。襲，因也。故聖人法與時變，禮與俗化，化，易。衣服器械各便其用，法度制令各因其宜。故變古未可非，而循俗未足多也。循，隨也。俗，常也。〇文典謹按：意林引，未足作不足。百川異源而皆歸於海，以海爲宗。百家殊業而皆務於治。業，事也。以治爲要也。〇文典謹按：意林引，殊作異。王道缺而詩作，詩所以刺〔一〕王道。周室廢、禮義壞而春秋作。春秋所以貶絶不由禮義也。詩、春秋，學之美者也，皆衰世之造也，儒者循之以教導於世，豈若三代之盛哉！以詩、春秋爲古之道而貴之，又有未作詩、春秋之時。夫道其缺也，不若道其全也。誦先王之詩、書，不若聞得其言；聞得其言，不若得其所以言。聞聖人之言，不如得其未言時之本意。〇王念孫云：「誦

〔一〕「刺」下疑脱「不由」二字。

先王之詩、書」，詩字因上文「詩、春秋」而衍。「先王之書」泛指六蓺而言，非詩、書之書也。「不若聞得其言」，「聞得其言」，兩得字皆因下句得字而衍。高注云「聞聖人之言，不如得其未言時之本意」，則聞下無得字明矣。文子上義篇正作「誦先王之書，不若聞其言；聞其言，不若得其所以言。」**得其所以言者，言弗能言也。**聖人所言微妙，凡人雖得之，口不耐以言。**故道可道者，非常道也。**常道，言深隱幽冥，不可道也。猶聖人之言，微妙不可言。

周公事文王也，行無專制，專，獨。制，斷也。**事無由己，**請而後行。**身若不勝衣，言若不出口，有奉持於文王，洞洞屬屬，而將不能，恐失之，**洞洞屬屬，婉順貌也。而將不能勝之，恐失之，慎之至也。洞，讀挺挏之挏。屬，讀犂欘之欘也。〇俞樾云：「而將不能，恐失之」，義不可通。高注曰：「而將不能勝之，恐失之，慎之至也。」疑本文作「而將不能勝之」。而與如古通用，謂如將不能勝之也。「恐失之」三字，高氏自解「如不能勝」之義，此三字誤入正文，而轉脫去勝之二字，於是文不成義矣。〇文典謹按：御覽六百二十一引，作「有所奉持於前，洞洞屬屬，如不能，如將失之」，俞說近塙。**可謂能子矣。**

武王崩，成王幼少，周公繼文王之業，履天子之籍，聽天下之政，籍，圖籍也。政，治也。籍或作阼。〇王念孫云：籍，猶位也，言周公履天子之位也。若圖籍，則不可以言履矣。下文云「成王既壯，周公屬籍致政」，亦謂屬位於成王也。荀子儒效篇曰：「周公履天子之籍，（今本天子誤作天下，據宋本改。楊倞注以籍爲圖籍，誤與高注同。）聽天下之斷。」又曰：「周公歸周，反籍於成王。」此皆淮南所本。彊國篇曰：「夫桀、紂，聖王之後子孫也，有天下者之世也，執籍之所存，天下之宗室也。」執籍卽執位，是籍與位同義也。韓詩外傳作「履天子之位，聽天下之政」，尤其明證矣。又下文「履天子之圖籍，造劉氏之貌冠」，本作「履天子之籍，造劉氏之冠」。史記高祖紀曰：「高祖爲亭長，以竹皮爲冠。及貴，常冠。」所謂劉氏冠，乃是也，故曰「造劉氏之冠」。（漢書高祖紀詔曰：「爵非公乘以上，毋得冠劉氏冠。」蔡邕獨斷：「高祖冠，以竹皮爲之，謂之劉氏冠。」）今本作「履天子之圖籍，造劉氏之貌冠」者，貌字涉高注「委貌冠」而衍，後人又誤以籍爲圖籍，遂於籍上加圖字，以與貌冠相對，而不知貌爲衍文，且圖籍不可以言履也。〇文典謹按：御覽六百二十一引，籍作國。平夷狄之亂，夷狄猾夏，平除之也。誅管、蔡之罪，管叔，周公兄也。蔡叔，周公弟也。二叔監殷，而導紂子祿父爲流言，欲以亂周。周公誅之，爲國故也。傳曰「大義滅親」也。負扆而朝諸侯，負，背也。扆，户、牖之間。言南面也。誅賞制斷，無所顧問，决之于心。威動天地，聲慴四海，慴，服也。服四海之内。可謂能武矣。成王既壯，周公屬籍致政，北面委質而臣事之，以圖籍付屬成王。致，猶歸也。北面委玉帛之質，執臣之禮也。請而後爲，復而後行，每事必請。復，白。無擅姿之志，無伐矜之色，不自伐其功勞也，不自矜大其善也。可謂能臣矣。故一人之身而三變者，所以應時矣。何況乎君數易世，國數易君，人以其位達其好憎，人人以其寵位，行其所好，憎其所憎也。以其威勢供嗜欲，○王念孫云：「供嗜欲」當作「供其嗜欲」，與「達其好憎」相對。而欲以一行之禮，一定之法，應時偶變，其不能中權，亦明矣。一行之禮，非隨時禮也；一定之法，非隨時法也：故曰不能中權。權則因時制宜，不失中道也。故聖人所由曰道，所爲曰事。道猶金石，一調不更；事猶琴瑟，每絃改調。金石，鐘磬也，故曰調而不更。琴瑟，絃有數急，柱有前却，故調事亦如之也。故法制禮義者，治人之具也，而非所以爲治也。言法制禮義，可以爲治之基耳，非所以爲治。治在其人之德。猶弓矢，射之具也，非耐必中也，中在其人之功。○王念孫云：人字後人所加。高注云「言法制禮義，可以爲治之基耳，非所以爲治」，則無人字明矣。文子上義篇無人字。泰族篇曰「故法者，治之具也，而非所以爲治也」，亦無人字。故仁以爲經，義以爲紀，此萬世不更者也。若乃人考其才，而時省其用，雖日變可也。言人能考度其才，時省其行，擇其善者而崇用之，不必循常，故曰「雖日變可也」。唯仁義不可改耳，故萬世不更。天下豈有常法哉！隨其時于其宜。當於世事，得於人理，順於天地，祥於鬼神，則可以正治矣。當，合也。祥，順也。

古者人醇工龐，商樸女重，醇，厚，不虚華也。工龐，器堅緻也。商樸，不爲詐也。女重，貞正無邪也。○洪頤煊云：大戴禮王言篇：「民敦工璞，商慤女憧。」重卽童字，童、憧古通用，謂憧愿無知之貌。○俞樾云：重，本作童。大戴記王言篇「民敦工璞，商慤女憧」，卽淮南所本也。

童與憧通。今作重者，形聲相似而誤。是以政教易化，風俗易移也。今世德益衰，民俗益薄，欲以樸重之法，治既弊之民，是猶無鏑銜橜策錣而御馯馬也。鏑銜，口中央鐵，大如雞子中黃，所制馬口也。錣，檣頭箴也。馯馬，突馬也。○莊逵吉云：殷敬順列子釋文引許慎注云：「錣，馬策。端有利鋒，所以刺不前也。」與此義解同。○王念孫云：銜下本無橜字。高注曰：「鏑銜，口中央鐵。」言鏑銜而不言橜，則無橜字明矣。鏑銜下有橜字，則文不成義。此後人熟於「銜橜」之語，而妄加之耳。昔者，神農無制令而民從，無制令，結繩以治也。唐、虞有制令而無刑罰，有制令，焕乎其有文章也。其政常仁義，民無犯法干誅，故曰無刑也。夏后氏不負言，言而信也。殷人誓，以言語要誓，亦不違。周人盟。有事而會，不協而盟。盟者，殺牲歃血以爲信也。逮至當今之世，謂淮南王作此書時。忍詢而輕辱，貪得而寡羞，欲以神農之道治之，則其亂必矣。詢，讀夏后之后也。○莊逵吉云：説文解字詬或作詢。此用或字，故讀如后。伯成子高辭爲諸侯而耕，天下高之。伯成子高，蓋堯時人也。今時之人，辭官而隱處，爲鄉邑之下，豈可同哉！古之兵，弓劍而已矣，槽矛無擊，脩戟無刺。槽柔，木矛也。無擊，無鐵刃也。刺，鋒也。槽，讀「領如蠐螬」之螬也。○王念孫云：莊依漢魏叢書本改柔爲矛。案：矛，各本皆作柔。太平御覽兵部二引此亦作柔。説苑説叢篇「言人之惡，痛於柔戟」，字亦如此。蓋矛、柔聲相近，故古書有借柔爲矛者，不宜輒改也。晚世之兵，隆衝以攻，渠蟾以守，隆，高也。衝，所以臨敵城，衝突壞之。渠，壍也。一曰：甲名，國語曰「奉文渠之甲」是也。蟾，幨，所以禦矢也。連弩以射，銷車以鬭。連車弩，通一絃，以牛挽之。以刃著左右，爲機關發之，曰銷車。銷，讀絙綃之綃也。○文典謹按：御覽二百七十一引注，「連車弩」作「連弓弩」，「機關」作「機開」。古之伐國，不殺黄口，不獲二毛。黄口，幼也。二毛，有白髮者。○文典謹按：御覽二百七十一引注，幼下有少字。於古爲義，於今爲笑。古之所以爲榮者，今之所以爲辱也。爲鄉邑之下。古之所以爲治者，今之所以爲亂也。夫神農、伏羲不施賞罰而民不爲非，然而立政者不能廢法而治民。不能及神農、伏羲。○文典謹按：御覽二百七十一引，立作莅。舜執干戚而服有苗，舜時有苗叛，舜執干戚而舞于兩階之間，有苗服從之。以德化懷來也。然而征伐者不能釋甲兵而制彊暴。不耐及舜。由此觀之，法度者，所以論民俗而節緩急也；器械者，因時變而制宜適也。夫聖人作法而萬物制焉，制，猶從也。○文典謹按：「而萬物制焉」，疑本作「而萬民制焉」。羣書治要引，正作「萬民制焉」。下文云：「制法之民，不可與遠舉。」即承此而言。賢者立禮而不肖者拘焉。拘，猶檢也。制法之民，不可與遠舉；拘禮之人，不可使應變。○文典謹按：羣書治要引，使作以。耳不知清濁之分者，不可令調音；心不知治亂之源者，不可令制法。必有獨聞之耳，○王念孫云：劉本耳作聰，是也。文子上義篇正作「獨聞之聰」。○文典謹按：王說是也。羣書治要引，耳作聽，文雖小異，耳之爲壞字益明矣。獨見之明，然後能擅道而行矣。○文典謹按：羣書治要矣作也。

夫殷變夏，周變殷，春秋變周，變，改也。三代之禮不同，何古之從！大人作而弟子循。循，遵也。知法治所由生，則應時而變；不知法治之源，雖循古，終亂。今世之法籍與時變，禮義與俗易，爲學者循先襲業，據籍守舊教，以爲非此不治，是猶持方枘而周員鑿也，欲得宜適致固焉，則難矣。今儒墨者稱三代、文武而弗行，是言其所不行也；不耐行，但言之而已。○陶方琦云：羣書治要引許注：「儒墨之所言，今皆不行也。」按：二注正異。氾論訓乃高注本，故治要只引二則，便均異。非今時之世而弗改，是行其所非也。稱其所是，行其所非，是以盡日極慮而無益於治，勞形竭智而無補於主也。○文典謹按：羣書治要引，智作精。今夫圖工好畫鬼魅，而憎圖狗馬者，何也？鬼魅不世出，而狗馬可日見也。○文典謹按：羣書治要引，「不世出」作「無信驗」，「可日見」作「切於前」。夫存危治亂，非智不能；道而先稱古，雖愚有餘。○王念孫云：道字當在而字下。「道先稱古」與「存危治亂」相對。羣書治要引此，正作「道先稱古」。故不用之法，聖王弗行；不驗之言，聖王弗聽。聽，受。○文典謹按：「聖王弗聽」與上「聖王弗行」相複，羣書治要引作「明主弗聽」，當從之。

天地之氣，莫大於和。和，故能生萬物。和者，陰陽調，日夜分，而生物。春分而生，秋分而成，○俞樾云：下言「春分而生」，上言「日夜分而生物」，文義重複。且春分秋分皆日夜分也，日夜分而生物，於秋分而成，義亦不合。文子上仁篇作：「和者陰陽調，日夜分。故萬物春分而生，秋分而成。」然則此亦當同。上「而生」二字乃「故萬」之誤。生之與成，必得和之精。精，氣。故聖人之道，寬而栗，嚴而温，柔而直，猛而仁。言剛柔寬猛相濟也。太剛則折，太柔則卷，聖人正在剛柔之間，乃得道之本。本，原也。積陰則沉，積陽則飛，陰陽相接，乃能成和。夫繩之爲度也，可卷而伸也，引而伸之，可直而睎，睎，望也。○王念孫云：「可卷而伸」，劉本作「可卷而懷」，是也。此言繩之爲物，可曲可直，故先言卷而懷，後言引而伸。且懷與睎爲韻，若作伸，則失其韻矣。文子上仁篇正作「可卷而懷」。故聖人以身體之。體，行。夫脩而不横，短而不窮，直而不剛，久而不忘者，其唯繩乎！故恩推則懦，懦則不威；推，猶移也。嚴推則猛，猛則不和；愛推則縱，縱則不令；縱，放也。刑推則虐，虐則無親。虐，害也。喜害人，人無親之。昔者，齊簡公釋其國家之柄，而專任大臣，簡公，悼公陽生之子任也。一往不解曰簡。大臣，陳成子。將相，攝威擅勢，私門成黨，而公道不行，黨，羣。○王引之云：「大臣將相」四字當連讀，將相即大臣也。釋其國家之柄，專任大臣將相，皆以六字爲句。攝威擅勢，私門成黨，公道不行，皆以四字爲句。若以將相屬下讀，則句法參差不齊矣。且柄、相、黨、行四字爲韻，（柄，古讀若方。行，古讀若杭。並見唐韻正。），讀「大臣」絶句，則失其韻矣。**故使陳成田常、鴟夷子皮得成其難。**難，殺簡公之難。○錢大昕云：淮南以鴟夷子皮爲田常之黨，他書所未見。按：田常弒君之年，越未滅吴，范蠡何由入齊？此淮南之誤也。○王引之云：陳成田常本作陳成常，陳其氏也，成其謚也，常其字也，恆其名也。人閒篇正作陳成常，呂氏春秋慎勢篇同。吴越春秋夫差内傳作陳成恆，韓子外儲説右篇作田成恆。田與陳古字通，言陳則不言田矣。後人又加田字，謬甚。又説山篇「陳成子恆之劫子淵捷也」，子字亦後人所加。○王紹蘭云：田衍文，常卽恆，是其名也。漢人諱恆，故經典或稱常，或稱恆耳。左氏作恆，公羊作常，哀六年傳：「諸大夫皆在朝，陳乞曰：『常之母有魚菽之祭。』」何休解詁曰：「常，陳乞子，重難言其妻，故云爾。」常之母，猶曰恆之母，若常是字，陳乞與諸大夫言，不當字其子於朝。曲禮疏引五經異義：「公羊説，臣子先死，君父猶名之，孔子云『鯉也死』，是已死而稱名；左氏説，既没稱字而不名；穀梁同左氏説。」然則從公羊之説，父於子死猶名，則生名可知。從左氏、穀梁之説，没稱字，則生名亦可知也。成子生存，而僖子呼之曰常，明常是名，非字矣。**使呂氏絶祀而陳氏有國者，**太公姓呂。簡公，其後也。絶祀，陳氏代之也。**此柔懦所生也。**

鄭子陽剛毅而好罰，子陽，鄭君也。一曰：鄭相。**其於罰也，執而無赦。舍人有折弓者，畏罪而恐誅，則因猘狗之驚以殺子陽，**舍人，家臣也。國人逐猘狗以亂擾，舍人因之以殺子陽，畏其嚴也。**此剛猛之所致也。今不知道者，見柔懦者侵，則矜爲剛毅；見剛毅者**

亡，則矜爲柔懦。○王念孫云：矜皆當爲務。（務、矜二字，隸書往往譌溷。管子小稱篇「務爲不久」，韓子難篇作「矜僞不長」，吕氏春秋勿躬篇「務服性命之情」，務誤作矜。）言不知道者，中無定見，故見柔懦者侵，則務爲剛毅，見剛毅者亡，則務爲柔懦也。主術篇曰：「爲智者務爲巧詐，爲勇者務於鬬爭。」是其證也。又案：此文本作「見柔懦者侵，則務爲剛毅；見剛毅者亡，則務於柔懦」，於下本無爲字。（道藏本、劉本、茅本並同。朱本改爲作於，非。莊本同。）爲亦於也，爲亦於也。務爲剛毅，務於剛毅也；務於柔懦，務爲柔懦也。僖二十年穀梁傳曰：「謂之新宫，則近爲禰宫。」言近於禰宫也。秦策曰：「魏爲逢澤之遇，朝爲天子。」言朝於天子也。是爲與於同義。郊特牲曰：「郊之祭也，掃地而祭，於其質也。」言爲其質，不爲其文也。又曰：「祭天，掃地而祭焉，於其質而已矣。」大戴禮曾子本孝篇曰：「故孝子之於親也，生則有義以輔之，死則哀以莅焉，祭祀則莅之以敬，如此而成於孝子也。」言如此而後成爲孝子也。晉語曰：「祁奚辭於軍尉。」言辭爲軍尉也。文六年穀梁傳曰：「閏月者，附月之餘日也，積分而成於月者也。」言積分而成爲月也。是於與爲亦同義。爲、於同義，故二字可以互用。晉語曰：「稱爲前世，（韋注曰：「言見稱譽於前世。」）義於諸侯。」韓詩外傳曰：「民不親不愛，而求於己用，爲己死，不可得也。」皆以爲、於互用。此云「見柔懦者侵，則務爲剛毅；見剛毅者亡，則務於柔懦」，亦以爲、於互用。主術篇曰：「爲智者務爲巧詐，爲勇者務於鬬爭。」卽其明證也。又史記孟嘗君傳「君不如令弊邑深合於秦」，西周策於作爲。張儀傳「韓、梁稱爲東藩之臣」，趙策爲作於。蓋爲、於聲近而義同，故字亦相通也。然則

「務於柔懦」卽務爲柔懦。道藏本於下復有爲字者，後人不知爲、於之同義，故又加爲字耳。（劉本、朱本同。）茅本不刪爲字，而刪於字，斯爲謬矣。（莊本同。）**此本無主於中，而見聞舛馳於外者也，**○陳觀樓云：「本無主於中」，當作「無本主於中」。上文云「有本主於中，而以知榘彠之所周」，正與此「無本主於中」相對。下文亦云：「中有本主以定清濁。」**故終身而無所定趨。**舛，乖也。定，安。趨，歸也。**譬猶不知音者之歌也，濁之則鬱而無轉，**鬱，湮也。轉，讀傳譯之傳也。**清之則燋而不謳。**燋，悴也。謳，和也。○陳觀樓云：謳當作調，故注訓爲和。今作謳者，因下句謳字而誤。**及至韓娥、秦青、薛談之謳，**三人皆善謳者。**侯同、曼聲之歌，**二人善歌。一曰：曼，長。**憤於志，積於內，盈而發音，則莫不比於律而和於人心。何則？中有本主以定清濁，不受於外而自爲儀表也。**

今夫盲者行於道，人謂之左則左，謂之右則右，遇君子則易道，○文典謹按：意林引，作「遇君子則得其平易」。**遇小人則陷溝壑。**○文典謹按：御覽七百四十引，作「蹈於溝壑」。**何則？目無以接物也。**接，見也。**故魏兩用樓翟、吴起而亡西河，**魏文侯任樓翟、吴起，不用他賢。秦伐，喪其西河之地。○陶方琦云：史記集解八十七、文選七發注引許注：「樓季，魏文侯之弟也。」按：史記李斯列傳：「是故城高五丈而樓季不輕犯也。」（鹽鐵論「是猶跛夫之欲及樓季也」，舊注亦引許愼注。）高作樓翟。顧千里曰：樓、翟乃二人。（樓爲樓廩，翟爲翟强。）

韓非難一云：「魏兩用樓、翟而亡西河。」卽此所本。吴起二字乃衍文。或許本作樓季、吴起，亦爲二人。湣王專用淖齒而死于東廟，湣，讀汶水之汶。湣王，田常之後，代吕氏爲齊侯，春秋之後僭號稱王。淖齒，楚將，奔齊爲臣。湣王無道，淖齒殺之，擢其筋，懸廟門之梁，三日而死。見戰國策。無術以御之也。文王兩用吕望、召公奭而王，吕望，太公吕尚也，善用兵謀。奭，召康公，用理民物，有甘棠之歌也。楚莊王專任孫叔敖而霸，孫叔敖，楚大夫蔿賈伯盈子。或曰：童子也，任其賢，故致于伯也。有術以御之也。夫弦歌鼓舞以爲樂，盤旋揖讓以修禮，厚葬久喪以送死，孔子之所立也，而墨子非之。非猶譏也。兼愛尚賢，右鬼非命，墨子之所立也，而楊子非之。兼三老五更，是以兼愛。選士大夫射，是以上賢。宗祀嚴父，是以右鬼。右，猶尊也。順四時而行，是以非命。皆楊子所不貴，故非也。全性保真，不以物累形，楊子之所立也，而孟子非之。全性保真，謂不拔骭毛，以利天下弗爲，不以物累己身形也。孟子受業于子思之門，成唐、虞、三代之德，敍詩、書、孔子之意，塞楊、墨淫詞，故非之也。趨捨人異，各有曉心。故是非有處，得其處則無非，失其處則無是。丹穴、太蒙、反踵、空同、大夏、北户、奇肱、脩股之民，是非各異，習俗相反，丹穴，南方當日下之地。太蒙，西方日所入處也。反踵，國名，其人南行，武迹北向。空同，戴勝極下之地。大夏，在西方。北户，在南方。奇肱、脩股之民，在西南方。凡此八者，皆九州之外，八寅之域者也。君臣上下，夫婦父子，有以相使也。此之是，非彼之是也；此之非，非彼之非也；此，近諭諸華也。彼，遠諭八寅也。於諸夏之所是，八寅之所非而廢也；于諸華所非，八寅所是而行也。譬若斤斧椎鑿之各有所施也。施，宜也。

禹之時，以五音聽治，禹，顓頊後五世鯀之子也，名文命。受禪成功曰「禹」。五音，宮、商、角、徵、羽也。○文典謹按：「聽治」，初學記樂部下、白帖六十二、御覽五百七十六引，竝作「聽政」。懸鐘鼓磬鐸，置鞀，以待四方之士，爲號曰：○文典謹按：「爲號曰」，白帖作「爲銘於簨簴曰」，與鬻子合，疑是許本。「教寡人以道者擊鼓，道和陰陽，鼓一聲以調五音，故擊之。諭寡人以義者擊鐘，鐘，金也。義者斷割，故擊之。告寡人以事者振鐸，鐸，鈴，金口木舌，合爲音聲。事者非一品，故振之。語寡人以憂者擊磬，磬，石也，聲急。憂亦急務，故擊之。○文典謹按：語，初學記樂部下引作告。有獄訟者搖鞀。」獄亦訟。訟一辯於事，故取小鞀搖也。○文典謹按：初學記樂部下引，作「有獄訟告寡人者搖鞀」。當此之時，一饋而十起，一沐而三捉髮，饋者，食也。以勞天下之民，勞，猶憂也。勞，讀勞勑之勞。此而不能達善效忠者，則才不足也。當此之時，不耐達其善，效致其忠，是爲無有其材也。秦之時，高爲臺榭，大爲苑囿，遠爲馳道，鑄金人，秦皇帝二十六年，初兼天下，有長人見於臨洮，其高五丈，足迹六尺。放寫其形，鑄金人以象之，翁仲、君何是也。○文典謹按：「遠爲馳道」，御覽八十六引作

「造馳道數千里」。又三百二十七引注，秦皇帝作秦始皇。**發適戍，入芻稾**，戍，守長城也。入芻稾之稅，以供國用也。○文典謹按：適戍，御覽八十六引作邊戍，三百二十七引作謫戍。**頭會箕賦，輸於少府。**頭會，隨民口數，人責其稅。箕賦，似箕然，斂民財多，取意也。少府，官名，如今司農。**丁壯丈夫，西至臨洮、狄道，**臨洮，隴西之縣，洮水出北。狄道，漢陽之縣。**東至會稽、浮石，**會稽，山名。浮石，隨水高下，言不没。皆在遼西界。一説：會稽山在太山下，「封于太山，禪於會稽」是也。會稽或作滄海。○孫詒讓云：高謂會稽、浮石在遼西界，今無攷。竊謂會稽卽揚州鎮山。周禮職方氏及吕氏春秋有始覽並云「東南曰揚州」，則會稽於方位自得爲東。莊子外物篇云「蹲乎會稽，投竿東海」，明今浙東之海亦爲東海，不必别求之遼西及太山下也。楚辭九思傷時云「超五嶺兮嵯峨，觀浮石兮崔嵬」，王注云：「東海有浮石之山。」然則浮石在五嶺之東。準之地望，其不在遼西明矣。**南至豫章、桂林，**豫章，豫章郡。桂林，鬱林郡。○文典謹按：豫章，御覽八十六引作象郡，三百二十七引與今本同，或卽許、高之異也。**北至飛狐、陽原，**飛狐，蓋在代郡南飛狐山也。陽原，蓋在太原。或曰：代郡廣昌東五阮關是也。**道路死人以溝量。**言滿溝也。**當此之時，忠諫者謂之不祥，**○文典謹按：御覽八十六引，「忠諫者」上有有字。**而道仁義者謂之狂。逮至高皇帝，存亡繼絶，**漢高祖劉季也。○文典謹按：高氏，漢人，不當言劉季。「劉季」二字，後人所加也。御覽三百二十七引注，無此二字。**舉天下之大義，身自**

奮袂執鋭，以爲百姓請命于皇天。執利兵伐無道，以求百姓之命，祈之于皇天也。當此之時，天下雄儁豪英暴露于野澤，才過千人爲儁，百人爲豪，萬人爲英。前蒙矢石，而後墮谿壑，出百死而給一生，以争天下之權，墮，入也。給，至也。給，讀仍代之代也。奮武厲誠，以決一旦之命。當此之時，豐衣博帶而道儒墨者，以爲不肖。言尚武也。逮至暴亂已勝，勝暴亂也。○文典謹按：御覽三百二十七引，已作以。已、以古通用。海内大定，繼文之業，立武之功，繼文王受命之業，武王誅無道之功。履天子之圖籍，造劉氏之貌冠，高祖于新豐所作竹皮冠也。一曰委貌冠。○莊逵吉云：錢别駕云：「竹皮冠，應劭以爲卽鵲尾冠，以始生竹皮爲之，卽劉氏冠也。」總鄒、魯之儒墨，通先聖之遺教，戴天子之旗，乘大路，建九斿，撞大鐘，擊鳴鼓，奏咸池，揚干戚。周禮，天子五路。大路，上路也。王者功成作樂，故撞鐘擊鼓。咸池，黄帝樂。干，楯；戚，斧也。春夏舞者所執。○文典謹按：御覽三百二十七引，戴作載，大路作泰輅。當此之時，有立武者見疑。疑，怪也。一世之間，而文武代爲雌雄，有時而用也。今世之爲武者則非文也，爲文者則非武也，文武更相非，而不知時世之用也。此見隅曲之一指，而不知八極之廣大也。隅曲，室中之區隅，言狹小。八極，八方之極，言廣大也。故東面而望，不見西牆；南面而視，不覩北方；唯無所鄉者，則無所不通。無所向，則可以見四方，故曰「無所不通」。○文典謹按：意林引，通下有也字。

國之所以存者，道德也；道德施行，民悦其化，故國存也。○俞樾云：德當爲得，字之誤也。文子上仁篇正作得。「國之所以存者，道得也」，與下句「家之所以亡者，理塞也」，正同一律。高注曰：「理，道也。」然則道、理一也，得則存，塞則亡矣。高注此句曰：「道德施行，民悦其化，故國存也。」蓋以「道德」本屬恆言，故加「德」字以足句，非正文本作「道德」也。下文曰：「存在得道而不在於大也，亡在失道而不在於小也。」正與此文相應。疑此「塞」字亦即「失」字之誤，故高氏無注矣。家之所以亡者，理塞也。理，道也。堯無百户之郭，舜無置錐之地，○莊逵吉云：御覽引，置作植，葢古字通用。以有天下。禹無十人之衆，湯無七里之分，以王諸侯。文王處岐周之間也，地方不過百里，而立爲天子者，有王道也。堯、舜、禹、湯、文王皆王有天下，孟子曰「以德行仁者王，王不待大」是也。夏桀、殷紂之盛也，人跡所至，舟車所通，莫不爲郡縣，然而身死人手，而爲天下笑者，有亡形也。孟子曰「惡死亡，樂不仁」，不仁必死亡，故曰「有亡形」也。故聖人見化以觀其徵。徵，成也。德有盛衰，風先萌焉。風，氣也。萌，見也。有盛德者，謂文王也。伯夷、太公先見之。有衰德者，謂桀、紂也。太史令終古及向藝先去之也。故得王道者，雖小必大；湯、武是也。有亡形者，雖成必敗。桀、紂是也。夫夏之將亡，太史令終古先奔於商，三年而桀乃亡。湯滅之也。殷之將敗也，太史令向藝先歸文王，朞年而紂乃亡。武王滅之。終古、向藝，二賢人名。故聖人之見存亡之迹，成敗之際也，非待鳴條之野，甲子之日也。湯伐桀，禽於鳴條。武王誅紂，以甲子尅之。今謂彊者勝則度地計衆，富者利則量粟稱金，若此，則千乘之君無不霸王者，而萬乘之國無不破亡者矣。〇王念孫云：「無不霸王」、「無不破亡」，兩不字皆後人所加。此言千乘小而萬乘大，若彊者必勝，富者必利，則是千乘之君必無霸王者，萬乘之國必無破亡者矣。而不知國之興亡，在得道與失道，不在大與小也。故下文曰：「存在得道而不在於大，亡在失道而不在於小。」後人不曉文義，而妄加兩不字，其失甚矣。〇文典謹按：王謂「無不破亡」之不爲後人所加，是也。然上「無不霸王」之不，則實非衍文。葢上句言千乘之君之必興，下句則言萬乘之國之不敗。下不字乃涉上不字而衍耳。羣書治要引此文，有上不字，無下不字，是其證。存亡之迹，若此其易知也，愚夫惷婦皆能論之。惷亦愚，無知之貌也。趙襄子以晉陽之城霸，智伯以三晉之地擒；襄子，無恤也。智伯，智瑶。三晉，智氏兼有范、中行氏。智伯帥韓、魏之君圍趙襄子于晉陽，趙襄子使張孟談與韓、魏通謀，韓、魏反而擊之，大破智伯之軍，獲其首，以爲歆器，故曰「以三晉之地擒」也。湣王以大齊亡，爲淖齒所殺也。田單以卽墨有功。燕伐齊而滅之，得七十城，唯卽墨未下。田單以市吏率卽墨市民以擊燕師，破之，故曰有功也。故國之亡也，雖大不足恃；大猶亡，智伯是。道之行也，雖小不可輕。湯以七十里，文王以百里，皆有天下，故雖小不可輕。由此觀之，存在得道而不在於大也，得道之君，雖小，爲善而耐王天下，故曰「不在於大」也。**亡在失道而不在於小也。**無道之君，以爲惡無傷而弗革，積必亡，故曰「不在於小」也。**詩云：「乃眷西顧，此惟與宅。」言去殷而遷于周也。**紂治朝歌，在東；文王國于岐周，在西。天乃眷然顧西土，此唯居周，言我宅也，故曰「去殷而遷于周」也。**故亂國之君，務廣其地而不務仁義，務高其位而不務道德，是釋其所以存，而造其所以亡也。**○文典謹按：羣書治要引，造作就。**故桀囚於焦門，而不能自非其所行，**不自非行之惡。**而悔不殺湯於夏臺；**悔，恨也。臺或作宮。**紂居於宣室，而不反其過，**反，悔。○文典謹按：羣書治要引，居作拘。**而悔不誅文王於羑里。**羑里，今河内湯陰是也。羑，古牖字。○文典謹按：羣書治要引，羑作牖。**二君處彊大勢位，修仁義之道，湯、武救罪之不給，何謀之敢當！**二君，桀、紂也。當其君也，彊大之勢，不能自知所行之非也。假令能修仁義之道，則湯、武不敢生誅之謀也。○王念孫云：「處彊大勢位」，本作「處彊大之勢」，與「脩仁義之道」相對爲文。今本脱之字，衍位字，（位字因上文「務高其位」而衍。）則與下句不對。高注云：「當其居彊大之勢，不能自知所行之非。」則勢下無位字明矣。羣書治要引此，正作「處强大之勢」。又案：「何謀之敢當」，當字義不可通。羣書治要引作「何謀之敢慮」，是也。慮字隸書或作㥚，因誤而爲當。○俞樾云：當字無義。羣書治要作慮，然謀卽慮也，「何謀之敢慮」義亦難通。當疑蓄字之誤。言救罪且不給，不暇更蓄他謀也。**若上亂三光之明，下失萬民之心，**三光，日、月、星辰也。失萬民心，施民所惡也。○莊逵吉云：文選注引，作「三光，日、月、星也」，無辰字，以爲許慎注。雖微湯、武，孰弗能奪也？言遭人能奪之，不必湯、武也。今不審其在己者，而反備之于人，言不慎行己之德，而乃反備天下之人來誅也。○文典謹按：羣書治要引，「之于」作「諸乎」。天下非一湯、武也，殺一人，則必有繼之者也。○文典謹按：羣書治要引，作「殺一人，卽必或繼之者矣」。且湯、武之所以處小弱而能以王者，以其有道也；○文典謹按：羣書治要引，「以王」作「著」。桀、紂之所以處彊大而見奪者，以其無道也。○文典謹按：羣書治要引，「見奪」上有「終」字。今不行人之所以王者，而反益己之所以奪，是趨亡之道也。武王克殷，欲築宮於五行之山。五行山，今太行山也，在河内野王縣北上黨關也。○文典謹按：御覽八十四引注，關作閒。周公曰：「不可！夫五行之山，固塞險阻之地也。使我德能覆之，則天下納其貢職者迴也。迴，迂難也。迴，或作固。固，必也。使我有暴亂之行，則天下之伐我難矣。」周公言我有暴亂之行，則天下當來伐我，無爲于五行之山，使天下來伐我者難也。言其依德，不恃險也。此所以三十六世而不奪也。周公可謂能持滿矣。滿而不溢也。

昔者，周書有言曰：周史之書。「上言者，下用也；下言者，上用也。可否相濟。上言者，常也；爲君常也。下言者，權也。」此存亡之術也。權，謀也。謀度事宜，不失其道也。唯聖人爲能知權。言而必信，期而必當，天下之高行也。直躬其父攘羊而子證之，直躬，楚葉縣人也。葉公子高謂孔子曰：「吾黨有直躬者，其父攘羊，而子證之。」孔子曰：「吾黨之直者異于是，父爲子隱，子爲父隱，直在其中矣。」凡六畜自來而取之，曰攘也。尾生與婦人期而死之。尾生，魯人，與婦人期于梁下，水至溺死也。○文典謹按：文選琴賦注引高注，「水至溺死也」作「不至而水溺死」。直而證父，信而溺死，雖有直信，孰能貴之！○王念孫云：「信而溺死」，本作「信而死女」，言信而爲女死，則信不足貴也。今本死女作溺死者，涉上注「水至溺死」而誤。直而證父，信而死女，相對爲文。且女與父爲韻。若作溺死，則文既不對，而韻又不諧矣。文子道德篇正作「信而死女」。夫三軍矯命，過之大者也。秦穆公興兵襲鄭，過周而東。以兵伐國，不擊鼓，密聲，曰襲。周者，王城也。公羊傳曰：「王城者何？西周也。」鄭賈人弦高將西販牛，道遇秦師於周、鄭之間，乃矯鄭伯之命，犒以十二牛，賓秦師而却之，以存鄭國。非君命也，而稱君命，曰矯。酒肉曰享，牛羊曰犒，共其枯槁也。秦師日行千里而襲之，遠主有備而師無繼，不如還，遂還師而去也，故曰「却之」。故事有所至，信反爲過，誕反爲功。信爲過者，尾生是。誕爲功者，弦高是。何謂失禮而有大功？昔楚恭王戰於陰陵，恭王與晉厲戰於陰陵，吕錡射恭王，中目，因而擒之。過而能改，故曰「恭」也。○莊逵吉云：古聲陰、鄢同，故以鄢陵爲陰陵，非九江之陰陵也。潘尫、養由基、黄衰微、公孫丙相

與篡之。四子，楚大夫，篡晉取恭王。衰，讀繩之維。微，讀抆滅之抆也。俞樾云：高解「相與篡之」句曰：「四子，楚大夫，篡晉取恭王。」夫上文並無恭王見禽於晉之事，卽云「相與篡之」，於文不備。據「戰於陰陵」下有高注曰：「恭王與晉厲戰於陰陵，吕錡射恭王，中目，因而禽之。」疑此二十字是正文，本在「昔楚」二字之下，因此二十字誤作注文，後人遂於「昔楚」下補「恭王戰於陰陵」六字耳。**恭王懼而失體，**威儀不如常，坐不能起也。**黄衰微舉足蹵其體，恭王乃覺。怒其失禮，奪體而起，四大夫載而行。**失禮，謂舉足蹵君也。**昔蒼吾繞娶妻而美，以讓兄，此所謂忠愛而不可行者也。**蒼吾繞，孔子時人。以妻美好，推與其兄。兄則愛矣，而違親迎曲顧之誼，故曰不可行也。**是故聖人論事之局曲直，與之屈伸偃仰，無常儀表，**○王念孫云：此言屈伸偃仰，皆因乎事之曲直。曲直上不當有局字，蓋衍文也。文子道德篇無局字。**時屈時伸，卑弱柔如蒲韋，非攝奪也；剛强猛毅，志厲青雲，非本矜也：**○王念孫云：本當爲夸，夸矜與攝奪相對爲文。夸字或書作夲，形與本相似，因誤爲本。文選甘泉賦注引此，正作夸。又案：蒲、韋皆柔弱之物，故曰「時屈時伸，弱柔如蒲韋」，弱柔上不當有卑字，此涉下文「屈膝卑拜」而誤衍也。荀子不苟篇云：「言己之光美，擬於舜、禹，參於天地，非夸誕也。與時屈伸，柔從若蒲韋，非懾怯也。剛彊猛毅，靡所不信，非驕暴也。」語意略與此同，「柔從若蒲韋」之上亦無卑字。**以乘時應變也。夫君臣之接，屈膝卑拜，以相尊禮也；至其迫於患也，則舉足**

甓其體，天下莫能非也。是故忠之所在，禮不足以難之也。孝子之事親，和顏卑體，奉帶運履；運，正迴也。至其溺也，則捽其髮而拯，拯，升也。出溺曰拯。〇文典謹按：捽，意林、御覽三百九十六引，並作攬。非敢驕侮，以救其死也。故溺則捽父，祝則名君，孟子曰：「嫂溺而不拯，是豺狼也。」而況父兄乎！故溺則拯之，祝則名君。周人以諱事神，敬之至也。勢不得不然也。此權之所設也。故孔子曰：「可以共學矣，而未可以適道也。適，之也。道，仁義之善道。可與適道，未可以立也。立德、立功、立言。可以立，未可與權。」權者，聖人之所獨見也。故忤而後合者，謂之知權；忤，逆不合也。權，因事制宜，權量輕重，無常形勢，能令醜反善，合于宜適，故聖人獨見之也。合而後舛者，謂之不知權。不知權者，善反醜矣。故禮者，實之華而僞之文也，方於卒迫窮遽之中也，則無所用矣。無所用于禮也。是故聖人以文交於世，而以實從事於宜，不結於一迹之塗，凝滯而不化，是故敗事少而成事多，號令行于天下而莫之能非矣。結，猶聚也。

猩猩知往而不知來，猩猩，北方獸名，人面獸身，黄色。禮記曰：「猩猩能言，不離走獸。見人往走，則知人姓字。」此知往也。又嗜酒，人以酒搏之，飲而不耐息，不知當醉，以禽其身，故曰「不知來」也。乾鵠知來而不知往，乾鵠，鵲也，人將有來事憂喜之徵，則鳴，此知來也。知歲多風，多巢于木枝，人皆探其卵，故曰「不知往」也。乾，讀乾燥之乾。鵠，讀告退之告。此脩短之分也。昔者萇弘，周室之執數者也，萇弘，周宣王之大夫。數，曆術也。天地之氣，日月之行，風雨之變，律曆之數，無所不通，然而不能自知，車裂而死。晉范、中行氏之難，以叛其君也。周劉氏與晉范氏世爲婚姻，萇弘事劉文公，故周人助范氏。至敬王二十八年，晉人讓周，周爲殺萇弘以釋之，故曰「不能自知，車裂而死」也。○王念孫云：太平御覽刑法部十一引此同。案：左傳、國語皆言周殺萇弘，而不言車裂，他書亦無車裂之事。案莊子胠篋篇「萇弘胣」釋文：「崔云：『胣，裂也。』淮南子曰：『萇弘鈹裂而死。』」據此，則古本本作「鈹裂」。今作「車裂」者，涉下文蘇秦「車裂」而誤也。注内「車裂」同。蘇秦，匹夫徒步之人也，靻蹻嬴蓋，經營萬乘之主，服諾諸侯，然不自免於車裂之患。蘇秦，洛陽人也。嬴，簏囊也。蓋，步蓋也。蘇秦相趙，趙封之爲武安君。初帶嬴囊，襜步蓋，歷説萬乘之君，合山東〔一〕之從，利病之勢，無所不下，使諸侯服從，無有不服諾者，故曰「服諾諸侯，不自免于車裂之患」。説在詮言之篇。徐偃王被服慈惠，身行仁義，陸地之朝者三十二國，然而身死國亡，子孫無類。偃王于衰亂之世，脩行仁義，不設武備，楚王滅之，故身死國亡也。七諫篇曰「荆文誤而徐亡」是也。大夫種輔翼越王句踐，而爲之報怨雪恥，擒夫差之身，開地數千里，然而身伏屬鏤而死。種佐

〔一〕「山東」，原本作「東山」，誤倒，據史記本傳乙。

句踐，報怨于吳王夫差，獲千里之地，而越王終已疑之，賜屬鏤以死。屬鏤，利劍也。一曰：長劍摽施鹿盧，鋒曳地，屬録而行之也。此皆達於治亂之機，機，要也。而未知全性之具者。故萇弘知天道而不知人事，蘇秦知權謀而不知禍福，徐偃王知仁義而不知時，大夫種知忠而不知謀。不知爲身謀也。聖人則不然，論世而爲之事，權事而爲之謀，是以舒之天下而不窕，内之尋常而不塞。不窕，在大能大也。八尺曰尋，倍尋曰常。在小能小，不塞急也。使天下荒亂，禮義絶，綱紀廢，彊弱相乘，力征相攘，臣主無差，貴賤無序，甲胄生蟣蝨，乘，加也。攘，平除。生蟣蝨，不離體也。燕雀處帷幄，而兵不休息，幄，幕也。處，猶巢也。而乃始服屬臾之貌，謹也。恭儉之禮，則必滅抑而不能興矣。天下安寧，政教和平，百姓肅睦，上下相親，而乃始立氣矜，矜，自大也。奮勇力，則必不免於有司之法矣。是故聖人者，能陰能陽，能弱能彊，隨時而動靜，因資而立功，物動而知其反，事萌而察其變，化則爲之象，運則爲之應，是以終身行而無所困。故事有可行而不可言者，有可言而不可行者，有易爲而難成者，有難成而易敗者。○文典謹按：羣書治要引，作「或易爲而難成者，或難成而易敗者」。所謂可行而不可言者，趨舍也；可言而不可行者，僞詐也；易爲而難成者，事也；難成而易敗者，名也。○文典謹按：羣書治要引，名作治。此四策者，聖人之所獨見而留意也。○文典謹按：羣書治要引，見作視，意作志。

詘寸而伸尺，聖人爲之；寸小，尺大。小枉而大直，君子行之。枉，曲也。直，直其道也。周公有殺弟之累，誅管、蔡也。齊桓有争國之名，自莒先入，殺子糾也。然而周公以義補缺，謂翼成王以致太平，七年歸政，北面爲臣，故曰「以義補缺」也。桓公以功滅醜，立九合一匡之功，以滅争國之惡也。而皆爲賢。今以人之小過揜其大美，則天下無聖王賢相矣。故目中有疵，不害於視，不可灼也；疵，贅。灼，燃也。喉中有病，無害於息，不可鑿也。鑿，穿也。河上之丘冢，不可勝數，猶之爲易也。言河上本非丘壟之處，有易之地猶多，以大言之也，以諭萬事多覆于少。水激興波，高下相臨，差以尋常，猶之爲平。雖有激波，猶以爲平，平者多也。猶橘柚冬生，人曰冬死，死者衆也；薺麥夏死，人曰夏生，生者多也。昔者曹子爲魯將兵，三戰不勝，亡地千里。使曹子計不顧後，足不旋踵，刎頸於陳中，則終身爲破軍擒將矣。然而曹子不羞其敗，恥死而無功。柯之盟，揄三尺之刃，造桓公之胷，三戰所亡，一朝而反之，勇聞于天下，功立於魯國。復汶陽之田也。管仲輔公子糾而不能遂，遂，成也。不可謂智；遁逃奔走，不死其難，不死子糾之難也。不可謂勇；束縛桎梏，不諱其恥，不可謂貞。當此三行者，布衣弗友，人君弗臣。布衣之士不可以爲益友也，人君不可以爲義臣也。然而管仲免於累紲之中，立齊國之政，九合諸侯，一匡天下。使管仲出死捐軀，不顧後圖，豈有此霸功哉！今人君論其臣也，不計其大功，總其略行，而求其小善，則失賢之數也。略，大也。小善，忠也。數，術也。故人有厚德，無問其小節；而有大譽，無疵其小故。○王念孫云：問當爲間。方言曰：「間，非也。」（襄十五年左傳「且不敢間」，論語先進篇「人不間於其父母昆弟之言」，孟子離婁篇「政不足間也」，趙岐、陳羣、孔穎達諸儒皆訓間爲非。）疵，讀爲訾。（莊子山木篇「無譽無訾」，呂氏春秋必己篇作疵。荀子不苟篇：「正義直指，舉人之過，非毀疵也。」）無間與無訾同義，故廣雅曰：「間、訾，諀也。」（諀與毀同。）今本間誤爲問，則非其指矣。文子上義篇正作「無間其小節」。夫牛蹏之涔不能生鱣鮪，涔，雨水也，滿牛蹏迹中，言其小也，故不能生鱣鮪也。鱣，大魚，長丈餘，細鱗，黄首，白身，短頭，口在腹下。鮪，大魚，亦長丈餘，仲春二月從西河上，得過龍門，便爲龍。先師説云也。而蜂房不容鵠卵，房，巢也。○文典謹按：御覽九百十六引，鵠作鴻。小形不足以包大體也。

夫人之情，莫不有所短。誠其大略是也，雖有小過，不足以爲累。誠其實，略其行。若其大略非也，雖有閭里之行，未足大舉。舉，用。夫顏喙聚，梁父之大盜也，梁父，齊邑，今屬太山。○王念孫云：喙當爲啄，字之誤也。顏啄聚，左傳哀二十七年、呂氏春秋尊師篇、韓子十過篇並作顏涿聚，韓詩外傳作顏斲聚，説苑正諫篇作顏燭趨，漢書古今人表作顏燭雛，晏子春秋外篇作顏燭鄒，並字異而義同。喙與涿、斲、燭，聲並相近，喙則遠矣。啄、喙二字，書傳往往相亂。**而爲齊忠臣。段干木，晉國之大駔也，而爲文侯師。**駔，驕怚。一曰：駔，市儈也。言魏國之大儈也。○陶方琦云：御覽八百二十八、白帖八十三引許注：「駔，市儈。」按：二家文義並異，所謂「一曰」，卽是許說，如俶真訓「敦圄」注例也。後漢郭太傳注引說文：「駔，會也。謂合兩家之買賣，如今之度市也。」索隱二十八引淮南注曰：「干木，度市之魁也。」亦疑是許注。類篇引說文：「駔，一曰市會。」市會卽市儈，與淮南訓正同。**孟卯妻其嫂，有五子焉，然而相魏，寧其危，解其患。**孟卯，齊人也。及爲魏臣，能安其危，解其患也。戰國策曰芒卯也。○莊逵吉云：古孟、芒同聲，故通用。**景陽淫酒，被髮而御於婦人，威服諸侯。**景陽，楚將。**此四人者，皆有所短，然而功名不滅者，其略得也。**略，猶道也。**季襄、陳仲子立節抗行，不入洿君之朝，不食亂世之食，遂餓而死。**季襄，魯人，孔子弟子。陳仲子，齊人，孟子弟子，居於陵。○王念孫云：孔子弟子無季襄，襄皆當爲哀，字之誤也。史記仲尼弟子傳，公皙哀，字季次。（索隱引家語作公皙克，克亦哀之誤。）此言季哀，卽季次也，故高注云然。弟子傳載孔子之言曰：「天下無行，多爲家臣，仕於都，唯季次未嘗仕。」游俠傳曰：「季次、原憲，懷獨行君子之德，義不苟合當世，終身空室蓬户，褐衣疏食不厭。」此云「立節抗行，不入洿君之朝，不食亂世之食」，說與史記略同。**不能存亡接絶者何？小節伸而大略屈。**伸，用。屈，廢也。

故小謹者無成功，訾行者不容於衆，好揜人之善，揚人之短，訾毁人行，自獨卑藏，衆人所疾而不容之也。一曰：訾，毁也。行有毁缺者，不爲衆人所容。體大者節疏，蹠距者舉遠。疏，長。蹠，足。距，大也。自古及今，五帝三王，未有能全其行者也。故易曰：「小過，亨，利貞。」言人莫不有過，而不欲其大也。夫堯、舜、湯、武，世主之隆也；隆，盛。齊桓、晉文，五霸之豪英也。然堯有不慈之名，謂天下不以予子丹朱也。舜有卑父之謗，謂瞽瞍降在庶人也。湯、武有放弑之事，殷湯放桀南巢，周武弑紂宣室。五伯有暴亂之謀。齊桓、晉文、宋襄、楚莊、秦穆，德未能純，皆有争奪之驗，故曰「有暴亂之謀」也。是故君子不責備於一人。

方正而不以割，廉直而不以切，博通而不以訾，文武而不以責。文武備具，而不責備於人也。求於一人則任以人力，任其力所能任也。○王念孫云：「求於一人」，劉本無一字，是也。道藏本有一字者，因上文「責備於一人」而誤。「求於人」與「自脩」相對爲文，人上不當有一字。下文「責人以人力」，「自脩以道德」，卽其證。文子上義篇作「於人以力，自脩以道」。自修則以道德。責人以人力，易償也；自修以道德，難爲也。難爲則行高矣，易償則求澹矣。夫夏后氏之璜不能無考，半璧曰璜，夏后氏之珍玉也。考，瑕釁也。○洪頤煊云：考當作者。説文：「者，老人面如點也。从老省，占聲。」與玷字通用，譌脱作考。明月之珠不能無

纇，夜光之珠，有似月光，故曰明月。纇，磐，若絲之結纇也。○陶方琦云：文選班固兩都賦注、李蕭遠運命論注引許注：「夜光之珠，有似明月，故曰明月也。」按：此許注羼入高注本者，故同。文選兩都賦李善注曰：「高誘以隨侯爲明月，許慎以明月爲夜光。」是許、高注本異，此注定爲許義無疑。○文典謹按：文選辯命論注引高注：「考，不平也。纇，瑕也。」與此注文迥異。陶謂此爲許注，是也。**然而天下寶之者，何也？其小惡不足妨大美也。今志人之所短，而忘人之所修，而求得其賢乎天下，則難矣。**○王念孫云：「得其賢乎天下」，衍其字。藝文類聚寶部上引此，無其字。**夫百里奚之飯牛，伊尹之負鼎，**伊尹負鼎俎，調五味，以干湯，卒爲賢相。**太公之鼓刀，**太公，河内汲人。有屠、釣之困，卒爲文王佐，翼武王伐紂也。**甯戚之商歌，**甯戚，衛人也，商旅于齊，宿郭門外，疾世商歌，以干桓公。桓公夜出迎客，聞之，舉以爲大田。事在道應訓也。**其美有存焉者矣。衆人見其位之卑賤，事之洿辱，而不知其大略，以爲不肖。及其爲天子三公，而立爲諸侯賢相，乃始信於異衆也。**信，知也。**夫發于鼎俎之間，**伊尹。**出于屠酤之肆，**肆，列也。謂太公吕尚也。**解于累紲之中，**累紲，所以束縛人。謂管仲。**興于牛頷之下，**興，起也。謂百里奚也。頷，讀合索之合。**洗之以湯沐，祓之以爟火，立之于本朝之上，倚之于三公之位，**爟火，取火於日之官也。周禮司爟掌行火之政令。火，所以祓除不祥也。立，置也。本朝，國朝也。**內不慙於國家，外不愧於諸侯，符勢有以**

內合。內合于君。**故未有功而知其賢者，堯之知舜；**〇文典謹按：羣書治要引，舜下有也字。**功成事立而知其賢者，市人之知舜也。爲是釋度數而求之於朝肆草莽之中，其失人也必多矣。**爲上自任耳目聰明以得賢人之故，不復用度量之術取人，而亟求賢于朝肆之列，草莽之中，失賢人必多矣，何可求賢也！**何則？能效其求，而不知其所以取人也。**

夫物之相類者，世主之所亂惑也；嫌疑肖象者，衆人之所眩耀。肖象，似也。嫌疑，謂白骨之肖象牙也，碧盧似玉，蛇牀似蘼蕪也。**故狠者類知而非知，**狠者自用，像有知，非真知。〇陶方琦云：羣書治要引許注：「狠，慢也。」按：二注正異。說文作「狠，盭也」，義亦同。**愚者類仁而非仁，**愚者不能斷割，有似於仁，非真仁也。〇文典謹按：羣書治要引，兩仁字皆作君子。**戇者類勇而非勇。**戇者不知畏危難，有似於勇，非真勇。**使人之相去也，若玉之與石，美之與惡，則論人易矣。夫亂人者，芎藭之與藁本也，蛇牀之與蘼蕪也，此皆相似者。**言其相類，但其芳臭不同。猶小人類君子，但其仁與不仁異也。〇王念孫云：「美之與惡」，本作「葵之與莧」。葵與莧不相似，故易辨，此言物之不相似者。下言物之相似者，皆各舉二物以明之。若云「美之與惡」，則不知爲何物矣。蓋俗書美字作羙，葵字作癸，癸之上半與羙相似，因誤而爲美。後人不解其故，遂改爲「美之與惡」耳。羣書治要及爾雅疏、埤雅、續博物志引此，並作「葵之與莧」，是其證。又案：上既言亂人，則下不必更言相似。且正文既言相似，則注不必更言「言其相類」矣。爾雅疏引許注云：「此四者藥草，臭味之相似。」然則「此皆相似」四字，蓋後人約記許注於正文之旁，而寫者因誤合之也。（茅本又於「相似」下加者字，而莊本從之，謬矣。）史記司馬相如傳索隱、爾雅疏、本草圖經、埤雅、續博物志所引，皆無此四字。〇陶方琦云：爾雅釋艸正義引許注：「此四者藥艸，臭味之相似，惟治病則不同力。」按：二家注文異，足徵許、高之別。北宋時尚有許注殘本，故引文尚異。**故劍工惑劍之似莫邪者，唯歐冶能名其種；**歐冶，良工也。**玉工眩玉之似碧盧者，唯猗頓不失其情；**碧盧，或云碱砆。猗頓，魯之富人，能知玉理，不失其情也。〇俞樾云：上云「劍工惑劍之似莫邪者」，莫邪是良劍之名，則碧盧亦必是美玉之名。地形篇「碧樹瑤樹在其北」，高注曰：「碧，青玉也。」是其義也。下文云「闇主亂於姦臣小人之疑君子者」，然則莫邪、碧盧是喻君子，非喻小人。高注曰：「碧盧，或云碱砆。」失之。**闇主亂于姦臣小人之疑君子者，唯聖人能見微以知明。故蛇舉首尺，而修短可知也；象見其牙，而大小可論也。薛燭庸子，見若狐甲於劍而利鈍識矣；**薛，齊邑也。燭庸氏子，通利劍。〇俞樾云：「狐甲」之義不可曉，狐疑爪字之誤。荀子大略篇「爭利如蚤甲而喪其掌」，楊注曰：「蚤與爪同。」此爪甲連文之證。「若爪甲」者，言其小也。言燭庸子之於劍，止見若爪甲者，而已識其利鈍矣。下文曰：「臾兒、易牙，淄、澠之水合者，嘗一哈水而甘苦知矣。」「一哈」言其少也，與此文正一律。**臾兒、易牙，淄、澠之水合者，嘗一哈水而甘苦知矣。**臾兒、易牙，皆齊之知味者。哈，口也。○陶方琦云：莊子音義引許注：「俞兒，黄帝時人。狄牙，卽易牙，齊桓公時識味人也。」按：二注文異。莊子音義又引淮南一本作臾兒，注云：「臾兒，亦齊人。」卽今高注。知與許注本異也。俞跗，揚雄解嘲作臾柎，俞、臾古通。簡狄，詩緯作簡易，狄、易亦古通。大戴禮「桓公任狄牙」，揚子法言「狄牙能喊」，皆作狄牙。文選琴賦「狄牙喪味」，注引淮南「淄、澠之水合，狄牙嘗而知之」，是卽許本作狄牙之證。今道應篇作易牙，亦當改正。故聖人之論賢也，見其一行而賢不肖分矣。孔子辭廩丘，終不盜刀鉤；廩丘，齊邑，今屬濟陰。齊景公養孔子，以言未見從，道未得行，不欲虚禄，辭而不受，故不復利人刀鉤也。許由讓天子，終不利封侯。許由，隱者，陽城人。堯欲以天下與之，洗耳而不就，故曰不利于封侯也。故未嘗灼而不敢握火者，見其有所燒也；未嘗傷而不敢握刃者，見其有所害也。○文典謹按：御覽八百六十九引，灼下有也字，握刃作擢刃。由此觀之，見者可以論未發也，而觀小節可以知大體矣。故論人之道，貴則觀其所舉，富則觀其所施，窮則觀其所不受，賤則觀其所不爲，貧則觀其所不取。視其更難，以知其勇；動以喜樂，以觀其守；委以財貨，以論其仁；振以恐懼，以知其節：則人情備矣。

古之善賞者，費少而勸衆；趙襄子行之是。善罰者，刑省而姦禁；齊威王行之是也。善予者，用約而爲德；秦繆公行之是。善取者，入多而無怨。齊桓公行之也。趙襄子圍於晉陽，罷圍而賞有功者五人，高赫爲賞首。左右曰：「晉陽之難，赫無大功，今爲賞首，何也？」智伯求地于趙襄子，不與，智伯率韓、魏以圍之，三月不克。趙氏之臣張孟談，潛與韓、魏通謀，反智伯而殺之，張孟談之力也。故曰高赫無大功也。襄子曰：「晉陽之圍，寡人社稷危，國家殆，羣臣無不有驕侮之心，唯赫不失君臣之禮。」故賞一人，而天下爲忠之臣者莫不終忠於其君。此賞少而勸善者衆也。〇王念孫云：「天下爲忠之臣者」，當作「天下之爲臣者」。呂氏春秋義賞篇引孔子曰：「賞一人，而天下之爲人臣者莫敢失禮。」卽淮南所本也。今本「之爲」二字誤倒，又衍一忠字。「此賞少而勸善者衆也」，當作「此賞少而勸衆者也」。上文云「古之善賞者，費少而勸衆」，正與此句相應。下文曰「此刑省而姦禁者也」，「此用約而爲德者也」，「此入多而無怨者也」，句法並與此同。今本「衆者」二字誤倒，又衍一善字。（善字涉下文「勸善」而衍。）齊威王設大鼎於庭中，而數無鹽令曰：「子之譽，日聞吾耳。察子之事，田野蕪，倉廩虛，囹圄實。子以姦事我者也。」乃烹之。齊以此三十二歲道路不拾遺。此刑省姦禁者也。秦穆公出遊而車敗，右服失馬，服，中失〔一〕馬。〇王念孫云：「右服失馬」，馬字因注文而衍。服爲中央馬，則不須更言馬矣。呂氏春秋愛士篇正作

〔一〕「失」疑爲「央」，形近而誤。

「右服失」。（失與佚同。）野人得之。穆公追而及之岐山之陽，野人方屠而食之。穆公曰：「夫食駿馬之肉，而不還飲酒者，傷人。吾恐其傷汝等。」徧飲而去之。處一年，與晉惠公爲韓之戰，處一年者，謂飲食肉人酒之明年也。晉惠公夷吾倍秦納己之賂，秦興兵伐晉，戰於晉地韓原也。晉師圍穆公之車，梁由靡扣穆公之驂，獲之。梁由靡，晉大夫。扣，猶牽也。將獲穆公。○王念孫云：高注云「將獲穆公」，則正文獲上有將字也。將獲未獲，故人得而救之。若已爲晉所獲，則不能救矣。食馬肉者三百餘人，皆出死爲穆公戰於車下，遂克晉，虜惠公以歸。此用約而爲德者也。齊桓公將欲征伐，甲兵不足，令有重罪者出犀甲一戟，犀甲，取其堅也。戟，車戟也，長丈六尺。犀或作三，直出三甲也。有輕罪者贖以金分，輕，小也。以金分，出金隨罪輕重，有分兩也。○文典謹按：御覽三百三十九引注，「出金」下有匱字。訟而不勝者出一束箭。不勝，猶不直也。箭十二爲束也。百姓皆説，乃矯箭爲矢，治箭之笄好者也。○文典謹按：御覽引注，治作矢，笄作竿。鑄金而爲刃，刃，五刃也，刀、劍、矛、戟、矢也。以伐不義而征無道，遂霸天下。此入多而無怨者也。故聖人因民之所喜而勸善，因民之所惡而禁姦，○文典謹按：御覽六百三十六引，「所喜」作「所善」，「而禁」作「以禁」。故賞一人而天下譽之，罰一人而天下畏之。故至賞不費，賞當賞，不虛費。至刑不濫。刑當刑，不傷善。濫，讀收斂之斂。孔子誅少正卯而魯國之邪塞，少正，官；卯，其名也。魯之諂人。孔子相魯七日，誅之於東觀之下，刑不濫也。**子產誅鄧析而鄭國之姦禁，**鄧析，詭辯姦人之雄也。子產誅之，故姦禁也。傳曰：「鄭駟歂殺鄧析而用其竹刑。」鄧析制刑，書之于竹，鄭國用之，不以人廢言也。**以近論遠，以小知大也。故聖人守約而治廣者，此之謂也。**

天下莫易於爲善，而莫難於爲不善也。爲善，靜身無欲，信仁而已，順其天性，故易。爲不善，貪欲無猒，毁人自成，戾其天性，故難也。**所謂爲善者，靜而無爲也；所謂爲不善者，躁而多欲也。適情辭餘，無所誘惑，循性保真，無變於己，**○文典謹按：羣書治要引，惑作慕，循作脩。隸書循、脩相似，書傳多互譌也。**故曰爲善易。**○文典謹按：羣書治要引，作「故曰爲善者易也」。**越城郭，踰險塞，姦符節，盜管金，簒弑矯誣，**○文典謹按：羣書治要引，弑作殺。**非人之性也，故曰爲不善難。**姦，私，亦盜也。符節成信也，而盜取之。管，壯籥也。金，印封，亦所以爲信也。固，閉藏也。簒弑，下謀上也。矯，擅作君命。誣，以惡覆人也。皆非人本所受天之善性也。○王念孫云：如高注，則金字當爲璽字之誤。然金與璽字不相似，璽字無緣誤爲金。蓋俗書璽字或作𡈽，因誤爲金矣。五音集韻云：「璽，俗作𡈽。」**今人所以犯囹圄之罪，而陷於刑戮之患者，由嗜慾無厭，不循度量之故也。**○文典謹按：羣書治要引，循作脩。**何以知其然？天下縣官法曰：「發墓者誅，竊盜者刑。」此執政之所司**

也。夫法令者罔其姦邪，勒率隨其蹤跡，勒，主問吏。率，大任也。○王念孫云：「法令」下衍者字。法令罔其姦邪，勒率隨其蹤跡，相對爲文。○洪頤煊云：漢書主問吏無名爲勒者，勒當是鞫字之譌。張湯傳「訊鞫論報」，師古曰：「鞫，問也。」鞫字譌脱作勒。無愚夫惷婦，皆知爲姦之無脱也，犯禁之不得免也。然而不材子不勝其欲，蒙死亡之罪，而被刑戮之羞。蒙，冒。然而立秋之後，○王念孫云：下「然而」二字，因上「然而」而衍。「立秋之後」五句，即承上「死亡之罪」、「刑戮之羞」言之，不當更有「然而」二字。司寇之徒繼踵於門，而死市之人血流於路。何則？惑於財利之得，而蔽於死亡之患也。夫今陳卒設兵，兩軍相當，將施令曰：「斬首拜爵，而屈撓者要斬。」○王念孫云：「夫今」當爲「今夫」，「斬首」下脱者字。斬首者拜爵，屈撓者要斬，相對爲文。羣書治要引此，有者字。然而隊階之卒皆不能前遂斬首之功，遂，成也。○王念孫云：「隊階」二字，義不可通，當從羣書治要所引作「隊伯」，字之誤也。（左畔作阝，因隊字而誤；右畔作皆，則因下文皆字而誤。）逸周書武順篇曰：「五五二十五曰元卒，四卒成衞曰伯。」是百人爲伯也。通典兵一引司馬穰苴曰：「五人爲伍，十伍爲隊。」是隊爲伯之半。故曰「隊伯之卒」。而後被要斬之罪，是去恐死而就必死也。故利害之反，禍福之接，不可不審也。

事或欲之，適足以失之；○文典謹按：羣書治要引，事上有故字。或避之，適足以就之。楚人有乘船而遇大風者，波至而自投於水。○王念孫云：「波至而」下當有恐字。下文「惑於恐死而反忘生也」即承此句言之。羣書治要、意林、藝文類聚舟車部、白帖六十三、太平御覽地部三十六、舟部二引此，皆作「波至而恐」。○文典謹按：羣書治要引，無楚字，「人有」作「有人」。非不貪生而畏死也，惑於恐死而反忘生也。故人之嗜慾，亦猶此也。○文典謹按：意林、白帖六十三引，「亦猶此也」並作「亦復如此」。齊人有盜金者，當市繁之時，至掇而走。勒問其故曰：「而盜金於市中，何也？」繁，衆也。勒，主問吏。故，猶意也。而，汝也。對曰：「吾不見人，徒見金耳！」志所欲，則忘其爲矣。是故聖人審動靜之變，而適受與之度，理好憎之情，和喜怒之節。夫動靜得，則患弗過也；○王念孫云：過，當從劉本、朱本作遇，字之誤也。受與適，則罪弗累也；好憎理，則憂弗近也；喜怒節，則怨弗犯也。故達道之人，不苟得，不讓福；○俞樾云：讓，當爲攘。詮言篇「不能使福必來，信己之不攘也」，高注曰：「攘，却也。」此云不攘福，義與彼同。其有弗棄，非其有弗索；常滿而不溢，恆虛而易足。虛，無欲也。○文典謹按：羣書治要引，「常滿」作「恆盈」，「恆虛」作「常虛」。今夫霤水足以溢壺榼，而江、河不能實漏卮，○文典謹按：霤，羣書治要引作溜。實，意林引作滿。故人心猶是也。○文典謹按：羣書治要引，是作此。自當以道術度量，食充虛，衣禦寒，則足以養七尺之形矣。若無道術度量而以自儉約，則萬乘之勢不足以爲尊，天下之富不足以爲樂矣。諭若桀與紂，無道術度量，不得爲匹夫，何尊樂之有乎！孫叔敖三去令尹而無憂色，爵禄不能累也；不以爵禄累其身也。荆佽非兩蛟夾繞其船而志不動，怪物不能驚也。勇而不惑。聖人心平志易，精神内守，物莫足以惑之。夫醉者，俛入城門，以爲七尺之閨也；超江、淮，以爲尋常之溝也：酒濁其神也。◎文典謹按：意林引「超江、淮」句在「俛入城門」句前。怯者，夜見立表，以爲鬼也；見寢石，以爲虎也：懼揜其氣也。揜，奪也。又況無天地之怪物乎！夫雌雄相接，陰陽相薄，羽者爲雛鷇，毛者爲駒犢，柔者爲皮肉，堅者爲齒角，人弗怪也；水生蠬蜄，山生金玉，人弗怪也；老槐生火，久血爲燐，人弗怪也。血精在地，暴露百日則爲燐，遥望烱烱，若燃火也。◎陶方琦云：詩東山正義引許注：「兵死之血爲鬼火。」按：二注文異。説文粦下云：「兵死及牛馬之血爲粦。粦，鬼火也。」與注淮南説同。論衡論死篇：「人之兵死也，人言其血爲燐。」張華博物志雜説篇云：「鬭戰死亡之地，其人馬血積年化爲燐。」竝與許義合。◎文典謹按：御覽八百六十九引注，「遥望烱烱，若燃火也」，作「遠望若野火也」。山出梟陽，梟陽，山精也。人形，長大，面黑色，身有毛，足反踵，見人而笑。◎莊逵吉云：梟陽見爾雅，程敦云：「説文解字作梟羊，陽與羊古字通也。嚴忌哀時命又作梟楊，山海經謂之贛巨人。」◎文典謹按：文選上林賦注引高注，作「梟羊，山精也，似遽類」。水生罔象，水之精也。國語曰：「龍，网象也。」陶方琦云：説文虫部蛧字下引許注：「蛧蜽，狀如三歲小兒，赤黑色，赤目，長耳，美髮。」按：説文所引淮南王説，當是後人記許君注淮南説于旁，與上芸艸一條例同。魯語曰：「木石之怪曰夔蛧蜽，水之精曰龍罔象。」高作罔象，故引國語；許作蛧蜽，正與高異。其實罔象、罔兩，古訓亦不甚分。法苑珠林引夏鼎志：「罔象，如三歲兒，赤目，黑色，大耳，長臂，赤爪，索縛則可得食。」訓與許説蛧蜽同，知許説必有本也。一切經音義二引淮南説：「狀如三歲小兒，赤黑色，赤目，赤爪，長耳，美髮。」知今説文敚「赤爪」二字，應補。説文：「蛧蜽，山川之精物。」又道應篇「罔兩問於景曰」，許注：「罔兩，水之精物也。」（玉篇作：「魍魎，水神，如三歲小兒，赤黑色。」左氏音義亦云：「罔兩，水神。」）此實許本水生蛧蜽之證。木生畢方，木之精也。狀如烏，青色，赤脚，一足，不食五穀。井生墳羊，土之精也。魯季子穿井，獲土缶，其中有羊是也。○文典謹按：文選思玄賦注引，墳作羵。人怪之，聞見鮮而識物淺也。○文典謹按：御覽八百八十八引，作「聞見鮮而所識淺也」。天下之怪物，聖人之所獨見；利害之反覆，知者之所獨明達也。同異嫌疑者，世俗之所眩惑也。夫見不可布於海内，聞不可明於百姓，是故因鬼神禨祥而爲之立禁，禨祥，吉凶也。禁，戒也。總形推類而爲之變象。何以知其然也？世俗言曰：「饗大高者而彘爲上牲，大高，祖也。一曰：上帝。葬死人者裘不可以藏，相戲以刃者太祖軵其肘，軵，擠也。讀近茸，急察言之。枕户檐而卧者鬼神蹠其首。」此皆不著於法令，而聖人之所不口傳也。夫饗大高而彘爲上牲者，非彘能賢於野獸麋鹿也，而神明獨饗之，何也？以爲彘者，家人所常畜而易得之物也，故因其便以尊之。裘不可以藏者，非能具綈綿曼帛溫煖於身也，世以爲裘者，難得貴賈之物也，曼帛，細帛也。裘，狐之屬也，故曰貴賈之物。而不可傳於後世，無益於死者，而足以養生，故因其資以讋之。資，用也。讋，忌也。○王念孫云：裘無益於死者，而足以養生，故曰「可傳於後世」。劉本作「不可傳於後世」，不字因上文「不可以藏」而衍。諸本與劉本同，唯道藏本無不字。相戲以刃太祖軵其肘者，夫以刃相戲，必爲過失，過失相傷，其患必大，無涉血之仇爭忿鬬，而以小事自内於刑戮，愚者所不知忌也，故因太祖以累其心。累，恐也。枕户橉而卧，鬼神履其首者，使鬼神能玄化，則不待户牖之行，○王念孫云：之當作而。太平御覽居處部十二引此，正作「不待户牖而行」。○文典謹按：御覽一百八十四引，無能字。若循虚而出入，則亦無能履也。虚，孔竅也。○莊逵吉云：御覽引作「無履也」，無能字。夫户牖者，風氣之所從往來，而風氣者，陰陽相捔者也，○文典謹按：御覽一百八十四引，作「而風氣者，陰陽之户牖者也」。離者必病，離，遭也。故託鬼神以伸誡之也。凡此之屬，皆不可勝著於書策竹帛而藏於官府者也，故以禨祥明之。爲愚者之不知其害，乃借鬼神之威以聲其教，所由來者遠矣。而愚者以爲禨祥，而狠者以爲非，唯有道者能通其志。今世之祭井竈、門户、箕箒、臼杵者，非以其神爲能饗之也，恃賴其德，煩苦之無已也。是故以時見其德，所以不忘其功也。觸石而出，膚寸而合，不崇朝而雨天下者，唯太山；崇，終也。日旦至食時爲終朝。赤地三年而不絶流，澤及百里而潤草木者，唯江、河也，是以天子秩而祭之。故馬免人於難者，其死也葬之；牛，其死也，葬以大車爲薦。◎王念孫云：藝文類聚獸部上、太平御覽禮儀部三十四、獸部八引此，並作「故馬免人於難者，其死也葬之，以帷爲衾；牛有德於人者，其死也葬之，以大車之箱爲薦」。今本「葬之」下脱去「以帷爲衾」四字，「牛」下脱去「有德於人者」五字，「葬」下脱去「之」字，「大車」下脱去「之箱」二字，當補入。◎文典謹按：意林引此文，作「馬免人於難者，死葬之以蓋，蒙之以衾；牛有德於人者，死葬之以大車」。牛馬有功，猶不可忘，又況人乎！此聖人所以重仁襲恩。襲，亦重累。故炎帝於火，死而爲竈；炎帝，神農，以火德王天下。死，託祀于竈神。禹勞天下，死而爲社；勞力天下，謂治水之功也。託祀于后土之神。后稷作稼穡，死而爲稷；稷，周棄也。王念孫云：「炎帝於火」，本作「炎帝作火」。於字或書作扵，形與作相似而誤。太平御覽火部二引作於，亦後人依誤本改之。其居處部十四引此，正作作。史記孝武紀索隱、藝文類聚火部、廣韻竈字注引此，並作作。「禹勞天下」，勞下本有力字，故高注曰：「勞力天下，謂治水之功也。」今本無力字者，後人誤以爲衍文而刪之耳。古者謂勤爲力。（大雅烝民箋：力，猶勤也。）勞力天下，猶言勤勞天下，泰族篇曰「夙興夜寐而勞力之」是也。倒言之則曰力勞，主術篇曰「民貧苦而忿爭，事力勞而無功」是也。藝文類聚禮部中引此無力字，亦後人依誤本删之。太平御覽禮儀部十一引正文注文，並作勞力。論衡祭意篇「或曰炎帝作火，死而爲竈；禹勞力天下，死而爲社」，所引卽淮南之文。「后稷作稼穡」，后稷本作周棄，此亦後人以意改之也。昭二十八年左傳曰：「周棄亦爲稷，自商以來祀之。」魯語曰：「夏之興也，周棄繼之，故祀以爲稷。」此皆淮南所本。藝文類聚禮部中、太平御覽禮儀部十一引此，並作周棄。高注當云「周棄，后稷也」，今本云「稷，周棄也」，此亦後人所改。**羿除天下之害，死而爲宗布，此鬼神之所以立。**羿，古之諸侯。河伯溺殺人，羿射其左目；風伯壞人屋室，羿射中其膝。又誅九嬰、窫窳之屬，有功於天下，故死託祀於宗布。祭田爲宗布，謂出也。一曰：今人室中所祀之宗布是也。或曰：司命傍布也。此堯時羿，非有窮后羿。○孫詒讓云：此注譌挩不可通。以意求之，「祭田爲宗布，謂出也」，當作「祭星爲布，宗布謂此也」。爾雅釋天云：「祭星曰布。」卽高所本。（今本星譌田，此譌出，又挩一布字。）但高釋宗布三義，並肊說，難信。竊疑卽周禮黨正之祭禜，族師之祭酺。鄭注云：「禜謂雩禜，水旱之神。酺者，爲人物烖害之神也。」（禜、宗，酺、布，聲近字通。禮記祭法雩禜，禜亦作宗。）禜、酺並禳除烖害之祭，羿能除害，故託食於彼，義亦正相應也。

北楚有任俠者，其子孫數諫而止之，不聽也。縣有賊，大搜其廬，事果發覺，夜驚而走，追，道及之，其所施德者皆爲之戰，得免而遂反，語其子曰：「汝數止吾爲

俠。今有難，果賴而免身。而諫我，不可用也。」知所以免於難，而不知所以無難，論事如此，豈不惑哉！宋人有嫁子者，告其子曰：「嫁未必成也。有如出，不可不私藏。私藏而富，其於以復嫁易。」其子聽父之計，竊而藏之。若公知其盜也，逐而去之。其父不自非也，而反得其計。知爲出藏財，而不知藏財所以出也，爲論如此，豈不勃哉！今夫僦載者，救一車之任，極一牛之力，爲軸之折也，有如轅軸其上以爲造，不知軸轅之趣軸折也。楚王之佩玦而逐菟，爲走而破其玦也，因珮兩玦以爲之豫，兩玦相觸，破乃逾疾。○文典謹按：御覽九百七引，作「楚王佩玦逐兔，馬速玦破，乃取兩玦重而著之，其破疾愈。」亂國之治，有似於此。

夫鴟目大而眎不若鼠，蚈足衆而走不若蛇，物固有大不若小，衆不若少者。○文典謹按：御覽九百四十八引，作「蚈足走不及蛇，物固有小不及大也」。及至夫彊之弱，弱之彊，危之安，存之亡也，非聖人，孰能觀之！大小尊卑，未足以論也，唯道之在者爲貴。何以明之？天子處於郊亭，則九卿趨，大夫走，坐者伏，倚者齊。當此之時，明堂太廟，懸冠解劍，緩帶而寢。非郊亭大而廟堂狹小也，至尊居之也。天道之貴也，非特天子之爲尊也，所在而衆仰之。夫蟄蟲鵲巢，皆嚮天一者，至和在焉爾。帝者誠能包稟道，合至和，則禽獸草木莫不被其澤矣，而況兆民乎！